# Mit Kindern die Welt entdecken

Christine Sinterhauf

# Mit Kindern die Welt entdecken

## Ein Reisehandbuch

*Für meine Kinder*
*Paul und Clara*
*und alle Kinder dieser Welt.*

*Ihr seid das größte Abenteuer!*

Kinder sind Meister des Augenblicks.
Das können wir von ihnen lernen.

*Christiane Kutik*

**Danken möchte ich ganz herzlich**
meinen Kindern, wie sie mir auf ihre ganz persönliche Art täglich ihre Liebe beweisen
meinem Mann, dem Märchenprinzen, der fast alles mitmacht
Solveig Michelsen, für das Feilen mit fachlicher Präzision und herausragendem Sach-
    verstand
Myriam Schoppel, für das Mut machen, lesen und leidenschaftliche korrigieren
Silke Korbl, für die vielen guten Informationen
dem Verlag Berg und Tal und allen, die an der Veröffentlichung mitgewirkt haben

Weiterhin möchte ich allen Danken, die mit zahlreichen Reisegeschichten, Texten,
    Bildern, Tipps, Ratschlägen und Informationen dieses Buch bereichert haben:
Volker Otter, Gabi Reichert, Anja und Hannes Seidl, Patrice Kragten-Hackel, Jakob und
Anita Maercker, Juliane Holland-Moritz, Sonja Graesslin, Claudia Obert und Thomas
Gradl, Angela und Michael Fleck, Annette und Malte Clavin, Johannes Wagner, Cordula
Currle, Fam. Barriga de Hoppe, Tina Regel, Thomas Kesselring, die Geschäftsvertretung
der Bayerischen Versicherungskammer in Lohr, Stephan Morgenroth des Einwohner-
meldeamtes der Stadt Lohr, Dr. Ziegler des Tropeninstituts der missionsärztlichen
Klinik in Würzburg

Danke für die Abdruckgenehmigung der Texte zum Thema »Kinder mit Diabetes« und
folgende, dem Stadtkrankenhaus Leipzig, und Christiane Kutik für das einleitende
Motto des Buches.

Ganz nebenbei möchte ich zwei Menschen danken, die keinen Beitrag zu diesem Buch
geleistet haben, aber immer für mich da waren und sind:

Meiner Mutter und Tanja (für ihre Freundschaft)

# Inhalt

**Reisen mit Kindern ist anders** . . . . 8

**Teil 1:**
**Planen und Vorbereiten einer**
**Reise mit Kindern** . . . . . . . . . . . 10

**Am Anfang steht das Fernweh** . . . . 11

Mit Kindern die Welt entdecken –
warum nicht? . . . . . . . . . . . . . . . . . 12
Verantwortungsbewusst reisen –
das wichtigste Kriterium . . . . . . . . 13
Die Planung einer Familienreise . . . . . . 14
Kinder planen anders – Kinderwünsche
berücksichtigen . . . . . . . . . . . . . . 15
Kinder auf eine Reise vorbereiten . . . . . 16
REISEBERICHT: Norwegen, Schweden und die
finnischen Ålandinseln
»Ein Sommermärchen – und der Beginn
einer langen Reise« . . . . . . . . . . . . 18

**Das richtige Reisealter** . . . . . . . . 26

Baby und Kleinkind . . . . . . . . . . . . 26
Kind . . . . . . . . . . . . . . . . . . . . . . . 27
Jugendliche/r . . . . . . . . . . . . . . . . . 28
REISEBERICHT: Südafrika
»Am Kap der guten Hoffnung den Eltern
hoffnungslos ausgeliefert« . . . . . . . . . 29

**Die Wahl des Reiselandes** . . . . . . . 32

Kindgerechte Reiseziele . . . . . . . . . . 32
Kritische Reiseziele . . . . . . . . . . . . . 33
Wachsende Ansprüche an das Reiseziel . . . 34
Wachsende Ansprüche an sich selbst . . . . 35

Wichtige Entscheidungskriterien für
die Wahl des Reiselandes . . . . . . . . 36
Klima . . . . . . . . . . . . . . . . . . . . . . 36
Verhältnis von Reisezeit zum Reiseziel . . . 38
Gesundheitliche Verfassung der Kinder . . . 38
Psychische Herausforderungen für
Kinder unterwegs . . . . . . . . . . . . . 39
Medizinische Versorgung im Reiseland . . . 39
Unterkunftssituation . . . . . . . . . . . . 39

Nahrungsmittelbeschaffung . . . . . . . . . 40
Sicherheit . . . . . . . . . . . . . . . . . . . 41
Terrorismus . . . . . . . . . . . . . . . . . . 42
Kriminalität . . . . . . . . . . . . . . . . . . 42
Gesundheitsrisiken und Krankheitsgefahren 43
Straßenverkehr und örtliche Gegebenheiten 43
Giftige Tiere und Pflanzen . . . . . . . . . 44

**Vom Kurztrip bis zur Weltreise** . . . 44

**Der entscheidende Faktor »Zeit«** . . . . . 44
**Kurzreisen planen und gestalten** . . . . . 45
**Urlaubsplanung im Jahresverlauf** . . . . . 47
**Urlaubsplanung mit schulpflichtigen**
**Kindern** . . . . . . . . . . . . . . . . . . 48
**Weltreise oder Ausstieg auf Zeit** . . . . . 49
In der gesetzlichen Elternzeit . . . . . . . . 51
Mit schulpflichtigen Kindern . . . . . . . . 53
REISEBERICHT: Australien
Von Colabären und Burger Jacks . . . . . 58

**Wege zum Reiseziel** . . . . . . . . . . . 65

**Fliegen mit Kindern** . . . . . . . . . . . . 65
Kosten und Kindertarife – wie man
sparen kann . . . . . . . . . . . . . . . . 65
Die neuen Sicherheitsvorschriften
für Reisegepäck . . . . . . . . . . . . . . 66
Gut vorbereitet für den Flug . . . . . . . . 67
Sicherheit für Kinder an Bord . . . . . . . . 68
Mit Kind und Kegel – Freigepäckgrenzen
und Kinderwagen an Bord . . . . . . . . 70
Start und Landung . . . . . . . . . . . . . . 71
Langstreckenflüge mit Kindern . . . . . . . 71
**Fliegen und dennoch umweltbewusst Reisen –**
**geht das?** . . . . . . . . . . . . . . . . . 73

**Tipps für umweltschonendes Reisen** . . . 73

**Anreise mit der Bahn (in Europa)** . . . . 74
Vor- und Nachteile einer Bahnreise . . . . 74
Die großen Hauptrouten und sehens-
werte Strecken in Europa . . . . . . . . 75
Kosten und Buchung . . . . . . . . . . . . 76
Umsteigen mit Kind/ern und Gepäck
leicht gemacht . . . . . . . . . . . . . . . 77

**Anreise mit dem Schiff und Fähr-
überfahrten** . . . . . . . . . . . . . . . . . 79
*Sicherheit auf Fähren und Schiffen* . . . . . . 79
*Rabatte für Familien und Buchungs-
modalitäten* . . . . . . . . . . . . . . . . 79
*Schifffahrt als Erlebnis* . . . . . . . . . . . . 80

**Anreise mit dem Pkw** . . . . . . . . . . . . . 81
*Auto(an)reise mit Babys und Kleinkindern* 82
*Lange Autofahrten mit Kindern und
Jugendlichen* . . . . . . . . . . . . . . . . 83

**Die Reiseart** . . . . . . . . . . . . . . . . . 85
**Reisen mit dem Wohnmobil** . . . . . . . . 85
*Das Wohnmobil – auf vier Rädern zu Hause* 85
*Der Start ins Reiseabenteuer Wohnmobil* . 86
*Mit Kindern im Wohnmobil* . . . . . . . . . 87
*Alles an Bord – Gepäckzuladungsgrenzen* . 88
*Mieten eines Wohnmobils – worauf
man achten sollte* . . . . . . . . . . . . . 89
*Kosten beim Reisen mit dem Wohnmobil* . . 91
*Übernachten mit dem Wohnmobil – Natur,
Stellplatz oder Campinganlage* . . . . . 92
**REISEBERICHT: Nordamerika**
*»Der großen Freiheit auf der Spur«* . . . . . 94

**Wandern mit Kindern** . . . . . . . . . . . . 100
*Ab welchem Alter wandern?* . . . . . . . . . 101
*Tragesysteme für Säuglinge und Klein-
kinder* . . . . . . . . . . . . . . . . . . . . 102
*Der Rucksack für Ihr Kind* . . . . . . . . . . 103
*Tourenplanung mit und für Kinder* . . . . . 103
*Wegverlauf und Etappeneinteilung* . . . . . 105
*Mit Kindern unterwegs sein* . . . . . . . . . 105
*Sicher zu Fuß unterwegs* . . . . . . . . . . . 107
*Tagestouren und Wanderurlaub* . . . . . . . 108
*Die Ausrüstung und deren Transport –
eine logistische Meisterleistung* . . . . . 109

**Radfahren mit Kindern** . . . . . . . . . . . 112
*Die Vorteile der Reiseart Fahrradfahren* . . 112
*Transportmöglichkeiten für kleine und
große Kinder* . . . . . . . . . . . . . . . . 112
*Alles am Rad – Radausrüstung und wie
verstauen* . . . . . . . . . . . . . . . . . . 118
*Transport der Fahrräder zum und
im Reiseland* . . . . . . . . . . . . . . . . 121
*Radelstrecken und Etappeneinteilung* . . . 127

**REISEBERICHT: Lateinamerika**
*»Mit Kindern Träume leben«* . . . . . . . . . 129
**Kanu fahren – mit Kindern auf
dem Wasser (von Volker Otter)** . . . . . 135
*Das Element Wasser* . . . . . . . . . . . . . . 135
*Das Boot* . . . . . . . . . . . . . . . . . . . . 135
*Die Verpackung der persönlichen
Ausrüstung* . . . . . . . . . . . . . . . . . 137
*Die persönliche Ausrüstung* . . . . . . . . . 138
*Sicher auf dem Wasser* . . . . . . . . . . . . 139
*Was Eltern können müssen* . . . . . . . . . . 139
*Schwimm- und Rettungswesten* . . . . . . . 141
*Ein- und Austeigen* . . . . . . . . . . . . . . 141
*Die Sitzordnung im Boot* . . . . . . . . . . . 142
*Wasserbauliche Gegebenheiten* . . . . . . . 142
*Fließende und stehende Gewässer* . . . . . . 143
**REISEBERICHT: Schweden**
*»Kinderpaddelabenteuer in Småland«* . 144

**Ausrüstung für unterwegs** . . . . . . . 145
*Funktionale Kinderbekleidung* . . . . . . . 145
*UV-Schutzkleidung für Kinder* . . . . . . . . 148
*Moskito-Schutzkleidung für Kinder* . . . . . 149
*Wie viel Kleidung mitnehmen?* . . . . . . . 150
*Campingausrüstung* . . . . . . . . . . . . . . 150
*Kinderwagen und Autositz* . . . . . . . . . . 156
*Spielzeug für unterwegs* . . . . . . . . . . . 158
*Nützliches dies und das* . . . . . . . . . . . 159

**Das Wichtigste vor dem Start** . . . . 161
**Gesundheitsvorsorge** . . . . . . . . . . . . 161
*Gesundheitsvorsorge beginnt zu Hause* . . . 161

**Keine Panik!** . . . . . . . . . . . . . . . . . 162

*Tropenkrankheiten* . . . . . . . . . . . . . . 162
*Andere Krankheiten und Krankheits-
gefahren* . . . . . . . . . . . . . . . . . . 164
*Gesundheitsvorsorge für chronisch
kranke Kinder* . . . . . . . . . . . . . . . 166
*Impfungen* . . . . . . . . . . . . . . . . . . . 171
*Wichtige Informationsstellen und -quellen* 172
*Kinder-Reiseapotheke* . . . . . . . . . . . . 173
*Gesundheitserhaltende Hygiene-
Ausrüstung* . . . . . . . . . . . . . . . . . 174
*Gesundheitsnachsorge* . . . . . . . . . . . . 174

**Visa, Pass und Einreisebestimmungen** . 175
*Visa und Einreisebestimmungen* . . . . . . 175

Passdokumente für Kinder . . . . . . . . . . 176

Versicherungen . . . . . . . . . . . . . . . . 179
Das Familien-Reisebudget . . . . . . . . . 182
Geld sparen unterwegs – kinderleicht! . 183
Abwesenheitsorganisation bei
    Langzeitreisen . . . . . . . . . . . . . . . 186
Das »Reisebüro« . . . . . . . . . . . . . . . . 187
REISEBERICHT: Namibia
    »Elefantenspuren« . . . . . . . . . . . . . . 188

# Teil 2:
# Unterwegs mit Kindern . . . . . . 192

## Die Wahl der geeigneten
##     Unterkunft . . . . . . . . . . . . . . . 193

Hotel und Pension . . . . . . . . . . . . . . 193
Ferienwohnung/-hütte/-haus, Apartment 195
Hostel, Jugendherberge und Gästehäuser
    privater Organisationen . . . . . . . . . . 197
Bauernhof und B&B . . . . . . . . . . . . . 200
Berg- und Schutzhütte . . . . . . . . . . . . 202
Zelten mit Kindern . . . . . . . . . . . . . . 203
REISEBERICHT: Neuseeland
    »Licht und Schatten im Paradies« . . . . 210
Die Wahl des Fortbewegungsmittels
    in den Kontinenten . . . . . . . . . . . . . 215

## Kindgerecht reisen . . . . . . . . . 217

Was Kinder unterwegs brauchen . . . . . 217
Grundbedürfnisse befriedigen . . . . . . . 220
Essen und Trinken . . . . . . . . . . . . . . 220
Schlafen . . . . . . . . . . . . . . . . . . . . . 228
Schlaf, Kindlein, schlaf … . . . . . . . . . 230

Spielen . . . . . . . . . . . . . . . . . . . . . . 230
REISEBERICHT: Estland
    »Fahrrad fahren im Blaubeerparadies« 233
Die Welt mit Kinderaugen sehen . . . . . 237
Natur pur – tut Kindern gut . . . . . . . . 238
Städte- und Kulturreisen contra Kinder . 239

Haushalt führen in der Ferne . . . . . . . 241

Sauberkeit und Hygiene . . . . . . . . . . 245

## Herausforderungen annehmen . . . 249
Sprach- und Verständigungsprobleme . 249
Kulturschock . . . . . . . . . . . . . . . . . . 250
Unterwegs in fremden Kulturkreisen
    und armen Ländern . . . . . . . . . . . . 252
Verletzung der Privatsphäre . . . . . . . . 252
Fremderziehung . . . . . . . . . . . . . . . . 253
Gastfreundschaft und Einladungen . . . . 254
Die Kultur des Islam . . . . . . . . . . . . . 254
Zeit ist relativ . . . . . . . . . . . . . . . . . 255
Probleme mit Staatsdienern . . . . . . . . 256
Verhaltensregeln beim Fotografieren . . . 256
Schauerlichkeiten auf der Straße . . . . . 257
Absolut tabu! . . . . . . . . . . . . . . . . . . 258
REISEBERICHT: Mauritius
    »Das Paradies liegt im indischen Ozean« 259
Krankheit und Unfälle . . . . . . . . . . . . 266
Ein Kind wird krank . . . . . . . . . . . . . 266
Richtiges Verhalten bei einem Unfall . . . 267

Umgang mit Gefahren vor Ort . . . . . . 268
Terrorismus und Kriminalität . . . . . . . 268
Angst vor Verlust des Kindes . . . . . . . . 270
Straßenverkehr und örtliche
    Gegebenheiten . . . . . . . . . . . . . . . . 272
Gefahr durch wilde Tiere und Hunde . . . 275
Giftige Tiere . . . . . . . . . . . . . . . . . . 277
Giftige Pflanzen . . . . . . . . . . . . . . . . 280
REISEBERICHT: Sri Lanka
    »Leben in Armut – und Reichtum
    im Herzen« . . . . . . . . . . . . . . . . . . 281

Grenzerfahrungen auf Familienreisen . . 283
Was tun, wenn alles schief geht? . . . . . . 283
Das alles entscheidende Kriterium Wetter 285

Stressbewältigung durch Eltern-Auszeit 286
Erziehung unterwegs . . . . . . . . . . . . . 288
Urlaub vom Urlaub bei Langzeitreisen . 291
Mit Kindern die Welt entdecken … . . . 292
Interview mit Globetrotterfamilien zum
    Thema individuelles Reisen mit Kindern 292

Stichwortverzeichnis . . . . . . . . . . . 301
Adressen . . . . . . . . . . . . . . . . . . . 303
Impressum . . . . . . . . . . . . . . . . . . 304

# Reisen mit Kindern ist anders

Der Tag neigt sich seinem Ende zu. Goldgelb schmiegt sich die Sonne langsam in eine bauschige Wolkendecke hinein. Nebelschwaden ziehen durch tiefe, in Dunkelheit versinkende Täler. Der kühle Abendwind singt sein leises Lied, und in der Ferne rauschen die wilden Wasser der unzähligen Flüsse, die sich ihren Weg durch die fruchtbaren Ebenen bahnen.

Kinder sehen die Welt mit anderen Augen

Ich sitze vor meinem Zelt, einen Becher mit heißem, herrlich duftendem Kaffee in der Hand und lausche verzückt in die menschenleere Stille. Tiefer Frieden und ein unbeschreibliches Glücksgefühl stellen sich bei mir ein angesichts dieses grandiosen Naturschauspiels.

Da zerreißt ein gellender Schrei die friedliche Stille. Baaauuuul..... Mein Bär.........Maaamaaaa. Baul mir Bär wegnommn. Neiiin, .......meiiiiner. Maaaaamaaaa!

Der Zauber ist verflogen. Die Realität hat mich wieder.

Reisen mit Kindern ist anders. Da sind sich sicher alle Eltern einig. Von der abenteuerlichen Wildwestromantik einer bekannten Zigaretten-werbung meilenweit entfernt. Abenteuerliches Reisen und gleichzeitig entspanntes Miteinander mit den Kindern – das sei nicht vereinbar, so die allgemeine Behauptung. Ist es wirklich so? Hat man wirklich nur die Wahl zwischen einsamen Wildnistrips ohne Kids und familienfreundliche Hotelanlagen auf Mallorca, damit der Urlaub erfolgversprechend ist? Ich denke nein!

Das Reisehandbuch »Mit Kindern die Welt entdecken« beantwortet die Frage, was mit Kindern unterwegs alles möglich ist. Hat man es gelesen, wird man feststellen, dass das ganz schön viel ist. Mit der Unbefangenheit und Neugierde der Kinder die Welt zu bereisen und zu entdecken, das ist das umfassende Thema dieses Buches. Es versteht sich als Basiswerk für alle Familien, die auf eigene Faust eine Reise planen und gestalten möchten.

Es richtet sich an jene, die es schon vor der Zeit ihrer Kinder geliebt haben, sich bei Wind und Wetter in ihrem Zelt in den Schlafsack zu kuscheln, die es genossen haben, einsame Gegenden zu durchwandern, und innerliche Ausgeglichenheit finden konnten bei ausgedehnten Radtouren in fernen Ländern. Was einem vor dem Elterndasein so viel Lebensfreude geschenkt hat, ist aber auch mit Kindern möglich!

»Mit Kindern muss man kleinere Brötchen backen.« So wird es einem vor allem von den besorgten Großeltern der Sprösslinge mit dem Eintreffen derselben vehement und kaum Widerstand duldend eingetrichtert. Es werden einem heimische, haustürnahe Ziele ans Herz gelegt, die meist alles andere als Sehnsucht stillend sind. Jemandem, der schon lange von den neuseeländischen Alpen schwärmt, wird die zehnte Umrundung des Hausberges seiner Heimatgemeinde keine dauerhafte Befriedigung verschaffen. Auch wer einsame Strände auf kleinen, touristisch kaum bedeutsamen Inseln im Atlantik genossen hat, wird mit dem nahe gelegenen, übervölkerten Erholungsgebiet am Badesee keine Erfüllung seiner Träume finden.

Kleinen Kindern die große weite Welt zeigen – warum nicht?

Natürlich ist es nicht abwegig, nähere Ziele ins Auge zu fassen, ohne dabei seine Individualität beim Reisen zu verlieren. Man muss aber nicht der Kinder wegen einer Radtour im Altmühltal oder der Besteigung des Brocken den Vorrang vor Reisezielen im näheren oder ferneren Ausland geben.

Es bedarf nur ein wenig Mut, Fantasie und natürlich auch Erfahrung, eine individuelle Reise, auch in ferne Länder oder fremde Kulturen, mit Kindern zu unternehmen. Viele mittlerweile bekannte Globetrotterfamilien haben gezeigt, wie man mit Kindern die Welt bereisen kann. Sie kommen in diesem Buch zu Wort, erzählen von ihren Erlebnissen und geben wertvolle Erfahrungen weiter.

Auch jene Familien, die der Pauschalreisen überdrüssig sind und ihren Urlaub selbst gestalten wollen, aber nicht wissen wie, möchte das Buch ansprechen. »Mit Kindern die Welt entdecken« gibt hilfreiche Tipps und bietet praktische Lösungen für die kleinen Stolpersteine und Unwegsamkeiten auf einer Reise. Es möchte aufräumen mit dem Vorurteil »mit Kindern büßt

man seine Freiheit ein«, denn Kinder – vor allem kleine – sind anpassungsfähiger als die meisten Erwachsenen, die mit dem Nachwuchs den Mut zum unkonventionellen Handeln verlieren.

Das individuelle Reisen mit Kindern erfasst einen größeren Radius und Gestaltungsspielraum als die Vorstellungskraft mancher Eltern zulässt. Mit einer intensiven Planung und einer Portion Mut lässt sich vieles und noch mehr verwirklichen. Dabei sind die Möglichkeiten nahezu unbegrenzt: Abenteuersafari in Namibia, Radeln in Südamerika, Entdeckungsreise durch Australien oder mit dem Wohnmobil durch Nordamerika. Mit Kindern ist mehr möglich als man glaubt. Dieses Buch möchte der letzte Anstoß zum Aufbruch sein. Genießen Sie das Unterwegssein – gerade mit ihren Kindern! Denn sie sind es, die sich zwanglos und vorurteilsfrei dem Abenteuer hingeben und die Welt auf ihre ganz besondere Weise erobern.

In diesem Sinne wünsche ich Ihnen viel Spaß und Freude dabei, mit Ihren Kindern die Welt zu entdecken!

*Christine Sinterhauf*

# Planen und Vorbereiten einer Reise mit Kindern

# Am Anfang steht das Fernweh

Kennen wir sie nicht alle: Reiseträume, die sich in unseren Köpfen zu Bildern formen, Bilder von malerischen Südseestränden, von einsamen, unendlich sich zum Himmel erhebenden Steppen oder erhabenen Gipfelpanoramen, die von heroischen Besteigungen zeugen. Träume, aus unserem alltäglichen und als gewöhnlich empfundenen Leben auszubrechen, hat jeder.

Anfang der Achtzigerjahre feierte Udo Jürgens mit dem Song »Ich war noch niemals in New York« große Erfolge, da er damit den Zeitgeist traf und dennoch Familienexperten und tausende von biederen Hausfrauen und Mütter gegen sich aufbrachte. Für die Sehnsucht nach grenzenloser Reisefreiheit die Familie zu verlassen war unmoralisch (und ist es noch heute), selbst wenn es nur gedanklich geschieht. Das Verbinden von beidem – abenteuerliches Reisen und Familie – schloss sich in der damaligen Gesellschaft kategorisch aus (und noch nicht einmal Udo Jürgens wäre das wohl in den Sinn gekommen).

Doch gerade in dieser Zeit haben sich viele ihre Träume erfüllt. Vor allem junge Menschen entdeckten in den letzten Jahrzehnten die Welt auf ganz individuelle Weise. Sie folgten prominenten Einzelkämpfern wie Heinz Stücke, Rüdiger Nehberg oder Bruno Baumann, die sich schon damals durch ihre unkonventionelle Art zu reisen einen Namen in der Reiseszene gemacht hatten. Der Individualtourismus war geboren und blieb kein Einzelphänomen mehr. Er etablierte sich in unserer Gesellschaft mit Schlagworten wie Globetrotter und Outdoortourismus. »Baedecker« tauschte man gegen Individualreiseführer ein, die unter sehnsuchtsvollen Namen wie »lonely planet« die Welt eroberten.

Heute gibt es kein Neuland mehr. Alles wurde bereits mehrfach beradelt, erwandert oder auf andere Weise entdeckt. Die einsamen Helden und Pioniere des individuellen Reisens sind in die Jahre gekommen und ihre Jünger erwachsen. Viele Globetrotter von damals sind nicht ihren Lehrern gefolgt, sondern haben ganz bürgerlich eine Familie gegründet und sind sesshaft geworden. Ihre Jugendträume haben sie sich erfüllt und reisende Revolutionäre sind brave Eltern geworden. Sie zehren am Wickeltisch von vergangenen Abenteuern und bei jeder Tasse Tee werden Bilder früherer Eroberungen wach. Sehnsucht ist unheilbar. Jeder, der einmal den Duft der großen weiten Welt genossen hat, wird niemals mehr vom Fernweh geheilt werden, auch nicht als Mama und Papa.

Heute sind viele am Ende ihrer Abenteuerreisen angelangt. Urlaubsziele schrumpfen auf die Konfektionsgröße des neugeborenen Nachwuchses zusammen. Der Nationalpark Torres del Paine gegen das Allgäuer Land, das Taj Mahal gegen den Kölner Dom eingetauscht. »Wir entdecken unser eigenes Land« ist der öffentliche Tenor der Zeit. »Bei uns ist es doch auch schön«, tönt es von allen Seiten. Natürlich ist es bei uns schön, doch andernorts eben auch! Und: »Man kann auch in unserem Land individuell reisen und Abenteuerurlaub mit der Familie erleben.« Das ist wahr! Aber man *muss* es nicht – nur weil man Kinder hat! Viele Länder der Erde bieten eine bessere Infrastruktur für Individualreisende als Deutschland und gestalten das Unterwegssein somit viel angenehmer.

Gerade junge Eltern wünschen sich oft, aus ihrem beengten Alltag mit all seinen kleinen Sorgen und Nöten für einige Zeit auszubrechen, einfach die als anstrengend empfundene Routine hinter sich zu lassen – ohne jedoch die Familie dabei auszuschließen. Sie ist zum sicheren Hafen des Lebens geworden, in dem man seinen selbstverständlichen Ankerplatz gefunden hat.

Jeder, der in der Zeit vor seinen Kindern gerne und viel gereist ist, wird auch mit Nachwuchs nicht vom Reisefieber, welches dann und wann unweigerlich ausbricht, verschont bleiben. Es macht sich immer dann bemerkbar, wenn man an Reisebüros vorbeischlendert und Bilder entdeckt, die sich vor vielen Jahren ins Herz gebrannt haben. Die persönliche Fernwehzone, wird sich so mancher in solchen Momenten eingestehen müssen, ist größer als das, was man sich mit dem Nachwuchs zutraut zu leben.

Doch auch wer nicht von der großen weiten Welt träumt, wird ab und zu von dem stillen Wunsch heimgesucht, beim nächsten Urlaub möge alles anders werden. An den überfüllten Badestränden beim Kampf an der Sonnenliegefront träumt so mancher von menschenleeren Stränden und einsamen Buchten. Im Familienclubhotel vertreibt sich Papa die Zeit mit Bergsteiger-Literatur und Mutter philosophiert bei »Wandern auf dem Jakobsweg« über den Sinn des Lebens. Fernweh und die Sehnsucht nach etwas Neuem, Aufregendem im Leben ist der Beginn einer jeden Reise, egal wohin sie führt.

Selbst überzeugte Pauschaltouristen stellen sich manchmal die Frage, ob Erholung und Entspannung wirklich nur zwischen den festgelegten Essenszeiten und während der Betreuungsstunden ihres Nachwuchses in den All-Inclusive-Bettenburgen möglich sind. Alle, die während der schönsten Zeit des Jahres mit ihren Kindern vor allem nur ausspannen und möglichst wenig gemeinsam erleben wollen, können an dieser Stelle getrost dieses Buch weglegen und weiterhin unbehelligt Kataloge wälzen. Alle anderen, vor allem die, die sich schon öfter gefragt haben, ob man nicht mehr Zeit mit den Kindern verbringen könnte und diejenigen, die den Sprösslingen gerne Neues, Fremdes zeigen und mit ihnen gemeinsam entdecken wollen, sollten weiterlesen. Dann ist es nämlich an der Zeit, den Urlaub anders zu gestalten als die letzten Jahre.

Wie oft hört man den Satz: »Eine Alpenüberquerung würde mir Spaß machen, aber mit den Kindern ...?« oder: »Einmal mit dem Jeep in die Wüste, das ist ein unerfüllter Wunsch von mir, aber das traue ich mir mit meiner Familie nicht zu.«

Warum fällt es vielen Eltern nur so schwer, die eigenen Interessen und Reiseträume mit den Bedürfnissen der Familie zu kombinieren? Das

eine schließt das andere niemals aus! Selbst für gewagte Wünsche gibt es auf Reisen mit der Familie immer einen Weg. Man muss ihn nur finden, und vor allem auch gehen. Vielen Eltern fehlt leider einfach der Mut und manchmal auch die entsprechende Erfahrung, die eigenen Grenzen zu sprengen und sich auf den Weg zu begeben, das Reisen neu zu entdecken.

Selbstbestimmtes Reisen ist die Reiseform der großen Weltentdecker und Globetrotterfamilien, aber es ist durchaus auch für weniger abenteuerlustige Familien geeignet. Es muss ja nicht gleich die große Weltreise quer durch alle Kulturkreise sein, aber auch nicht vor der eigenen Haustüre enden. Reist man auf eigene Faust ohne große Reiseveranstalter und Reiseleitung, erfährt und erlebt man die Welt viel intensiver als eine Pauschalreise dies jemals zu leisten vermag.

## Mit Kindern die Welt entdecken – warum nicht?

Warum nicht mit Kindern die Welt erobern? Ein Terrain, das sich pauschalreisende Familien schon lange erobert haben, ist für Individualreisende ein gesellschaftlicher Tabubruch. Als Rucksacktouristen wie Vagabunden durch ferne Länder, und das auch noch mit Kindern? Das geht doch nicht! Man trifft unterwegs wie zu Hause auf viel Unverständnis, aber auch auf stille Faszination, die viele Fragen aufwirft. Wie geht das überhaupt mit Kindern? Was muss ich denn beachten? Und wohin kann ich bedenkenlos reisen? Diese und noch viele Fragen mehr müssen beantwortet werden, bevor aus einer Idee eine Reise geboren wird. Mit Kindern erlernen Eltern das Reisen oft neu. Ebenso wie sich ihre Sprösslinge mühselig das Laufen erarbeiten. Und ebenso wie bei den Kleinen tun sich manche Eltern schwerer damit als andere. Aber mit etwas Übung lernen es schließlich alle. Dabei ist es gar nicht so schwierig, das Reisen mit dem Nachwuchs. Kinder kennen kaum Ängste oder Vorurteile. Sie sind entdeckungsfreudig und nonverbal kommunikativer als mancher fremdsprachengebildete Erwachsene. Folgen wir unserem gesunden Menschenverstand und dem Herzen, können wir vieles lernen. Das meiste von unseren Kindern selbst, denn ihnen ist es egal, wo sie ihre Sandburgen bauen – am Nordseestrand oder Waikiki Beach auf Hawaii. Warum also nicht die eigenen Traumziele mit dem unvermeidlichen Kindervergnügen verbinden? So profitieren beide Familienseiten vom gemeinsamen Urlaub: Die Kinder in ihrer kleinen Welt und die Erwachsenen von der großen weiten.

Es muss nicht immer die Nordsee sein. Der Südpazifik ist auch schön! – Neuseeland, Nordinsel

Natürlich, und auch das soll nicht unerwähnt bleiben, ist mit Kindern nicht alles möglich. Polarexpeditionen oder Mt.-Everest-Besteigungen sind nicht kindgerecht durchführbar. Es gibt körperliche und seelische Grenzen, die es zu erkennen gilt.

In diesem Buch geht es daher weniger um sportliche Höchstleistungen und risikoreiche Grenzerfahrungen (wobei jede Reise mit Kindern einer Grenzerfahrung gleichkommt!), sondern darum, wie Familien nach ihren ganz persönlichen Fähigkeiten und Erfahrungen versuchen können, ein Reiseziel mit und für ihre Kinder zu entdecken. Fast jedes Land der Erde ist familienreisetauglich. Mit ausgewähltem Wissen erfahrener Reisefamilien und Globetrottern

möchte dieses Buch Eltern Mut machen, Neuland zu entdecken. Sie finden zahlreiche Tipps für die Vorbereitungs- und Planungsphase und erhalten für den Weg fundiertes Wissen und nützliche Erfahrungswerte.

Sicher ist das Reisen mit Kindern zunächst aufwändiger, nicht immer der bequemste Weg, aber mit Sicherheit der erlebnisreichste und schönste. Beweisen Sie Mut und wagen Sie den Schritt, denn ob eine Reise gelingen kann, erfahren sie nicht durch bloßes Nachdenken, sondern nur wenn Sie es ausprobieren!

## Verantwortungsbewusst reisen – das wichtigste Kriterium

Die meisten Eltern sind sich ihrer Verantwortung bewusst und besitzen damit schon die wichtigste Voraussetzung fürs Reisen mit Kindern. Ab dem Moment, in dem man nicht mehr nur für sich selbst verantwortlich ist, tun sich viele neue Fragen auf. Eltern sorgen sich stets nur um eines: das Wohlergehen ihres Nachwuchses. Die Natur hat dies so eingerichtet und uns Eltern mit Geburt des Kindes hormonell darauf eingestellt. Äußerst praktisch eigentlich! Trotzdem reagieren Eltern sehr unterschiedlich auf ihre neue Rolle. Viele sind – gerade beim ersten Kind – überaus vorsichtig, um nicht zu sagen übervorsichtig. Andere dagegen haben weniger Hemmungen, den Nachwuchs einfach mit »einzupacken«. Aber alle Eltern wollen auf ihren Reisen mit den Kleinen sicherlich eines vermeiden: den Kindern körperlich oder seelisch zu schaden.

Wie definiert sich verantwortungsbewusstes Reisen mit Kindern also? Es bedeutet ganz einfach, dass Eltern das Wohl der Kinder vor ihre eigenen Interessen stellen. Eine geplante, anstrengende Besichtigung ist sinnlos mit einem Kind, das sich schon vorher in einer schlechten Stimmung befindet. Ist das Kind körperlich nicht fit, müssen Pausen oder ungeplante Ruhetage eingeschoben werden. Feste Termine wie Flüge oder Ähnliches können natürlich nicht verschoben werden und müssen unter Umständen auch mit einem kranken oder unwilligen Kind hinter sich gebracht werden. Aber versuchen Sie immer, dem Kind gerecht zu werden, wenn dies problemlos möglich ist. Versetzen Sie sich in die Lage Ihres Kindes und vergewissern Sie sich, was für Ihr Kind – und nicht für Sie selbst – das Richtige ist: Spielplatz statt Straßencafé, Ruhepause statt Stadtbesichtigung.

Eltern lernen unterwegs sehr schnell, dass ihr Kind kein Spielball ist, sondern der Coach, der vorgibt, welche Aktionen möglich sind. Und die Erwachsenen sind die Spieler, die ständig bemüht sind, so zu spielen, dass das Team gewinnt. Auf diese Weise werden Sie Ihre Reise sicher siegreich beenden.

## Die Planung einer Familienreise

Eine Reise ist die bewusste Bewegung ins Ungewisse. Dies ist sicherlich für viele der Motor, unterwegs zu sein. Sich auf Neues einzulassen und Überraschungen jeglicher Art gelassen hinzunehmen. In den Träumen von Freiheit und Abenteuer haben das Planen und Organisieren wenig Raum. Dennoch sind einige Planungspunkte beim Reisen mit Kindern wichtig. Die grenzenlose Flexibilität und Spontaneität gehen beim Reisen mit Kindern verloren. Ohne Nachwuchs ist man immer in der Lage, auf Unvorhergesehenes angemessen zu reagieren: Ein Verzicht auf Essen und Trinken, sich mit dem Schlafsack in die Büsche zu schlagen oder am Flughafen den Jetlag zu überwinden ist mit Kindern einfach nicht mehr möglich oder zumindest äußerst fragwürdig. Kinder sind unterwegs auf souveräne, Sicherheit ausstrahlende Eltern angewiesen, und das geht den meisten Erwachsenen in solchen Extremsituationen verloren. Sie werden unsicher und nervös, was sich auf die Kleinen negativ auswirkt. Gänzlich vermeidbar sind unangenehme Situationen unterwegs sicherlich nicht, doch mit einem guten und soliden Grundgerüst kann man unterwegs mit einem guten Gefühl entspannter agieren.

Das Wichtigste ist die Planung der ersten Tage einer Reise. Kinder kann das Herausreißen aus ihrer gewohnten Umgebung verunsichern. Hat man eine feste Basis zu Beginn der Reise, kann man den Kindern die Möglichkeit geben, ihre Sicherheit in einer neuen Umgebung wiederzufinden und sich auf Neues und Ungewohntes einzulassen. Auch die Eltern finden dadurch Ruhe und Gelassenheit, die sie auf dem Weg ins Abenteuer ebenso benötigen. Informieren Sie sich also gut über das Reiseziel. Gut vorbereitet können viele Ängste schon vor der Reise abgebaut werden. Doch Vorsicht: Übervorsichtige Eltern können dadurch eher noch stärker verunsichert werden. In diesem Fall ist weniger lesen mehr.

Vor der Reise sollten folgende Fragen beantwortet werden können:
> **Wie** will die Familie umherreisen (welches Fortbewegungsmittel wird genutzt)?
> **Wo** kann die Familie schlafen (welche Unterkunftsmöglichkeiten gibt es vor Ort)?
> **Was** kann die Familie essen (welche Versorgungslage findet man vor)?

Diese drei Fragen begleiten einen während der gesamten Reise und sind zusätzlich die Ausgangspunkte für das Zusammenstellen der Ausrüstung. Es sollte vorher recherchiert werden, ob die angestrebte Reiseform vor Ort verwirklicht und die Grundbedürfnisse der Familie befriedigt werden können. Stellt man erst unterwegs fest, dass das Geplante nicht möglich ist, ist das zwar nicht hochdramatisch, aber äußerst ärgerlich. Vor allem dann, wenn die Hälfte der Ausrüstung plötzlich zum unnötigen Ballast wird. Zudem sind die Kinder sicherlich nicht beglückt über die unverhoffte Kursänderung.

Das vorherige Planen und Vorbereiten sind beim Reisen mit Kindern wichtig, da es den Kindern einen Fahrplan aufzeigt, mit dem sie sich gedanklich auseinandersetzen auf die Zeit unterwegs vorbereiten können. Dennoch sollte man einen Urlaub nicht »überplanen«. Nicht alles lässt sich zu Hause »in trockene Tücher packen«.

Auch ist es nicht ratsam, wie ein Ertrinkender an seinen Plänen festzuhalten, wenn sich vor Ort ein Vorhaben nicht verwirklichen lässt. Fürs Umsteigen sollte man immer offen bleiben. Setzen Sie sich deshalb schon vor der Reise mit dem Gedanken auseinander, unterwegs Kursänderungen zu vollziehen und in Notfällen zu improvisieren.

Das Planen und Vorbereiten der Freizeitaktivitäten, die man unterwegs ausüben möchte, ist nur dann wichtig, wenn es das Zusammenstellen der Ausrüstung beeinflusst. Andernfalls ist das »Was kann ich wo unternehmen« zwar der angenehme und Vorfreude steigernde Teil der Planung, jedoch im Grunde eigentlich nebensächlich. Auch auf eine präzise Routenplanung sollte man mit Kindern tunlichst verzichten (Ausnahme sind Radel-, Wander- und Kanutouren). Dies ist in den meisten Fällen sinnlos. Erfahrungsgemäß kommt es unterwegs anders als geplant. Und das ist auch gut so! Denn mit einem festen und straff organisierten Reiseprogramm verliert man jeden Handlungsspielraum, der beim Reisen mit Kindern jedoch wichtig ist. Kinder müssen und wollen vor allem nicht jeden Tag nach festgelegten Plänen gestalten. Da die Interessen von Eltern und Kindern meist sehr unterschiedlich sind, ist es allemal klüger, sich nur einige einzelne Fixpunkte zu setzen – also Sehenswürdigkeiten, die man unbedingt sehen möchte. Alles andere sollte man dem Zufall überlassen und sich dem Abenteuer mit seinen Kindern hingeben (→ »Kindgerecht reisen«, S. 217).

## Kinder planen anders – Kinderwünsche berücksichtigen

Würde man ein Kind fragen, wohin die Reise gehen soll, würde die Antwort wahrscheinlich lauten: an den Nordpol oder zum Mond. Kinder haben außerdem ein eingeschränktes räumliches und zeitliches Vorstellungsvermögen und können daher Entfernungen sowie Zeitspannen nicht einschätzen. Deshalb kennen alle Eltern auch die allseits beliebte Frage kurz nach dem Einstieg ins Auto: »Wann sind wir endlich da?«

Für viele Kinder ist der »Urlaub« auch ein örtlicher und kein zeitlicher Begriff. Darum oft die Frage: »Wann sind wir endlich *in* Urlaub?«

Trotz der geografischen Unkenntnisse sollten die Wünsche der Kinder bei der Urlaubsplanung auf jeden Fall berücksichtigt werden. Natürlich muss man den Kleinen klar machen, dass sich eine Reise zum Mond schwierig gestalten lässt, doch meist lassen sich Kinderwünsche leicht mit den eigenen Interessen verbinden. Kinder denken hinsichtlich einer Reise nicht in geografischen Längen- und Breitengraden. Ihnen ist wichtiger, welche Aktivitäten sie im Urlaubsland ausführen können, und was sie sehen wollen.

Instinktiv zieht es Kinder meistens ans Meer. Die Faszination für das große Wasser erfasst schon die Kleinsten. Vom Sandburgenbauen bis zur Abenteuer-Schiffs-Reise als Piratenkapitän ist alles dabei. Tatsächlich bietet der Lebensraum Meer und Küste Kindern jeden Alters hervorragende Bedingungen für einen erlebnisreichen, spannenden, aber auch erholsamen Urlaub. Die Vielfalt der möglichen Freizeitaktivitäten ist an den Küsten meist höher als im Landesinneren. Ohne dass Kindern dies alles bewusst wäre, entscheiden sie sich, sofern sie ein Wahlrecht haben, meistens für einen Urlaub am Meer.

Auch Tiere spielen im Zusammenhang mit einer Reise für Kinder eine große Rolle. »Ich möchte dorthin fahren, wo die Tiger wohnen!« bedeutet nicht automatisch, dass die Familie nach Indien fahren muss (was natürlich auch geht). In praktisch allen Ländern der Erde gibt es Tiergärten und Naturparks, in denen Tierbeobachtungen heimischer, aber auch exotischer Tiere möglich sind.

Neben den klassischen zoologischen Gärten findet man weltweit Schutzgebiete und Pflege- sowie Aufzucht- und Waisenstationen für bedrohte Tiere des betreffenden Landes und Gebietes. Der Überbegriff für diese meist staatlichen und gemeinnützigen Einrichtungen und

Schutzgebiete heißt »Sanctuary«. Einrichtungen verschiedenster Art und Zwecks versteht man unter diesem englischen Begriff weltweit. Das können Aufzuchtstationen vom Aussterben bedrohter Tiere oder Pflegestationen für Tiere sein, die nicht oder nicht mehr in ihren natürlichen Lebensraum integriert werden können. Diese dürfen in einem Besucherareal betrachtet und unter Umständen sogar hautnah erlebt werden. Das unterscheidet Schutzstationen im Wesentlichen von kommerziellen zoologischen Gärten. So gibt es beispielsweise in Afrika Waisenhäuser für Elefantenbabys, in Australien Schutzgebiete für Koalabären und Kängurus, in Indonesien Heime für Affen, in China Pandastationen, in Nordamerika Bärenreservate, in Neuseeland Kiwiaufzuchtstationen, in Südamerika Reptilienhäuser oder in Lappland Zuchtstationen für Rentiere. Diese Aufzählung könnte noch um ein Vielfaches erweitert werden. In nahezu allen Ländern der Erde wird man verschiedene Sanctuaries finden. Der Hauptzweck aller Einrichtungen dieser Art ist die Arterhaltung und der Schutz der heimischen Fauna. Daneben dienen Sanctuaries ökologischen, wissenschaftlichen und natürlich auch touristischen Zwecken. Häufig findet man diese Einrichtungen in den Nationalparks und an den Küsten (maritime Pflegestationen für Meerestiere aller Art – nicht zu verwechseln mit den nicht artgerechten Delfinarien).

Ebenfalls spannend und abenteuerlich für Kinder sind geführte Nationalparktouren, maritime Beobachtungsausflüge (z. B. Wal- und Delfinbeobachtungen) und Tiersafaris, bei denen man heimische Tiere in freier Wildbahn beobachten kann, und die es nicht nur in den großen Naturschutzgebieten Afrikas gibt (für solche Beobachtungen sollte man ein gutes Fernglas im Reisekoffer haben).

Je älter die Kids sind, umso konkreter werden die Wünsche: Disneyland, Ritterburg, Center Park, Kanutrip, Reiten, Ballonfahrt, Segeln, Surfen, Klettern, Tauchen, Höhlen erforschen … Einfach alles, was dem Nachwuchs abenteuerlich er-

scheint, beflügelt seine Fantasie. Oft sind unter den Wünschen auch jene, die viele Erwachsene als zu kommerziell ablehnen. Aber es spricht nichts dagegen, nach einer erfolgreich beendeten Radtour durch Dänemark seinen Kindern den Wunsch zu erfüllen, nach Billund ins Legoland zu fahren.

Lassen sich Kinderwünsche nicht so einfach erfüllen, liegt es an der Fantasie der Erwachsenen, Alternativen anzubieten. Möchte ihr Kind beispielsweise unbedingt mit Ihnen segeln gehen, ohne dass Sie einen Segelschein besitzen, können Sie versuchen, bei einem professionellen Segelteam anzuheuern. Dies kann über private Kontakte geschehen, die unterwegs meist problemlos hergestellt werden können. Bieten Sie Ihrem Kind ersatzweise Kanu- oder Kajaktouren an (Tipps und Infos dazu finden sie in diesem Buch unter: »Kanufahren – mit Kindern auf dem Wasser«, S. 135). (Haus-)Bootstouren, die auf vielen europäischen Wasserstraßen angeboten werden und keine spezielle Qualifizierung erfordern, wären auch eine mögliche Lösung.

Bei allem was sie planen und unterwegs unternehmen ist das Wichtigste, dass Sie Ihre Kinder als gleichberechtigte Reisepartner verstehen. Denn gerade von ihnen hängt der Erfolg eines solchen Unternehmens ab.

## Kinder auf eine Reise vorbereiten

Wichtig ist, dass Sie Ihren Kindern erklären, dass Sie eine Familienreise planen. Bereiten Sie Ihren Nachwuchs seinem Alter entsprechend auf das Unternehmen vor. Zeigen Sie kleineren Kindern anhand eines speziellen Kinderatlas, wohin die Reise gehen soll und was die Kleinen dort erwartet. Lesen Sie mit ihnen Kinderbücher speziell zum Reiseland oder Reisegeschichten (z. B. Reisemaus, Felix der Hase). Hängen Sie eine Kinderweltkarte auf und lassen Sie die Kleinen virtuell mit einem Flugzeug um die Welt fliegen. Beziehen Sie die Kinder in alle möglichen Vor-

bereitungen mit ein. Dazu gehört das Koffer-
packen ebenso wie das Zusammenstellen der
Ausrüstung. Nur wenn man ihnen die Möglichkeit gibt, aktiv an der Planung und Umsetzung
mitzuarbeiten, werden sie sich schneller mit der
ungewohnten Situation, unterwegs zu sein, arrangieren.

Größere Kinder ab dem Schulalter können durch
eine umfangreichere Literaturauswahl leichter
an eine Reise herangeführt werden. Kindersach-
bücher aus den Reihen »Was ist Was« (Tessloff
Verlag) oder »Wieso Weshalb Warum« (Ravensburger Verlag) behandeln Themenbereiche, die
Kinder und Jugendliche auf eine Reise einstim-
men können. Sehr schön ist die Kinderbuchreihe aus dem Verlag Knesebeck, die unter den Titeln »Städte der Welt«, »Wohnen in fernen
Ländern«, »Kinder in fernen Ländern – für uns
erzählt« und »Kinder der Welt – für uns erzählt«
erschienen sind. Sie veranschaulichen sehr realistisch, aber dennoch kindgerecht das Leben in
anderen Teilen der Welt (→ Buchtipps im Kapitel
»Unterwegs in fremden Kulturkreisen und
armen Ländern«, S. 257).

Kinder sind schnell für eine Sache, insbesondere
für eine Reise, zu begeistern, wenn man ihnen
die Vorzüge ausführt. Dennoch sollte man bei
seinen Schilderungen immer versuchen, wahr-
heitsgetreu zu bleiben. Kinder und Jugendliche
saugen die Informationen regelrecht auf und
haben dann oft ganz genaue Vorstellungen, was
sie von einer Familienreise erwarten. Übertrie-
ben positiv dargestellte Reiseziele können zu
einer überhöhten Erwartungshaltung führen,
der in der Realität kaum entsprochen werden
kann. Bleiben Sie also realistisch und somit
glaubwürdig. Versprechen Sie den Kindern nicht
das Blaue vom Himmel und verschweigen Sie
nicht zu erwartende Unannehmlichkeiten. Größere Kinder verstehen es durchaus, dass eine individuell geplante Reise auch unangenehme Situationen mit sich bringen kann. Überzogene
Versprechungen und damit unerfüllte Urlaubsträume werden unterwegs schnell zu Stim-

mungskillern, und ein halbherziges Ersatzpro-
gramm wird dann meist abgelehnt.

Oft decken sich die angestrebten Urlaubsaktivi-
täten und Interessen der Erwachsenen nicht mit
denen der Kinder. Stundenlanges Radfahren,
Wandern oder Sightseeing stellen sich die wenigsten Kids unter einem Abenteuerurlaub vor.
Erklären Sie ihren Kindern deshalb vor der
Reise, welche Vorstellungen Sie haben, und fragen Sie umgekehrt auch die Kleinen nach ihren
Wünschen. Erarbeiten Sie danach gemeinsam
einen »Schlachtplan« mit Straßenkarten und
Reiseatlas. Gehen Sie ruhig spielerisch vor und
basteln Sie einen eigenen Routenplaner für die
Kinder mit Reiseverlauf und einzelnen Highlights für den Nachwuchs.

Planen Sie einen Aktivurlaub (Wandern, Radtour oder Ähnliches), ist es sinnvoll, die Kinder
mit kleineren Touren darauf vorzubereiten.
Dabei können die Grenzen der Kleinen ausgelo-
tet werden und die Kinder wissen, wie sich so
eine Reise »anfühlt«. Sie bekommen sozusagen
einen Vorgeschmack. Dabei ist es ganz wichtig,
dass sie nach diesen Testtouren ein positives Resümee ziehen können und auch die Kinder danach noch Freude an der Sache haben, sonst
sieht es für »höhere« Ziele schlecht aus. Betonen
Sie immer wieder, wie toll Ihre Kinder sich bei
den Tätigkeiten machen und wie begeistert Sie
von ihren Fähigkeiten sind. Das spornt an und
macht Lust, seine Leistung zu steigern. Als Eltern
sollten Sie jedoch immer ein Augenmerk auf
Leistungsabfall und Zeichen von Erschöpfung
Ihrer Kinder haben, um Überanstrengungen zu
vermeiden.

Testtouren sind eine sinnvolle Vorbereitung
der Kinder auf eine Reise. Sie sind jedoch nicht
eins zu eins auf eine längere Reise übertragbar,
da verschiedene Einflussfaktoren wie ein völlig
anderes Klima oder ein schwierigerer Touren-
verlauf das Leistungsergebnis erheblich verändern können. Planen Sie also für die Reise stets
kürzere Etappen als die, die Sie zu Hause geübt
haben. Das verschafft einem unterwegs Freiräume, vor Ort mehr zu erreichen als geplant.

### Reisebericht: Norwegen, Schweden und die finnischen Ålandinseln

*»Ein Sommermärchen – und der Beginn einer langen Reise«*
*Mit zwei Kleinkindern (2 und 4 Jahre) die Welt entdecken (Christine Sinterhauf)*

Die Fußballweltmeisterschaft im eigenen Land ist schon ein großartiges Ereignis. Seit Wochen und Monaten dreht sich in deutschen Haushalten nahezu alles um das Thema Fußball. Nur nicht in unserem. Wir sind schon seit Wochen damit beschäftigt, eben diesen aufzulösen. Pflanzen werden bei verschiedenen Freunden in Obhut gebracht, Möbel eingelagert und Umzugskisten gestapelt. In wenigen Tagen werden wir zu einer fast einjährigen Reise aufbrechen. Das bedrückende Gefühl der Heimatlosigkeit und die beklemmende Angst vor dem unbekannten Weg, der vor uns liegt, lässt unsere Nerven blank liegen. Eine Vorfreude oder gar Urlaubsstimmung möchte sich nicht so recht einstellen. In den letzten Tagen vor der Abreise, in denen wir bei meiner Mutter wohnen, umsorgt diese uns fürsorglich und liebevoll. Damit fällt der Abschied noch schwerer  ...

Nach einer nächtlichen Fahrt durch Deutschland und Dänemark erreichen wir am frühen Morgen den Fährhafen Hirtshals, von dem aus die Autofähre in knapp fünfstündiger Fahrt nach Kristiansand in Südnorwegen übersetzt.
    Norwegen erwartet uns erstaunlicherweise mit milden Temperaturen und sonnigem Wetter  – und das Ende Mai! Die Gegend um die hübsche Stadt Kristiansand mutet lieblich an, mit sanften Hügeln und märchenhaften Wäldern.

In den ersten Tagen verarbeiten wir den Stress der letzten Wochen und die kräftezehrende Anreise. Unsere Kinder genießen die Weitläufigkeit des Campingplatzes, den Spielplatz direkt vor unserem Zelt und die Nähe zum Strand, den wir jeden Abend auf kleinen Spaziergängen entlang der Küste erkunden.

Nach vier Tagen des Ruhens und Rastens starten wir mit dem Fahrrad Richtung Norden. Bei der Planung zu dieser Reise haben wir lange überlegt, auf welche Art wir Skandinavien bereisen wollen. Schon seit mehreren Jahren ist Fahrradfahren unsere bevorzugte Fortbewegungsart auf Reisen. Auch mit den Kindern hat sich diese Einstellung nicht grundlegend geändert. Bisher haben wir schon mehrere kleine Fahrradtouren mit unseren Kindern hinter uns, auf denen wir verschiedene Erfahrungen sammeln konnten. Doch gerade im letzten Jahr, der Vorbereitungstour auf diesen Langzeiturlaub, stießen wir bedingt durch sehr schlechtes Wetter an unsere Grenzen, was uns dazu veranlasste, ein motorisiertes und ausreichend großes Basiscamp  – unseren Kleinbus  – mit auf Reisen zu nehmen, in dem man auch noch längere Regenperioden aushalten kann. Zudem ist Skandinavien viel zu groß, um es ausschließlich mit dem Fahrrad zu erkunden. Wir wollen bis weit in den hohen Norden reisen, und das

ist mit Fahrrädern und kleinen Kindern in den wenigen Monaten nicht zu realisieren. Deshalb ist unser Kleinbus für die Überbrückung langer Strecken und solcher mit Bergwertung (wir sind keine begnadeten Gämsen) gedacht. Auch wenn das Wetter sich schlagartig verschlechtern sollte, was ja in Skandinavien immer der Fall sein kann, sind wir mit einem motorisierten, fahrbaren Untersatz nicht auf Gedeih und Verderb dem Wetter ausgeliefert. Einerseits haben wir so die Möglichkeit, unsere bevorzugte sportliche Aktivität zu genießen, andererseits sind wir aber nicht darauf angewiesen, wenn die äußeren Umstände radlerunfreundlich werden. Es ist ein Kompromiss, den wir für uns, aber hauptsächlich auch für die Kinder eingehen. Der Urlaub soll ja auch eine entspannende und schöne Zeit für uns sein und keine Gewalttour.

Die Setesdalroute führt über knapp 250 Kilometer von der Küstenstadt Kristiansand durch das liebliche Setesdal nach Haukeligrend am Rande der Hardangervidda, der größten Hochebene Europas. Die äußerst familienfreundliche Route zeigt die reizvolle landschaftliche Vielfalt Südnorwegens trotz weniger anstrengender Bergetappen. Leicht hügelig zieht sich die Straße durch das Tal, umgeben von voralpinen Panoramen des norwegischen Südens, bevor sie kurz vor

Haukeligrend auf die Hochebene stößt. Auf kurzen Abschnitten führt der Radweg abseits der Hauptverkehrsstraße auf einer alten Eisenbahntrasse über Schotterwegen mit vielen kleinen Tunneln durch wirklich zauberhafte Landschaften.

Seit Beginn unserer Reise hat es weder geregnet, noch kamen wir bisher in den »Genuss« norwegischer Durchschnittstemperaturen. In Europa herrscht derzeit ein heißer Sommer, der als Jahrhundertsommer in die Wetteraufzeichnungen eingehen wird, und von dem auch das sonst so kühle Skandinavien profitiert. Seit Tagen genießen wir hochsommerliches Wetter mit Temperaturen bis zu 30 Grad Celsius. Die Nächte in den Tälern dagegen sind nordisch kalt.

In diesen ersten Tagen feiern wir den zweiten Geburtstag unserer Jüngsten. Auf den Fahrrädern können wir leider keine großen Geschenke mitnehmen (aber was braucht eine gerade Zweijährige auch große Geschenke!). Unsere Tochter genießt da lieber die ungeteilte Aufmerksamkeit der Eltern, ein spontanes (und schräg gesungenes) Geburtstagsständchen norwegischer Jugendlicher und eine Tafel Schokolade, die sie ganz alleine (und fast auf einmal) verputzen darf.

Weiter geht es mit unserem Bus durch das alpine Südwestnorwegen mit seinem Hoch- und Fjordland und vielen landschaftlichen Sehenswürdigkeiten, allen voran den Wasserfällen, die hier sehr zahlreich und imposant vertreten sind. Wir erkunden die Natur-

schönheiten des Fjordlandes auf zahlreichen kleinen Tageswanderungen, welche einen wunderbaren körperlichen Ausgleich zum Fahrradfahren darstellen. Hier treffen wir die Familie meines Mannes, die ihren Urlaub kurzerhand nach Norwegen verlegt hat, obwohl sie doch eigentlich lieber in südlicheren Gefilden unterwegs ist. Mit den gleichaltrigen Cousinen und dem Cousin verbringen unsere Kinder eine unbeschwerte und aufregende Zeit. Jeden Tag beschlagnahmen sie die Spielplätze, freunden sich mit fremden Kindern an und lassen sich bereitwillig als vermeintliche Wikingerkinder von italienischen Touristen fotografieren.

Es gibt aber auch für die Erwachsenen sehr viel zu sehen und zu erleben. Südnorwegen birgt wahre Natur- und Kulturschätze in sich. Neben Stabkirchen, Naturmuseen, der berühmten Flåmbahn und der geschichtsträchtigen Kulturstadt Bergen besuchen wir den bei Touristen sehr beliebten Geirangerfjord, den Trollstiegen, unendlich viele bekannte Wasserfälle und streifen neben der Hardangervidda (größte Hochebene Europas) noch andere bekannte und imposante Naturschutzgebiete wie den Jotunheimen- und den Jostedalsbreen-Nationalpark.

Mein Mann hat sich vorgenommen, in Norwegen zu fischen. Der Arme hat noch nie in seinem Leben eine Angel auch nur in den Händen gehalten. Für diese Reise jedoch hat er extra eine – wenn auch preisgünstige – Angel er-

standen, um in den unzähligen Fjorden die seiner Meinung nach lebenswichtige Jodversorgung seiner Familie zu sichern. Da der Fleischgenuss in Norwegen nicht bezahlbar ist, ernähren wir uns seit Beginn der Reise ausschließlich vegetarisch. Um unseren kargen Speiseplan, der aus Nudeln, Gemüse, Reis und eben Nudeln besteht, zu erweitern, greifen wir dann und wann auch zu Fisch, der in Norwegen im Übermaß vorhanden ist. Das Fischen ist in den Meeresgewässern Norwegens ohne Angellizenz ausnahmslos erlaubt, und es tummeln sich zahllose Profiangler sowie blutige Amateure in den fischreichen Fjorden des Landes.

Eines schönen Abends, es mag so um die Mitternachtzeit sein, packt mein Mann voller Elan und siegesgewiss seine Angel aus, um seinen ersten Versuch zu starten. Ich sitze in einiger Entfernung auf einem Felsen und schaue nur kurz und müde lächelnd von meinem Buch auf. Das kann ja was werden. Er wirft fachmännisch die Angel aus, so wie er es von einem Angler kurz zuvor erklärt bekommen hat, und holt sie gemächlich wieder ein. Was soll ich sagen, es zappelt tatsächlich ein Fisch am Haken. Die Aufregung ist groß, da wir damit überhaupt nicht gerechnet haben. Vom Erfolg angestachelt probieren wir noch fast eine Stunde, weitere Fische zu ergattern. Doch bis zum Ende der Reise sollte dieser eine Fisch, trotz vielfacher weiterer Versuche, der letzte gewesen sein. Die Moral von der Geschichte ist wohl, dass dies ein einmaliges Anglerglück gewesen sein muss – oder eben ein ganz besonders blöder Fisch.

## Im Land der Mitternachtssonne

Unsere nächste kleine Fahrradtour starten wir an der flachen Küstenlinie von Møre. Die ausgewiesene Radroute von Insel zu Insel in Møre und Romsdal führt über 200 Kilometer an der brettflachen Küstenlinie von Molde nach Kristiansund. Diese sehr leicht zu radelnde Strecke ist wegen des geringen Autoverkehrs für Familien wie geschaffen.

Leider haben wir schon am zweiten Tag eine größere Panne. Der Pedalarm unseres Tandems ist gebrochen. Nach der fachmännischen Reparatur, die mein technikversierter Mann selbst durchführt, radeln wir am nächsten Tag weiter. Mit unserem Liegeradtandem, auf dem unser Sohnemann als »potenzieller Mittreter« stolz thront, werden wir, wo immer wir auftauchen, ungläubig bestaunt. So kommen wir selbst mit den nicht gerade aufgeschlossenen und wortkargen Norwegern das ein oder andere Mal ins Gespräch.

Die hiesige Region wird durch Ackerbau und Viehwirtschaft geprägt und wirkt daher sehr ländlich, aber keineswegs reizlos. Die Meeresstraße, Atlanterhavsveien, mit ihren zahlreichen Brücken über mehrere Inseln hinweg ist das touristische Highlight der Gegend. Die vollständige Schönheit dieses Bauwerkes lässt sich allerdings nur aus der Luft bestaunen. Fährt man mit dem Fahrrad über die unzähligen Brücken, bleibt einem diese Aufsehen erregende Ansicht verborgen.

In Kristiansund angekommen verlässt uns das schöne Wetter für einen Tag. Die Kinder freuen sich über einen Besuch im städtischen Hallenbad und wir uns über den Einzug der deutschen Nationalmannschaft ins Halbfinale der Fußballweltmeisterschaft.

Unser nächstes Ziel Trondheim soll für uns nur das Sprungbrett zu den Lofoten sein. Die Stadt und das immer noch hochsommerliche Wetter laden jedoch zu einer dreitägigen Ruhepause ein. Immer noch steigt das Quecksilber über die Dreißig-Grad-Marke und wir fragen uns langsam, ob wir uns kurz vor dem Polarkreis oder nicht doch in der Nähe des Äquators befinden. Die Stadt Trondheim stellt das wirtschaftliche und kulturelle Zentrum Mittelnorwegens dar. Dennoch ist sie mit etwa 150 000 Einwohnern, wie alle norwegischen Städte, nicht besonders groß. Trondheim erweist sich als äußerst familienfreundlich, da fast der gesamte Innenstadtbereich autofrei ist. So können auch Eltern mit kleinen und bewegungsfreudigen Kindern einen gemütlichen und entspannten Stadtbummel genießen. Was wir bisher leider noch nicht wissen, aber auf unserem Weg in den Norden schmerzlich erfahren müssen, ist die Tatsache, dass das Gebiet um Trondheim eine Art Wetterscheide darstellt. Herrscht südlich davon Hochdruckwetter, kann man oberhalb von Trondheim mit einem Tiefdruckgebiet rechnen.

In zwei Nachtfahrten schleichen wir mit unserem Bus 750 Kilometer gen Norden. Da im Land der Trolle und Elfen die zulässige

Höchstgeschwindigkeit 80 Kilometer pro Stunde ist, zieht sich jeder gefahrene Kilometer unnatürlich in die Länge. Dennoch sind die beiden Nachtfahrten sehr entspannend (da man von hinten nur ein leises Schnarchen vernehmen kann), und mit dieser traumhaften Naturkulisse eine Augenweide. Wir fahren durch überragende Landschaften mit riesigen Wäldern, die sich in der Unendlichkeit verlieren. Reißende Ströme, die durch mächtige Ebenen rauschen, verzaubern durch ihr immerwährendes, gleichförmiges Lied. Tiefe Täler versinken in zarten Nebelschleiern und daraus empor ragen imposante Bergspitzen, die im Abendlicht rosa-violett glänzen. Ich fühle mich in einen kitschigen Trapperfilm versetzt. Gleich kommt der Mann aus den Bergen hier vorbei oder irgendein Grizzlybär kreuzt unseren Weg. Nach zwei wunderbaren, ruhigen Nächten in der einsamen Wildnis des hohen Nordens erreichen wir den übervölkerten und grausigen Campingplatz in Bodø (an touristisch strategischen Punkten kann man nach unserer Erfahrung immer mit besonders heruntergekommenen Campinganlagen rechnen). Da wir am nächsten Morgen keinen Platz mehr auf der Fähre zu den Lofoten ergattern können, beschließen wir zum 250 Kilometer nördlich gelegenen Fährhafen nach Skutvik weiterzufahren. Von diesem weniger bekannten, aber besseren Fährhafen legen ebenfalls Fähren zu den Lofoten ab. Die Fahrt dauert hier nur zwei Stunden (ab Bodø 4,5 Std.) und das Schiff ist größer und komfortabler

**Hochsommer auf den Lofoten**

als die Fähre ab Bodø. So landen wir in Svolær auf den Lofoten.

Die Halbinseln der Lofoten gelten als die Karibik des Nordens. Tatsächlich findet man hier Strände, die einen südlichen Charme ausstrahlen. Das türkisblaue Wasser der zahlreichen kleinen Buchten erinnert den Besucher eher an Südseestrände, als dass man sie hier im kühlen Norden erwarten würde. Hält man allerdings seinen großen Zeh ins Wasser, spürt man sehr schnell, wo man sich befindet. Ganz wagemutige Zeitgenossen baden sogar im kühlen Nass oberhalb des Polarkreises. Im Land der Mitternachtssonne spüren wir schon am ersten Tag, dass wir in den letzten Tagen fast tausend Kilometer Richtung Norden zurückgelegt haben: Es ist kalt und windig. Am ersten Tag unternehmen wir eine kleine Wanderung zu den Freilichtmuseen Nusfjord und Nesland. Hier kann man die typischen, auf Stelzen erbauten Fischerhütten des Nordens, die Rorbu, bewundern. Noch

scheint trügerisch die Sonne vom fast wolkenlosen Himmel und wir Erwachsenen kommen in der »Nacht« in den Genuss, die Mitternachtssonne erleben zu dürfen. Ein ungewohnter und faszinierender Anblick. Am nächsten Morgen wachen wir im Sturm mit Regenschauern wieder auf.

Eigentlich hatten wir hier eine vierzehntägige Fahrradtour geplant. Doch das momentane Wetter will dies unter allen Umständen verhindern. Es regnet nicht nur, nein, es stürmt, und das ununterbrochen. Es stürmt sogar so sehr, dass unsere kleine Tochter dann und wann von einer steifen Brise von ihren kurzen Beinchen geweht wird und im Matsch landet. Glücklicherweise besitzt der Campingplatz in Romberg einen gemütlichen Aufenthaltsraum, in dem unsere Tochter, zur »Freude« anderer Reisender bei Bedarf (manchmal auch während der Essenszeiten – wad mud dat mut!) gewickelt wird. Gleich neben dem Campingplatz befindet sich die Bi-

bliothek des Dorfes, in der wir nach fünf Tagen zur Stammkundschaft gehören und unsere Kinder liebevoll mit ihrem Namen begrüßt werden. Hier können die Kleinen nach Herzenslust in der Spielecke toben und wir lesen ihnen stundenlang norwegische Trollgeschichten vor. Nach und nach werden die Zelte auf dem Platz »abgebaut«. Es ist fast wie bei den zehn kleinen Negerlein: ein kräftiger Windstoß und schwups, wieder eins weniger. Wir halten uns jedoch wacker. Fast stündlich müssen die zwanzig Zentimeter langen Heringe, die eigentlich vom Vorzelt des Busses stammen, wieder in die inzwischen aufgeweichte Erde gedrückt werden. Es ist für die Erwachsenen wahrlich kein Vergnügen, dafür aber umso mehr für die Kinder. Sie finden es recht amüsant, wenn die Zeltwand eingedrückt wird und Papa eine Stange auf den Kopf bekommt. Die morgenlichen und abendlichen Schmuse- und Spielstunden werden ausgedehnt. Was soll man denn sonst auch tun! Genau das muss sich unser Sohn am dritten Tag gedacht haben, als er – aus Langeweile oder Versehen – auf das Kopfteil eines Schlafsacks sein kleines Geschäft verrichtet – anstatt in den vor dem Innenzelt stehenden Topf. Für ihn ist das jedoch nicht weiter tragisch, handelt es sich bei dem Schlafsack doch um den seines Papas. Dieser findet das in der gegenwärtigen Lage allerdings nicht besonders komfortabel und stellt sich ernsthaft die Frage, warum er sich das hier eigentlich antut. Nach über einer

Woche fragen sich das schließlich alle Familienmitglieder. Wir geben auf, packen unsere gut befeuchteten Sachen zusammen und flüchten Richtung Schweden. Die trostlose Bilanz des Sturms sind vier genervte Reisende, zwei verbogene Zeltstangen und ein aromatisierter Schlafsack.

**Lappland ist schön, Nils, sehr schön!**

Dem in Elternkreisen bekannten Zitat der Wildgans »Akka von Kebnekaise« aus der Zeichentrickserie »Nils Holgersson« kann ich mit vollem Herzen beipflichten. Lappland ist wirklich ein Erlebnis. Unsere Planung sah eigentlich vor, den Norden Schwedens so schnell wie möglich zu durchqueren. Doch schon nach den ersten Kilometern wird klar, dass wir uns für Lappland mehr Zeit nehmen werden. Zwar kann Schweden mit der landschaftlichen Vielfalt Norwegens bei weitem nicht mithalten, doch Schwedisch-Lappland ist mit seinen unbesiedelten und unendlich erscheinenden Weiten extrem faszinierend. Hier gibt es mehr Rentiere als Einwohner. Selbst Bären streifen noch durch die menschenleeren Fjälls. Unser erstes Ziel ist die nördlichste Hauptstadt Schwedens namens Kiruna (auf Deutsch Schneehuhn). Sie ist mit ihrer Gesamtfläche von 40 000 Quadratkilometern die zweitgrößte Stadt der Welt. Das eigentliche, bewohnte Stadtgebiet jedoch umfasst weniger als 16 Quadratkilometer. Die recht unansehnliche Siedlung im hohen Norden mit dem unverkennbaren Charme russischer Vorstadtsiedlungen inmit-

ten der Unendlichkeit fasziniert dennoch. Die Vorstellung, dass in dieser abgeschiedenen Welt Menschen im Winter bis zu minus 40 Grad Kälte ausgesetzt sind, ist bedrückend und lässt meine Hochachtung gegenüber den Einwohnern wachsen.

Jetzt im Hochsommer ist es dagegen am Tag angenehm warm, wenn auch nicht gerade heiß. Bei ca. 20 Grad Celsius tummeln sich viele ausgelassene Kinder im Schwimmbad des Campingplatzes, welches gleichzeitig auch das Freibad der Stadt ist. Uns Südländer laden die eher mäßig warmen Temperaturen und der dazu frische Westwind nicht gerade zum Baden ein, weshalb wir lieber anderen Beschäftigungen nachgehen, bei denen wir uns nicht entkleiden müssen. Und davon gibt es in Kiruna und Umgebung sehr viele.

Ein »must see« für jeden Kirunareisenden ist ein Besuch der »Kirunavaara«, der größten Eisenerzmine der Welt. Auf geführten Touren per Auto erhält man einen Einblick in den modernen und fast automatisierten Eisenerzabbau, der bis zu einen Kilometer in die Tiefe geht und auf über 650 Kilometern geteerter Straßen unter Tage verläuft. Für Kinder unter sechs Jahren ist der Aufenthalt im Bergwerk allerdings aus Sicherheitsgründen verboten. Doch für die Kleinsten hat Kiruna ebenfalls etwas zu bieten: einen großen Abenteuerspielplatz am Rande der Innenstadt, den man in dieser Abgeschiedenheit des hohen Nordens nicht erwarten würde. Auch im Stadtkern trifft man hier und

da auf einzelne Spielgeräte, die während einer Besichtigung Abwechslung versprechen. Selbst im Touristenbüro kommen die Kleinen auf ihre Kosten mit einer aufgebauten Eisenbahnwelt aus Holz im Besuchercafé. Wir unternehmen eine Tageswanderung auf dem »Mitternachtspfad«, der uns zum Hausberg Kirunas, dem »Haukivaara«, führt. Von hier wird man mit einer Aussicht über die einsamen Weiten Lapplands mit Blick auf den höchsten Berg Schwedens, dem Kebnekaise, belohnt. Wir besuchen eine Samiwerkstatt, in der man sehr viel über die Kultur der Ureinwohner des Nordens, ihre Bräuche und Lebensweisen lernt. Dort erstehen wir zwei handgefertigte Stoffrentiere, welche wir liebevoll Lars und Ole taufen und die von unseren Kindern heißgeliebt jeden Abend im Zelt zu Tode geknuddelt werden.

Für Wanderer und Bergsteiger ist der Ort Nikkaluokta ca. 70 Kilometer südwestlich von Kiruna der Einstieg für eine Tour zum Kebnekaise. Tagestouren an den Fuß des höchsten Berges Schwedens werden täglich von Kiruna per Bus und Boot angeboten. In Nikkaluokta kann man auch in den Fernwanderweg »Kungsleden« einsteigen oder in zwei Tagesetappen zur Kebnekaise Fjällstation und wieder zurück laufen (dies scheitert für uns leider an der Länge der Tagesetappen von 20 Kilometern). Das kleine Dorf Jukkasjärvi, weniger als 20 Kilometer östlich von Kiruna, hat eine weitere Attraktion zu bieten: Hier wird jedes Jahr aufs Neue das inzwischen weltweit bekannte schwedische »Icehotel« erbaut. Im

Sommer kann man in einer Kühlhalle einige in Eis gemeißelte Kunstwerke bewundern. 200 Kilometer südlich von Kiruna in der Kleinstadt mit dem wohlklingenden Namen Jookmokk gibt es ein sehr sehenswertes Samimuseum, an dem auch Kleinkinder ihre Freude haben.

So weit und einsam die Straßen zwischen den einzelnen kleinen Städten und Dörfern in Lappland sind, so bevölkert und wuselig erscheinen einem die Siedlungen in der touristischen Hochsaison. Die großen Campingplätze des Nordens sind mit Besuchern bevölkert und es herrscht ein munteres Treiben. Für Kinder gibt es hier in Schweden tägliche kleine und große Freuden: die Spielplätze. Familienurlaub in Schweden bedeutet, dass man nach wenigen Wochen fast alle Spielplätze zwischen Lappland und Trelleborg kennt. Und das sind nicht wenige. Wenn Norwegen familienfreundlich ist, so legt Schweden noch eins drauf. Selbst im hohen Norden gibt es hier überall schöne und vor allem gepflegte Spielplätze und Parkanlagen. Unsere Kinder assoziieren mit Lappland das Verstecken in Samihütten und Reiten auf holzgeschnitzten Elchen (die lebendigen Artgenossen gibt es allerdings nur in Mittel- und Südschweden).

Viel länger als geplant halten wir uns in Lappland auf und jeder Tag bringt neue und aufregende Erlebnisse mit sich. Auf den endlos erscheinenden Strecken in den Süden treffen wir mehrmals täglich Rentierherden auf ihren Wanderschaften durch die schwedischen Fjälls. Die Entfernungen zwischen den einzelnen Siedlungen hier im Norden sind sehr groß, weshalb wir erst im südlichen Nordschweden, in Östersund, wieder unsere Fahrräder auspacken und die reizvollen Landschaften rund um den wunderschönen See »Storsjön« erkunden. In der Nähe von Östersund besuchen wir einen Elchpark, in dem die Kinder zahme Elche streicheln und Elchbabys (die immer noch größer sind als unsere Kurzen) füttern können. Das Wetter hat es in den letzten Wochen sehr gut mit uns gemeint. Seit Überschreitung der Grenze zu Schweden hat es keinen Tag mehr geregnet. Der Wind weht derzeit aus westlicher Richtung, was für das Inland stabiles Wetter bedeutet, da sich die Regenschauer über den Bergen Norwegens austoben.

## Die Ålandinseln – das Eisparadies in der Ostsee

Von Grisslehamn (ca. 150 Kilometer nördlich von Stockholm) aus starten wir zu unserer nächsten Radtour auf die finnischen Inseln namens Åland. Aus dieser eigentlich nur als Abstecher geplanten Tour von fünf Tagen werden ganze zwei Wochen.

Die Fährlinie auf die autonomen Ålandinseln und nach Finnland ist eine sehr günstige Möglichkeit, auf finnisches Gebiet überzusetzen, da diese Schiffsverbindung zwischen den beiden Staaten Schweden und Finnland von der EU finanziert wird. Die Überfahrt mit einem Pkw kostet kaum mehr als der Personentransport und für Fahrräder ist die Fähre zu und zwischen den einzelnen Ålandinseln sogar kostenlos. Wir lassen also unseren Bus auf dem Festland zurück und »radeln« Richtung Finnland.

Die aus mehreren Inseln und unzähligen Schären bestehenden Ålandinseln sind, wie nicht anders zu erwarten, ein Eldorado für Seekajak- und Kanufahrer und in diesen Kreisen weithin bekannt und äußerst beliebt. Doch auch für Fahrradfahrer, die das gemütliche Fahren auf fast autofreien Straßen mit kurzen Distanzen lieben, sind die Ålandinseln ein Paradies. Die Topografie ist meist flach bis leicht hügelig im Norden, und es gibt neben den ohnehin schon schwach befahrenen Bundesstraßen zahlreiche Fahrradwege, die durch entzückende Waldgebiete oder entlang der malerischen Küste führen, mit herrlichen Ausblicken auf die Schärenwelt der Ostsee.

Die kurzen Etappen zwischen den einzelnen Campingplätzen kommen uns als Familie mit kleinen Kindern sehr entgegen. Wir fahren, je nach Lust und Laune, mal 10 oder 20, aber selten mehr als 40 Kilometer am Tag. Dazwischen gibt es herrlich gelegene Rastplätze im Wald, auf freiem Feld oder an der Küste. Viele Campingplätze, und sind sie noch so klein, haben schnuckelige Spielplätze oder können mit einer herrlichen Lage inmitten der Natur mit Badeteich, Strand oder »Kletterbäumen« aufwarten. Dazwischen gibt es fast täglich kurze Schiffsüberfahrten zu winzigen Inselchen, die kaum größer sind als eine deutsche Kleinstadt und in

Pippi Langstrumpf im Astrid Lindgren Erlebnispark bei Vimmerby

einer Tagesetappe von weniger als zehn Kilometern von Süd nach Nord durchquert werden können. Und weiter geht es zum nächsten verschlafenen Eiland. Die Landschaften der Ålandinseln werden hauptsächlich von der Landwirtschaft geprägt und einer unspektakulären, beruhigend einfachen Natur. Es gibt nichts und dennoch alles zu sehen, was Kindern gut tut und uns Erwachsenen viel Ruhe und Zufriedenheit schenkt. Neben den täglichen Radausflügen und Fährfahrten genießen die Kinder viele Stunden am Strand und auf kleinen Erlebniswanderungen in den zahllosen Schären. Das für die hiesigen Verhältnisse ungewöhnlich stabil sonnige und heiße Wetter gibt uns die Möglichkeit, die Inseln voll auszukosten. Tagsüber klettert das Thermometer sehr häufig über die 30-Grad-Marke, und selbst die Nächte sind erstaunlich mild für

diesen Breitengrad. Fast jeden Tag gibt es für die Kinder leckeres Eis, woraus unser Sohn schlussfolgert, dass wir uns am Nordpol auf den Eisinseln befinden müssen.

## Kinderabenteuerland Südschweden

Stockholm ist eine Reise wert, aber nicht mit kleinen Kindern! Wo uns die Ålandinseln so viel Ruhe bescherten, ist Stockholm für unsere Kurzen geradezu ein Kulturschock. Dennoch haken wir ein Highlight nach dem anderen ab: die Wasa, Skansen, die Altstadt Gamla Stan, der Dom, der Königspalast und und und ... Nach etwa drei Tagen haben wir die wichtigsten Sehenswürdigkeiten der Stadt gesehen und unsere Kinder benötigen eine touristische Auszeit.

Mit Stockholm hat man den südlichen Teil Schwedens erreicht. Hier ist vieles anders als im schwach besiedelten, ruhigen

Norden. Die Landschaft wird vom Menschen gezähmt, es dominieren Getreidefelder, Acker- und Weideland. Selbst die Menschen sind anders als im hohen Norden. So mancher Südschwede ist so spröde wie sein heißgeliebtes Knäckebrot. Das Nationalgericht, an welchem man gerade in Südschweden nicht vorbeikommt, sind kleine Hackfleischbällchen, die sich »Köttbullar« (ausgesprochen: Schöttbölla) nennen und dem Namen und Aussehen nach dem ähneln, was ein Rentier im Galopp verliert. Hier erfüllt sich das Klischee Schwedens auf jedem gefahrenen Kilometer. Kleine rote Sommerhäuschen mit penibel gepflegten Vorgärten schmiegen sich an goldgelbe Weizenfelder oder den steinigen Schärengärten an den malerischen Küsten (Inga Lindström lässt grüßen). Nahe Stockholm besuchen wir die nette Kleinstadt namens Mariefred. Dort wird das Klischee Schwedens geradezu perfektioniert. Mit Schloss Gripsholm und seiner größten Bildergalerie des Landes ist diese hübsche schwedische Kleinstadt bei ausländischen Besuchern äußerst beliebt. Nur unseren Kindern gefallen solche kulturellen Sehenswürdigkeiten natürlich nicht, weshalb wir lieber den schönen Spielplatz von Mariefred aufsuchen. Die Fahrt mit der alten, noch mit Dampf betriebenen, Schmalspureisenbahn von Mariefred, die täglich zwischen Läggesta und Mariefred im Viertelstundentakt verkehrt, gefällt dagegen.

In Südschweden bleibt uns das schöne Wetter nicht mehr treu. Es ist wechselhaft, und auf sonnige Tage folgen kühle mit starken Regenfällen. Unser vorletztes Ziel auf dieser Reise heißt Vimmerby und die Welt von Astrid Lindgren. Daran wird man als Schwedenreisender mit Kindern kaum vorbeikommen, was jedoch nicht weiter dramatisch ist, da sich der Kommerz um die bedeutendste Kinderbuchautorin Schwedens in Grenzen hält. Dennoch dreht sich in und um Vimmerby alles um Astrid Lindgren und deren Vermächtnis. Es gibt ein nach ihr benanntes Museum (Astrid Lindgren Gården) und den sehr sehenswerten Astrid-Lindgren-Erlebnispark, ein Märchenpark, der die bekanntesten Werke der Schriftstellerin in Theaterstücken zeigt und daneben mit kleinen bunten Häuschen die Kinder zum Verweilen einlädt (Erwachsene müssen sich ganz schön krumm machen, um die Kleinen dort wieder herauszube-

kommen). Daneben kann man die im Originalzustand erhaltenen Drehorte der Kinder von Bullerby (was gleichfalls der Geburts- und Wohnort von Astrids Vater war) und den Katthulthof von Michel aus Lönneberga (der im Original übrigens Emil heißt) besuchen. Neben der Welt von Astrid Lindgren hat man im Dorf »Södra Vi« nahe Vimmerby im Museum »Lilla Landet« (kleinen Land) die Möglichkeit, auf den Spuren von Nils Holgersson die schwedischen Landschaften in Miniaturausgabe zu bewundern.

Für eine weitere Fahrradtour im Astrid-Lindgren-Land reicht unsere Zeit nicht mehr aus. Nach den vielen abenteuerlichen Erlebnisse der letzten Tage bewegen wir uns mit dem Auto weiter Richtung Süden. Auf der brettflachen Insel Öland werden wir unsere letzte Fahrradtour starten. Unsere Planung sah eigentlich vor, das Auto auf dem Festland zurückzulassen. Doch die Stadt Kalmar ist zu unserem Erstaunen größer und unübersichtlicher als erwartet. Ein weiteres Handycap ist das Verbot, mit dem Fahrrad über die Brücke zu fahren, welche Öland mit dem Festland verbindet. So parken wir unseren Bus auf dem nächstbesten Campingplatz auf Öland und radeln los.

Die sonnenreiche und milde Ostseeinsel Öland, berühmt für ihre ausladenden Strände und bekannt für ein niederschlagarmes Wetter, kann man gemütlich in einer Woche per Rad umrunden. Mit ihrer Ausdehnung von 140 Kilometern in der Länge und gerade mal 16 Kilometern Maximalbreite

gehört die Insel zu den kleinsten Provinzen Schwedens. Wir jedoch benötigen wieder einmal mehr als doppelt so lange für die Erkundung Ölands. Gibt es auf der idyllischen Ostseeinsel doch so viel zu sehen und zu erleben: die Sommerresidenz des schwedischen Königshauses, unzählige historische Windmühlen, die Leuchttürme »Länge Erik« an der Nordspitze und »Länge Jan« im Süden Ölands, die als Wahrzeichen der Insel gelten, die steppenartige Agrar- und Sumpflandschaft »Stora Alvaret« im Süden der Insel, die zum UNESCO-Weltkulturerbe ernannt wurde, das Vogelschutzgebiet Ottenby im Süden und der Nationalpark »Norra Kvill« mit einem beeindruckenden verwunschenen Waldgebiet aus knorrigen, alten und kunstvoll verbogenen Baumskulpturen. Und immer wieder laden große und menschenleere Strände zum Verweilen ein, an denen unsere Kinder wieder ihrem Lieblingsspiel nachgehen können, dem Buddeln im Sand. Es ist mittlerweile Mitte August und die Feriensaison in Schweden zu Ende. Die Campingplätze und Strände sind gähnend leer, sodass wir ganz Öland und halb Südschweden für uns alleine haben.

Doch auch unsere Reise, ein Sommermärchen im hohen Norden Europas, findet mit der Ankunft in Trelleborg Anfang September vorerst ihr Ende. Nicht im Traum haben wir mit so vielen heißen Tagen und lauen Sommernächten im Land der Mitternachtssonne gerechnet. Umso schwerer wiegt die Erinnerung an den zauberhaften Norden.

# Das richtige Reisealter

Viele Eltern fragen sich, ab welchem Alter die Kinder »reisetauglich« sind und wohin die Reise gehen kann. Diese Frage hängt jedoch weniger vom Alter als vielmehr von der Persönlichkeit eines jeden Kindes ab. Es gibt Kinder, die lieben ihre gewohnte Umgebung und reagieren höchst empfindlich auf Veränderungen. Hat man ein solches Exemplar, weiß man dies in der Regel vorher und kann darauf mit geeigneten Maßnahmen reagieren. Natürlich ist das Reisen auch mit solchen Kindern möglich, wenn auch anstrengender als mit einem geborenen Nomaden. Die meisten Kinder jedoch sind unkomplizierter und anpassungsfähiger als ihre Eltern dies vor einer Reise überhaupt für möglich halten. Mit der notwendigen Sensibilität verkraften alle Kinder eine Reise sehr gut und werden nicht, wie von Reisegegnern oft propagiert, in ihrer geistigen oder körperlichen Entwicklung gestört. Was und wie viel sich Eltern mit ihrem Nachwuchs zutrauen, ist sehr unterschiedlich, doch ausschließlich vom Alter eines Kindes sollte man eine Reise und deren Ziel nicht abhängig machen. Denn jedes Alter der Kinder hat beim Reisen seine Vor- und Nachteile. Ein ideales Reisealter gibt es demnach nicht, und auch kein dem Alter des Kindes angepasstes Reiseziel. Es liegt vielmehr in der Verantwortung der Eltern, die Infrastruktur eines Landes familiengerecht zu nutzen und Reiseabläufe sowie Aktivitäten unterwegs dem Alter der Kinder anzupassen. Reist man mit mehreren Schäfchen, wachsen diese Herausforderungen, da man vielen unterschiedlichen Individuen gerecht werden muss. Aber, wie es so schön heißt, Eltern wachsen mit ihren Aufgaben.

## Baby und Kleinkind

All denjenigen, deren Kinder sich nicht im schulpflichtigen Alter befinden, steht die Welt offen, überall und zu jeder Zeit. Deshalb möchte ich Ihnen den wichtigsten aller Ratschläge dieses Buches gleich ans Herz legen: Reisen Sie mit kleinen Kindern durch die Welt! Und glauben Sie mir: Es wird niemals mehr so einfach sein! Das Widersprüchliche an der Sache ist, dass viele davor zurückscheuen, mit kleinen Kindern Ziele fern der Heimat zu bereisen – und später werden die Ziele ferner denn je. Dieses Buch soll Ihnen Mut machen, sich von festgelegten Mustern zu lösen, spießige Alltagsmeinungen zu ignorieren und eigene Wege einzuschlagen. Gerade junge Eltern kämpfen mit Ängsten und Unsicherheiten, was die Verwirklichung eines solchen Unternehmens angeht. Der Drang, die kleinen Sprösslinge zu behüten, ist noch sehr stark ausgeprägt. Viele scheuen davor zurück, das sichere Nest zu verlassen, da die Welt vermeintlich so viele Gefahren in sich birgt. Es gibt ein sehr schönes indisches Sprichwort:

*»Sind die Kinder klein, müssen wir ihnen helfen, Wurzeln zu fassen. Sind sie aber groß, müssen wir ihnen Flügel schenken. Sind sie klein, fliegen sie von allein.«*

Dieses Sprichwort zeigt deutlich, wie unkompliziert kleine Kinder mit ihrer Umwelt umgehen. Diese Gabe gilt es in Bezug aufs Reisen zu nutzen, nicht zu unterdrücken.

Natürlich ist es wichtig, den Kindern einen Rahmen zu geben, in dem sie sich gefahrlos bewegen und heranwachsen können. Doch daran gehindert, Vertrauen zu ihrer Umwelt herzustellen, werden kleine Kinder durch eine Reise (auch eine längere) nicht, wie viele unerfahrene Menschen einem versuchen einzureden.

Die Identifikation des Kindes mit und in seiner Umwelt ist in jungen Jahren sehr wichtig. Dabei ist in den ersten drei Lebensjahren die Familie der örtliche Mittelpunkt der Kleinen. Dies sind in der Regel Vater und Mutter. Erst mit dem Kindergartenalter bekommen Kinder einen intensiveren Kontakt zu anderen Personen. Sie sind nun in der Lage, eigenständig Kontakte aufzubauen und zu pflegen. Sie fügen sich in einen gesellschaftlichen Rahmen ein und schließen Freundschaften. Plötzlich reagieren Kinder deutlich auf Veränderungen in ihrer unmittelbaren Umgebung. Sie beginnen Freunde, Erzieher oder andere Kontaktpersonen zu vermissen. Je jünger also die Kinder sind, umso weniger reagieren sie auf örtliche Veränderungen, da ihre Basis (Mutter und Vater) ja bei ihnen ist, und für sie damit alles in Ordnung. Junge Eltern werden jetzt natürlich widersprechen und behaupten, dass Babys und Kleinkinder sehr wohl auf örtliche Veränderungen reagieren (z. B. beim Schlafen). Und das stimmt auch. Wir Mütter (und Väter natürlich auch) geben unseren Kindern Sicherheit durch Rituale und fest strukturierte Tagesabläufe. Und genau dies sollte man im Urlaub auch tun. Dazu stehen einem mehr Möglichkeiten zur Verfügung, als man glaubt. Kinder gewöhnen sich zudem sehr schnell an andere Strukturabläufe und sind flexibler, als ihre Eltern glauben (siehe → »Kindgerecht reisen – Grundbedürfnisse befriedigen«, S. 220).

Das Reisen mit Kleinkindern und Babys ist auch deshalb so einfach, weil sie noch passive Reisebegleiter sind. Bietet man ihnen (und das ist die Voraussetzung) einen strukturierten Tagesablauf, der ihre Grundbedürfnisse befriedigt, und drückt den Knirpsen ein Spielzeug in die Hand, sind die meisten damit zufrieden. Ihre Anspruchslosigkeit und Flexibilität gibt den Eltern beim Reisen mehr Spielraum zur Verwirklichung der eigenen Interessen. Strapaziert man sie nicht über die Maße, überstehen sie meist mühelos einen Museumsnachmittag oder einen Radeltag schlafend im Kinderanhänger ohne Bei-Laune-halten-Programm.

**Kind**

Mit zunehmendem Alter steigen nicht nur die Aktivitäten der Kleinen an, sondern auch das Mitspracherecht. Aktionen müssen kindgerechter gestaltet, die wachsende Neugierde befriedigt bzw. gebändigt werden. Kinder wachsen zu gleichberechtigten Reisepartnern heran und Forderungen werden viel deutlicher zum Ausdruck gebracht (das kennen wir ja aus dem Alltag zu Hause). Die psychische Verfassung der Kinder wird zum Stimmungsbarometer auf Reisen, positiv wie negativ. Der wachsende Einfluss des Nachwuchses muss demnach bei der Planung berücksichtigt und auch unterwegs bedacht werden. In den Reiseabläufen müssen die Wünsche der Kinder Beachtung finden, der Nachwuchs intensiver, seinem Alter entsprechend, mit der Reiseplanung vertraut gemacht werden. Wie unkompliziert und einfach man das bewerkstelligt, finden Sie unter »Kinder auf eine Reise vorbereiten« (S. 16) und »Kindgerecht reisen« (S. 217).

Kinder, die sich in ein gesellschaftliches Gefüge eingelebt haben, entwickeln plötzlich Heimatverbundenheit. Sie bekommen häufig Heimweh. Dies kann einem Kind unter Umständen die Freude am Beisammensein mit den geliebten Eltern und den mit Vorfreude erwarteten Urlaub trüben. Man sollte als Eltern wissen, dass Kinder auch bei intensiver Vorbereitung sehr unterschiedlich auf plötzliche Veränderungen reagieren können und die Beweggründe der Erwachsenen für das Vorhaben »Reisen« nicht auf den Nachwuchs projiziert werden sollten. *Ihr Wunsch ist das Reisen und nicht der der Kinder!* Gefühle wie Heimweh und damit verbundene Reisemüdigkeit oder Unwilligkeit sind für viele Kinder beim Unterwegssein, vor allem bei längerem, vollkommen normal, aber auch nichts, was man nicht behandeln könnte. Wie wir unseren Kindern dabei helfen können, steht unter »Kindgerecht reisen – Was Kinder unterwegs brauchen« (S. 217) und »Urlaub vom Urlaub bei Langzeitreisen« (S. 291).

Mit dem Eintritt der Kinder ins schulpflichtige Alter schwindet ein großer Teil der Planungsfreiheit. Das ist der große und fast einzige Negativfaktor beim Reisen mit Kindern ab sechs Jahren. Reiselustige Familien werden durch den fixen Ferienplan unfreiwillig in ein Korsett gezwängt, aus dem es bis zum Schulende kaum ein Entrinnen gibt. Viele Reiseziele, vor allem südlich des Äquators, fallen dem zum Opfer. Zudem sind

Schulferienzeiten Hauptreisezeiten und damit Hochsaison in vielen Ländern, was sich preislich deutlich bemerkbar macht. Wie man dieser unabänderlichen Tatsache dennoch Reisefreiheit abgewinnt und kostensparend entgegenwirkt, ist im Kapitel »Urlaubsplanung mit schulpflichtigen Kindern« (S. 48) erläutert.

### Jugendliche/r

Viele Eltern beginnen mit dem Reisen erst, wenn die Kinder älter und – in ihren Augen – selbständiger sind. Das ist schade, da sie somit den Kindern die Möglichkeit nehmen, in jedem Altersabschnitt wunderbare und bereichernde Erfahrungen mit der Welt und ihrer Mannigfaltigkeit zu sammeln. Viele Eltern vertreten die Meinung, dass das Reisen mit zunehmendem Alter der Kinder wesentlich einfacher und unkomplizierter wird. Das ist jedoch nur bedingt richtig. Natürlich: Je älter der Nachwuchs ist, umso mehr wächst das Verständnis für das Vorhaben Reisen; ausschweifendes Vorbereiten der Heranwachsenden fällt ergo weg. Sie verstehen die Beweggründe und den organisatorischen Ablauf eines Urlaubs. Auch können sie ihn aktiv mitgestalten, ihre Wünsche einbringen und entwickeln bei der gemeinsamen Tätigkeit des Unterwegssein wieder eine stärkere Bindung zu ihren Eltern, was im heutigen Alltagsleben leider immer mehr verloren geht.

Wenn eine Reise mit älteren Kindern einfacher ist, dann allerdings meist aus der schlichten Tatsache heraus, dass Familien schon sehr früh mit dem Reisen begonnen, mit älteren Kindern meist mehrere Reisen hinter sich und genügend Erfahrung gesammelt haben, sodass viele organisatorische Dinge nicht mehr neu behandelt und recherchiert werden müssen. Man greift auf altbewährte Muster und seine langjährige Erfahrung zurück. Dies macht vieles vor und während der Reise einfacher.

Familien, die jedoch erst sehr spät mit dem Reisen beginnen, müssen diese Erfahrungen erst einmal sammeln und können auch von jüngeren Reisefamilien noch viel lernen.

Mit älteren Kindern kann man keine Garantie für sich verbuchen, dass ein Urlaub harmonischer verläuft als mit kleinen Kindern. Auch die Gefahren unterwegs werden nicht weniger, sondern verändern sich nur. Man räumt den Heranwachsenden automatisch mehr Freiheiten ein und vertraut auf deren gesunden Menschenverstand. Doch gerade Jugendliche brauchen klare Grenzen, da sie gerne einmal ihr körperliches Leistungspotenzial überschätzen. Leider ist auch das Spiel mit der Gefahr ein Ausdruck Jugendlicher, sich beweisen zu müssen. Dem sollte man gezielt entgegensteuern.

Aus der Erfahrung vieler Reisefamilien sind manche Reiseformen mit größeren Kindern einfacher zu verwirklichen als mit kleinen. Dazu gehören vor allem jene, bei denen der Hausstand unterwegs mit eigener Körperkraft transportiert wird. Dies liegt schlichtweg an der besseren Lastenverteilung innerhalb der Familie. Nicht selten sieht man selbst in unseren Breitengraden »Kamelkarawanen« mit zwei Kamelen und kleinen Kindern. Mit zunehmendem Alter der Kinder jedoch können Ausrüstungsgegenstände sukzessive auf alle Familienmitglieder verteilt werden. Ältere Kinder und Jugendliche sind in der Lage, ihr Gepäck größtenteils selbst zu tragen. Dass man mit großen Kindern weniger Ausrüstung benötigt, ist jedoch ein Ammenmärchen. Auch hier verändern sich nur die Präferenzen. Waren die Rucksäcke zu Kleinkindzeiten mit Sandspielsachen und Kuscheltieren vollgestopft, wird nun die halbe Stadtbibliothek mitgeschleppt. Wo früher unverzichtbare Windelpakete den begrenzten Stauraum füllten, sind es mit zunehmendem Alter die größer gewordenen Kleidungsstücke, von denen mindestens ein Drittel überflüssiger Ballast darstellt. Lässt man Jugendliche konsequent ihre Ausrüstung selbst tragen, erledigen sich viele Eitelkeiten von selbst.

In der Tat einfacher wird das aktive Reisen, wenn sie in der glücklichen Lage sind, bewegungsfreudige und sportbegeisterte Kinder zu haben. Ab einem Alter von etwa zehn Jahren verstehen Kinder, welche Motivation dahinter steckt, sich mit eigener Körperkraft von A nach B zu bewegen. Davor sehen die meisten Kinder keinen Sinn darin, und das Wandern oder Radeln einer Strecke ist irgendwann schlichtweg langweilig, wenn nicht am Ende eine Belohnung wartet. Mit Eintritt ins Jugendalter erwacht jedoch der Kampfgeist und eine Wanderung wird zum sportlichen Event. Musste man früher die Kleinen noch mit allerhand Tricks motivieren, so bestimmen nun die Kinder das Tempo und überschätzen sich dabei ab und an gerne.

Auch Städtereisen sind mit älteren Kindern entspannter als mit Kindern mittleren Alters. Meist sind Jugendliche fasziniert von den großen Metropolen der Erde, die sie aus den Medien oder dem Schulunterricht kennen und nun hautnah selbst erleben dürfen. In ihrer Fantasie begegnen sie Superstars oder werden vielleicht selbst entdeckt.

Mit zunehmender Schulbildung wächst außerdem das Verständnis der Kinder dafür, gewisse Sehenswürdigkeiten entdecken zu wollen, da sie eine genauere Vorstellung von der Welt da draußen haben. Sie sind interessierter und können sich besser für Dinge begeistern, die Eltern ebenfalls faszinieren. Meist sind sie sogar stolz auf ihren neu gewonnenen Insider-Status und können, wenn sie wieder zu Hause sind, mit ihrem auf Reisen erworbenen Wissen im Schulunterricht wichtige Pluspunkte sammeln, was dem Selbstwertgefühl ebenso gut tut wie den Zeugnissen. (→ »Weltreise oder Ausstieg auf Zeit«, S. 49, und »Reisen ist lernen durch erleben«, S. 56).

Ältere Kinder und Jugendliche sollten mit zunehmendem Alter stärker als gleichberechtigte Reisepartner verstanden werden, mit eigenen Wünschen und Zielen. Mit einer Reise, die allen Familienmitgliedern gerecht wird, geben Sie Ihren Kindern Erlebnisse und Erfahrungen mit auf den Lebensweg, die von unschätzbarem Wert sind.

## Reisebericht: Südafrika

*»Am Kap der guten Hoffnung den Eltern hoffnungslos ausgeliefert«*
*Ein Reisebericht aus der Sicht eines 14-Jährigen (Johannes Wagner)*

Mit 14 Jahren nach Südafrika – eine so lange Reise haben in diesem Alter wohl noch nicht viele gemacht. Klar, dass bereits der zwölfstündige Flug meinen kleinen Bruder (12 Jahre) und mich eher in Aufregung versetzte, als dass uns die Aussicht schockierte, eine so lange Zeit stillsitzen zu müssen. Das größte Problem für uns Jugendliche war eher, zu entscheiden, wer denn am Fenster sitzen dürfte, was ich als Älterer geschickt löste, indem ich meinem Bruder den Platz auf dem Hinflug

zuschanzte, um dann auf dem Rückflug am Fenster sitzen zu können. Schließlich flogen wir hinwärts größtenteils nachts, und da ist die Aussicht nicht ganz so spektakulär. Der Rückflug würde am Tag sein, also die Aussichtschancen wesentlich größer.

In Afrika angekommen kam ich aus dem Staunen nicht mehr heraus: Palmen, Sonne und das bunte, für mich exotische Treiben auf den Straßen ließen sofort Urlaubsstimmung, gute Laune und Neugierde

aufkommen, wie denn unser Domizil für die ersten Tage aussehen würde. Auch die Fahrt durch Kapstadt gestaltete sich sehr interessant, schließlich ist es für jemanden aus Deutschland keine alltägliche Erfahrung, dass an jeder Ampel bettelnde Kinder und Krimskrams-Verkäufer das Auto umringen. Ich kam mir vor wie ein Vogel in einem Käfig, der von Schaulustigen bedrängt wird.

Die Ferienwohnung befand sich in einem abgelegen und ruhigen Stadtteil. Das Grundstück war mit hohen Mauern und Warnschildern der *Armed Response* gesichert. So etwas sieht man zu Hause ebenfalls sehr selten.

Obwohl die Vermieterin uns erzählte, dass es der kälteste Winter seit Jahren sei, fanden mein Bruder und ich die Temperaturen hoch genug, um den Pool zu testen. So einen sommerlichen Winter hätten wir daheim auch gerne gehabt.

Die Ferienwohnung war wesentlich schöner, als wir es in einem Hotel gehabt hätten, obwohl die einzelnen Zimmer nur unwesentlich größer waren. Aber in einem Hotel gibt es keine nette Vermieterin, deren Englisch sogar ich verstand, wenn sie uns etwas über die Gegend erzählte, und auch nicht zwei freundliche Hunde, die so ziemlich jeden Quatsch zweier Pubertierender mitmachten.

Die dreiwöchige Reise sollte über die Garden Route nach Port Elizabeth führen und dann durchs Landesinnere zurück nach Kapstadt. Zunächst aber blieben wir ein paar Tage in Kapstadt und Umgebung und sahen uns einige wichtige Sehenswürdigkeiten an wie den Tafelberg, das Kap der guten Hoffnung, das Two-Oceans-Aquarium und zahlreiche andere Touristenattraktionen.

Der Wunsch, den Tafelberg, der die ganze Stadt überragt, von oben zu sehen, stand ganz oben auf meiner »must see«-Liste. Also fuhren wir mit unserem Leihwagen dorthin und mussten ein ganzes Stück von der Gondelbahn entfernt parken  – nicht nur wir

wollten dort hinauf, wie mir schien. Nach einem längeren Fußmarsch stiegen wir in die Gondel, die uns hinaufbeförderte. Oben gab es eine kleine Anlage mit gepflasterten Wegen, der restliche Berg war mit Pfaden überzogen. Uns fiel eine Schulklasse auf, die um einen Mülleimer herumstand, auf dem ein Klippschieferdachs (auch »Dazzie« genannt) saß und sich füttern ließ. Ein paar Fotos und etwas Aussicht später verspürten mein Bruder und ich den Wunsch, wieder umzukehren, während unsere Eltern leider die Wanderlust überkam, was uns eine zweistündige Wanderung auf den Nebenberg und zurück bescherte  ...

Womit ich auch schon zum Hauptproblem des Reisens mit Eltern komme, jedenfalls für mich. Mit 14 hat man ja noch nicht die große Auswahl, was das Verreisen betrifft: Entweder man fährt mit den Eltern, wohin und was auch immer die planen, oder man verbringt diese Zeit in irgendeinem Ferienlager, die ich aber nach ein paar schlechten Erfahrungen nicht so gerne mochte. Die Alternative, drei Wochen bei den Großeltern auf dem Sofa zu sitzen und der Gefahr ausgesetzt zu sein, von den ständig dudelnden Hansi-Hinterseeer-Schmachtballaden Ohrenkrebs zu bekommen, tut sich kein 14-Jähriger freiwillig an.

Das Problem mit den Eltern ist einfach, dass sie immer etwas anderes unternehmen wollen als ihre Kinder. Wandern und Museen stehen da gegen Zoos (Papa O-Ton: »Wir fahren doch eh noch durch

dieses und jenes Reservat, warum sollen wir hier in diesen kleinen Zoo gehen?«) oder einen gemütlichen Tag am Strand (Mama O-Ton: »Da hätten wir auch gleich nach Spanien fahren können.«). Glücklicherweise interessierte mich Geschichte damals schon, sodass die Museen mich nicht gänzlich langweilten. Aber das Wandern  ...! Aussicht ist ja schön und gut, aber wenn es eine Straße gibt, dann kann man doch das Auto nehmen, oder nicht?! Nein, man muss wandern. Stunde um Stunde um Stunde, bis einem die Zunge bis zum Bauchnabel hängt. Weil laufen ja so gesund ist! Zum Glück beschränkte die kombinierte und ausdauernde Meckerei zweier Jugendlicher die Wanderungen auf ein halbwegs erträgliches Maß.

Die andere unangenehme Sache ist die, dass man seinen Eltern 24 Stunden am Tag »schutzlos ausgeliefert« ist, wenn man so sagen darf. Man kann sich nicht ein paar Stunden im eigenen Zimmer verkriechen, wenn einem danach ist. Und wenn sich zwei streiten, dann ist der ganzen Familie der Spaß verdorben, weil man sich eben nicht aus dem Weg gehen kann  – weder die Streithähne noch die Unbeteiligten.

Andererseits redet man auf Reisen mehr miteinander und lernt, einen Streit auch einmal ruhen zu lassen, gerade weil man keine Rückzugsmöglichkeit hat. Man erlebt unterwegs alles gemeinsam und hat hinterher einen ganzen Haufen schöner Geschichten und Anekdoten, die man sich gegenseitig und anderen erzählen kann. Mein missglückter Versuch

»Streichelzookätzchen« aus nächster Nähe

zum Beispiel, einen Strauß zu reiten, sorgte wochenlang für Erheiterung, selbst zu Hause noch  ...

In der Nähe von Kapstadt besuchten wir die Highgate Ostrich Farm. Dort konnte man Strauße füttern, was ich mir aber nicht zutraute, da die Tiere das Futter aus der offenen Hand pickten. So ein Strauß ist doch noch etwas größer als ein 14-Jähriger. Anschließend sahen wir bei einem Straußenrennen zu. Danach beobachteten die Zuschauer gespannt, wie ein paar Freiwillige aus dem Publikum ein paar Meter auf den Straußen reiten durften. Sie stiegen auf, während der Strauß von zwei Mitarbeitern gehalten wurde. Diese forderten dann den Reiter auf, leicht an den Flügel zu ziehen, damit der Strauß vorwärts ging, wobei sie ihn führten. Das sah ziemlich easy aus, also wollte ich es auch probieren  – und dabei besonders cool wirken. Kaum saß ich auf dem für mich recht hohen Tier

zog ich auch schon an den Flügeln, noch bevor mich die Helfer dazu aufforderten; Ich hatte ja gut aufgepasst und wusste wie es geht. Leider zog ich wohl etwas zu fest, sodass der Strauß lospreschte und die Mitarbeiter hinter sich ließ. Durch den leicht springenden Gang und den abschüssigen Rücken des Tieres rutschte ich bei jedem Schritt ein paar Zentimeter nach hinten, bis irgendwann der Strauß zu Ende war und ich mit dem Hintern auf dem von Stroh und Kot übersäten Boden landete  ...

Ein Highlight der Reise war definitiv das Monkeyland, ein Naturreservat mit frei lebenden Affen. An dem Tag, an dem wir es besuchten, gab es sehr wenige Gäste, sodass wir einen Führer ganz für uns allein hatten, der sogar aus Deutschland kam. Er erzählte uns einiges über den Park und die Affen, wobei wir uns köstlich über die Beschreibung eines Affen amüsierten, der immer Gruppen mit älteren Damen auflauerte und diese erschreckte, indem er sich von einem Baum fallen ließ, in der Hoffnung, dass die verschreckten Schreckschrauben  – Verzeihung, erschrockenen Damen  – etwas Essbares fallen lassen würden.

Nach dem anschließenden Essen im Restaurant konnten wir die Affen noch von einer Aussichtsplattform beobachten, wobei die Beäugung auf Gegenseitigkeit stieß, da ein Lemure, der die ganze Zeit auf einem der Geländerpfosten hockte, offensichtlich versuchte, uns zu hypnotisieren.

Ebenfalls faszinierend war die Fahrt durch den Addo Elephant Park. Dort fuhren wir in nur ein paar Metern Entfernung an Warzenschweinen, Straußen und Elefanten vorbei. Zwei junge Elefanten sorgten sogar für einen Stau, da sie sich mitten auf der Straße mit Sand abduschten und sich nicht um die wartenden Autos scherten. Im Park konnte man auf einem mit Stacheldraht geschützten Hügel aussteigen, der sich neben einem Wasserloch befand, von dem aus wir ein paar Antilopen beobachteten. Die Löwen, die ich zu gern gesehen hätte, bekamen wir leider nicht zu Gesicht. Trotzdem entstanden in diesem Park die schönsten Fotos der ganzen Reise. Mit einem perfekten blauen Himmel und den fast zum Greifen nahen Tieren konnte ich selbst mit meiner einfachen Kamera Bilder schießen, wie man sie sonst höchstens in der Zeitschrift National Geographic findet.

Etwas enttäuschender wiederum war ein anderer Wildlife Park. Wir wurden durch einen Prospekt in einer unserer Unterkünfte darauf aufmerksam, weil damit geworben wurde, man könne dort junge Geparden streicheln. Da mussten wir natürlich hin! Der eher kleine Park beheimatete ein paar Krokodile, Kängurus und diverse andere Tiere. Nachdem wir uns im Restaurant durch die einheimische Fauna gefuttert hatten (Krokodile, Straußen und ähnliches Getier) ging es zum Höhepunkt: Der Führung über den so genannten »Catwalk«  – eine lange Holzbrücke, die sich direkt über die Raubkatzengehege schlängelte und von der man einen wunderbaren Blick auf die Löwen, Tiger und Geparden hatte. Am Ende folgte dann die Ernüchterung: Das Streicheln der Geparden war erst ab 16 Jahren erlaubt, ohne Ausnahmen ... Zwei Jahre zu jung, sehr schade!

Auch nicht unbedingt zu den Highlights der Reise zählten für mich als bekennenden Wandermuffel die vielen Wanderungen, die unsere Eltern unternehmen wollten. Mag ja sein, dass die Aussicht auf Montagu von den Bergen aus besonders schön ist, aber das rechtfertigt in meinen Augen keine sechsstündige Wanderung durch eine kahle, steinige Berglandschaft. Aber wem's Spaß macht! Die heißen Quellen mit Schwimmbad im selben Ort waren da schon interessanter für mich.

Ansonsten gab es noch ein paar kleinere Highlights wie etwa die Walbeobachtung in »Mossel Bay«, das Bungeejumper-Begucken an der »Bloukrans-Bridge« oder die Besichtigung der »Cango Caves«.

Neben den ganzen Attraktionen war für mich besonders toll, dass ich endlich einmal mein Schulenglisch, »learning by doing« sozusagen, ausprobieren konnte. Meine damals noch bescheidenen Englischkenntnisse stellten für den Praxistest eine besondere Herausforderung dar. Und dennoch war es für mich eine bewusstseinserweiternde Erfahrung, dass Sprache nicht nur ein nerviges Schulfach ist, sondern ein wichtiges Instrument für den Austausch mit der Welt.

Auf der Rückfahrt von Montagu nach Kapstadt bemerkte ich kurz vor der Ankunft am Flughafen, dass ich mir ein kleines, nicht ge-

rade afrikatypisches Souvenir eingesteckt hatte: Der Zimmerschlüssel aus der Unterkunft in Montagu fiel aus meiner Hosentasche. Falls irgendjemand diesen benötigen sollte, muss er bei mir vorbeischauen!

Mein kleiner Bruder registrierte erst jetzt, dass er bezüglich der Sitzplatzwahl im Flieger die A... karte gezogen hatte. Es wurde ein schöner Heimflug.

Alles in allem war die Reise ein echtes Erlebnis, welches ich bis heute nicht missen möchte. Südafrika ist ein sehr interessantes Land mit einer außergewöhnlich bunten Kultur, fremdartigen, imposanten Landschaften und einer super beeindruckenden Tierwelt: ein Land, das einem so ganz anders erscheint als die Heimat, und das sicherlich nicht nur einem 14-Jährigen.

## Die Wahl des Reiselandes

### Kindgerechte Reiseziele

Ein kinderechtes Urlaubsland gibt es nicht! Es liegt vielmehr in der Hand der Erwachsenen, das Reiseziel dem Nachwuchs gerecht zu gestalten, was nicht in jedem Fall einfach ist und manchmal eine Gratwanderung zwischen den eigenen Interessen und denen der Kinder sein wird.

Auf jeden Fall möchte ich an dieser Stelle klarstellen, dass es in diesem Buch nicht ausschließlich darum geht, die eigenen Interessen den Kindern schmackhaft zu machen, sondern vielmehr, wie man verschiedene Interessen ver-

binden und den Kindern die Freude am Reisen vermitteln kann! Eine Expedition zu den Gipfeln des Himalaya ist für ein Kind weder gesund, noch wird es seinen kindlichen Bedürfnissen gerecht. Eltern kennen ihr Kind und seine physischen und psychischen Belastungsgrenzen meist sehr genau und wissen, was sie ihm zumuten können.

Insofern ist fast jedes Land der Erde familienreisetauglich! Die Kunst beim individuellen Reisen besteht darin, mit der vorhandenen Infrastruktur eines Landes seine Grundbedürfnisse zu befriedigen, dabei die Umwelt und gesellschaftliche Struktur mit ihren Sitten und Bräuchen zu respektieren und natürlich noch Spaß dabei zu haben. Für kinderlose Reisende ist dies natürlich immer einfacher, da sie anpassungsfähiger sind und – wenn es die Situation erfordert – flexibel reagieren und meist anspruchsloser werden können. Mit dem Nachwuchs ist dies nicht mehr so einfach. Die Grundbedürfnisse der Kinder machen nun mal keinen Urlaub.

Mit kindgerechten Reisezielen assoziiert man meistens Länder mit einer hohen Dichte an kommerziellen Freizeitangeboten für Kinder wie Erlebnisbäder, Freizeit- oder Tierparks. Eltern wollen meist vor der Reise genau wissen, was sie im Urlaubsland mit den Kleinen unternehmen können, welche Angebote an Freizeitaktivitäten für Kinder zur Verfügung stehen und wie sie die Kleinen ohne großen Aufwand bei Laune halten können. Reiseveranstalter haben diesen Trend schon lange erkannt und bieten dem Kunden Familienreisen mit Rundum-Bespaßung und Betreuung der Kinder zu meist hohen Preisen an. Die Deklarierung »kinderfreundlich« ist sicherlich richtig, da es auf dieses Klientel zugeschnitten ist und den Kleinen ja auch gefällt. Dennoch verfehlt es für Individualreisende den eigentlichen Sinn des Reisens, nämlich das gemeinsame Entdecken und Erleben eines fremden Landes und seiner Kultur. Natürlich erleichtern kommerzielle und öffentliche Einrichtungen für Kinder das Reisen enorm und werden auch von Individualreisenden sehr geschätzt. Doch diese Ausflugsziele können immer auch auf eigene Faust entdeckt werden und bedürfen keines käuflich erworbenen Reiseprogramms. Wir Eltern sollten uns bei der Wahl des Reiseszieles nicht nur auf das in Reiseführern hervorgehobene Prädikat »besonders kinderfreundlich« beschränken. Eine interessante Kultur, reiche Tierwelt oder landschaftlich reizvolle Umgebung besitzen in aller Regel auch kinderfreundliche Attribute und sind ein nicht zu verachtendes Auswahlkriterium für ein Reisegebiet.

Man wird in jedem Land der Erde große und kleine Highlights für Kinder entdecken, aufregende und beschauliche Erlebnisse haben, gute und weniger schöne Erfahrungen sammeln. Ist man sich seinen Wünschen und Bedürfnissen bewusst, wird man immer ein Reiseziel finden, welches auch seinen Kindern gerecht wird.

Als individualreisende Familie unterwegs wird man lernen müssen, sich vom Anspruch, wie sie eine Pauschalreise mit all ihren gewohnten und angenehmen Vorzügen mit sich bringt, zu verabschieden. Dafür wird man mit vielen positiven Erlebnissen belohnt, wie man sie nur auf Individualreisen erleben kann. In einem indonesischen Gästehaus gibt es keine Kinderhochstühle, aber kinderliebe Menschen, die einem das Kleine während des Mittagessens abnehmen und liebevoll beschäftigen. Ebenso wird man unterwegs in den peruanischen Anden selten einen Kinderspielplatz finden, aber fröhliche und neugierige einheimische Kinder, die gerne mit ihren Kids Fußball spielen.

Kinderfreundlich ist ein Land eigentlich immer dann, wenn es uns Eltern die Möglichkeiten bietet, die Interessen und Grundbedürfnisse der Familie problemlos zu befriedigen. Jedoch ist vor allem die Einstellung der Eltern zum Reisen und seiner Gestaltung für die Familie ausschlaggebend dafür, dass die Kinder sich unterwegs wohl fühlen, denn sie brauchen in der Fremde vor allem eines: das gemeinsame Erleben mit Mama und Papa.

### Kritische Reiseziele

Obwohl beinahe jedes Land auch als Familie entdeckt werden kann, gibt es dennoch Umstände, die dazu führen, dass einzelne Gebiete und Länder gemieden werden sollten, insbesondere dann, wenn Kinder mitreisen. Demnach sind als Reiseländer auf jeden Fall all jene abzulehnen, in denen politische und ethnische Unruhen, Kriege oder kriegsähnliche Zustände herrschen. Länder oder Gegenden mit einer extrem instabilen Sicherheitslage für Ausländer und Touristen, in denen Entführungen oder Gewalt gegen sie in der Vergangenheit gehäuft auftraten, sind ebenfalls keine Reiseziele für Familien.

Das Reisen mit Kindern durch Länder, in denen bittere Armut zum täglichen Leben gehört, allgegenwärtig und für jedermann ersichtlich ist, oder sogar für kriminelle Zwecke inszeniert wird sollte man gründlich und nach intensiven Recherchen im Sinne des Nachwuchses abwägen. Sicherlich wird man in sehr vielen Ländern und Gegenden der Erde auf Andersartigkeiten und Armut stoßen, die Kinder schockieren können und die für sie erklärungsbedürftig sind. Dennoch sollte vor einer Reise das Ziel auch unter diesem Gesichtspunkt kritisch betrachtet werden. Verantwortungsbewusste Eltern wählen ein Reiseziel oder eine Route niemals nur nach ihren eigenen Idealen aus und nehmen vorsätzlich eine psychische Belastung oder gar Schädigung der Kinder in Kauf. Selbstverständlich muss den Kindern nicht nur eine heile Welt präsentiert werden. Trotzdem gibt es gerade wegen der großen Schere zwischen arm und reich in vielen Ländern eine psychische Grenze des Erlebens, nicht nur für Kinder. Daher ist es sicherlich nicht zu verantworten, wenn Kinder *bewusst* mit Armutsvierteln oder Flüchtlingslagern konfrontiert werden, in denen Menschen zu tausenden vor sich hin vegetieren, oft verstümmelt sind oder auf offener Straße sterben (→ »Unterwegs in fremden Kulturkreisen und armen Ländern«, S. 252).

**Wachsende Ansprüche an das Reiseziel**
Die Ansprüche an das Reiseziel wachsen mit dem Nachwuchs enorm an. Wo manchem noch vor kurzer Zeit ein Schlafsack in irgendeiner lauschigen Bucht am Mittelmeer genügte, macht er sich nun Gedanken darüber, welche kindgerechten Unterkunftsmöglichkeiten das Urlaubsland zu bieten hat. Unendlich viele und zugleich banale Dinge müssen bedacht werden: Wo bekomme ich Windeln zu kaufen, gibt es Babynahrung im fremden Urlaubsland, braucht das Kind Schutzimpfungen, wie bette ich meinen Schatz zur Ruhe usw.

Es ist wichtig, in Erfahrung zu bringen, inwieweit das Reiseziel den eigenen Ansprüchen genügt. Die meisten Länder der westlichen Welt gewährleisten durch eine ausreichende touristische Infrastruktur ein einfaches und problemloses Reisen. Anders sieht es beim Reisen in strukturschwachen Ländern aus, in denen sich der Tourismus meist ausschließlich auf pauschaler Ebene abspielt. Vor der Reise sollte man sich daher der eigenen Bedürfnisse bewusst werden und ein allzu exotisches Ziel kritisch unter die Lupe nehmen. Urlaubsträume werden meist durch Hochglanzbilder teurer Reisemagazine und zweitklassiger Reisesendungen geweckt. Die dabei im Kopf entstehenden Bilder haben selten etwas mit der Realität im Reiseland gemein.

Ist man zum Beispiel Asien-Reise-Anfänger und fasziniert von den dortigen Kulturen, genügt es durchaus, Länder mit ausreichender touristischer Infrastruktur wie beispielsweise China, Japan, Nepal, Thailand, Malaysia, Teile Indonesiens (Java, Bali) zu bereisen. Touristisch wenig bis gar nicht erschlossene Länder wie zum Beispiel Bhutan, Bangladesch, Laos, die ehemaligen GUS-Staaten (Usbekistan, Kirgisistan, Turkmenistan usw.) sind als Individualtourist schwierig zu bereisen. Bringt man keinerlei Asienerfahrung mit, können solche Länder beim Reisen mit Kindern schnell zum Alptraum werden. Da man mit Kindern (zumindest kleinen) die touristischen Pfade in exotischen Ländern meist sowieso nicht verlässt, lohnt der Vorstoß in unbekannte und unerschlossene Gebiete oft nicht.

Der Anspruch an ein Reiseziel ist eine sehr subjektive Angelegenheit, so vielschichtig wie es Interessen gibt. Natürlich kann es auch vorkommen, dass die Interessen mit dem Anspruch an die örtlichen Gegebenheiten nicht harmonieren. In solchen Fällen sollte man nach Alternativen suchen. Ein passionierter Wanderer beispielsweise, der einsame Gegenden liebt, der Kinder wegen aber feste Unterkünfte bevorzugt, wird sich wohl kaum durch die Westfjorde Islands kämpfen. Es gibt zahlreiche Gegenden und Länder, die beides möglich machen: Südnorwegen und Schweden (Berg- und Schutzhütten), Schottland (viele Hotels und B&Bs), Irland (Hotels, Hostels und B&Bs), polnische Masuren (Hotels und Pensionen), Neuseeland (Schutzhütten) – um nur einige wenige zu nennen.

Wichtig beim Reisen mit Kindern ist, dass man nach Alternativen und Wegen sucht, seine Wünsche zu erfüllen, anstatt sie feierlich zu Grabe zu tragen, sobald der Nachwuchs mit auf Reisen geht.

### Wachsende Ansprüche an sich selbst

Einen gehobenen Anspruch sollte man in erster Linie nicht an das Reiseziel stellen, sondern vielmehr an sich selbst. Individuelles Reisen mit Kindern erfordert ein hohes Maß an Eigenverantwortung – schon bei der Planung, da man ja für das gesamte Reiseprogramm und die praktische Umsetzung selbst zu sorgen hat. Es ist – gerade bei Aktivurlauben – sehr wichtig, sein körperliches (und geistiges) Leistungspotenzial (und auch das der Kinder) realistisch einschätzen zu können, um gravierende Fehlentscheidungen vor und während der Reise zu vermeiden. Das Risiko, unterwegs in ernste Schwierigkeiten zu geraten oder zu scheitern, ist bei Familien, die eine Reise selbstkritisch und sachlich angehen, wesentlich niedriger als bei Idealisten und Illusionären. (→ »Grenzerfahrungen auf Familienreisen«, S. 283).

Was reisende Individualisten auszeichnet, ist die Fähigkeit, sich auch ohne landessprachliche Kenntnisse ausdrücken zu können. Beim Reisen mit Kindern sollte man sich jedoch einen Grundwortschatz der Sprache seines Reiselandes aneignen. Dies dient dem Schutz der Familie vor unliebsamen Überraschungen und hilft in brenzligen Situationen rasch weiter (z. B. bei der Suche nach einem Arzt). Ohne Sprachkenntnisse führt individuelles Reisen unweigerlich in die Isolation. Zusätzlich verunsichert es nicht nur die Erwachsenen, sondern auch die Kinder.

Es ist klar, dass Englisch beim Reisen die wichtigste Sprache ist; die sollte man auf jeden Fall gut beherrschen. Doch wer glaubt, damit überall auf der Welt verstanden zu werden, der irrt. In vielen Teilen Asiens, Afrikas und Lateinamerikas kann die Suche nach einem Englisch sprechenden Zeitgenossen in Notsituationen zur nervenaufreibenden Angelegenheit werden. Finden Sie vor der Reise heraus, welche Sprache für Ihr Reiseziel notwendig ist und absolvieren Sie zu Hause vielleicht noch einen Intensiv-Sprachkurs. Besorgen Sie sich außerdem einen guten Sprachführer, der sich mit gängigen Redewendungen und der gelebten Sprache vor Ort befasst, so wie sie wirklich auf der Straße gesprochen wird.

Konversation in einer fremden Sprache – für Kinder eine lehrreiche Erfahrung

Reisen Sie in Länder, deren Sprache nicht einfach erlernbar ist oder die andere Schriftzeichen benutzt, ist ein so genannter »Ohne-Sprache-Führer« ideal (z. B. das »OhneWörterBuch«, Langenscheidt Verlag, oder »point it«, Graf Verlag). Dort finden Sie zahlreiche Bilder und Darstellungen, mit denen Sie sich nonverbal verständigen können (→ »Sprach- und Verständigungsprobleme«, S. 249).

Verschaffen Sie sich vor der Reise einen guten Überblick über Ihr Reiseziel. Lesen Sie ausgesuchte Literatur, die sich mit der Gesellschaft, der politischen und kulturellen Struktur und der aktuellen Alltagssituation des Reiselandes beschäftigt. Tauschen Sie sich mit Menschen aus, die Erfahrung mit Ihrem Reiseziel haben und kaufen Sie sich lange vor der Reise einen guten Reiseführer, der all diese Themen behandelt, oder durchforsten Sie Bibliothcken nach für Sie wichtigen Informationen. Erkundigungen über Sehenswürdigkeiten und touristische Ziele eines Landes sind bei diesen Recherchen eher nebensächlich, wenn auch nicht unwichtig, da sie ja einzelne Fixpunkte darstellen. Mit einer guten Vorbereitung machen Sie sich fit für die Reise und können so viel entspannter in den Urlaub starten.

Beim Reisen mit Kindern ist es in jedem Fall vorteilhaft, wenn es sich um kein echtes Neuland handelt, sondern wenn man das Land vorher schon einmal bereist hat (auch ohne Kinder). Dadurch erspart man sich die oben erwähnten, zeitraubenden Recherchen über örtliche Gegebenheiten, da man bereits weiß, was einen erwartet. Beim Reisen in andere, uns nicht verwandte Kulturkreise sind persönliche Erfahrungen mit den dortigen Sitten und Gebräuchen, dem Alltagsleben und den damit verbundenen Unannehmlichkeiten ein nicht zu unterschätzender Vorteil. Für welches Land man sich auch entscheidet, vor den ideellen Werten sollten immer die praktischen – problemloses Reisen – stehen.

## Wichtige Entscheidungskriterien für die Wahl des Reiselandes

### Klima

Das Klima ist für viele Familien *der* entscheidende Faktor bei der Reiseplanung. Die Vorlieben für bestimmte Regionen und ihre klimatischen Gegebenheiten sind eine sehr subjektive Sache. Der eine liebt es kühl und stört sich nicht an wechselhaften Wettererscheinungen. Andere können von Sonne und Wärme nicht zu viel bekommen. Auch Kinder haben in diesem Punkt ihre Vorlieben und Abneigungen. Stellen Sie vor der Reise fest, welcher Klimatyp Ihr Kind ist und was Sie ihm im Urlaub zumuten können. Gehen

Sie dafür zum Beispiel an einem völlig verregneten Tag mit den Kindern wandern, um die Belastungsgrenze der Kleinen (und natürlich auch Ihre eigene) zu testen. Manche Eltern sind bei solchen Experimenten erstaunt, wie positiv oder emotionslos ihre Kinder auf »schlechtes« Wetter reagieren.

Gemäßigtes mitteleuropäisches Klima dürften Kinder körperlich am besten verkraften. Doch auch viele andere Erdteile können mit diesem Klima aufwarten. So herrschen in weiten Teilen Südamerikas, im nördlichen Asien oder Ozeanien ähnliche klimatische Bedingungen wie bei uns.

Sehr kalte oder heiße Regionen sind für den kindlichen Organismus schwieriger zu verkraften. Bei der Vorbereitung einer Reise für solche Ziele sollte daher eine Anpassungszeit von mindestens einer Woche eingeplant werden.

Extreme Klimate der Erde sind dem kindlichen Organismus nur bedingt zuzumuten. Dazu zählen tropische Gebiete, Wüsten mit starken Temperaturschwankungen, extreme Kältezonen und Gebiete über 2500 Meter Höhe (Säuglinge: 1500 Meter Höhe). Auch wenn dort andere Kinder leben – Ihre eigenen sind hier nicht aufgewachsen und müssen in der kurzen Zeit eines Urlaubs viel Energie dafür aufbringen, sich einem extremen Klima anzupassen. Die Akklimatisationszeit kleiner Kinder ist zudem deutlich länger als die von Erwachsenen.

Anders sieht es da bei Langzeitreisen aus, bei denen Kinder meist problemlos in der Lage sind, sich über einen langen Zeitraum einem bestimmten Klima anzupassen.

Um den Kindern die Anpassung an ein ungewohntes Klima so erträglich wie möglich zu machen, sollte man für das jeweilige Reiseland das angenehmste Klima – gemessen am mitteleuropäischen Durchschnittswert – wählen.

Hier ein Überblick über die aus klimatischer Sicht besten Reisezeiten der einzelnen Kontinente und Länder (die Jahreszeit- und Monatsangaben sind die europäischen):

## Europa

| | |
|---|---|
| Nordeuropa:<br>Island, Färöer Inseln, Nordnorwegen (mit Lofoten), Nordschweden, Nordfinnland (Lappland), Nordrussland | Sommer |
| Irland, England (mit Schottland), Dänemark, Mittel- und Südnorwegen, Südschweden Südliches Finnland | Frühling und Sommer |
| Mitteleuropa | Frühling bis Herbst |
| Süd- und Südosteuropa: Portugal, Südspanien, Kanaren, Süditalien, Albanien, Mazedonien, Bulgarien, südliches Rumänien, Griechenland, Türkei | Frühling und Spätsommer bis Herbst |

## Afrika

| | |
|---|---|
| Nordafrika (ans Mittelmeer grenzend) | Frühling und Herbst |
| Zentralafrika (mit Sahara) | Winter |
| Südliches Afrika | Frühling, Herbst und Winter |

## Amerika

| | |
|---|---|
| Kanada, Alaska | Sommer |
| USA (Norden) | Frühling bis Herbst |
| USA (Süden) | Frühling und Herbst |
| Mittelamerika / Äquatorregionen | Frühling, Herbst, Winter |
| Südamerika:<br>Gebirgsregionen (Anden)<br>Mittlere Länder (Nord-Brasilien)<br>Brasilien (Süden)<br>Argentinien, Südchile | Frühsommer bis Anf. Herbst<br>Winterhalbjahr<br>Sommerhalbjahr<br>Frühling, Herbst und Winter |

## Asien

| | |
|---|---|
| Naher Osten (Wüstenländer) | Herbst und Winter |
| Indien (Äquatorregionen) | Winter |
| Nepal (Himalaya-Regionen) | Frühling |
| Nordostasien (Russland, Mongolei) | Sommer |
| Ostasien (China, Japan) | Frühling bis Herbst |
| Südostasien | Winter |

## Ozeanien

| | |
|---|---|
| Australien:<br>Südaustralien, Küstenregionen<br>Nordaustralien, Inland | Frühling, Herbst, Winter<br>Sommer |
| Neuseeland | Frühling, Herbst, Winter |
| Südpazifische Inseln | Mai bis Oktober (wegen der Stürme) |

Noch ein paar Takte zu den tropischen Gebieten der Erde:

Die angenehmste Reisezeit in einem Land, in dem das Wetter von Trocken- und Regenzeit bestimmt wird, ist die Übergangszeit von der einen zur anderen Zeit, also von Regen- zu Trockenzeit und umgekehrt.

Der Überblick zeigt die klimatisch geeignetsten Reisezeiten der Kontinente und Länder an, was jedoch nicht bedeutet, dass auch zu anderen Jahres- und Reisezeiten Gebiete einzelner Länder nicht unter annehmbaren, oft sogar sehr guten klimatischen Bedingungen bereist werden können. Viele Länder der Erde können hinsichtlich des Klimas sogar das ganze Jahr über gut bereist werden (→ »Urlaubsplanung mit schulpflichtigen Kindern«, S. 48).

**Verhältnis von Reisezeit zum Reiseziel**

Das Verhältnis der zur Verfügung stehenden Zeit zum Reiseziel bzw. Reiseverlauf spielt eine nicht zu unterschätzende Rolle bei Familienreisen. Kinder sind nicht wie Erwachsene in der Lage, ein straff gegliedertes Reiseprogramm zu bewältigen. Sie benötigen einfach viel mehr Zeit, das Erlebte zu verarbeiten. Deshalb sind regelmäßige Ruhephasen während einer Reise notwendig, die berücksichtigt werden müssen. Eltern sollten mit dem Nachwuchs bei Rundreisen (je nach Alter der Kinder) mit der doppelten Zeit für bestimmte Reiseaktivitäten rechnen. Da aber gerade die Zeit meist ein Fixum darstellt, sollte das Reiseziel bzw. der Reiseverlauf in einem ausgeglichenen Verhältnis dazu stehen. Das heißt auf gut Deutsch: Nehmen Sie sich in der zur Verfügung stehenden Zeit nicht zu viel vor und planen Sie eine dem Kind angemessen lange Zeit zur Bewältigung einer Reiseetappe ein. Die bereisten Gebiete und Länder sollten dem Kind mundgerecht serviert werden, d. h. je größer ein Land ist und je weiter die Sehenswürdigkeiten auseinander liegen, desto mehr müssen Prioritäten gesetzt werden. Kleine Staaten mit vielen nahe beieinander liegenden Highlights haben bei der Wahl des Reiseziels den Vorteil auf ihrer Seite.

Kinder benötigen mehr Zeit als Erwachsene für die Überwindung des Jetlag

Hat man sich nun aber zum Beispiel für die USA entschieden, sollte vor der Reise das Land in Gebiete aufgeteilt werden. Stellen Sie die Sehenswürdigkeiten, die Sie unbedingt sehen möchten, einander gegenüber und wägen dann ab, was in einer bestimmten Zeit den Kleinen zumutbar ist und worauf man einfach verzichten muss. Dabei sollte das Motto immer lauten: Weniger ist mehr! Und wenn die Reise ein Erfolg war, spricht ja nichts dagegen, wieder zu kommen (→ »Der entscheidende Faktor Zeit«, S. 44).

**Gesundheitliche Verfassung der Kinder**

Die gesundheitliche Gesamtverfassung der Kinder spielt natürlich auch eine wesentliche Rolle bei der Wahl des Urlaubslandes. Kinder mit einer stabilen Gesundheit können sich nahezu jedem Klima anpassen (Anpassungszeit beachten!). Sie werden durch eine Reise auch nicht plötzlich krank. Wenn ein Kind in den ersten Reisetagen erkrankt, wurde es wahrscheinlich schon vor dem Urlaub infiziert. Die körperlichen Belastungen, die am Beginn einer Reise immer recht hoch sind, tun dann ihr Übriges und es kann sein, dass das Kind krank wird. Auch das berühmte Reisefieber tritt bei kleinen Kindern und Babys recht häufig in den ersten Tagen als Reaktion auf die Umstellung auf, ist aber meist vollkommen harmlos und verschwindet nach ein oder zwei Tagen von selbst. Tritt man eine Reise an, die in andere Klimazonen führt oder in Länder mit einem erhöhten Infektionsrisiko, sollten auch gesunde Kinder darauf vorbereitet werden (→ »Gesundheitsvorsorge«, S. 161).

Intensiver gestaltet sich die Suche nach einem geeigneten Reiseziel und der Reiseform mit einem chronisch kranken Kind. Benötigt das Kind regelmäßig ärztliche Betreuung oder bestimmte Medikamente, wird man sicherlich keine vierwöchige Wildnistour in Kanada planen.

Manchmal kann eine Reise sich sogar positiv auf die Erkrankung des Kindes auswirken. (z. B. bei Asthma oder Hautkrankheiten). Bei einer Vorerkrankung sollte man vor der Reise einen zuverlässigen und reisemedizinisch ausgebildeten Kinderarzt konsultieren (→ »Gesundheitsvorsorge für chronisch kranke Kinder«, S. 166).

## Psychische Herausforderungen für Kinder unterwegs

Eltern befürchten beim Reisen am ehesten, dass ihr Kind körperlichen Schaden nehmen könnte. Was tun, wenn es krank wird oder sich ernsthafte Verletzungen zufügt, sind Themen, mit denen man sich meist sehr lange beschäftigt. Dagegen machen sich Eltern komischerweise weit weniger Gedanken darüber, dass es auch eine psychische Anstrengung für ein Kind bedeutet, sich in einer fremden Umgebung zu bewegen und eine ihm völlig andersartige Lebensweise oder unbekannte Sprache zu verarbeiten. Dabei ist dies ein wichtiger Punkt und darf auf keinen Fall außer Acht gelassen werden. Vor der Reise sollte man daher wissen, was auf einen zukommen kann

und wie man damit umgehen sollte (→ »Kulturschock«, S. 250, und »Unterwegs in fremden Kulturkreisen und armen Ländern«, S. 252).

## Medizinische Versorgung im Reiseland

Die medizinische Versorgung im Reiseland hat bei Familienreisen eine vorrangige Bedeutung. Das Wissen über die medizinischen Gegebenheiten vor Ort erleichtert die Entscheidung für oder gegen ein Land enorm. Eltern möchten sich unterwegs gut aufgehoben fühlen und wissen, wo sie im Fall der Fälle eine gute medizinische Betreuung erhalten, gerade wenn sie mit kleinen Kindern unterwegs sind. Alles zum Thema Gesundheitsvorsorge und wo Sie Informationen über die medizinische Versorgung Ihres Reiselandes finden, steht in diesem Buch in dem umfassenden Kapitel »Gesundheitsvorsorge« (S. 161).

Als erste Anlaufstelle für Informationen über die medizinische Versorgung in den einzelnen Ländern eignet sich die Internetseite des Auswärtigen Amtes (www.auswaertiges-amt.de).

## Unterkunftssituation

Die Art und Qualität der Übernachtungsmöglichkeiten sind auf den einzelnen Kontinenten und in den Ländern sehr unterschiedlich. Auch wenn die Unterkunft nicht *das* Entscheidungskriterium für ein Urlaubsziel ist, so sollte man dennoch vor der Reise wissen, wo und wie man mit den Kindern übernachten kann. Die Übernachtungsart beeinflusst maßgeblich die Reiseform, die Ausrüstung und – nicht zu vergessen – das Budget. Die Kultur und touristische Infrastruktur entscheiden darüber, wie wir unseren Nachwuchs zur Ruhe betten. Das dafür einzuplanende Budget hängt stark davon ab, wohin wir reisen. Generell kann man sagen: Je entwickelter ein Land ist, desto mehr müssen wir für Übernachtungen ausgeben. Dafür sind die Standards meist auch erheblich höher (in diesem Standardvergleich sind die Hotelanlagen internationaler Pauschalreiseveranstalter außen vor). Hier eine kurze Übersicht über die Unterkunftssituation in den einzelnen Kontinenten:

**Europa**

| gute Übernachtungsmöglichkeiten jeder Art | Hotels, Ferienwohnungen, Pensionen, Hostels, Jugendherbergen, B&Bs (Bed and Breakfast), Campingplätze mit Hütten, wildes Zelten kaum möglich (Ausnahme: Nordeuropa) |
| --- | --- |

**Nordamerika**

| gute Unterkunftssituation jeder Art | Hotels, viele Motels, Hostels, Jugendherbergen, B&Bs, Ferienhäuser, Campingplätze (Trailer Parks mit Hütten), wildes Zelten gut möglich (USA oft schwierig bis verboten!) |
| --- | --- |

**Mittel- und Südamerika**

| überwiegend gute und preiswerte Übernachtungsmöglichkeiten | Hotels, Pensionen, Apartments oder Bungalows (Ferienhäuser bzw. Hütten), wenige Jugendherbergen, wenig kommerzielle Campingplätze (meist Trailerparks), wildes Zelten in einigen Ländern gut möglich |
| --- | --- |

**Asien**

| gute und preiswerte Unterkunftssituation in fast allen Ländern | billige Hotels (Ausnahme: Japan), Hostels, Traveller oder Tourist Lodges (Pensionen), Apartments und Bungalows (meist in Hotelanlagen), Jugendherbergen (Japan und Indien), B&Bs (hauptsächlich Japan), Campingplätze nur in Japan, wildes Zelten in vielen Ländern verboten oder nicht anzuraten |
| --- | --- |

**Afrika**

| mäßig gute Unterkunftssituation für Individualreisende | wenig billige und gleichzeitig gute Hotels, meist teure Hotelanlagen, viele Lodges (Gästehäuser auf Farmen), Apartments oder Bungalows (jeder Preiskategorie – nicht in allen Ländern), wenige bis keine Jugendherbergen, keine Campingplätze (Ausnahme: Marokko, Tunesien, südliches Afrika), wildes Campen selten möglich (Ausnahme: Marokko, Tunesien, südliches Afrika). |
| --- | --- |

**Australien und Ozeanien**

| gute Übernachtungsmöglichkeiten aller Art | Hotels, Hostels, Apartments oder Bungalows, Privatpensionen und B&Bs, viele Jugendherbergen (Ausnahme: nördliche Pazifikinseln), viele Campingplätze (meist mit Hütten) (Ausnahme: nördliche Pazifikinseln), wildes Zelten gut möglich |
| --- | --- |

Mehr Informationen über die einzelnen Übernachtungsmöglichkeiten in den Kontinenten, die Vor- und Nachteile der verschiedenen Unterkunftsarten beim Reisen mit Kindern und wie wir diese kindgerecht gestalten können, wird im Kapitel »Die Wahl der geeigneten Unterkunft« (S. 193) behandelt.

**Nahrungsmittelbeschaffung**

Informiert man sich schon vor dem Urlaub darüber, ob und wo man sein tägliches Allerlei beschaffen kann, reist man für gewöhnlich entspannter ab. Für Familien mit kleinen Kindern ist auch entscheidend, *was* man kaufen kann.

In westlichen Industrienationen und allen Ländern, in denen es industriell gefertigte, westliche Nahrungs- und Konsummittel gibt, ist das Reisen mit Kindern problemlos (viva Coca Cola!). Schwieriger kann es in Ländern mit schwacher Infrastruktur oder anderen Kulturkreisen sein. Eine gänzlich andere, manchmal unzureichende Versorgungslage fordert ein hohes Maß an planerischem Geschick auf Seiten der Erwachsenen und Flexibilität bei den Kleinen. Letzteres bringen viele Kinder einfach nicht mit. Seltsame Essgewohnheiten und ungewohnte Nahrungsmittel empfinden Kinder meist befremdlich und sie erwecken bei ihnen häufig leider keine Neugierde, sondern Ablehnung. Mit ein bisschen Zeit und Geduld gewöhnen sich Kinder schon an eine Nahrungsmittelumstellung – spätestens dann, wenn der Magen knurrt!

Um Ängste besorgter Eltern zu zerstreuen: Der Bedarf an den im betreffenden Land üblichen Grundnahrungsmitteln kann in fast allen Ländern der Welt gedeckt werden. Länder in tropischen Regionen haben den Vorteil, Obst und Gemüse besonders zahlreich und frisch anbieten zu können. In vielen asiatischen oder afrikanischen Ländern ersetzen Märkte unter freiem Himmel den Supermarkt. Dortige Lebensmittel sind meist frischer und mit dem Einkauf unterstützt man zusätzlich die Bevölkerung.

Babynahrung und Windeln sind in allen Industriestaaten und Schwellenländern problemlos erhältlich. Schwieriger ist die Bedarfsdeckung in den ländlichen Gebieten der Entwicklungsländern, da dort oft eine starke Unterversorgung an diesen Lebensmitteln und Hygieneartikeln herrscht.

Wie und was man unterwegs kleinen Kindern (auch Babys) anbieten kann, wird unter »Grundbedürfnisse befriedigen – Essen und Trinken« (S. 220) erläutert. Da die Versorgung mit Lebensmitteln bei Kindern mit Allergien und Unverträglichkeiten schwieriger ist, wird dies gesondert in dem Kapitel »Gesundheitsvorsorge – Kinder mit Allergien und Unverträglichkeiten« (S. 170) behandelt.

Gesetzlich geregelte Ladenöffnungszeiten wie im europäischen Raum oft üblich gibt es weltweit kaum. In den meisten Ländern sind Geschäfte oft sehr lange und an allen Tagen offen. Läden in privater Hand öffnen und schließen meist wie es ihnen beliebt, ohne dass man dabei eine Systematik erkennen kann. Vor der Reise sollte man staatliche und religiöse Feste und Feiertage kennen, da dann meist viele Geschäfte geschlossen sind. Landestypische und kulturelle Besonderheiten gibt es vor allem in sehr religiös geprägten Staaten. So ist in vielen islamischen Ländern zum Beispiel die Nahrungsmittelbeschaffung während des Ramadan tagsüber nur eingeschränkt oder gar nicht möglich. Ähnlich eingeschränkte Einkaufsmöglichkeiten gibt es in südlichen Ländern, in denen eine lange Mittagsruhe (siesta) abgehalten wird.

### Sicherheit

Die Sicherheit vor Ort hat bei den meisten Eltern höchste Priorität beim Reisen mit ihren Kindern. Man möchte sicher sein vor Terrorismus, Bedrohung, Kriminalität, Krankheit oder Unfälle zu erleiden. Unterwegs sein ja gerne, aber bitte ohne jegliches Risiko für meine Familie. Um es gleich vorwegzunehmen: Das Land, in dem das alles möglich ist, gibt es nicht. Vollkommen sicher ist man wahrscheinlich nur zu Hause unter der eigenen Bettdecke. Aber Vorsicht: Erstickungsgefahr! Spaß beiseite! Das Sicherheitsbedürfnis ist ein sehr subjektives Empfinden. Welche Sicherheit jeder einzelne für sich beansprucht ist daher sehr unterschiedlich. Deshalb ist es unmöglich, pauschale Sicherheitskriterien für Familienreisen aufzustellen. Eltern wissen oft ganz genau, welche Risiken sie eingehen und wie weit sie bereit sind, mögliche Gefahren in Kauf zu nehmen. Sie informieren sich vor einer Reise intensiv über das Urlaubsziel und schließen vorzeitig Länder aus, die mit dem eigenen Sicherheitsbedürfnis nicht vereinbar sind. Da spricht auch nichts dagegen, denn übrig bleiben werden noch viele andere wunderbare Reiseziele. Die wichtigsten Punkte zum Thema Sicherheit, die eine Entscheidung für oder gegen ein Land erheblich beeinflussen, sind:

> Terrorismus
> Kriminalität
> Gesundheitsrisiken und Krankheitsgefahren
> Straßenverkehr/örtliche Gegebenheiten (vor allem bei Radlern und Rucksacktouristen)
> giftige Tiere und Pflanzen (vor allem beim Reisen mit kleinen Kindern)

## Terrorismus

Der 11. September hat gezeigt, dass selbst in unserer »zivilisierten« Welt jederzeit ein terroristischer Anschlag möglich ist. Wir müssen lernen, mit dem Wissen um diese Bedrohung zu leben, und sollten uns davon nicht einschränken lassen, da wir sonst grundsätzlich an Lebensqualität verlieren.

Wer nicht weiß, wie es um die Sicherheitslage seines Urlaubslandes bestellt ist, kann sich auf der Internetseite des Auswärtigen Amtes jederzeit darüber informieren. Unter »Reise- und Sicherheitshinweise« werden ständig aktualisierte Reisewarnungen für besonders gefährdete Länder und Gebiete ausgesprochen. Sicherheitshinweise informieren den Reisenden außerdem über politische und gesellschaftliche Zustände des Reiselandes. (Internetadresse → »Gesundheitsvorsorge – wichtige Informationsstellen und -quellen«, S. 172).

Das Auswärtige Amt gilt als zuverlässigster Auskunftsgeber über die Sicherheitslage in den einzelnen Ländern. Daneben gibt auch der Deutscher Reiseverband in Berlin, Tel.: 030-28406-0, zuverlässig Auskunft über Krisenstaaten und -regionen. Auch Reisebüros liefern bei einer Buchung aktuelle Informationen über die Sicherheitslage im Reiseland.

Die Reisewarnungen des Auswärtigen Amtes werden ständig aktualisiert. Das heißt, es kann durchaus vorkommen, dass Sie einen Flug in ein Land gebucht haben, für das ein paar Monate später eine Reisewarnung herausgegeben wird. Bei Pauschalreisen wird dann meist die komplette Reise vom Veranstalter storniert, und Sie erhalten ihr Geld zurück. Anders verhält es sich, wenn Sie individuell Reisen und ausschließlich einen Flug, evtl. direkt bei der Fluggesellschaft, gebucht haben. Eine Reisewarnung des Auswärtigen Amtes verpflichtet die Fluggesellschaft nicht, den Flug auf Ihren Wunsch kostenfrei zu stornieren. Dennoch bieten viele Fluggesellschaften eine Stornierung oder Umbuchung an, wenn auch meistens gegen eine Gebühr. Dies ist häufig jedoch nur bei einer ausdrücklichen Reisewarnung des Auswärtigen Amtes der Fall. Wird auf eine Gefährdung aus aktuellem Anlass nur hingewiesen, sehen sich viele Airlines nicht verpflichtet, einen Flug zu stornieren oder umzubuchen. Da die Fluggesellschaften dies sehr unterschiedlich handhaben, sollte man sich im Reisebüro vor der Reise gründlich über die Stornierungsbedingungen eines Fluges informieren. Die Reiserücktrittsversicherung greift in solchen Fällen leider nicht.

Fazit des Ganzen ist, dass man vor einer Reise unmöglich eine hundertprozentige Sicherheit für das Reiseland voraussagen kann. Leider melden sich auch Naturkatastrophen nur selten und Seuchen niemals vorher an.

## Kriminalität

Vor Diebstählen oder Überfällen ist man in keinem Land der Welt gefeit. Generell kann man jedoch sagen: je größer die soziale Kluft in einem Land, umso höher die Gefahr, ausgeraubt zu werden. In Touristengebieten ist diese Gefährdung nochmals größer, da sich dort Diebesbanden auf Reisende spezialisiert haben. Auch Städte bieten dieser Kriminalitätsform eine gute Einnahmequelle durch die allgemeine Anonymität. Interessant ist, dass die in einem Land vorherrschende Religion die Straßenkriminalität beeinflusst. So wird in überwiegend buddhistisch oder hinduistisch geprägten Kulturen weniger geklaut, da Neid verachtenswert ist. Natürlich sollte man sich nicht darauf verlassen. Doch Diebstahl ist nicht – wie oft angenommen – ein »Privileg« der nichtwestlichen Kulturen. Gerade das Gegenteil scheint oft der Fall zu sein. Zum Vermeiden und Verhalten bei Überfällen siehe unter »Umgang mit Gefahren vor Ort« (S. 268).

Wir Menschen neigen dazu, eine Kultur in puncto Sicherheit umso kritischer zu betrachten, je konträrer sie der unseren steht. Ihre Andersartigkeit wird erst einmal abgelehnt und als gefährlich eingestuft. Das macht ein fremdartiges Land aber nicht automatisch zu einem unsicheren Reisegebiet. Wer Erfahrung mit fremden Kulturen hat, weiß, dass aus nächster Nähe betrachtet dies ganz anders aussehen kann. Familien haben in vielen anderen Kulturkreisen, vor allem in armen Ländern, einen sehr hohen Stellenwert. Somit stellt eine intakte Familie ein Bollwerk gegen Feindseligkeiten dar. Reist man zurückhaltend, respektvoll und auf Einhaltung der Landessitten und Bräuche bedacht, bietet man keine Zielscheibe für Kriminalität und Anfeindung.

### Gesundheitsrisiken und Krankheitsgefahren

Viele Länder der Erde haben andere hygienische Standards als wir es gewohnt sind. Diese bringen verschiedenste Krankheitsgefahren mit sich, die Eltern kennen sollten, bevor sie sich für eine Reise in ein bestimmtes Land oder Gebiet entscheiden. Vor allem Individualreisende sind unterwegs höheren Krankheitsgefahren ausgesetzt, da sie mit der Umwelt eines Landes und den dort lebenden Menschen einen viel intensiveren Kontakt pflegen als ein Pauschaltourist. Vermehrte Gesundheitsrisiken gibt es vor allem beim Reisen in tropischen und subtropischen Regionen. Durch Impfungen verlieren viele Infektionskrankheiten ihren Schrecken. Gegen andere Tropenkrankheiten wie z. B. Malaria kann man nur prophylaktisch vorgehen. Kinder, vor allem kleine, sind durch ihre unbedachten Handlungsweisen stärker der Gefahr ausgesetzt zu erkranken. Deshalb sollten Eltern das Reiseziel im Sinne der Gesundheit ihres Kindes sorgfältig abwägen. Intensive ärztliche Beratung und Gesundheitsvorsorge in Form von Impfungen vor der Reise sind der beste Schutz gegen Krankheitsgefahren und beim Reisen mit Kindern unabdingbar (→ »Gesundheitsvorsorge«, S. 161).

### Straßenverkehr und örtliche Gegebenheiten

Andere Länder, andere Sitten, andere Gefahren. Eine Reise bedeutet, sich auf andere kulturelle und gesellschaftliche Regeln und Maßstäbe einzulassen und anzupassen. Durchschaut oder erkennt man diese nicht, kann man in gefährliche Situationen geraten. In Reiseführern wird daher immer darauf hingewiesen, wie man sich als Fremder zu verhalten hat (z. B. im Straßenverkehr).

Selbst für Erwachsene ist es oft eine Hürde, anerzogene Verhaltensmuster für die Zeit eines Urlaubs abzulegen, um Gefahren für Leib und Leben abzuwenden. Noch schwieriger ist das natürlich für Kinder. Sie verstehen noch viel weniger, dass in anderen Ländern andere Spielregeln (oder eben keine) gelten, die befolgt und beachtet werden müssen.

Zu Hause gibt es zum Beispiel für das Überqueren einer Straße bestimmte Regeln, die Kinder schon sehr früh lernen und die wir ihnen oft mühsam antrainieren müssen. Haben sie jedoch ein bestimmtes Verhaltensmuster verinnerlicht, stellt eine Straße keine Gefahr mehr für unseren Nachwuchs dar. In anderen Ländern kann ein einstudiertes, daheim völlig richtiges Verhalten jedoch zum Schreckerlebnis werden. Wer denkt zum Beispiel schon daran, dass man beim Linksverkehr das Nach-links-nach-rechts-nach-links-Schauen genau andersherum befolgen muss, damit man nicht ins nächstbeste Auto läuft? Kinder bringen dieses Wissen und Verständnis nicht mit und es ist sinnlos, sie auf bestimmte Verhaltensweisen für einen einzelnen Urlaub hin zu trainieren (sie würden es vor Ort schlichtweg vergessen). Wir können Kinder lediglich für bestimmte Dinge sensibilisieren. Die Verantwortung, die Kleinen vor Gefahren im Urlaubsland zu schützen, tragen daher die Eltern alleine. Aus diesem Grund ist es vor der Reise wichtig zu wissen, welche Gefahren uns vor Ort erwarten können und wie wir damit umgehen sollten. Deshalb sind auch der Straßenverkehr und andere örtliche Gefahren für einige Familien ein Ausschlusskriterium für manche bzw. Entscheidungskriterium für bestimmte Länder.

Mit welchen Gefahren im Straßenverkehr man unterwegs rechnen muss, lesen Sie im Kapitel »Umgang mit Gefahren vor Ort – Straßenverkehr und örtliche Gegebenheiten« (S. 272).

### Giftige Tiere und Pflanzen

Giftige Tiere können ebenfalls eine reale (wenn auch sehr geringe) Gefahr für unsere Kinder darstellen (natürlich nicht nur für die Kinder). Giftige Pflanzen dagegen sind für unseren Nachwuchs lediglich in der Oralphase bis Ende des zweiten Lebensjahres eine Gefahr. Und selbst dann ist das Verspeisen von großen Mengen, die für eine ernsthafte Vergiftung oft nötig ist, für die Kleinen einfach nicht schmackhaft genug. Außerdem säumen diverse Giftpflanzen nur selten die Touristenrouten. Man müsste sich schon im tiefsten Urwald bewegen, um eine ernsthafte Gefahr zu erreichen.

Anders sieht es bei Tieren aus, die für Kinder jeden Alters eine Faszination darstellen. Neben giftigen Tieren wie Skorpione, Spinnen und Schlangen können aber auch größere Tiere wie Hunde oder Wildtiere, in dessen natürlichem Lebensraum wir uns aufhalten und dessen Verhalten uns unbekannt sind, für den Nachwuchs gefährlich werden. Das Verhalten mit diesen Gefahren vor Ort wird in dem Kapitel »Umgang mit Gefahren vor Ort« (S. 275) behandelt.

# Vom Kurztrip bis zur Weltreise

### Der entscheidende Faktor »Zeit«

Planen Sie eine Reise mit Ihren Kindern, müssen Sie wissen, dass Kinder einen Urlaub in erster Linie dann genießen, wenn man ihnen die Zeit gibt, sich an andere Tagesabläufe und Fremdartiges zu gewöhnen. Das gilt nicht nur für Fernziele. Eltern müssen sich von dem Gedanken verabschieden, eine Reise mit Kindern genauso planen und durchführen zu können, als wäre man noch zu zweit unterwegs. Eine ausreichend lange Zeit ist der Schlüssel für entspannte Familienreisen. Hört man von Eltern, die nach einem zweiwöchigen Übersee-Rundreisetrip behaupten, dass es schön war, aber anstrengend, ist der Wahrheitsgehalt von Ersterem zu bezweifeln. Viele gestehen sich einfach nicht ein, dass der Urlaub ein Flop war oder sehen in ihrer Erinnerung alles aus einem verklärten Blick heraus positiv.

Reisen wir mit Kindern individuell und müssen uns unterwegs um jede Einzelheit selbst kümmern, verbrauchen wir allein mit der täglichen Organisation viel Zeit. Zudem benötigen Kinder (zumindest kleine) mehr als doppelt so viel Zeit wie Erwachsene, das Gesehene und Erlebte zu verarbeiten. Sie werden unterwegs mit tausenden Sinnesreizen regelrecht bombardiert, ohne dass es den Eltern überhaupt bewusst wird.

Deshalb ist es sinnlos, lange Flugreisen und Fernziele in einen kurzen Urlaub zwängen zu wollen. Alleine für die Akklimatisierung an ein ungewohntes Klima oder die Anpassung an andere Zeitzonen müssen wir bei Kindern, egal wohin die Reise geht, mit einer Woche rechnen. Deshalb sollte man für eine individuelle Fernreise mindestens drei, besser vier Urlaubswochen einplanen. Je mehr Zeit zur Verfügung steht, umso leichter fällt es auch Erwachsenen, entspannt zu reisen – und desto verhältnismäßig günstiger wird der Trip finanziell gesehen natürlich auch.

An- und Abreisetage sind aufregende und anstrengende Tage. Auch das Einspielen von Reiseabläufen braucht seine Zeit. Haben Kinder sich einmal an einen neuen Rhythmus gewöhnt, ist bei Kurzurlauben dieser meist schon wieder vorbei. Unterwegs sollte man sich fürs Entdecken viel Zeit nehmen und Kindern die Möglichkeit geben, das Erlebte zu verarbeiten.

## Kurzreisen planen und gestalten

Unter einer Kurzzeitreise ist hier ein Urlaub von bis zu 14 Tagen zu verstehen. Auch wenn ein Kurztrip nicht das Ideal einer Reise darstellt, so haben viele nicht die Möglichkeit, länger der Arbeit fern zu bleiben. Damit muss sich ein großer Teil der Bevölkerung arrangieren. Für reisende Familien bedeutet dies meist viel Stress für wenig Spaß. Glücklicherweise muss das nicht so sein, sofern man einiges beachtet:

Je weniger Zeit einem zur Verfügung steht, umso näher sollten die Reiseziele sein. Für An- und Abreise geht erfahrungsgemäß viel wertvolle Zeit verloren und es ist ein nicht zu unterschätzender Stressfaktor: stundenlanges Sitzen im Auto oder dem Reisebus, Staus auf den Autobahnen, Verirrungen und Verwirrungen durch fremdsprachige Straßenschilder und ungewohnte Verkehrsführungen in fremden Ländern und Städten, häufiges und hektischen Umsteigen bei Bahnreisen, verpasste Anschlusszüge, das Schleppen der Ausrüstung durch Bahnhöfe, Fähr- und Flughäfen. Diese Horrorvorstellungen kreisen sicherlich in vielen elterlichen Köpfen, wenn sie an eine Reise mit ihren Kindern denken. Wie kann man also die unvermeidliche Hektik minimieren?

Sicher lässt sich eine gewisse Anspannung und Aufregung bei An- und Abreisen nicht vermeiden, aber man kann den Stress in einem erträglichen Rahmen halten, wenn man dabei gewisse Regeln befolgt.

Die erste wäre: Ruhe bewahren! Je ruhiger und souveräner Eltern mit dem Aufbruch ins Abenteuer umgehen, umso entspannter sind die Kinder.

Die zweite Regel: Das Vorbereiten und Packen der Ausrüstung sollte bis zum Anreisetag vollkommen abgeschlossen sein und bereit stehen. Packlisten, auf denen alles abgehakt wird, sind eine gute Gedankenstütze. Hektisches Suchen in letzter Minute bringt nur Unruhe in die Familie.

Die dritte Regel: Reist man nicht mit dem eigenen Auto an und muss seine Ausrüstung bis zum Ziel durch diverse Lokalitäten schleppen, empfiehlt es sich, wirklich nur das Allernötigste mitzunehmen. Und damit ist gemeint, um es vielleicht etwas bildlich zu verdeutlichen: Wenn man unterwegs nicht zeltet und selbst kocht (d. h. keine Kochutensilien benötigt), sind zwei 50-Liter-Rucksäcke für vier Personen mehr als ausreichend. Darin müssen neben Kleidung für jedes Wetter der tägliche Proviant und alle Gegenstände wie Reiseführer, Kosmetiktasche, Reiseapotheke, Schuhe, Windeln, Spielzeug usw. unterkommen. Auch wenn Ihnen der Platz zu wenig erscheint: Glauben Sie mir, es ist möglich! Selbst auf einer Weltreise benötigt man unter den gleichen Voraussetzungen nicht mehr Gepäck.

Das Unangenehme bei Kurztrips ist, dass man kaum weniger Ausrüstung benötigt als bei längeren Reisen. Dennoch sollte man versuchen zu minimieren. Da das Rationalisieren von Kinderkleidung unterwegs zu Problemen führen kann (wenn man schon am zweiten Tag keinen kotfreien Strampler mehr hat), sollte man es dort tun, wo es am wenigsten weh tut: bei den Eltern. Braucht es wirklich das zweite oder gar dritte Paar Schuhe? Mit einer kleinen Reisetube Waschmittel lassen sich auch viele Ersatzkleidungsstücke einsparen. Vergessen Sie einmal Ihre gute Erziehung und wechseln die Unterwäsche nicht jeden Tag! Dies kann in vielerlei Hinsicht erleichternd sein. Zumindest für den Rücken.

Kinder können bei Kurzreisen auch einmal auf Spielsachen verzichten (Ausnahme ist natürlich das geliebte Kuscheltier oder Lieblingsspielzeug). Malstifte, Bade- oder Sandspielsachen können meist billig vor Ort erstanden und nach einer Reise an andere verschenkt werden.

Die vierte Regel: Die zur Verfügung stehende Zeit sollte sinnvoll genutzt werden. Wählen Sie nähere Reiseziele oder ein Transportmittel zum Reiseland, bei dem die An- und Abreise kurz und zügig vonstatten gehen kann. Lange Flüge über zehn Stunden mit extremen Klimaveränderungen und Zeitverschiebungen sind meist ein

K. O.-Kriterium für erholsame Kurztrips. Dennoch ist das Flugzeug gerade bei Kurzreisen eine gute Wahl, wenn man seinen Urlaub nicht im nahen Ausland verbringen möchte. Für Kinder ist eine fünfstündige Autofahrt oft anstrengender als ein gleich langer Flug, bei dem man am Ende auf Teneriffa landet und mit dem Auto höchstens in Oberammergau stehen würde. Das Fliegen ist für (ausnahmslos) alle Kinder im Vergleich zum Autofahren zudem noch ein großes Abenteuer, und Quengeleien aus Langeweile heraus wie zum Beispiel: »Wann sind wir endlich da?« oder ein ständiges »Ich muss mal« wird es auf kurzen Flugstrecken (d. h. bis zu fünf Stunden) selten geben.

Für kurze Reisen ist auch die Bahn ein ideales Fortbewegungsmittel, da sie dem Bewegungsdrang kleiner Reisender entgegenkommt und man schon die Anreise für die Kinder zum Erlebnis gestalten kann. Wichtig dabei ist nur, dass man mit möglichst wenigen Umstiegen zum Reiseziel gelangt (→ »Die Anreise mit der Bahn«, S. 74).

Wer sich dennoch – und das tun wahrscheinlich die meisten – für den eigenen Pkw entscheidet, ist zwar am Reiseziel sehr flexibel, dafür aber – möchte man die An- und Abreise kurz halten – eingeschränkter in der Wahl des Reiselandes. Die Kombination Flug oder Bahn und Mietwagen ist bei Reisezielen, die nicht im näheren Ausland liegen, eine mögliche und gute Alternative.

An- und Abreisetage sind in der Regel anstrengend und ein lästiges, aber notwendiges Übel. Für den Sinn einer Reise – nämlich erholsame Zeit – sind es verlorene Tage. Jeder Aufbruch und somit jede Veränderung bringt die innere Gefühlswelt durcheinander. Vor allem kleine Kinder benötigen für dessen Verarbeitung mehr Zeit, da ihnen die Vorstellungskraft fehlt, die im Vorfeld hilft, sich mental auf eine Reise vorzubereiten. Doch auch den Erwachsenen fällt es bei einem Kurztrip oft schwer, die innere Unruhe zu kompensieren. Leider stellt sich Erholung und Entspannung nicht automatisch per Knopfdruck ein, sondern muss sich entwickeln können. Je weniger Zeit einem dafür zur Verfügung steht, umso schwieriger wird es, sich gedanklich abzunabeln und zur Ruhe zu kommen.

Deshalb sollte man bei Kurzreisen nicht nur die An- und Abreisezeiten so kurz wie möglich halten, sondern auch die Aktivitäten vor Ort so gering wie nötig. Die wenigen Tage vollzupacken mit Sightseeing-Touren und ständig wechselnden Aktionen bringt die Kinder zusätzlich durcheinander. Wichtig sind das Ankommen und Zurechtfinden in einer ungewohnten Umgebung.

Eine örtlich gleich bleibende Unterkunft für die Dauer des Urlaubes ist hier von Vorteil, da es den Kindern eine Basis bietet, zu der man immer wieder zurückkehrt. Das kann ein Apartment ebenso sein wie das Wohnmobil oder das eigene Zelt auf dem Campingplatz.

Wichtiger als bei einer Langzeitreise ist bei Kurztrips ein gleichmäßiger Tagesablauf, der dem Nachwuchs Sicherheit durch Vorhersehbarkeit gibt: aufstehen – frühstücken – spielen – wandern – einkaufen – Mittagessen – Burgbesichtigung – spielen – Abendessen – schlafen. Kräftezehrende Aktionen sollten dem kindlichen Rhythmus angepasst werden und in den gleichförmigen Tagesablauf einfließen.

Auch wenn man generell Aktivurlaube bevorzugt, ist es ratsam, bei einer Kurzreise mit kleinen Kindern den »lazy way« zu leben. Die Kurzen sorgen auch ohne anstrengende Touren für Bewegung. Bei Outdoortouren ist es wichtig, dass die Tour vor der Reise gut geplant ist und einen in sich geschlossenen Ablauf garantiert. Wenn bei Wander- und Radeltouren die tägliche Strecke durch gebuchte oder vorher geplante Übernachtungen feststeht, nimmt man damit unterwegs einen gehörigen Organisationsdruck aus dem Tagesablauf, da zeitraubendes Managen vor Ort entfällt. Die täglich gleiche Beschäftigung wie zum Beispiel das Wandern bietet den Kindern zudem einen schematischen Tagesrhythmus.

Nach diesem Prinzip kann man auch eine motorisierte Rundreise entspannter gestalten.

Kurzreisen sollten gut geplant sein

Wenn die Tagesetappen feststehen, reist es sich wesentlich entkrampfter und es bleibt im Tagesablauf mehr Zeit für den Weg, der ja bekanntlich das Ziel einer Reise ist. Als kleiner Nachteil muss allerdings erwähnt werden, dass das Vorbuchen von Übernachtungsplätzen keinen großen Spielraum für unerwartete Kursänderungen zulässt.

## Urlaubsplanung im Jahresverlauf

Für viele Familien ist nicht Geld das Hindernis für ausgedehnte Reisen, sondern die fehlende Zeit. Berufstätige haben in der Regel sechs Wochen Urlaub im Jahr. Das bietet leider nicht viel Spielraum für grenzenlose Urlaubsträume. Und damit nicht genug. Familien trifft es in dieser Hinsicht noch härter, wenn beide Elternteile berufstätig sind. Vorbildliche, jahresabdeckende Ganztages-Kinderbetreuung ist in Deutschland leider noch Mangelware. Damit werden Eltern wahrscheinlich noch einige Jahre leben müssen. Für reiselustige Familien bleibt der gemeinsame Jahresurlaub ein zähes Ringen um jeden einzelnen gemeinsamen Ferientag.

Da ausreichend Zeit jedoch – vor allem bei Fernreisen – wichtig ist, ist es sinnvoll so viel wie möglich davon für eine einzige Reise einzuplanen. Sind beide Elternteile berufstätig, sollte man erst einmal versuchen so viel Urlaub wie möglich gemeinsam zu bekommen. Sind die Kinder noch nicht schulpflichtig, geht dies natürlich einfacher, da man mit einer gemeinsamen Urlaubsplanung nicht an die Hauptferienzeiten gebunden ist. Zudem haben Kindertagesstätten in der Regel geringere Schließzeiten als Schulen. Liegen diese dennoch außerhalb des geplanten Urlaubs, kann man versuchen, die Kinder in dieser Zeit in einer anderen Kindertagesstätte als Gastkind unterzukriegen. Auch können vielleicht Großeltern oder Verwandte einspringen. Als teuerste und daher letzte Lösung bietet es sich an, eine Tagesmutter zu engagieren.

Versuchen Sie also, für eine Fernreise Ihren gesamten Jahresurlaub zu bekommen. Sicher wird es in vielen Firmen nicht gerne gesehen, wenn Arbeitnehmer längere Zeit nicht erreichbar sind. Dennoch sollte man nicht vergessen, dass hier der reguläre Jahresurlaub zur Debatte steht, also keine Scheu davor, darüber zu diskutieren. Wenn ein ungewöhnlich langer Urlaub rechtzeitig beantragt und nicht jedes Jahr gefordert wird, sind Verhandlungen mit der Personalleitung sicherlich möglich (bitte nicht aufs Urlaubsrecht pochen – mit einer geschickten Verhandlungstaktik geht vieles leichter). Bieten Sie notfalls an, unterwegs jederzeit erreichbar zu sein – oder besser, sich alle paar Tage in der Firma zu melden. Damit zeigen Sie Interesse am Unternehmen und können Ihre Urlaubswünsche mit der Verpflichtung an den Arbeitgeber besser durchsetzen (und wenn es in der Sahara mal keinen Handy-Empfang gibt, ist es eben so).

Sind die Kinder noch nicht schulpflichtig und können Sie den Jahresurlaub variabel gestalten, versuchen Sie dem Arbeitgeber entgegen zu kommen, indem sie eine Reisezeit wählen, in der es in der Firma weniger zu tun gibt. Damit zeigen Sie dem Arbeitgeber und seinen Belangen gegenüber Verständnis und Interesse. In konjunkturschwachen Zeiten können Sie vielleicht auch aufgelaufene Überstunden abbauen, wogegen der Arbeitgeber sicherlich nichts einzuwenden hat.

Tipp: In dem Jahr, in dem man einen längeren Urlaub oder eine Fernreise plant, sollte man auf weitere Kurzreisen verzichten. Verbeißt man sich die obligatorische Pflichtbesuchswoche bei Tante Hertha im Schwarzwald oder den Skiurlaub im Zillertal, so kann man die zur Verfügung stehende Zeit auf einen Urlaub konzentrieren und zusätzlich die Reisekasse aufpolstern.

## Urlaubsplanung mit schulpflichtigen Kindern

Eine rationale Urlaubsplanung ist mit schulpflichtigen Kindern – ehrlich gesagt – nicht einfach. Möchte man mit seinen Kindern eine längere oder weite Reise unternehmen, sieht man sich mit vielen Komplikationen und Unannehmlichkeiten konfrontiert. Es kommen nur die Schulferienzeiten infrage, was bei Berufstätigkeit beider Elternteile besonders schwierig ist. Zudem sind die großen Sommerferien Hauptreisezeit für viele Länder, vor allem auf der Nordhalbkugel, und daher teuer. Auch die Unterkunftssituation ist zu Hauptreisezeiten schwieriger. Oft müssen diese vorher gebucht werden – für spontan reisende Familien eine Einschränkung ihrer Individualität.

Für längere Reisen mit schulpflichtigen Kindern kommt eigentlich nur der hiesige Sommer infrage, denn nur mit den großen Sommerferien lässt sich eine ausreichend lange Zeit herausholen. Dies ist vor allem bei Fernreisen wichtig. Reizen Sie diese Wochen wenn möglich bis auf wenige Tage vor dem Start ins neue Schuljahr aus, oder planen Sie wenigstens vier Wochen für ein fernes Reiseziel ein. Wer nach einer Reise noch einmal 14 Tage Erholung braucht, sollte sich ernsthaft die Frage stellen, warum er eigentlich wegfährt! Für die Akklimatisierung und das Überwinden des Jetlags zu Hause reichen drei bis vier Tage vollkommen aus.

In Deutschland gehen die Hauptferienzeiten der Schulen insgesamt von Ende Juni bis Mitte September. Einige Bundesländer arbeiten noch mit dem alten rotierenden System. Die meisten jedoch haben jährlich die gleichen Ferienzeiten. Auf der Nordhalbkugel ist von Mitte Juni bis Ende August Hauptreisezeit und Flüge von europäischen Flughäfen aus in Länder, die ebenfalls Hauptsaison haben (z. B. USA, Kanada oder Nordchina), teuer. Die Flugpreise richten sich einerseits nach den Ferienzeiten des Abfluglandes, aber auch nach der Hauptreisezeit des Reiselandes. Es lohnt sich also, darauf zu achten, von wo aus man die Reise startet. Der Flug von einem benachbarten (Bundes-)Land aus, welches die Ferien entweder schon hinter oder noch vor sich hat, kann oft Geld sparen. Reist man auf die Südhalbkugel oder nahe des Äquatorgürtels, ist der europäische Sommer keine Hauptreisezeit und klimatisch gesehen oft ungünstig. Dafür sind Flüge dorthin gerade im europäischen Hochsommer besonders preiswert (z. B. Kanaren). Das Reisen in der Nach-, Zwischen- oder Vorsaison muss jedoch nicht nachteilig sein. Studieren Sie genau die Reisezeiten Ihres Wunschziels. Viele Länder haben verschiedene Klimazonen und angenehme Reisezeiten, auch zur Nebensaison (→ »Wichtige Entscheidungskriterien für die Wahl des Reiselandes – Klima«, S. 36).

Als Beispiel ist für das nördliche und zentrale Australien gerade der Juli und August die ideale Reisezeit, wenn im südlichen Teil des Kontinents Nebensaison und Winter vorherrschen. In Peru ist die touristische Hochsaison für die Küstenregionen der dortige Winter (Juni-August), was gleichzeitig die Trockenzeit – und damit gute Reisezeit – des Andenhochlandes ist. Die Hauptsaison der Einheimischen und Ferienzeit des Landes dagegen ist der dortige Sommer (Dezember-März). Ähnlich ist es auch auf den indonesischen Inseln wie Bali oder Java, die sich wunderbar auch im dortigen Winter (Juli-August) bei angenehmen Temperaturen bereisen lassen. Auch im Winter Namibias, was gleichfalls die dortige Trockenzeit ist, kann man zu unseren Schulferienzeiten bestens reisen, da gerade zu dieser Zeit die Tierbeobachtungen in den Nationalparks am erfolgversprechendsten sind. Ganz nebenbei findet man beim Reisen in der Nebensaison immer auch eine entspanntere Unterkunftssituation vor.

Das antizyklische Reisen ist auch innerhalb Europas zu den Ferienzeiten – wenn auch nur eingeschränkt – möglich, indem man darauf achtet, eine Zeit zu wählen, in der im Reiseland keine Ferien sind. Das können die hiesigen Pfingst- oder Herbstferien sein. Auch der Anfang oder das Ende der Sommerferien einiger Bundesländer eignen sich für Reisen in der Nebensaison. In Nordeuropa beginnt in vielen Ländern Mitte August wieder die Schule und die Feriengegenden gleichen amerikanischen Steppen. Die Preise für Übernachtungen fallen mit geschicktem Verhandeln meist tiefer in den Keller als die gefürchteten Temperaturen. Natürlich muss man bei spätsommerlichen Touren im hohen Norden auf hochsommerliche Temperaturen verzichten. Passt man seine Ausrüstung jedoch an, kann gerade diese Zeit eine entspannende und schöne fernab des Massentourismus sein. Das Gleiche gilt für den Süden Europas. Die Hauptferienzeiten sind der Juli und August. Reist man im Mai, Juni oder Anfang September, sind viele Ferienwohnungen und Zimmer wesentlich günstiger zu haben. Gerade im Spätsommer sind die Zimmervermittler und Besitzer von Wohnungen verhandlungswillig. Vor allem dann, wenn die Saison nicht zu ihrer Zufriedenheit verlief. Kommerzielle Campingplätze, Ferienanlagen und Hotels haben striktere Preisbindungen. In der Nebensaison sind jedoch auch hier Preisrabatte üblich.

## Weltreise oder Ausstieg auf Zeit

Mal ehrlich! Haben Sie nicht auch schon einmal davon geträumt, das Leben, so wie Sie es gerade führen, hinter sich zu lassen? Der ständige Stress in der Arbeit, die täglichen Verpflichtungen, der monotone Rhythmus zwischen Arbeit, Kinderbetreuung und Haushalt – alles zusammen raubt uns von Zeit zu Zeit die Lebensgeister. Es macht unzufrieden, stumpft unsere Sinne ab und lässt uns einfach mechanisch funktionieren. In unserer hektischen, modernen und entwickelten Gesellschaft verlernen wir eines der wichtigsten und elementarsten Dinge: das Leben bewusst zu (er-)leben. Was haben Sie gestern oder vorgestern getan? Sie wissen es nicht! Der tägliche monotone Rhythmus betäubt unser Erinnerungsvermögen und gibt Träumen und Sehnsüchten wenig Raum zur Entfaltung. Im alltäglichen Leben haben die eigenen Interessen meist wenig Platz. Wir quetschen die notwendigen Verpflichtungen zusammen mit den Freizeitaktivitäten irgendwie in unsere Lebenszeit und merken gar nicht, dass uns diese dabei verloren geht.

Selbst unsere Kinder haben heutzutage einen so vollen Terminkalender, dass man auch hier durchaus von Freizeitstress sprechen kann. Ob Fußball, Tennis, Ballett, Schwimmkurs, Musikschule oder Nachhilfeunterricht – alle Familienaktivitäten müssen irgendwie innerhalb von sieben Tagen Platz finden. Das bewusste Leben und geistige Regenerieren bleiben damit auf der Strecke. Nicht umsonst spricht man heute schon bei Kindern und Jugendlichen vom »Burnout-Syndrom«.

Auslöser für den Wunsch nach einem Ausstieg auf Zeit gibt es viele. Manchmal kann es sogar die Familie selbst sein oder das Gefühl, mit ihr unsichtbare Fesseln zu tragen. Dabei sind wir es selbst, die sich mit Kindern anketten und für unbeweglich halten. Ein Vater berichtete mir, dass er während einer mehrmonatigen Reise mit seiner Familie erkannte, dass Kinder und Familie zu haben nicht automatisch das Ende des bisherigen so freien und unbeschwerten Daseins bedeutet, und das Leben mit Kindern keineswegs fremdbestimmt und langweilig ist.

Gönnen Sie sich und Ihrer Familie an diesem Punkt eine Auszeit und machen Sie Ihre Träume endlich wahr! Und zwar jetzt und nicht erst, wenn die Kinder aus dem Haus sind! Wie wäre es mit einer großen Reise in Länder, von denen Sie schon als Kind geträumt haben? Ich meine nicht nur einen Urlaub von vier Wochen. Drei, sechs, zehn oder noch mehr Vier-Wochen-Urlaube am Stück. Das geht nicht! Warum???

Wer oder was hält Sie auf? Ist es der Arbeitgeber, die liebe Verwandtschaft oder einfach nur die gesellschaftlichen Verpflichtungen, die Sie an solch einem Vorhaben hindern? Ganz bestimmt ist es eines jedoch nicht: die Kinder! Denn ein Sabbatical geht auch mit Kindern, und wie das geht! Und auch das Thema Geld ist, wenn man sich damit eingehend befasst, meistens in den Griff zu kriegen (Tipps hierzu finden Sie in den Kapiteln »Das Familien-Reisebudget«, S. 182, und »Geld sparen unterwegs – kinderleicht!«, S. 183).

## Stopp den Burnout

Den Wunsch nach Auszeiten gibt es bei jedem Menschen  – das fängt schon mit der morgendlichen Kaffeepause im Betrieb oder Büro an. Da einem buchstäblich die Zeit davonläuft und man irgendwann in einer Dauerspannung zwischen Arbeits- und Freizeitstress lebt, empfiehlt sich für die meisten auch eine längere Auszeit. Je weiter man sich räumlich und zeitlich entfernt, desto größer ist die Chance, dabei zu sich selbst zu finden. Besonders Menschen, die selten zur Ruhe und Besinnung kommen, würden von einem solchen Sabbatical profitieren. Ansonsten laufen sie Gefahr, wichtige Bereiche des privaten und persönlichen Lebens zu vernachlässigen und irgendwann den Burnout zu erleben.

*Prof. Horst W. Opaschowski, Leiter des Hamburger BAT-Instituts für Freizeitforschung*

Der Ausstieg auf Zeit – auch Sabbatical genannt – ist mittlerweile zu einem Trend avanciert, der allen Wirtschaftskrisen zum Trotz in nahezu allen Berufsgruppen und Gesellschaftsschichten salonfähig geworden ist. Ob ein Comedian pilgert, ein Busfahrer mit dem Motorrad um den Globus fährt, ein rüstiger Rentner mit dem Fahrrad Europa erkundet oder der Manager seinen »Burnout« auf einer Südseeinsel auskuriert – das Sabbatical in Verbindung mit Reisen und Selbstfindung wird von Experten und Psychologen als Reinigung des Geistes und Stärkung der Seele hochgelobt. Doch leider macht diese Entwicklung vor der von Familien bewohnten Reihenhaussiedlung Halt. Diese Volksgruppe hat sich nämlich sittsam, züchtig und bodenständig zu geben. Alles andere wäre schlecht für die Entwicklung der zukünftigen Generation. Wo kämen wir denn hin, wenn jede Familie in Deutschland einfach Auszeit nähme und sich die Welt anschauen würde!

Es wird Zeit, dass sich an dieser Einstellung etwas ändert, denn gerade Familien bedürfen durch die Doppelbelastung mehr Erholung als jeder Single oder kinderlose Zeitgenosse. Der Sinn eines Sabbaticals ist auch mit Kindern zu verwirklichen. Abstand vom Stress des Berufslebens und den heimischen Verpflichtungen findet man auch mit der Familie. Selbst häusliche Verpflichtungen werden einem unterwegs fast vollkommen abgenommen, sodass man sich ausschließlich auf sich und die Kinder konzentrieren kann. Dies ist das bewusste Entdecken der Familie als Einheit und lässt in so manchem die Erkenntnis reifen, dass die eigene Familie das wichtigste im Leben ist und eigentlich auch immer war. Selbst wer manchmal das Gefühl hat, im Familienverbund seine Eigenständigkeit und Individualität zu verlieren, wird unterwegs erkennen, diese Eigenschaften mit Kindern nie verloren zu haben. Im Gegenteil: Wir Eltern geben unsere Persönlichkeit an die Kinder weiter und sehen, wie unsere Wesenszüge in ihnen reifen und weiterleben. In dem Moment, in dem wir Abstand vom alltäglichen Leben haben, werden wir uns dieser Tatsache erst bewusst. Kinder nehmen uns nicht das unbeschwerte Leben, nein, sie schenken uns zu unserem Dasein noch viele wundervolle Aspekte hinzu. Kinder besitzen die wunderbare Gabe, mit allen Sinnen im Jetzt und Hier zu leben. Sie sehen weder die Zukunft klar vor Augen, noch lassen sie sich von der Vergangenheit so stark beeinflussen wie dies Erwachsene tun. Sie entdecken vorurteilsfrei und unbeschwert die Welt in ihrer Gegenwart viel intensiver als wir Eltern dazu in der Lage sind. Lassen wir uns auf das Abenteuer des Lebens im Augenblick ein, können auch wir sehr viel von unseren Kindern lernen.

Auf einer langen Reise, die schier unendlich viel freie Zeit mit sich bringt, können wir das Beisammensein mit unseren Kindern viel intensiver empfinden und genießen. Das Eltern-Kind-Verhältnis erfährt eine tiefe und innige Bindung, wie sie im Alltagsleben kaum noch erlebt werden kann.

Eine Studie der amerikanischen Cornell Universität besagt, dass wir am Ende unseres Lebens nicht die Dinge bedauern, die wir falsch gemacht haben, sondern jene die wir *nicht* getan haben.

### In der gesetzlichen Elternzeit

Der deutsche Gesetzgeber hat Familien eine einzigartige Möglichkeit für einen Ausstieg auf Zeit geschaffen. Mit der seit 2002 geltenden Elternzeitregelung gibt es einen Weg, eine Auszeit für und mit der Familie wahrzunehmen. Dies ist für viele Familien *die* Gelegenheit, sich ihre Reiseträume zu erfüllen, ohne eine Kündigung des Arbeitsverhältnisses zu erwägen. Immer mehr Väter nutzen die Gelegenheit einer Auszeit, um sich der Betreuung der Kinder zu widmen. Seit Einführung des Elterngeldes 2007 hat sich der

Anteil von Vätern, die Elternzeit beantragen, sogar von 5 % auf 27 % erhöht. Auch wenn staatliche Leistungen für viele der ausschlaggebende Faktor ist, zu Hause zu bleiben, ist die Zeit, die damit Eltern und Kindern geschenkt wird, der eigentliche Wertgewinn. Ganz abgesehen von materiellen Leistungen wiegen die bleibenden Erinnerungen schwerer als jeder gezahlte Euro. In der Elternzeit können wir uns frei mit den Kindern bewegen und die Welt liegt uns zu Füßen. Grund genug, sie zu entdecken.

Die aktuelle Gesetzeslage erlaubt es Eltern, ab Geburt des Kindes, *gemeinsam* drei Jahre Elternzeit zu beantragen. Das letzte Erziehungsjahr kann sogar, mit dem schriftlichen Einverständnis des Arbeitgebers, bis zur Vollendung des achten Lebensjahrs des Kindes hinausgeschoben werden. Elternzeit kann für jedes einzelne Kind beantragt und in zwei Zeitabschnitte aufgeteilt werden. Dabei ist es unerheblich, wie lange man Elternzeit für jeden einzelnen Abschnitt beantragt. Das können drei, sechs oder mehr Monate sein. Dies bezieht sich allerdings nur auf die *reine* Elternzeit und nicht die Zeit, die mit der staatlich gekoppelten Leistung des Elterngeldes verbunden ist. Möchte man nur in der Zeit reisen, die mit dieser staatlichen Leistung verbunden ist, gestaltet sich die leistungsbezogene Elternzeit ein wenig anders. Hierzu sollte man sich bei den zuständigen Behörden ausführlich erkundigen (Informationsadressen siehe unten).

## Alles Wichtige zum Thema Elternzeit ist hier noch einmal zusammengestellt:

> Erwerbstätige Eltern, die ihr Kind selbst betreuen und erziehen, haben Anspruch auf Elternzeit nach dem Bundeselterngeld- und Elternzeitgesetz (§§ 15–21).

> Während der Elternzeit werden die Eltern von ihrem Arbeitgeber zum Zweck der Betreuung ihres Kindes unbezahlt von der Arbeit freigestellt. Das Arbeitsverhältnis ruht also während der Elternzeit. Auf Elternzeit besteht ein gesetzlicher Anspruch, d. h. eine Zustimmung des Arbeitgebers ist nicht erforderlich. Der Anspruch muss jedoch spätestens sieben Wochen vor Beginn schriftlich vom Arbeitnehmer verlangt werden.

*Weiter auf nächster Seite.*

> Der Anspruch auf Elternzeit besteht für jeden Elternteil unabhängig voneinander bis zur Vollendung des dritten Lebensjahres des Kindes. Bei mehreren Kindern besteht der Anspruch auf Elternzeit für jedes Kind. Jeder Elternteil kann seine Elternzeit auf zwei Zeitabschnitte verteilen. Ein Anteil der Elternzeit von bis zu zwölf Monaten kann mit Zustimmung des Arbeitgebers auf die Zeit bis zur Vollendung des achten Lebensjahres des Kindes übertragen werden. Elternzeit kann auch nur für die Partnermonate genutzt werden.

> Nach Beendigung der Elternzeit besteht ein Anspruch auf eine dem Arbeitsvertrag entsprechende Arbeit. Während der Elternzeit besteht ein besonderer Kündigungsschutz, nach dem der Arbeitgeber das Arbeitsverhältnis ab dem Zeitpunkt, von dem an Elternzeit verlangt wurde, jedoch maximal acht Wochen vor Beginn der Elternzeit, nicht kündigen darf.

> Während der Elternzeit bleiben gesetzliche und private Krankenversicherungen sowie soziale und private Pflegeversicherungen aufrechterhalten. Ob und in welcher Höhe weiterhin Beiträge zu entrichten sind, ist bei der zuständigen Krankenkasse zu erfragen.

> Während der Elternzeit ohne Teilzeittätigkeit werden drei Jahre Kindererziehungszeiten (bis zum dritten Lebensjahr des Kindes) als rentenbegründend und rentensteigernd berücksichtigt, also einer rentenversicherungspflichtigen Tätigkeit gleichgestellt. Die Kindererziehungszeit wird jedoch nur für *einen* Elternteil angerechnet.

> Für die Beratung zur Elternzeit sind die Elterngeldstellen der Landkreise und Gemeinden zuständig.

*(Quelle: Niedersächsisches Ministerium für Soziales, Frauen, Familie und Gesundheit – www.ms.niedersachsen.de)*

Der Anspruch auf Elternzeit ist *nicht* mit einem Wohnsitz oder gewöhnlichen Aufenthalt in Deutschland gekoppelt, d. h. in der gesetzlichen Elternzeit können wir uns auch im Ausland aufhalten. Dagegen können alle Leistungen, die an die Erziehung und Betreuung der Kinder geknüpft sind, nur dann beansprucht werden, wenn ein Wohnsitz oder gewöhnlicher Aufenthalt in Deutschland nachgewiesen werden kann. Dazu gehören das Landes- und Bundeserziehungsgeld, das Kindergeld und das seit 2007 gezahlte Elterngeld. Die Frage ist nun, wie definiert sich ein Wohnsitz oder gewöhnlicher Aufenthalt in Deutschland?

## Hierzu gibt es eine nicht ganz klare und dehnbare Definition:

**§ 8 AO (Abgabenordnung)**   Einen Wohnsitz hat jemand dort, wo er eine Wohnung unter Umständen innehat, die darauf schließen lassen, dass er die Wohnung beibehalten und benutzen wird.

**§ 9 AO (Abgabenordnung)**   Den gewöhnlichen Aufenthalt hat jemand dort, wo er sich unter Umständen aufhält, die erkennen lassen, dass er an diesem Ort oder in diesem Gebiet nicht nur vorübergehend verweilt. Als gewöhnlicher Aufenthalt im Geltungsbereich dieses Gesetzes ist stets und von Beginn an ein zeitlich zusammenhängender Aufenthalt von mehr als sechs Monaten Dauer anzusehen; Kurzfristige Unterbrechungen bleiben unberücksichtigt. Satz 2 gilt nicht, wenn der Aufenthalt ausschließlich zu Besuchs-, Erholungs-, Kur- oder ähnlichen privaten Zwecken genommen wird und nicht länger als ein Jahr dauert.

*(Quelle: Bundesministerium der Justiz)*

Planen wir nun eine längere Reise von mehreren Monaten, bleibt es uns in jedem Falle selbst überlassen, auf alle Zahlungen des Staates zu verzichten. Damit stehen wir rechtlich auf der sicheren Seite.

Bei einer Abwesenheit von mehr als sechs Monaten wird man in der Regel bemüht sein, seine Mietwohnung oder Haus unterzuvermieten oder zu kündigen, um die laufenden Kosten auf ein Minimum zu reduzieren. Meldet man zusätzlich seinen Wohnsitz in Deutschland ab, so besitzt man weder einen Wohnsitz im Sinne des Gesetzgebers noch einen gewöhnlichen Aufenthalt im Inland. Damit kann es zu Problemen beim Beziehen von staatlichen Leistungen kommen. Möchte man nun aber auf keinen Fall auf Gelder des Staates verzichten, gibt es nur die Möglichkeit, seine Wohnung zu behalten (und evtl. unterzuvermieten) oder sie aufzugeben und einen Wohnsitz bei Eltern, Verwandten oder Freunden anzumelden. Letzteres ist wahrscheinlich die beste Variante, da man meist sowieso eine Kontaktperson in Deutschland beauftragt, sich um noch bestehende Verträge (Versicherungen) und Bankangelegenheiten in der Zeit der Abwesenheit zu kümmern. Leider bewegt man sich auch bei dieser Lösung in einer gesetzlichen Grauzone. Gilt eine angegebene Postkastenadresse bei Angehörigen oder Freunden als gewöhnlicher Aufenthalt oder gar Wohnsitz in Deutschland? Diese Frage lässt sich nicht so leicht beantworten und auch Gesetzeshüter können dies nicht mal ansatzweise. Da man bei einer Reise die Absicht hat, wiederzukommen und in einer angegebenen Wohnung in Deutschland zu leben, müsste man eigentlich wieder von einem Wohnsitz in Deutschland ausgehen. Zudem kann man bei der gesetzlichen Elternzeit seinen Lebensmittelpunkt in Deutschland damit nachweisen, dass ein Arbeitsverhältnis besteht und Pflichtversicherungsbeiträge weiterhin gezahlt werden. Was ist aber, wenn man einen Wohnsitz in Deutschland nachweisen kann, aber keinen gewöhnlichen Aufenthalt?

Als grobe Faustregel für den Gesetzgeber (das Finanzamt) gilt: Wer sich länger als ein halbes Jahr im Ausland aufhält, besitzt keinen gewöhnlichen Aufenthalt in Deutschland. Somit ist man steuerbefreit, aber auch bestimmte Leistungen werden nicht mehr gewährt. Ausnahmen sind Besuchs-, Erholungs-, oder Kuraufenthalte (siehe links), die nicht länger als ein Jahr dauern dürfen. Bei einer Reise kann man sicherlich vom Zweck der Erholung ausgehen, was gleichsam bedeuten würde, dass eine einjährige Reise den gewöhnlichen Aufenthalt in Deutschland nicht beeinflusst.

Wie gesagt, kann es in einzelnen Fällen nicht einfach sein, eine rechtlich einwandfreie Lösung zu finden. Entweder man verzichtet auf alle Leistungen oder geht das Risiko ein, sich in einer gesetzlichen Grauzone zu bewegen. Wer sicher gehen möchte, kann auf geschickte Weise seine Reise in mehrere Einzelreisen aufteilen und beispielsweise für weniger als sechs Monate im Ausland bleiben, danach für mehrere Wochen in Deutschland verweilen, um im Anschluss wieder für weniger als sechs Monate weiterzuziehen. Vielleicht reicht es einem ja auch aus, für weniger als sechs Monate zu verreisen, damit man seine Ansprüche in Deutschland nicht verliert. Alles in allem bleibt es einem selbst überlassen, für welchen Weg man sich entscheidet.

Hilfreiche Internetadressen zum Thema Elternzeit und Elterngeld:
> www.gesetze-im-internet.de
  (Bundesministerium der Justiz)
> www.bmfsfj.de
  (Bundesministerium für Familie, Senioren, Frauen und Jugend)
> www.zbfs.bayern.de
  (Zentrum Bayern Familie und Soziales)
> www.arbeitsagentur.de (zu Kindergeldfragen)
> www.elterngeld.de

### Mit schulpflichtigen Kindern

Um es gleich vorwegzunehmen: Eltern, die für eine Weltreise oder einen Ausstieg auf Zeit ihre Kinder aus der Schule nehmen, sind weder verantwortungslos noch egoistisch oder gefährden mit ihren Plänen vorsätzlich die Bildungschancen ihrer Kinder! Entscheidet man sich dafür, längere Zeit irgendwo auf der Welt zu leben oder zu reisen, tut man dies nicht leichtfertig, sondern ist bemüht, diese Zeit sinnvoll zu gestalten, zu erleben und zu genießen. Eltern, die diesen Schritt wagen, sind intelligent genug, vorausschauend zu planen und zu handeln, damit sich für den Nachwuchs keine Nachteile ergeben. Man sollte eine Reise nie als verlorene Zeit für die schulische und geistige Entwicklung des Kindes ansehen. Die Sinne eines Kindes werden auf Reisen viel stärker gefordert als daheim. Es nimmt Eindrücke auf, hinterfragt sie und begreift Zusammenhänge viel besser als durch Lesen in trockenen Büchern oder Anhören von stupiden Vorträgen.

Kinder, die unterwegs gezielt unterrichtet werden, müssen die ausgesetzten Monate oder das Jahr aller Wahrscheinlichkeit nach nicht wiederholen. Die Erfahrung vieler reisender Familien, die ihre Kinder für eine längere Reise aus der Schule genommen haben, hat gezeigt, dass die Kinder bei einer gezielten Einzelförderung – selbst nach einer langen Auszeit – ihren Mitschülern beim Wiedereintritt ins deutsche Schulsystem im Wissensstand um Längen voraus waren. Auch wenn das nicht bei jedem der Fall sein sollte: Die Zeit auf Wanderschaft ist niemals eine verlorene Zeit! Im Gegenteil! Es ist eine Zeit, von der Kinder immens profitieren in ihrer geistigen und sozialen Entwicklung. In jedem Fall bringen Ihre Kinder nach einem Ausstieg auf Zeit Lebenserfahrung mit nach Hause, die keine Lehranstalt auf diese Weise zu vermitteln vermag.

Die Bundesrepublik Deutschland macht es Eltern mit schulpflichtigen Kindern allerdings nicht einfach, einen Ausstieg auf Zeit zu verwirklichen. In Deutschland besteht Schulpflicht, die sich aus dem Grundgesetz Art. 7 Abs. 1 und 2 ableitet und die Bildung unter den Schutz des Staates stellt. Dies bedeutet, dass Eltern verpflichtet sind, ein geistig und körperlich gesundes Kind ab dem sechsten Lebensjahr zur Schule zu schicken. Geschieht dies nicht, so drohen Strafen, in der Regel in Form von Bußgeldern. Für die Einhaltung der Schulpflicht ist die Schulleitung der Schule zuständig, in dem das Kind angemeldet ist – und nicht, wie oft angenommen, das zuständige Ministerium. Neidvoll kann man da auf andere Länder Europas wie die Schweiz, Frankreich, Dänemark oder Schweden blicken, in denen *Bildungspflicht* herrscht, d. h. auch Hausunterricht beantragt werden kann.

Plant man einen längeren Auslandsaufenthalt, der über die Ferienzeiten hinausgeht, so muss dies bei der zuständigen Schulleitung schriftlich und mit einer ausreichend wichtigen Begründung angemeldet werden. Ein Erholungsurlaub ist leider kein wichtiger Beweggrund, der eine Schulbefreiung rechtfertigt. Bei einem Antrag auf Schulbefreiung kommt es in erster Linie auf eine gute Argumentation an. Dem Staat ist an einer angemessenen Ausbildung während der Abwesenheit des Kindes gelegen. Am besten legen Sie sich eine Strategie zurecht, die sich weniger auf Ihren geplanten Ausstieg stützt als vielmehr Ihr Bestreben nach angemessener Schulbildung in der Zeit Ihrer Abwesenheit betont. Zeigen Sie sich in jedem Fall kooperativ und bestrebt, das geforderte Lernpensum unterwegs zu erfüllen! Auch wenn diese Taktik keine Garantie auf Erfolg haben sollte, ist es allemal besser als provokante Argumentationen wie »Die letzten Wochen vor den Sommerferien wird doch sowieso nichts mehr gelernt.« Damit haben Sie schon verloren, bevor sie in die nächste Verhandlungsrunde einsteigen könnten, da dies die wenigsten Pädagogen und Lehramtspersonen gerne hören.

Wie erfolgreich ein Antrag auf Schulbefreiung ist, hängt im Wesentlichen von der Einstellung des Klassenlehrers und der Schulleitung, des Schulkonzepts und der schulspezifischen Gesetzeslage im einzelnen Bundesland ab. Dem Schulbefreiungsantrag sollte in jedem Fall ein eingehendes Gespräch mit der Schulleitung und des Lehrers vorausgehen, in dem zum einen die Leistungen des Kindes und zum anderen dessen

Bereitschaft zum eigenständigen Lernen ausführlich erörtert werden. Sieht die Schulleitung keine Probleme in der Leitungsbereitschaft des Kindes und können Sie in dem Gespräch mit überzeugender Argumentation darlegen, dass ein Unterricht auf Ihrer Reise reibungslos und konsequent umgesetzt wird, stehen die Chancen gut für eine wohlwollende Beurteilung und schließlich die Zusage der Schulbehörde.

Wird ein Antrag abgelehnt und Sie reisen dennoch, verstoßen Sie gegen das Gesetz und müssen sich der Konsequenzen stellen. Da die Ämter am Wohl des Kindes interessiert sind, wird von Zwangsmaßnahmen wie Gefängnisstrafen bei groben Verstößen meist jedoch abgesehen. In der Regel werden Geldbußen verhängt.

Eine wichtige und plausible Begründung für die Schulbefreiung ist eine nachweisliche Arbeitsstelle im Ausland. Lassen Sie sich von einem potenziellen Arbeitgeber im Ausland eine entsprechende Bescheinigung ausstellen und legen diese beim zuständigen Schulamt vor. Damit ist Ihr Kind aus der Schulpflicht entlassen und den Vorschriften des Landes unterstellt, in dem Sie beabsichtigen zu arbeiten und zu leben. Familien mit Migrationshintergrund haben es leichter, eine Schulbefreiung zu erwirken, wenn sie mit einer Familienzusammenführung zu einem wichtigen Ereignis (Hochzeiten, Beerdigungen usw.) argumentieren. Bestimmte Berufsgruppen aus dem Medienbereich wie Schauspieler, Journalisten, Reisebuchautoren, oder Mitarbeiter internationaler Organisationen und Hotel- und Gastronomiebetreiber (die in den Sommermonaten nicht reisen können) haben durch ihre Berufe eine reelle Chance, Kinder für einen längeren Auslandsaufenthalt – mit Begründung ihrer beruflichen Tätigkeit – aus der Schulpflicht zu befreien. Eine recht provokante, jedoch plausible Begründung, die eine Schulbefreiung rechtfertigen würde, ist hier eine nicht mögliche Betreuung der Kinder während der Abwesenheit der Eltern, denn für die Abreise der Erziehungsberechtigen gibt es keine rechtlichen Hürden zu überwinden.

Und schließlich befreit ein Umzug ins Ausland verbunden mit einer Wohnungsauflösung in Deutschland Kinder von der Schulpflicht. Dabei ist es unerheblich, ob Sie schon eine Arbeit vorweisen können oder nicht. Mit der Abmeldung in Deutschland ist Ihr Kind hier nicht mehr schulpflichtig. Das ist wahrscheinlich der konsequenteste Weg für einen Ausstieg. Doch für welche Variante Sie sich entscheiden, hängt sicherlich auch davon ab, wie lange Sie unterwegs sein und wie intensiv Sie Ihren Traum leben möchten. Reicht es Ihnen, für drei Monate zu verreisen, ist es sinnvoll, mit den Behörden zu einer einvernehmlichen Lösung zu gelangen ohne den konsequenten Schnitt zu machen, der sicherlich auch noch von vielen weiteren Faktoren wie Arbeitsstelle und verwandtschaftlichen und gesellschaftlichen Lebensumständen abhängt.

Generell aber ist die Chance auf Schulbefreiung höher, wenn sie für einen längeren Zeitraum beantragt wird. Mit nur zwei Wochen vor Schuljahresende wird man in der Regel wenig Begeisterung ernten, da eine überzeugende Argumentation hier kaum möglich ist.

Dennoch – einen Versuch ist es allemal Wert. Lehrstoff für wenige Wochen oder Monate kann man im Vorfeld mit dem Lehrkörper erarbeiten und zusammenstellen. Sie können sich auch an Fernlehrwerke wenden, die Lehrstoff und Material individuell für das Kind zusammenstellen, welches fürs Selbstlehren geeignet ist. Dies ist zwar nicht kostenfrei, aber eine gute Investition in die lückenlose Bildung ihres Kindes unterwegs.

Mehr Informationen über Fernunterricht und Fernlehrwerke finden Sie bei der staatlichen Zentralstelle für Fernunterricht:

> Staatliche Zentralstelle für Fernunterricht ZFU
  Peter-Welter-Platz 2
  50676 Köln
  Tel.: 0221/921207-0
  Fax: 0221/921207-20
  E-Mail: poststelle@zfu.nrw.de
  www.zfu.de

Fernlehrwerke in Deutschland:

> Deutsche Fernschule
  Herbert-Flender-Straße 6
  35578 Wetzlar
  Tel.: 06441/921892
  www.deutsche-fernschule.de
  E-Mail: info@deutsche-fernschule.de
  Sie erhalten hier Lehrmittel für die Klassen 1–5
  und Vorschulmaterial (Kosten: etwa 115 € pro
  Fach und Monat)

> Institut für Lernsysteme GmbH
  Doberaner Weg 20, 22143 Hamburg
  Tel.: 040/67570–149
  Fax: 040/67570–221
  E-Mail: fernlehrwerk@ils.de
  www.ils.de
  Infobroschüre zum Downloaden.
  Der staatlich zugelassene und vom Auswär-
  tigen Amt geförderter Fernunterricht wird
  für die Klassen 5 bis 10 in 15 Fächern und für
  drei Schulformen angeboten (2.000–2.800 €/
  Schuljahr).

**Hilfreiche Literatur zum Ausstieg**

Wer sich ausgiebig mit dem Thema Ausstieg und
Weltreise beschäftigen möchte, dem sind folgende Ratgeber und Bücher zu empfehlen:

> »Aussteigen auf Zeit. Das Sabbatical-Hand-
  buch« von Anke Richter, VGS-Verlag 2002:
  Der Klassiker unter den Sabbatical-Hand-
  büchern. Ein umfassendes und Mut machen-
  des Handbuch für alle, die einen Ausstieg auf
  Zeit planen. Mit vielen hilfreiche Tipps und
  Adressen.

> »Mut zur Auszeit« von Christa Langheiter,
  Redline-Wirtschaftsverlag 2006 (vergriffen):
  Ein Aussteiger-Ratgeber mit Erlebnisberichten
  von Aussteigern, vielen praktischen Tipps und
  Checklisten, detaillierten Informationen und
  weiterführenden Hinweisen.

> »Sabbatical – So gewinnen alle!« von Elke Pohl,
  Bertelsmann Verlag 2008:
  Ein Sabbatical-Ratgeber mit vielen Tipps zur
  Organisation mit wertvollen Anregungen und
  hilfreichen Adressen.

## Reisen ist lernen durch (er-)leben

Babys und Kleinkinder nehmen die äußeren Umstände eine Reise kaum zur Kenntnis. Ihr eingeschränkter geistiger Horizont erfasst in erster Linie Dinge und Geschehnisse in ihrer unmittelbaren
Umgebung. Bewegen sie sich in körperlicher Nähe zu ihren Eltern oder dem gewohnten Schutzraum
(Kinderwagen, eigenes Bett usw.), ist mit keinen nachteiligen Konsequenzen für den Nachwuchs zu
rechnen. Ihre körperliche und seelische Entwicklung wird von kurzen Reisen kaum beeinflusst. Sie werden weder schneller trocken, noch können sie früher laufen. Sie entwickeln sich vollkommen normal
ohne schnellere Reifung oder Entwicklungsverzögerung.

Interessant ist die Entwicklung von Kindern und Kleinkindern bei Langzeitreisen. Leider gibt es
keine Studien darüber, wie eine solche Reise die physische und psychische Entwicklung von Kindern
beeinflusst. Deshalb kann ich hier nur aus den eigenen Erfahrungen und denen derer sprechen, die
hilfreich an diesem Buch mitgearbeitet haben. Augenscheinlich können Kinder durch eine längere
Reise in ihrer motorischen Entwicklung verzögert sein. Manche Fähigkeiten werden tatsächlich –
durch mangelnde Möglichkeiten der Ausübung im Urlaub – nicht oder später erlernt (Feinmotorik
beim Malen oder Schreiben, Fahrradfahren). Dagegen werden jedoch alle Sinne täglich durch tausend
fremde Eindrücke stimuliert. Äußerlich erkennbar sind geistige und körperliche Entwicklungsfort-
schritte zum Beispiel durch das fast beiläufige Erlernen einer fremden Sprache (was Kinder daheim
leider sehr schnell wieder verlieren) oder frühzeitiges Schwimmen.

Alle Tätigkeiten, die Eltern mit ihren Kindern unterwegs oft und regelmäßig ausüben, erlernen die
Kleinen sehr viel schneller als zu Hause. Denn Kinder haben beim Reisen einen sehr großen Vorteil:

Kinder lernen durch (er-)leben

unendlich viel gemeinsame Zeit mit ihren Eltern. Diese sind unterwegs Lehrer und Erziehungsperson zugleich. Sie zeigen, erklären und entdecken mit den Kindern die Welt. In solch einer intensiven Verbindung leben Eltern und Kinder nie wieder miteinander. Gerade Väter haben so die Möglichkeit, ihren Nachwuchs in einer Intensität kennen zu lernen und zu erleben, wie dies im normalen häuslichen Alltag kaum möglich ist. Dies ist für alle Familienmitglieder ein Gewinn.

Ältere Kinder und Jugendliche profitieren sehr stark in ihrer psychischen Entwicklung vom Reisen. Sie lernen mehr vom Leben der Menschen in den verschiedenen Erdteilen, als die Schule dies jemals zu vermitteln vermag. Das Reisen ist für sie praktischer Unterricht in Sachen Völker- und Naturkunde. Es sensibilisiert Kinder stärker für die Gesetzmäßigkeiten der Natur, andere Völker und Kulturen mit andersartigen Lebensweisen als durch Anschauungsmaterial wie Filme oder Bücher.

Das frühe Konfrontieren mit anderen Kulturkreisen fördert eine globalisierte Sichtweise und stärkt dennoch das Zugehörigkeitsgefühl zum eigenen Kulturkreis. Reisende Kinder erleben viel eher, dass unsere Gesellschaft nur ein kleiner Teil des Ganzen ist und dass es Länder gibt, in denen die Menschen anderes leben und anders sind. Auch wenn sie andere Kulturen nicht gänzlich verstehen müssen, ist das Akzeptieren von verschiedenen Lebensformen ihre Basis für das zukünftige Zusammenleben mit anderen Völkern.

Das Reisen lässt unsere Kinder geistig wachsen und macht sie reifer. Sie werden viele Dinge unterwegs sehen und lernen, die wertvoll für ihren Lebensweg sein können. Im praktischen Anschauungsunterricht auf Reisen begreifen Kinder zudem viel stärker, dass die eigenen Lebensweise – und die der einzelnen Völker – globale Auswirkungen auf die Zukunft hat. So sehen sie beispielsweise, wie wertvoll der Rohstoff Wasser in vielen Teilen der Welt ist und dass es Menschen gibt, die lange Fußmärsche zurücklegen müssen für ein wenig frisches Trinkwasser. Sie erleben exotische Tiere in ihrem natürlichen Lebensraum mit dem Wissen, dass diese vom Aussterben bedroht sind, können in Pflege- und Aufzuchtstationen die Bemühungen internationaler Hilfsorganisationen für bedrohte Tierarten verfolgen, können teilhaben an nationalen und wissenschaftlichen Naturschutzprojekten. Sie haben die Möglichkeit, die Vielfältigkeit der Flora und Fauna auf unserem Globus zu erleben, können exotische und abenteuerliche Pflanzen und Tiere studieren und deren Aufgaben im natürlichen Kreislauf der Natur beobachten und erkennen. Diese Erlebnisse sind mehr als Unterricht nach Plan. Es ist lernen durch (er)leben. Es verstärkt zudem das Bewusstsein junger Menschen für ihre Umwelt und die Notwendigkeit, diese zu schützen. Das Engagement der Heranwachsenden, helfen zu wollen oder die eigene Lebensweise zu überdenken, ist bei Kindern, die viele Erlebnisse und Erfahrungen auf Reisen sammeln konnten, wesentlich stärker ausgeprägt.

Ermutigen Sie ihre Kinder, sich für andere zu engagieren, um der Reise eine sinnvolle und nachhaltige Gestalt zu geben. Nehmen Sie Kontakt zu internationalen Vereinigungen und Hilfsorganisationen auf (z. B. Greenpeace, Friends of the Earth International, UNESCO, Kinderhilfswerk) und bieten Sie Ihre Unterstützung und Mithilfe bei Projekten an. Werden Sie Pate oder Fürsprecher für einen guten Zweck und bauen Brücken nach Europa auf, auf denen Ihre Kinder in den Schulen Ihr soziales Engagement weiter transportieren können.

## Erinnerungen fürs Leben

Da das menschliche Erinnerungsvermögen nur bis etwa zum dritten Geburtstag zurückreicht, sollten Eltern nach Möglichkeit eine Reise mit Kleinstkindern durch Fotos und Berichte festhalten. Legen Sie nach der Reise ein Album eigens für die Kinder an, mit außergewöhnlichen Begebenheiten, Entwicklungsphasen und vielen Bildern. Dabei ist es nicht so wichtig, dass ausschließlich das Kind im Bild ist. Setzen Sie ruhig auch mal das Lieblingskuscheltiere in Szene, denn daran kann man sich oft als Erwachsener noch erinnern.

Ein eigenes Reisetagebuch für ältere Kinder, in dem sie ihre Erlebnisse und Gefühle niederschreiben können, ist ein wichtiger Bestandteil für die Aufarbeitung einer Reise (vor allem bei Langzeitreisen). Dort können auch Adressen von Freunden, die man unterwegs kennen gelernt hat, Glückwünsche, Gedanken und Gedichte von Fremden in den verschiedensten Sprachen Platz haben. Es wird für später ein Schätzkästchen voller Erinnerungen sein, das ihnen ein Bewusstsein dafür gibt, was sie in ihrer Kindheit Großartiges erlebt haben. Kein Bild kann diese Intensität von Gefühlen vermitteln.

## Reisebericht: Australien

*Von Colabären und Burger Jacks*
*Das Entdecken geht weiter – 12 000 Kilometer durch den roten Kontinent (Christine Sinterhauf)*

»Warum ausgerechnet Australien?«, rief meine Mutter sorgenvoll aus. »Das ist doch so weit weg!« – »Ja deshalb!« entgegnete ich ihr, stellte mir aber insgeheim die gleiche Frage, wenn auch aus anderen Gründen.

Australien sollte nur eines der Länder sein, welches wir auf unserer Reise besuchen. Während der Planungsphase kamen mir doch tatsächlich leichte Bedenken, wie eine Reise durch den roten Kontinent mit zwei Kleinkindern (2 und 4 Jahre) bewältigt werden kann. Hauptsächlich die Tatsache, dass auf dem ehemals britischen Hoheitsgebiet südlich des Äquators überdurchschnittlich viele Arten an sehr giftigen Tieren beheimatet sind, beunruhigte mich ein wenig. Meine immer besorgte Mutter ließ ich darüber natürlich in Unkenntnis, da sie sonst mit

allen Mitteln versucht hätte, diese Reise zu verhindern. Und am Ende wäre ihr das wahrscheinlich noch gelungen.

Doch es gab auch vieles, was für Australien sprach. Es ist ein Land mit guter medizinischer Versorgung, das aber dennoch Wildnis und Abenteuer verspricht. Unsere Reiseplanung sah vor, auf der Südhalbkugel zu überwintern, und da Neuseeland ein fester Bestandteil unserer Reise war, bot sich Australien geradezu an. Liegt es doch praktisch um die Ecke. Schon als Kind saß ich begeistert vor meinem Kinderlexikon und betrachtete Bilder hüpfender Kängurus. Und spätestens nach dem legendären Sommerhit von »Men at Work« Anfang der Achtzigerjahre, der das australische Lebensgefühl nach Europa schwappen ließ, war ich restlos verliebt in das Land

»down under«. So flogen wir mit eintretendem europäischem Herbst in den Sonne und Wärme verheißenden Frühling südlich des Äquators.

### Sydney

Ein Langstreckenflug mit Kleinkindern ist nicht gerade das, was man sich zum Geburtstag wünscht. Wir haben jedoch jede Menge Zeit, die Klima- und Zeitverschiebung zu überwinden, weshalb wir diesen kräftezehrenden Akt in Kauf nehmen.

Die Ankunft in Sydney und die ersten Tage vergehen demnach wie in Zeitlupe. Alle Familienmitglieder müssen sich erst der neuen Umgebung und der Zeit anpassen. Erst am fünften Tag haben wir uns körperlich und mental so weit im Griff, dass wir eine Stadtbesichtigung in Angriff nehmen. Mit Kindern immer ein heikles Unterfangen. Dennoch erweist sich Sydney als überaus kinderfreundlich, was nicht zuletzt an den Einwohnern liegt, die einem sehr freundlich und offen begegnen. Für die architektonischen Wunderwerke der Stadt zeigen unsere Kinder erwartungsgemäß wenig Interesse, dafür umso mehr für die Bimmelbahn, die gleich neben der berühmten Oper eine Runde durch den botanischen Garten dreht. Fahren wir also Bimmelbahn – in der Weltmetropole Sydney! Großen Anklang findet bei allen Familienmitgliedern eine Hafenrundfahrt und der Besuch des Aquariums, in dem es neben Haien und Riesenrochen so manches exotisches Pflänzchen und Tierchen zu bewundern gibt.

Da wir aus früheren Reisen um die intensive und gefährliche Sonneneinstrahlung auf der Südhalbkugel wissen, nehmen wir das ausgiebige Eincremen der Kinder von Kopf bis Fuß in den ersten Tagen besonders genau. Mehrmals am Tag müssen sich die Kleinen dieser langwierigen und in ihren Augen langweiligen Prozedur unterziehen und sind heilfroh, wenn wir endlich damit fertig sind. Während einer unserer Stadtbesichtigungen sieht mein Sohn zum ersten Mal in seinem noch jungen Leben einen tiefschwarzen Mann. Dieser Straßenmusikant und wahrscheinlich reinrassiger Aborigine trägt seine typische Hautbemalung für Touristen zur Schau, die mein Kleiner mit der lakonischen Bemerkung kommentiert: »Mama, schau

mal, der verkohlte Mann da hat sich seine Sonnencreme nicht anständig verrieben.« (Ich werde es in Zukunft tunlichst vermeiden, in der Gegenwart meiner Kinder von »kohlrabenschwarzen« Menschen zu sprechen!)

Wir verlassen Sydney nach einer Woche mit einem sehr positiven Eindruck. Die Stadt hat es uns wirklich angetan, auch wegen der vielen schönen Strände, die immer leicht zu erreichen sind. Sicherlich werden wir wiederkommen, aber erst einmal steuern wir unserem zweiten Abenteuer auf dieser langen Reise entgegen: das eigentliche Australien!

### Von Colabären ...

Australien hält tatsächlich viele Überraschungen bereit. Auch solche, die weniger angenehm sind. Auf der Reise in den Süden des Landes regnet es mehrere Tage hintereinander, sodass wir wahrscheinlich so manche schöne Sehenswürdigkeit verpassen. Eine weitere erstaunliche, jedoch unerfreuliche Entdeckung ist, dass es in Australien auch kalt sein kann. So kalt, dass wir in den australischen Alpen gezwungen sind, für eine Nacht eine Jugendherberge aufzusuchen, da es fürs Zelten mit unserer Ausrüstung viel zu kalt ist. Flugs werden wärmende Fleecedecken für die Nacht gekauft, das Sunshine T-Shirt von Clara verschwindet unter einem dicken Fleecepullover und ihrer Windjacke, und Paul fragt dick eingepackt nach seinen Handschuhen, während ich ihm die Mütze tief über seine eingecremten Ohren ziehe.

Die australischen Alpen im Bundesstaat New South Wales sind mit den europäischen keineswegs vergleichbar. Alles hier ist braun, grau oder schwarz (weil verbrannt). Die hiesigen Wälder bestechen durch eine farblose Flora, sind aber dennoch beeindruckend in ihren Formen und reich an endemischen Pflanzen und Tieren. Wir haben mittlerweile mehr Kängurus gesehen als jemals Wildschweine in Deutschland.

Die Kälte hält sich hartnäckig. Von »Aussies«, wie sich die Australier selbst stolz nennen, erfahren wir, dass uns das Glück zuteil wird, im kältesten Frühjahr seit der Wetteraufzeichnung reisen zu dürfen. Wir fühlen uns sehr geehrt!

Auf Raymond Island, einer kleinen Insel im Süden von New South Wales erleben wir zum ersten Mal Koalabären in freier Wildbahn. Einige dieser wirklich putzig aussehenden Gesellen sind so faul, dass sie es nicht für nötig halten, sich in die hohen Wipfel der Eukalyptusbäume zurückzuziehen, um vor den wild fotografierenden Touristen sicher zu sein. Im Gegenteil. Sie sitzen schläfrig in den unteren Etagen der Myrtengewächse und biedern sich als Motiv geradezu an. Clara ist überaus entzückt, hüpft dabei in ihrer kindlichen Begeisterung um die Bären herum und ruft ständig: »Colabär schläft«. Wir müssen nur höllisch aufpassen, dass ihre Begeisterung nicht überschnappt und sie sich auf die gelangweilt dreinblickenden Bären stürzt, um diese zu knuddeln. Mit meinem »Großen«

Australiens Südküste im Bundesstaat Victoria

sehe ich diesbezüglich keine Probleme, da er ein Alter erreicht hat, in dem man größeren Tieren automatisch den nötigen Respekt entgegenbringt. Bei meiner Kleinen bin ich mir da nicht so sicher. Sie kennt noch keine Furcht vor Tieren, egal welcher Größe und Art.

Mit fortschreitender Reise löst sich meine Anspannung und ständige Sorge vor giftigen Schlangen und Spinnen allmählich auf (ohne jedoch die Vorsichtsmaßnahmen zu vernachlässigen). Beim Wandern im Busch haben wir unsere Kinder immer im Blick und statten sie mit großen Stöcken aus, die sie im Takt vor sich her auf den Boden klopfen dürfen. Es macht ihnen sogar riesigen Spaß, geräuschvoll durch den Busch stampfen zu dürfen. Wenn ein Tier da nicht rechtzeitig flüchten kann, ist es sowieso schon tot. Auf unserer gesamten Reise haben wir übrigens nur eine einzige Schlange zu Gesicht bekommen, die jedoch so schnell im Dickicht verschwand, dass wir gar nicht ausmachen

konnten, um welche giftige Art es sich nun handelte.

Bevor wir uns Richtung Melbourne der Great Ocean Road zuwenden, suchen wir in der Goldgräberstadt Ballarat nach dem edlen Metall, welches vor über 100 Jahren tausende von Glücksrittern aus aller Welt magisch angezogen hat. Auch Paul lässt sich vom Goldfieber anstecken und sucht nun im Freilichtmuseum »Sovereign Hill« am »Nugget Creek« mit einer für ihn viel zu großen Goldwaschpfanne eifrig danach. Auch wenn man dort beim Goldschürfen (Paul sagt Goldschlürfen) wirklich etwas finden kann, bringen wir es nur zu ein paar nassen Hosen und der Erfahrung, dass Goldfinden reine Glückssache ist.

Im Südosten des Kontinents gibt es neben atemberaubenden Steilküsten noch die letzten dicht bewachsenen Urwälder aus der Zeit zu bewundern, als Australien noch nicht vom übrigen Teil der Welt getrennt war. Wir unterneh-

men viele Wanderungen durch den australischen Urwald und begegnen dabei zahlreichen Tieren wie dem Schnabeligel (»Mama, guck mal, der Igel hat einen Stock im Mund.«), vielen Riesenechsen (»Papa, schau mal, die Schlangen haben ja Beine.«), Possums (»Das sind ja Teddybären mit lustigen Glupschaugen.«), Wallabys (»Oh, wie süße Baby-Kängurus.«) und immer wieder Kängurus (»Und das ist Mama-Känguru.«).

Die Küsten und Strände im Südosten des Landes sind atemberaubend schön, jedoch zum Baden zu gefährlich. Unsere Kinder spielen und planschen da lieber in den kleinen, badewannenwarmen Natur-Bassins, welche die Flut an den flachen Steinküsten zurückgelassen hat, während die tosenden Wellen keine 50 Meter weiter an den zerklüfteten Klippen mit riesigen Springfontänen an die Küste peitschen. Bei einem Ausflug auf dem australischen Fernwanderweg »Great Ocean Walk« entdecken wir eine einsame Babyrobbe zwischen den Steinfelsen. Die Kinder sind entzückt, fragen aber besorgt und mitfühlend, wo denn nur die Mama des kleinen zarten Wesens ist. Wir beruhigen sie, indem wir ihnen versprechen, dass die Robbenmama wiederkommt, sobald wir weg sind.

### ... und Burger Jacks

Schon vor der Reise hatten wir die Möglichkeit, unsere Kinder mit den hiesigen Essgewohnheiten vertraut zu machen. Doch mit der Fülle an verschiedenen Schnell-Restaurant-Ketten in Australien sind nicht nur die Erwachsenen überfordert. Unser Sohnemann liebt Burger. Und wo schmecken diese am besten? Bei »Hungry Jacks«, dem Double zum »Burger King«. Da er aber dort noch nie einen hungrigen Jack gesehen hat, sondern immer nur die leckeren Burger, heißt das Lieblingsrestaurant meines Sohnes schlicht »Burger Jacks«.

Ich für meinen Teil habe da ein ganz anderes Problem zu bewältigen. Wie bringt man einer besorgten Großmutter bei, dass die Ernährungsgewohnheiten der Enkelkinder im Moment einfach keiner gesunden Lebensweise entsprechen? Diese ruft nämlich in regelmäßigen Abständen an und fragt nach dem werten Befinden der Kleinen. Die häufigsten Fragen sind da: »Sind die Kinder denn auch gesund?« und »Was kriegen sie denn zu essen?« Natürlich versichere ich ihr, dass wir *nicht* jeden Tag zu »MacDonalds« gehen (es gibt da ja noch den hungrigen Jack). Denn in den Augen meiner Mutter – mit der ich in dieser Hinsicht ausnahmsweise mal einer Meinung bin – gibt es bestimmt hundert Gründe, die gegen Fast Food sprechen. Leider gibt es aber auch genau drei Argumente, die dafür sprechen. Und Clara spricht diese drei immer dann mit Nachdruck aus, wenn sie die goldenen Arkaden irgendwo prangen sieht: Mimo (Limonade), Bommes (Pommes), Lila (Spielplatz). Also vergessen wir die hundert Gründe und entscheiden uns zum x-ten Mal für das gelbe M, strategisch günstig gelegen an der Ausfallstraße. Lustlos kaue ich

auf dem Salatblatt meines wohl zwanzigsten Warm-crispy-chicken-Salates herum und überlege dabei, ob dies nun aus ernährungserzieherischer Sicht ein Fehler ist oder ich es einfach nur genießen sollte, in Ruhe essen und lesen zu können, während die Kinder im eingezäunten Spielareal weltvergessend spielen. Also gönne ich mir einfach noch einen Kaffee und höre auf zu denken.

Die Hauptstadt des Bundesstaates South Australias, Adelaide, kommt weniger hipp und modern daher als Sydney oder Melbourne. Trotz ihrer Größe von etwa einer Million Einwohnern versprüht Adelaide ein gemütliches, ländlich geprägtes Kleinstadtflair. Hier lernen wir Tom, Melissa und ihre drei Kinder kennen.

Melissa ist Austauschschülerin in Deutschland bei der Nichte meines Mannes gewesen. Ihr Mann Tom ist ein typischer Australier, wie aus einem klischeebeladenen Reiseführer mit seinem großen Schlapphut und einer Schwäche für laues Bier und »ehrliche« (naturbelassene) Steaks in der Größe eines Weltatlanten. Seine Einstellung zur heimischen Fauna beschreibt er kurz und äußerst treffend: »You want to discover wildlife? Get kids!« Wie Recht er doch hat!

Von Adelaide aus planen wir die Weiterreise ins rote Zentrum. Es kostet uns viele Überlegungen, wie wir diesen Reiseabschnitt sicher und zugleich kostengünstig organisieren können. Alle Flugmöglichkeiten werden verworfen, da viel zu teuer. Der »Ghan« und

ein »Greyhound« sind leider nicht billiger. Und mit dem Auto ...? Tom hält uns für verrückt, mit den Kindern und unserem (günstig) gemieteten alten Ford Falcon durchs Outback zu fahren. Hinter Adelaide beginnt seiner Meinung nach der Busch und nach Port Augusta das unheimliche und unendliche Nichts: die Wüste. (Daran kann man erkennen, wie zwiespältig das Verhältnis der australischen Städter zu ihrer wilden und unbezähmbaren Natur vor der eigenen Haustüre ist.) »Was ist, wenn die alte Karre stehen bleibt?« gibt er zu bedenken. »Oder die ohnehin schon abgefahrenen Reifen auf dem heißen Asphalt platzen?« Es ist Frühsommer und die Tagestemperaturen sehr hoch. Zu hoch für eine Reifenpanne in der Wüste. Nach langem Kopfzerbrechen mieten wir einen zweiten (Neu-)Wagen, lassen den alten Ford und einen großen Teil unserer Ausrüstung in Adelaide zurück und reisen mit einem leichten Kribbeln im Bauch und 70 Litern Trinkwasser ins Herz Australiens.

## Outback

Von Adelaide aus sind es ca. 1500 Kilometer bis zum Uluru (Ayers Rock). Ab Port Augusta, 300 Kilometer hinter Adelaide, gibt es bis zum Ziel nur eine einzige Ortschaft namens Coober Pedy. Diese ist nach 553 Kilometern und sechs Stunden Fahrt erreicht. So schwach befahren, wie uns Tom weismachen wollte, ist der Stuart Highway jedoch nicht. Mindestens einmal die Stunde begegnet man einem Auto oder Truck. Der Fahrergruß ist hier keine Höflichkeitsfloskel mehr, sondern er dient der ernsthaften Verständigung, wenn man sich in Schwierigkeiten befindet.

In der Opalstadt Coober Pedy machen wir ein paar Tage Reisepause und nächtigen in einem »Underground Campground«. Echt cool! So verrückt der Campingplatz unter der Erde ist, so »crazy« erscheint uns die gesamte Stadt. Glücksritter buddeln sich auf der Suche nach kostbaren Opalen tief in die heiße trockene Erde, um das edle Gestein zu bergen, und werfen dabei in einem Radius von mehreren Kilometern abertausende mannshohe Maulwurfshügel auf, die der Wüste einen ganz eigentümlichen Charme verleihen. Die Hälfte der Einwohner leben ebenfalls in Erdlöchern, so genannten »Dugouts«, die eine konstante Raumtemperatur von ca. 22–25 Grad garantieren. Wir, und vor allem die Kinder, genießen das Höhlenquartier sehr. Es ist angenehm kühl unter Tage, und gleichzeitig entgehen wir so den hier äußerst lästigen Fliegen, die sehr zielstrebig und extrem anhänglich den Weg in Augen, Nase, Ohren und Mund suchen.

Das Outback ist trotz oder gerade wegen seiner Kargheit besonders reizvoll. Hier spürt man den ursprünglichen Geist des Kontinents auf sehr intensive Weise. Auch wenn man sich als Reisender nur entlang des Stuart Highways und nicht in der tiefsten Wüste bewegt, bekommt man einen Einblick in die Seele des Landes. Die klaren Nächte sind fast unwirklich still, so lautlos, dass man das Gefühl bekommt, der einzige Mensch auf der Welt zu sein. Der grandiose Sternenhimmel ist gewaltig und einnehmend. Er senkt sich über das unendliche Land wie eine überdimensionale Käseglocke und lässt einen erschreckend klein und nichtig erscheinen. An solchen Orten eröffnet sich einem der Sinn des Reisens!

Auf unserer längsten Etappe durch das faszinierende Outback begleiten uns leider keine Didgeridooklänge, sondern Bob der Baumeister und seine quäkenden Baumaschinen. »Können wir das schaffen? – Ja, wir schaffen es!« Und erreichen nach über 700 Kilometern am Abend den heiligen Berg der Aborigines, den Uluru.

Mit beginnendem Sommer müssen wir uns hier mit knackigen Tagestemperaturen von 47 Grad Celsius arrangieren, Tendenz steigend. Da bleibt einem tagsüber nichts anderes übrig, als in den von der Sonne aufgewärmten Pool zu hüpfen, der wegen Überfüllung kurz vor der Schließung steht. Die Szenerie erinnert an eine Horde Flusspferde, die versucht, sich in einem Wasserloch Abkühlung zu verschaffen. Noch am Abend ist der Wüstenwind so heiß, dass man sich nach der überflüssigen Dusche den Fön sparen kann. Unsere »Wüstenkinder« jedoch sind anpassungsfähiger als wir Erwachsene. Sie hüpfen wie die Aboriginekinder den ganzen Tag unbeschwert und fast splitterfasernackt über den Campingplatz und haben sich schon am ersten Tag mit australischen Altersgenossen angefreundet. Gemeinsam durchstreifen sie das Gelände, stellen einem Lizard (Riesenechse) nach, der hier zu Hause ist, und teilen sich freiwillig mit Riesenkakerlaken und Ameisen den Boden der Campingküche, um sichtlich beeindruckt australisches Kinderfernsehen aus einem uralten Fernsehgerät zu sehen – ohne Ton. Im badewannenwarmen Pool üben sie sich im Tauchen, Springen und Schwimmen, um abends todmüde mit der Sonne schlafen zu gehen.

Viele weiße Australier können nicht verstehen, warum man die Strapazen auf sich nimmt, durch das Outback zu fahren, nur um einen Stein zu sehen. Doch der Uluru ist mehr als ein Stein. Er ist das Herz des Landes und die Seele des Kontinents Australien. Kaum ein Reisender kann sich seiner magischen Ausstrahlung und einnehmender Faszination entziehen. Selbst unsere Kinder, die für Sehenswürdigkeiten dieser Art bisher immer unempfänglich waren, sind von seiner Größe und Ausstrahlung sichtlich beeindruckt.

Im Herzen Australiens lernen wir neben vielen Touristen die interessantesten und verrücktesten Australier kennen. Wir treffen Lady Gail Brophy, eine zarte und anmutig schöne Frau indianischer Abstammung, fern der Mitte ihres Lebens. Sie ist für die hier lebenden Aborigines die verkörperte Hoffnung, Barmherzigkeit und Mütterlichkeit zugleich. Oder Mr. Krokodile Dundee, wie wir ihn kurzerhand taufen, so verblüffend ist die Ähnlichkeit mit dem selbstherrlichen, aber liebenswerten australischen Filmhelden. Ein Abenteurer und Lebemann, der mit seinen über 60 Lenzen nicht müde geworden ist, das Leben auf seiner immerwährenden Wanderschaft durch den Kontinent zu genießen. Wir lernen einen deutschen Auswanderer kennen, der seit mehr als 30 Jahren auf Schusters Rappen und mit seinen Kamelen durch die Wüsten Australiens unterwegs ist. Wir fragen ihn, ob er sich nicht einsam fühlt auf seinen Wanderschaften durch die menschenleeren Weiten. Mit einem verschmitzten Lächeln streichelt er eines seiner Kamele. Nein, er hat doch seine Kamele, wie andere ihre Frauen. Er ist glücklich damit und möchte trotz seines hohen Alters von über 70 Jahren dieses Leben nicht gegen ein anderes eintauschen.

## Kangaroo Island

Zurück in Adelaide ruhen wir uns ein paar Tage aus, um das Erlebte der letzten Wochen zu verarbeiten. Wir sortieren unsere Ausrüstung, waschen Wäsche, besorgen Weihnachtsgeschenke für die Kinder und und und ... Und genießen angenehme »kühle« 32 Grad Celsius mit einer leichten Seebrise. Kangaroo Island ist unser letztes großes Ziel, bevor wir, wiederum übers Outback, nach Sydney zurückfahren.

Der Anreisetag nach Kangaroo Island ist nicht gerade unser Glückstag. Auf dem Campingplatz werden unsere Essensvorräte aus dem Kühlschrank geklaut und meine Fotokamera streikt. Auf der Fähre erzählen wir einer Bediensteten die Geschichte mit dem Le-bensmitteldiebstahl. Daraufhin bekommen wir zwei Kaffees und Doughnuts für uns und die Kinder geschenkt. Man heißt uns ausdrücklich willkommen auf Kangaroo Island, wünscht uns viel Spaß und mehr Glück. So etwas kann einem in Australien passieren.

Natürlich nehmen wir uns die lieb gemeinten Worte zu Herzen und genießen die Insel von Anfang an. Kangaroo Island ist wirklich traumhaft schön. Die Strände karibisch anmutend mit glasklarem, türkisblauem Wasser und feinkörnigem, schneeweißem Sand. Die drittgrößte Insel Australiens gilt als landschaftliches Kleinod des Kontinents und besticht durch ihre hohe Population an heimischen Tierarten. Dazu gehören vor allem das Känguru und der Koalabär. Doch auch andere Beutler wie das Wallaby, der Wombat oder das Possum sind hier überaus zahlreich vertreten. Auf dem Campingplatz sitzen die plüschigen Koalabären zum Greifen nahe in den Bäumen, und zum Frühstück gesellen sich Kängurus und Wallabys zu uns, in der Hoffnung auf einen Happen. Wir jedoch halten uns an die Bitte der Insulaner und füttern die Tiere nicht. »Keep the Wildlife wild.« Auf dieser Insel lebt der Busch und ständig wuselt etwas durchs Gestrüpp. Selbst nachts schläft der Wald nicht und die Kinder schlummern selig ein über die Zwiegespräche der verschiedensten Tiere.

Wir genießen die Tage im gleichförmigen Rhythmus von Entdecken, Spielen und süßem Nichtstun. Ständig in der Nähe des Meeres genießen die Kinder an malerischen Stränden die Freiheit der schier unendlichen Weite. Sie tummeln und toben, springen und kullern durch den weichen Sand, bauen und backen, planschen und lachen. In solch einer Ausgeglichenheit wie auf Kangaroo Island habe ich meine Kinder lange nicht erlebt. Hier leben wir die für uns ideale Reiseform. Ohne jeglichen Luxus, inmitten der Natur und auf wilden Campingplätzen leben wir im Einklang mit uns und der Schöpfung. Wir genießen die beschaulich dahinfließenden Tage und lassen sie geruhsam ausklingen mit dem Kochen von Nudelsuppen und Pasta am Strand. Im trüben Schein der untergehenden Sonne beobachten wir Pelikane und schwarze Schwäne, die auf der glatten Wasseroberfläche träge dahinschwimmen. Wir sehen auch Riesenrochen, die mit ihren mächtigen Flossenschlägen im flachen Wasser an der Küste vorüberziehen. Diese Art zu leben reinigt die Seele und den Geist, auch wenn die körperliche Säuberung zu wünschen übrig lässt. Die Kinder stört das sowieso nicht und mit dem Wissen, dass dieses Dasein kein Dauerzustand ist, kann auch die Hausfrau und Mutter damit leben.

Die Tage und Wochen vergehen viel zu schnell. Auf den letzten Zügen unserer Reise in Australien beginne ich erst, die vielen glücklichen Momente und kleine Abenteuer zu verarbeiten: die morgendlichen Schmusestunden im Zelt, die Begeisterung der Kinder über jede neue Begegnung mit fremden Tieren und Menschen, der herzliche Kontakt zu fremdsprachigen Kindern und die vielen Spaßstunden am Meer und in der Natur, der Kontinent und seine Landschaften, die mich mehr begeisterten, als ich das je erhofft hatte. Die Textzeile aus einem Lied von Rosenstolz beschreibt unser Dasein im Moment sehr treffend: Unser Leben wird wahr! Ich glaube nicht, dass wir zusammen als Familie jemals so intensiv gelebt haben wie im Moment.

## Broken Hill

Irgendwann heißt es Abschied nehmen von unserer mittlerweile zweiten Heimat Adelaide und den neuen Freunden. Dass wir uns hier so wohl gefühlt haben, lag hauptsächlich an Tom, Melissa und deren Kindern, mit denen Paul und Clara sich schon sehr intensiv befreundet haben, so als gäbe es keine sprachlichen Hürden. Die kecke Stella redet den ganzen Tag auf Paul ein, der ihr mittlerweile schon mit einem erstaunlich guten Englisch zu antworten weiß. Und auch von Clara, die gerade beginnt, in halben Sätzen zu sprechen, lässt sich ab und an ein englisches Wort vernehmen. Zum Dank und Abschied feiern wir noch ein typisch australisches Barbecue-Fest auf »unserem« Campingplatz am Westbeach.

Unser nächstes Ziel, die Stadt Broken Hill in der Wüste östlich von Flinders Rangers, wirkt auf uns trostlos und sozial desperat. Doch gerade hier erleben wir eine außergewöhnliche Begegnung mit Menschen, die uns für immer in Erinnerung bleiben wird.

Außerhalb der Stadt gibt es Sanddünen zu bewundern. Auf staubigen Wellblechpisten fahren wir am frühen Abend durch die Wüste. Letzte, durch heißen Staub flirrende Sonnenstrahlen zaubern eine mystische Atmosphäre, die sich wie ein Schleier über das leere Land legt. Wie eine Fata Morgana tauchen Hügel im heißen Dunst des Lichtes plötzlich auf. Doch je näher wir kommen, umso realer werden sie. Dort angekommen herrscht absolute Stille. Selbst die Kinder registrieren diese außergewöhnliche Stimmung und verhalten sich ungewohnt ruhig beim Aufstieg zu den Gipfeln der Sanddünen. Oben angekommen sind sie jedoch wieder in ihrem Element und toben juchzend durch den Sand. Sie kullern, rutschen und hüpfen mit nackten Füßen über die Hügel, vertiefen sich im Spiel und vergessen die Anwesenheit der Eltern. Wir finden Zeit zum Fotografieren und genießen diese einfache, aber einzigartige Landschaft. Wir bleiben nicht lange alleine. Ein alter, klappriger Bus nähert sich auf der unendlich scheinenden Ebene der Wüste. An den roten Dünen angekommen steigen aus ihm ein älteres Paar und viele schwarze und braune Kinder aus. Wir kommen mit den beiden Erwachsenen ins Gespräch. Sie gehören einer christlichen Organisation an, die sich um Waisenkinder und Kinder aus sozial schwachen Familien kümmert. Sie geben ihnen Heim und Zeit zum Kind- und Glücklichsein. Lange reden wir über Australien. Seine Kulturen in der Gegenwart und Vergangenheit. Den Sinn und Unsinn des Lebens, hier und da. Die Kinder haben sich während unseres Gesprächs schon lange gefunden. Zuerst schüchtern, doch langsam zutraulich bis überschwänglich beginnen sie gemeinsam durch den roten Sand zu rollen und zu albern, als wären sie schon immer gute Freunde. Es ist ein herrliches Bild. Von Kindern können wir lernen, wie herzlich und unkompliziert Begegnungen zwischen den Kulturen sein können!

Wir verabschieden uns, als die Sonne schon lange hinter den roten Hügeln untergegangen ist. Die Aboriginekinder jedoch lassen uns nicht gehen, bevor sie sich gebührend von uns verabschiedet haben. Sie singen uns ein Ständchen, eine Ballade von Hartmut, Christine, Paul und Clara, und wie schön es war, unsere Bekanntschaft gemacht zu haben. Sogar unsere Kinder spüren, ohne die Worte zu verstehen, dass dies etwas ganz Besonderes ist.

## Blue Mountains

Weihnachten und Silvester verbringen wir in den Blue Mountains vor den Toren Sydneys. Schon vor Wochen haben wir uns hier in einer noblen Jugendherberge eingemietet, die leider einen Großteil unseres Australienbudget verschlingt. Das ist es uns jedoch wert. Diese Unterkunft ist der erste Luxus, den wir uns nach einem halben Jahr im Zelt gönnen. Die Tage verbringen wir mit Wandern und Ausruhen. Hier in Katoomba machen wir zum ersten Mal Urlaub vom Urlaub, bleiben ganze zwei Wochen und versuchen den Kindern eine Heimat zu schaffen, wo es keine Heimat gibt.

Oben: Natur erleben, ist lernen durch (be-)greifen. Unten links: Riesenschildkröten auf Mauritius; rechts: Begegnung mit wild lebenden Kängurus in Australien.

Oben: Sanddünen im Etosha National Park, Namibia.
Unten: Das Tal der Winde, und in der Ferne die »Kata Tjutas«, Australien.

Oben: Riesige Fächerpalmen im botanischen Garten auf Mauritius.
Unten: Felsenküste im Bundesstaat Victoria, Australien.

Oben: Kampieren an den Salzseen »Salar de Uyuni«, Bolivien.
Unten: Wild campen mit mobiler Außentoilette, Australien.

Oben: Schlafen inmitten der Natur, »Carreterra Austral«, Chile.
Unten: Zelten mit Vergangenheit, ehem. Kriegsgebiet, Bosnien-Herzegowina.

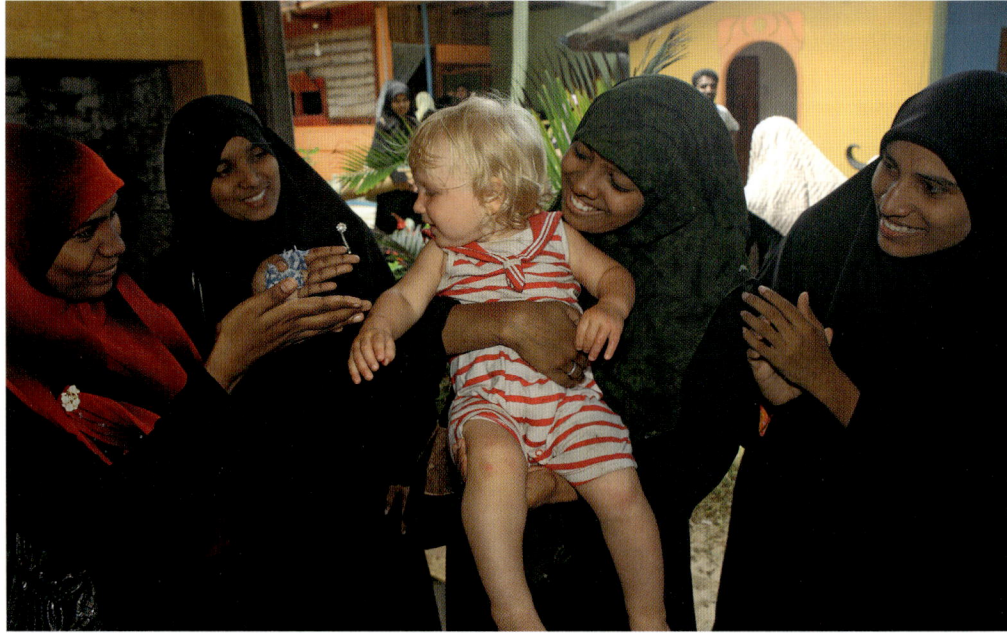

Oben: Kleine Kinder sind der Schlüssel zu den Herzen der Menschen.
Unten: Angehende muslimische Ärztinnen – und jede möchte Kindermädchen sein.

Oben: Spielend in drei Sprachen – Kinder kennen keine Sprachbarrieren.
Unten, von links: Kinder verbinden Kulturen, Sri Lanka und Mauritius.

Oben: Tropischer Regenwald auf der Südinsel Neuseelands.
Unten links: Klettern auf Palmen, Mauritius; rechts: Hängebrücke, »Heaphy Track«, Neuseeland.

Oben: Abendstimmung an den zwölf Aposteln, Victoria, Australien.
Unten: Einsamer Strand auf der Insel »Ile aux Cerfs«, Mauritius.

Oben: Ausgelassenes Spielen an einem der unzähligen Strände von Mauritius.
Unten: Viel Platz zum unbeschwerten Toben, »Farewell Spit«, Neuseeland.

Oben: Seifenblasen, kleines Spielzeug das lange Beschäftigung verspricht.
Unten: Spielen mit Naturmaterialien sind auf Reisen der Hit.

Oben: Den Gipfel immer im Blick – Mount Cook National Park, Neuseeland.
Unten: Unendliche Weiten – unterwegs in Schwedisch-Lappland.

Oben: Bergwelt am anderen Ende der Welt – Mount Cook National Park, Neuseeland.
Unten: Naturschutzgebiet »Black River Gorges« auf Mauritius.

Oben: Hinduistische Prozession auf Mauritius.
Unten: Ehem. Koranschule »Ben Youssef« in Marrakesch, Marokko.

Oben: Buddhistischer Tempel auf Ko Samui, Thailand.
Unten: Keine Angst vor Maori-Skulptur, Rotorua, Nordinsel, Neuseeland.

Oben: Kleine, putzige Tiere sind ein wunderbares Erlebnis für Kinder. Unten links: Kribbelndes Abenteuer mit stacheligem Gesellen; Namibia. Rechts: Im Meer gibt es allerhand zu entdecken, Neuseeland.

Wir feiern hier zwar kein für uns typisches Weihnachtsfest, aber das Christkind hat den langen Weg nach Australien nicht gescheut und unsere Kinder – zu deren großer Verwunderung – beschenkt. Diese finden mit ihrer natürlichen und ungezwungenen Art wieder einmal viele jugendliche Freunde, die gerne bereit sind, mit ihnen die Zeit zu teilen. Erstmals erleben auch die Eltern viel Freiraum, da sich so mancher Jugendliche als Nanny geradezu anbiedert. So schöpfen auch wir viel Kraft für die letzte Etappe unserer Weltreise. Wir minimieren die Vorräte, sortieren unser Gepäck und schmieden neue Pläne. Unsere Zeit in Australien ist fast zu Ende, die Reise noch lange nicht. Der rote Kontinent hat unsere Erwartungen und Sehnsüchte mehr als erfüllt. Wir stießen auf unseren Wegen weder auf Schwierigkeiten noch gerieten wir in Notlagen oder missliche Umstände. Die Kinder waren bisher nie krank oder reiseunwillig. Das Glück blieb uns immer treu. Mit dieser Hoffnung starten wir durch zu unserem nächsten Ziel: Neuseeland.

# Wege zum Reiseziel

## Fliegen mit Kindern

### Kosten und Kindertarife – wie man sparen kann

Der Flug ist für Familien, die eine Fernreise unternehmen wollen, der größte Kostenfaktor, besonders wenn die Kinder älter als zwei Jahre sind. Kinder zahlen, je nach Fluggesellschaft und Route, sechzig bis siebzig Prozent des Erwachsenenpreises plus zusätzliche Gebühren, bei manchen Fluglinien auf bestimmten Flugrouten sogar den vollen Erwachsenentarif. Kinder unter zwei Jahren zahlen meistens zehn Prozent des Erwachsenentarifs, wobei zusätzlich noch Nebenkosten anfallen können wie Steuern, Kerosinzuschläge und Flughafengebühren. Jedoch haben Kinder unter zwei Jahren keinen Sitzplatzanspruch und man kann nur hoffen, dass der betreffende Flieger nicht ausgebucht ist, will man sein Kind nicht den gesamten Flug auf dem Schoß sitzen haben. Möchte man sein Kleinkind in der eigenen Auto-Babyschale während des Fluges transportieren, was einen zusätzlichen Platz in Anspruch nimmt, wird man in der Regel den Kindertarif der Fluggesellschaft zahlen müssen (→ »Sicherheit für Kinder an Bord«, S. 68). Hat das Kind das zweite Lebensjahr zum Zeitpunkt des Abfluges noch nicht vollendet, wird aber während der Reise zwei Jahre alt, muss man bei vielen Fluggesellschaften schon für den Hinflug den regulären Kindertarif zahlen (Altersnachweis wird immer verlangt). Manche Airlines verlangen den Kindertarif in diesem Fall nur für den Rückflug. Allerdings hat das Kind dann auch einen Sitzplatzanspruch. Nachlesen, wie die einzelnen Fluggesellschaften dies handhaben, kann man in deren Beförderungsbedingungen, z. B. im Internet.

Eine weitere Gebühr fällt an, wenn Eltern vor dem Flug eine Sitzplatzreservierung vornehmen. Diese liegt meist in einem niedrigen zweistelligen Bereich und ist angesichts der Gesamtkosten kaum noch der Rede wert, möchte man sicherstellen, dass man auf einem langen Flug auch wirklich bei seinen Kindern sitzt. Doch auch ohne Sitzplatzreservierung wird es in den allermeisten Fällen vom Bordpersonal ermöglicht, seine Kinder bei sich zu haben (welcher Fluggast möchte schon mehrere Stunden das Kindermädchen für ein fremdes Kind sein).

Die Sparmöglichkeiten beim Fliegen mit Kindern sind gering. Erkundigen Sie sich vor der Reise in einem guten Reisebüro oder per Internet nach allen Fluggesellschaften, die Ihr Reiseziel anfliegen, und vergleichen diese genau miteinander. Denn nicht die Fluggesellschaft mit dem günstigsten Kindertarif ist automatisch auch die preiswerteste Verbindung in ihr Reiseland. So können auch Fluggesellschaften billiger sein, bei denen die Kinder den Erwachsenentarif zahlen, jedoch der Gesamtpreis wesentlich günstiger ausfällt. In den meisten Fällen sind auf Langstreckenflügen Verbindungen mit Zwischenaufenthalten und Umstiegen wesentlich billiger. Die Frage ist nur, ob man das mit kleinen Kindern zusätzlich in Kauf nehmen möchte, da sich dadurch die Flugzeit um ein Vielfaches verlängert (→ »Langstreckenflüge mit Kindern«, S. 71). Ein zusätzliches Einsparpotenzial für Familien mit Kindern bei so genannten »Billigfliegern« ist gleich null. Kinder zahlen bei den meisten Billigfluglinien ab dem zweiten Lebensjahr den regulären Erwachsenentarif (können dann aber im Gesamtpreis immer noch günstiger sein).

Interessant ist, gerade bei den Lowbudget-Fluggesellschaften, die Preisbildung der einzelnen Airlines, die in der heutigen Zeit kaum noch eine Systematik erkennen lässt. Waren zu früheren Zeiten bestimmte Wochentage besonders günstig (Werktagsflüge), so gilt dies heute nicht mehr generell. Auch günstigere Last-Minute-Tickets, mit welchen man damals die letzten freien Plätze in Maschinen gefüllt hat, findet man immer seltener, da der Kostenaufwand für die Fluggesellschaft in der Regel höher ist, als den Flieger mit leeren Sitzplätzen auf die Reise zu schicken. Was aber durchaus noch besteht, ist die Preisbildung nach Haupt- und Nebensaison und insbesondere nach den Ferienzeiten der Reiseländer und der Flughäfen, in denen die Maschine startet (→ »Urlaubsplanung mit schulpflichtigen Kindern«, S. 48).

Sparen kann man auch, wenn man flexibel ist und für das betreffende Reiseland verschiedene Flughäfen in Betracht zieht. Jonglieren Sie bei der Internetsuche doch einmal mit mehreren Flughäfen in der Region, die Sie bereisen wollen! Es ist erstaunlich, wie unterschiedlich die Flugpreise sind. Kleine Flughäfen haben oftmals viel niedrigere Steuern und Gebühren, was erfreulicherweise zu einem günstigeren Ticket führen kann.

Überlegenswert kann es sein, beim Reisen in Ländern mit einem ausgeprägten Pauschaltourismus, über einen großen Reiseveranstalter eine Pauschalreise zum Schnäppchenpreis zu buchen. Vor Ort kann man dann auf die Unterkunft verzichten oder diese nur teilweise nutzen (das nennt man dann Wegwerfquartier). Der günstigere Gesamtreisepreis einer Pauschalreise mittels preiswertem Charterflug kann somit für eine Individualreise genutzt werden.

Bei Langzeitreisen bieten sich »Around-the-World-Tickets« an mit mehreren Zwischenstopps, die häufig günstiger sind als der Kauf einzelner Tickets. Nähre Infos dazu findet man im Internet unter www.statravel.de und www.staralliance.com.

### Die neuen Sicherheitsvorschriften für Reisegepäck

Die Sicherheitsvorschriften für Reisegepäck in Flugzeugen werden ständig verschärft. So ist zurzeit (Stand 2013) die Mitnahme von Flüssigkeiten an Bord von Passagiermaschinen nur noch in Einzelgebinden und einem maximalen Fassungsvermögen von 100 Millilitern erlaubt. Dazu gehören alle flüssigen Stoffe, wie sie auch in Kosmetikartikeln zu finden sind. Von dieser Regelung nicht betroffen sind Babynahrung und dringend benötigte Medikamente. Diese dürfen in ihren Verpackungen im Handgepäck mitgeführt werden und unterliegen keiner Mengenbeschränkung.

Für dringende Medikamente und beispielsweise Spritzen (bei Diabetes) gelten nochmals Sonderregelungen, die vor einer Buchung unbedingt mit der betreffenden Fluggesellschaft abgeklärt werden müssen. Eine Vorerkrankung des Kindes sollte man sich vor der Reise von ärztlicher Seite bestätigen lassen und bei einer Buchung immer angeben. Auch wenn das Kind besondere Nahrung benötigt, welche im Reiseland nicht verfügbar ist und somit in großen Mengen

An Flughäfen gibt es für Kinder immer etwas
Spannendes zu sehen

mitgeführt werden muss, sollte man die Vorschriften der Fluggesellschaft sowie die Einfuhrbestimmungen für Lebensmittel des Reiselandes
vor der Reise abklären, ob eine Mitnahme in den
benötigten Mengen möglich ist.

Auch wenn Babynahrung wie Milchflaschen
und Gläschen in unbegrenzter Menge erlaubt
sind, wird das Handgepäck dennoch kritisch
kontrolliert. Führt man große Mengen an Flüssi-
gnahrung wie Babygläschen mit (auch im aufgegebenen Reisegepäck), muss man mit einer intensiveren Kontrolle durch das
Flughafenpersonal rechnen. Diese reagieren
meist recht wohlwollend, wenn man das gesamte Reisegepäck für den Nachwuchs schnell und
unaufgefordert vorzeigt. Mit einem Kind auf
dem Arm ist dem Personal meist schnell klar, für
wen die größere Menge an Babynahrung bei
einem Langstreckenflug gedacht ist. Schwieriger
kann es bei selbst gekochten Speisen in mitgebrachten Dosen sein. Hier müssen Sie damit
rechnen, es abgeben zu müssen.

Eine einheitliche Regelung für die Mitnahme
von Babynahrung, die für alle Fluggesellschaften
gilt, gibt es leider nicht. Jede Fluggesellschaft
handhabt dies anders. Deshalb sollte man,
möchte man größere Mengen an Kindernahrung

mit auf Reisen nehmen, sich schon bei der Buchung über etwaige Beschränkungen für die
Mitnahme im Flugzeug informieren. Das Risiko,
mit dem Gepäck aufgegebene Babynahrung am
Flughafen zurücklassen zu müssen, ist jedoch
sehr gering. Wahrscheinlicher ist es, dass die
mitgeführte Babynahrung ins Reiseland nicht
eingeführt werden darf. Auch hier gibt es für
jedes Land eigene Bestimmungen, die vorher
unbedingt in Erfahrung gebracht werden müssen. Ebenso können die Ausfuhrbeschränkun-
gen außerhalb der EU, d. h. beim Rückflug, anderen Bestimmungen unterliegen als beim Hinflug.
So kann es sein, dass man Babynahrung einfüh-
ren, aber nicht mehr ausführen darf. Weniger
Probleme bereitet erfahrungsgemäß die Mitnahme von Trockennahrung (Brei- und Milchpulver). Davon kann man bei den meisten Fluggesellschaften in unbegrenzter Menge mitführen.
Auch die Ein- und Ausfuhr von Trockennahrung
ist in den meisten Ländern problemlos möglich.
Auskünfte über die aktuellen Ein- und Ausfuhr-
bestimmungen der einzelnen Länder erhält man
über das Auswärtige Amt oder die Botschaften
der betreffenden Länder. Gute Auskünfte über
die neuen Gepäckbestimmungen beim Fliegen
erhalten Sie auf der Homepage der deutschen
Lufthansa unter www.lufthansa.com.

**Gut vorbereitet für den Flug**
Eine gute Vorbereitung und Planung vor dem
Flug kann helfen, die eigene Unruhe zu mildern
und einen entspannteren Start in den Urlaub zu
ermöglichen. Haben Sie eine lange Anreise zum
Flughafen, wählen Sie ein bequemes Fortbewegungsmittel, zum Beispiel den Zug. Die Kinder
haben somit vor dem langen Aufenthalt in einer
beengten Flugkabine noch einmal die Möglichkeit, ihren Bewegungsdrang auszuleben – besser
als bei der Anreise mit dem eigenen Auto. Liegt
der Abflughafen weit entfernt oder ist der Abflug
zu einer ungünstigen Tageszeit, kann die Anreise
einen Tag vor dem Abflug mit einer Übernachtung bei Verwandten, Freunden oder in einem
Hotel eine stressmildernde Variante sein. Bereiten Sie ihre Kinder ihrem Alter entsprechend auf

einen Flug vor, gerade wenn dieser sehr lange ist. Versuchen Sie den Flug als etwas Spannendes hervorzuheben, verschweigen Sie aber auch nicht, dass er für die Kleinen anstrengend sein wird. Kinder können sich leichter mit einer unabänderlichen Tatsache arrangieren, wenn man sie darauf vorbereitet.

Haben Sie die Möglichkeit, am Abend vor dem Flug schon einzuchecken (je nach Fluggesellschaft), sollten Sie diese wahrnehmen. Am Flugtag ohne viel Gepäck und lange Wartezeit am Schalter gelangen Sie schneller und unkomplizierter zum Flieger.

Während der Wartezeit vor dem Flug sollten Sie sich mit den Kindern möglichst lange und ausgiebig bewegen. Denken Sie daran, dass die Kinder im Flieger noch lange genug sitzen werden und animieren Sie die Kids, sich zu bewegen, solange dies noch möglich ist. Sie können das Flughafengebäude erkunden, die Aussichtsterrasse besuchen oder einen Spielplatz bzw. Spielzimmer aufsuchen. In vielen internationalen Flughäfen gibt es familiengerechte Einrichtungen dieser Art.

Für Familien mit kleinen Kindern bieten viele Fluglinien ein bevorzugtes Einsteigen an, d. h. dass diese zuerst die Maschine betreten dürfen. Das so genannte Pre-Boarding hat jedoch den Nachteil, dass die Kinder während des gesamten Boarding-Vorgangs im Flieger sitzen und geduldig warten müssen, während um sie herum Passagiere mit dem Verstauen ihres Gepäcks beschäftigt sind und ein Gewusel in den Gängen und auf den Plätzen herrscht. Sinnvoller ist es, wenn ein Elternteil zuerst das Flugzeug betritt und den Platz der Kinder vorbereitet und der Rest der Familie dann erst kurz vor Schluss nachkommt.

Packen Sie vor der Reise alle wichtigen Utensilien, die Ihr Kind benötigt, in einen handlichen Rucksack, sodass Sie vor und während des Fluges alles griffbereit haben. Spielsachen für das Kind und das geliebte Kuscheltier können Sie ihm in einem kleinen Kinderrucksack selbst überlassen. Die wichtigsten Gegenstände für Ihr Kind während eines Fluges sind:

> warme und bequeme (komplette) Wechselkleidung (bei Kleinkindern und langen Flügen mehrere Garnituren) und ein bzw. zwei Paar dicke Socken, evtl. eine Kuscheldecke (Decken und Kopfkissen sind bei Langstreckenflügen an Bord immer reichlich vorhanden)
> eine Trinkflasche mit kohlensäurefreiem Wasser (gibt es auch an Bord oder kann nach der Sicherheitskontrolle aufgefüllt werden)
> das Kuscheltier!
> für Wickelkinder ausreichend Windeln zum Wechseln
> Feuchttücher (auch für ältere Kinder)
> Fläschchen und Babynahrung (heißes Wasser gibt es immer an Bord)
> Schnuller
> notwendige Medikamente
> bei Erkältung des Kindes abschwellende Nasentropfen
> Nasenspray aus Kochsalzlösung zum Befeuchten der Nase
> Gesichtscreme und Lippenbalsam
> desinfizierendes Hygienemittel (für die immer heiklen Toilettengänge an Bord)
> für ältere Kinder Kaugummis und Bonbons
> heißbegehrte Süßigkeiten
> Spielzeug (Malstifte und Malbuch, Kartenspiele, Gesellschaftsspiele im Kleinstformat, Bücher, Musikkassetten, MP3-Player – elektronisches Spielzeug kann unter Umständen während des Flugs verboten sein)

**Sicherheit für Kinder an Bord**

Die Sicherheit für Kleinkinder und Babys ist bei den meisten Fluglinien heute leider immer noch mangelhaft. Zwar hat sich in den letzten Jahren einiges getan, was die Sicherheit für Kleinkinder auf Flügen erhöhen soll, jedoch gibt es im internationalen Flugverkehr immer noch keine einheitlichen Standards, die eine Regelung zum sicheren Transport von Kleinkindern ermöglichen. Was im Auto seit vielen Jahren selbstverständlich ist, steckt bei den meisten Fluggesellschaften noch in den Kinderschuhen und es ist nicht abzusehen, dass dieser Mangel in den nächsten Jahren behoben wird. Eltern müssen sich vor einer Flugreise Gedanken machen, wie sie ihren Sprössling im Flieger transportieren möchten und was sie bereit sind, dafür zu investieren. Benötigt ein Kind unter zwei Jahren einen Sitzplatz, auf dem es sicher sitzen kann, wird dieser Platz von der Fluggesellschaft mit dem gängigen Kindertarif berechnet. Manche Airlines bieten in solchen Fällen jedoch einen etwas günstigeren Tarif an. Erkundigen Sie sich schon bei der Buchung, welche Kosten in diesem Fall auf Sie zukommen.

Einige Fluggesellschaften bieten für Kinder, die keinen Sitzplatzanspruch haben, beim Start und der Landung einen Zusatzgurt an (Loop-Belt), der mit dem Beckengurt des Erwachsenen gekoppelt wird. Diese Sicherungstechnik wurde schon von vielen unabhängigen Prüfinstituten getestet und als mangelhaft, ja sogar fahrlässig, bewertet. In einem Notfall wird der Erwachsene nämlich nach vorne gepresst und erdrückt dabei das vor den Bauch geschnallte Kind. Bei Lufthansa und allen nordamerikanischen Airlines sind Loop-Belts seit Bekanntgabe der Studien offiziell verboten. Bei vielen anderen Fluggesellschaften sind diese Zusatzgurte allerdings immer noch Pflicht (z. B. bei Condor).

Manche Fluggesellschaften bieten für Säuglinge (ohne Sitzplatzanspruch) bis ca. neun Monaten Babykörbchen an (Bulk Head), die in der Frontreihe zwischen den einzelnen Kabinenabschnitten aufgehängt oder auf einem Gestell fixiert werden. Doch auch diese bieten keine ausreichende Sicherheit für das Kind, da das Kind bei Turbulenzen nicht gegen das Hinausschleudern gesichert ist; in der Regel muss man das Kind bei Aufleuchten der Anschnall-Leuchten deshalb herausnehmen – auch wenn es gerade schläft. Diese Körbe werden nicht von allen Fluggesellschaften angeboten und stehen nur in begrenzter Anzahl zur Verfügung, weshalb man sie schon bei einer Buchung reservieren sollte. Stehen keine Babykörbchen (mehr) zur Verfügung, so ist es bei manchen Airlines erlaubt, während des Fluges (nicht beim Start und der Landung), sein Kind im eigenen Kinderwageneinsatz im Fußraum zu belassen. Ebenfalls werden von einigen Fluggesellschaften Babyschalen zur Verfügung gestellt, die auf einem normalen Sitzplatz befestigt werden, der dann selbstverständlich gezahlt werden muss. Kindersitze für größere Kinder ab einem Jahr werden von keiner großen Airline mehr zur Verfügung gestellt – mit der Begründung der zu hohen Kosten und des zu geringen Stauraums im Flugzeug.

Die Mitnahme des eigenen Autokindersitzes ist ein Thema, worüber sich die Fluggesellschaften, Experten und flugreisende Familien schon seit langem streiten. Einheitliche Richtlinien gibt es auch hier nicht. Jede Airline handhabt dieses »Reizthema« anders und selbst innerhalb mancher Fluggesellschaft ist eine einheitliche und konkrete Auskunft oft nicht möglich. So ist schon vielen Familien eine mündliche Zusage über die Mitnahme ihres Kindersitzes gemacht worden und am Flugzeug wurde dann aus Sicherheitsgründen die Mitnahme im Passagierraum verweigert. Geben Sie deshalb schon bei der Buchung an, dass Sie beabsichtigen, einen Kindersitz mit an Bord zu nehmen, geben die Marke und Breite des Sitzes an und lassen Sie sich auf jeden Fall eine *schriftliche* Bestätigung über die Zusage der Mitnahme ausstellen. Babyschalen werden durch ihren geringen Platzbedarf am häufigsten akzeptiert, sofern sie gesichert werden können. Bei vielen Gesellschaften sind nur solche Kindersitze erlaubt, die ausdrücklich für den Gebrauch in Flugzeugen zugelassen sind (mit TÜV-Siegel »for use in aircraft«). Andere dagegen lassen auch andere Sicherheitssitze zu, solange sie eine Abmessung von 42 Zentimeter Breite nicht überschreiten. Der TÜV Rheinland hat folgende Kindersitze der Gruppe 0 für Flugzeuge qualifiziert: **Römer Baby Safe, Römer Baby Safe Plus, Maxi Cosi Citi SPS** und **Storchenmühle Maximum SP**. Bei Kindersitze der Gruppe I und II wird man durch die größeren Abmessungen auf größere Probleme stoßen. Hier gibt es nur zwei Sitze, die vom TÜV Rheinland für den Einsatz in Flugzeugen qualifiziert wurden: **Luftikid DUO** und **Römer King quickfix**. Beide Modelle werden laut Hersteller nicht mehr hergestellt. Als einzige Alternative steht zur Zeit (2013) das Luftikid Modell UNO zur Verfügung. Luftikid UNO garantiert zurzeit die maximale Sicherheit eines Kindes in Passagiermaschinen. Das aufblasbare Kinderrückhaltesystem ähnelt einem Airbag und kann sowohl mit Becken- als auch mit Drei-Punkt-Gurten (auch in einem Auto) fixiert werden. Außerdem wird er von den meisten Airlines als Kindersitz akzeptiert. Nähere Auskünfte über die Verfügbarkeit des Luftikid erhalten sie unter www.v-klasse.com oder www.luftikid.eu (englisch).

Weitere Auskünfte über die Mitnahme von Autokindersitzen in Flugzeugen erhält man beim Luftfahrt-Bundesamt im Internet unter www.lba.de und Informationen zum Thema »Sicherheit für Kinder in Flugzeugen« unter www.kinder-reisen-sicher.de.

Fliegen ist für Kinder ein großes Abenteuer

## Mit Kind und Kegel – Freigepäckgrenzen und Kinderwagen an Bord

Bei Kindern unter zwei Jahren ohne Sitzplatzanspruch gilt bei den meisten Fluggesellschaften ein faltbarer Kinderwagen (meistens Falt-Buggy) und ein Gepäckstück von maximal zehn Kilogramm (manchmal auch zwanzig) als Freigepäck. Jedes weitere Gepäckstück oder Gramm wird als Mehrgepäck berechnet. Doch auch hier handhaben es die Fluggesellschaften sehr unterschiedlich. Einige lassen einen normalen (faltbaren) Kinderwagen als Freigepäck zu, der zusätzlich noch bis zur Maschine behalten werden darf. Bei anderen muss ein großer Kinderwagen immer als Gepäck aufgegeben werden, gilt aber als Freigepäckstück. Melden Sie einen Kinderwagen immer bei der Buchung an und erkundigen sich über die Mitnahme bis zum Flugzeug. Aus eigener Erfahrung kann man (mit gekonnt naiver Ausstrahlung) versuchen, den eigenen Kinderwagen mit an Bord zu nehmen – und sei er noch so groß. Liegt ein kleines Kind schlafend im Kinderwagen, hat man gute Chancen, diesen bis zur Maschine mitnehmen zu dürfen. Selbst ein großer Fahrradanhänger für zwei Kinder wurde uns als Kinderwagen akzeptiert (ist natürlich eine große Ausnahme). Darf der Kinderwagen bis zum Einsteigen in die Maschine behalten

werden, wird er einem nach der Landung vom Flugpersonal an der Maschine oder Fluggastbrücke wieder ausgehändigt. Wie verhandlungsbereit das Personal bezüglich der Mitnahme eines Kinderwagens in die Maschine ist, hängt auch davon ab, wie voll die Maschine ist und wie viele Kinderwägen und Rollstühle schon an Bord sind. Muss der Kinderwagen eingecheckt werden, sollte man auf jeden Fall einen Leihbuggy verlangen, der in den meisten Fällen ohnehin zur Verfügung gestellt wird.

Für Kinder ab zwei Jahren gelten in der Regel die gleichen Freigepäckmengen wie für Erwachsene. Ein Kinderwagen gilt hier in vielen Fällen nur noch im Rahmen der Freigepäckgrenze als Freigepäck (es gibt aber auch Ausnahmen), kann aber ebenso wie bei Kleinkindern unter Umständen mit an Bord gebracht werden. Erkundigen Sie sich bei der Buchung, ob ein Kinderwagen zusätzlich zum Freigepäck ohne Aufpreis transportiert wird, sonst kann es unter Umständen am Schalter ein teures Erwachen geben.

Kleiner Tipp zur Gepäckaufgabe: Zum Fliegen sollten Sie die persönliche Ausrüstung der einzelnen Familienmitglieder in den aufgegebenen Gepäckstücken gut durchmischen, damit – falls ein Gepäckstück verloren geht – keine Person vollkommen »nackt« im Urlaubsland steht.

### Start und Landung

Unangenehm für kleine Kinder sind der Start und die Landung einer Maschine. Beim Startvorgang nimmt der Druck in der Flugzeugkabine langsam ab. Hierbei entsteht ein Druckunterschied zwischen dem Druck in der Maschine und dem im Mittelohr. Dadurch kommt es zu einem sehr unangenehmen bis schmerzhaften Druckgefühl im Ohr. Bei Erwachsenen ist der Durchmesser des Trommelfells größer als bei Kindern. Sie können durch mehrmaliges Schlucken oder Kauen schnell den unterschiedlichen Druck ausgleichen. Kindern gelingt dies durch das kleinere Trommelfell nicht so schnell. Deshalb kann das unangenehme Druckgefühl sehr lange andauern und unter Umständen auch schmerzhaft sein. Beim Landen wiederholt sich die ganze Prozedur, nur unter gegensätzlichen Voraussetzungen. Aus diesem Grund kommt es häufig vor, dass kleine Kinder während des Start- und Landevorgangs beginnen, heftig zu schreien. Unbewusst gleichen sie damit den Druckunterschied aus. Geben Sie einem Baby oder Kleinkind während des Start- und Landevorgangs ein Fläschchen oder stillen Sie das Kind. Größere Kinder können ebenfalls etwas trinken, Bonbons lutschen oder Kaugummi kauen.

Mehr Probleme bereitet der Druckausgleich Kindern, die eine Erkältung haben. Ist ein Säugling vor der Abreise stark erkältet, sollte man auf jeden Fall noch einmal seinen Kinderarzt konsultieren. Geben Sie einem erkälteten Kind abschwellende Nasentropfen während des Start- bzw. Landevorgangs. Ferner ist es bei erkälteten Kindern wichtig, dass die Nasenschleimhäute während des Fluges gut befeuchtet werden. Hier hilft ein Nasenspray mit Kochsalzlösung, welches in regelmäßigen Abständen verabreicht werden kann. Gerade wenn Kinder erkältet sind, jedoch auch im gesunden Zustand, ist es enorm wichtig, dass sie während des Fluges sehr viel trinken. Auch wenn man möglicherweise den häufigen Gang zur Toilette scheut, sollte man mit der Flüssigkeitszufuhr bei Kindern während des Fluges nicht sparsam sein.

### Langstreckenflüge mit Kindern

Kurze Flüge ohne Zeitverschiebungen sind für die wenigsten Kinder (und Eltern) eine große Belastung. Anders sieht es bei Langstreckenflügen aus. Um gleich die Hoffnungen aller Eltern zu zerstreuen, dass solche Flüge spurlos an einem vorüberziehen, möchte ich deutlich anmerken, dass ein Langstreckenflug, vor allem mit kleinen Kindern, kein Vergnügen ist! Dabei ist es nicht nur für die Kinder anstrengend, sondern insbesondere für die Eltern. In aller Regel werden diese stets bemüht sein, den Aufenthalt an Bord für ihre Kinder so angenehm wie möglich zu gestalten, um die Belastung der Kleinen in erträglichen Grenzen zu halten. Natürlich hat das zur Folge, dass man zwangsläufig seine eigenen Bedürfnisse vernachlässigt. So kann es sein, dass man selbst während eines zwanzigstündigen Fluges kein Auge zumacht, damit der Nachwuchs bequem auf zwei Sitzplätzen schlafend seine benötigte Ruhe findet. Oder man steht kurz vor der Austrocknung, weil man ständig mit vorauseilendem Gehorsam damit beschäftigt ist, den Nachwuchs zu verköstigen, damit es ihm an nichts mangelt. Natürlich ist es wichtig, dass Sie alles nur Erdenkliche tun, damit sich Ihr Kind an Bord wohl fühlt, aber vergessen Sie dabei nicht Ihre eigenen Bedürfnisse. Lassen Sie sich, wann immer das möglich ist, vom Bordpersonal helfen. Beispielsweise kann das Essen der Kinder früher gebracht werden, damit Sie den Kleinen zuerst helfen und später selbst in Ruhe essen können. Kindern wird bei vielen Airlines eine besondere Behandlung zuteil. Sie werden vom Bordpersonal oft zuvorkommend und bevorzugt behandelt. So können Kinder beispielsweise auch zwischen den Essensausgaben etwas bekommen. Für Kleinkinder und Babys werden Babyfläschchen und Babykost jederzeit erwärmt und sogar beim Wickeln der Kleinsten wird man oftmals unterstützt. Manche Fluggesellschaften bieten auf Bestellung Baby- und Kinderkost auf ihren Flügen an. Ebenfalls können spezielle Ernährungspläne (bei Unverträglichkeiten) berücksichtigt werden. Erkundigen Sie sich vor dem Flug bei ihrer Fluggesellschaft über den Familienservice an Bord (bei Linienfliegern kann man generell mit besseren Serviceleistungen diesbezüglich rechnen als bei Charterflügen).

Bei den meisten Airlines gibt es auf Langstreckenflügen spezielle Spielsets für Kinder, die den Kleinen bereits vor dem Start ausgehändigt werden. Darin befinden sich fast immer Stifte, Malblöcke und Knobel- und Denkspielhefte oder auch Kleinstspiele und Puzzles. Das Highlight für Kinder während eines Fluges ist natürlich der Fernseher vor dem Sitz, falls man das Glück haben sollte, einen Flieger mit dieser Ausstattung zu haben. Hiermit bietet sich eine ungeahnte Fülle an Möglichkeiten an, die bei einem langen Flug die Langeweile in erträglichen Grenzen hält. Neben speziellen Kinderfernseh- und Hörprogrammen gibt es noch eine Fülle von Computerspielen für jedes Alter. Dennoch sollten Sie selbst geeignetes Spielzeug für Ihre Kinder mit an Bord nehmen, weiß man doch nie, welchen speziellen Entertainmentservice man in der Maschine vorfindet. Daneben sollten Sie nicht vergessen, dass sich Ihre Kinder während eines langen Fluges unbedingt auch bewegen sollten. Lässt man sie viel trinken, was unbedingt nötig ist, kommen sie sowieso des Öfteren in den »Genuss« eines kleinen Spaziergangs durch die Gänge. Lassen Sie Ihr Kind, so oft dies erlaubt ist, in den Gängen umherlaufen. Das Kind zwanghaft auf dem Sitz halten zu wollen, um andere Reisende nicht zu belästigen, ist nur nervenaufreibend und kostet eigene, wertvolle Energie.

Bei sehr langen Flügen mit großen Zeitverschiebungen sollte man vor der Reise ein ausführliches Gespräch mit einem Kinderarzt führen und unter Umständen ein leichtes Beruhigungsmittel (vielleicht aus dem homöopathischen Bereich oder Bachblüten) für Kinder in Betracht ziehen. Damit können Sie Ihrem Kind in dieser schwierigen Ausnahmesituation helfen, Ruhe und vor allem den Schlaf leichter zu finden. Auch für die Überwindung des Jetlag ist ein solches Mittel hilfreich. Dies sollte man aber nur nach ausführlicher ärztlicher Beratung und in der vorgeschriebenen Dosierung verabreichen.

Bei Fernreisen und Langstreckenflügen sind Zwischenlandungen und kurze Aufenthalte oftmals nicht vermeidbar. Für Kinder sind solche Kurzaufenthalte immer eine zusätzliche Belastung, da sie den Flug um ein Vielfaches verlängern. Sind Zwischenaufenthalte nicht notwendig, d. h. gibt es Direktflüge, sollte man im Sinne des Kindes lieber einen Direktflug wählen, auch wenn dieser mit höheren Kosten verbunden sein sollte. Sind Zwischenlandungen unvermeidbar, wie beispielsweise nach Australien oder Neuseeland, sollte man seine Flugzeit möglichst so wählen, dass das Kind entweder an Bord oder während des Zwischenaufenthalts in seinem gewohnten Rhythmus schlafen kann. So kann ein Nachtflug bis zum Zwischenstopp gewählt werden oder ein Tagesflug mit Ankunft am »Abend«. Der Zwischenstopp kann mit einem Stopover verbunden werden, bei dem man erst am nächsten Tag oder in ein paar Tagen wieder weiterfliegt und man während des Zwischenaufenthalts ein Transithotel am Flughafen zum Ausschlafen buchen kann.

Bei einem Langstreckenflug ohne Zwischenlandung kann sowohl der Tag- als auch der Nachtflug gut an den kindlichen Rhythmus angepasst werden. Fliegt man am frühen Vormittag und kommt am Abend an, kann das Kind sich nach der Ankunft im Hotel gleich zur Ruhe betten. Bei Flügen am späten Abend gibt es eine verordnete Ruhezeit im Flieger und es ist wesentlich ruhiger an Bord als bei Flügen untertags, was es kleinen Kindern erleichtert, in den Schlaf zu finden. Für ältere Kinder allerdings, die mit zunehmendem Alter immer weniger in der Lage sind, äußere Einflüsse ausblenden zu können, sind Tag-Flüge die bessere Wahl.

# Fliegen und dennoch umweltbewusst Reisen – geht das?

Jede Flugreise belastet unsere Umwelt in hohem Maße. Das kann nicht verleugnet werden. Ein ausgeprägter Umweltschutzgedanke und eine klimaschonende Lebensweise findet man gerade bei Familien mit Kindern in unserer heutigen Gesellschaft. Sind es doch unsere Kinder, die mit den Folgen des immer schneller eintretenden Klimawandels konfrontiert werden und in der Zukunft damit leben müssen.

### Wie lässt sich da eine Flugreise, sogar Fernreise, mit einem ökologischen Bewusstsein verbinden?

Ein schlechtes Gewissen sollten flugreisende Familien angesichts der vielen gescheiterten Klimagipfel, die in schöner Regelmäßigkeit überall auf der Welt abgehalten werden, das Klima alleine dadurch extrem schädigen, und dennoch nie zu einem befriedigenden und wirklich klimarettenden Ergebnis führen, nicht haben. Eine Flugreise, gerade in ferne Länder, leisten sich die wenigsten Familien jährlich. Eine lange Reise über mehrere Wochen ins ferne Ausland alle paar Jahre ist nicht gleichzusetzen mit regelmäßigen Geschäftsreisen von Firmenangestellten, Managern und Politikern, die für wenige

Fernreisen – kein Tabuthema für Familien

Tage rund um den Globus jetten. Ein schlechtes Gewissen angesichts dieser im Verhältnis stark ungleichen klimabeeinflussenden Lebensweisen sollten reisende Familien, welche die Welt entdecken und erleben wollen, sich nicht einreden lassen. Dennoch kann man auch als gelegentlicher Flugreisender versuchen, durch bewusstes Verhalten einen wichtigen Beitrag dazu zu leisten, die Umwelt zu schützen und zu erhalten. Der durch eine Flugreise entstandene Schaden kann natürlich nicht ungeschehen gemacht werden, man kann ihn aber durch an anderer Stelle klimaschonendes Verhalten kompensieren. Klimaneutral fliegt man dann, wenn man dieselbe Menge an verbrauchten Treibhausgasen (z. B. $CO_2$) an anderer Stelle einspart. Das ist die Idee des gemeinnützigen Unternehmens »Atmosfair«. Hier kann jeder Flugreisende seine verursachten Klimaabgase durch eine ausgleichende Spende, die in Klimaschutzprojekte in Entwicklungsländern fließt, kompensieren. Mit der Zahlung, die schon bei der Buchung durch verschiedene Flugreiseunternehmen geleistet werden kann, unterstützt man Energiespar-, Solar-, Wasserkraft- oder Biomasseprojekte in unterentwickelten Regionen der Erde. Damit kann man einen aktiven Beitrag leisten für einen nachhaltigen Umweltschutz in Entwicklungsländern und für die eigene Reise Schadensregulierung durch umweltbewusstes Verhalten betreiben. Nähere Informationen dazu und zu klima- und umweltbewusstes Reisen erhalten Sie bei:

> Atmosfair gGmbH, www.atmosfair.de, E-Mail: info@atmosfair.de
> fairkehr GmbH, www.vertraeglich-reisen.de, E-Mail: redaktion@fairkehr.de

### Tipps für umweltschonendes Reisen:

Eine Reise kann unser Klima mehr oder weniger belasten. Mit einem ökologisch bewussten Reisen kann man viele umweltschädigende Einflussnahmen, die von einem selbst ausgehen, minimieren oder sogar verhindern. Die größten umweltbelastenden Faktoren sind die An- und Abreise, aber auch die Art der Unterkunft und der Fortbewegung im Urlaubsland. Fern- und Flugreisen generell, zusätzlich mit einem Luxushotel und eigenem Fahrzeug vor Ort, belasten unsere Umwelt am stärksten. Eine

Fernreise sollte in ihrer Reisezeit möglichst in einer vertretbaren Relation zum Emissionsausstoß stehen, d. h. besser sechs als zwei Urlaubswochen planen. Als Individualreisender kann man klimaschonend reisen, wenn man unterwegs Unterkünfte wählt, die den Umweltgedanken in ihrer Dienstleistung berücksichtigen und umwelt- und klimaschonend arbeiten. Auch kleine Hotels und private Unterkünfte verursachen wesentlich weniger Umweltschäden als große Hotelanlagen und Luxusressorts. Ist die Fortbewegung im Land ohne eigenen Wagen gut möglich, sollte man öffentliche Verkehrsmittel nutzen. Ist das nicht möglich, wählen Sie lieber einen Kleinwagen anstatt ein benzinfressendes Großraumfahrzeug. Wandern und Radfahren sind sehr umweltfreundlich und die bevorzugte Reiseform vieler individuell reisender Familien. Passen Sie sich den Gegebenheiten ihres Reiselandes, soweit das möglich ist, an und kaufen Sie bevorzugt einheimische Produkte anstatt Importgüter vom anderen Ende der Welt.

Viele weitere Informationen zu ökologischem Reisen und sanften Tourismus finden Sie unter www.vertraeglich-reisen.de.

## Anreise mit der Bahn (in Europa)

### Vor- und Nachteile einer Bahnreise

Reisen Sie innerhalb Europas, ist die Anreise mit der Bahn eine umweltfreundliche Alternative zum Flugzeug und dem eigenen Pkw. Gerade der Klimaschutzaspekt macht das Bahnfahren für umweltbewusste Familien zu einer attraktiven Reiseart. Daneben hat das Reisen mit dem Zug für Eltern und Kinder viele Vorteile:

> Kinder sind mit dem Bahnfahren vertrauter als mit dem Fliegen und entwickeln seltener Ängste.
> Bei Bahnfahrten gibt es keine unangenehmen Beschwerden wegen Luftdruckausgleich beim Starten und Landen.
> Reiseübelkeit bei Kindern ist seltener.
> Der Bewegungsdrang der Kinder kann bei der Anreise mit der Bahn am besten ausgelebt werden.
> Interessante Strecken mit vielen Tunnels und einer abwechslungsreichen Landschaft sind für Kinder ein aufregendes Erlebnis.
> Sitzt man erst mal im Zug, können sich auch die Eltern entspannen. Bei Autofahrten ist das nicht möglich.
> Die Eltern können sich, anders als beim Autofahren, während der Fahrt mit den Kindern beschäftigen.
> Bei gut organisierten Zugverbindungen geht die Anfahrt zügig und ohne lange Wartezeiten vonstatten.
> Nervenaufreibende Unannehmlichkeiten bei der Anreise wie Staus, Straßenumleitungen oder Irrfahrten gibt es nicht.
> Mit der Bahn ist man bei Direktverbindungen schneller am Reiseziel als mit dem Pkw.
> Nachtzüge mit Schlafabteilen sind ideal, um bei Kurzurlauben einen Urlaubstag mehr herauszuholen.
> Kinder zwischen 2 und 14 Jahren reisen mit der Bahn (auch im Ausland) günstiger als im Flugzeug (Genaueres dazu unter »Kosten und Buchung«, S. 76).

Den vielfältigen Vorzügen stehen jedoch auch einige Nachteile gegenüber:

> Nationale und internationale Bahnfahrten müssen sehr frühzeitig (meist Monate im Voraus) gebucht werden, möchte man genauso günstig reisen wie mit dem eigenen Pkw.
> Durchgängige Verbindungen ohne Umstiege gibt es europaweit nur auf wenigen Hauptrouten.
> Umsteigen mit Kind, Gepäck und Zeitdruck ist nicht gerade entspannend.
> Das Reisegepäck sollte auf ein Minimum beschränkt sein.
> Die Mobilität am Reiseziel und im Urlaubsland ist eingeschränkt.

> Alle Annehmlichkeiten wie Gepäcktransport, Schlafabteile in Nachtzügen, Autozüge, beinhaltete Fährfahrten usw. machen Bahnfahren zu einer teuren Anreiseform.

## Die großen Hauptrouten und sehenswerte Strecken in Europa

Die großen Eisenbahnrouten verbinden die größten Städte Europas miteinander. Dabei müssen die großen Umsteigebahnhöfe nicht immer automatisch die Hauptstadt eines Landes sein, wie beispielsweise in Frankreich Paris oder in Großbritannien London. Verkehrsknotenpunkte der Bahnen sind auch in weniger großen, aber strategisch günstig gelegenen Städten wie Mailand, Verona und Bologna, Malmö und Göteborg zu finden. Einen sehr guten Überblick über die Hauptrouten Europas und ihre Verkehrsknotenpunkte und Umsteigemöglichkeiten bietet der Verlag *fairkehr* aus Bonn auf seiner Internetseite www.vertraeglich-reisen.de.

Die Anreise mit dem Zug lohnt sich in jedem Fall bei Städtereisen innerhalb Europas und steht dem Flugzeug hier in nichts nach. Rechnet man die Anreise ab Haustüre und die Wartezeiten vor dem Flug hinzu, gibt es mit dem Flugzeug bei vielen zentraleuropäischen Zielen keine Zeitersparnis. Gerade bei Billigfliegern, bei denen die Flughäfen weit vom eigentlichen Städteziel entfernt liegen, benötigt man für die Anreise die gleiche oder sogar noch mehr Zeit als bei der Anreise mit der Bahn. Zudem fallen für die Anreise zum Flughafen und dem eigentlichen Reiseziel nochmals Kosten an, die meisten übersehen werden und das superbillige Ticket dann doch etwas teurer werden lassen. Die Bahnhöfe der Städte dagegen sind immer sehr zentral gelegen und die Anreise (von gravierenden Verspätungen einmal abgesehen) geht zügig vonstatten. So dauert die direkte Verbindung von Frankfurt nach Paris mit dem ICE ca. vier Stunden von Innenstadt zu Innenstadt. In unmittelbarer Umgebung der Bahnhöfe sind außerdem die meisten innerstädtischen öffentlichen Verkehrsmittel zu finden wie U-, S-Bahnen und

Buslinien. Buchen Sie bei Städtereisen mit der Bahnanreise ein Hotel in der Nähe des Ankunftsbahnhofes, können Sie sich die – oft teuren – Taxifahrten sparen. Oder Sie nutzen einen von vielen Hotels kostenlos angebotenen Pickup-Service (schon bei der Buchung danach fragen).

Hauptverkehrsstrecken ins Ausland von Deutschland aus und beliebte europäische Städtereisen mit der Bahn sind:
> Frankreich – Paris – Marseille
> Belgien – Brüssel
> Niederlande – Amsterdam – Rotterdam
> Großbritannien – London – Edinburgh
> Dänemark – Kopenhagen – weiter nach Schweden und Norwegen
> Polen – Warschau – weiter ins Baltikum (Lettland, Litauen, Estland)
> Tschechien – Prag
> Ungarn – Budapest
> Österreich – Linz – Wien
> Schweiz – Zürich – Basel –Bern
> Italien – Mailand – Verona –Rom
> Spanien – Barcelona – Madrid

Ebenfalls lohnend ist die Anreise mit der Bahn bei einem geplanten, in sich abgeschlossenen Wanderurlaub. Hier ist das Gepäck ja ohnehin schon auf ein Minimum beschränkt und der lästige Gepäcktransport kann am ehesten in Kauf genommen werden. Es gibt europaweit schöne und sehenswerte Eisenbahnstrecken, die sich als Ausgangspunkt für Wanderungen bestens eignen. Allen voran in den Alpen (Österreich, der Schweiz und Frankreich) gibt es viele nationale Zugverbindungen und schöne alpine nostalgische Eisenbahnstrecken, die mit Wanderungen auf den verschiedensten Fern- und nationalen Wanderwegen verknüpft werden können. In Frankreich fährt der »Train Jaune« durch die südlichen Pyrenäen an die Mittelmeerküste. Die »Westhighland Railway Line« in Schottland führt entlang des gleichnamigen bekannten schottischen Wanderwegs (West Highland Way) und ist zusätzlich Zubringer für Wanderer in die schottischen Highlands. In Norwegen verkehrt die »Bergenbahn« zwischen Oslo und Bergen. Sie ist idealer Zubringer zur größten europäischen Hochebene (der Hardangervidda) und seinem weitläufigen Wandergebiet. Ebenso ist die spektakuläre wie berühmte »Flåmsbahn« für den Einstieg in dieses Wandergebiet ideal. Zwischen Stockholm und Narvik (über Kiruna) verkehrt die »Eisenerzbahn« und bringt Wanderer nach Lappland und zum bekanntesten schwedischen Fernwanderweg, dem »Kungsleden«. Der Luxuszug »El Transcantabrico« fährt auf einer alten Bahnlinie auf einem Teilstück des Jakobsweges von Leon nach Santiago de Compostela. Wer es ganz abenteuerlich möchte, dem sei eine der letzten Dampfeisenbahnen, die noch im normalen Güter- und Personenverkehr eingesetzten werden, zu empfehlen: Die »Wassertalbahn« in Rumänien fährt werktags noch regelmäßig zwecks Holztransport in die Grenzregion zur Ukraine durch die Karpaten – ein Abenteuer der besonderen Art. Mit vielen der genannten Züge kann man an Ausgangspunkte für Wanderungen gelangen oder Streckenabschnitte überwinden und abkürzen. Eine Zugfahrt auf alten, romantischen Strecken ist in jedem Fall eine abwechslungs-, erlebnisreiche und entspannende Anreiseart.

**Kosten und Buchung**

Bahnreisen können teuer sein, müssen es aber nicht. Ebenso wie beim Fliegen ist es günstiger, je früher man bucht. Spezialangebote und Billigtickets gibt es immer in begrenzten Kontingenten. Deshalb sollte man möglichst frühzeitig recherchieren und sich ausführlich informieren, wenn man eine Zugfahrt als Anreise in Betracht zieht. Eine Bahncard lohnt sich nur dann, wenn man sowieso schon eine besitzt oder die Bahnfahrt entsprechend lange und kostspielig ist. Für eine einzelne Reise, womöglich noch mit einem Sonderangebot, lohnt die Bahncard nicht mehr, da sie mit keinerlei Vergünstigungen kombiniert werden kann. Es lohnt sich, vor allem bei Studien- und Städtereisen, die Angebote der Bahn und seinem Reiseunternehmen zu studieren. Beliebte Städtereisen auf europäischen Haupt-

verkehrsstrecken werden gerne als Pauschalangebote mit Unterkunft angeboten. Hier gibt es bei früher Buchung und Spezialangeboten enorme Preisnachlässe, die im Vergleich zur Anreise mit dem eigenen Pkw und einer billigeren Unterkunft nicht zu toppen sind. Wer Zeit hat oder geografisch günstig wohnt, kann für die Reise ins Ausland Billigtickets der Bahn wie das Bayern- oder Wochenendticket bis zur Grenze nutzen und somit Geld sparen. Kinder bis zum Alter von sechs Jahren, die von ihren Eltern oder Großeltern begleitet werden, reisen innerhalb Deutschlands ohne Fahrschein kostenlos mit, haben jedoch auch keinen Sitzplatzanspruch. Nur bei einer Familien-Sitzplatzreservierung für Fernverkehrszüge steht Kindern dieses Alters ein Platz zu. Kinder ab dem 6. Lebensjahr und bis einschließlich 14 Jahren fahren innerhalb Deutschlands in Begleitung der Eltern oder Großeltern ebenfalls kostenlos, müssen aber auf dem Fahrschein eingetragen werden und haben somit einen Sitzplatzanspruch. Für die unentgeltliche Mitnahme von Kindern oder Preisermäßigungen bei Jugendlichen muss ein Normal- oder Sparticket zum nationalen Preis erworben werden. Bei einigen Spartickets (z. B. Bayernticket) werden Kinder ab sechs Jahren als Mitfahrer gerechnet. Kinderermäßigungen und Mitfahrerrabatte können nicht miteinander kombiniert werden. Die oben genannte Regelung zur unentgeltlichen Beförderung von Kindern gilt für Verkehre *nach* folgenden Ländern: Belgien, Dänemark, Italien, Kroatien, Luxemburg, Niederlande, Österreich, Polen, Schweiz, Slowenien, Tschechische Republik und Ungarn.

In den Nachtzügen der Bahn zahlen Kinder ab Geburt bis zum vollendeten 14. Lebensjahr in Sitz- und Liegeabteilen grundsätzlich den halben Tarif, wenn sie einen Sitz- bzw. Schlafplatz in Anspruch nehmen. In solchen Abteilen können Einzelsitzplätze gebucht werden. Die maximale Belegung der Liegewägen liegt bei fünf Personen. Schlafabteile bieten Platz für maximal drei Personen und können nur als ganzes Abteil gebucht werden. Für Kleinkinder gibt es standardmäßig in vielen Liege- und Schlafabteilen der Bahn einen Herausfallschutz im unteren Etagenbett oder man kann ihn auf Anfrage erhalten. Weitere Auskünfte über die einzelnen Serviceleistungen und Preise der Nachtzüge und die bequemen, aber teuren Autozüge erhält man bei der Deutschen Bahn im Internet unter: www.bahn.de/citynightline und www.bahn.de/autozug.

Innerhalb Europas fahren Kinder bis zum vierten vollendeten Lebensjahr *in fast allen Ländern* und auf regionalen Bahnstrecken *kostenlos* mit, in folgenden Ländern sogar bis zum vollendeten sechsten Lebensjahr: Belgien, Bulgarien, Dänemark, Finnland, Luxemburg, Österreich, Schweden, Schweiz, Serbien, Slowakei, Tschechische Republik und Ungarn. Kinder zwischen vier bzw. sechs und zwölf Jahren zahlen in den meisten europäischen Staaten auf Regionalstrecken den halben Erwachsenentarif. Kinder, die im internationalen Schienenverkehr trotz unentgeltlicher Beförderung einen Sitzplatz benötigen, zahlen meistens einen ermäßigten Kindertarif. Zu allen hier genannten Ermäßigungen für Kinder gibt es zwischen bestimmten Verbindungen der einzelnen Länder bei Sonderzügen oder nationalen Angeboten oftmals abweichende Bestimmungen. Weitere Auskünfte über Familientarife und preisgünstige Tickets für Familien im Ausland erhält man bei den DB Reisecentern und im Internet unter www.bahn.de.

Doch auch Angebote nicht speziell für Familien können lohnend sein. Planen Sie eine Rundreise, kann ein Rail Pass Ticket wie z. B. InterRail sich für Sie auszahlen. Mit diesem Ticket können Sie innerhalb eines bestimmten Zeitraums zu einem Pauschaltarif innerhalb eines Landes oder mehreren Ländern reisen. Zu guter Letzt gibt es auch im Reiseland im Regionalverkehr günstige Angebote, die oft preiswerter sind als bei einer Buchung in Deutschland. In Osteuropa beispielsweise ist Bahnfahren noch wesentlich günstiger als in West- oder Nordeuropa.

Die Deutsche Bahn hat sich überwiegend auf Internetbuchungen und den Verkauf an Automa-

ten spezialisiert. Eine Bahnreise kann aber auch über die Reisecenter der Bahn (in großen Bahnhöfen zu finden) gebucht werden. Eine gute Beratung erhalten Sie ebenso in Reisebüros mit Bahnagenturen, die sich auf Beratung und den Verkauf von Bahnfahrkarten spezialisiert haben. Dieser Service kostet manchmal Aufschläge und Beratungskosten. Fahrscheine können auch bequem zu Hause ausgedruckt werden. Bei internationalen Verbindungen sollte man jedoch eine Beratung in einem Servicecenter der Bahn oder Reisebüro in Betracht ziehen, da die Preise für den ausländischen Personenverkehr nicht immer im System des Internetportals erfasst sind. Eine Platzreservierung ist bei beliebten Routen und internationalen Hauptverkehrsstrecken auf jeden Fall ratsam. Fragen Sie explizit nach Familienabteilen oder einem Platz mit Tisch in einem Großraumwagen. Eine Sitzplatzreservierung verliert übrigens ihre Gültigkeit 15 Minuten vor der planmäßigen Abfahrt.

## Umsteigen mit Kind/ern und Gepäck leicht gemacht

Das Umsteigen unter Zeitdruck, weil der Anschlusszug erreicht werden will, mit Kindern und Gepäck ist der große Nachteil beim Bahnfahren. Gerade mit kleinen Kindern gerät man schnell in eine Stresssituation, wenn man zu wenig Zeit zwischen Ankunft und Abfahrt des Anschlusszuges hat. Die wichtigste Regel beim Planen einer Bahnreise ist daher, genügend Zeit für notwendige Umstiege einzukalkulieren. Fragen Sie in Ihrem Bekanntenkreis Bahnvielfahrer, was eine ausreichend lange Zeit für einen Zugwechsel ist. Das hängt in der Regel nicht nur von der eigenen Schnelligkeit und dem Orientierungssinn ab, sondern weiteren Faktoren, die Sie nicht beeinflussen können. Mit Verspätungen muss man im Bahnverkehr immer rechnen (auch in Deutschland). Im Reiseverkehr mit Fernzügen warten in der Regel die einzelnen Anschlusszüge. Im Nahverkehr mit Regionalbahnen ist das nicht immer der Fall. Und selbst wenn bei einer Verspätung der Anschlusszug warten sollte, ist das hektische Umsteigen in solch einem Fall mit Kindern und Gepäck nicht gerade die helle Freude. Planen Sie also lieber eine längere Pufferzeit zwischen den Zugwechseln ein, auch wenn Sie dann vielleicht eine halbe Stunde oder länger auf Ihren Anschluss warten müssen. Glauben Sie mir, den Kindern wird es in dieser Zeit sicherlich nicht langweilig. Es gibt auf Bahnhöfen für Kinder immer etwas zu sehen und zu erleben.

Ausreichend Zeit sollten Sie ebenfalls einkalkulieren, wenn der Umsteigebahnhof groß ist. Eine Unter- oder Überführung zwischen den einzelnen Gleisen mit Treppen ohne Laufbänder ist auch ein Hindernis, das oft wertvolle Zeit kostet. Auch wenn es auf den Bahnhöfen heutzutage viele Erleichterungen für den Reisenden gibt wie Rolltreppen, Gepäckbänder oder Aufzüge, wissen Sie in den seltensten Fällen, was Sie am Ankunftsbahnhof erwartet (oder Sie erkundigen sich darüber im Vorfeld). Kennen Sie den Ankunftsbahnhof nicht und reisen Sie zudem noch ins Ausland, sollten Sie im Zweifelsfall lieber eine längere Aufenthaltszeit einplanen. Wird Ihnen das Warten mit den Kindern zu lange, fragen Sie doch einmal den Lokführer einer Regionalbahn, die gerade auf die Abfahrt wartet, ob Ihre Kinder sich das Führerhaus seiner Lokomotive einmal ansehen dürfen. Damit kann man seine Wartezeit enorm verschönern.

Kennen Sie die örtlichen Gegebenheiten des Ankunftsbahnhofes nicht, erkundigen Sie sich beim Zugpersonal über das Gleis ihres Anschlusszuges und den Weg dorthin. Bitten Sie den Schaffner oder Mitreisende beim Aus- und Umsteigen um Hilfe. Diese wird Ihnen mit Kindern selten verwehrt – und wenn doch, ist es hilfreich, als Erster mit Sack und Pack an der Zugtür zu stehen und sich besonders ungeschickt anzustellen. Wenn Sie andere Reisende behindern, wird Ihnen schnell Hilfe zuteil. Sind sie »überladen« oder mit einem Kinderwagen unterwegs, wird der Zugbegleiter, schon allein im Interesse eines reibungslosen Bahnverkehrs, bereits vor der Ankunft einen Bahnmitarbeiter für den Ausstieg organisieren oder anders helfend eingreifen.

Am besten ist es natürlich, wenn Sie bei einer Bahnreise gar nicht so viel Gepäck bei sich haben. Auf große, schwere und unförmige Taschen und Koffer sollte man besser verzichten. Gut dagegen sind Koffer und Taschen mit Rollen (Trolleys) und natürlich der Wanderrucksack, mit dem man die Hände für die lieben Kleinen frei hat. Dieser sollte aber auch nicht zu groß und schwer ausfallen, da das Rauf- und Runterhieven aus den oft schmalen Gepäckfächern keine Freude ist, zumindest für den darunter Sitzenden, wenn einem das Gepäckstück entgleitet. Auch Ihren Kindern können Sie ein Gepäckstück für den Umstieg anvertrauen. Auf dem Bahnhof können selbst kleine Kinder einen Trolley gut hinter sich her ziehen. Das stärkt ihr Selbstbewusstsein, sie sind beschäftigt und nutzen seltener die Gelegenheit, sich aus dem Staub zu machen.

## Internettipps zum Thema Bahnreisen in Europa:

> www.vertraeglich-reisen.de (Hervorragende Internetseite über Bahnreisen innerhalb Europas mit vielen Informationen wie Übersichtskarten mit allen Bahn- und Fährverbindungen, Bahnsparangebote und Mobilität am Urlaubsziel, Fahrradmitnahme im Zug und das alles im Zusammenhang mit dem Thema »umweltbewusstes Reisen«.)

> www.bahn.de (Offizielles Internetportal der Deutschen Bahn.)

> www.railpassenger.info (Nützliche Internetseite für mobilitätseingeschränkte Reisende und Fahrgäste mit Fahrrädern.)

> www.bueker.net/trainspotting (Internetseite über Eisenbahnnetze in Europa und (nach) Asien.)

> www.bahnurlaub.de (Bahnreisespezialisten mit organisierten Bahnreisen; stellt die interessantesten und schönsten Bahnstrecken der Erde vor.)

# Anreise mit dem Schiff und Fährüberfahrten

## Sicherheit auf Fähren und Schiffen

Eine Schiffsreise oder Fährüberfahrt sind für den Nachwuchs eine gelungene Abwechslung beim An- oder Weiterreisen. Hat man die Möglichkeit einer Schiffsfahrt, sollte man sie auf jeden Fall wahrnehmen, da dies für Kinder allen Alters ein besonderes Abenteuer ist. Wie gesagt: für den Nachwuchs. Für Eltern bedeutet der Aufenthalt auf einem Schiff mit ihren Kindern immer eine besondere Belastung des Nervenkostüms, vor allem wenn man mit kleinen Kindern unterwegs ist. Selbst weniger ängstlich veranlagte Eltern können nicht umhin, daran zu denken, den Nachwuchs auf dem Schiff zu schützen, dass dieser auch *auf* dem Schiff bleibt. Positiv daran ist, dass sie mit dieser natürlichen Angst schon einmal die Gefahren für den Nachwuchs enorm minimieren. Man lässt ihn nämlich nicht aus den Augen. Und das sollte man bei kleinen Kindern auch nicht.

Nur neue, moderne Schiffe und Fähren sind in der Regel so ausgestattet, dass Kinder nicht an der Reling wie an einem Klettergerüst hochklettern können. Die Stangen verlaufen dann in vertikaler Richtung. Dies ist jedoch ein Schutz, auf den man sich nicht verlassen sollte. Kinder, die möglichst alles und noch mehr sehen wollen, sind äußerst fantasievoll, um sich über die Reling beugen zu können. Sie klettern auf Schiffsstaue und Rettungsboote oder eben alles, was sich zum Erreichen des Ziels anbietet.

Die wenigsten Schiffe sind so sicher, dass man kleine Kinder auf Deck alleine lassen kann. Sie sollten daher immer in der Nähe des Kindes bleiben. Die Sicherheit der Fähren und Schiffe allgemein ist ein vielschichtiges Thema, welches den Rahmen dieses Buches sprengen würde. Je entwickelter ein Land ist, umso sicherer (auch kindersicherer) sind die Schiffe. Sicherheitsmängel auf Fähren und Schiffen wird man aber überall auf der Welt erleben. Kaum ein Schiff ist hundertprozentig sicher und unterwegs wird man sich damit arrangieren oder eben auf Schiffs-

fahrten generell verzichten müssen. Das Reisen und Fahren mit einem Schiff oder kurze Fährüberfahrten sind dennoch ein Abenteuer, welches Sie sich mit ihren Kindern nicht entgehen lassen sollten.

## Rabatte für Familien und Buchungsmodalitäten

Die Anreise mit einer Autofähre ist nicht billig und meist keine preisgünstige Alternative zum Flugzeug. Möchte man jedoch den eigenen Pkw nutzen oder mit einem Mietwagen unterwegs flexibel sein, kommt man bei Fahrten auf Inseln oder über Wasser schnell erreichbare Landesteile nicht um Fährfahrten mit dem Pkw herum. Fährfahrten über Flüsse und durch Fjorde sind oftmals eine Zeit- und Kilometerersparnis gegenüber dem Umweg der Landanfahrt mit dem Pkw, auch wenn die Kosten sich die Waage halten sollten.

Günstig dagegen sind alle Fahrten ohne motorisierten Untersatz. Die Kinderermäßigungen, selbst mit Kabinenbenutzung, sind in der Regel höher als beim Flugzeug. Kleinkinder und Babys unter vier Jahren reisen meist ohne Anspruch auf ein eigenes Bett, dafür aber kostenfrei auf Fähren mit. Alleinreisende mit einem Kind unter vier Jahren müssen oft eine Einzelkabine buchen (die einzelnen Reedereien in den verschiedenen Ländern handhaben das sehr unterschiedlich). Für ältere Kinder (bis zwölf Jahren) gibt es fast immer 50 Prozent Preisnachlass bei Überfahrten, auch mit Kabinenbenutzung. Bei Autosparpaketen inkl. hoher Personenanzahl schrumpft der preisliche Vorteil für Familien mit kleinen Kindern im Verhältnis zu mehreren Vollzahlern in einem Auto. Wohnmobile und Fahrzeuge mit Überhöhe und -länge kosten empfindliche Aufschläge, die berücksichtigt werden sollten.

Kabinen eigens für die Familie gibt es auf stark frequentierten Strecken und in der Hauptsaison nur dann, wenn alle Betten belegt werden oder man die komplette Kabine als Paket bucht und zahlt. Ansonsten kann es sein, dass man sein Schlafdomizil teilen muss. Auf manchen Schiffen und Strecken sind Kabinenbuchungen

Pflicht (z. B. bei Nachtfähren). Kabinen können natürlich auch bei Tagfahrten gebucht werden, was meistens mit hohen Preisnachlässen möglich ist. Sinnvoll ist dies aber wohl kaum, da die Kinder in einer kleinen Kabine tagsüber nicht zu halten sind. Sie möchten verständlicherweise das Schiff entdecken.

Auf langen Strecken und großen Fährschiffen sind Kabinen meist luxuriöser ausgestattet als bei Schiffen kleiner Reedereien. Die Kabinen sind wie kleine Hotelzimmer mit Dusche und Toilette versehen. Je luxuriöser die Ausstattung, umso teurer die Kabine (logisch!). Fragen Sie bei der Buchung nach verschiedenen Kabinenklassifizierungen. Auf manchen Fähren gibt es so genannte Backpackerabteile mit mehreren Betten, die günstiger sind als kleine Einzelkabinen. Überlegen sollte man auch, ob man überhaupt eine Kabine benötigt. Ist eine Überfahrt nicht zu lange, kann man einen Schlafsessel reservieren, in dem die Kleinen beispielsweise ihren Mittagsschlaf halten können. Bei Nachtfahrten in warmen Regionen kann man mit älteren Kindern wunderbar an Deck übernachten, sofern das zulässig ist. Sind die Kinder noch klein, sind jedoch lange Fährfahrten über Nacht in einer Kabine am angenehmsten und entspannendsten.

Buchen und reservieren kann man eine Fährfahrt für die Anreise am günstigsten im Internet oder per Telefon direkt bei der Reederei. Es ist im Prinzip wie beim Fliegen: Günstige Angebote sind schnell vergriffen. Fahrten unter der Woche sind immer billiger als am Wochenende. Umbuchungen fester Termine sind in der Regel im Rahmen der Ticketgültigkeit (meist bis 3–12 Monate) möglich, kosten jedoch wie Stornierungen meist Gebühren. Erkundigen Sie sich vor der Buchung über mögliche Umbuchungs- oder Stornierungskosten. Bei vielen großen Fährlinien muss man ein bis zwei Stunden vor der Abfahrt am Fährhafen erscheinen, da man sonst seinen Anspruch auf Reservierung verlieren kann. Eine Buchung oder Reservierung ist nicht immer nötig. Fähren werden, nachdem sie mit allen gebuchten Fahrzeugen gefüllt sind, mit wartenden Autos aufgefüllt. Erscheint man rechtzeitig, hat man eine reelle Chance, noch einen Autoplatz zu ergattern, auch ohne Buchung. Bei den Überfahrten wird meistens nach einem Warteschlangen-Prinzip für Autoreisende vorgegangen (Gütertransport wird immer bevorzugt).

## Schifffahrt als Erlebnis

Der Service an Bord hängt sehr stark vom Reiseland, der Region und der Reederei ab. Manchmal ist eine Verpflegung mit verschiedenen Mahlzeiten in Form von Buffets oder Lunchpaketen inbegriffen. Spezielle Kindermenüs findet man auf großen und luxuriösen Schiffen auch sehr häufig.

Viele große Fähren und Schiffe verfügen über Kinderabteile mit Leinwänden, auf denen vorzugsweise schlechte amerikanische Zeichentrickcomics gezeigt werden, und Spielecken, in denen sich die Kleinen austoben können. Auch Kinderbetreuung ist auf manchen Schiffen möglich. Für Abwechslung an Bord ist eigentlich immer gesorgt, auch wenn es keine Kinderanimation geben sollte. Das Schiff zu erkunden oder die Landschaft und das Meer zu bewundern, ist für Kinder immer abenteuerlich. Fragen Sie die Schiffscrew, ob die Kinder einmal die Kommandozentrale besichtigen dürfen. Selbst auf großen Schiffen wird man Ihnen das selten verwehren (wenn das Schiff noch nicht abgelegt hat, ist die Chance aufs Spitzen ins Führerhaus am höchsten).

Denken Sie bei Fährfahrten daran, dass das Autodeck während der Fahrt verschlossen ist und nehmen Sie alles Wichtige, was Sie (Buch, Kissen, Decke) oder die Kinder (Schmuseteddy, Kinderspielzeug) während der Überfahrt benötigen, aus dem Wagen mit.

Wird Ihr Kind (oder Sie) leicht seekrank, sollten Sie vor der Reise Vorkehrungen treffen. Gegen Seekrankheit gibt es Reisetabletten oder Kaugummis. Man kann auch versuchen, das Kind während der Fahrt abzulenken. Leichte Kost zum ständigen Knabbern oder dosiertes Trinken können ebenfalls helfen. Gehen Sie mit Kindern, die an Reisekrankheit leiden, lieber an Deck, da

Schifffahrten sind für Kinder ein besonderes Erlebnis

frische Luft die Übelkeit mildert. Auch sich hinzulegen und vom Schaukeln treiben zu lassen anstatt krampfhaft dagegen anzukämpfen, wirkt oft Wunder. Schnellboote (Katamarane) sind superschnell, teurer als herkömmliche Fähren, jedoch nichts für Menschen, die ohnehin schnell seekrank werden!

Kleiner Reisetipp:
Bootsausflüge, teilweise mit Übernachtung, werden von verschiedensten privaten Anbietern (z. B. Ausflugsreedereien, Jugendherbergen und Hostels) in vielen Ländern als Freizeit-Event angeboten und sind eine gelungene Abwechslung auf einer Reise.

Informationen zum Reisen mit Fähren und Buchungsportale:
> www.ferrylines.com
  (größtes europäisches Buchungsportal für Fähren mit 275 Reedereien und über 1500 Fährverbindungen von Grönland bis Ägypten)
> www.faehren-service.de
  (Datenbank internationaler Fährverbindungen

in Europa, Nordamerika (USA und Kanada), Asien (Indonesien, Korea, Philippinen), Australien und Neuseeland)

## Anreise mit dem Pkw

Kurz nach unserer Osteuropa-Rundreise wurde mein achtjähriger Sohn gefragt, wie ihm diese gefallen hat. Bei seiner ehrlichen und prompten Antwort kippte ich vor Schreck und Überraschung fast vom Stuhl: »Gar nicht! Wir sind ja nur Auto gefahren!«

Lange Autofahrten sind der Stimmungskiller Nummer eins beim Reisen mit Kindern. Dennoch nimmt alljährlich jede zweite Familie dieses lästige Übel in Kauf und reist mit dem eigenen Pkw in die Ferien. Bei den meisten spielen dabei finanzielle Aspekte die größte Rolle bei der Entscheidung, ist es doch die kostengünstigste Anreiseart und in seiner Planung am einfachsten zu handhaben. Man ist mit dem eigenen Wagen am flexibelsten – bei der Anreise sowie unterwegs. Man muss sich weder nach Flugzeiten noch Zugfahrplänen richten. Das mühsame Schleppen von Gepäck erübrigt sich ebenfalls. Man kann die Reisezeiten am besten den Bedürfnissen der Familie und vor allem der Kinder anpassen. Klingt eigentlich ganz positiv, so eine Anreise mit dem eigenen Auto. Dennoch bleiben lange Autofahrten für Kinder das Unangenehmste und Mühevollste einer Reise. Es bringt weder unverhofften Spaß noch aufregend Neues. Die Kinder sind mit dem Familienauto vertraut und der ältere Nachwuchs weiß oft ganz genau, was ihn erwartet, wenn er für eine lange Fahrt in den Urlaub den Wagen besteigt. Manchem Kind wird da schon vor dem Einsteigen präventiv flau im Magen, damit der erste unvermeidliche Stopp auch nicht zu lange auf sich warten lässt. Eine Autoanreise ist belastend und anstrengend, da beißt die sprichwörtliche Maus keinen Faden ab, aber bei langen Autofahrten reißt so manchem Elternteil der Geduldsfaden. Damit es nicht so weit kommt, hier ein paar kleine Tipps, wie man die Anreise mit dem Pkw für Kinder ein wenig aufregender und die Eltern ein bisschen entspannender gestalten kann.

## Auto(an)reise mit Babys und Kleinkindern

Mit kleinen Kindern und Babys startet man eine lange Autoanreise am besten am Abend. Der Pkw ist für viele Babys und Kleinkinder eine ideale Einschlafhilfe. Ist der Nachwuchs erst einmal friedlich eingeschlafen und im Land der Träume angelangt, kann Strecke gemacht werden. Die Eltern sind ihrer Animationspflicht entbunden und können sich vollkommen dem Straßenverkehr widmen. Ob man sich nun beim Fahren abwechseln möchte oder einer alleine die Strecke hinter sich bringt, sollte man von den eigenen Fähigkeiten abhängig machen. Wenn einer alleine in der Lage ist, ohne große Ermüdungserscheinungen die gesamte Strecke hinter sich zu bringen, gibt es keinen Grund sich abzuwechseln. Am nächsten Morgen sollte jedoch wenigstens ein Elternteil (halbwegs ausgeruht) in der Lage sein, den ausgeschlafenen Nachwuchs zu versorgen.

Ein weiterer Vorteil von Nachtfahrten ist (egal wie alt die Kinder sind), dass man weniger Pausen einplanen muss. Manchmal kann man sogar gänzlich aufs Zwischenstopps verzichten (von Pipipausen einmal abgesehen), was die tatsächliche Fahrtzeit oft um ein Vielfaches verkürzt.

Bei Nachtfahrten und Fahrten während der Schlafenszeit der Kinder sollte man dennoch diverse Spielsachen und vor allem Nahrungsmittel sowie Trinken für den Nachwuchs bereithalten. Babys und Kleinkinder können bei Nachtfahrten gerne in ihrer gewöhnlichen Schlafkleidung schlafen. Diese ist meist weit und bequem. Ein spezieller Schlafsack, der an der Babyschale oder dem Kindersitz fixiert wird, verhindert, dass sich das Kind nachts freistrampeln kann und auskühlt. Eine zusätzliche leichte Fleecedecke bereitzuhalten, ist zu empfehlen. Ferner ist es wichtig, dass das Kind überhaupt bequem liegen kann, um möglichst lange zu schlafen. Der Kindersitz sollte deshalb so weit wie möglich in eine horizontale Sitzposition gebracht werden können. Bei Nachtfahrten durch bewohntes Gebiet blenden oft die hellen Lichter der Städte das schlafende Kind, wovon leichte Schläfer gerne auch einmal geweckt werden. Vorbeugend sollte man daher auch nachts die hinteren Fenster der Autoscheiben mit Tüchern oder Decken verdunkeln oder die Sonnenrollos zum Einsatz kommen lassen.

Sind Tagfahrten unumgänglich, sollten auch diese nach dem Schlafrhythmus des Kindes ausgerichtet sein. Fahren noch größere Kinder mit, die keinen Mittagsschlaf mehr halten, ist es gut, diese, während das kleinere Geschwisterkind schläft, mit Spielen bei Laune halten zu können (zu Spielanregungen siehe unter »Lange Autofahrten mit Kindern und Jugendlichen«, S. 85).

Bei nur einem Kind ist es vorteilhaft, wenn es hinter dem Fahrer sitzt. Das ermöglicht dem Beifahrer, sich leichter um den Nachwuchs kümmern zu können, ohne akrobatische Verrenkungen machen zu müssen.

Mit kleinen Kindern und Babys müssen – entgegen der landläufigen Meinung – kaum mehr Pausen eingeplant werden als mit größeren Kindern (Ausnahmen sind natürlich möglich). Das

Mehr an Aufmerksamkeit, welches kleine Kinder benötigen, machen sie durch längere Schlafphasen wieder wett. Auch müssen Babys für ihre kleinen »Geschäfte« nicht auf die Toilette und ihnen wird nicht übel während der Fahrt, was bei älteren Kindern häufig zum Pausieren zwingt. Da es allerdings schwieriger ist, kleine Kinder während langen Fahretappen zu beschäftigen, hier ein paar kleine Tipps dazu:

> CDs mit lustigen Kinderliedern zum Mitsingen gehören auf jeden Fall ins Gepäck (auch wenn einen selbst das ständige Dideldum, Dideldei irgendwann nervt). Alternativ können es auch die Lieblingsgeschichten der Kinder sein, die Sie selbst wenigstens halbwegs ertragen oder vielleicht sogar mögen.

> Ein Erwachsener sollte sich, wenn möglich, zum Kind nach hinten setzen zum Beschäftigen.

> Diverse Bilderbücher für die Kleinen zum gemeinsamen Anschauen mitnehmen. (Sehr lange Beschäftigung versprechen Wimmelbilderbücher, bei denen man die Kleinen immer wieder auffordern kann, etwas Bestimmtes zu finden.)

> Mit einer Handpuppe oder mehreren Fingerpuppen ein Kasperltheater spielen.

> Dem Kind die Schuhe ausziehen und auf dessen Füße und Zehen lachende Gesichter malen. Das Kind zum Bewegen der Füße und Zehen auffordern und somit die Gesichter lebendig werden lassen (das Gleiche geht auch mit den Händen oder Fingern).

> Lustige Finger- und Körperspiele parat haben, bei denen sich das Kind selbst im Autositz aktiv bewegen kann (z. B. Meine Hände sind verschwunden, ich hab keine Hände mehr …).

> Die Zwischenmahlzeiten als Spiel gestalten. Eine Gummibärchenreise, bei der die Bärchen in der Umgebung des Kindes umherwandern und alle paar Minuten ein Bärchen im Mund des Kindes ankommt (das geht natürlich auch mit zuckerarmen Öko-Vollkornkeks-Tieren).

> Kinder finden eigenes Spielzeug meist schrecklich langweilig. Da beim Autofahren das Lieblingsspielzeug der meisten Kinder, der Autoschlüssel, leider nicht greifbar ist, sollte man einen Gegenstand dabeihaben, von dem man weiß, dass er das Kind fasziniert und für längere Zeit die Aufmerksamkeit des Sprosses beansprucht.

> Trotz Klimaanlage kann das Reisen in südlichen Ländern für Babys und Kleinkinder oft eine heiße Angelegenheit werden. Die erhitzten Gemüter der Kleinen kann man mit einem wassergetränkten Waschlappen abkühlen. Nebenbei ist dieser auch noch zeitweise Beschäftigung und Getränk (es gibt sogar lustige Waschlappen-Handpuppen). Mit einer Sprühflasche kann man z. B. die Beinchen des Kindes leicht einsprühen. Oder das Kind versucht seinerseits sich (oder seine Umgebung) damit zu benebeln.

## Lange Autofahrten mit Kindern und Jugendlichen

»The same procedure as every year.« So könnte man bei den meisten Familien den Start in die heißersehnten Sommerferien treffend bezeichnen. Man stellt sich schon einmal auf kilometerlange Staus ein, selbst wenn man den klugen Ratschlägen der Verkehrswacht oder Autofahrerverbänden gefolgt und ein paar Tage später gestartet ist. Die Fahrzeugführer der 500 Autos hinter und vor ihnen haben nämlich genau diese Ratschläge dummerweise auch irgendwo gelesen und beherzigt. Der Partner ringt mit der Fassung und dem Navigationsgerät, und die Kinder geben sich alle Mühe, genau das zu sein, was man schon seit Wochen befürchtet hat: urlaubsreif, was gleichbedeutend mit ungenießbar ist. Hahnenkämpfe und Befehlsanweisungen von den hinteren Sitzbänken, die dem Kommandoton eines Oberoffiziers in nichts nachstehen, steckt man angesichts der vielen Kilometer, die man noch vor sich hat, locker weg. Genauso wie die Königsfrage (welche ich hier wohl nicht nennen muss). Doch spätestens beim schlimmsten Ausspruch, der einem stolzen Neuwagenbesitzer zu Ohren kommen kann: »Mami, mir ist schlecht.« steht man(n) schon auf der (Not-) Bremse. Doch dann ist es meistens sowieso schon zu spät. Die vielbesagte Urlaubslaune ist schon weit vor dem Brennerpass an seinem Höhepunkt angelangt und mit jedem Kilometer Richtung Süden wird sie wider Erwarten frostiger. Die Nerven liegen blank, noch bevor die Familie das Heimatland verlässt, geschweige denn das eigentliche Reiseziel erreicht hat. Erkennen Sie sich wieder? Wenn nicht, blättern Sie einfach eine Seite weiter. Wenn doch oder vielleicht, dann sind folgende Ratschläge zum Thema »Wie überstehe ich lange Autofahrten mit Kindern« doch einen Blick wert:

> Starten Sie gut vorbereitet in die Ferien. Aufwändiges Packen und lästiges Suchen kurz vor der Abfahrt steigern nicht gerade die Urlaubsvorfreude. Alle Reisevorbereitungen sollten vor dem Abreisetag abgeschlossen und das Reisegepäck im Auto verstaut sein.

> Egal ob zum Einkaufen oder auf dem Weg nach Napoli. Vor dem Einsteigen ins Auto ist obligatorisches »Wasserlassen« angesagt. So stutzt man schon einmal dem ersten Bestechungs-Teufelchen die Hörner.

> Damit nichts vergessen wird, sollte der Elternteil, der die Wohnung abschließt, zuvor noch einen »Stubengang« erledigen.

> Vor dem Losfahren die »Autoregeln« mit den Kindern gemeinsam festlegen. Dazu kann beispielsweise gehören: wer sitzt wo, wann wird gegessen oder getrunken oder in welcher Reihenfolge werden bestimmte CDs gehört usw.. Bei Missachtung der Regeln gibt es Verwarnungen (z. B. in Form von gelber und roter Karte). Bei Platzverweis zückt der »Schiedsrichter« eine Bahnfahrkarte für eine einfache Fahrt zu Oma und Opa (die Gesichter der Kinder bitte fotografieren und mir zusenden, wenn Sie tatsächlich ein Bahnticket aus der Tasche ziehen).

> Der modernen Technik sei Dank, dass lange Autoreisen mit Kindern nicht mehr so problematisch und vorbereitungsintensiv sind wie noch vor einigen Jahren. Mobile Spielkonsolen, Tablet-PCs, MP3-Player und portable DVD-Player beschäftigen den Nachwuchs ohne viel Aufwand sehr, sehr lange. Mobile Entertainmentsysteme für den Pkw mit zwei Displays und einem DVD-Player gibt es ab ca. 100 €. Monitore mit integriertem DVD-Spieler (damit kann jedes Kind sein eigenes Programm sehen) ab ca. 300 €. Aufladekabel und Adapter (falls keine USB-Schnittstelle im Auto vorhanden) nicht vergessen und nur während der Fahrt elektrische Geräte aufladen! (Sonst benötigt man unter Umständen wieder das gute alte Überbrückungskabel.)

> Wird es den Kindern beim Autofahren oft übel, sollte man auf Beschäftigungen verzichten, welche eine visuelle Konzentration erfordern, d. h. der Blick des Kindes ständig auf einem Gegenstand ruht (wie es beim Malen, Lesen, Computerspielen und Fernsehen der Fall ist). Dadurch werden im Gehirn des Kindes Informationen gesammelt, die sich widersprechen. Die Augen signalisieren dem Gehirn, dass der Körper still steht. Der Gleichgewichtssinn dagegen nimmt Bewegungen war. Der Körper des Kindes reagiert auf dieses Informationsmissverständnis mit Übelkeit und Erbrechen. Solche Kinder sollten beim Autofahren besser mit Spielen beschäftigt werden, bei denen sie ihren Blick immer wieder schweifen lassen können, wie bei Beobachtungsspielen (z. B. »Ich sehe was, was du nicht siehst«, Autokennzeichen-Bingo, Gegenstände der Umgebung zählen usw.). Eine Sitzposition mit guter Aussicht, niedrige Temperaturen im Auto, Medikamente gegen Reiseübelkeit, Frischluft, Kaugummikauen, dosiertes Trinken und ständiges Knabbern leichter Kost helfen gegen Übelkeit und Erbrechen. Akupressur-Armbänder (in Apotheken erhältlich) sollen gegen Übelkeit wahre Wunder vollbringen.

> Die Pausen sollten zum Verrichten wichtiger »Geschäfte« aller Familienmitglieder und zum Bewegen der Kinder genutzt werden. Autobahn-Raststätten bieten kleinen Kindern häufig Möglichkeiten zum Spielen in Kinderspielecken und auf Spielplätzen, doch für den Bewegungsdrang größerer Kinder und Jugendliche haben sie wenig bis gar nichts zu bieten. Ist man mit größeren Kindern unterwegs, ist es

besser, für Pausen die Autobahn zu verlassen und in der nächsten Stadt nach einem Park oder einem Sportplatz Ausschau zu halten. An Schulen gibt es auch immer genügend Freiflächen oder sogar Wurfkörbe zum Austoben der Junioren (Fußball, Basketball, Frisbeescheibe, Federballspiel o. Ä. nicht vergessen)

› Weniger, aber dafür lange Pausen sind besser als viele kurze Stopps. In die Pausen eingebaute Highlights wie ein Erlebnisbad oder Abenteuerspielplatz (kann man vorher im Internet heraussuchen) sind für Kinder allen Alters ein erfrischendes Vergnügen, und nach einem ausgedehnten Bad herrscht im Auto meist für längere Zeit himmlische Ruhe.

› Bei einer sehr langen Autoanreise (ab acht Stunden reine Fahrtzeit) ist es sinnvoll, die gesamte Strecke in zwei Tagesetappen aufzuteilen und eine Zwischenübernachtung einzuplanen.

**Spieletipps im Internet für lange Autofahrten:**
› www.landesverkehrswacht.de/wissenswertes/fuer-alle/auto-urlaub/reisespiele.html
› www.spielewiki.org

**Bücher zum Thema Reisespiele:**
› Spiele für die Autofahrt, Coppenrath Verlag
› Lustige Reisespiele für unterwegs, arsEditon 2009

# Die Reiseart

## Reisen mit dem Wohnmobil

Das Reisen mit dem Wohnmobil findet seit Jahren immer mehr Anhänger und ist nicht nur mehr eine bevorzugte Reiseart der Generation, die den Zenit des Lebens überschritten hat. Gerade bei Familien mit Kindern finden Wohnmobilferien großen Anklang. Wer einmal die grenzenlose Freiheit einer Reise mit dem Wohnmobil genossen hat, kommt nicht mehr so schnell von der bequemen und luxuriösen Art des Unterwegs- und dennoch Zuhauseseins los. Das Reisen mit dieser mobilen Unterkunft hat vielfältige Vorteile und ist der Einstieg für viele Familien in das individuelle Reisen. Menschen, die ein gepflegtes Hotel oder Apartment einer günstigen Massenunterkunft oder dem Zelt vorziehen, können mit einem Wohnmobil die jeweiligen Vorzüge der verschiedenen Urlaubsformen wunderbar miteinander verbinden. Man ist mit einem fahrenden Apartment örtlich ungebunden und kann dennoch seine Vorzüge und den Luxus der »eigenen vier Wände« genießen. Auch wenn der Besitz eines eigenen Reisemobiles für viele Familien ein unerschwinglicher Traum bleiben wird, so ist doch die Reise in einem gemieteten Wohnmobil eine wundervolle, abenteuerliche Alternative zum Club Med.

### Das Wohnmobil – auf vier Rädern zu Hause
Mit einem Wohnmobil zu verreisen, hat gerade für Familien zahlreiche Vorzüge. Es gibt kein bestimmtes Tagesziel, welches man unbedingt erreichen muss. Man fährt, solange es den Kindern gefällt, pausiert so oft man möchte und ist eigentlich nicht unterwegs, sondern immer und überall zu Hause. Benötigen Kinder Aufmerksamkeit, steuert man einfach den nächsten Parkplatz an und vergnügt sich mit den Kindern beim Gesellschaftsspiel, während Mutti herrlich heiße und süße Schokolade kocht. Muss der Nachwuchs gewickelt werden, ist man nicht auf schmuddelige Autobahntoiletten oder den engen Autorücksitz angewiesen, sondern kann

dies bequem im Wohnmobil erledigen. Es gibt keinen streng geregelten Hotelalltag, bei dem die Putzfrau einen am Vormittag aus dem Hotelzimmer vertreibt oder feste Essenszeiten mit kinderunfreundlichen Speisen. Auch ist man nicht an seinen Aufenthaltsort gebunden. Gefällt es einem vor Ort nicht oder ist das Wetter schlecht, reist man einfach irgendwo anders hin. Man ist in jeder Hinsicht sein eigener Herr und kann seinen Urlaubsverlauf ganz nach den Bedürfnissen der Familie ausrichten.

Mietet man ein Wohnmobil von daheim aus, kann man mehr Gepäck mit auf Reisen nehmen als bei jeder anderen Reiseart (siehe dazu auch unter »Alles an Bord – Gepäckzuladungsgrenzen«, S. 88), muss auf weniger verzichten und kann unterwegs leben wie gewohnt. Für Kinder ist es ein großes Abenteuer, im Wohnmobil zu übernachten, und dennoch haben Eltern ein gutes Gefühl, für ihre Kinder eine sichere und komfortable Übernachtungsart gewählt zu haben. Sie schlafen in einem richtigen Bett, sind bestens geschützt vor Kälte, Nässe, Lärm und Helligkeit und am nächsten Morgen dennoch mit einem Schritt inmitten der Natur.

Es gibt kein lästiges Ein- und Auspacken am Morgen und Abend, man lebt nicht aus Taschen und Koffern, sondern hat alles griffbereit in Schränken, fast wie zu Hause. Auch ist man völlig unabhängig von öffentlichen Sanitäreinrichtungen, die einem manchmal das Fürchten lehren können. Es gibt den Kindern ein Heimatgefühl in der Fremde und ist gleichzeitig eine der flexibelsten und bequemsten Reisearten, die es gibt. Kurz, das Reisen mit dem Wohnmobil bietet Familien mit Kindern alles, was sie benötigen.

## Der Start ins Reiseabenteuer Wohnmobil

Ist man zum ersten Mal mit einem Wohnmobil unterwegs, steht man zahlreichen Herausforderungen gegenüber und stellt sich viele Fragen, die einem routinierten Wohnmobillisten keine grauen Haare mehr wachsen lassen.

Wichtig ist es, dass Sie sich vor einer geplanten Wohnmobilreise und dem Mieten eines Fahrzeugs den Rat eines Profis einholen. Das können Bekannte, Verwandte, die Wohnmobilbesitzer in der Nachbarschaft oder der Vermieter selbst sein. Doch gerade bei Letzterem ist die Qualität des Händlers entscheidend. Eine gute Fachberatung und ausführliche Einweisung in das Mietfahrzeug für Erstmieter hat bei Wohnmobilvermietern leider Seltenheitswert. Oftmals sind die Angestellten nicht hundertprozentig mit der technischen Ausrüstung und Beschaffenheit ihrer Gefährte vertraut. Zu einer guten Beratung gehört in erster Linie die Ermittlung des persönlichen Bedarfs, d. h. welche Wohnmobilgröße man als Familie benötigt und was man bei der Größe des Mobils unterwegs beachten muss (→ »Mieten eines Wohnmobils – auf was man achten sollte«, S. 89).

Bei Ihrer ersten Wohnmobilreise sollten Sie auf jeden Fall ein Reiseziel wählen, das keine großen fahrtechnischen Herausforderungen bereithält. Reisemobilunerfahren in den Wüsten Namibias mit einem acht Meter langen Mobil herumzufahren, setzt viel fahrerisches Können und eine große Portion Mut voraus (ohne Ersteres ist das Zweite bedenklich). Machen Sie sich mit dem Sonderfahrzeug Wohnmobil, seinen Ausmaßen und fahrtechnischen Eigenheiten erst einmal auf einer kleinen Reise, vielleicht in heimischen Gefilden, vertraut. Hier lernen Sie die Fahreigenschaften eines Wohnmobils kennen, Sie können Erfahrung sammeln beim Befahren verschiedenartigster Straßen, lernen das Manövrieren des Fahrzeugs in kritischen Bereichen, z. B. beim Parken oder Fahren in Innenstädten, und können den Bedarf, den Sie an Wasser, Strom und Gas haben, ermitteln, ohne in einen Engpass zu geraten. Auch ist es sinnvoll, bei einer ersten Wohnmobilreise häufig einen Campingplatz anzusteuern und mehrere Tage an einem Platz zu verweilen. In der »Obhut« anderer Wohnmobilreisender kann man Erfahrungen sammeln und im Austausch mit Profis hat man auf jeden Fall die Möglichkeit, sich sehr viel Basiswissen anzueignen, auch wenn jeder Wohnmobil-Landsmann seine eigenen Philosophien vertritt.

An fahrfreien Tagen hat man zudem mehr Ruhe und damit die Möglichkeit, sein Fahrzeug und die Funktionen der einzelnen Geräte im Wohnmobil intensiver kennen zu lernen. Für kleine Kinder ist ein längerer Aufenthalt auf einem Campingplatz ebenfalls ein Vorteil. Sie können sich an die ungewohnte Schlaf- und Alltagssituation in einem fahrenden Zuhause in aller Ruhe gewöhnen und ihre nähere Umgebung selbstständig erkunden. Ältere Kinder finden besser Freunde und genießen ebenfalls fahrfreie Tage.

### Mit Kindern im Wohnmobil

Reist man mit Kindern in einem Wohnmobil, sollte man schon bei der Wahl des Modells einiges beachten: Egal für welche Größe man sich entscheidet, im Mobil sollten auf jeden Fall für die gesamte Familie ausreichend Sitze vorhanden sein, an denen man entweder Kindersitze sicher befestigen kann oder die schon integrierte Kindersitze besitzen (zur Problematik bei Kindersitzen siehe Kapitel »Kinderwagen und Autositz«, S. 156). Bei Wohnmobilen sind in der Regel neben den für Personen ausgewiesenen Sitzplätzen noch Notsitze ohne Gurte oder mit Beckengurten vorhanden. Diese sind meist entgegen der Fahrtrichtung oder Seitensitze und sollten nur dann besetzt werden, wenn alle anderen Sitze belegt sind. Die Sitzplätze in Fahrtrichtung sollten auf jeden Fall mit einem Dreipunktgurt ausgestattet sein und Sitzplätze entgegen der Fahrtrichtung mit Kopfstützen und mindestens Beckengurten. Ferner sollten nicht mehr Personen transportiert werden, als im Fahrzeugschein Sitzplätze angegeben sind.

---

## Beim ADAC kann man dazu nachlesen:

Grundsätzlich gilt, dass Kinder in Fahrzeugen mit Sicherheitsgurten mit geeigneten Kindersitzen gesichert werden müssen. D.h. es müssen die Kinder auf die Sitzplätze, bei denen der jeweilige Gurt (3-Punkt- oder 2-Punktgurt) für die Montage des Kindersitzes zugelassen ist. In der Regel sind das nur vorwärtsgerichtete Fahrzeugsitze. Unter Umständen muss deshalb ein Erwachsener auf einen rückwärtsgerichteten oder seitlichen Sitz. Nach § 21 der Straßenverkehrsordnung (StVO) dürfen nicht mehr Personen befördert werden als Sicherheitsgurte vorhanden sind. In Wohnmobilen sind entsprechende Sitzplätze für die Fahrt ausgewiesen. Sind alle vorwärtsgerichteten Sitze belegt und müssen noch weitere Kinder gesichert werden, so müssen auch auf rückwärtsgerichteten oder im Notfall auch seitlichen Sitzen Kindersitze verwendet werden. Nur wenn kein geeigneter Kindersitz für eine ordnungsgemäße Befestigung mit 3- oder 2-Punktgurt mehr zur Verfügung steht, dürfen Kinder ab drei Jahren dort nur mit dem Sicherheitsgurt gesichert werden. Auf keinen Fall dürfen Kinder während der Fahrt im Schlafbereich von Wohnmobilen liegen.

*Quelle: www.adac.de*

---

Dass Kinder während der Fahrt im Wohnmobil nicht herumspazieren sollen, muss eigentlich selbstverständlich sein. Doch auch während langer Fahrten (z. B. Nachtfahrten) sollten Kinder nicht in den Schlafkabinen liegen (siehe oben), auch wenn es in den Bettnischen spezielle Sicherungsgurte geben sollte. Auch sollte während der Fahrt der Tisch eingeklappt oder abgesenkt sein, wenn dies möglich ist.

Beim Thema »Wer schläft wo« im mobilen Zuhause sollte man mit kleinen Kindern ebenfalls vorherige Überlegungen anstellen. Für den Schlafbereich unter dem Dach oder Alkoven gibt es spezielle Absturzsicherungsnetze (z. B. Fa. Seitz), die bei Babys und Kleinkindern sinnvoll sind. Am besten weisen Sie den Wohnmobilvermieter gleich daraufhin, dass Kleinkinder mit an Bord gehen, sodass er gleich alle Sicherheitsvorrichtungen anbringen kann (was natürlich nie garantiert werden kann). Der beste Schlafbereich für Kleinkinder jedoch ist immer im hinteren Bereich des Wohnmobils. Auch für ältere Kinder ist dies vorteilhafter, wenn sie des Nachts einmal auf Toilette müssen. In Aufstell- oder Hubdächern bei Kastenwägen sollten Kinder ebenfalls unten schlafen, da ein nächtlicher Toilettengang hier recht umständlich zu handhaben ist.

Wird der Herd im Wohnmobil mit Gas betrieben, sollte dieser eine Kindersicherung besitzen oder zumindest die Gaszufuhr nicht problemlos zu bedienen sein. Selbst für Kochplatten im Wohnmobil gibt es spezielle Herdschutzgitter. Sollte das nicht der Fall sein, muss man eben selbst darauf achten, wohin die Kinder ihre Hände platzieren. Eigentlich ist das Betreuen von Kleinkindern in einem Wohnmobil gar nicht so schwer, da der Raum immer gut übersehbar ist. Alleine lassen sollte man Kleinkinder möglichst dennoch nicht, solange sie nicht tief und fest schlafen.

## Alles an Bord – Gepäckzuladungsgrenzen

Beim Reisen mit dem Wohnmobil kommt man sehr leicht in Versuchung, das ein oder andere Gepäckstück mehr mitzunehmen. Doch auch Wohnmobile haben ihre Zuladungsgrenzen. Keine Gedanken über die maximale Zuladung muss man sich bei Fernreisen mit Mietfahrzeugen im Urlaubsland machen. Hier wird man mit den geringen Freigepäckgrenzen der Fluggesellschaften keinesfalls die Zuladungsgrenzen der Wohnmobile überschreiten. Anders sieht es bei Reisen innerhalb Europas aus, bei denen das Mobil von zu Hause aus gemietet und beladen wird. Hier bedarf es einer sorgfältigen Vorbereitung und systematischer Beladung mit Einhaltung der zulässigen Achs-, Stütz-, Dach- und Anhängelasten. Haben Sie mit dem Beladen eines Wohnmobils noch keinerlei Erfahrung, lassen Sie sich von Ihrem Verleiher helfen. Er kann Ihnen wertvolle Tipps zum sicheren Verstauen Ihrer Ausrüstung geben. Der Schwerpunkt sollte möglichst tief liegen, weshalb sehr schwere Gegenstände unten oder zwischen den Achsen Platz finden sollten (z. B. Campingmöbel oder Kinderfahrräder in der Heckgarage). Während der Fahrt sollten alle Gegenstände sicher und rutschfest in den Schränken verstaut sein. Schwere Ausrüstung und Lebensmittel wie Dosen und Flaschen sollten nicht in Hängeschränken und Schränke verräumt werden, deren Türen sich in Fahrtrichtung öffnen lassen. Gasflaschen müssen ebenfalls standsicher und an ihren vorgesehenen Plätzen verstaut werden. Auch Dach- und Anhängelasten sollten sicher am Wohnmobil fixiert werden können. Sollen Fahrräder transportiert werden, kann es bei Beladung des Fahrzeuges mit vielen Fahrrädern (die eine Familie meistens benötigt) auf Heckträgern oder in der Heckgarage dazu führen, dass zwar nicht die Höchstzuladungsgrenze, aber die zulässige Achslast hinten überschritten wird. In jedem Fall sollte man das Fahrzeug gleichmäßig beladen.

Wie viel man zuladen darf, steht zum einen im Fahrzeugschein, zum anderen ist der Vermieter verpflichtet, Sie auf die einzelnen Höchstzuladungsgrenzen hinzuweisen. Das Zuladungsgewicht ist die Differenz zwischen dem Leergewicht und dem zulässigen Gesamtgewicht, wobei man beachten muss, dass alle Passagiere (außer dem Fahrer) zur Gepäckzuladung als Zuladungsgewicht gezählt werden müssen.

Vor dem Start in den Urlaub sollte das beladene Fahrzeug auf jeden Fall gewogen werden (Profis wiegen vor und nach dem Beladen). Dies kann man beim TÜV, in Kieswerken oder Baustoffhandlungen erledigen. Zu guter Letzt sollte man auch noch bedenken, dass geänderte Fahrzeugabmessungen durch die Beladung mit z. B. Sportgeräten Mehrkosten verursachen können (z. B. auf Fähren).

Welche Ausrüstungsgegenstände man als Wohnmobilreisender neben dem persönlichen Haushalt noch benötigt, findet man in der »Camper Checkliste« des ADAC im Internet zum kostenlosen Herunterladen unter campingfuehrer.adac.de/ratgeber/index.php.

Weitere wichtige Informationen zum Thema »richtig beladen«, Technik- und Basiswissen rund ums Wohnmobil und zahlreiche Informationsbroschüren bietet der ADAC ebenfalls kostenlos auf dieser Internetseite an.

Ein weiterer Vorteil bei Wohnmobilreisen, die von der Haustür aus beginnen, ist, dass man auf lieb gewonnen Gewohnheiten auch im Urlaub nicht verzichten muss. Die Kinder können ihr vertrautes Müsli essen oder müssen nicht auf Sauerkraut oder Leberkäse verzichten. Gerade in Ländern, in denen die Preise für Lebens- und Genussmittel sehr hoch sind, sollten Sie so viele Lebensmittel wie möglich mit auf Reisen nehmen, um Reisekosten einzusparen (→ »Kosten beim Reisen mit dem Wohnmobil«, S. 91).

### Mieten eines Wohnmobils – worauf man achten sollte

Reisemobilanbieter gibt es wie der sprichwörtliche Sand am Meer. Neben den großen nationalen und internationalen Anbietern können auch kleine Wohnmobilvermieter im Reiseland kostengünstige Angebote unterbreiten. Auf Langzeitreisen, bei denen man weniger Termindruck ausgesetzt ist, kann ein regionaler Kleinanbieter sicherlich ebenfalls sehr günstige Langzeitkonditionen unterbreiten. Oder man sieht sich gleich auf dem Gebrauchtwagenmarkt nach einem zu kaufenden Heim auf Zeit um. Große Reisemobilmärkte, die einem Flohmarkt ähneln und auf denen man vom Wohnmobil, Kastenwagen, Allradfahrzeug bis hin zum normalen Auto alles findet, gibt es in beliebten Autoreiseländern (z. B. USA, Kanada, Australien, Neuseeland) häufig in Städten mit einem starken internationalen Flugverkehr. Ob und wo es solche Fahrzeugmärkte gibt, erfährt man in den Fremdenbüros der Städte, dem offiziellen Tourismusinternetportal der Länder und in guten Individualreiseführern. Hier kann man auch nach der Anreise oftmals fündig werden – wie gesagt, wenn man Zeit hat. Ist das nicht der Fall, ist die Anmietung eines Fahrzeuges von zu Hause aus am stressfreiesten und natürlich kostengünstigs-

ten, da man Frühbucherrabatte oder andere preisgünstige Konditionen nutzen kann.

Große Anbieter haben den Vorteil, dass man sich ein Fahrzeug aus einer großen Flotte an verschiedenen Mobilen aussuchen kann. Auch ist es für solche Anbieter leichter, bei einem Modell, das z. B. durch Unfallschaden ausfällt, ein Ersatzfahrzeug bereitzustellen. Bei Kleinanbietern kann solch ein unverhoffter Zwischenfall die Urlaubsfreude erheblich dämpfen, wenn kein oder kein adäquates Ersatzfahrzeug kurzfristig zur Verfügung gestellt werden kann. Dafür bieten Kleinanbieter oftmals sehr günstig an, da sie sich nicht an den Mietpreisspiegel der Großanbieter gebunden fühlen.

Möchte man von daheim aus in den Urlaub starten und befindet sich der Vermieter in der näheren Umgebung, lohnt es sich, vor allem bei Erstmietern, direkt beim Verleiher vorbeizuschauen. So kann man schon vorab selbst nach einem geeigneten Modell Ausschau halten. Mietet man ein Fahrzeug im Ausland, bucht man heute am einfachsten über das Internet. Auf den Webseiten der Anbieter erhält man in der Regel alle Auskünfte, die man für die Entscheidung für ein Modell benötigt, und erfährt, welche Fahrzeuge für seinen Reisezeitraum noch zur Verfügung stehen. Die klassischen Last-Minute-Angebote wie bei Hotels und Ferienwohnungen oftmals üblich findet man bei Wohnmobilvermietern immer seltener, Frühbucherrabatte dagegen immer häufiger. Lediglich in der Zwischen- und Nachsaison kann man bei kurzfristigen Buchungen hohe Rabatte aushandeln.

Bei einer Reise innerhalb Europas und von daheim aus kann es ebenfalls preislich lohnend sein, ein Wohnmobil von privater Hand zu mieten. Viele Wohnmobilbesitzer vermieten ihre Fahrzeuge in der Zeit, in der sie selbst nicht reisen. Zu finden sind solche privaten Vermieter in regionalen Tageszeitungen, Fachzeitschriften und im Internet, in einschlägigen Foren und in Fahrzeugbörsen. Hierbei sollte man jedoch den Mietvertrag gründlich studieren und mit einem Standardvertrag der großen Anbieter vergleichen.

Generell sollte man beim Mieten von Wohnmobilen, egal welcher Anbieter, Folgendes beachten:

> Prüfen Sie vorab bei allen Anbietern die vorherrschende Saison für Ihr Reiseziel. Vor- und Nachsaison sind nicht für jeden Anbieter in einem Land gleich. Mieten Sie von zu Hause aus, kann in einem anderen (Bundes-)Land, in dem schon wieder Schule ist, der Mietpreis ebenfalls schon wieder günstiger ausfallen.

> Je früher man bucht, desto billiger ist es. Frühbucherrabatte sind in der Hochsaison oftmals die einzige Preisminderungsmöglichkeit. Zudem sind beliebte Modelle gerade zu den Hauptferienzeiten schnell ausgebucht.

> Vergleichen Sie immer verschiedene Anbieter im direkten Modellvergleich miteinander. Die Preisunterschiede sind manchmal erheblich, selbst im gleichen Land.

> Alle Fahrer müssen in der Regel im Mietvertrag eingetragen sein. Dazu benötigen Sie einen Reisepass und die Fahrerlaubnis. Erkundigen Sie sich schon vor der Reise, ob Sie einen internationalen Führerschein vorlegen müssen. Für das Führen eines Wohnmobils gibt es in jedem Land unterschiedliche Mindestalter.

> Nehmen Sie sich Zeit bei der Fahrzeugübernahme und lassen Sie sich vom Vermieter nicht zu einer schnellen Übernahme drängen.

> Sehen Sie sich die Fahrzeugpapiere genau an. Sind diese in Ordnung und auch im Reiseland gültig und ausreichend? Benötigen Sie zusätzliche Reisepapiere (z. B. grüne Versicherungskarte, Schutzbrief usw.)?

> Prüfen Sie gemeinsam mit dem Vermieter das Fahrzeug auf evtl. Mängel, auch im und unter dem Fahrzeug (z. B. die Wassertanks oder die Mobiltüre). Prüfen Sie in diesem Zusammenhang auch alle technischen Geräte auf ihre einwandfreie Funktion (z. B. Klimaanlage).

> Lassen Sie sich die technischen und häuslichen Einrichtungen des Wohnmobils und deren Handhabung ausführlich erklären. Der Vermieter kann Ihnen auch alle Fragen beantworten, die den täglichen Verbrauch und die Nachbeschaffung betreffen. Gebrauchsanwei-

sungen für alle Geräte im Fahrzeug haben die meisten Vermieter in verschiedenen Sprachen, meistens auch auf Deutsch.

> Lassen Sie sich die Pannenhelfer des Fahrzeugs zeigen (Reserverad, Abschleppseil, Wagenheber usw.) und prüfen Sie, ob diese in Ordnung sind. Ist zusätzliche wichtige Ausrüstung vorhanden (z. B. Feuerlöscher) oder was im Reiseland vorschriftsmäßig dabei sein muss (z. B. Warnweste usw.)? Wichtige Zusatzausrüstung muss für verschiedene Systeme kompatibel sein (z. B. verschiedene Hahnkonnektoren bei den Wasserschläuchen).

> Zusatzausrüstung wie Campingausrüstung sollte man ebenfalls vorher begutachten oder im Zweifelsfall lieber darauf verzichten und unterwegs selbst welche kaufen, bevor man für einen schon vorher schäbigen Campingstuhl nachher den Neupreis zahlen muss.

> Fragen Sie nach einer Notrufnummer, unter der Sie den Vermieter jederzeit erreichen können und besprechen Sie schon vor der Übernahme den Notfall durch, was zu tun ist, wenn Sie ein Ersatzfahrzeug benötigen.

> Bedenken Sie auch, dass bei vielen Anbietern eine Anmietung oder Benutzung (Bewegen des Fahrzeuges) erst ab dem zweiten Miettag möglich ist, sodass man ggf. eine erste Übernachtung nach Ankunft im Reiseland buchen muss.

Weiterhin sollten Sie alle mietvertraglichen Vereinbarungen vorher genau abklären, damit es später kein teures Erwachen gibt. Dazu gehören:

> Alle wichtigen Vereinbarungen sollten im Mietvertrag klar ersichtlich festgehalten sein.

> Klären Sie, um welche Versicherung es sich handelt, und zu welchen Konditionen Sie mieten (Voll- oder Teilkasko und wie hoch die *Selbstbeteiligung* ist).

> Eine Kautionshinterlegung ist üblicherweise in bar zu bezahlen, kann aber auch von Ihrer Kreditkarte als Hinterlegung verlangt werden. Hier muss die Kautionssumme eingetragen sein mit dem Verweis »Bond only«. *Keinen Blankobeleg unterschreiben!*

> Achten Sie auf die Freikilometer pro Tag und schauen, was jeder einzelne Zusatzkilometer kostet.
> Fragen Sie, welche Zusatzkosten noch anfallen, wenn diese nicht gesondert aufgeführt sind (z. B. Endreinigungskosten usw.).
> Klären Sie anfallende Wartungsarbeiten vorher ab. Falls diese in Ihren Mietzeitraum fallen, sind Sie dafür verantwortlich. Klären Sie in diesem Fall die Vorgehensweise ab.
> Fahrzeugmängel vor der Übernahme müssen im Mietvertrag festgehalten und von beiden Parteien unterschrieben werden. Das gleiche gilt für Sondervereinbarungen.
> Prüfen Sie genau das Übernahme- und Abgabedatum und den betreffenden Ort im Mietvertrag. Stimmt dieser auch mit Ihrer Buchung überein? Halten Sie eine genaue Uhrzeit fest, sonst kann eine Überziehung teuer werden. Lassen Sie sich ferner für den Rückgabeort eine Anfahrtsskizze aushändigen, falls dieser nicht mit dem Übernahmeort übereinstimmt. Achten Sie beim Abgabedatum auch darauf, dass zu diesem Zeitpunkt auch Geschäftszeit ist, d. h. Sie das Fahrzeug auch zurückgeben können (Schließzeiten und regionale Feiertage beachten).

Hier einige nationale und internationale Wohnmobilvermieter und Vermittlungsagenturen:
> ADAC-Autovermietung, Hansastraße 19, 80686 München, Telefon 089/7676-0
> www.adac.de/produkte/autovermietung/wohnmobile
> DRM (Deutsche Reisemobil Vermietung) Adalbert-Stifter-Weg 41, 85570 Markt Schwaben Telefon: 08121/995-0 www.drm.de
> Euromobil-Autovermietung Kollberg 9, 30916 Isernhagen Telefon: 05136/8986700 www.euromobil.de (vermietet europaweit)
> world-wide-wheels Bahnhofstrasse 11, CH-8630 Rüti/ Schweiz Telefon: 0041/55/2100011

www.world-wide-wheels.com (vermittelt Mietwohnmobile weltweit in Nord- und Südamerika, Australien, Neuseeland, südliches Afrika und Europa)
> HoGaTourS GmbH Auf der Klamm 11, 76646 Bruchsal Telefon: 07251/55011 www.wohnmobilmiete.de (vermittelt Mietwohnmobile in Nord- und Südamerika, Afrika, Australien, Neuseeland und Europa)
> Holidaycamper.de Björn Hoffmann Kanalstraße 15, 80538 München Telefon: 089/24214230 www.holidaycamper.de (vermittelt Mietwohnmobile in Nord- und Südamerika, Afrika, Australien, Neuseeland und Europa)

**Kosten beim Reisen mit dem Wohnmobil**

Entscheidet man sich für eine Reise mit dem Wohnmobil, geht es den meisten nicht darum, günstiger zu reisen, sondern anders – freier – unterwegs zu sein. Das Wohnmobil ist in erster Linie eine Reiseart für Familien, die Abenteuerromantik und Freiheit erleben, aber auch die Bequemlichkeit eines häuslichen Umfeldes zu schätzen wissen und genießen wollen.

Das Mieten, geschweige denn Kaufen eines Wohnmobils ist nicht billig und daher keine kostengünstige Alternative zur Hotelübernachtung oder der Ferienwohnung. Vielmehr geht es Wohnmobillisten um die Unabhängigkeit, dort zu verweilen, wo man gerade möchte, und die Flexibilität, jederzeit unangenehmen Erscheinungen (schlechtem Wetter) im Urlaub aus dem Weg gehen zu können. Wohnmobilreisende sind Individualisten, die dennoch auf hohem Niveau reisen möchten.

Ein Campingmobil zu mieten kostet durchschnittlich je nach Größe und Ausstattung zwischen 50 € und bis weit über 100 € pro Tag. Nach oben sind wie immer keine Grenzen gesetzt. Für kleinere Campingbusse mit Hubdach muss man zwischen 50 € bis 100 € Tagesmiete rechnen.

Kleinere Alkovenmodelle und teilintegrierte bis vier Personen kosten etwa 80 € bis 150 € und Großmodelle und vollintegrierte zwischen 100 € bis 200 € und mehr am Tag. Zu diesen Grundkosten fallen in der Regel noch Zusatzkosten an wie Versicherungen, Mehrkosten für Sonder- oder Zusatzausstattungen, z. B. Campingmöbel, Kosten für Grundausstattung wie Gas oder WC-Chemikalien, und Endreinigungskosten.

Vergessen darf man beim Reisen mit dem Wohnmobil auch nicht die weitaus höheren Benzinkosten (gegenüber einem Pkw), die zusätzlichen Kosten für die Straßennutzung und die oftmals sehr hohen Gebühren bei Fährfahrten.

Bei all den Kostenpunkten stellt man sehr schnell fest, dass ein Hotel oder Apartment preislich dem Wohnmobil gleichwertig ist. Eine Pauschalaussage, die hohen Reisekosten würden einen Wohnmobilurlaub zu einer sehr teuren Reiseart machen, kann man dennoch nicht machen. Sparen kann man hauptsächlich, wenn man sehr intensiv die einzelnen Anbieter studiert, früh bucht und die Sonderrabatte der Vermieter kennt. Preisnachlässe zwischen 30 und 50 % sind in dieser Branche keine Seltenheit. Die häufigsten Nachlässe sind Frühbucherrabatte, Ermäßigungen für Nebensaisonmieten und niedrige Preistarife für Langzeitmieter.

Auch Kleinanbieter können häufig mit sehr niedrigen Preisen locken. Die großen Wohnmobilvermieter bieten in der Regel Neufahrzeuge und Mobile an, die nicht älter als zwei Jahre sind. Privat- und Kleinanbieter dagegen haben oft auch ältere Fahrzeuge in ihren Flotten, die dann zu wesentlich günstigeren Konditionen angeboten werden.

Ob der Urlaub mit einem Reisemobil verhältnismäßig teuer wird, hängt in erster Linie auch vom Reiseland ab. In Ländern, in denen eine Hotelübernachtung und Verpflegung über Restaurants überproportional teuer ist, kann man mit dem Reisemobil und Selbstversorgung hohe Urlaubskosten einsparen (z. B. in Skandinavien, Großbritannien, Island, Nordkanada und Alaska). Zusätzlich kann man sich bei einer Reise mit dem Wohnmobil auch häufig die zusätzliche Übernachtungsgebühr auf einem Campingplatz einsparen (siehe nächstes Kapitel »Übernachten mit dem Wohnmobil«, S. 92).

Alles in allem ist das Reisen mit dem Wohnmobil zwar nicht die günstigste Art unterwegs zu sein, mit Sicherheit jedoch eine sehr bequeme für die Familie und beliebt bei den Kindern.

## Übernachten mit dem Wohnmobil – Natur, Stellplatz oder Campinganlage

Wo man mit seinen Kindern mit Wohnmobil am besten übernachten sollte, ist nicht so leicht zu beantworten. Das entscheidet in erster Linie das Sicherheitsbedürfnis der Eltern, ebenso wie die Abenteuerlust der Kinder und manchmal der Geldbeutel der Familie.

Für das Übernachten mit einem Wohnmobil gibt es gesetzliche Grundlagen und Auslegungen, die beachtet werden sollten. Der Gesetzgeber trennt somit das nächtliche Verweilen mit einem Reisemobil in »Übernachtung« und »campingähnlichen Betrieb«. Als Übernachtung gilt das ausschließliche Stehen eines Wohnmobils über Nacht. Ein campingähnlicher Betrieb ist dann gegeben, wenn am Standort Tische und Stühle aufgestellt werden und/oder eine Markise ausgefahren wird.

Das Campieren in der Natur mit einem Wohnmobil ist in den meisten Ländern Europas verboten, ein *einmaliges* Übernachten außerhalb von Privatgrund jedoch in vielen Ländern grundsätzlich erlaubt, wenn nicht ausdrücklich durch Verbotsschilder gekennzeichnet. Mehrmalige Übernachtungen an einem Ort sind europaweit ebenfalls in vielen Ländern verboten. Erfreuliche Ausnahmen diesbezüglich sind die Länder Norwegen, Schweden, Island, ebenso wie Spanien, die Türkei (jedoch mit regionalen Verboten) und das Baltikum (Lettland, Litauen, Estland).

Auf Privatland darf in den meisten Ländern nur mit der Einwilligung des Grundstücksbesitzers übernachtet werden. Das gilt in der Regel weltweit. Gerade in Ländern mit einem sehr stark ausgeprägten Sinn für Besitztum wie den

USA oder Neuseeland reagieren Grundstücksbesitzer oftmals sehr erbost auf das »Besetzen« ihres Eigentums. Ausgewiesene Stellplätze werden von den Gemeinden und regionalen Behörden betrieben und bieten häufig Strom und Wasseranschluss. Diese können sehr schön gelegen sein, müssen es aber nicht. Am Rande großer Städte und in Ballungsräumen sind diese Plätze nicht der sicherste Ort zum Übernachten. Hier sollte man einen Campingplatz vorziehen.

Auch in Ländern, in denen das Campen nicht zur Kultur gehört und somit nicht alltäglich ist – in Entwicklungsländern und Staaten, in denen eine hohe Kriminalität herrscht – ist die Suche nach einem geeigneten Stellplatz keine leichte Angelegenheit. In Südamerika oder afrikanischen Ländern, in denen es meist nur spärlich Campingplätze und Trailer Parks gibt, sollte man seinen Standplatz mit Bedacht auswählen. Hier bietet sich die Nähe zu rund um die Uhr bewachten oder besetzten Gebäuden an, wie beispielsweise Polizei- und Feuerwehrwachen oder Tankstellen (diese haben zusätzlich meist noch Duschen etc.). Fragen Sie jedoch immer vorher, ob das Übernachten gestattet ist. Häufig werden in Ländern mit einer hohen Kriminalität auch Sportanlagen, Schwimmbäder (bieten ebenfalls gute Möglichkeit zum Aufstellen eines Zeltes) oder Schulen des Nachts durch private Sicherheitsdienste überwacht. Hier kann man sich auf Anfrage kostenfrei mitbewachen lassen. In Mittel- und Südamerika bieten häufig Hostels und Backpacker sichere und kostengünstige Stellplätze für Wohnmobilreisende an, die oftmals sogar billiger sind als die kommerziellen Campingplätze. Ebenfalls sicher übernachten kann man auf privatem Gelände mit der Einwilligung des Grundstücksbesitzers. Auf Farmen und in Dorfgemeinschaften ist man meistens sehr gut aufgehoben.

Natürlich möchte man auch mit einem Wohnmobil so weit wie möglich in die Natur vordringen. Allerdings ist das wilde Übernachten oder gar Campieren in nahezu allen Naturschutzgebieten und Nationalparks der Welt verboten. Hier hat man jedoch die wunderbare Möglichkeit, die meist staatlichen, ausgewiesenen Wildcampingplätze zu nutzen, auf denen es oftmals Wasser und garantiert immer eine traumhafte Umgebung für die Kinder gibt. Die staatlichen Naturcampingplätze in den Nationalparks sind die mit Abstand schönste Übernachtungsmöglichkeit für wohnmobilreisende Familien.

Mit dem mobilen Zuhause auf Weltreise – Ayaviri, Peru

Egal wo und wie lange man mit dem Wohnmobil außerhalb von Campinganlagen oder Stellplätzen übernachtet – auch oder gerade in der freien Natur sollte man die Campingregeln einhalten und keine unangenehmen Hinterlassenschaften zurücklassen. Dass sämtliche Abwässer nicht in die Natur abgelassen werden, sollte für jeden Wohnmobilreisenden selbstverständlich sein, schon im Hinblick auf den Schutz der Umwelt und aus Respekt gegenüber fremdem Eigentum. Für das Entsorgen seiner Abwässer sollte man daher immer Campingplätze aufsuchen, die über Entleerungsstellen verfügen, oder örtliche Kläranlagen anfahren.

Auf Campingplätzen mit seinen Kindern zu übernachten, ist ebenfalls sicher und in jedem Fall kindgerecht (→ »Die Wahl der geeigneten Unterkunft – zelten«, S. 203). Auf einer Reise wird man sowieso in vielerlei Hinsicht auf Campingplätze angewiesen sein bezüglich der Abwasserentleerung und Wäschewaschen. Jedoch ist das ausschließliche Reisen über Campingplätze mit Wohnmobilen eine teure Übernachtungsform, da zu der Mobilmiete noch eine nicht unerhebliche Platzmiete hinzukommt. Beachten muss man ebenfalls, dass in der Hochsaison beliebte Campingplätze in touristischen Gegenden schnell ausgebucht sind bzw. eine Platzreservierung erforderlich ist.

Zu den klassischen Wohnmobilreiseländern gehören Kanada, USA, Australien, Neuseeland und die skandinavischen Länder Norwegen und Schweden. Eine ebenfalls gute Infrastruktur für Wohnmobilreisende findet man in ganz Europa vor, eine relativ gute in Marokko, im südlichen Afrika (Südafrika, Namibia) und in Südamerika (Argentinien und Chile).

Informationsmaterial über staatliche und private Campingplätze, vor allem Stellplätze in den Nationalparks, erhält man in den Fremdenverkehrsbüros der Reiseländer und häufig über die nationalen Automobilclubs. Auskunft über Bezugsquellen von Unterkunftsverzeichnissen für Wohnmobilreisende können die nationalen Vermieter ebenso geben wie die internationalen Vermittlungsagenturen.

Buchtipps zum Thema Camping- und Stellplatzführer:

> ADAC Campingführer Süd- und Nordeuropa: listet ADAC-getestete Campingplätze (jährliche Neuerscheinungen).
> ADAC Stellplatzführer: ebenfalls über 3400 nach ADAC-Richtlinien getestete Stellplätze europaweit
> Bordatlas: jährliche Neuerscheinung vom DoldeMedien Verlag, Stuttgart (www.reisemobil-international.de)

Internetdatenbanken zur Campingplatz und Stellplatzsuche:

> www.campingfuehrer.adac.de
> www.campen.de
> www.camping.info
> www.camperado.de
> www.promobil.de
  (Angebot der Stellplatzsuche auch per iPhone)

Buchtipp zum Thema Wohnmobil und Wohnmobilreisen:

> Allgemeines Wohnmobil-Handbuch von Reinhard Schulz, Womo-Verlag 2013: Das Wohnmobil-Einsteiger-Handbuch für alle, die gut informiert ihre ersten Wohnmobilreiseerfahrungen sammeln möchten. Beinhaltet Themen wie Technik, Ausstattungen einzelner Wohnmobile, Miete, Kauf und natürlich alles, was man für sein erstes Wohnmobilabenteuer wissen sollte.

## Reisebericht: Nordamerika

*»Der großen Freiheit auf der Spur«*
*Eine Wohnmobilreise mit drei Kindern durch die USA und Kanada (Gabi Reichert)*

In jungen Jahren nutzten wir jeden sich bietenden, längeren Urlaub, den Westen der USA zu bereisen. Doch irgendwann war die Zeit für Kinder gekommen und wir beschäftigten uns mehr mit Windel-wechseln und ähnlichen Dingen. Lange Zeit kam nicht einmal der Gedanke an eine Reise auf. Wir waren wohl zu sehr beschäftigt. Doch nach dem dritten Kind war unsere Familienplanung abge-schlossen. Endlich einmal keine Schwangerschaft, welche die Sache erschweren würde und dann der Glücksfall, dass mein Mann seinen Job verlor. (Ja, richtig gelesen – man sollte die Gelegenheiten nutzen, wenn sie kommen!) Unser Ältester war zu diesem Zeitpunkt 5 Jahre alt, ein Schulbesuch abzusehen, also die Freiheit noch schnell nutzen. So kam es, dass wir drei Monate durch die USA und Kanada reisten.

Bei unseren früheren Reisen in den USA waren wir mit dem Auto unterwegs gewesen. Das ständige Ein- und Auspacken war mir in negativer Erinnerung geblieben, vor allem, wenn wir mit dem Zelt unterwegs gewesen waren. Mit dem Gepäck einer 5-köpfigen Familie stellte ich den Erholungswert einer Autoreise sehr in Frage. Mein Bruder hatte kurz zuvor mit einem Miet-Wohnmobil Kanada bereist und schwärmte von den Vorteilen dieser Reiseart. Einmal die Koffer auspacken, immer auf die Schränke Zugriff haben, im gleichen Bett schlafen, egal wo man ist, und allzeit eine Toilette in Reichweite haben  – ein sehr überzeugendes Argument, war doch Noah gerade aus dem Windelalter herausgewachsen und Amy noch voll drin! Wir buchten für die Vorsaison und bekamen ein sehr günstiges Mietangebot über die gesamten drei Monate.

Beim Packen realisierte ich erstmals, was wir da vorhatten. Noch nie waren wir länger mit den Kindern unterwegs gewesen. Entsprechend chaotisch und unsicher gestalteten sich die Vorbereitungen. Es gab viel Gepäck: Geliebte Kuscheltier und ein wenig Spielzeug und Windeln, extra Klamotten für alle möglichen Witterungsverhältnisse, Bücher für die Kinder und die Rückentrage für Amy, unsere Jüngste.

Drei Wochen vor der Reise fingen sich Esra und Noah die Windpocken ein. Jetzt begann das Zittern: Würde Amy sie auch bekommen? Natürlich! Zehn Tage vor dem Flug sah Amy wie ein Streuselkuchen aus. Kurz vor Reisebeginn besorgten wir uns vom Arzt ein Gesundheitszeugnis, denn Amy war zwar wieder halbwegs munter und nicht mehr ansteckend, hatte aber noch alle Pusteln, vor allem im Gesicht. Das kann auch Vorteile haben, hatten wir doch am Flughafen und im Flugzeug relativ viel Freiraum, da die Leute Abstand hielten.

Der Flug war anstrengend, weniger für die Kinder, denn die schliefen, wenn auch zu unterschiedlichen Zeiten. Wir waren als umsorgende Betreuungspersonen die ganze Zeit gefragt und doch selbst auch hundemüde. Trotzdem erreichten wir ohne Probleme San Francisco. Herrlich, im Sonnenschein in dieser wunderschönen Stadt anzukommen.

Das Wohnmobil hatten wir direkt in der Stadt für die erste Nacht gemietet. Wir durften also drinnen schlafen und uns eingewöhnen, aber versicherungsbedingt erst am nächsten Tag damit fahren. Womit wir schon unser erstes Problem hatten. Der Service des Vermieters versorgte uns nicht, wie im Prospekt angekündigt, mit den nötigen Lebensmitteln. Selbst kann man ja mal Hunger leiden, aber mit kleinen Kindern funktioniert das nicht. Glücklicherweise haben wir Freunde in der Stadt, die uns spät abends noch mit Hamburgern und Pommes frites versorgten.

Aufgrund der Erfahrungen früherer Reisen waren wir auf Jetlag eingestellt. Diesmal gestaltete sich die Sache aber ausgesprochen hartnäckig: Fünf Jetlags, die nicht harmonierten. Die Kleinen schliefen in Schichten, einer war immer wach. Wir waren nahe dran, nach zwei Wochen Schlafentzug die Reise hinzuschmeißen, als sich endlich der normale Schlafrhythmus wieder einstellte. Die Kinder hatten in dieser Eingewöhnungszeit wenig Probleme. Sie konnten, dank Wohnmobil, ja fast immer schlafen. Wir Eltern krochen dafür auf dem Zahnfleisch. Und wir stellten uns andere Eltern vor, die nach drei Wochen Urlaub völlig erschöpft nach Hause zurück müssen. Ha, wir hatten es gut. Nach diesen anstrengenden 14 Tagen fing die Reise ja erst richtig an. Wir hatten uns schnell an das Wohnmobilleben gewöhnt und unsere Routine gefunden. All unser Gepäck hatte seinen Platz eingenommen, sodass es auch wieder auffindbar war. Das Fahren mit dem knapp acht Meter langen Vehikel ging erstaunlich leicht von der Hand, zumindest wenn man sich von Innenstädten fernhielt.

In denen war es den Kindern sowieso zu stressig. Zu viele Autos, Geschäfte, in denen man ruhig sein musste, zu viel Trubel. Wir lernten das schnell und besuchten Städte später nur noch sehr sporadisch und relativ kurz, wenn es denn sein musste. Die Natur tat den Kindern und der Familie am besten. Und so konnte ich mich auf meine so wichtige Fotografie ebenfalls gut konzentrieren.

Von San Francisco aus starteten wir Richtung Norden. Erstmals kamen die Kinder mit dem Meer in Berührung. Sie liebten es, die Strände waren weit und so viel Sand auf einmal hatten die begeisterten drei noch nie gesehen. Wir machten abends meist mit selbst gesammelten Strandgut Feuer. Was für ein großartiges Abenteuer!

Wir waren schon immer sehr spontan. Das kam uns nun sehr entgegen, denn gerade mit kleinen Kindern sollte man nicht so viel planen. Es ist besser, zu sehen was geht und was zu viel ist. Zwei Ziele hatten wir uns trotzdem vorgenommen: San Diego und Vancouver. Wir bewegten uns nach der kleinen Nordschleife an der Küste entlang Richtung Süden, wobei wir an Orten, die uns gefielen, verweilten. Zurückblickend hätten wir noch öfter und länger verweilen können. Viel Zeit zu haben ist gewöhnungsbedürftig.

Die Kinder verpassten oft schlafend die schönsten Straßen, so z. B. die Küstenstraße nach Big Sur. Wir legten die Fahrten immer absichtlich auf die Mittagsschlafenszeit der Kinder, so waren sie morgens und abends für kleinere Wanderungen ausgeruht. In Big Sur erkundeten wir die faszinierenden Redwood-Wälder. So ein Wohnmobil hat auch den großen Vorteil, dass wir in den allerschönsten Gegenden übernachten konnten. Morgens und abends befanden wir uns mitten in der Natur und nicht wie bei Motelreisen an großen Straßen. Die Ruhe zwischen den Mammutbäumen war Balsam für die Seele.

Eingang zum Lower Antelope Canyon im Navajo-Reservation, Arizona

Im Gegensatz zu den meisten Vätern haben Mütter immer die Gefahren, die auf kleine Kinder lauern, im Blick. Auch in den USA gibt es Gefahren für kleine Kinder. Auf Warnschildern wurde vor dem Cougar, dem Berglöwen, gewarnt, der ohne Vorwarnung die Kleinsten in der Gruppe angreift. Man sollte während einer Wanderung die Kinder im Blick haben und möglichst geräuschvoll unterwegs sein. Bisher hatten wir die Kinder immer darum gebeten, ruhig zu sein im Wald, damit wir Tiere sehen und hören können. Jetzt baten wir sie darum, etwas lauter zu sein. Wir ernteten leichte Verwunderung von Seiten der Kinder, sie meisterten jedoch diese Aufgabe mit Bravur. Es stellte sich ein Abenteurergefühl bei uns allen ein und wir arbeiteten als Familie perfekt zusammen. Den Cougar sahen wir dann schließlich doch noch, gottseidank nur ausgestopft im Museum.

In den USA gibt es auch allerlei giftige Pflanzen, Krabbel- und Kriechgetier. Einem erwachsenen Reisenden bereitet dies keine Probleme, wenn man weiß, was man meiden soll. Für Kinder müssen die Eltern mit aufpassen, was bei uns relativ gut funktionierte. Dummerweise hatte ich ein Buch über die giftige Fauna und Flora des Südwestens dabei, nach dessen Lektüre man überall Gefahren lauern sah. Später auf der Reise fiel mir auf, dass selbst Amerikaner, die ihr Leben lang mit ihren Kindern unfallfrei Campingurlaub gemacht hatten, nicht alle Gefahren kannten. Man sollte sich also von Büchern nicht zu sehr verunsichern lassen.

Die Küste wurde immer bevölkerungsreicher, je weiter wir Richtung San Diego kamen. So suchten wir zeitweise lange nach schönen Stränden und am Wochenende kam uns unsere Spontaneität in die Quere. Küstennahe Campingplätze erforderten eine Reservierung. Alternativ suchten wir dann Familiencampingplätze in den Bergen und die Kinder tobten ausgiebig auf den Spielplätzen herum, die es in den USA nur in XXL-Größe gibt. Die Kinder waren absolut begeistert, auf echten Dampfloks und »richtigem« Gerät zu spielen.

In San Diego besuchten wir die Sea World. Sammelt man die Rabatt-Coupons, die überall auf Campingplätzen herumliegen, kann man beim Eintritt viel Geld sparen. Trotz der Ersparnis war der Park für uns mit drei Kindern immer noch teuer. Und leider waren Amy und Noah noch so klein, dass sie die meisten Attraktionen gar nicht benutzen durften. Es gab einige Shows, Vorführungen mit Tieren, mal lustig, mal lehrreich. Das Highlight für die ganze Familie war, dass wir Delfine füttern konnten.

In Stadtnähe fanden wir oft Campingplätze mit Schwimmbädern. Nach ausgiebigem Planschen in denselben schliefen die Kinder immer sehr gut. Pools waren auch immer dann äußerst beliebt, wenn die Fahrt länger als die angestrebten drei Stunden dauerte, um die eingerosteten Knochen wieder auf Trab zu bringen.

Nach dem Aufenthalt in San Diego fuhren wir Richtung Osten ins Landesinnere. Die Hitze in der Wüste war im April gerade noch erträglich, aber ohne Klimaanlage wären wir in unserem Wohnmobil dennoch des Öfteren ins Schwitzen gekommen.

Was die berühmt-berüchtigten Klapperschlangen betraf, vertraute ich darauf, dass diese noch ihren Winterschlaf hielten. Nur einmal hörten wir eine Klapper-

schlange klappern. Zu Gesicht bekamen wir sie aber nicht.

Im Joshua Tree National Park campierten wir inmitten der außergewöhnlichen Wälder. Die Joshua Trees sehen so ganz anders aus als die Redwoods, mehr wie verbogene Kerzenhalter, die (laut Infobroschüre) bis zu 1000 Jahre alt werden können.

Las Vegas durchquerten wir nur, die Kinder waren für Casinos definitiv zu jung. Und auf Stadt hatte sowieso keiner Lust. Wir fuhren weiter, bis die öde Wüste plötzlich von roten Felsformationen abgelöst wurde. Grauer Kalkstein und roter Sandstein ergaben wunderbare und abwechslungsreiche Muster und vor allem abends sah es aus, als stünde das Tal in Flammen, daher auch der Name. Wir waren im »Valley of Fire« angelangt.

Auf dem Stellplatz des State Parks hatte Amy nichts Besseres zu tun, als ihre Ärmchen in alle möglichen Felslöcher zu stecken. Der Ranger vor Ort erzählte uns später, dass die Wüste im Grunde recht ungefährlich wäre. Nur vor den Felslöchern sollte man sich hüten, darin würden oft Klapperschlangen hausen.

In Utah erwanderten wir mit den mittlerweile gut trainierten Kindern den Zion National Park und genossen dort die Canyons und das frische Grün der Bäume. Weiter ging es zum Grand Canyon. Es war ja noch sehr früh im Jahr und kaum andere Touristen anwesend, aber es lag auch noch teilweise Schnee und war kalt. Wir waren beeindruckt von der Weite

und Tiefe des Canyons mit seinen unterschiedlichen Rottönen im weichen Abendlicht. Amy saß in der Rückentrage, die beiden Jungs hielten wir fest an den Händen. Gemeinsam genossen wir die Stille, die uns umgab, und wurden dabei selbst ganz ruhig.

Richtung Süden in Arizona besuchten wir wieder wärmere Gegenden. Viele Amerikaner hatten uns Sedona empfohlen, weswegen wir einen Umweg einlegten. Wir fuhren über eine enge, gewundene Straße in das Tal. Wir merkten jedoch schnell, dass das nichts für Familien mit Kindern ist. Hier gab es richtiges Abenteuer. Hubschrauberflüge und Ausflüge mit Allradfahrzeugen in die Wüste waren nicht nur zu teuer, drei Fünftel der Reicherts waren für solche Abenteuer in jedem Fall noch zu jung. Wir begnügten uns mit Abenteuern in XS-Format.

Im nächsten Nationalpark, dem Bryce Canyon, wanderten wir sofort nach der Ankunft los. Es war ein großartiges Gefühl, zwischen diesen riesigen Hoodoos (Pfeiler aus Stein) hindurchzulaufen. In den Canyon kamen wir schnell hinein, auf dem Rückweg zum Mobil machte sich jedoch die Höhenlage des Bryce Canyons deutlich bemerkbar. Bei 3000 Metern über dem Meeresspiegel kamen wir ganz schön außer Atem, speziell mit Amy in der Rückentrage.

Ein absolutes Highlight war für uns der Besuch des Antelope Canyon im Navajo-Gebiet bei Page. Jeder Fotograf hat davon schon Fotos gesehen und so etwas möchte man dann auch gerne selbst erleben und fotografieren. Ein Führer brachte uns zum kaum zu erkennenden Eingang des langen Canyons. Wir quetschten uns durch den engen Spalt. Auf Leitern ging es nach unten  – und es blieb eng. Man quetscht sich sozusagen durch, und eine faszinierende unwirkliche Welt eröffnet sich einem. Vom Antelope Canyon geht etwas Ehrfürchtiges aus. Er ist am ehesten mit einer Kathedrale vergleichbar. Die wenigen Lichtstrahlen, die es bis zum Canyonboden schaffen, lassen sich durch Staubwerfen sichtbar machen. Das ließen sich die Kinder nicht zweimal sagen. Nur mit dem Aufhören der Staubwerferei gab es Probleme.

Da wir zu Beginn der Reise das Kochen auf engem Raum im Wohnmobil nicht gewohnt waren, gingen wir des Öfteren in Restaurants essen. Nach einer Weile war das nervig: Es kostete viel, die Kinder aßen ihnen unbekanntes Essen ungern oder gar nicht, es dauerte oft lange, bis wir ein Restaurant fanden, bestellt und gegessen hatten. Die Auswahl an Restaurants, welche uns zugesagt hätten, war zudem dürftig: In den ganz billigen schmeckte das Essen nicht und in den besseren, feineren Restaurants waren wir als Familie mit den sehr kleinen Kindern oft nicht gern gesehen. Da lächelten die Bedienungen erst, wenn wir das Gebäude wieder verließen, obwohl die Kids sich ruhig verhalten hatten.

Deshalb gingen wir nach ein paar Wochen dazu über, unsere Mahlzeiten fast ausschließlich selbst zu kochen. Da es günstiger war, stiegen wir nach einer Weile auf mexikanische Küche um, denn Bean Burritos, Tortillas und Chili con carne sind sehr nahrhaft und schnell zuzubereiten. Als Tipp kann ich Eltern raten, neue Gerichte dann auszuprobieren, wenn die Kinder wirklich hungrig sind.

Brot war auch problematisch. In den USA gibt es kaum gutes Brot. Im Wohnmobil hatten wir keinen Toaster, und ungetoastet schmeckte es uns nicht. Wir rösteten das Brot schließlich mit Butter in der Pfanne. Das ging schnell und das Brot wurde dabei schön knusprig. Nur der Feueralarm ging dabei regelmäßig los. Wir gewöhnten uns sehr schnell dran, beim Kochen und Toasten den Feuermelder ins Bett unter die Decke zu stecken. Somit hatten wir oft abends noch mal unseren Spaß, wenn Gunter sich wieder einmal zum Schlafen auf dem Feuermelder niedergelassen hatte.

In den frühen Abendstunden grillten wir häufig über offenem Lagerfeuer. Was sich so idyllisch anhört gestaltete sich oft chaotisch. Nach einer Wanderung haben Kinder Hunger, und zwar sofort. Hektisch grillen kann man aber nicht. Diese kritische Situation hatte jedoch auch ihre Vorteile: Wir kamen leicht mit unseren Campingnachbarn ins Gespräch, durften über deren Feuer grillen oder wurden von den kinderlieben Amerikanern zu verschmorten Marshmellows eingeladen.

Auf unserem weiteren Weg in den Norden besuchten wir Freunde in Idaho. Unsere Kinder nutzten das Platzangebot und tobten die ganze Zeit in Haus und Garten herum. Auf dem weiteren Weg zum Yellowstone National Park lagen noch einige interessante Stateparks, wie Craters of the Moon, wo wir auf Vulkanen wanderten. Wir sahen imposante Wasserfälle und fuhren im Schnee über Bergpässe. Kurz vor Yellowstone dann eine ganz neue Erfahrung: Wir fuhren über ein Metallteil auf der Straße und es machte laut pffffffff. Ein Hinterreifen war platt. So waren wir gezwungen, in dieser Nacht irgendwo mitten im Nichts zu übernachten. Am nächsten Morgen fanden wir glücklicherweise schnell eine kleine Tankstelle, die den Reifen wechseln konnte. Für die Kinder war sogar das hochinteressant. Danach besuchten wir schneebedingt auf großen Umwegen den ältesten Nationalpark der USA: Yellowstone! Ende April hatten wir den Park noch fast für uns alleine, abgesehen von den vielen Tieren, die uns andauernd über den Weg liefen. Wir sahen Bisons, Kojoten, Rehe, viele Vögel, natürlich auch die Geysire, Schlammvulkane, Sinterterrassen und viele Naturattraktionen mehr. Auch hier trafen wir beim Wandern und auf dem Campingplatz auf nette, naturliebende Menschen und führten sehr interessante Gespräche.

Weiter gegen Norden erlebten wir ganz unerwartet das absolute Highlight unserer Reise: der Regenwald bei Rockport in Washington. So etwas hatten wir noch nie gesehen. Wir fuhren von der Hauptstraße ab in den kleinen

State Park und plötzlich war alles grün, aber richtig! Jeder Zentimeter in diesem Wald war grün und die Bäume gigantisch in ihren Ausmaßen. Wir fühlten uns wie in einem Märchenwald. Die einzige leichte Unannehmlichkeit war, dass es in diesem State Park im Durchschnitt 16 Stunden pro Tag regnete – und die Statistik stimmte leider zum Zeitpunkt unseres Aufenthalts.

Langsam wurde es dann doch Zeit, sich wieder Richtung Küste zu orientieren, wir sehnten uns wieder nach dem Meer. In Viktoria auf Vancouver Island besuchten wir Freunde. Es tat richtig gut, sich für eine Weile bekochen und Sehenswürdigkeiten zeigen zu lassen. Aber die Kinder vermissten nach wenigen Tagen die Ruhe und den Schlaf, den sie im Wohnmobil gewohnt waren. So eine Reiseroutine kann richtig entspannend sein! Wir erkundeten noch die Insel und gingen in Tofino auf Waltour, was mit so jungen Kindern schwierig war. Wir sahen zwar keine Wale, aber dafür Bären, die am Strand nach Krebsen suchten.

Jetzt führte uns der Weg entlang der Westküste der USA wieder Richtung San Francisco. In Oregon hatten wir an der Küste leider nur Regen, aber dafür ist die Gegend ja berühmt.

Nach einer langen Zeit im Mobil und auf Campingplätzen sehnt man sich dann doch nach einer Dusche in einem warmen Haus. Wir machten unterwegs die unterschiedlichsten Duscherfahrungen, über die man sich hinterher amüsiert. In den USA gibt es leider sehr oft Klimaanlagen, die auch dann laufen, wenn es gar nicht warm ist. Brrr. Es ist sehr unangenehm, in einer kleinen Duschkabine zu stehen, wenn die Klimaanlage von oben auf die nasse Haut bläst. Oftmals kam nur ein kleiner Wasserstrahl aus dem Duschkopf und man hatte Mühe, die Seife wieder runterzuwaschen. Aber die Duschen mit den Gummivorhängen waren die schlimmsten. Öffnete jemand die Tür des Gebäudes, drückte der Luftzug den nicht ganz hygienischen Vorhang auf ganzer Körperlänge auf die frisch gewaschene Haut. Sehr angenehm! Steigern lässt sich der Spaß noch, indem man die Kinder mit zum Duschen nimmt. Eine besonders komische Situation ergab sich einmal, als ich mit meiner eineinhalbjährigen Tochter Amy duschte, sie mit dem Handtuch Richtung Klo lief und es in die Schüssel stopfte, während ich noch splitternackt und nass in der engen Kabine stand. Im prüden Amerika stand Nachrennen außer Frage …

Große Campingplätze besuchten wir mindestens einmal pro Woche. Eine fünfköpfige Familie mit Kindern unter einem Meter produziert einen wahnsinnig großen Wäscheberg, wenn sie täglich in der Natur und an Stränden unterwegs ist. Damit die nasse Kleidung im engen Mobil nicht irgendwann anfing zu gammeln, suchten wir relativ häufig eine Waschgelegenheit auf. Aber auch bei dieser eher langweiligen, aber notwendigen Tätigkeit trafen wir nette Menschen, führten gute Gespräche und lernten so Interessantes über Land und Leute kennen.

Wir genossen die atemberaubenden Strände und Landschaften entlang der Küste und trafen unterwegs noch Freunde, die wir per E-Mail kennen gelernt hatten. Im Norden von Kalifornien waren wir am meisten von den Redwood-Wäldern beeindruckt. Die riesigen Bäume werden uns für immer in Erinnerung bleiben. Für die Kinder war jeder noch so kleine Bach ein Erlebnis. Dort konnten wir fotografieren und die Kinder Steine werfen. Mein Sohn Esra befand sich damals im »Wieso-Weshalb-Warum-Alter« und es erstaunte mich selbst, wie anregend seinen Fragen für mich waren: »Wer hat denn die Steine so schlecht hierher gelegt?« (Weil er manchmal nicht weiter kam) – »Wie hat die Natur die Steine hingelegt?« – »Warum geht der Wasserläufer nicht unter?« – »Schläft er unter oder über Wasser?« – »Wo kommt das Wasser her, und wie lange ist es schon da?«

Und immer zogen wir weiter, als alle Schuhe und Hosen schon nass waren, was auch bei ganz winzigen Bächen mit ganz wenig Wasser und immerzu funktionierte.

Ganz gemütlich verbrachten wir die letzte Woche der langen Reise bei Freunden in San Francisco. Erschöpft von den Erlebnissen genossen wir es, Filme im Fernsehen anzusehen, auf dem Sofa zu liegen und keine Besichtigungen mehr zu unternehmen. Wir waren glücklich!

# Wandern mit Kindern

Dieses Kapitel richtet sich an Familien, die noch wenig bis keine Wandererfahrung haben, aber dennoch auf einer Auslandsreise mit ihren Kindern zu Fuß unterwegs sein möchten. Wandererfahrene Familien eignen sich ihr Wissen und Erfahrung in der Regel erst in heimatlichen Gebieten an, bevor sie auf große Auslandstouren gehen. Das ist aber nicht immer der Fall. Auch auf einer Reise, bei der das Wandern ursprünglich nicht eine entscheidende Rolle einnehmen sollte, kann es vorkommen, dass man unterwegs das Laufen für sich und seine Familie als Freizeitbeschäftigung entdeckt. Daneben können Spaziergänge zu Aussichtspunkten oder Sehenswürdigkeiten ohne Vorahnung zu einer mittelschweren Wanderung ausarten.

Fachbücher zum Thema »Wandern mit Kindern« (meist in heimischen Gegenden) gibt es überaus zahlreich. Die Inhalte zur Vorbereitung und Durchführung einer Wanderung mit dem Nachwuchs gleichen sich immer wieder. Auch hier wird man Tipps und Grundinformationen finden, die für erfahrene Wanderfamilien nichts Neues sind (das Rad kann nicht neu erfunden werden). Für Familien jedoch, die wenig bis keine Erfahrung mit dem Wandern haben, können sie dagegen vielleicht hilfreich sein.

Viele wandererfahrene Familien werden ständig gefragt, wie sie ihre Touren im Ausland gestalten und woher sie den Mut nehmen, in den verschiedensten Gegenden der Erde mit dem Nachwuchs unterwegs zu sein. Nicht zu Unrecht sind dann viele dieser Familien erstaunt, denn grundsätzlich anders sind Wanderungen im Ausland verglichen mit der Heimat nicht. Eine Wanderung im Schwarzwald kann man durchaus mit einer in Schwedens Wäldern vergleichen, ebenso wie Gebiete in den Rocky Mountains mit den europäischen Alpen. Hier spielt die Psyche der Erwachsenen wieder eine entscheidende Rolle: die Angst vor dem fernen und unbekannten Ziel. Dem kann man nur entgegenwirken, indem man sich mit dem Reiseziel intensiv beschäftigt oder

sich mit Menschen austauscht, die Erfahrung mit dem Wunsch-Wandergebiet haben.

Die wesentlichen Unterscheidungskriterien verschiedener Wandergebiete auf dem Globus sind zum einen die klimatischen und geografischen Gegebenheiten, die vorherrschende Flora und vor allem Fauna und die sich daraus ergebenden Gefahren. Natürlich ist auch die versorgungstechnische und medizinische Infrastruktur eines Landes ein wesentlicher Punkt, der nicht außer Acht gelassen werden sollte. Mit allen diesen Konstellationen vor Ort muss man sich vor einer Wanderung oder Wanderreise auseinandersetzen, nichts anderes tun erfahrene Globetrotter auch. Nur so kann man Ängste minimieren, aber auch Gefahren erkennen und Vorkehrungen für die Reise treffen. Bei Wanderungen in Bärengebieten beispielsweise sollte man vorher genau wissen, wie man sich als Wanderer zu verhalten hat und auch die Kinder auf eine gefahrenabwehrende Verhaltensweise einschwören. Dieses Wissen sollte man jedoch nicht nur als Wanderer besitzen, sondern auch als Tourist, der kleine Tageswanderungen und Ausflüge in Naturgebieten und Nationalparks plant. Denn auch dann kommt man in Kontakt mit der heimischen Tierwelt. Das Gleiche gilt bei Aufenthalten in Gebieten mit giftigen Tieren. Zu diesen Themen gibt auch dieses Buch einige hilfreiche Informationen (→ »Umgang mit Gefahren vor Ort – giftige Tiere«, S. 277).

Ähnlich verhält es sich mit den klimatischen Bedingungen im Reiseland. Es macht einen großen Unterschied, ob man in den Mittelgebirgen Europas unterwegs ist oder in den Hochlagen der Anden. Darauf vorbereiten, in Form von Testtouren zu Hause, kann man Kinder für solche extremen, klimatischen Unterschiede natürlich nicht. Jedoch kann man immer genügend Informationen vor der Reise einholen und Vorkehrungen treffen, damit man für eine solche Unternehmung gut gerüstet ist. Jeder Erwachsene und alle verantwortungsbewussten Eltern sind in der Lage, die Grenzen der einzelnen Familienmitglieder einzuschätzen – auch wenn manche unerfahrenen Mitmenschen glauben, man könne mit Kindern nur in der Heimat sicher wandern und Touren in außergewöhnlichen Regionen verurteilen. Erfahrene Wanderfamilien wissen was sie tun, und sie können es auch.

## Ab welchem Alter wandern?

Bereits ab der Geburt kann man mit dem Nachwuchs unterwegs sein. Säuglinge werden mittlerweile in unserer Gesellschaft wie selbstverständlich den ganzen Tag in einem Tragetuch transportiert. Warum sollte man das nicht auch im Ausland auf einer Wanderung können? Natürlich soll dies kein Appell an frischgebackene Mütter sein, vom Geburtstisch aufzuspringen und direkt das Matterhorn zu erklimmen. Die Geburt eines Kindes ist eine anstrengende Angelegenheit und für die Anpassung an eine völlig neue Situation benötigen Mütter (und Väter) ihre ganz persönliche Zeit, die man sich auf jeden Fall nehmen sollte. Wer aber Lust und Laune verspürt und die Kraft besitzt, mit seinem Neugeborenen die Welt zu erkunden, der sollte sich von niemandem davon abhalten lassen. Kleine Spaziergänge und Wanderungen daheim machen den Nachwuchs mit einem Tragetuch schon in den ersten Lebenswochen vertraut. Es gibt eigentlich keine schönere und gesündere Art, den Nachwuchs zu tragen, als mit einem Tragetuch. Bei vielen Naturvölkern ist dies selbstverständlich und Vorbild für die Tragetuchwelle in Europa. Sie müssen mit Ausflügen und Wanderungen also nicht warten, bis das Kleine sicher sitzen kann oder kräftig genug ist (ein beliebtes Stereotyp besorgter Großmütter), sondern können schon vorher damit beginnen. Viele Eltern lassen sich mit großen Wanderungen aber dennoch Zeit oder laufen lieber in der Heimat herum als vier Wochen nach der Geburt in die USA zu fliegen und in den Appalachen zu wandern. Das ist auch vollkommen in Ordnung und eine gute Vorbereitung für neue Herausforderungen.

Welche Strecken Kinder ab welchem Alter zu laufen in der Lage sind, darüber wird und wurde schon viel geschrieben und in Foren endlos diskutiert. Wanderverbände geben in Broschüren Richtlinien über das Leistungsvermögen von Kindern in den verschiedenen Altersstufen zum Besten und in jedem Wanderbuch findet man dazu verschiedene Thesen und Ansichten.

Möchte man wissen, wozu das eigene Kind fähig ist, benötigt man jedoch keine Leistungsrichtlinien aus der Schublade. Man kann dies auf Spaziergängen und Wanderungen selbst herausfinden oder in nahe gelegenen Wandergebieten, die dem Terrain, welches man beabsichtigt zu bewandern, entsprechen. Es gibt Sechsjährige, die durch häufige Bewegung in der Lage sind, zehn Kilometer am Tag und mehr zu laufen, und untrainierte Zehnjährige, die damit völlig überfordert wären. Die Leistungsfähigkeit eines Kindes hängt nicht nur von seiner körperlichen Entwicklung ab, sondern auch davon, wie oft es die Möglichkeit bekommt, seine Fähigkeiten zu testen und zu trainieren. Verantwortungsbewusste Eltern, die am besten mit den ganz persönlichen Fähigkeiten ihres Kindes vertraut sind und ein kritisches Augenmerk auf Leistungsabfall und Grenzen der Kleinen in jeder Situation haben, sind selbst in der Lage, das erträgliche Maß an Bewegung ihres Nachwuchses zu erkennen, um sie vor Überforderung zu schützen. Soweit die körperliche Seite des Wanderns. Die geistige Entwicklung eines Kindes lässt weniger Spielraum zu bei der Sinnfrage der Bewegung auf zwei Beinen. Viele Kinder sehen keine sinnvolle Tätigkeit darin, sich zu Fuß von A nach B zu bewegen. Erst im Laufe der Pubertät erkennen sie die Motivation und Beweggründe für das Erlebnis Wandern.

Unsere hochindustrialisierte, moderne Welt hat das Laufen weitestgehend überflüssig gemacht. Vor 50 Jahren noch war es nicht ungewöhnlich, dass Kinder einen Schulweg von mehreren Kilometern zu Fuß zurücklegen mussten. Heute ist das undenkbar geworden. So wenig vertraut den heutigen Kindern die Bewegung zu Fuß ist, so wenig nehmen sie es als eine Selbstverständlichkeit an. Doch auch hier sind die Eltern in der Lage, durch Erziehung in ihren Kindern die Freude am Laufen zu wecken. Lebt man seinen Kindern ein gutes Beispiel vor und bewegt sich auch im Alltag zu Fuß, ist das zwar keine Garantie, dass der Nachwuchs schon in frühster Kindheit Freude an der Bewegung entwickelt, aber ein Versuch, der sich lohnt.

**Tragesysteme für Säuglinge und Kleinkinder**
Bis ein Kind von selbst sitzen kann, sind **Tragetücher** die beste Möglichkeit, ein Kind zu transportieren. Mit Kinderwagen zu wandern ist logistisch schwierig und umständlich zu handhaben. Für kleine Wanderungen und Ausflüge in der Heimat ist man mit einem komfortablen Kinderwagen sicherlich gut beraten, für ernsthafte Wanderungen in unwegsamem Gelände ist ein Kinderwagen nicht einsetzbar.

Für Tragetücher gibt es verschiedene Wickel- und Lagerungstechniken (auch für Neugeborene), welche man sich von einer guten Hebamme erklären lassen sollte. Diese sind von der Länge des Tuches abhängig (je länger das Tuch, umso mehr Wickelmöglichkeiten), weshalb man lieber ein zu langes als zu kurzes Tuch kaufen sollte.

Bei längeren Wanderungen über mehrere Stunden ist es ratsam, das Kind auch einmal zu verlagern (vorausgesetzt das Kind will dies überhaupt). Meine Erfahrung ist es, dass sich Neugeborene oft stundenlang in der gleichen Stellung wohlfühlen. Stört man ihre Ruhe während des Laufens (Schlafens), können sie ganz schön ungehalten werden. Deshalb ist es sinnvoll, dies nach den Pausen zu tun. Diese richten sich sowieso nach dem Stillrhythmus, weshalb man hier nicht explizit daran erinnern muss, mehrere und längere Pausen einzulegen. Nach den Pausen kann man versuchen, das Kind in eine andere Position zu bringen. Prüfen Sie während des Laufens dann und wann die Komforttemperatur ihres Kindes. Gerade wenn man es unter seiner Wanderjacke trägt, kann es für die Kleinen manchmal ganz schön mollig warm werden. Wenn es den Kleinen zu heiß wird, tun sie das zwar oft von selbst kund, man muss aber nicht bis dahin warten, sondern kann schon vorher helfend eingreifen.

Bei **Tragebeuteln,** die es von verschiedenen Firmen gibt, sollte man sich nach den Bedienungsangaben des Herstellers richten. Manche Beutel sind für Neugeborene nicht geeignet (z. B. erst ab einem Lebensalter von drei bis vier Monaten) oder nur bis zu einem bestimmten Einsatzbereich (z. B. nicht den ganzen Tag). Auch die Handhabung eines solchen Beutels sollte man sich vor dem Kauf erklären lassen und den Umgang damit vor einem Wanderurlaub perfekt beherrschen.

Kann ihr Kind von selbst sicher sitzen, ist es bereit für die **Kindertrage.** Auf dem Outdoormarkt gibt es viele Hersteller und eine breite Auswahl verschiedener Modelle. Lassen Sie sich vor dem Kauf gut beraten und testen mehrere Rückentragen, bevor Sie sich für eine entscheiden. Nicht jedes Modell, welches vielleicht gefällt, kommt nämlich ergonomisch infrage. Das Tragesystem muss dem Träger passen, verstellbar sein (damit auch andere die Trage verwenden können) und das Kind sollte bequem sitzen können (ggf. mit verstellbarer Sitzhöhe). Das sind die wichtigsten Eigenschaften, die eine Rückentrage besitzen sollte. Bei jedem weiteren Komfort wie Polsterungen rund um die Trage, eine hochgezogene Kopflehne, Seiten- und Bodentaschen, Fußrasten, Sonnen- und Regenschutzdach usw. muss einem klar sein, dass diese zu Lasten des Gewichts gehen. So können schon mal über drei Kilogramm für eine Trage zusammenkommen (ohne Inhalt, versteht sich). Auch sagt eine schicke Trage allein nichts über den Tragekomfort für den Träger und das Kind aus. Vielleicht kann man auf das ein oder andere verzichten, wenn es dafür leichter und angenehmer zu tragen ist. Den Kopf des Kindes kann man auch mit zusammengerollten Kleidungsstücken, in den Nacken gelegt, stützen. Wichtig ist auch, dass das Kind sehr nahe am Körper getragen wird und nicht zu viel Freiraum in der Trage beim Transportieren besteht. Je weiter die Last vom Körper entfernt ist, desto schwerer ist sie zu tragen. Je enger man das Kind jedoch am Körper trägt, umso weniger Luft kann am Rücken des Trägers zirkulieren.

Wie bei allem muss man sich für etwas entscheiden, denn die eierlegende Wollmilchsau gibt es auch hier nicht.

Rückentragen werden des Öfteren von Outdoormagazinen getestet. Auch Stiftung Warentest hatte bereits Kindertragen in ihren Tests. Vielleicht erleichtern auch solche Publikationen die Entscheidung für ein Modell.

Mit Kindern, die in einer Rückentrage transportiert werden, sollte man immer regelmäßige Pausen einplanen (spätestens alle zwei Stunden), da die Blutzirkulation in den Beinen des Kindes auch bei der besten Rückentrage während des Tragens beeinträchtigt ist. Erfahrungsgemäß muss man Eltern nicht darauf hinweisen, dass der Nachwuchs warm eingepackt werden muss. Wird der Mutter oder dem Vater kalt, wird flugs dem Kind die Mütze tiefer ins Gesicht gezogen und die Jacke weiter geschlossen. Dieser pränatale Behütungsreflex hält bis ins hohe Kindesalter an. Ist einem selbst dagegen warm vom Wandern, kann es jedoch sein, dass man die Lage des Kindes falsch einschätzt. Deshalb sei hier nochmals darauf hingewiesen, dass die Beine des Kindes bei einer Wanderung stark der Kälte ausgesetzt sind und daher eines besonderen Schutzes bedürfen. Ein Regenponcho über der Trage, der im Fußbereich des Kindes eingeschlagen wird, oder eine Regenjacke oder Rettungsdecke über den gut eingepackten Beinen und Füßen des Kindes kann bei extrem kalten Witterungen sehr wirkungsvoll sein.

Es versteht sich von selbst, dass der Träger des Kindes unterwegs selbst so ausgestattet ist, dass er über genügend Trittsicherheit verfügt (z. B. zusätzlich Teleskopstöcke).

Ganz wichtig ist es auch, das Kind vor der Reise spielerisch an »seine« Trage zu gewöhnen. Nicht alle Kinder sind sofort von ihrem »Thron« begeistert, sondern benötigen Zeit, um seine Vorzüge zu erkennen.

### Der Rucksack für Ihr Kind

Schon im zarten Kleinkindalter möchten die Kleinen meistens einen eigenen Rucksack tragen, auch wenn das nicht nötig ist. Das sollte man dem Kind nicht verwehren. Es stärkt das Selbstbewusstsein der Kleinen und drückt ihre Zugehörigkeit zur wandernden Sippe aus (Sie tragen ja auch einen Rucksack). Schon kleine Kinder ab drei Jahren können einen kleinen Rucksack tragen, wenn sie das möchten. Darin sollte sich allerdings nicht mehr als ein Kuscheltier und vielleicht noch eine Jacke oder kleine Trinkflasche befinden. Kinder in der Wachstumsphase (die ja bekanntlich bis ins hohe Pubertätsalter geht) sollten nicht mehr als zehn Prozent ihres eigenen Körpergewichts tragen, um Schäden am Körperbau zu vermeiden. Bei Kleinkindern und Kinder bis zum ca. achten Lebensjahr reichen Kinderrucksäcke mit einem einfachen Tragesystem (ohne Beckengurt) vollkommen aus. Bei größeren Kindern kann man zu Trekkingrucksäcken (ab ca. 20 Liter Volumen erhältlich) mit einem gut gepolsterten Beckengurt übergehen. Entscheidend für den Tragekomfort ist eine angepasste Länge des Rucksacks an die Rückenlänge des Kindes. Man sollte einen Rucksack nicht zum Hineinwachsen kaufen, sondern immer in der richtigen Länge für das Kind. Auch kleine Trekkingrucksäcke aus dem Erwachsenenbereich eignen sich selten für Kinder, da die Schulterbreite der Heranwachsenden schmaler ist als beim Erwachsenen und der Rucksack somit keine ideale Passform mehr hat. Ausschlaggebend für den Kauf sollte nicht das Volumen oder die Schönheit, sondern immer die Passform sein. Besitzt ein Kinderrucksack viele offene Einschubtaschen wie Netze o. ä., kann unterwegs öfter etwas verloren gehen.

Eine gute Fachberatung vor dem Kauf ist unerlässlich und das Kind sollte mehrere Modelle getestet haben, bevor Sie sich für einen Rucksack entscheiden.

### Tourenplanung mit und für Kinder

In die Vorbereitungs- und Planungsphase sollten auch die Kinder miteinbezogen werden und, ihrem Alter entsprechend, Mitspracherecht haben über das Ziel und den Verlauf der Wanderung. Möchten Ihre Kinder beispielsweise partout nicht hochalpin wandern oder in kühlere Gegenden, bedarf es einiger Überredungskunst, ihnen eine Alpenüberquerung oder Wanderung in Norwegen schmackhaft zu machen. Setzt man sich rigoros über die Wünsche der Kinder hinweg, wird man unterwegs mit den Konsequenzen leben müssen. Deshalb sollte man gemeinsam mit den Kindern entscheiden, welches Reiseziel bewandert werden soll. Gerade ältere Kinder schätzen es, wenn man sie als gleichberechtigte Partner versteht und mitentscheiden lässt.

Bei kleineren Kindern ist es ungleich schwieriger, ihren Vorstellungen und Wünschen gerecht zu werden. Für sie bedeutet wandern in erster Linie laufen, und das den ganzen Tag. Nicht gerade das, was Begeisterungsstürme bei den meisten auslösen wird. Deshalb sollten Eltern vor einer Wanderreise ihren Nachwuchs mit kleinen, kindgerechten Touren darauf vorbereiten. Damit bekommen die Kleinen einen Vorgeschmack, was Familienwandern bedeutet und wie sich das anfühlt. Fangen Sie mit kleinen Spaziergängen an und steigern Sie sich bis zu einer ausgedehnten Tages- und Mehrtageswanderung. Suchen Sie für solche Testtouren mit Ihren Kindern möglichst interessante Wege mit abwechslungsreichem Terrain. Stellen Sie eine Wanderung unter ein bestimmtes Motto, z. B. die Reise zum Räuberschatz, und erstellen eine Schatzkarte mit eingezeichnetem Versteck. Der »Schatz« können Süßigkeiten sein, die aber dann auch wirklich mitgenommen und versteckt werden müssen. Auch kann das Ziel der Wanderung ein anderer »Schatz« sein wie ein Spielplatz, eine Eisdiele, ein Badesee, Wildpark usw. – alles, was den Kindern eben gefällt und eine Belohnung für ihre Anstrengungen darstellt. Loben Sie ihre Kinder während und nach der Wanderung für ihre läuferische Leistung. Das spornt an und macht mächtig stolz.

Egal wie Sie Ihren Nachwuchs auf eine Wanderreise vorbereiten – wichtig ist nur, dass die Kinder nach den Vorbereitungen eine (halbwegs) positive Einstellung zum Wandern entwickelt haben, sonst stehen die Zeichen für einen erfolgreichen Wanderurlaub schlecht.

Schon daheim sollte man sich bei einem geplanten Wanderurlaub detaillierte Informationen über das zu erwandernde Gebiet einholen und einen Wanderplan erstellen. Wichtige Kriterien für eine genaue Planung sind zum einen das Wissen um die örtlichen vorherrschenden Bedingungen wie das Klima im Wandergebiet, der Zustand der Wege, das Höhenprofil, die touristische Infrastruktur, mögliche Gefahrenquellen und der eigene Anspruch, den man an das Wandergebiet stellt. Der Anspruch resultiert beim Wandern mit Kindern aus den Bedürfnissen der Kleinen und natürlich auch der Eltern. Die Frage nach der Übernachtungsart ist dabei genauso wichtig wie die Trinkwasser- und Lebensmittelversorgung unterwegs und – nicht zu vergessen – die Fähigkeiten und Wünsche der Kinder. Zur Befriedigung der eigenen Bedürfnisse während einer Wanderung ist es unerlässlich, sich vor der Reise mittels guten Wanderführern und Kartenmaterial einen Gesamtüberblick über das zu erwandernde Land und Gebiet zu verschaffen. Gibt es Sehenswürdigkeiten für Kinder auf den Wegen? Wie können wir übernachten? Müssen Schlafplätze auf Hütten gebucht werden? Sind Kleinkinder auf dem betreffenden Wanderweg überhaupt zugelassen? **Bei staatlichen Wanderwegen in Nationalparks kann es in manchen Ländern sein, dass Kinder unter einem bestimmten Alter (meist auf schwer zugänglichen Routen für Rettungskräfte) nicht zugelassen sind!** Ist die Wasserversorgung gewährleistet und wird beispielsweise ein Wasserfilter benötigt? Sind die Abschnitte von Unterkunft zu Unterkunft überhaupt im Rahmen des täglichen Maximallaufpensums der Kinder oder muss mit Zelt dazwischen übernachtet werden? Gibt es gefährliche Wegverläufe, auf denen Kinder angeleint werden müssen? Muss im betreffenden Wandergebiet mit plötzlichen, gefährlichen Wetterumschwüngen gerechnet werden, die beispielsweise Wege unpassierbar machen? Welche Gefahren gibt es bezüglich Flora und Fauna zu beachten? Gibt es auf dem Wanderweg (z. B. an den Hütten) Handyempfang? Sind die Wege immer gekennzeichnet und als solche ersichtlich oder benötigt man Orientierungshilfen wie GPS oder Kompass und Karte? Diese und viele Fragen mehr müssen vor einer Wanderung geklärt werden. Informationen, die von zu Hause aus nicht einholbar sind, können meist vor Ort in den betreffenden Informationscentern der Nationalparks und Wandergebieten in Erfahrung gebracht werden.

## Wegverlauf und Etappeneinteilung

Ob für Kinder eine Wanderung interessant ist, darüber entscheidet maßgeblich der Weg und nicht das angestrebte Ziel des Tages. Ein eintöniger Wegverlauf oder eine karge Flora und Fauna sind für die Kleinen auf die Dauer Stimmungs- und Motivationskiller. Man sollte sich also gut überlegen, für welches Wandergebiet man sich entscheidet. Das karge, schottische Hochland hat seine Reize, welche sich kleinen Kindern jedoch selten erschließen. Eine Wanderung durch Schwedens Wälder oder kindgerechte Kletterpartien in den Alpen kommen ihnen da eher entgegen. Ein anspruchsvoller Wegverlauf mit Kletterpartien oder überwucherten Wegen ist für Kinder zwar wesentlich interessanter, muss aber bei der Etappenplanung in der Gehzeit berücksichtigt werden. Eine Wanderung sollte grundsätzlich immer in ihrer Dauer und dem Schwierigkeitsgrad nach dem schwächsten Glied in der Gruppe ausgerichtet werden. Bei Kindern ist es sehr wichtig, dass sie während einer Wanderung immer zusätzlich Zeit zum Entdecken, Spielen und Beobachten bekommen.

Die Zeitangaben in Wanderführern, Broschüren und auf Wegweisern entsprechen immer der normalen Gehzeit eines gut trainierten, erwachsenen Wanderers. Beim Wandern mit Kindern muss man diesen Wert mit 1,5 multiplizieren, um die ungefähre, *reine* Gehdauer mit Kindern zu erhalten. Einhundert Höhenmeter entsprechen bei Kindern einem gelaufenen Kilometer. Wichtig für eine tägliche Etappenplanung sind weniger die Gehzeitangaben auf Wegweisern und in Wanderführern, als vielmehr genaue Kilometerangaben, Höhenprofile, Schwierigkeitsgrade und das Wissen um die persönlichen Geh- und Aufenthaltszeiten in einem bestimmten Zeitraum. Zu berücksichtigen sind ebenfalls die klimatischen Bedingungen vor Ort, welche die Gehdauer um ein Vielfaches verlängern können. Auch eine Planänderung sollten Sie vor der Reise immer miteinkalkulieren. Nicht alle Einflussfaktoren lassen sich vor einer Wanderung vollständig einschätzen und beurteilen. Plötzliche Schlechtwetterlagen, eine Fehleinschätzung der örtlichen Gegebenheiten oder Kondition und Motivation der Kinder sind auch mit einer guten Planung und Vorbereitung nicht immer vermeidbar. Ein wenig Nervenkitzel und Abenteuer und damit Restrisiko des Scheiterns bleibt (→ »Grenzerfahrungen auf Familienreisen«, S. 283).

## Mit Kindern unterwegs sein

Kindgerecht wandern heißt in erster Linie, sich mit den Kleinen auf Entdeckungsreise zu begeben. Sie möchten sehen, staunen und erleben, was es neben den Pfaden zu entdecken gibt. Wanderungen durch dicht bewachsene (Ur-) Wälder sind ebenso ansprechend für sie wie Sehenswürdigkeiten am Wegesrand. Das können Wasserläufe, Wasserfälle, Höhlen, Schluchten, unbekannte, außergewöhnliche Pflanzen oder Tiere und deren Behausungen sein. Auch Zeugen menschlicher Vergangenheit wie verlassene Siedlungen oder Felsmalereien in Höhlen wecken das Interesse und beflügeln die Fantasie der Kinder. Geben Sie dem Entdeckungstrieb ihrer Kinder auf Wanderungen einen Raum, versuchen aber dennoch, einen zügigen Ablauf der Wanderung einzuhalten. Kurze Trink- und Essenspausen können auch dort eingelegt werden, wo Kinder ein spannendes Objekt entdeckt haben, und sollten nicht stur nach einer geplanten Anzahl an zurückgelegten Kilometern eingelegt werden. Erklären Sie den Kindern aber auch, dass man nicht an jeder interessanten Stelle erneut anhalten und verweilen kann. Lassen Sie Ihre Kinder Beobachtungs- und Spielobjekte wie diverse Pflanzen, Stöcke oder gar Tiere wie kleine Raupen oder Käfer (sofern diese keine Gefahr für die Kinder darstellen → »Giftige Tiere«, S. 277, und »Giftige Pflanzen«, S. 280) mitnehmen, mit denen sie sich einige Zeit beim Laufen beschäftigen können.

Ältere Kinder können mit einem Fernglas, einem GPS-Gerät oder Kompass bei Laune gehalten werden. Sie sollten von Zeit zu Zeit vorauslaufen und den Kurs bestimmen dürfen (vorausgesetzt sie verlieren nicht den richtigen Weg). Spezielle Kinderbücher zum Thema Natur, Survival und Outdoor vermitteln Kindern schon vor der Reise ein Grundwissen, sich in der Natur mit einfachsten Hilfsmitteln zurechtzufinden (z. B. »Orientierung in der Natur«, Moses Verlag). Ein Wissen, welches sie unterwegs gerne testen und beweisen möchten.

Entsprechen das Gebiet und die Wege oder Teilstrecken nicht den Wünschen der Kinder oder befinden sie sich in einem Motivationstief, kann man mit Spielen eine langweilige Passage überwinden. Am besten eignen sich dazu Laufspiele, die einige noch aus ihrer Kindheit kennen. Das Belohnungsspiel »Grenze« funktioniert ähnlich wie bei einem störrischen Esel. Den Kindern wird eine imaginäre Grenze in ferner Sichtweite (es geht aber auch ohne Sichtweite) gesetzt. Das können ein Wegweiser, ein bestimmter Baum, ein außergewöhnlicher Stein oder andere markante Erscheinungen am Wegesrand sein. Wird diese Grenze passiert, gibt es eine Belohnung in Form einer Süßigkeit, welche die Kinder ganz besonders gerne mögen. Mit einer Tüte Gummibärchen kommt man in der Regel ganz schön weit. Auch das Erzählen von spannenden Geschichten oder Singen von Liedern kann Kinder von langweiligen Wegen ablenken und sie aus Stimmungstiefs holen. Suchen Sie schon vor der Reise in diversen Fachbüchern Kinderspiele für draußen, die sich in Ihre Wanderung problemlos einbauen lassen und stimmungsaufhellend und motivierend auf die Kinder wirken.

## Geocaching

Ein neuer »Hype« – selbstverständlich aus den USA kommend – für Kinder und Jugendliche ist das »Geocaching«, eine moderne Variante der Schatzsuche oder Schnitzeljagd. Mit einem GPS-Empfänger (das kann auch ein GPS-fähiges Handy sein) und den Koordinaten eines »Schatzes« ausgestattet, geht es darum, diesen zu finden. Die Idee dieses Spieles ist so einfach wie genial. Irgendjemand versteckt einen Gegenstand (z. B. eine Dose, einen Blumentopf oder sogar größere Gegenstände wie einen Stuhl usw.) irgendwo und veröffentlicht die GPS-Koordinaten dazu im Internet. Alle Interessierten sind nun aufgefordert, den Schatz zu orten und zu finden. Ein Riesenspaß – nicht nur für Kinder. Diese tolle Freizeitbeschäftigung gibt es weltweit und wird unter anderem von der Jugendorganisation »Deutsche Wanderjugend« gefördert und unterstützt. Wenn man Geocaching zum Beispiel in eine Streckenwanderung einbauen kann, so ist dies eine unschlagbare Laufmotivation (Informationen zu Geocaching im Internet unter www.geocaching.de und www.geocaching.com).

Den besten Motivationsschub erhalten Kinder, wenn sie nicht alleine unterwegs sind. Im Gespräch mit anderen Kindern ihres Alters sind sie meistens bestens abgelenkt und merken gar nicht, wie viel sie laufen oder wie anstrengend der Weg ist. Vor der Reise andere Familien zu finden, die einen Wanderurlaub genau nach den gleichen Vorstellungen planen oder ähnliche Voraussetzungen haben wie man selbst, ist jedoch äußerst schwierig. Findet sich niemand im näheren Freundeskreis, kann man wanderfreudige Familien evtl. über diverse Wanderforen oder Wanderverbände finden, die in Deutschland jährlich Familienwanderungen organisieren, bei denen Sie Gleichgesinnte treffen und kennen lernen können. Doch auch auf der Wanderreise kann man unterwegs Familien begegnen, die den gleichen Weg gehen, eine ähnliche

Kondition haben und Kinder des gleichen Alters. Stimmt die Chemie zwischen Erwachsenen und Kindern, ist es sicherlich für alle ein Gewinn, Teilstrecken oder einen großen Teil der Wanderung gemeinsam zu erleben.

### Sicher zu Fuß unterwegs

Jede Wanderung birgt auch Gefahren in sich, die vorab, soweit das einem möglich ist, in Erfahrung gebracht werden müssen. Das Wandergebiet muss neben den Bedürfnissen der Kinder vor allem auch dem Sicherheitsbedürfnis der Eltern entsprechen. Mit dem zu bewandernden Terrain müssen die Eltern vertraut sein und Erfahrung haben (eine Gletscherwanderung mit Kindern ohne jegliche Erfahrung mit seinen Besonderheiten kann fatal enden). Auch Ängste der Eltern können sich auf die Kinder übertragen und Gefahren hervorrufen. Besondere Gefahren, die sich durch das zu bewandernde Gebiet ergeben, müssen schon in der Planung berücksichtigt werden (z. B. Wandern im Gebirge oder in der Wildnis). Möchte man fernab der Zivilisation wandern, muss man wissen, dass es selbst im Zeitalter der mobilen Kommunikation immer noch viele Ecken und Winkel auf dieser Welt gibt, die nicht über einen Handyempfang verfügen. Hier gilt es vorher zu recherchieren, wie man sich in einer Notsituation selbst helfen oder auf dem schnellsten Weg Hilfe erhalten kann. So kann es wertvoll sein, vor der Wanderung einen Routen- und Zeitplan bei einem Besucherzentrum des Nationalparks (oder letzte Unterkunft) zu hinterlegen. Ist man zum vereinbarten Zeitpunkt nicht zurück, wird automatisch eine Suchaktion eingeleitet (dies ist in vielen Ländern und Wandergebieten mittlerweile eine gängige Praxis und bei schwierigen Wanderwegen meist sogar die Voraussetzung, den Trail überhaupt begehen zu dürfen). Auch das Eintragen in den Hüttenbüchern ist wichtig, damit die Rettungskräfte eine Spur verfolgen können. Was ebenfalls sehr wichtig ist und an dieser Stelle besonders betont werden soll: **Erkundigen Sie sich vor jeder größeren Wanderung in unerschlossene Gebiete in Informationscentern über die zu erwartenden Wetterlagen. Folgen Sie immer dem Rat von Einheimischen und übergehen Sie niemals deren Warnungen!**

Mit Kindern ergeben sich immer mehr Gefahren als beim Reisen ohne Nachwuchs. Die wichtigsten seien hier erwähnt – und wie man damit umgeht:

> Kinder haben keinen Blick für Gefahrensituationen. Deshalb sollte man kleine Kinder in unüberschaubarem und unsicherem Gelände immer im Auge behalten. Auch ältere Kinder sollten nur dann vorauslaufen, wenn sie sicher sind, dass das Gelände ungefährlich ist.

> Der Rastplatz sollte immer in einem übersichtlichen und ungefährlichen Gelände sein.

> Kleine Kinder verfügen durch ihre unausgereifte Motorik nicht über die gleiche Trittsicherheit wie ein Erwachsener. Deshalb sollte bei Kletterpartien ein Elternteil immer dicht hinter dem Kind bleiben, um einen Sturz abfangen zu können.

> Bei Sturz- und Rutschgefahr an kritischen Stellen (Absturzgefahr) muss das Kind mit einem Brust-Hüft-Sitzgurt und kurzem Seil gesichert werden. Rutschgefahr besteht vor allem auf regennassen Wegen, auf Eis und Schnee, moosbewachsenen Steinen und steilen Grashängen.

> Bei Nebel, Sturm und Gewitter müssen die Kinder nahe bei den Eltern bleiben. Die Eltern müssen wissen, wie sie sich in solchen kritischen Situationen zu verhalten haben, und zusätzlich in der Lage sein, mit souveränem Verhalten die Kinder zu beruhigen.

> Stark absturz- und steinschlaggefährdetes Gelände sollte mit Kleinkindern generell gemieden werden.

> Kinder vergessen beim gedankenverlorenen Laufen und Spielen diverse Anweisungen zur Gefahrenabwehr. Deshalb sollte man Kinder immer wieder an Gefahren erinnern und ihren Wissensstand abfragen.

> Zum Schutz der Kinder müssen die Erwachsenen mit der Sicherheitsausrüstung (Seil, Klettergurt) umgehen können und die notwendigen Sicherungsmethoden perfekt beherrschen.

> Eltern müssen Gefahren, die sich beim Aufhalten und Übernachten in dem betreffenden Wandergebiet ergeben, kennen und entsprechende Vorsichtsmaßnahmen treffen (z. B. beim Zelten in Bärengebieten).
> Kinder müssen jederzeit vor Überhitzung und gegen Kälte mit geeigneter Kleidung und Ausrüstung geschützt werden können.

Denken Sie auch daran, dass durch verschiedene Auslöser Ängste hervorgerufen werden können – bei Kindern jeden Alters. Diese beeinflussen maßgeblich das Leistungsvermögen des Kindes. Gruselgeschichten oder aufregende Erlebnisse, gepaart mit einer regen Phantasie des Kindes, zeigen oftmals heftige körperliche Wirkungen wie Zittern, Frieren, veränderte Stimmlage oder gar Weinen oder stures Stehenbleiben. Nehmen Sie jegliche Ängste der Kinder ernst und helfen ihnen, diese durch Zuwendung und Ablenkung zu überwinden.

**Tagestouren und Wanderurlaub**

Auf einer Reise muss es nicht immer die große mehrtägige Wandertour sein, wenn man sich zu Fuß bewegen und kleine Abenteuer in der Natur erleben möchte. Tageswanderungen nehmen auf längeren Reisen oftmals einen großen Raum ein und bieten mit kleinen Kindern vielfältige Vorteile. Der größte ist: Man wandert ohne viel Gepäck. Im Tagesrucksack müssen neben der Verpflegung nur noch Ersatzkleidung für die Kinder, Schlechtwetterkleidung und eine kleine Apotheke (mit Pflaster) Platz finden. Auch ist man nicht auf Gedeih und Verderb dem Wetter ausgeliefert. Kündigt sich schlechtes Wetter an, verzichtet man einfach auf die Wanderung oder verlegt sie auf einen anderen Tag. Für Tagestouren oder kleinere Wanderungen finden sich zudem unterwegs häufiger Familien, die sich kurzschlossen einer Tour anschließen. Tageswanderungen sind weniger kräftezehrend und entbehrungsreich, da man weiß, wo und wie man am Abend seine müden Glieder pflegen kann. Auf allen großen Trecks der Welt, in den Naturreservaten und Nationalparks, hat man

immer auch die Möglichkeit, eine Tageswanderung zu unternehmen, ohne den gesamten Treck laufen zu müssen. In den Nationalparks gibt es häufig kurze Rundwanderwege oder Etappenziele, die in einem Tag bewältigt werden können. Wandert man mit Kleinkindern und sind die angestrebten Ziele dennoch zu weit entfernt, sodass man sie nicht an einem Tag erreichen und wieder zurücklaufen kann, hat man häufig die Möglichkeit, an Rastplätzen (shelter, camping area) oder am Ziel (Hütte) dazwischen zu übernachten, um am nächsten Tag auf dem gleichen oder über einen anderen Weg an den Startpunkt wieder zurückzugelangen. Selbst bei einer Übernachtung im Zelt kann man bei einer solchen Zweitagestour enorm an Gewicht sparen und mit wesentlich weniger Gepäck unterwegs sein.

Mehrtägige Streckenwanderungen haben ebenfalls Vorteile und Reize, die für sie sprechen. Eine abgeschlossene Tour wird in der Regel gut vorbereitet. Die Kinder können sich schon sehr früh damit auseinandersetzen und wissen in der Regel, was auf sie zukommt. Die Wanderung verläuft nach festgelegten Plänen, an denen sich auch die Kinder orientieren können. Grundsätzliche Entscheidungen, wie die Wanderung verläuft, werden vor der Reise getroffen und unterwegs nicht immer wieder neu diskutiert. Das gibt den Kindern zum einen Sicherheit und nimmt ihnen andererseits den Wind aus den Segeln, wenn sie beginnen zu meutern. Kinder merken abseits der Zivilisation sehr schnell, dass sie keine andere Wahl haben, als sich den Regeln anzupassen und Rebellion sie nicht weiter bringt, da es schlichtweg keinerlei Alternativen gibt. Bei langen, anstrengenden und entbehrungsreichen Wanderungen werden die einzelnen Familienmitglieder zu einem eingeschweißten Team, bei dem jedes Mitglied einen Teil der Verantwortung für ein gutes Gelingen trägt. Auch von den Kindern wird bei solchen Wanderungen sehr viel abverlangt. Doch gerade das stärkt das Selbstbewusstsein der Kinder, da sie gefordert werden, zu zeigen, was sie leisten können. Gibt man ihnen die Möglichkeit, selbst das

Ruder einmal in die Hand zu nehmen und eine Führungsrolle zu übernehmen, lernen sie nicht nur ihre Fähigkeiten besser kennen; sie sind auch in der Lage, diese besser einzuschätzen und reflektieren zu können. Gerade wenn Eltern auch einmal den schwächeren Part einnehmen und die Rollen und Rangordnungen der einzelnen Familienmitglieder nicht mehr klar definiert sind, ist dies eine positive Erfahrung für Kinder. Das gemeinsame Bewältigen von Herausforderungen schweißt zusammen, und Kinder spüren, dass sie einen nicht unwesentlichen Beitrag dazu leisten können, dass die Wanderung ein Erfolg wird.

### Die Ausrüstung und deren Transport – eine logistische Meisterleistung

Bei einer Tourenplanung für Streckenwanderungen mit Kindern gehört das »Wieviel« und wie die Ausrüstung transportiert wird zu einer der größten logistischen Herausforderungen. Die wichtigsten Fragen – was muss mit, wo kann man minimieren, wie kann man transportieren – sollten vor der Reise geklärt und im besten Fall auf Durchführbarkeit getestet werden. Denn gerne wird selbst das Minimum (und das Gewicht) an Ausrüstung beim Wandern mit Kindern selbst von erfahrenen Wanderern unterschätzt. Eine qualitativ hochwertige Ausrüstung ist bei Wanderungen, vor allem abseits der Zivilisation, ein Muss. Dennoch sollte man diese nicht überschätzen und die eigenen Unzulänglichkeiten mit der trügerischen Sicherheit einer guten Ausrüstung kompensieren. In der Praxis kommt es in erster Linie auf die Erfahrung des Benutzers und fachgerechte Handhabung der Ausrüstung an.

Die Ausrüstung der Kinder sollte ebenfalls hochwertig sein, egal ob Kleidung, Rucksack oder Schlafsack. Erkennen sollte man auch, dass Kinderkleidung sich auf Reisen nicht sinnvoll rationalisieren lässt (diese Erfahrung mussten schon viele Globetrotter machen). Möchte man gegen alle Eventualitäten gerüstet sein, darf man gar nicht wandern gehen ohne zu riskieren, einen Bandscheibenschaden davon zu tragen.

Versucht man dagegen auf ein Minimum zu reduzieren, hat der Nachwuchs schon am ersten Tag nach einem Flussabenteuer (glauben Sie nur nicht, es sei unmöglich, dass ein Kind mehrere Male am Tag in ein Gewässer fallen kann!) schon keine trockene Kleidung mehr. Für den Nachwuchs sollte man daher (je nach Temperament des Kindes natürlich) mindestens drei Wechselgarnituren Unterbekleidung mitnehmen. Als Faustregel beim Wandern bezüglich Kleidung gilt: eine Garnitur in Benutzung, eine saubere (für die Nacht) und eine, die frisch gewaschen gerade trocknet. Mit dieser Minimalstausrüstung kann es bei Kindern allerdings, wie oben schon erwähnt, zu Schwierigkeiten kommen.

Bei den Überlegungen, was und wie viel für den Nachwuchs eingepackt wird, spielt auch die Verwendung der Kleidung unterwegs eine wichtige Rolle. Ist ein feuchtes Abenteuer absehbar und die klimatischen Bedingungen lassen es zu, sollte man das Kind für Wasserspiele möglichst entkleiden. Ein Badeanzug oder T-Shirt, das nass werden darf, ist immer noch besser, als mit gesamter Montur ins Wasser zu springen. Da Wanderschuhe recht lange zum Trocknen benötigen, sind Trekkingsandalen (ohne Leder) oder Badeschuhe (leichte Schaumsandalen) für Flussdurchquerungen oder andere Wasserabenteuer ebenfalls besser geeignet. Gummistiefel sind in kalten Regionen sehr sinnvoll (gerade für kleine Kinder), wenn auch schwer zu tragen. Bei diesem Schuhwerk muss man wahrscheinlich abwägen und ggf. Abstriche machen.

Wandert man mit Babys und Kleinkindern, hat man unweigerlich ein Volumenproblem – das Windelproblem. Hiermit gelangt man meistens an seine Stauraumgrenzen. Es kann bei älteren Wickelkindern sinnvoll sein, einen Topf mitzunehmen (dieser kann außen am Rucksack befestigt werden und wiegt ca. 300 g), um das Kind mit einem täglichen Ritual auf einen geregelten Stuhlgang zu trainieren. Lassen Sie ihr Kind so oft es geht (während der Pausen – wenn das Wetter dies zulässt) ohne Hose und Windel laufen und bieten immer wieder den Topf als Alternative zur Windel an. Somit können Sie im günstigsten Fall die tägliche Windelration auf ein Drittel bis zur Hälfte reduzieren (was über einen Zeitraum von einer Woche schon ganz schön viel sein kann). Ist man beim Minimieren der Ausrüstung wirklich am Limit angelangt, sollte man nicht zu viele Ersatzwindeln, die über die Tagesration hinausgehen, einpacken, sondern lieber zu oben genannten Maßnahmen greifen. Denken Sie auch daran, dass gebrauchte Windeln mit Inhalt wieder mitgenommen werden müssen und sorgen dafür schon mal vor (Plastiktüten nicht vergessen).

Mit Kindern ist es nicht immer einfach, das Maß an Verzicht und Notwendigem zu finden. Die Bedürfnisse der Kinder sollten bei allen Reduzierungsmaßnahmen jedoch nicht vergessen werden. Dazu gehört es auch, Dinge einzupacken, die dem Nachwuchs wichtig sind. Ein oder zwei kompakte Mini-Spiele und kleine Bücher zum Vor- oder Selberlesen gehören auf jeden Fall ins Gepäck. (Zu praktischem Spielzeug für unterwegs siehe auch das gleichnamige Kapitel auf S. 158) Kinder können schon sehr früh einen eigenen Rucksack tragen, und ein Zehntel ihres Eigengewichtes selbst transportieren. Das reicht für den persönlichen »Haushalt« der Kleinen vollkommen aus. Mehr Gewicht sollte es bei längeren Wanderungen aber auf keinen Fall sein.

Auf folgende Ausrüstungsgegenstände sollte man bei Wanderungen mit und für Kinder nicht verzichten:

> Wanderschuhe: Diese sollten möglichst knöchelhoch und mit einer rutschfesten Sohle ausgestattet sein. Ein zusätzliches Schuhwerk wie Trekking-, Badesandalen oder evtl. Gummistiefel sollten ebenfalls nicht fehlen.
> wasserdichte Regenkleidung (Jacke und Hose). Eine zusätzliche leichte, wasser- und winddichte, klein verstaubare Regenjacke (Windbreaker) ist sinnvoll.
> zwei (besser drei) Garnituren Oberbekleidung (zwei Fleece-Pullover, T-Shirts, Hosen)
> mindestens drei Garnituren Nacht- und/oder Unterwäsche (bei Babys und Kleinkindern ist noch mehr zu empfehlen)

> mindestens vier Paar Socken (werden besonders häufig feucht), darunter ein paar Anti-rutsch-Socken bei Hüttenaufenthalten
> Sonnenschutz (Hut, Sonnenbrille und Sonnencreme)
> in kühlen Regionen unbedingt warme Kopfbedeckung (am besten gleich mit Halsschutz) und Handschuhe
> Leinen- oder Hüttenschlafsack (evtl. Fleecedecke)
> beim Übernachten im Zelt ein guter Outdoorschlafsack für Kinder
> persönlicher Windelbedarf der Kleinsten
> beim Wandern mit älteren Windel- und Kleinkindern ein Kindertopf
> ein Waschlappen oder Feuchttücher für kleine »Saubären«
> eine Apotheke mit genügend Pflaster, Verbandmaterial für Schürfwunden und Medikamente
> Sicherheitsausrüstung für die Kinder: Seil (10 m lang, 10 mm Durchmesser), Klettersteig-Set (Brust-Hüft-Gurt) und Helm (beim Wandern im Gebirge und Klettersteigen)
> sonstige Sicherheitsausrüstung: Handy, Biwaksack oder Rettungsdecke
> eine möglichst aktuelle Wanderkarte mit eingezeichneten Höhenlinien (Maßstab 1:25 000 oder 1:50 000) und Wanderreiseführer
> wenn notwendig ein Wasserfilter (Keramikfilter)

Genügend Proviant (auch Süßigkeiten für die Kinder) und vor allem *mehr als ausreichend Wasser* mitzunehmen, ist eine Selbstverständlichkeit (→ »Grundbedürfnisse befriedigen – Essen und Trinken«, S. 220).

Summiert und wiegt man die Ausrüstung für die Kleinen auf, bleibt in den meisten Fällen für einen selbst nicht mehr viel Platz und Gewicht übrig. Und so soll es auch sein. Beim Wandern müssen als Erstes die Bedürfnisse der Kinder Berücksichtigung finden. Erst dann dürfen die Eltern ihren Wünschen Raum geben. So kann es sein, dass vieles, was einem lieb und teuer ist, keinen Platz mehr findet oder zu schwer ist, um noch getragen zu werden. Das kann die schwere Fotoausrüstung ebenso sein wie der heißgeliebte Norwegerpulli. Zu diesem Kompromiss müssen und werden Sie beim Zusammenstellen der Ausrüstung schweren Herzens gezwungen sein. Das Minimieren über die Grenze hinaus, also dort, wo es beginnt weh zu tun, sollte man nur bei sich selbst anwenden. Das soll nicht heißen, dass nicht auch ein Kind ein schmutziges Kleidungsstück länger als einen Tag tragen kann oder auf Spielzeug verzichten muss. Man sollte sich jedoch im Klaren sein, dass man als Erwachsener verantwortungsvoller mit seiner Ausrüstung, sprich Kleidung, umgehen kann und nicht auf Verdacht ein zusätzliches Hemd oder Hose einpacken sollte, auch wenn es dann unterwegs unter Umständen schön wäre, mehr Wechselkleidung zu haben.

Gewicht sparen und Platz im Rucksack schaffen, ohne den Kindern das Nötigste zu nehmen, kann man auf verschiedenste Weise: Ist man bei der eigenen Kleidung am Limit angelangt, geht es meist an die Kosmetikabteilung. Eine kleine Zahnpastatube (Kinderzahnpasta) für alle genügt für eine kurze Zeit vollkommen. Auch ein Kindershampoo ist für alle Reinigungen ausreichend (in der Wildnis bitte nur abbaubare Reinigungssubstanzen). Das Gleiche gilt für Sonnen- und Hautschutzcremes. Für jeden etwas anderes dabei zu haben bedeutet nur unnötiger Ballast. Zum Transportieren der Kosmetikartikel genügt eine stabile Plastiktüte mit Verschluss (z. B. Zipp-lock-Beutel). Das Handtuch für sich selbst kann man auch eine Nummer kleiner wählen (z. B. Gästehandtuch).

Mit mehreren (kleinen) Kindern sind Wanderungen mit Hüttenübernachtungen gepäcklogistisch am einfachsten zu realisieren. Jedoch ist das nicht jedermanns Sache, *gerade* mit kleinen Kindern (→ »Die Wahl der geeigneten Unterkunft – Berg- und Schutzhütte«, S. 202). Ein Zelt dabei zu haben bedeutet für wandernde Familien, jederzeit unabhängig zu sein und nimmt einem den Druck, ein Ziel unbedingt erreichen zu müssen. Das ist vor allem mit kleinen, noch nicht durchgängig laufenden Kindern sinnvoll.

Einsparungspotenzial gibt es auch beim Zelten. Wählen Sie das kleinstmögliche und leichteste Zelt aus, in dem die Familie gerade so Platz hat. Nächtigt man zu dritt mit einem Kleinkind, sind Zwei-Mann-Zelte oftmals ausreichend groß. Oder man wählt ein Zelt, in dem die Kinder und ein Erwachsener (ist bei Kleinkindern wichtig) gerade Platz haben. Ein Biwaksack oder Tarp kann sich für den anderen Erwachsenen (die Eltern können sich ja abwechseln) als Übernachtungsplatz anbieten. Spart dies verhältnismäßig viel Platz und Gewicht im Rucksack und lässt das Wetter es zu, im Freien zu schlafen, kann dies durchaus eine überlegenswerte Einsparmaßnahme sein.

Sehr schwer – im wahrsten Sinne des Wortes – wird es, wenn neben der Übernachtung im Zelt noch die uneingeschränkte Selbstversorgung hinzukommt. Ein Kocher und Geschirr, ja oder nein, das ist schon mal eine Frage, mit der man sich bei der Selbstversorgung auseinandersetzen muss. Abseits der Zivilisation wird man wahrscheinlich keine andere Wahl haben, als alles mit sich zu führen. Wandert man allerdings in Gebieten, in denen man an Schutzhütten oder Unterkünften vorbeikommt, kann man auf den mobilen Herd verzichten, wenn man dort hilfsbereite Menschen findet, die einem vielleicht das tägliche Wasser erhitzen oder einmal eine Tütensuppe kochen.

Der eigentliche Knackpunkt beim Wandern mit Kindern ist jedoch der tägliche Nahrungsmittelbedarf. Nicht nur, dass Lebensmittel und vor allem Wasser das Gros an Gewicht ausmachen; es ist auch nicht rationierbar! Möchte man ein realistisches Fazit ziehen, wird klar, dass auf Streckenwanderungen der Wasserbedarf täglich auf dem Weg (über Stationen oder Flussläufe) gedeckt werden muss. Wandert man mit mehreren kleinen Kindern und nur zwei wirklichen Lastenträgern, ist es ebenfalls kaum möglich, Lebensmittel für mehrere Tage mit sich zu führen ohne an seine eigenen Gewichtsgrenzen zu stoßen, weshalb es auf einer Tour möglich sein sollte, seine Nahrungsmittel spätestens alle drei bis vier Tage wieder aufzufüllen.

Beim Wandern mit älteren Kindern und Jugendlichen ist die Organisation der Transportlogistik nicht mehr so dramatisch wie bei den Kleinen. Sie können einen großen Teil ihrer persönlichen Ausrüstung, Kleidung und voluminöse Ausrüstungsgegenstände wie Schlafsack und Isomatte (Maximalgewicht 10% ihres eigenen Körpergewichts) selbst tragen.

Das Ende langer Wanderungen über mehrere Tage ist dann gekommen, wenn ein zweites Kind mit auf Reisen geht und das Erste sich noch nicht im lauffähigen Alter befindet. Zwei Kinder zu tragen und zusätzlich noch Ausrüstung, das ist nicht möglich. Dann ist die Zeit gekommen, eine neue Form des Wanderns zu suchen und zu erleben: das Radwandern.

Das ideale Gefährt unterwegs – der Fahrrad-Kinderanhänger

## Radfahren mit Kindern

### Die Vorteile der Reiseart Fahrradfahren

Mit Kindern radelnderweise die Welt zu erkunden, ist eine Reiseform, die gerade auch in Deutschland immer mehr Anhänger findet. Das Fahrradfahren hat gegenüber dem Wandern für Familien einen entscheidenden Vorteil: Man kann ein wesentlich höheres Gepäckvolumen und Gewicht auf den Rädern unterbringen als auf dem Rücken. So ist es möglich, auch mit mehreren Kleinkindern Touren zu unternehmen, ohne dass man auf Teile seiner notwendigen Ausrüstung oder lieb gewonnene Reiseutensilien verzichten muss.

Das Transportieren des Nachwuchses in einem Kinderfahrradanhänger ist schon in den ersten Lebensmonaten des Kindes möglich, wenn auch eingeschränkt. Auf lange Touren und Wege, bei denen mit starken Erschütterungen gerechnet werden muss, sollte man in den ersten sechs Lebensmonaten des Kindes verzichten.

Kinder jeden Alters haben meist großen Spaß am Radfahren, selbst wenn sie sich nicht selbst bewegen können, haben sie doch einen größeren Bewegungsfreiraum im Kinderanhänger als beim Wandern in einer Rückentrage. Die Land-

schaftsbilder wechseln viel schneller und bieten Kindern jeden Alters somit eine größere Fülle an Sinneseindrücken.

### Transportmöglichkeiten für kleine und große Kinder

Die größte Herausforderung bei der Planung einer Radreise mit Kindern besteht im sicheren Transport des Nachwuchses. Da Kinder erst mit ca. vier Jahren ihre ersten Radelversuche starten und bis zum achten Lebensjahr – meist sogar darüber hinaus – keine ausreichend sichere Fahrtüchtigkeit besitzen, müssen Kinder sehr lange transportiert oder vor möglichen Gefahren durch unzureichende Fahrfertigkeiten geschützt werden. Die Überlegung, ein Kind ab einem gewissen Alter selbstständig fahren zu lassen, sollte immer von der kindlichen Entwicklung, seiner physischen Reife und dem Verständnis für Gefahren im Straßenverkehr, der körperlichen Ausdauer, seinen Kenntnissen der Straßenverkehrsregeln (des Reiselandes) und in erster Linie vom Reiseland und seinen Straßenverhältnissen abhängig gemacht werden. Selbst wenn ein Kind daheim und auf Wochenendtouren in der Heimat sicher auf Radwegen und im Straßenverkehr unterwegs ist, sollte man es ohne Erfahrung und unvorbereitet nicht alleine auf süditalienischen Bundesstraßen fahren lassen. Der Sprung von heimischen Radwegen – die übrigens auch ihre

Gefahren mit sich bringen – zu Autoverkehrsstraßen im Ausland und somit fremden und kulturell geprägten Fahrweisen birgt in den meisten Fällen große Gefahren für das Kind.

Leider, und das muss in diesem Buch auch erwähnt werden, gibt es nur sehr wenige Länder auf der Welt, in denen man ein solch vorbildlich ausgebautes Fahrradwegenetz vorfindet wie in Deutschland. In den meisten Ländern wird man bei Radtouren immer gezwungen sein, auf Autostraßen zu radeln. Deshalb sollte man sein Kind nur dann mit dem eigenen Fahrrad fahren lassen, wenn es ein Alter erreicht hat, in dem es in der Lage ist, auch die letzte Hürde – vom Fahrradweg zur Autostraße – souverän zu meistern. Davor gibt es aber für jedes Alter eine Vielzahl von Möglichkeiten, auch mit kleineren Kindern die Welt auf zwei mal zwei Rädern zu entdecken.

### Der Kinderanhänger

Er ist die Transportmöglichkeit, welche die größtmögliche Sicherheit für den noch nicht aktiv radelnden Nachwuchs bietet. Seit vielen Jahren hat der Kinderanhänger dem alten Modell des Kleinkindtransports – dem Kindersitz auf dem Fahrrad – den Rang abgelaufen und praktisch abgelöst. Heute besitzt fast jeder Haushalt mit Kleinkindern einen Kinderfahrradanhänger. Ob für die Fahrt in den Kindergarten, zum Einkaufen oder am Wochenende für einen Familienausflug – die Einsatzmöglichkeiten eines solchen Anhängers sind vielseitig. Ebenso zahlreich sind die Modelle und ihre Ausstattungen. Hier soll weniger auf die einzelnen Hersteller und ihre Modelle eingegangen werden als vielmehr auf die Eigenschaften, die ein Kinderanhänger besitzen sollte, mit dem man eine Fahrradreise unternehmen möchte. Übrigens können auch Fahrradanhänger der billigeren Preiskategorie die Kriterien erfüllen, die ein Reiseanhänger besitzen sollte.

Für sein Kind wünscht man sich in der Regel den größtmöglichen Komfort im Anhänger. Es soll ja lange bequem sitzen oder auch schlafen können und sich wohlfühlen. Dies ist jedoch nicht die wichtigste Eigenschaft, die ein Fahrradanhänger auf Reisen besitzen sollte. Viel wichtiger ist die Stabilität des Anhängers. Ein Kinderanhänger wird auf Reisen in zweierlei Hinsicht strapaziert: Er muss einer ungewöhnlich hohen Last über einen außerordentlich langen Zeitraum standhalten. Nach diesen Ausnahmekriterien ist leider kein Anhänger, egal welcher Hersteller, gebaut. Die meisten Fahrradanhänger werden für den täglichen und gewöhnlichen Hausgebrauch produziert, bei dem eine Belastung bis an das Limit des Anhängers (oder darüber) nur sehr selten vorkommt. Deshalb sollte man vor dem Kauf auch genau wissen, für welchen Langzeiteinsatz er gedacht ist. Plant man einen Einsatz auf Fahrradtouren mit hohem Gewicht, muss der Anhänger eine sehr stabile Rahmenkonstruktion aufweisen. Alle Fahrradanhänger sind nur für ein bestimmtes maximales Gewicht und Geschwindigkeit gebaut und zugelassen. Dies kann man spätestens nach dem Kauf im Handbuch nachlesen. Beim Verkaufsgespräch werden solche Nebensächlichkeiten selten erwähnt. Auf einer Fahrradtour kann es vorkommen, dass das Zuladungsgewicht höher ist als das zulässige Gesamtgewicht. Auch die Geschwindigkeit, bei dem der Anhänger stabil geradeaus läuft und nicht in zu starke Schwingungen gerät, wird unterwegs häufig überschritten. Eine zu starke Seitwärtsbewegung des Anhängers auf einem Untergrund mit schlechter Bodenhaftung kann zum Rutschen und letztendlich Kippen des Anhängers führen. Eine asymmetrische Laufeigenschaft der Reifen zerstört zusätzlich sehr schnell die Mäntel der Räder. Ein Anhänger für längere Fahrradtouren sollte deshalb auf eine hohe Zuladung ausgelegt sein und einen ruhigen Geradeauslauf, auch bei hohen Geschwindigkeiten, garantieren. Natürlich kommt es auch darauf an, wie der Anhänger beladen wird. Ist die Last zu einseitig, kommt es automatisch zu starken Schwingungen während der Fahrt, weshalb ein Kinderanhänger möglichst gleichmäßig beladen werden sollte. Eine Bodenwanne aus Aluminium bietet die höchste Stabilität und ist robuster im Einsatz als Stoffbespannungen (daneben bieten solche Modelle die Möglichkeit, den Anhänger auch noch über das Transportalter der Kinder hinaus als Gepäckanhänger zu nutzen). Je enger die Speichenbespannung eines Rades ist, umso mehr Last kann das einzelne Rad tragen. Ein niedriger Schwerpunkt und eine breite Spur sorgen zusätzlich für mehr Stabilität und Kippsicherheit. Testen kann man die Reisefähigkeit eines Anhängers vor dem Kauf leider nicht. Hier muss man sich auf die Verkaufsargumentation des Verkäufers und die Angaben des Herstellers verlassen.

Die Ausstattungen der einzelnen Kinderfahrradanhänger und ihre flexiblen Einsatzmöglichkeiten sind je nach Hersteller und Modell sehr unterschiedlich. Die namhaften Hersteller bieten vielerlei nützliche und praktische Zusatzausrüstungen an, mit denen man einen Fahrradkinderanhänger zu verschiedenen Tätigkeiten nutzen kann wie zum Joggen oder Wandern (auch im Wintereinsatz auf Schnee). Auf was man persönlich Wert legt und man nicht verzichten möchte, ist sehr individuell, weshalb hier auf die einzelnen Zusatzeinrichtungen nicht weiter eingegangen werden soll. Wichtig ist nur, dass der Anhänger die wichtigsten Kriterien für seinen Haupteinsatz erfüllen muss.

Auf Fahrradtouren sind folgende Eigenschaften eines Fahrradkinderanhängers wichtig:
> Er muss eine robuste Rahmenkonstruktion vorweisen (Aluminiumwannen bieten die höchste Stabilität) und auf ein hohes Gesamtzuladungsgewicht ausgelegt sein.
> Eine Federung bietet einen höheren Fahrkomfort für das Kind (diese ist besonders bei Säuglingen wichtig, um sie vor starken Erschütterungen zu schützen).
> Möchte man Babys transportieren, sollte man im Anhänger eine Autobabyschale problemlos befestigen können oder – noch besser – eine spezielle Babyhängematte, die Erschütterungen besonders gut auffängt.
> Der Anhänger muss dem Kind einen zuverläs-

sigen Schutz gegen Regen, Sonne (UV-Schutz), Zugluft, Hitze, Kälte und Steinschlag bieten können.
> Aus Sicherheitsgründen sollte der Anhänger mit einem Überrollbügel ausgestattet sein.
> Der Anhänger sollte über einfach verstellbare Sicherheitsgurte verfügen, die von Kindern nicht geöffnet werden können und bei Anhängern mit zwei Sitzflächen die mittige Sitzposition ermöglichen (für eine gleichmäßige Lastenverteilung).
> Die Anhängerkupplung sollte unkompliziert an verschiedene Fahrräder befestigt werden können, einfach sowie schnell in der Handhabung sein und für die Standfestigkeit einen zusätzlichen Ständer (Hinterbauständer) besitzen. Die Anhängerkupplung der Fa. Weber ist in dieser Hinsicht marktführend, sehr sicher und für fast alle Anhängertypen geeignet.
> Er sollte auch auf Entfernung gut als Kinderanhänger zu erkennen sein. Zusätzlich zu den Sicherheitseinrichtungen ein großes Schild mit spielenden Kindern darauf anzubringen lässt in keinem Land Zweifel offen, dass sich im Anhänger wirklich Kinder befinden. (Die persönliche Erfahrung hat gezeigt, dass Kraftfahrzeugfahrer immer besondere Rücksichtnahme zeigen, wenn sie einen Kinderanhänger als solchen erkennen).

Auf Reisen nützliche, aber nicht notwendige Zusatzfunktionen eines Fahrradkinderanhängers sind:
> Zusätzliche, flexibel montierbare Buggyräder und Schiebegriff: So hat man in den Radelpausen einen bequem zu schiebenden Kinder- und Einkaufswagen für das Erkunden der Städte und Sehenswürdigkeiten oder Unternehmen von kleinen Wanderungen.
> Eine Feststellbremse bietet bei der Nutzung als Kinderwagen eine höhere Sicherheit.
> Einen großen Stau- bzw. Kofferraum (hinter dem Sitzbereich des Kindes): Das spart Fahrradsatteltaschen ein und somit Gewicht.
> Ein einfacher und schneller Faltmechanismus und geringes Faltmaß (dies geht in der Regel

zu Lasten der Stabilität des Anhängers): Damit kann man unterwegs den Kinderanhänger schnell in Bus, Bahn oder Flugzeug verstauen.
> Verstellbare Sitzlehnen und extra Kopfstützen bieten Kindern den höchsten Sitz- und Liegekomfort.

Ebenfalls sehr wichtig und zu beachten ist, dass man die enorme Schubkraft des oft sehr schweren Anhängers berücksichtigen muss, und das Zugfahrrad über gute Bremsen verfügen sollte.

Fahrradkinderanhänger werden in regelmäßigem Turnus von verschiedenen öffentlichen Prüfinstituten getestet. Vielleicht erleichtern solche Testergebnisse die Kaufentscheidung. Einen guten Überblick über die einzelnen Hersteller und ihre Produkte findet man im Internet unter www.fahrradanhaenger-direkt.de. Weitere Informationen rund um das Thema Kinderanhänger wie Kauftipps, rechtliche Bestimmungen zur Nutzung und Sicherheitsaspekte bietet die Internetseite www.fahrradanhaenger.org.

Plant man eine Reise ins Ausland mit einem Fahrradanhänger, sollte man diesbezüglich die rechtlichen Vorschriften des betreffenden Landes kennen. Nicht überall in Europa sind Kinderanhänger nach Straßenverkehrsrecht zugelassen. In folgenden Ländern ist nach jetzigem Stand (Dezember 2013) das Fahren mit einem Kinderanhänger offiziell verboten: Griechenland, Irland, Kroatien, Spanien, Tschechien und Zypern In Italien darf der Anhänger eine Breite von 70 cm nicht überschreiten. In Luxemburg ist das Fahren mit einem Kinderanhänger erlaubt, wenn dieser mit einer Erlaubnisvignette des Transportministeriums versehen ist.

Doch auch beim Thema Anhängerverbot gilt: Es wird nicht alles so heiß gegessen wie gekocht. Aus Fahrradfachkreisen ist immer wieder zu erfahren, dass es in den betreffenden Ländern, in denen das Fahren mit einem Anhänger verboten sein soll, in der Praxis überhaupt kein Problem ist, einen Kinderanhänger mitzuführen. Noch unproblematischer bezüglich Kindertransport im Anhänger ist es im außereuropäischen Aus-

land. Es ist in nahezu allen Ländern zugelassen oder wird zumindest toleriert.

Das Transportieren im Kinderanhänger ist für Babys, Kleinkinder und Kinder in Deutschland bis zum Alter von sieben Jahren zugelassen. Aus eigener Erfahrung ist diese Art des Transports allerdings nur bis etwa zum vierten Lebensjahr auf langen Fahrradtouren und Reisen empfehlenswert. Aktive und lebhafte Kinder sind mit zunehmendem Alter und körperlicher Reife kaum noch längere Zeit in einem Kinderanhänger zu halten. Sie möchten mehr sehen, intensiver erleben und tatkräftig mithelfen bei der Fortbewegung (wobei Letzteres meistens ein Wunschgedanke bleibt). Eltern sollten sich schon im Anhängeralter der Kinder Gedanken machen, wie der Kindertransport über das vierte Lebensjahr hinaus sicher, familien- und kindgerecht bewältigt werden kann. Hierfür gibt es verschiedene Möglichkeiten:

### Tandemstange plus Kinderrad oder Radmitläufer

Eine Anhängestange (Tandemstange) und der Radmitläufer funktionieren nach einem ähnlichen Prinzip. Bei beiden Methoden wird eine Fahrmöglichkeit für das Kind am hinteren Teil eines Erwachsenenrades angehängt.

Die Tandemstange, oft auch Gatorenstange genannt (der Name stammt von einem Hersteller), verbindet ein normales Kinderfahrrad mittels Kupplungssystem an der Sattelstütze des Zugrades. Das Vorderrad des Kinderfahrrades schwebt dabei einige Zentimeter über dem Boden und der Lenker wird blockiert. Dieses System (wie übrigens auch der Radmitläufer) hat allerdings einige Nachteile. Die Verbindungsschrauben können sich während einer längeren Fahrt lockern und müssen immer wieder auf ihre Festigkeit geprüft werden. Das ganze Radgespann ist in seinem Fahrverhalten, vor allem in Kurven, sehr instabil bezüglich des Gleichgewichtverhaltens. Die Eigenbewegungen des Kinderrades führen zu unangenehmen Schlägen beim Zugfahrrad, denen ständig entgegengesteuert werden muss. Auch wenn die Last des zu ziehenden Rades sehr hoch ist, beeinträchtigt dies das Fahrverhalten beträchtlich, weshalb eine Tandemstange nur für kleine Kinder und Fahrräder zu empfehlen ist. Ebenfalls nachteilig wirkt sich die veränderte Bremslastverteilung am Zugrad aus. Je höher die Kupplung angebracht ist, umso mehr wird beim Bremsen das Hinterrad entlastet und kann so bei hohen Geschwindigkeiten seitlich wegrutschen. Es lassen sich auch nicht alle Kinderradmodelle mittels einer Tandemstange an einem Erwachsenenfahrrad befestigen.

Der Vorteil einer Anhängestange besteht darin, dass das Kinderrad während einer Tour je nach Bedarf flexibel an- und abgekuppelt werden und das Kind auch einmal einige Zeit alleine fahren kann. Dies ist mit einem Radmitläufer nicht möglich. In diesem Vorteil liegt jedoch auch wieder ein kleiner Nachteil. Die meisten Kleinkinderräder verfügen noch über eine Rücktrittbremse, die während der Fahrt oft aus Versehen betätigt wird, und so das Ziehen unangenehm bis kritisch werden kann.

Fast alle Anhängestangen sind bis zu einem Gesamtgewicht von ca. 32 Kilogramm (beinhaltet die Stange, das Kinderrad und das Kind) und Kinderräder bis 20 Zoll zugelassen. Die Tandemstange ist preislich die günstigste Anhängemethode.

Ein weiteres Kupplungssystem ist die Tandemkupplung aus der Schweiz mit dem Namen »FollowMe«. Diese wird allerdings nicht an der Sattelstütze, sondern an der Hinterradnabe des Zugrades fixiert und bietet somit ein wesentlich besseres Fahrverhalten durch einen deutlich niedrigeren Schwerpunkt. Ebenfalls besser ist bei diesem System die Abstützung des Kinderrades, womit das nachgezogene Rad immer in der Spur des Zugrades fährt, was zu einer besseren Fahrstabilität führt. Diese Tandemstange ist bis ca. 35 Kilogramm Gesamtgewicht des zu ziehenden Objekts und für Kinderräder bis maximal 20 Zoll zugelassen. Kleiner Nachteil der sehr sicheren Zugvariante ist der recht hohe Preis im Verhältnis zum möglichen Nutzungszeitraum.

Der Radmitläufer bzw. Trailerbike ist die bekannteste und älteste Form des Kindertransports mittels Kupplung an einem Erwachsenenfahrrad. Hierbei handelt es sich eigentlich nicht um ein Kinderfahrrad, sondern um ein halbes Fahrrad ohne Vorderrad und Lenkergabel. Der Mitläufer wird entweder an der Sattelstütze oder dem Gepäckträger des Zugfahrrades befestigt. Die Nachteile bezüglich des Fahrverhaltens sind die gleichen wie bei der Tandemstange. Der relativ hohe Schwerpunkt macht das Fahren mit einem Mitläufer zu einer sehr gewöhnungsbedürftigen Angelegenheit und fordert ein sehr konzentriertes Fahrverhalten des Erwachsenen. Ein weiterer Nachteil ist, dass das Kind bei Bedarf nicht selbst fahren kann, sondern immer gezogen werden muss. Ebenfalls ein Manko ist der »besetzte« Gepäckträger, der bei dieser Lösung auf Touren nicht über die Stange hinaus beladen werden kann.

Trailerbikes sind in der Regel für ein Gesamtgewicht von 40 Kilogramm des gezogenen Fahrzeuges und Kinder bis zu zehn Jahren zugelassen. Sie sind jedoch die teuerste Schleppvariante, können dafür aber auch am längsten genutzt werden.

Für alle Nachziehvarianten gilt, dass sie das Fahrverhalten des Zugfahrrades enorm beeinflussen und daher eine konzentrierte, vorausschauende und defensive Fahrweise des Erwachsenen voraussetzen. Auf langen und anstrengenden Touren jedoch kommt es immer zu Ermüdungserscheinungen und damit Konzentrationsschwächen, was die Fahrsicherheit beeinträchtigt. Das Gleiche gilt für das Kind, welches man nicht im Blickfeld hat und das bei langen Fahrten ermüden kann oder ebenfalls unachtsam wird. Entscheidet man sich dennoch für diese Transportart, sollte man auf Folgendes Wert legen:

Das zu schleppende Gewicht verändert das Bremsverhalten des Zugrades erheblich. Gute Bremsen des Erwachsenenfahrrades sind daher sehr wichtig. Die Gesamtkonstruktion sollte eine gute Stabilität aufweisen und die Verbindung zwischen Kinderrad/Trailer und Zugrad darf kein Spiel haben. Die Sattelstütze oder der Gepäckträger müssen der zusätzlichen Belastung standhalten. In der Vergangenheit ist es bei diversen Testreihen unabhängiger Institute zu Brüchen an Sattelstangen und Kupplungen gekommen. Lassen Sie sich daher bei einem guten Fachhändler ausführlich beraten und geben Sie an, für welchen Einsatz und Belastung das Gespann ausgelegt sein soll. Denken Sie auch daran, dass das Kind beim Fahren seinen Spaß haben soll, indem es aktiv mittreten kann. Dafür sollte das Kinderfahrrad oder der Mitläufer über eine Gangschaltung mit guter Übersetzung verfügen.

### Das Tandem und Spezialfahrrad

Die wohl sicherste und praktischste Form des Kindertransports auf Fahrradreisen ist die Mitnahme des Nachwuchses auf einem Tandem. Hierbei wird das Fahrverhalten des Gefährts durch die zusätzliche Person auf dem Fahrrad am wenigsten beeinflusst (vorausgesetzt diese Person zappelt nicht wie ein Fisch auf dem Trocknen). Doch auch das Tandemfahren will gelernt sein. Jedes Modell hat seine Eigenheiten, die man bei einer ausgiebigen Probefahrt kennen lernen sollte.

Auf einem klassischen Tandem mit angebautem speziellem Kindertretlager können Kinder ab ca. sechs Jahren, je nach Größe des Filius, als »Stoker« mitfahren. Der Begriff »Stoker« kommt aus dem Englischen und bedeutet so viel wie »Heizer«. Der Vordermann ist in jedem Fall Steuermann und hat alle Funktionen wie Lenken, Bremsen und Schalten unter seiner Kontrolle. Der Hintermann kann mittreten, wenn er möchte (oder auch nicht), da für fast alle Tandemmodelle inzwischen Freilaufsysteme erhältlich sind. Spezielle Familientandems sind vom Rahmenaufbau so konzipiert, dass der hintere Fahrer eine deutlich niedrigere Sitzposition einnehmen kann und ein zusätzliches Kindertretlager damit überflüssig wird. Man sollte bei dieser Art des Tandems auf einen tiefen Einstieg Wert legen, der es dem Kind erleichtert, aufzusteigen. Solche Modelle sind jedoch für sehr starke Größenunterschiede zwischen Elternteil und Kind nicht geeignet.

Bei einem Tandem, auf dem das Kind hinten sitzt, sollte man auf eine gefederte Sattelstütze für den »Stoker« nicht verzichten. Der Hintermann kann in den wenigsten Fällen Hindernisse oder Unebenheiten des Bodens rechtzeitig erkennen und sich auf den Schlag, der unweigerlich folgt, vorbereiten. Darin liegt auch die Gefahr beim Tandemfahren mit Kindern, wenn diese nicht im Sichtbereich sitzen. Sind sie abgelenkt oder sitzen nicht sicher mit beiden Händen an der Lenkerstange im Sattel, kann es bei einer unerwartet scharfen Bremsung, einer ruckartigen Bewegung des Hintermanns oder starken Erschütterung des Tandems bei Unebenheiten zu Stürzen kommen. Auch das plötzliche Einnicken kleiner Kinder kann man bei langen Fahrten nicht rechtzeitig erkennen.

Wenn Kinder auf einem Tandem hinten sitzen, sollte eine ständige Kommunikation zwischen dem vorne sitzenden Elternteil und dem Kind stattfinden, um kritischen Situationen rechtzeitig gemeinsam entgegenwirken zu können. Auch der Hintermann sollte bei der klassischen Form des Tandems auf langen Fahrradtouren schon über eine gewisse Fahrpraxis verfügen, weshalb es erst für Kinder ab ca. sechs bis sieben Jahren empfehlenswert ist, auch wenn sie schon früher darauf sitzen könnten.

Deutlich sicherer sind die Varianten des Tandems für Eltern und kleine Kinder, die gerade aus dem Anhängeralter herausgewachsen sind, bei denen der Nachwuchs vorne sitzt. Diese Tandems sind im Prinzip so aufgebaut wie ein Familientandem, nur dass die niedrigere Sitzposition in diesem Fall vorne ist und dennoch alle wichtigen Steuerfunktionen von der hinteren Sitzposition aus durchgeführt werden. Für diese

Tandems gibt es in der Regel ebenfalls Freilaufsysteme. Der große Vorteil dabei ist, dass man als Erwachsener das Kind immer im Blickfeld hat und das Verhalten der Kleinen während der Fahrt viel besser beobachten kann, ohne dass man sich nach hinten umdrehen oder fragen muss: »Was machst du eigentlich da hinten?« Auch einem Fehlverhalten der Kleinen kann sofort Einhalt geboten werden, »Lass bitte die Hände am Lenker und die Füße auf den Pedalen!« Ein weiterer Vorteil ist, dass schon sehr kleine Kinder bei dieser Variante des Tandems mitfahren können. Bereits ab drei Jahren können Sprösslinge, je nach Bauart des Tandems, vorne sitzen. Auf manchen Modellen können sogar Kindersitze für noch kleinere (passive) Mitfahrer montiert werden. Tandems dieser Art sind unter anderem das Modell »Compagnon« der Fa. »Huka B.V.«, das »Copilot« der Fa. »Hoening«, oder das »Kidz Tandem« des US-Herstellers »Brown cycles«.

Ebenfalls zu den Spezialrädern ist das Pino der Fa. Hase zu zählen. Dieses Liegeradtandem besitzt neben der Sitzposition des Kindes vorne noch einen weiteren, nicht zu verachtenden Vorteil. Auf diesem Tandem, welches eigentlich für zwei erwachsene Personen konzipiert ist, sitzt der Steuermann ebenfalls hinten. Vor ihm kann ein Kind ab ca. drei bis vier Jahren in einem Sitz – deshalb auch Liegeradtandem genannt – als Vordermann Platz nehmen und mittels eines angebrachten speziellen Kindertretlagers aktiv mittreten. Das Kind ist auf dem Sitz angeschnallt, kann sich während der Fahrt bequem zurücklehnen und auch einmal ein Nickerchen machen, was mit einem herkömmlichen Tandem nicht möglich ist.

Ebenfalls von der Fa. Hase ist das **Kindertrike** mit dem Namen »Trets«. Diese Sonderkonstruktion aus Kindertrailer, Liegerad und Trike ist ungemein flexibel einsetzbar. Als Mitläufer wird das Gefährt mittels Kupplung wie ein herkömmlicher Trailer an ein Erwachsenenfahrrad angehängt. Abgekoppelt wird das Liegerad zum selbstständig fahrenden Trike, mit dem selbst kleine Kinder sicher fahren können. Auf dem Kindertrailer sitzt das Kind sicher angeschnallt, kann mittreten und ebenfalls bei Ermüdungserscheinungen während der Fahrt schlafen.

Bei allen Tandems und Sonderrädern, die nicht nach sicherheitsrelevanten Kriterien für Kleinkinder gebaut sind, sollte man darauf achten, dass das Kind weder mit den Füßen noch mit den Händen in die fahrenden Räder kommen kann. Oftmals wird das Sichern der Füße durch Körbchen oder Fahrrad-Klickschuhen an den Pedalen empfohlen.

Der Nachteil aller Tandems und Spezialräder ist der enorm hohe Preis. Unter tausend Euro wird man kein neues Tandem erstehen können. Spezialräder kosten sogar noch erheblich mehr. Die Anschaffung eines Tandems oder Spezialrades lohnt daher nicht für eine einzige Reise. Man muss schon Enthusiast oder sehr häufig mit den Kindern auf diese Weise unterwegs sein, damit sich eine solche Investition auszahlt. Vielleicht kann man aber auch ein gebrauchtes Tandem erstehen oder es nach einer Reise wieder als fast neu verkaufen. Der Markt für gebrauchte Tandems ist durchaus groß und die Nachfrage hoch, sodass die Möglichkeiten des An- und Verkaufs äußerst gut sind.

Eine umfangreiche Auswahl an Transportmöglichkeiten für Kinder jeden Alters, vom Kinderanhänger bis zum Familientandem, findet man auf der alljährlich stattfindenden Spezialfahrradmesse »Spezi« in Germersheim bei Karlsruhe (im Internet zu finden unter www.spezialradmesse.de). In einem Fahrparcours kann man dort mit den verschiedensten Fahrrädern Probe fahren.

### Alles am Rad – Radausrüstung und wie verstauen

Mit Kindern radeln heißt in jedem Fall, mehr Gepäck dabei zu haben. Die tägliche sportliche Herausforderung besteht beim Radreisen mit der Familie nicht mehr im Kilometerschrubben, sondern in der Ausdauer und Kraft, die Gepäck-berge durch die Landschaft zu bewegen. Diesen Perspektivewandel vollziehen junge Eltern meist sehr schnell auf ihrer ersten Reise mit dem Nachwuchs, gerade im Windelalter. Dabei sind es nicht ausschließlich die praktischen und volu-minösen Kunststoffhosen, die das Mehrgepäck ausmachen. Vielmehr sind Eltern, die vom Wan-dern der Kinder wegen zum Radeln übergegan-gen sind, meist so begeistert über den neu ge-wonnenen Stauraum, dass sie fast zwanghaft versuchen, den zu Verfügung stehenden Raum möglichst komprimiert auszufüllen. Aber auch Eltern, für die eine ausgeklügelte Gepäcklogistik Neuland ist und die mit allen Mitteln versuchen, wichtige und unwichtige Ausrüstungsgegenstän-de irgendwie auf den Rädern aufzutürmen, soll-ten den Fehler, alle Taschen bis zum Rand voll-packen zu wollen, auf keinen Fall begehen. Egal was und wie viel man denkt zu benötigen: Zum einen sollten aus Sicherheitsgründen die Ge-wichtsbeladungsgrenzen der einzelnen Gefährte eingehalten und zum anderen immer genügend Stauraum für unterwegs gekaufte Dinge des täg-lichen Bedarfs wie Lebensmittel, Getränkefla-schen oder Windelpakete und Toilettenpapier vorgehalten werden. Bei einer Radreise ist es weit weniger schwierig als beim Wandern, sei-nen täglichen Lebensmittelbedarf zu decken und vor allem zu verstauen. Dann kommt man schon einmal in die Versuchung, ein wunderbar knuspriges, aber auch sehr großes Schwarzbrot zu kaufen, welches einen in der Dorfbäckerei so genüsslich anlacht. Hat man auf dem Rad jedoch nur die Möglichkeit, es verdichtet zu transportie-ren, sind die Gaumenfreuden schnell dahin.

Schwere und sperrige Ausrüstungsgegenstän-de (z. B. Gummistiefel der Kinder oder die Cam-pingküche) und Lebensmittel sollten nach Mög-lichkeit im Kinderanhänger oder einem Gepäckanhänger verstaut werden (sofern man mit einem unterwegs ist). Generell sollte man so viel Ausrüstung wie möglich im Kinderanhänger transportieren (ohne natürlich die Sicherheit des Kindes zu beeinträchtigen). Dies erspart einem in der Regel zusätzliche Radtaschen und somit

Gewicht. Einen der Größe des Kofferraums vom Kinderanhänger angepasster Plastikeimer ist ein guter Platz für Lebensmittel und geöffnete Ge-tränkeflaschen. Solch ein Eimer ist unterwegs für unendlich viele Gelegenheiten nützlich (Kin-der baden, »indisch« duschen, Wäsche waschen, Kinder bespaßen, Getränke und Lebensmittel kühlen usw.). Wickel- und Toilettenutensilien sowie Trinkflaschen und Lebensmittel sollten so gepackt sein, dass man sie jederzeit mit wenigen Handgriffen parat hat. Kinder fordern unter-wegs, ob nun aus Langeweile oder Aufmerksam-keitsdefizit, ständig nach irgendwelchen Magen-füllern.

Auf Radreisen sind wasserdichte Rollsäcke (gibt es auch mit praktischem Sichtfenster) empfeh-lenswert. Sie können quer über den Radtaschen auf dem Gepäckträger befestigt werden. Regen-kleidung, die meist recht schnell benötigt wird, kann man in solche Säcke als Letztes packen und hat somit bei Bedarf schnell Zugriff, ohne an den Radtaschen herumzufriemeln zu müssen. Um eine gute Stabilität der Säcke zu gewährleis-ten, sollten diese komprimiert gepackt sein (am besten mit Kleidungsstücken oder Schlafsä-cken). Bei Bedarf kann man auf ihnen bei schö-nem Wetter sogar gut seine Wäsche trocknen. Sehr hilfreich ist es, seine Ausrüstung nach einem logischen Prinzip in die Radtaschen zu packen und anschließend diese zu kennzeich-nen. Jeder Radler weiß, wie ärgerlich es ist, nach etwas zu suchen und erst in der letzten Tasche fündig zu werden. Man kann beispielsweise die Ausrüstung jedes Familienmitglieds in einer ei-genen Tasche verstauen und dann mit dem je-weiligen Namen versehen.

Für das Festzurren der Gegenstände und Säcke sind Spanngurte aus dem Outdoorfach-handel unentbehrlich. Von Gummibändern mit Hakensystem kann aufgrund der Flexibilität der-selben nur abgeraten werden (zu oft gab es schon schmerzhafte Verletzungen bei der Hand-habung). Vor Antritt der Fahrt sollte man sein gesamtes Gepäck auf spielfreie Sitzfestigkeit prü-fen und darauf achten, dass während der Fahrt keine Bänder in Speichen, Tretlager oder Zahnkränze gelangen können. Das Gleiche gilt auch für die Schnürsenkel der mitfahrenden Kinder. Hierbei sollte man auf lange Schnürsenkel verzichten oder Schuhe mit Klettverschlüssen bevorzugen.

Kinder, die selbst aktiv radeln, benötigen die gleiche Radausrüstung wie die Erwachsenen. Fahrradhelme sind für alle Familienmitglieder obligatorisch. Selbst Kinder, die im Anhänger sitzen, sollten einen Radhelm tragen. Alleine schon wegen des Zugehörigkeitsgefühls, welches dadurch geweckt wird. Kinder, die auf dem Rad starker Zugluft ausgesetzt sind, sollten Fahrradbrillen mit einem Seitenschutz (auch wegen unangenehmer Fliegen), winddichte Oberbekleidung und eine dünne Mütze tragen. Selbst bei warmer Witterung sind ärmellose Westen bei starkem Wind sinnvoll. Ebenso unentbehrlich ist beim Radfahren atmungsaktive Regenkleidung, vor allem bei Kindern, die sich wirklich ins Zeug legen und ausdauernd mittreten. Wie beim Wandern gilt, dass für den Nachwuchs Platz sein sollte für zwei bis drei Wechselgarnituren und Kleidung für alle Wetterlagen, was auch meist überhaupt kein Problem darstellt. Bei der Fahrradreise darf's bezüglich Kleidung schon mal ein bisschen mehr sein.

Ebenfalls nicht vergessen sollte man Ersatzteile für die Fahrräder und den Kinderanhänger sowie Reparaturwerkzeug. Doch auch hier übernimmt sich der unerfahrene Radler gerne und schleppt Ersatzteile mit sich, die er unterwegs wohl kaum benötigen wird oder die sich problemlos beschaffen lassen. In der Praxis geht dann meistens sowieso das kaputt, was man gerade nicht als Ersatzteil mit sich führt. Flexibilität und der Hang zur Improvisation erleichtern einem Radler das Leben unterwegs ungemein. Reist man durch Länder, in denen Ersatzteile Mangelware sind, ist diese Eigenschaft sogar notwendig.

Radelt man mit Sonderrädern wie Mitläufern oder einem Tandem, sollte man für diese Gefährte auf jeden Fall alle Ersatzteile mit sich füh-

ren, die im Reiseland keine gängigen Radkomponenten sind. Sprechen Sie vor der Reise mit Ihrem Radhändler oder einem Fahrradmechaniker, der Erfahrung mit Ihrem Sonderrad hat. Besprechen Sie mit ihm die Schwachstellen des Rades, suchen nach geeigneten Reparaturmaßnahmen im Falle eines Schadens und stellen Ersatzteile dafür zusammen. Jedes mitgenommene Werkzeug und alle Ersatzteile sollte man vor der Reise auf ihre Tauglichkeit im Ernstfall getestet haben. Sonst kann es einem passieren, dass man mitten in der Pampa plötzlich feststellt, dass der mitgeführte Ersatzschlauch aus der noch jungfräulichen Verpackung nicht auf den Reifen passt oder man das falsche Werkzeug eingepackt hat. Auch unterwegs sollte man häufiger ein Augenmerk auf die Technik des Rades haben und wichtige, sicherheitsrelevante Verbindungsteile täglich überprüfen.

Auf Radtouren darf eine gute und aktuelle Rad- oder Straßenkarte, die auf jeden Fall Kilometerangaben,und im besten Fall Höhenlinien besitzen sollte, ebenfalls nicht fehlen. Möchte man unterwegs zelten, sind eingezeichnete Campingplätze Gold wert. Spezielle Radwanderkarten für ein bestimmtes Gebiet sind für einen Radler zwar schön, weil sie viele für Radler relevante Beschreibungen beinhalten, aber nicht unbedingt notwendig. Der Nachteil von gebietsoder tourenspezifischen Karten ist, dass oftmals nicht alle Straßen und mögliche Alternativstrecken sowie Routen eingezeichnet sind. Einen wichtigen Punkt beispielsweise lassen die meisten Radwanderkarten vermissen: Informationen über die durchgängige Befahrbarkeit von Fahrradwegen (ohne unüberwindbare Hindernisse) mit einem breiten Kinderanhänger.

Da man im Ausland meistens auf Autostraßen unterwegs sein wird, ist eine gute Autostraßenkarte des Landes und Gebietes, welches man beabsichtigt zu befahren, durchaus ausreichend. Wichtig dabei ist, dass diese Karte möglichst viele Nebenstraßen eingezeichnet hat, auf die man bei starkem Verkehrsaufkommen ausweichen kann. Bei nationalen Automobil- und Radclubs sowie den Fremdenverkehrsämtern (hier meist kostenlos) des Reiselandes kann man gute Straßenkarten erstehen. Der Allgemeine Deutsche Fahrradclub führt auf seiner Internetseite unter »Europa-Infos« für fast alle Länder Europas Bezugsquellen für Straßen- und Radwanderkarten sowie Reiseführer auf (Internetadresse auf S. 129).

## Transport der Fahrräder zum und im Reiseland

Bei den wenigsten Radreisen, die ins Ausland führen, startet man seine Tour direkt von zu Hause. Somit ist die Überlegung »Wie kann ich die Fahrräder und das Gepäck zum Tourenausgangspunkt und wieder zurück befördern?« eine der wichtigsten bei einer Reiseplanung mit dem Fahrrad. Ebenfalls sollte man sich vor der Reise Gedanken über einen möglichen und im besten Fall unkomplizierten Fahrradtransport im betreffenden Reiseland machen. Gerade mit Kindern ist der Radius von Radlern sehr klein und es müssen unter Umständen lange, schwierige oder uninteressante Etappen mit anderen Verkehrsmitteln überbrückt werden. Wie bequem oder schwierig sich der Transport der Ausrüstung unterwegs gestaltet, hängt zum einen vom Reiseland und seinen Möglichkeiten ab, aber auch von der Wahl des Verkehrsmittels, welches man im betreffenden Land für die An-, Weiter- oder Abreise bestimmt.

### Die Anreise mit dem Pkw

Wählt man die Anreise mit dem eigenen Pkw zum Ausgangspunkt einer Radtour und zur Überbrückung von Streckenabschnitten, ist die sichere Verwahrung des motorisierten Vehikels während der Tour ein Problem, mit dem man sich auseinandersetzen muss.

Sofern es am betreffenden Standort bewachte Dauerparkplätze überhaupt geben sollte, sind diese bei einer Tour von mehreren Tagen oder gar Wochen eine sehr teure Parkvariante. Eine hundertprozentige Sicherheit gegen Beschädigung oder Diebstahl eines für einen längeren Zeitraum abgestellten Pkws gibt es, auch bei bewachten Parkplätzen, leider nicht. Je nach Reiseland oder Gebiet sind die Gefahren entweder hoch oder abschätzbar gering. Vor Ort kann man jedoch mit etwas Erfahrung und Voraussicht einen geeigneten Abstellplatz für einen längeren Zeitraum wählen.

Relativ sichere Parkmöglichkeiten bieten die Straßen von »besseren« Wohngegenden und Neubausiedlungen, in denen viele Familien leben. Dort fällt eine typische Familienkutsche auf den ersten Blick nicht als fremdes Fahrzeug auf. Besonders darauf achten sollte man hierbei, dass man keine Anwohner behindert, Ausfahrten und Gehwege beengt oder versperrt und natürlich – und das gilt in jedem Fall – Parkverbote (auch zeitlich begrenzte) berücksichtigt. In der Nähe von Gemeindehäusern, öffentlichen Einrichtungen und auf Sportgeländen wie Fußballplätzen oder Schwimmhallen kann man oftmals kostenfrei für einen längeren Zeitraum seinen Wagen abstellen. Auch die Parkplätze an Schulen sind *während der Ferienzeiten* eine gute Parkgelegenheit. Wer sein Auto sehr sicher parken möchte, sollte es in unmittelbarer Nähe zu Polizeiwachen abstellen, sofern das dort keinen Straftatbestand darstellt. Auch in Innenstädten bei Rathäusern und öffentlichen Gebäuden ist das Parken sicherer als in schwach belebten Gegenden wie beispielsweise ausgewiesenen Industriegebieten, in denen man auf der Suche nach einem Parkplatz allerdings immer fündig wird. Natürlich wird es, je weiter man in die Städte vordringt, immer schwieriger, einen Langzeitparkplatz ohne zeitliche Einschränkungen zu finden. In Kleinstädten und Dörfern ist das oft weniger problematisch. Aus eigener Erfahrung eignen sich Friedhofsparkplätze häufig als Langzeitabstellplatz. In unsicheren Vierteln der Großstädte wie Bahnhofs-, Flughafen- oder Hafengegenden sollte man sein Fahrzeug lieber nicht unbeaufsichtigt über einen längeren Zeitraum abstellen. Öffentliche Großparkplätze und »Park & Ride«-Plätze, welche meistens am Rande der Städte liegen, sind zwar eine bequeme Anlaufstelle für Reisende, jedoch eignen sich diese Plätze nicht immer für eine sichere Aufbe-

Warten auf die Fähre in der Pole-Position

wahrung des eigenen Autos über einen längeren Zeitraum. Weiß man doch nie, für welche Veranstaltungen, wie Kirmes, Messen oder kulturelle Veranstaltungen solche Plätze während des Aufenthalts genutzt werden. In kleineren Städten und auf dem Land ist das lange Parken eines Wagens immer sicherer und man findet einfacher einen geeigneten Abstellplatz als in den Ballungszentren der Großstädte. Fragen Sie hier Einheimische vor Ort nach geeigneten Abstellplätzen oder bitten Sie um eine längere Parkgelegenheit auf oder an Campingplätzen.

*Fahrradmitnahme im Flugzeug*

Die Fahrradmitnahme im Flieger stellt in der heutigen Zeit eigentlich kaum noch ein größeres Problem dar, benötigt jedoch mit dem Ausrüstungsumfang, den eine Familie mitbringt, eine intensive Vorbereitung und Planung schon bei der Buchung. Bei den niedrigen Freigepäckgrenzen vieler Airlines kann es zu empfindlichen Zuschlägen kommen, weshalb man sich über die Kosten des Fahrradtransports sehr ausführlich bei den Airlines erkundigen sollte.

Fahrräder müssen bei einer Buchung immer angemeldet werden, egal unter welchen Voraus-

setzungen sie befördert werden. Bei manchen Airlines gelten sie als Sportgerät und somit Sondergepäck und werden außerhalb der Freigepäckgrenzen mit einer Kostenpauschale befördert. Die Kosten belaufen sich bei Langstrecken meist auf 50–100 €, bei Kurzstrecken innerhalb Europas auf ca. 20–50 € (für eine einfache Strecke pro Fahrrad). Dafür muss das Fahrrad bei der Buchung als Sportgerät angemeldet sein. Diese Beförderungsbedingung ist für Familien die beste Möglichkeit der Mitnahme, da die Freigepäckgrenzen dadurch nicht angetastet werden.

Bei anderen Airlines ist eine Fahrradmitnahme nur innerhalb der Freigepäckgrenzen, jedoch ohne Aufpreis, möglich, was einen bei einem Gepäcklimit von 20 kg pro Person zu rigorosen Sparmaßnahmen zwingt – bis hin zur Aufgabe seiner Pläne. Je nach Reiseziel und Airline können auch zwei Gepäckstücke zu je 23 kg pro Person als Freigepäck gelten (wird jedoch immer seltener), womit eine Fahrradmitnahme wieder einfacher möglich ist.

Für Kinder unter zwei Jahren gibt es in der Regel weniger Freigepäck (meist 10 kg), aber man darf für jedes Kind in diesem Alter einen

Kinderwagen als Freigepäckstück mitführen. Haben Sie einen Fahrradkinderanhänger mit Kinderwagenfunktion (Buggyräder), kann man versuchen, diesen als Kinderwagen (sogar bis ans Gate) mitzunehmen. Als Kinderwagen muss er ebenfalls bei einer Buchung angemeldet werden. Hier sollte man die Größe möglichst verschweigen, wenn nicht explizit danach verlangt wird. Am Flughafen kann man dem Bodenpersonal den Fahrradkinderanhänger als Kinderwagen »verkaufen« – das klappt fast immer. Muss er aufgrund seiner Größe dennoch eingecheckt werden, gilt der Radanhänger in der Regel als Freigepäck und wird nicht gewogen.

Kommt man mit Kindern an den Schalter, wird generell bezüglich Freigepäckgrenzen das ein oder andere Auge schon einmal zugedrückt. Überschreitet man diese nicht in hohem Maß, bekommt man in der Regel keine Schwierigkeiten – verlassen kann man sich darauf natürlich nicht.

Werden die Freigepäckgrenzen jedoch deutlich überschritten, können die Fahrräder automatisch als Übergepäck gelten. Dann kann man sein Rad getrost wieder nach Hause bringen oder am Flughafen verschenken. Die Kosten pro Kilogramm Mehrgepäck sind horrend und daher inakzeptabel. Auch der Gedanke, das Fahrrad als Frachtgut per Flieger oder Schiff ins Reiseland vorauszuschicken, sollte man schnell wieder verwerfen. So eine Verschickung kostet je nach Land und Strecke in etwa dasselbe wie ein weiteres Flugticket.

Egal unter welchen Voraussetzungen Fahrräder transportiert werden, Sie sollten sich immer die Mitnahme unter Angabe der Beförderungsbedingungen schon bei einer Buchung *schriftlich* von der Fluggesellschaft bestätigen lassen. Aus eigener Erfahrung sind bei der Buchung versprochene mündliche Zusagen bezüglich den Beförderungsbedingungen am Schalter nicht mehr viel Wert, was unter Umständen zu unangenehmen Missverständnissen führen kann.

Kostenpauschalen für Sondergepäck werden in der Regel ebenfalls am Flughafen gezahlt und können schon einmal höher ausfallen als im Reisebüro angegeben. Lassen Sie sich auch hier einen schriftlichen Ausdruck aushändigen oder bezahlen Sie die Pauschale schon bei der Buchung (falls dies möglich ist) und lassen sich diese quittieren. Je mehr man schon vor Ankunft am Flughafen geklärt hat, umso weniger Zeit benötigt man am Schalter, was viel Zeit spart und die Nerven weniger strapaziert.

Komplizierter ist der Radtransport bei langen Flügen mit Zwischenstopps. Werden die einzelnen Flugrouten von verschiedenen Airlines geflogen, kann es im fernen Ausland manchmal schwierig werden, den Transport in der zugesagten Form zu verwirklichen.

Für jegliche Art von Gepäckstücken gelten Gewichtsgrenzen und Maximalgrößen. Das Maximalgewicht pro Gepäckstück liegt meist um die 30 kg. Ferner darf es eine bestimmte Länge und Breite nicht überschreiten. Es muss eine handliche Größe haben, weshalb viele Fluggesellschaften das Verpacken eines Fahrrades vorschreiben. Hiermit steht man vor der nächsten Herausforderung. Wie verpacken – und vor allem dann die leeren Kartons im Urlaubsland zwischenlagern? Manche Airlines bieten hierfür Fahrradboxen an (nicht immer kostenlos), welche man am Zielflughafen zurücklassen kann. Für Kinderräder bieten sich spezielle Fahrrad-Verpackungstaschen oder Radkoffer an, in denen man kleinere Räder kompakt verstauen kann. Diese Spezialtaschen kann man im Fahrradversandhandel oder beim nächsten Fahrradhändler erstehen. Der Gang zu Ihrem Fahrradhändler ist in diesem Fall sehr hilfreich. Er kann Sie mit kostenlosen Fahrradversandkartons versorgen und Ihnen Tipps geben für ein möglichst sicheres Verpacken und Verstauen des Rades.

Leere Radkartons kann man an vielen Flughäfen bei der Gepäckaufbewahrungsstelle für die Zeit des Urlaubs deponieren, was jedoch nicht immer kosten- und problemlos möglich ist. Man kann auch versuchen, sie bei seiner ersten Unterkunft zu hinterlassen. Campingplätze und andere Unterkünfte in Städten mit internationalem Flugverkehr und einem hohen Radtourismusaufkommen haben sich bereits darauf eingestellt und bieten diesen Service ganz selbstverständlich (wenn auch nicht immer kostenlos) an.

Hat man die Wahl, sollte man sein Fahrrad nicht aufwändig verpacken. Ganz schadenfrei wird man in den seltensten Fällen davonkommen, ob nun ohne oder mit Verpackung und tausend »fragile«-Aufklebern. Gerade verpackte Räder werden oft unsanfter behandelt als unverpackte. Für das Befördern von Fahrrädern gelten bei den Fluggesellschaften verschiedene Vorschriften. Eines jedoch ist fast immer gleich: Die Pedale müssen abgenommen werden, die Räder arretiert, der Lenker zum Rad eingedreht und die Luft aus den Reifen gelassen werden. Wird man dazu aufgefordert, Luft aus den Reifen zu lassen, sollte man dies auf keinen Fall vollständig tun. Sonst kann es zu Schäden an den Felgen kommen. Häufig wird man noch dazu angehalten, scharfe Kanten abzukleben, was durchaus auch sinnvoll für andere zerbrechliche Teile am Rad ist. Im besten Fall nimmt man alle empfindlichen Teile wie Tacho, Licht oder Sattel von selbst ab und verstaut sie im Handgepäck. So kann man auch mit allen anderen abnehmbaren und schweren Teilen verfahren, um das Gesamtgewicht des Rades zu minimieren.

Eine weitere länderspezifische Besonderheit ist: Fahrräder und Kinderanhänger müssen bei der Einreise nach Australien, Neuseeland und Nordamerika sauber sein und dürfen keine übermäßigen Dreck, Gras und Schlammspuren aufweisen!

Fahrräder werden übrigens immer über einen Sperrgepäckschalter am Reiseziel ausgegeben, was oftmals ein wenig länger dauert als das normale Gepäck, welches über dem Gepäckband ankommt.

Neben dem Minimieren des Gewichtes der Räder sollte man versuchen, möglichst wenige, große Gepäckstücke zu packen. Mit vielen kleinen Taschen ist es schwieriger, am Schalter den Überblick zu behalten, und das Personal schaut bei der optisch größeren Masse deutlich genauer auf die Einhaltung der Gepäckgrenzen. Von der Fa. Vaude gibt es eine praktische Reisetasche, in der man vier große Radtaschen verstauen kann. Wenige große Rollsäcke sind besser als viele kleine. Man kann auch mehrere kleine Taschen in einen großen Müllbeutel stecken und mit Klebeband oder Spanngurten zu einem großen Paket verschnüren. Dabei sollte man immer die Gesamtgröße und das Gewicht im Auge behalten.

Alle vom Rad abgenommenen Teile und Gegenstände wie Fahrradwerkzeug oder Reparaturset, die im Handgepäck mitgeführt werden, dürfen in den Augen der Sicherheitsbeamten nicht als Waffe gelten. In der heutigen Zeit wird selbst ein harmloser Inbusschlüssel als gefährliche Waffe betrachtet. Alle Gegenstände, die dem Sicherheitspersonal fremd sind, können unter Umständen rigoros konfisziert werden. Dazu zählen beispielsweise auch Kettenspray, Schlauchkleber oder Kabelbinder. Welche Gegenstände als Gefahrengut gelten, sollte man am besten vorher bei der Fluggesellschaft erfragen.

Vollkommen entspannt wird das Fliegen mit Fahrrädern sicherlich nicht verlaufen, auch wenn es weit weniger anstrengend ist, als mancher annehmen mag. Hat man die Möglichkeit, sein Gepäck schon am Vortag einzuchecken, sollte man diese auf jeden Fall wahrnehmen. Um lange Wartezeiten vor dem Schalter zu vermeiden, ist es sinnvoll, möglichst bald am Flughafen zu sein. Ist man erst einmal von seiner großen Last befreit, hat man so genügend Zeit und Ruhe, sich mental auf den anstehenden Flug vorzubereiten. Die Kinder können sich auf dem Flughafengelände noch zwanglos bewegen oder von der Ausflugsterrasse mit Spannung die abfliegenden oder ankommenden Flugzeuge bewundern. Sie werden erstaunt sein, wie kurz eine lange Wartezeit sein kann.

Ist man am Urlaubsziel angekommen und möchte direkt vom Flughafen aus mit den Fahrrädern starten, kann dies in vielen Fällen schwierig bis gar unmöglich sein. Große, internationale Flughäfen können häufig nur über Autobahnen und große Zubringerstraßen erreicht werden, auf denen das Fahren mit Fahrrädern oftmals verboten ist. Um die Ankunft entspannter angehen zu können, sollte man schon daheim in Erfahrung bringen, auf welchen Straßen man den Flughafen verlassen kann. Ansonsten wird man auf Großraumtaxis oder Shuttlebusse angewiesen sein.

Der Fahrradtransport mit dem Flugzeug innerhalb des Reiselandes ist wegen der oft kleineren Maschinen und damit oft niedrigeren Freigepäckgrenzen kaum eine kostengünstige Transportvariante gegenüber anderen öffentlichen Verkehrsmitteln wie Bus oder Bahn und kommt daher höchstens in großen Staaten wie beispielsweise Kanada, USA, China oder Australien infrage.

*Fahrradtransport mit der Bahn innerhalb Europas*

Die sehr umweltfreundliche Anreiseart mit der Bahn ist für fahrradfahrende Familien mit Kindern (vor allem kleinen) nur mit einer sehr genauen vorherigen Planung und guter Organisation während der Reise zu empfehlen. Die Zugverbindungen zum Reiseziel sollten möglichst durchgängig und mit wenig bis keinen lästigen Umsteigen verbunden sein. Wer schon einmal mit mehreren Kindern und Fahrrädern verreist ist, kann sicherlich ein Lied von Ankunfts- und Abfahrtssituationen singen, die an Verfolgungsszenen aus einem kitschigen Krimi erinnern. Wer das Abenteuer einer Fahrradreise mit seiner Familie in Verbindung mit der Bahn eingehen möchte, sollte möglichst Bodybuilder, Spitzensportler, Yogalehrer, Ausbilder bei der Bundeswehr oder absoluter Bahnfahrspezialist sein, um den auf sich zukommenden Herausforderungen bestens gewachsen zu sein.

In jedem Land herrschen zur Fahrradmitnahme im Zug andere Beförderungsbedingungen zu unterschiedlichen Preiskonditionen. Alleine in Deutschland kann man sich im Beförderungsvorschriftendschungel der einzelnen Bahn- und Verkehrsbetriebe verlieren. Grundsätzlich ist die Fahrradmitnahme auf deutschen Strecken im Fernverkehr in folgenden Zügen möglich: Inter-

Regio (IR), InterCity (IC), EuroCity (EC). Die Fahrradmitnahme im InterCityExpress (ICE) ist bisher ausgeschlossen (Stand Dezember 2013).

Deneben können in vielen grenzüberschreitenden Fernzügen wie dem EuroNight (EN), CityNightLine (CNL) und UrlaubsExpress (UEx) Fahrräder transportiert werden. Hier sollte man unbedingt wissen, dass grenzüberschreitende Nachtzüge während der Fahrt an Verkehrsknotenpunkten der Bahnen oftmals geteilt werden und man beim Einsteigen darauf achten muss, dass das Gepäck auch zum gewünschten Zielbahnhof fährt. Sonst wird aus dem geplanten Radelurlaub eine Wander(tor)tour. Auch die bequemen Wagenstandsanzeiger, die einem auf den Gleisen den Punkt anzeigen, an dem der Gepäckwagen hält, sind nicht in jedem europäischen Land üblich. Hier heißt es entweder vorher fragen oder bei Zugankunft in kurzer Zeit sportliche Höchstleistung vollbringen.

Im nationalen und internationalen Fernverkehr ist eine Fahrradmitnahme grundsätzlich reservierungspflichtig und Fahrräder sowie Anhänger benötigen je eine eigene Fahrkarte. Für die Fahrradmitnahme im europäischen Ausland benötigt man eine »internationale Fahrradkarte«, welche beim Kauf eine Platzreservierung automatisch beinhaltet. Sonderräder wie Tandems oder Liegeräder bedürfen einer Reservierung spezieller Stellplätze (in Deutschland). Die Tickets für Fahrräder gelten, auch im internationalen Fernverkehr, in der Regel nur für Einzelfahrten. Fahrradkarten für die Rückreise können daher meistens erst im Abfahrtsland erworben und nicht schon bei der Hinreise gekauft werden.

Im Nahverkehr in Deutschland können Fahrräder und Anhänger auch ohne vorherige Reservierung mitgenommen werden, falls im betreffenden Zug im Fahrradabteil noch Platz vorhanden ist. Im europäischen Ausland dagegen wird die Fahrradmitnahme im nationalen Schienenfern- und -nahverkehr sehr unterschiedlich gehandhabt. Grundsätzlich ist die Fahrradmitnahme im Urlaubsland unkompliziert, wenn ein Land wenig durch öffentliche Reglementierungen beherrscht wird. Die Beamten

Bike & Bahn – ein Abenteuer nicht nur für Kinder

vor Ort drücken auch schon mal ein Auge zu, wenn sie einer Familie mit Kindern damit weiterhelfen können. Der »Kinderbonus« öffnet einem auch hier Türen.

Die Kosten für eine Fahrradmitnahme mit der Bahn sind erfreulich niedrig. Eine Fahrradkarte im deutschen Bahnverkehr kostet zwischen 5 und 10 €, im internationalen Fernverkehr in Europa etwa 10 € sowie in grenzüberschreitenden Nacht- und Sonderzügen ab 15 € (alles Einzelfahrtpreise). Innerhalb Deutschlands können Fahrradkarten mit diversen Ticketarten und Vergünstigungen wie Bahncard, Schönes-Wochenende-Ticket oder Ländertickets erworben werden. Manche Sondertickets beinhalten eine kostenlose Fahrradmitnahme.

Der Fahrradversand ist eine weitere Möglichkeit, die Anreise mit der Bahn und ohne anstehendes Gepäckchaos am Bahnsteig zu ermöglichen. Hierbei werden die Fahrräder einige Tage vor Abreise von einem Spediteur daheim abgeholt und mit der Bahn zum jeweiligen Reiseziel vorausgeschickt. Die dafür geltenden Beförderungsbedingungen und Tarife sind für jedes Reiseland sehr unterschiedlich und auch nicht in jedes Land möglich. Am besten informiert man

sich hierüber in einem Reisecenter der Bahn oder seinen Reiseagenturen.

Auf der Internetseite der Deutschen Bahn (www.bahn.de) findet man unter »Bahn & Bike international« detaillierte Informationen zur Fahrradmitnahme und die Tarife einiger Länder Europas. Zusätzlich hält sie eine kostenlose Informationsbroschüre »Bahn&Bike« mit vielen hilfreichen Tipps zum kostenlosen Herunterladen bereit. Weitere hilfreiche Informationen über eine Bahnreise mit Fahrrad bekommt man unter anderem im Internet unter:

> www.vcd.org
Der Verkehrsclub Deutschland hält zahlreiche Auskünfte zu diesem Thema bereit und bietet eine Informationsbroschüre mit dem Titel »Zügig durch Europa« (für Mitglieder kostenlos) an.

> www.adfc.de
Der Allgemeine Deutsche Fahrradclub bietet zahlreiche gute Informationen zum Planen einer Reise mit der Bahn und dem Fahrrad.

Weitere hilfreiche Internetadressen zum diesem Thema finden Sie im Kapitel »Die Anreise mit der Bahn« unter »Internettipps zum Thema Bahnreisen in Europa« (S. 78).

*Der Fahrradtransport mit dem Bus
und der Fähre*

Eine weitere An- und Abreisemöglichkeit für Familien, die innerhalb Europas eine Radtour planen, sind private Reisebusunternehmen, die mit Bussen und speziellen Fahrradgepäckanhängern quer durch Europa viele bekannte Radwanderwege ansteuern. Einer der größten Anbieter ist Bike & Bus Euroshuttle (www.bike-und-bus.de).

Je schwieriger der Fahrradtransport mit der Bahn innerhalb eines Landes zu bewältigen ist, umso einfacher ist dieser auf der Straße. In Ländern mit einem hohen Radtourismusaufkommen stellen sich öffentliche und viele private Verkehrsbetriebe auf diese Klientel ein. Die problemlose Fahrradmitnahme in Bussen ist oftmals weniger von den Vorschriften der nationalen Verkehrsbetriebe eines Landes abhängig, als vielmehr von der Größe der Gepäckräume der Busse und der Einstellung der einzelnen Busfahrer zu Radreisenden. Hier kann man in allen Ländern der Erde die unterschiedlichsten Erfahrungen, selbst innerhalb eines Landes, sammeln. Informationen über öffentliche und private Busunternehmen, die Fahrräder transportieren, und ihren Linien, erhält man am einfachsten in den Fremdenverkehrsämtern des Reiselandes.

Unkompliziert gestaltet sich die Fahrradmitnahme auf Fähren und Schiffen. Hier gibt es, verglichen mit allen anderen öffentlichen Verkehrsmitteln, die wenigsten Probleme. Die Radbeförderung innerhalb eines Landes von und zu Inseln und über Wasserstraßen ist in der Regel ohne Voranmeldung oder Reservierung möglich. Fahrräder werden ebenso wie Motorräder in den meisten Fällen vor den wartenden Autokolonnen verladen und im Autodeck an den Bordwänden der Fähren mit zur Verfügung stehenden Seilen und Spannbändern gegen das Umfallen gesichert. Selbst kleine Schiffe und Kutter, die keinen Fahrzeugtransport bedienen, nehmen in vielen Fällen zumindest Fahrräder mit, sofern dies aus Platzgründen möglich ist.

Die Preise für den Fahrradtransport auf Schiffen und Fähren sind eigentlich immer sehr niedrig. Sie kosten meist kaum mehr (oftmals sogar weniger) als der Personentransport.

## Radelstrecken und Etappeneinteilung

Mit Kindern wird man unter gleichen äußerlichen Bedingungen wie Wettereinflüssen und Wegverlauf etwa die Hälfte an Kilometern zurücklegen, als wäre man ohne Nachwuchs unterwegs. Sicherlich gibt es auch Familien, die prozentual gesehen mehr Kilometer mit Kindern bewältigen. Es kommt maßgeblich auf das Alter der Kinder, die Kraft und Ausdauer der einzelnen Familienmitglieder und die Einstellung der Eltern an, was sie ihren Kindern zutrauen. Bei den meisten radelnden Familien steht jedoch nicht die täglich zurückgelegte Kilometeranzahl im Vordergrund, sondern das Erlebnis Fahrradfahren mit ihrem Nachwuchs. Und so sollte es auch sein. Kinder entwickeln nur dann eine Freude am Radfahren, wenn man auch bei dieser sportlichen Betätigung auf ihre Bedürfnisse eingeht.

Mehrere Spielpausen als Bewegungsausgleich zum Radeln sind daher sehr wichtig, vor allem für Kinder, die während der Fahrt in einem Anhänger sitzen. Ball- und Gymnastikspiele während der Pausen lockern die steif gewordenen Glieder der Kids (wie auch die der Erwachsenen). Während der Fahrt können geeignete Rate- und Wortspiele oder lustige Lieder die Stimmung aufhellen und langweilige Fahrpassagen überbrücken. Meistens jedoch gibt es während der Fahrt für Kinder so viel zu sehen und zu erleben, dass man auf solche Maßnahmen nur selten zurückgreifen muss.

Der Wegverlauf hat bei Familientouren einen großen Einfluss auf die Stimmung aller Beteiligten und die Länge der Tagesetappen. Mit Nichtfahrern auf oder am Rad und dem deutlichen Mehr an Gepäck sind steile Anstiege meist nur noch schiebend zu bewältigen. Das kostet viel Zeit, in der sich das Landschaftsbild nur langsam verändert und es somit für Kinder schnell langweilig wird. Hierbei sind Eltern in zweierlei

Hinsicht gefordert: den Nachwuchs bei Laune zu halten und zusätzlich einen enormen Kraftakt zu vollziehen. Dies sollte man schon bei der Tourenplanung zu Hause berücksichtigen und je nach persönlicher Radelerfahrung und körperlicher Kondition seine Routen bedacht auswählen. Dies ist auch in Bezug auf die Entfernungen der einzelnen Übernachtungsmöglichkeiten im Verhältnis zur maximalen Tagesleistung wichtig. Wie weit liegen Campingplätze oder feste Unterkünfte auseinander und können diese auch bei schwierigen Etappen mit wenig Kilometerleistung am Tag erreicht werden oder muss man sich auf Nächte in der freien Natur einstellen? Selbst wenn passionierte, sportliche Radler es manchmal nicht wahrhaben wollen: Unter schwierigen Bedingungen kann mit Kindern eine maximale Tagesetappe durchaus nur 20–30 Kilometer betragen. Die realistische Tagesdurchschnittsleistung radelnder Familien liegt bei 40–50 Kilometern.

Auch das Wetter hat einen nicht unwesentlichen Einfluss auf die Länge der Tagesetappen und bei den Kindern auf die Freude am Fahrradfahren. Nass werden auf dem Fahrrad, das mögen die wenigsten. So sollte man auch nach diesem entscheidenden Kriterium sein Reiseland und die Tour wählen. Wischen Sie mögliche Bedenken gegenüber widrigen Wettererscheinungen nicht einfach mit naivem Optimismus beiseite, sondern nehmen das örtliche Klima im Reiseland durchaus ernst. Wenn ein Land für ein bestimmtes Wetter berüchtigt ist, dann niemals zu Unrecht. Auf das Glück der erfreulichen Ausnahme sollte man sich in keinem Fall verlassen, sondern dem Reiseziel und seinen Wettererscheinungen gewachsen sein (→ »Das alles entscheidende Kriterium Wetter«, S. 285).

Fährt man mit einem Kinderanhänger, können größere Kinder bei starken Regenschauern unter Umständen beim kleineren Geschwisterchen im Anhänger Unterschlupf finden. Hat man keine Möglichkeit, seine Kinder regensicher zu »verstauen«, helfen nur ständig wiederholte Durchhalteparolen oder stoische Gelassenheit gegenüber meckernden Kids. Wird das Fahrrad-

fahren aufgrund schlechter Witterung zu mühselig, sollte man den Kindern zuliebe Zwangspausen eingelegen oder die Tagestour vorzeitig abbrechen.

Die Einteilung der Fahrzeiten am Tag sollte sich ebenfalls an den Bedürfnissen der Kinder orientieren. Bei Kindern, die während des Tages noch regelmäßig schlafen, kann man während der Ruhephasen der Kleinen die meisten Tageskilometer zurücklegen. Am Morgen sind mitradelnde Kinder noch wesentlich konzentrierter und körperlich fitter, weshalb man mit ihnen den größten Teil (etwa zwei Drittel) der Tagesetappe bis zur Mittagszeit bewältigt haben sollte.

Auf längeren Radtouren ist es sinnvoll, in regelmäßigen Abständen radelfreie Tage einzuplanen. An solchen Tagen können sich Kinder wie Erwachsene von den körperlichen Anstrengungen erholen und ausgleichende Aktivitäten unternehmen. Mit einem guten Reiseführer kann man schon lange vorher den geeigneten Ort für eine Radelpause auskundschaften. Die schönsten Orte zum längeren Verweilen findet man jedoch erfahrungsgemäß spontan. Ein gut ausgestatteter Campingplatz oder ein sehr schön am Meer gelegenes Hostel laden zwangsläufig zum Pausieren ein. Den Kindern genügt sowieso die Natur, ein kleiner Spielplatz, ein Hallen- oder Freibad oder eine Minigolfanlage auf dem Campingplatz für einen gelungenen Faulenztag.

**Buchtipps für die Planung einer Radreise:**
> »Das Europa Bike Buch« des Verlages »Reise Know-how«:
Stellt ausnahmslos alle Länder Europas nach radelrelevanten Gesichtspunkten vor. Alphabetisch nach Ländern gegliedert, mit Sehenswürdigkeiten und Radrouten in den einzelnen Regionen der Länder. Daneben viele Kontaktadressen von Fremdenverkehrsämtern, Übernachtungsverzeichnisse und nationale Verkehrsbetriebe. Hilfreich bei der Suche nach speziellen Tourenkarten und Radreiseführern. Sehr gut geeignet für die Wahl eines Reiseziels

innerhalb Europas und eine grobe Routenplanung.

> »Fahrrad Weltführer«, Verlag »Reise Know-
how«:
Beinhaltet hervorragende Grundinformationen über das Reisen mit dem Rad wie
Gesundheitsvorsorge und medizinische Versorgung im Ausland, Radausrüstung, Gefahren
unterwegs, Radeln in verschiedenen Klimazonen und durch unterentwickelte Regionen
sowie Entwicklungsländer usw. Außerdem
stellt es die Kontinente (außerhalb Europas)
hinsichtlich radelrelevanter sowie kultureller
und gesellschaftlicher Bedingungen vor. Dieses Buch wendet sich allerdings eher an Rad-
nomaden und Extrembiker (ist dennoch die
Bibel aller Fahrradbegeisterten).

**Informationen im Internet:**

> www.adfc.de
Der Deutsche Allgemeine Fahrradclub bietet
zahlreiche Tourentipps für Europa und den
Rest der Welt. Unter »Europa-Infos« werden
fast alle Länder Europas vorgestellt und viele
hilfreiche Informationen zu den Ländern für
Radreisende zur Verfügung gestellt (auch ohne
Mitgliedschaft). Unter »Euro-Velo« findet man
einen Routenplaner für alle Fernradwege
Europas.

> www.rad-reise-service.de
Das Informationsportal rund ums Fahrrad bietet neben einem umfangreichen Radtouren-
verzeichnis weltweit (hauptsächlich Europa)
zahlreiche Informationen zum Thema »Kinder
und Fahrrad fahren«.

## Reisebericht: Lateinamerika

*»Mit Kindern Träume leben«*
*Eine Familienreise mit dem Fahrrad von Mexiko bis Feuerland (Anja und Hannes Seidl)*

Ein Jahr lang radelten Anja und
Hannes Seidl mit ihren zwei Kindern Oskar, drei Jahre alt, und Sophie, ein Jahr alt, von Mexiko City
bis nach Feuerland. Hier erzählen
sie von ihrer abenteuerlichen
Reise:

Die Idee, gemeinsam mit unseren
Kindern auf einer Weltreise unterwegs zu sein, entstand, als Anja
noch mit Sophie schwanger war.
Nach vielen Überlegungen über
die Reiseart und Route entschieden wir uns letztendlich, mit dem
Fahrrad entlang der Pazifikküste
von Mexiko bis nach Feuerland zu
radeln. Nach einem Jahr Vorberei-

tungszeit mit jeder Menge Planung wie Ausrüstungslisten, Routenplanung und Spanischlernen
ging es im April 2005 endlich los.

### Mexiko

Unseren Sohn Oskar haben wir
ebenfalls auf diese Reise vorbereitet, unter anderem auf die Gefahr,
die von Schlangen ausgeht. Bei
der Ankunft in Mexiko City ist
Oskar dann ganz enttäuscht, nirgendwo auf dem Boden Schlangen zu sehen und so hat er gleich
für unseren ersten Ausflug einen
Wunsch: In den Zoo gehen und
Schlangen angucken.

Vor dem eigentlichen Start der

Reise mit dem Fahrrad sind unsere
Sorgen noch groß: Wie schlimm ist
der Verkehr? Werden weiße Kinder wirklich ruck-zuck geklaut, wie
uns mexikanische Mamas immer
wieder warnen? Finden wir sichere Plätze zum Übernachten? Wie
schützen wir unsere Kinder vor
Sonne und Hitze? Wie sollen wir
bei der Hitze Fahrrad fahren
können?

Wir verbringen noch einige Tage
in Mexiko City, um uns an das
Land und seine Bewohner zu gewöhnen und radeln dann eines
Morgens einfach los. Zur Sicherheit haben wir eine leuchtend

orange Fahne seitlich am Kinderanhänger befestigt, um die mexikanischen Busse auf Mindestabstand zu halten. Auf den ersten 25 Kilometern ist der Verkehr sehr kräftig, aber noch erträglich, dann geht es aufs Land und es wird ruhiger. Die Anspannung fällt von uns ab. Schon am späten Vormittag, gegen 11 Uhr, wird es richtig heiß und wir flüchten im nächsten Ort zu einem Schwimmbad. Die Kinder sind nach ihrem Vormittagsschläfchen prächtig gelaunt und ausgeruht. Sie freuen sich mit den erhitzten Eltern über die Erfrischung. Auf dem mexikanischen Land sind die einheimischen Frauen und Männer hellauf begeistert von unseren europäisch aussehenden Kindern. »Oh diese grünen Augen – que linda (wie schön)!« Während sich für unsere Kinder schnell Spielgefährten im Planschbecken finden, können wir uns im Schatten der Bäume entspannen. Neben dem Schwimmbecken gibt es eine schöne grüne Wiese, die ein perfekter Platz für unser Zelt wäre. Kurzentschlossen fragen wir und bleiben gleich über Nacht.

Insgesamt radeln wir zwei Monate lang durch Mexiko, übernachten mal in Herbergen, mal auf unseren »Schwimmbadzeltplätzen« oder fragen, wenn sich nichts findet, bei der einheimischen Bevölkerung nach Unterkunft. Auf den ersten richtigen Campingplatz müssen wir auf unserer Reise noch lange warten: Den gibt es erst in Chile.

Die Umstände unseres Reisens, die langsame Fortbewegung mit dem Fahrrad und die Tatsache, dass wir mit kleinen Kindern unterwegs sind, machen es möglich, dass die Bevölkerung uns sehr herzlich und hilfsbereit begegnet. Sie freuen sich, mit uns in Kontakt zu treten und sind stolz, wenn sie helfen können. Dies entschädigt uns mehr als ausreichend dafür, dass wir von den touristischen Highlights nur einzelne herauspicken können. Spannend wird die Reise aber auch durch die Entdeckungsfreudigkeit und Offenheit unserer Kinder: Ameisenpfade werden verfolgt, Steine und Stöcke verwandeln sich in Burgen und Drachen. Und immer wieder wird jeder Fremde freundlich mit »Wer bist du?« begrüßt und ausgefragt. Wenn es darum geht, ungewohnte Perspektiven einzunehmen und Bestehendes in Frage zu stellen, dann sind Kinder die richtigen Führer.

## Mittelamerika (Guatemala, El Salvador, Nicaragua, Costa Rica, Panama)

Ende Mai erreichen wir die Stadt Tecun Uman in Guatemala. Die Einreise verläuft absolut problemlos. Der Grenzbeamte hätte uns angesichts von Sophie und Oskar, glaube ich, alles abgestempelt. Da es schon später Nachmittag ist, nehmen wir uns gleich in Tecun Uman ein Zimmer. Die Grenzstadt ist nicht gerade ideal, um sich ein erstes Bild von Guatemala zu machen: heiß, hektisch und laut. Die Menschen laufen wie Cowboys aus einem kitschigen Western durch die Stadt, mit Pistolen am Gürtel. Pickups rasen durch die Straßen, als ob es keine anderen Verkehrsteilnehmer gäbe.

Ein Blick auf die Internetseiten des Auswärtigen Amtes und des US Embassy dämpft die Laune zusätzlich. Am nächsten Tag radeln wir dennoch los. Außerhalb der Grenzstadt sieht alles schon positiver aus. Die Leute sind freundlich, die Sonne scheint, und die Straßen sind so belebt, dass ein Überfall sehr unrealistisch erscheint. Es geht immer der CA2 entlang, dem Highway, der der Pazifikküste am nächsten ist.

Am zweiten Tag in Guatemala sprechen uns Polizisten während ihrer Motorradstreife an und klären uns auf, dass die Straßen von Guatemala wohl zu gefährlich seien für unser Vorhaben. Sie geben uns Geleitschutz für die weitere Strecke. Ganz nebenbei organisieren sie ein Interview mit der Lokalpresse, dem lokalen Radio und Fernsehen. Aber davon merken wir erst später etwas.

Die Motorradstreife fährt ab sofort immer hinter uns her, zeigt uns in Retalhueleu noch den Weg zum Hotel und wir vereinbaren einen Zeitpunkt zum Aufbrechen am nächsten Tag. Dann haben wir auch schon unseren ersten Überfall: Vier Männer, alle mit schweren Waffen – Digitalkameras und Voicerecordern – ausgestattet, wollen Fotos und ein Interview.

Der Reporter sprudelt in einer unglaublichen Geschwindigkeit seine Fragen auf Spanisch hervor, hält mir das Mikrofon unter die Nase und schaut uns mit einem breiten »Amigo-Grinsen« und großen Augen erwartungsvoll an. Anja und ich haben nur Bahnhof verstanden und es dauert noch eine Weile, bis wir den Reporter

Kontaktaufnahme mit Einheimischen – für Oskar kein Problem

auf eine für uns geeignete Geschwindigkeit runtergebremst haben.

Die Verständigungsschwierigkeiten scheinen aber nicht nur in die eine Richtung zu bestehen; am nächsten Tag lesen wir in der Zeitung, dass wir planen, Guatemala und El Salvador in jeweils einem Tag zu durchqueren und Oskar schon vier Jahre alt ist. So oder so zeigt der Artikel Wirkung. Bisher waren die Leute ja eher etwas zurückhaltend gewesen. Jetzt winken und schreien die Menschen aus den Autos heraus und am Straßenrand stehend uns zu, wenn sie uns erblicken. Bleiben wir stehen, sind wir sofort von einer Traube Neugieriger umringt.

Antigua, die alte Hauptstadt von Guatemala, liegt zwischen Vulkanen eingebettet und hat schon so manches schlimme Erdbeben erlebt. Die Bewohner haben sich dem angepasst. Es gibt fast nur eingeschossige Häuser mit sehr dicken Mauern. Im Gegensatz zum Moloch Guatemala City ist Antigua ein friedliches und gemütliches kleines Städtchen, in dem sich im Laufe der Zeit auch viele Ausländer angesiedelt haben. Wir sind ganz froh über diese Tatsache, weil wir so einmal wieder in den Genuss internationaler Küche

kommen. Irgendwann ist es ja auch mal gut mit Tortillas, und das Herz sehnt sich nach Tortellini. Da wir noch deutliche Verbesserungsmöglichkeiten unserer Sprachkenntnisse sehen, schreiben wir uns für eine Woche Spanischkurs in einer der unzähligen Sprachschulen in Antigua ein. Wir leben währenddessen bei einer guatemaltekischen Familie. Die Kinder gehen während des Spanischkurses am Vormittag in den Jardin de los Niños (Kindergarten), der schon einen bunten internationalen Haufen von Kindern betreut. Schon am zweiten Tag will Oskar nur noch »agua« trinken und heischt Sophie bei Gelegenheit mit »Este no!« (Das darfst Du nicht!) an.

Über El Salvador und Nicaragua geht es weiter nach Costa Rica. Im Grenzort Los Chiles in Costa Rica gehen wir in den Supermarkt, um unsere Vorräte aufzufüllen. Der Unterschied zwischen dem ärmsten Land (Nicaragua) und dem reichsten Land (Costa Rica) Zentralamerikas wird gleich hier sehr deutlich. Während es in Nicaragua viele Läden gab, in denen das Sortiment über Klopapier, eine Sorte Kekse und Sardinendosen kaum hinausging, sind hier in Costa Rica die Regale bis unter die Decke gefüllt – es gibt sogar Milka-Schokolade.

Costa Rica verfügt über eine erstaunlich gut ausgebaute touristische Infrastruktur und ist selbst für Familien ein attraktives Reiseland mit vielfältigen, exotischen Naturlandschaften. Wir radeln

durch traumhafte, ursprüngliche Landstriche, aber auch kultivierte Gebiete mit viel Viehwirtschaft immer Richtung Zentralmassiv auf San Jose zu. Am Straßenrand finden sich jetzt oft gemähte Wiesen, auf denen wir gut pausieren können, und Oskar hat viel mehr Spielfläche als in irgendeinem Restaurant. Ganz bis rauf nach San Jose wollen wir jedoch nicht fahren. In Ciudad Quesada ändern wir den Kurs Richtung Norden, zur Karibikküste hin. Da im Osten von Costa Rica eine Bergkette die Pazifik- von der Karibikküste trennt, müssen wir uns schon früh entscheiden, auf welcher Seite wir nach Panama fahren wollen.

Das erste Mal, seit wir in Zentralamerika unterwegs sind, ist auf unserem Weg ein Campingplatz ausgeschildert, mit einem unmissverständlichen Schild am Straßenrand auf dem »Camping« steht. Wir sind schon ganz gespannt, was uns dort erwartet. Es stellt sich dann heraus, dass das »Camping« Teil einer »möblierten« Abenteuer-Touristen-Anlage (Direktimport aus USA) ist, die bereitgestellte Zelte für 50 US$ pro Person vermietet. Dass wir unser eigenes Zelt mitbringen, ist gar nicht vorgesehen und übersteigt dann auch schlagartig die Flexibilität des Ladens.

Wir fahren auf der gleichen Straße 500 Meter zurück und werden bei einem Costa Ricaner fündig, der Cabinas anbietet und uns für 4 US$ zelten lässt.

Je näher wir nach Panama kommen, desto zahlreicher werden die Bananenplantagen. Eine Riesenstaude steht neben der anderen, gegeneinander abgespannt, weil die modernen Züchtungen sonst umfallen würden. Die Bananenbüschel werden per Lift aus den Plantagen transportiert und an zentraler Stelle in Chiquita-Container für den Rest der Welt verpackt. Der kleine Tiger hatte also Recht, Panama riecht nach Bananen.

Wir haben jetzt täglich Regen und das auch nicht zu knapp. Die letzten Kilometer Richtung Puerto Viejo glauben wir trotzdem schnell noch hinter uns bringen zu müssen – dafür sind wir aber auch zwei Tage lang damit beschäftigt, alles wieder trocken zu kriegen. Vor der Grenzstadt Sixaola auf Costa Ricanischer Seite hatte man uns vor allerlei finsteren Gestalten gewarnt, aber leider geht es nicht anders und wir müssen dort übernachten. Die finsteren Gestalten sind jedoch nur viele lachende Kinder. Am nächsten Tag passieren wir, über eine Eisenbrücke, die Grenze zu Panama. Oh, wie schön ist Panama!

In Santiago legen wir noch einen extra Ruhetag ein, bevor es auf der Pazifikseite weiter Richtung Panama City geht. Auf dem Weg dorthin campen wir in San Carlos bei einer Surfschule direkt am Strand. Oskar ist selig. Der flache Strand ist ideal für ihn. Bei Ebbe läuft noch stundenlang Wasser aus dem oberen Teil des Strandes und die Kinder können Kanäle bauen, Seen und Staustufen anlegen (schon mal vorbereitend für den Panamakanal). Die Brandung ist auch ganz friedlich und Oskar

lässt sich immer wieder über den Haufen spülen. Als es ihn dann doch einmal etwas schlimmer zerlegt, helfe ich ihm auf und frage: »Sollen wir jetzt nicht lieber wieder etwas langsamer machen?« – »Nein, schneller!« ist seine bestimmende Antwort. Am Abend bringen wir Sophie dann schon mal ins Bett und der große Bruder darf mit uns noch ein Lagerfeuer am Strand machen. Er beschließt gleich, dass er jetzt auch schon ein bisschen erwachsen ist.

## Südamerika (Ecuador und Peru)

In Panama City verlassen wir Mittelamerika, lassen Kolumbien aus und fliegen direkt mit dem Flugzeug nach Ecuador aufs Hochland. In Quito auf über 2000 Meter legen wir vier Akklimatisierungstage ein. Diese haben wir auch dringend nötig, da wir in Panama zuletzt immer auf Meereshöhe geradelt sind.

Der Avenida de los Volcanos folgen wir nach Süden, vorbei an über 6000 Meter hohen, schneebedeckten Vulkanen und genießen nach den heißen Monaten in Mittelamerika hier die angenehm kühle Witterung. Dafür sind die hiesigen Etappen über die Anden für uns die schwersten unserer bisherigen Reise. Der höchste Pass, den wir überqueren, ist 4000 Meter hoch.

Der Norden Perus hat auf der Panamericana außer platter Wüste für Radler nicht viel zu bieten. Deshalb heben wir uns die Zeit für etwas Spannenderes auf und fahren mit dem Bus von Tumbes bis nach Lima. Wir hatten befürchtet,

dass uns während der Busfahrt, am Busbahnhof oder spätestens in Lima selbst einiges geklaut werden würde, stellen dann aber fest, dass die Busfahrt sehr gut und sicher organisiert ist. Ebenfalls mit dem Bus geht es noch weiter bis Nazca (wieder alles langweilige Küstenwüste). Trotz VIP-Luxury-Extra-Service ist es sehr heiß im Bus. Es gibt nichts zu trinken und im TV kommt ein hirntötender Film nach dem anderen. Ziemlich geplättet laufen wir in Nazca ein und freuen uns aufs Fahrradfahren. Die Nazcalinien überfliegen wir nicht mit den anderen Touristen in der Cessna, sondern machen es wie die Schamanen vor 1000 Jahren im Geiste.

Weiter geht es mit dem Fahrrad über einsame (aber anstrengende) Andenpässe und tiefe Schluchten nach Cuzco. Der Stadtplan in unserem Reiseführer bildet Gassen, Treppen, extrem steile Straßen und Einbahntrassen ab. So wissen wir vorher, was auf uns zukommt. Wir haben erst eine supersteile Auffahrt, dann eine supersteile Abfahrt auf Kopfsteinpflaster, um anschließend noch die letzte steile Straße hinauf zum Hotel schiebend zurückzulegen. Am Abend belohnen wir uns alle mit einem guten Essen in einem der schicken Restaurants, die es hier speziell für die vielen Touristen gibt. Wir sind froh, leckere Pizza statt dem ewigen Hähnchen mit Reis essen zu dürfen.

Am nächsten Tag gehen wir in Cuzco auf den Spielplatz. Abenteuerliche, selbst geschweißte Spielgeräte und Rutschen warten dort auf uns. Hier gibt es keinen TÜV, wir müssen die Risiken selbst einschätzen. Am nächsten Tag bewundern wir die Inkamauern und sehen uns gemeinsam das Museum für präkolumbianische Kunst an.

Ursprünglich hatten wir vor, den Inka Trail zu wandern. Wir beschließen jedoch vor Ort, die Tage lieber ruhig zu gestalten und fahren im »Gringozug« nach Aguas Calientes. Schon um 6 Uhr stehen wir Schlange für den Bus nach Machu Picchu. Die Touristenhorden verlaufen sich zum Glück recht schnell und wir genießen, wie langsam der Nebel aufreißt und den Blick auf die Stadt freigibt. Eine Familie aus Portugal, die wir schon in Cuenca, Pasaje und Cuzco immer wieder getroffen haben, ist auch da und wir ziehen gemeinsam los. Die portugiesischen Kinder freuen sich über den kleinen Bruder und die kleine Schwester, die sie für den heutigen Tag haben und so wird es ein sehr entspannter Vormittag für uns alle. Am Nachmittag legen wir uns bei Regen in die heißen Quellen, bis schließlich unser Zug zurück nach Cuzco geht. Nach einem letzten organisatorischen Tag in Cuzco gönnen wir uns noch mal ein schönes Abschiedsessen und dann schwingen wir uns wieder auf unsere Räder Richtung Lago Titikaka.

## Bolivien

In La Paz, der Hauptstadt Boliviens, treffen wir Vorbereitungen für Boliviens Süden. Da dort die Versorgungslage recht schlecht sein soll, füllen wir unsere Lebensmittelvorräte noch einmal kräftig auf. Drei Tage lang lassen wir es uns noch einmal gut gehen, bevor wir Richtung Oruro starten.

Auf der Strecke nach Oruro holt uns die einsetzende Regenzeit ein. Es wird nass und eiskalt. Wir haben ernsthafte Bedenken, ob wir unter diesen Bedingungen weiterradeln können. Außerdem plagt uns die Sorge, dass die unbefestigten Straßen, die vor uns liegen, durch den Regen unpassierbar geworden sind. Der Regen dauert glücklicherweise nur eine Nacht und einen Tag an. Die nächsten Tage sind nur bewölkt und dann haben wir wieder blauen Himmel. Die Temperaturen sind angenehm warm.

Im Süden Boliviens verläuft unser bislang schwerster Routenabschnitt über Salzseen, durch in allen Farben schimmernde Berglandschaften und vorbei an faszinierenden Gesteinsformationen bis auf eine Höhe von fast 5000 Metern über Meeresniveau.

## Chile und Argentinien

In San Pedro de Atacama treffen wir die Eltern von Anja und eine sehr gute Freundin, mit der Anja schon öfter auf Radreise war. Die drei sind auch mit ihren Fahrrädern da und wollen uns einen Monat lang begleiten.

Uns tut es gut, in San Pedro wieder alles an Infrastruktur und Lebensmitteln zu finden, was wir brauchen. Wenn man in Deutschland aufgewachsen ist, dann verunsichert es im südlichen Bolivien schon sehr, selbst für Grundnahrungsmittel immer auf die Suche gehen zu müssen. Der Unterschied im Preisniveau zwischen Bolivien und Chile könnte kaum größer sein: Für 10 US$ konnten wir in Bolivien als Familie übernachten, inkl. Abendessen, Frühstück und Mittagessen. Für das gleiche Geld gibt es in San Pedro gerade mal die Übernachtung für einen von uns.

Zu siebt radeln wir weiter auf der chilenischen Seite des Altiplano und durchqueren teilweise die Atacama-Wüste.

Für die Weihnachtstage haben wir uns eine Cabaña in einer ruhigen Gegend auf halber Strecke zwischen Valparaiso und Santiago reserviert. Sie ist perfekt für uns und unsere Kinder, um für zwei Wochen auszuspannen: Pool und Spielplatz direkt vor der Tür, Wanderwege, Indianerzelte und natürlich Tiere. Mit meiner Mutter kommt auch noch die zweite Oma für Oskar und Sophie, gerade rechtzeitig für den Heiligen Abend, der dann aber bei 30º C recht unweihnachtlich verläuft. Bis zum neuen Jahr bleiben wir in der Cabaña, unternehmen kleinere Ausflüge in der Umgebung, um anschließend wieder einen ruhigen Tag zu genießen. Es tut Oskar und Sophie sichtlich gut, nicht nur die Eltern als Ansprechpartner zu haben, sondern aus einem ganzen Pool von Geschichtenerzählern, Legoautobauern und Wassertaxis (im Swimmingpool) schöpfen zu können. Zwei weitere Tage müssen wir noch in Santiago bleiben, bis wir alles für die Weiterfahrt organisiert haben. Dann geht es per Bus noch einmal zehn Stunden nach Süden bis nach Osorno. Wir wollen für die spannendsten Orte in Patagonien genügend Zeit haben und gerade die letzte Etappe unserer Reise geruhsam abschließen.

Von hier aus wagen wir den »Grenzübergang" von Chile nach Argentinien: Villa O'Higgins heißt die gerade mal 40 Jahre alte Siedlung, die nur zu dem Zweck gegründet wurde, die chilenischen Ansprüche auf das umliegende Gebiet zu unterstreichen. Dort endet die 1000 Kilometer lange Carretera Austral, und es gibt für uns nur noch die Möglichkeit, die Reise per Schiff über den Lago O'Higgins und die Laguna Desierto nach Argentinien fortzusetzen. Durch das Grenzgebiet, das sich zwischen diesen beiden Seen befindet, führen nur sehr schlechte Wege, die sich lediglich zu Fuß oder per Pferd bewältigen lassen. So wird der Grenzübergang auf die argentinische Seite für uns wirklich zu einem kräftezehrenden Gewaltmarsch mit Fahrrädern.

In Argentinien plagt uns der Wind. Über die endlose Pampa, aufgelockert durch riesige Estancias zur Schafszucht, fegt er uns entgegen. Dennoch kämpfen wir uns hartnäckig Richtung Süden zum Gletscher Perito Moreno. Dort leihen wir uns gemeinsam mit einer Australierin ein Auto aus und fahren auf eigene Faust zum Naturwunder Argentiniens. Das ist ganz angenehm, so entkommen wir den übervölkerten Touristenbussen. Leider hat sich rund um den Gletscher ein recht regnerisches Mikroklima gebildet, und obwohl im

Dorf Calafate schönster Sonnenschein herrscht, bedecken dunkle Wolken den Himmel beim Gletscher und es nieselt beständig. Die Front des Gletschers ist riesig: über 80 Meter hoch und mehrere Kilometer breit. Doch so richtig bewusst wird uns die Größe erst, als vermeintlich kleine Stücke abbröckeln und dann sehr lange fliegen, bis sie mit gewaltigem Getöse im Wasser aufschlagen. Wir haben sogar das Glück, erleben zu dürfen, wie einer der 80 Meter hohen Seracs langsam kippt und ins Wasser kracht. Oskar erzählt noch Tage später vom Eisberg, der umgestürzt ist. Das Nieseln geht bald in Regen über und es wird uns zu ungemütlich, um noch länger zu bleiben. Mit einem kurzen, aber intensiven Eindruck fahren wir wieder zurück nach Calafate.

Wieder zurück in Chile verbringen wir ein paar Tage ohne Rad im Nationalpark Torres del Paine. Wir wandern durch märchenhafte, verwunschene Wälder und in der letzten Stunde vor der Abfahrt belohnt uns die atemberaubende Natur dieses Nationalparks mit einem Blick auf die grandiosen Felsformationen der Torres.

Nun liegt noch unsere letzte Herausforderung vor uns: Feuerland. Die Fähre setzt vormittags zur Insel Feuerland über. Das letzte Stück des Wegs liefern sich Delfine ein Rennen mit dem Schiff, tauchen unter dem Kiel auf die andere Seite und springen vergnügt aus dem Wasser. Das vertreibt unsere melancholische Stimmung, die wir angesichts unserer letzten Reiseetappe haben.

Auf einer sehr glatten Erdpiste geht es mit starkem Rückenwind entlang der Küste. Für eine Insel, die Feuerland heißt und mit dem »Ende der Welt« wirbt, wirkt die Landschaft erstaunlich friedlich und beschaulich. Sanfte, mit Gras bewachsene Hügel laufen zum Meer hin flach aus, die Strände, mit Kieseln bedeckt, fallen seicht ins Meer ab. An einem Strand haben sich tausende Seevögel versammelt. Als wir näher kommen, fliegen erst einige wenige weg; dadurch aufgeschreckt bricht plötzlich die ganze Vogelschar auf. So einig sich die Vögel waren, vor uns zu flüchten, so uneins sind sie sich bezüglich der Flugrichtung. Der Himmel ist schwarz vom wilden Durcheinander. Es ist ein faszinierender Anblick.

Die letzte Nacht im Zelt verbringen wir am Ufer des Lago Escondido (versteckter See). Wir haben einen traumhaften Zeltplatz ganz für uns alleine und genießen den Abend am Lagerfeuer.

Die Radreise geht mit der Ankunft in Ushuaia zu Ende. Schön und richtig war es, diese Reise zu machen, aber jetzt ist es auch Zeit, sie zu beenden, und wir blicken für einen Moment zurück: Ein Jahr sind wir nun unterwegs gewesen, haben 10 000 Kilometer mit dem Fahrrad zurückgelegt, dabei viele wunderbare Erlebnisse und Begegnungen genossen, anstrengende und kräftezehrende Tage hinter uns gebracht, aber vor allem eines gelernt: dass auch mit Kindern mehr möglich ist, als wir uns das jemals vorgestellt hatten.

## Kanu fahren – mit Kindern auf dem Wasser (von Volker Otter)

### Indianer, Fluss-Piraten, Tom Sawyer & Huckleberry Finn

Wasser, und besonders darauf unterwegs zu sein, birgt einen Hauch von Abenteuer für Jung und Alt. Vielleicht hat es in den Kinderjahren mit Lederstrumpf, dem letzten Mohikaner und anderen Geschichten angefangen. Lautlos durch die Wildnis zu gleiten, das wär's. Vielleicht hat das Kind in uns Erwachsenen den Perspektivwechsel von Land zu Wasser unbewusst vollzogen. Die feindlichen Mingos, die das Kanu des Lederstrumpfs vom Ufer aus beobachten, der Lederstrumpf, der mit seinen Falkenaugen das Ufer zu durchdringen versucht, alles erfüllt von dem Geräusch leisen Plätscherns des Wassers und dem Eintauchen des Paddels in das kühle Nass. Vielleicht ist es das abenteuerliche Treiben Tom Sawyers und Huckleberry Finns am Mississippi. Vielleicht ist es auch einfach der Reiz, unser vertrautes Terrain zu verlassen und uns einem ungewohnten Element anzuvertrauen. Auf dem Wasser wandern. Abenteuerlich für alle, egal ob Kinder oder Erwachsene.

### Das Element Wasser

Erde ist das Element, mit dem wir nach der Geburt zuerst vertraut werden. Jeder kleine Mensch macht irgendwann die Erfahrung, auf der Erde zu robben, zu krabbeln und schließlich auf ihr zu laufen, auf und mit ihr zu spielen. Erfahrungen mit dem Element Wasser haben wir hingegen schon vor unser Geburt im Mutterleib gesammelt, das Wasser hat uns umgeben und getragen. Aber jetzt? Plötzlich erscheint das Element Wasser so fremd, schwimmen zu lernen ganz schön schwierig. Das tiefe, dunkle Wasser macht Angst. Wir fühlen uns nicht mehr so geborgen wie ehedem. Trotzdem, Wasser kann Spaß machen, wenn man sich sicher im Wasser fühlt. Und dies kann man wieder lernen. Man kann lernen, sich dem Element Wasser wieder anzunähern. Das bedeutet aber auch, sich darauf einzulassen und bisweilen den sicheren Grund zu verlassen. Wer es damit schwer hat, sollte dies in kleinen Schritten tun. Das dauert manchmal seine Zeit. Aber es lohnt sich, wenn man es schafft, sich den Eigenschaften des Elements Wasser hinzugeben, sich treiben zu lassen, mit oder gegen die Strömung zu gehen. Das vertraute Ufer hinter sich zu lassen, um zu Neuem aufzubrechen. Das vetraute Land vom ungewohnten Wasser aus neu zu entdecken. Das bietet Kindern wie auch Erwachsenen die Möglichkeit, sich neu zu erleben.

### Wasserabenteuer: Leinen los!

Wie bei allen Outdoor-Aktivitäten mit Kindern gibt es eine Menge zu bedenken. Generell gilt, dass es in diesem Kapitel nicht um Hochleistungssport oder riskante Abenteuer geht. Jedes Abenteuer birgt Risiken, sonst wäre es kein Abenteuer. Für Kinder und mit Kindern gilt es aber, diese so zu minimieren, dass das Risiko kalkulierbar bleibt. Dies bezieht sich einerseits auf die richtige Ausrüstung und andererseits auf die Fähigkeiten der Erwachsenen und der Kinder.

### Das Boot

Im Kanusport gibt es zwei Bootstypen: den Kanadier und den Kajak. In diesem Kapitel begeben wir uns auf die Suche nach einem familientauglichen Boot und landen gerade für eher unerfahrene Paddler und Familien mit kleineren Kindern schnell beim Kanadier. Der Kajak bringt seinen Reiz eher bei paddelerfahrenen Familien und Jugendlichen ins Spiel. Insofern ist seine Nutzung als Familienboot eher begrenzt. Oder anders gesagt: Diejenigen, die schon so paddelerfahren sind, dass sie sich für den Kajak entscheiden, werden dieses Kapitel als Orientierungshilfe nicht mehr benötigen.

### Der Kanadier

Der Kanadier ist das Boot, das man oft schlichtweg als Kanu bezeichnet. Der Kanadier ist ein offenes Boot, das in der Mitte seine größte Breite hat. Es läuft an Bug und Heck spitz zu und wird mit dem Stechpaddel angetrieben. Es gibt Kanadier in verschiedenen Materialien, Längen und Ausformungen sowie Preisklassen. Der Kanadier ist *das* Familienboot! Er bietet Platz für mehrere Personen samt Gepäck auch für längere Touren. Er ist geeignet für verschiedene Gewässertypen, vom See bis hin zu mittleren Wildwassern in Flüssen. Für einen Familienkanadier gilt vor allem: ausprobieren, probepaddeln. Im direkten Kontakt mit dem Boot und mit einer kompetenten Beratung vor Ort kann man den Kanadier auf die eigenen Bedürfnisse hin.

**Material und Preis:** Hochwertige Materialien zeichnen sich durch hohe Elastizität, Festigkeit, Langlebigkeit und Leichtigkeit aus. Die Bezeichnungen der Materialien variieren von Hersteller zu Hersteller (Glasfaser, PE, Royalex, Composite, Carbon). Sie unterscheiden sich nach Preis und Qualität. Ein Festkanadier hat im Gegensatz zum Faltkanadier grundsätzlich eine bessere Führung im Wasser. Faltkanadier bestehen aus einem meerwasserresistenten Aluminiumgestänge, das von einer glasfaserverstärkten PVC-Bootshaut überzogen wird. Sie zeichnen sich durch leichtes Gewicht und oft gutes Verhalten in Wildwasser sowie im zusammengepackten Zustand durch ein kleines Packmaß aus. Ein Faltkanadier passt in den Kofferraum! Der Auf- und Abbau dauert etwa eine halbe Stunde.

Bei der Auswahl des richtigen Materials sollte sicherlich auch beachtet werden, dass der Kanadier an Umtragestellen (je nach Alter der mitfahrenden Kinder) unter Umständen von einer Person umgetragen werden muss, während der andere Erwachsene sich um die (kleinen) Kinder kümmert. Leichtigkeit kann also der ausschlaggebende Faktor sein. Allerdings gilt auch bei Festkanadiern: je leichter, desto teurer. Für einen neuen Viererkanadier kann man im Schnitt zwischen 1500 und 2500 € ausgeben (Stand Dezember 2013). Eine Alternative beim Umtragen kann ein kleiner, klappbarer Bootswagen sein.

**Form und Länge:** Für eine vierköpfige Familie sollte man für eine mehrtägige Tour einen Viererkanadier mit einer Länge von mindestens 5,25–5,50 Meter anvisieren. Jede Person benötigt einen Sitz. Kleinkinder (bis 3 oder 4 Jahren) sollten dabei direkt vor einem Erwachsenen sitzen, z. B. auf einer Isomatte oder einem Packsack. Das Boot sollte relativ breit und damit kippsicher geformt sein, da sich Kinder gerne einmal über Bord lehnen, um mit den Händen im Wasser zu spielen oder mit Ästchen zu angeln. Andererseits haben solche Boote oft keine allzu ausgeprägte Kiellinie, die einen besseren Geradeauslauf fördern würde. Boote mit einer weniger ausgeprägten Kiellinie lassen sich dagegen flexibler und direkter lenken. Probieren geht über studieren! Oft entscheidet das eigene Gefühl.

### Der Kajak

Kajaks gibt es aus festgefügten Kunststoffen und HighTech-Materialien (PE, HTTP, GFK, Carbon) sowie als Faltkajaks. Diese bestehen aus einem salzwasserresistentem Aluminium- oder Holzgerüst und einer Bootshaut aus PU-beschichtetem Nylon oder Hypalon. Bei Kajaks handelt es sich um geschlossene Boote mit Einstiegsluken, die mit Doppelpaddeln angetrieben werden. Es gibt Einer- und Zweier-Kajaks. In offenen Zweierkajaks hat unter Umständen noch ein kleines Kind Platz zwischen den Beinen eines Erwachsenen. Der Stauraum für Gepäck ist begrenzt. Kajaks zeichnen sich durch ihre Wendigkeit, ihren geringeren Windwiderstand (im Vergleich zum Kanadier) und Schnelligkeit aus. Als Familienboote eignen sie sich nur, wenn die Kinder schon eigene Paddelerfahrungen gemacht haben und die Technik weitgehend beherrschen, d. h. ab dem Jugendalter. Ein Kajak lässt sich gut als Begleitboot bei Touren mit mehreren Familien nutzen.

### Die Bootsausrüstung

Mit einem Boot allein ist es nicht getan. Damit ein Ausflug oder auch eine längere Tour gelingt, wird die entsprechende Ausrüstung benötigt, die oftmals über das eigene Komfortgefühl, den Spaß und die Sicherheit entscheidet.

**Das Stechpaddel:** Stechpaddel gibt es in verschiedenen Längen, die durch die Blattlänge und die Schaftlänge bestimmt werden. Die richtige Paddellänge ist abhängig von der Sitzposition und dem Einsatzbereich. Ein Wanderpaddel für eine ausgedehnte Tour auf Seen hat eine längere und schmalere Form, während ein Wildwasserpaddel ein kurzes und breites Paddelblatt besitzt. Die Schaftlänge des Paddels hängt davon ab, ob in sitzender oder kniender Position (angebracht bei Wildwasser, da der Körperschwerpunkt nach unten verlagert wird) gepaddelt wird.

Zur Bestimmung der Paddellänge kann die Faustregel angewendet werden: Im Stehen sollte das Paddel bis zum Kinn reichen. Diese Methode berücksichtigt aber nur die Gesamtlänge des Paddels. Wer es etwas genauer haben will, berücksichtigt nur die Schaftlänge. Diese soll, wenn man im Kanu sitzt, vom Bootsboden bis zum Kinn reichen. Bei Kindern, die eher in der Mitte des Bootes sitzen und mit ihren kurzen Armen den Weg zum Süllrand überbrücken müssen, darf das Padel geringfügig länger sein. Es will gut gewählt sein, da zumindest ein Erwachsener damit über längere Zeiträume hinweg hantieren muss.

Stechpaddel gibt es in verschiedenen Materialien. Viele Paddel haben einen Aluminiumschaft und ein Blatt aus zähem Kunststoff. Andere bestehen aus Holz. Ausschlaggebend kann hier das Gewicht oder auch die Optik sein. Auf einen Kantenschutz sollte bei den Paddeln, die wirklich zum Paddeln genutzt werden, geachtet werden. Bei Paddeln für kleinere Kinder ist dies nicht notwendig. Kleinere Kinder benötigen ihr Paddel eher zum Spielen und als Zeichen, dass sie genauso zur Kanumannschaft gehören wie die großen Leute auch. Hier darf auch ruhig auf den Preis geachtet werden (z. B. preisgünstige Holzpaddel).

Stechpaddel haben unterschiedliche Griffe. Bei Paddeln für Erwachsene kann ein ergonomisch geformter Griff die Muskulatur und die Sehnen entlasten. Bei Kindern ist ein einfacher T-Griff vorzuziehen, da Kinder unter Umständen noch nicht in der Lage sind, den ergonomisch geformten Griff so zu fassen, wie er gedacht ist. Ein T-Griff ist für Kinder eine sichere Sache.

## Die Verpackung der persönlichen Ausrüstung

Es gibt Dinge, die einfach nicht nass werden sollten: die Kamera, die Wechselkleidung, das Essen, die Schlafsäcke usw. Wasser kann es von unten (Kentern) oder von oben (Regen, Spritzwasser) geben. Dafür bieten sich verschiedene Methoden an.

**Das Plastiksackprinzip:** Für kürzere Touren übers Wochenende gibt es die Möglichkeit, die in Plastiktüten vorgepackten und vorsortierten Ausrüstungsgegenstände in einen oder einen doppelten stabilen Müllsack zu verpacken und oben mit einer Schnur doppelt zuzubinden. Die nun wasserdicht verpackte Ausrüstung kann zum Schutz der Plastiksäcke in einen großen Rucksack, Seesack oder Rucksackregenüberzug verpackt werden, um Scheuerlöcher zu vermeiden. Diese Möglichkeit ist billig und auch im Ausland einfach zu organisieren. Der Nachteil ist, dass sich auch die stabilsten Plastiksäcke irgendwann auflösen und löchrig werden.

**Der Kanupacksack:** Kanupacksäcke bestehen aus wasserdicht beschichteten, sehr reißfesten und haltbaren Geweben (z. B. PU-beschichtetes Polyester). Sie lassen sich wasserdicht mit einem Rollverschluss verschließen. Es gibt sie in verschiedenen Größen und Farben. Das Gepäck kann thematisch (Kleidung für Erwachsene, Kleidung für Kinder, Hygiene, Apotheke etc.) den verschiedenen Packsackfarben zugeordnet werden, sodass man nicht alle Säcke durchwühlen muss, wenn man eine Kleinigkeit sucht. Die Säcke können auch beschriftet oder mit Symbolen für den Inhalt bemalt werden. Daneben gibt es auch Säcke mit Sichtfenster (Outdoorfachhandel). Wenn man die Säcke nicht zu voll packt, lassen sie sich flexibel im Boot verstauen und auch als Sitz oder Rückenstütze nutzen. Ein kleiner Sack unter dem Sitz erleichtert den Zugriff auf die Tagesverpflegung, Süßigkeiten oder andere Dinge, die man Tag über benötigt.

**Die Plastiktonne:** Plastiktonnen mit Schraubdeckel ermöglichen einen leichten Zugriff auf verschiedene Dinge, die druck- oder stoßempfindlich sind. Sie sind allerdings nicht so flexibel zu verpacken wie ein Kanupacksack, dafür aber fast unverwüstlich. An Land geben sie einen kleinen Tisch oder einen Campingstuhl ab.

Sämtliche Säcke oder Tonnen sollten mit einer Leine oder einem Packriemen fest am Boot angebunden sein, damit man im Fall einer Kenterung nicht kilometerweit flussabwärts laufen muss, um die Ausrüstung aus dem Fluss zu angeln. Und wenn man schon an Leinen denkt: je ein langer Riemen an Bug und Heck (oder noch besser: koppelbare Packriemen) sind gute Hilfen beim Anlanden an Stegen, beim Treideln etc.

Kleinere Gegenstände, die man ständig braucht (Karte, Kamera) können in kleinen wasserdichten Taschen aus durchsichtigem Kunststoff griffbereit neben dem Sitz liegen.

### Die persönliche Ausrüstung

Der Vorteil eines Kanadiers ist, dass er eine relativ große Zuladung verträgt. Trotzdem stellt sich irgendwann die Frage: Schwimmt er noch? Es gibt also Grenzen, über die man beim Umtragen aber dann dankbar ist. Wasser trägt. An Land trägt der Mensch.

Woran gilt es nun bei der persönlichen Ausrüstung zu denken? Anstatt einer gesamten Packliste werden hier nur einige wichtige Punkte genannt und Besonderheiten herausgestellt.

**Kleidung:** Wie überall gilt das Zwiebelprinzip. Mehrere Schichten übereinander bieten die Möglichkeit, sich verschiedenen Temperaturen anzupassen. Klar ist, dass Bekleidung aus Fleece und Kunstfasern schneller trocknet, besser wärmt und Schweiß besser transportiert als Baumwolle. An heißen Sommertagen geht allerdings nichts über ein Baumwoll-T-Shirt. Kunstfasern oder ein Mischgewebe eignen sich auf jeden Fall für die Hose. Wenn man mal ins Wasser muss, ist es angenehmer, ein schnell trocknendes Material am Hintern zu haben. Für das Abendlager oder die Pause zwischendurch sollte warme Kleidung zum Überziehen zur Hand sein.

Abends kann auch ein Wollpullover angenehm sein. Auch an die geeignete Fußbekleidung will gedacht sein. Gerade beim Anlanden oder Ablegen oder an flachen Stellen müssen die Erwachsenen ggfs. schnell aussteigen können. Für einen sicheren Stand im Flussbett benötigt man Kunststoffsandalen oder Turnschuhe. Abends wirken feste Schuhe und warme Wollsocken Wunder gegen kalte Füße. Wasserdicht verpackt führt man eine komplette Wechselgarnitur mit sich, für Kinder eventuell sogar zwei oder drei, da eine unter Umständen schon tagsüber genutzt wird. Wichtig für Kinder und Erwachsene ist ein Sonnenhut mit breiter Krempe. In Mückenhoheitsgebieten sollte das Gewebe nicht vom suchenden Saugrüssel der Quälgeister durchdrungen werden können. Eine leichte Jacke mit Kapuze schützt den Nacken und die Ohren.

**Schlafsack:** Für Kanutouren eignen sich grundsätzlich besser Schlafsäcke mit einer Kunstfaserfüllung. Ihr Volumen fällt durch das Platzangebot im Kanadier nicht so ins Gewicht wie auf Wandertouren. Ein Kunstfaserschlafsack wärmt auch im nassen Zustand und trocknet schneller wieder, während ein Daunenschlafsack seine Wärmeleistung verliert und nur im Trockner wieder in einen annehmbaren Zustand zu versetzen ist.

**Mückenmittel:** Wo Wasser ist, gibt es auch geflügelte Quälgeister. Gegen Mücken gibt es verschiedene Mückenmittel, die chemische oder pflanzliche Wirkstoffe besitzen. Die Wahl hängt von der Hautverträglichkeit ab. Gerade bei kleinen Kindern sollte man auf Wirkstoffe und Hautverträglichkeit achten. Generell gilt, dass man Mückenmittel vorher ausprobiert haben sollte. Bei empfindlichen Hauttypen (z. B. bei kleineren Kindern) sollte man die Verträglichkeit erst an kleinen Stellen (z. B. Ellenbogenbeuge) testen, bevor man großflächig aufträgt. Vorsicht im Gesicht: Mückenmittel brennen in den Augen!

**Sonnenschutzmittel:** Sonnenschutzmittel mit hohem Lichtschutzfaktor sind ein Muss! Für die

Verträglichkeit, besonders bei kleinen Kindern, gilt das Gleiche wie beim Mückenmittel. Ein Sonnenhut und Sonnenbrille lassen einen auch abends noch entspannt und ohne Sonnenstich oder Sonnenbrand dreinblicken.

**Hautpflegemittel:** Zur Pflege wasserdurchweichter Hände oder sonnenstrapazierter Haut eignet sich eine fetthaltige Körpercreme. Es tut auch gut, vor dem Schlafen die ganzen Schutzmittel und den Schweiß mit einem Waschlappen abzuwaschen. Die Haut, besonders die kleiner Kinder, freut sich.

**Spielsachen für die Kinder:** Eine Tour ist dann gut, wenn es den Kindern gut geht. Eine Tour mit quengelnden und überforderten Kindern ist auch für Erwachsene kein Vergnügen. Man sollte als Eltern immer darauf achten, dass es für kleine Kinder nicht langweilig wird, wenn es nichts Aufregendes zu gucken oder zu spielen gibt. Insofern sollte jedes Kind ein begrenztes Kontingent an Spielsachen an Bord haben. Einem Kuscheltier kann man das Ufer zeigen. Der Bootsboden kann zur Straße für Autos werden. Mit einem Fernglas kann man die Umgebung absuchen, mit einem Kompass den richtigen Weg finden, auch ein (Bilder-)Buch kann Ablenkung verschaffen, ein kleiner Ast kann zur Angel werden, einen Packriemen kann man prima hinter sich herziehen, vielleicht mit einer Plastikflasche oder einem Plastikboot dran. Ältere Kinder können vielleicht sogar richtig angeln und fürs Abendessen sorgen. Der Fantasie sind keine Grenzen gesetzt. Und wenn gar nichts mehr geht, hilft meist noch die Tüte Gummibärchen – oder am besten eine Pause oder ein früher Lagerplatz.

### Sicher auf dem Wasser

Sicherheit auf dem Wasser muss man lernen. Schwimmen ist dafür der erste Schritt. Zum sicheren Kanufahren gehört aber mehr. Haben die Erwachsenen noch keine Erfahrungen mit und im Kanadier gesammelt, so sollten sie dies ändern. Wer Kanadier mit Kindern fahren möchte,

sollte das Boot und bestimmte Techniken beherrschen und Risiken abschätzen können. Dies kann man (zusammen mit seinen Kindern und anderen Familien) in Vereinen unter Anleitung oder bei paddelerfahrenen Freunden lernen. Erste kurze Schnuppertouren zusammen mit seinen Kindern unternimmt man am besten mit paddelerfahrenen Freunden auf ruhigen Gewässern. So sammelt man Erfahrungen mit dem Boot, erweitert seine Fähigkeiten und erfährt, wie die Kinder sich im Boot verhalten. Praktische Kenntnisse können durch theoretisches Wissen abgerundet, aber nicht ersetzt werden. Gemeinsames Lernen mit Kindern macht Spaß und lässt alle Beteiligten untereinander aus neuen Blickwinkeln erleben. Wenn es dann auf große Tour geht, sind jedoch vor allem die Eltern gefragt.

### Was Eltern können müssen

**Eltern kennen sich und ihre Kinder:** Wer sonst, wenn nicht die Eltern, kennen die eigenen Kinder am besten? Insofern tragen Eltern auch eine besondere Verantwortung für das Gelingen einer Reise auf dem Wasser. Eltern wissen, wie lange ihre Kinder im Boot mit Spaß bei der Sache sein können und wie lange man sie darüber hinaus fordern kann. Eltern kennen die Bedürfnisse ihrer Kinder während des Paddelns. Eltern wissen auch um ihre eigenen Bedürfnisse und sind in der Lage, diese auf die der Kinder einzustellen.

**Eltern planen für die Kinder:** Eine intensive Lektüre (z. B. DKV Paddelführer) sollte jeder Tour vorausgehen. Auf Gefahrenpunkte wird dort in der Regel hingewiesen.

Folgende Fragen sollten trotzdem noch vor einer Tour geklärt sein:

### Wo wird gepaddelt und wie kommt man dorthin und wieder zurück?

Steht der Aufwand in einem gesunden Verhältnis zur Geduld und Motivation der Kinder und zur Fahrtstrecke? Kann die Strecke die Aufmerksamkeit der Kinder fesseln? Manchmal sind eine

Seilfähre, ein Dorf mit Einkehrmöglichkeit oder ein vorbeifahrender Zug wesentlich spannender für kleinere Kinder als Natur pur. Gibt es gute Anlandestellen für Pausen?

### Birgt das Gewässer Risiken?

Wie sind die Wasserstände (in der Paddelliteratur angegebene Pegel erfragen!) und Strömungsgeschwindigkeiten und -verhältnisse? Gibt es gefährliche Umtragestellen? Wer beaufsichtigt die Kinder während des Umtragens? Wie sicher kann man das Boot in Stromschnellen manövrieren?

### Wie lang soll eine Etappe sein?

Etappenlängen hängen von der Verfügbarkeit von Übernachtungsmöglichkeiten und den Gewässerverhältnisssen ab. Klar ist, dass die Kinder den Maßstab setzen. Auf unverbauten, schnell fließenden Flüssen mit einer Fließgeschwindigkeit von bis zu 5 km/h lassen sich auch 20 Kilometer und mehr in vier Stunden zurücklegen. Auf kleinen, langsam fließenden Flüssen, evtl. mit Staustufen, Wehren und Portagen, legt man in drei bis vier Stunden vielleicht nur zehn bis zwölf Kilometer zurück. Auf Seen sieht dies noch einmal anders aus. Wenn es dann noch starken Gegenwind und Regen gibt, dann kann man viele Rechnungen und meistens sogar die gute Laune über Bord werfen.

Insofern ist es gut, sich vorher über mögliche Campingplätze informiert zu haben. Am besten ist es, wenn man mehrere Tourvarianten im Kopf hat – von kurz über ein wenig länger und, wenn alles gut läuft, noch ein bisschen länger. Ein Erfahrungswert ist, dass Kinder im Alter bis zu sechs oder sieben Jahren nach drei bis vier, maximal jedoch fünf Stunden auf dem Wasser genug haben. Eine Planung bis zum frühen Nachmittag entspricht einer vollwertigen Tagestour für Kinder. Wenn die eigenen Kinder Spaß an längeren Etappen haben, dann ist dies ein anderer Erfahrungswert, auf den aufgebaut werden kann. Es gilt aber: Wer wachsen will, sollte klein anfangen! Weniger ist daher anfangs meist mehr!

**Eltern leiten ihre Kinder an:** Beim Kanufahren sollte klar sein, wer der Chef ist. Das bedeutet keinesfalls, dass Kinder nicht in Entscheidungsprozesse miteingebunden werden. Im Gegenteil, Kinder haben ein Wörtchen mitzureden, wenn es um ihre Belange geht. Die Erwachsenen haben aber das letzte Wort und sollten in der Lage sein, ihre Kinder anzuleiten. Dabei gilt natürlich, dass die Eltern das, was sie anleiten, auch selber beherrschen sollten (Paddeltechniken, Ein- und Aussteigen, Verhalten im Boot, Verhalten am Wasser an Land, Beladen usw.). Eltern sollten in der Lage sein, den Überblick zu behalten. Natürlich sind Eltern keine Alleskönner. Auch sie lernen zusammen mit den Kindern. Bis zur ersten großen Tour aber sollten sie genügend gelernt haben, um sicher unterwegs zu sein und den Kindern als Vorbild jederzeit Sicherheit vermitteln zu können.

**Eltern vermeiden unnötige Risiken und Gefahren:** Eltern sind verantwortlich für ihre Entscheidungen und für die Sicherheit ihrer Kinder. Das bedeutet, die eigene Abenteuerlust und die der Kinder den tatsächlichen Gegebenheiten anzupassen. Kinder werden gerne gefordert, aber schon ein strammer Gegenwind, ein alles durchnässender Schauer, eine unerwartete Portage, eine zu lange Etappe, ein schlechter Lagerplatz oder eine Kenterung können plötzlich alles anders aussehen lassen. Sie können eine geplante Genusstour zu einer anstrengenden und unangenehmen Gewalttour werden lassen. Alles ist von vorausschauenden Entscheidungen abhängig. Das Risiko des Scheiterns gibt es immer, weil nie alles geplant werden kann – was auch gut so ist. Risiken, die aber aus Selbstüberschätzung resultieren und Gefahren insbesondere für Kinder heraufbeschwören, gilt es zu vermeiden. Und dafür muss man sich in erster Linie selber kennen und sich der eigenen Fähigkeiten und Defizite bewusst sein. Wer als Anfänger mit kleinen Kindern Wildwasser befahren will oder mit Nichtschwimmern die Möglichkeit einer Kenterung miteinkalkuliert, sollte die Finger vom Kanufahren lassen.

Das Ein- und Aussteigen mit Kindern hat seine Regeln

Am besten ist es, wenn die Kinder nach der Tour spannende und beglückende Geschichten mit den Erwachsenen teilen können. Und wenn ältere Kinder und Jugendliche im Sommer einmal Wasser schlucken? Nicht tragisch! Ein spielerisches Abenteuer, das sogar gefällt, wenn man nicht in Eile ist, die Wiese zum Aufwärmen in der Sonne schon im Auge hat und alle Beteiligten auf die Möglichkeit des Kenterns oder Nasswerdens vorbereitet sind. Vielleicht wartet ja schon das Rettungsteam. Die Erwachsenen entscheiden für sich und für die Kinder. Erwachsene entscheiden über die Qualität eines Abenteuers und im Zweifel für die Sicherheit.

### Schwimm- und Rettungswesten
Schwimm- und Rettungswesten sind obligatorisch für alle, die mitfahren. Und zwar nicht als Sitzpolster, sondern als potenzielle Lebensretter am Körper. Dabei gilt, dass die Weste dem Körpergewicht entsprechen muss, soll sie einen Menschen im Notfall über Wasser halten. Kinder sollten Rettungswesten tragen, auch wenn sie schon schwimmen können. Rettungswesten sorgen mit ihrem Kragen im Notfall dafür, dass der Kopf über Wasser gehalten wird. Denn auch mit Freischwimmerabzeichen werden Kinder im Notfall panisch reagieren und sind dann mit einer Rettungsweste auf der sicheren Seite. Also, das Tragen von Westen ist Pflicht für Kinder *und* Erwachsene, auch in vermeintlich ungefährlichen Gewässern. Und auch hier gilt: Eltern sind Vorbilder, auch wenn die Sonne noch so heiß

brennt und Westen manchmal unpraktisch und überflüssig erscheinen. Im Notfall retten sie Leben. Für Kinder kann es besonders auch an Ufern schnell fließender Gewässer sinnvoll sein, die Westen auch beim Spielen am Ufer zu tragen. Die Eltern sollten sich darüber im Klaren sein, dass sie die Kinder immer beaufsichtigen müssen. Verbindliche Absprachen sind hier gefragt. Ein »Ich dachte, du würdest« darf es nicht geben, denn Ufer sind interessante, aber auch gefährliche Spielplätze, besonders für kleine Kinder.

Mit Schwimm- und Rettungswesten kann man aber auch Spaß haben. Wie wär's einmal mit einem bisschen »Sichtreibenlassen«, im wahrsten Sinne des Wortes? Kinder und Erwachsene können beim Baden ein Gefühl dafür bekommen, wie es ist, mit Weste zu schwimmen.

Westen wollen aber auch regelmäßig auf ihren Auftrieb hin überprüft und gepflegt werden. Nach einer Tour sollte das Flusswasser oder Verunreinigungen mit klarem Wasser abgespült werden. Westen sollten trocken und am besten auf einem Kleiderbügel hängend aufbewahrt werden.

### Ein- und Austeigen
Bevor es losgeht, muss das Boot zu Wasser gelassen werden. Schon hier gibt es Gefahrenpunkte, die geklärt werden müssen. Wer mit kleinen Kindern unterwegs ist, weiß, dass kleine Kinder keine Gefahren absehen können. Kleine Kinder wissen nicht, dass Uferböschungen steil abfallen und darunter möglicherweise tiefes Wasser oder Steine warten. Kleine Kinder wollen im Zweifel immer zu Mama oder Papa. Wenn beide das Boot zu Wasser lassen, kann es gefährlich werden. Also Vorsicht bei steilen Uferböschungen. Am besten ist es, wenn ein Erwachsener die Kinder beaufsichtigt, während der andere das Boot zu Wasser lässt und es zum Einsteigen an einer flachen Uferstelle vorbereitet.

Beim Einsteigen ist Überlegung und Teamwork gefragt. Größere Kinder, die schon etwas erfahren sind, können zuerst einsteigen, während ein Erwachsener das Boot festhält und wartet, bis das Kind sicher an seinem Platz angelangt ist. Kleinkinder sollten von einem Erwachsenen an einen anderen Erwachsenen, der bereits im Boot sitzt, übergeben werden. Gleiches gilt fürs Aussteigen. Ein Erwachsener steigt zuerst aus und sichert das Boot, dann werden die Kinder übergeben und an sichere Uferstellen geleitet. Ein Erwachsener bildet das Schlusslicht und sichert das Boot vor dem Abtreiben.

Beim Aus- und Einsteigen fasst man mit beiden Händen beide Süllränder, steigt mit einem Fuß in die Mitte, holt den anderen Fuß nach und verlagert schnellstmöglich den Körperschwerpunkt nach unten, indem man sich hinsetzt. Für Nachkommende kann das Boot entweder am Ufer festgehalten oder im flachen Wasser auch mit Paddeln stabilisiert werden, indem man den Schaft am Süllrand festhält und das Blatt im stumpfen Winkel auf den flachen Grund oder auf das nahe Ufer drückt. Dabei kann man das Boot unter Umständen leicht ankippen. Durch den Druck auf das Blatt und damit auf festen Grund sollte das Boot stabilisiert sein.

Da das Ein- und Aussteigen einen Unfallschwerpunkt darstellt, sollten die Erwachsenen es vorher unter verschiedenen Bedingungen geübt haben, um so den Kindern gegebenenfalls helfen zu können.

## Die Sitzordnung im Boot

Wer wo sitzt, entscheidet der Kapitän. Der Kapitän ist in der Regel derjenige, der am meisten Paddelerfahrung aufweist und mit diesem Hintergrund am ehesten Entscheidungen treffen, den Überblick bewahren oder Ratschläge geben kann. Damit ein Boot samt Besatzung dort ankommt, wo es ankommen soll, benötigt es einen Motor und ein Steuer. In der Regel muss bei der Tourenplanung mit kleineren Kindern davon ausgegangen werden, dass beide Positionen von Erwachsenen übernommen werden. Kinder sind in der Regel noch nicht in der Lage, einen vollbeladenen Kanadier zu manövrieren, d. h. mit den entsprechenden Paddeltechniken einen Geradeauslauf, Ausweichmanöver oder das An-

steuern von Anlandeplätzen sicherzustellen oder die ganze Zeit mitzupaddeln. Das bedeutet in der Regel, dass ein Erwachsener die Steuerposition im Heck des Bootes übernimmt und sich vorher mit den Techniken vertraut gemacht hat. Auch paddelerfahrene Jugendliche können hier natürlich auf entsprechenden Gewässern zeigen, was sie können.

Ein anderer Erwachsener sollte in der Mitte des Bootes sitzen, um die Kinder, die vor ihm sitzen im Auge behalten zu können und für den nötigen Antrieb zu sorgen. Kleine Kinder sitzen in der Regel zwischen den Beinen des Erwachsenen auf einer Isomatte am Boden oder auf einem kleineren Packsack. Größere Kinder können vorne sitzen. Oft wollen Kinder sich während der Fahrt umsetzen oder zusammen im Bug sitzen. Der Erwachsene in der Mitte entscheidet darüber und hilft dabei. Solche Manöver werden aber in jedem Fall zwischen allen Beteiligten vorher abgesprochen. Ebenso werden die Seiten, auf denen gepaddelt wird, abgesprochen. Um das Boot auf dem Wasser stabil zu halten, wird auf jeweils gegenüberliegenden Seiten gepaddelt. Der Steuermann sollte in der Lage sein, auf beiden Seiten zu steuern und sich seinem Motor weitgehend anpassen. Beim Anlanden muss sich der Motor dem Steuermann anpassen, genauso wie der Steuermann in allen Manövrierangelegenheiten das letzte Wort hat.

## Wasserbauliche Gegebenheiten

In Deutschland gibt es kaum noch Flüsse, die nicht wasserbaulich verändert und reguliert worden sind. Dies gilt auch für viele andere europäische Flüsse. Meistens wurde der Wasserlauf durch Wehre und Staustufen gezähmt. Während auf Bundesschifffahrtsstraßen viele Staustufen und Wehre mit Schleusen zu befahren sind, erfordern andere mit Wehren, Wasserabzügen zur Stromerzeugung oder Mühlenkanälen ein manchmal mühsames Umtragen. Dabei sind die Strömungsverhältnisse vor dem verbauten Flusslauf zu beachten, besonders wenn die im Paddelführer angegebene Anlandestelle nicht unmittelbar einsehbar ist. Hier gilt, gegebenen-

falls rechtzeitig anzulanden und den Gefahren-
bereich von Land aus zu erkunden. Das Gleiche
gilt natürlich auch für wilde Flüsse und deren
Stromschnellen.

Wehre und Staustufen können aber auch eine
willkommene Abwechslung bieten. Das Umtragen verlangt Teamwork, bei der alle mit anpa-
cken müssen. Vor der Weiterfahrt bietet sich
vielleicht eine Pause an. Andererseits sollte hier
besonders auf Kinder geachtet werden. Manchmal gibt es tiefe, gemauerte Abstürze mit Was-
serwalzen oder bei Wasserabzügen heftige Strö-
mungen, die zu einer Turbine führen. Besonders
kleine, aber auch größere Kinder erkennen diese
Gefahren nicht und eine schäumende Wasser-
walze oder eine Stufe, über die sich das Wasser
ergießt, üben einen faszinierenden Reiz auf den
Nachwuchs aus. Vorsicht also!

### Fließende und stehende Gewässer

Beide haben ihren Reiz. Flüsse, Seen oder vielleicht beides auf einmal: Flüsse, die Seen miteinander verbinden. Mit Kindern unterwegs zu sein
heißt, auf Abenteuersuche zu gehen. Welche Gewässer für welche Kinder die besten sind, wissen
am ehesten die Kinder selbst und ihre Eltern.
Die Entscheidung, welches Gewässer nun befahren werden soll, wird sicherlich von der Informationsbeschaffung stark beeinflusst. Der DKV-
Paddelführer (auch fürs Ausland) oder andere
Kanuliteratur geben detaillierte Informationen
über den Verlauf von Flüssen oder das Befahren
von Seen. Das Internet wartet mit einer Informa-
tionsvielfalt in Form von Erfahrungsberichten,
Kanuforen, Bildern, touristischen Hinweisen
und mehr auf. Die Seite des Deutschen Kanuver-
bandes (DKV) bietet unter anderem detaillierte
Informationen zu den Themenbereichen: Sicherheit auf dem Wasser, Materialkunde, Ausrüstung, Kajak, Wildwasser, Küste und Meer, Kanadier – mit Downloadbereich (u. a. Flussführer,
kostenpflichtig) und Pegelliste. Topografische
Landkarten (z. B. im Maßstab 1:25 000 / 1:50 000)
können bei der Einteilung von Etappen helfen.
Auch interessante Landschaftsmerkmale lassen
sich hier herauslesen.

Seen oder Meeresarme üben eine Faszination
auf Kinder aus: wenn die Ufer interessant sind,
man hier und da anlanden kann, eine Steilküste
zum Lagerfeuermachen oder Kraxeln und Spielen einlädt. Noch besser sind Seen mit vielen Inseln und Bademöglichkeiten, auf denen man
»Inselhopping« machen kann. Viele skandinavische Seen bieten hier beste Familienreviere, da
man oft überall übernachten darf. Wer auf Seen
und offenen Gewässern unterwegs ist, weiß aber
auch, dass ein Kanadier recht windanfällig ist
und eine Paddeltour bei mäßigen bis starken
Winden eine strapaziöse Angelegenheit werden
kann. Auch mit Wellengang muss auf diesem
Gewässern gerechnet werden. Größere Querun-
gen von mehreren Kilometern Distanz sollten
mit kleinen Kindern vermieden werden. Ein Ufer
sollte im Notfall auch schwimmend erreichbar
sein.

Flüsse haben ihren Reiz in ihrer fließenden Ei-
genschaft. Man kann sich treiben lassen oder die
Geschwindigkeit und den Kitzel in kleinen
Schwällen und Stromschnellen genießen. Flüsse
führen einen durch interessante Kultur- und
manchmal auch Industrielandschaften, durch
verbliebene unberührte Natur und sogar Wildnis. Kleinflüsse fordern einen mit ihren engen
Mäandern, große Flüsse und Ströme durch ihre
Wassergewalt und Strömungsgeschwindigkeit.
Für Kinder zählt meist die Abwechslung. Neben
Galeriewäldern und dem einen oder anderen
Schwall oder einer Portage sorgen ein vorbeifahrender Zug, ein Dorf, ein Traktor, der die Wiese
mäht, ein Angler am Ufer oder winkende Radfahrer sowie Schafe, Pferde und Kühe auf Weiden (wie wär's mit Zuchtbullen, die bis zu den
Knien im Wasser stehen?) aus der Paddelpers-
pektive für Abwechslung. Die Forellen, die unter
dem Boot durchtauchen, die Bisamratte oder
der vorbeischwimmende Biber, der Eisvogel
oder ein fischender Bär natürlich auch.

Informationen über alle Kanureviere Schwedens hält der schwedische Kanuverband im Internet unter www.kanot.com (auf Schwedisch)
bereit.

# Reisebericht: Schweden

*»Kinderpaddelabenteuer in Småland«*

*Der Bolmen, See der Inseln (Volker Otter)*

Nicht umsonst haben wir unseren Faltkanadier in den Kofferraum gewürgt. Schweden, Småland, Land der Kanufahrer, Land der Seen, Flüsse und Wälder. Und nun eine Schlechtwetterfront nach der anderen und Güsse, dass man keine Dusche mehr bräuchte. Die Sonne dazwischen reicht nicht, um irgendetwas zu trocknen. Was tun mit zwei Kindern, sieben und drei Jahre alt?

Ein neuer Tag, ein neues Glück? Blauer Himmel und Sonne, so fängt er an. Also, nix wie los, zusammenpacken, den Kanadier aufs Dach bugsieren, losfahren zum Bolmen, dem großen See, bevor die Wolken wieder kommen. Wenigstens weht der Wind nur schwach und nicht so böig wie in den letzten Tagen. Wir fahren zur alten Eisenbahnbrücke bei Piksborg.

Von den Wikingertagen bis ins späte Mittelalter ging es hier an der südlichen Seeenge kriegerisch zu, wie uns die Schautafeln vor den Wallanlagen und dem Burghügel mitteilen. Ansonsten besteht Piksborg aus dem alten Bahnhofshäuschen, einigen weiteren roten Schwedenhäuschen und einer alten Eisenbahnbrücke über die Enge. Eisenbahnen fahren hier schon lange nicht mehr, dafür aber viele Fahrradfahrer, die dem Radweg rund um den Bolmen entlang der alten Bahnlinie folgen. Wir setzen ein. Nach einer halben Stunde lädt uns das sandige Ufer einer Insel ein. Wir lassen uns einfach mit voller Fahrt auf den Strand laufen. Wir sind nicht die ersten Abenteurer, die diese Insel entdeckt haben, wenn sie uns auch jetzt alleine gehört. Ein alter Tampen als Schwingschaukel verspricht Badevergnügen. Wir sammeln Blaubeeren, die vorzüglich mit Keksen und Gummibärchen ergänzt werden. Feuerstellen unter alten knorrigen Kiefern, ein provisorisches Lager mit einer Hängematte und einer aufgeschichteten Steinhöhle, ein wackeliger Steg. All das gibt es auf der Inselumrundung zu entdecken. Hätte Huckleberry Finn mehr zum abenteuerlichen Leben gebraucht? Nein! Und unsere Kinder auch nicht. Darüber haben wir glatt den Regenschauer vergessen, der langsam durch die Bäume tropft. Bei stabil sonnigem Wetter würde sich hier ein mehrtägiges Inselhopping anbieten.

Dann geht's weiter. Wir umrunden »unsere« Insel und schleichen mit unserem Kanu durch eine sehr flache Enge zwischen zwei Inseln. Langsam öffnet sich der See wieder. Eine leichte Dünung lässt unser Boot auf und nieder schwingen. Das Wasser ist noch glatt. In der Ferne sehen wir einen kleinen Fischerkahn. Die Stimmung hier ist ruhig und entspannend. Wir lassen uns in die offene Weite hineintreiben, hier und da ein paar Paddelschläge, bis der Wind anfängt aufzufrischen und das matte, glatte Grau des Himmels, das sich auf der Wasseroberfläche spiegelt, zerreißt. Zeit, uns wieder in den Schutz der vielen Inseln zu begeben für ein verspätetes Mittagessen. Manche Ufer sind sehr steinig und steil und nicht zum Anlanden, Aussteigen oder Verweilen für Dreijährige geeignet. Wir finden dennoch eine kleine, ungefähr dreißig Quadratmeter große Felseninsel mit einem flachen steinigen Ufer: ein paar verkrüppelte Weiden und Birken, ein paar Binsen, schöne Blumen und überall Steine und Felsen.

Unsere Kinder haben für alle Steinsessel gefunden, spielen ausgelassen und essen. Das Erkunden dieser Insel ist nicht ganz ungefährlich. Die Steine sind spitz, nass und rutschig. Der Charakter der Insel erinnert an den hohen Norden Lapplands mit seiner Kargheit. Der Wind frischt weiter auf und wird böig. Gischt fängt an den flachen Ufern an zu spritzen. Wir müssen weiter. Wir halten uns möglichst im Windschatten der Inseln. Es fängt wieder an zu regnen. Wir sehen den Regenschleier auf uns zukommen und geben Vollgas. Vom Hinweg her erinnere ich mich an ein altes Bootshaus auf der linken Seite. Wir sind nass, aber noch nicht durchnässt, als wir in den engen Kanal des offenen Bootshauses hineinrauschen. Gut, dass wir noch ein paar stimmungsaufhellende Gummibärchen für unseren Jüngsten (und für den Rest natürlich auch) dabei haben.

Als die Himmelspforten sich wieder schließen, paddeln wir weiter. Die Eisenbahnbrücke, unser Endziel, ist in Sichtweite. Die graue Wolkendecke reißt auf und schickt uns ein paar wärmende Sonnenstrahlen. Wir rauschen unter einer Brücke hindurch, erkunden noch die Flussmündung des Muran im Svarte-bro-Naturschutzgebiet, soweit wir heran dürfen. Wir beobachten staksende Reiher und viele andere Watvögel an den moorigen Ufern des Flusses, der sich aus einem großen Moorgebiet in den Kafjorden, die südliche Bucht des Bolmen, ergießt. Das Wasser spiegelt einen blauen Himmel, glitzernden Sonnenschein und drohende dunkle Wolken in der Ferne. Ein herrliches Farbenspiel. Ausbooten und alles wieder verladen. Barfuß laufen im noch warmen und gerade wieder getrockneten Gras. Als wir im Auto sitzen, fallen die ersten Tropfen. Und wenn es wieder einmal einen dieser Michel-aus-Lönneberga-Sonnen-Sommer gibt, dann sind wir wieder dabei und lassen uns vom Bolman aus dem Bolmen heraus durch die Wälder, Seen und Moore Smålands tragen.

# Ausrüstung für unterwegs

### Funktionale Kinderbekleidung

Eltern neigen beim Reisen mit ihren Kindern dazu, von allem zu viel einzupacken, da sie für jeden einzelnen Tag Kleidung für jedes Wetter einkalkulieren. Dies ist jedoch nicht im Sinne des Erfinders und schon gar nicht des Reisenden, da man hiermit zu viel Ballast mit sich herumschleppt. Sicher ist es ganz natürlich (und wichtig), dass man unterwegs die Kleinen mit witterungsgerechter Kleidung vor krank machenden Einflüssen (be-)schützen möchte. Dennoch werden Kinder nicht automatisch krank, wenn sie einmal nasse Füße bekommen oder unpassend gekleidet sind. Und selbst mit der richtigen Kleidung bleibt ein kalter, ungemütlicher Regen nun mal ein kalter, ungemütlicher Regen. Auch wenn der Volksmund einem da etwas anderes suggerieren möchte. Mit jederzeit angepasster Kleidung wird man diese tröpfelnd traurige Tatsache auch nicht ins Positive umkehren können. Alle Eventualitäten lassen sich unterwegs nicht ausschließen, und jederzeit die richtige Kleidung parat zu haben, ist auf Reisen so gut wie unmöglich. Vielmehr sollten Eltern bei der Auswahl der Urlaubskleidung Flexibilität beweisen und aus dem Vorhandenen Kreatives designen können. Sie wandlungsfähig dem Bedarf anzupassen, ist auch eine Art, der Kleidung eine Funktionalität zu geben. Die Schlafanzughose wird zur Leggin, das Unterhemd zum Top, Socken zu Fäustlingen. Auch Farben müssen nicht immer hundertprozentig zueinander passen. Schließlich gehen Sie mit Ihren Kindern nicht in die Oper oder zu Empfängen, sondern einfach nur auf Reisen.

Wichtig beim Zusammenstellen der Kinderbekleidung für eine Reise ist, dass sich viele Teile miteinander kombinieren lassen, d. h. man sie im günstigsten Fall zu vielen verschiedenen Einsatzmöglichkeiten tragen kann. Ein Schlafoberteil kann Unterhemd und T-Shirt zugleich sein. Genauso können Leggins oder Strampler zum Schlafen wie auch tagsüber getragen werden. Auf Reisen mitgenommene Kleidungsstücke sollten nicht nur eine einzige Funktion erfüllen können. Natürlich geht das nicht bei allen Ausrüstungsgegenständen, aber eben häufiger als mancher erwarten würde. Wertvolle oder empfindliche Kleidungsstücke gehören auf keinen Fall in den Rucksack oder Koffer. Auf Reisen wird die Kleidung in hohem Maße beansprucht und sauber wird sie danach auf jeden Fall nicht mehr sein (→ »Haushalt führen in der Ferne«, S. 241). Im günstigsten Fall ist sie nicht beschädigt.

Im Outdoorfachhandel gibt es heute eine große Auswahl an Funktionsbekleidung für Kinder und Kleinkinder. Dies ist lobens- und wünschenswert, aber nicht alles ist auch wirklich überlebensnotwendig für das Leben draußen in der Natur. Bekannte Labels allein sagen nichts über die Funktionalität und Qualität der Reiseausrüstung aus. Auch herkömmliche Kinderkleidung besitzt in der Regel funktionelle Eigenschaften. Beginnen wir nun einmal nach dem Zwiebelprinzip – welches wirklich in jedem Fall empfehlenswert ist – diese von außen zu schälen:

Als wichtigster Schutz gegen Kälte und Nässe gilt die letzte Kleidungsschicht. Diese sollte bei kleinen Kindern und Babys auf jeden Fall *wasserdicht* und strapazierfähig sein. Eine Trägerhose, die möglichst weit nach oben geht, aus Gummi oder Plastik mit eng anliegenden Abschlussbündchen und Schlaufen am Bein ist ideal. Stülpt man die Hose über Gummistiefel, kann nicht viel schief gehen, da die unweigerlich nach oben wandernde Nässe erst einmal von den Gummistiefeln abgehalten wird. Kindern im Krabbelalter, die noch keine Schuhe tragen können, kann man die Matsch- und Buddelhosen zwei Nummern zu groß kaufen und an den Beinen verknoten. So bleiben auch sie von oben bis unten wasserdicht verpackt. Oder man verwendet spezielle »Matsch-Füßlinge« aus Plastik (im Babyfachhandel erhältlich). Angst davor, dass kleine Kinder und Babys zu sehr schwitzen oder überhitzen muss man nicht haben. Getragen wird solche Kleidung ja nur bei kalter und feuchter Witterung und im Regelfall nicht den ganzen Tag.

Atmungsaktive Hosen für Babys und Kleinkinder sind nicht ideal. Jedes Funktionsmaterial verliert bei zu hohem und langem Druck seine wasserabweisenden Eigenschaften. Und erzählen Sie einmal Ihrem Kind, das gerade so schön in der Wasserpfütze sitzt und spielt, dass es bitte Rücksicht auf die T-3000-light-Beschichtung der ProDry Plus Hightech Pant nehmen soll, damit diese nicht so schnell durch Abrieb ihre Funktionseigenschaft verliert. Auf die Antwort darf man gespannt sein.

Kinder überstrapazieren ihre Kleidung, sodass selbst das beste und teuerste Funktionsmaterial sehr schnell seinen Geist aufgeben kann. Eltern müssen sich dafür entscheiden, welchen Schaden sie leichter verkraften können: ein Loch in einer Gummihose aus dem Kaufhaus oder ein Riss in teurer Outdoorbekleidung.

Die Hersteller von Funktionsbekleidung verwenden für Kinderjacken und Hosen beschichtete Materialien, die weniger langlebig als Membranen sind. Doch gerade bei Kindern ist der Abrieb der Kleidung durch den Bewegungsdrang der Kleinen wesentlich höher und bedürfte daher der hochwertigeren Materialien. Diese sind jedoch sehr teuer und ein wirtschaftlicher Absatz von 500-€-Jacken oder -Hosen für Kinder dürfte bezweifelt werden. Fragen Sie bezüglich wetterfester und strapazierfähiger Kleidung doch einmal Erzieher oder Mütter von Waldkindergarten-Kindern. Sie kennen sich bestens mit guter Regenwetterkleidung aus.

Bei Kindern ab etwa fünf oder sechs Jahren wird atmungsaktive Regenkleidung wirtschaftlich sinnvoll. Zum einen können die Kleidungsstücke länger getragen werden, und für gute und preisgünstige Funktionsbekleidung findet man mit zunehmender Kleidergröße eine breitere Auswahl vor. Egal wofür man sich letztendlich entscheidet, eine Eigenschaft sollte die Regenkleidung Ihres Kindes auf jeden Fall besitzen: den Träger vor Regen schützen. Prüfen Sie *vor* dem Urlaub, ob das Kleidungsstück diese Eigenschaft erfüllt (am besten unter der heimischen Dusche), damit es unterwegs kein feuchtes Erwachen gibt.

Die zweite Kleidungsschicht von außen soll eine wärmende Funktion erfüllen. Hier bietet sich Fleece als bestes Material an. Es ist leicht, unempfindlich gegen Schmutz, besitzt hervorragend isolierende Eigenschaften und ist nach dem Waschen sehr schnell wieder trocken. Selbst Wolle oder Wollmischgewebe können mit Fleece, was die Funktionalität betrifft, nicht konkurrieren. Ist das Kind Allergiker oder verträgt keine künstlichen Materialien, kann man als dritte Kleidungsschicht ein Material aus Naturfaser wählen, damit man nicht auf Fleece verzichten muss. Ein wärmender Fleecepullover sollte auf keiner Reise im Gepäck fehlen, selbst wenn man in die Tropen reist. Für den Flug und die Akklimatisierung ist ein solches Kleidungsstück unentbehrlich.

Fleeceoberteile sind überall problemlos erhältlich, bei Hosen wird es, wenn das Kind aus dem Kleinkindalter herausgewachsen ist, schwieriger, da es dann kaum noch eine große und gleichzeitig preisgünstige Auswahl gibt. Eindecken sollte man sich mit solchen Kleidungsstücken in der Wintersaison, in der einige Discounter so genannte »Hausanzüge« aus Fleecestoffen anbieten. Auch in den Sportabteilungen der Kaufhäuser kann man mit etwas Glück im Winter günstige Fleecehosen erstehen.

Mittlerweile verdrängen so genannte »Softshells« das gute alte Fleece als zweite Kleidungsschicht. Der Vorteil dieser funktionalen Kleidungsstücke liegt in ihren wind- und wasserabweisenden Eigenschaften. Softshell-Kleidungsstücke zählen eigentlich zur ersten Kleidungsschicht, da sie nahezu winddicht sind und ein kurzer Regenschauer dem atmungsaktiven Funktionsmaterial ebenso wenig anhaben kann. Die Isolation der Softshells übernimmt auch hier Fleece. Softshell-Jacken gibt es mittlerweile selbst für Kleinkinder im Outdoorfachhandel. Softshell-Overalls für Babys bietet das Versandhaus jako-o ab Größe 80 an. Dennoch ersetzen Softshell-Kleidungsstücke nicht die erste Kleidungsschicht, da sie nicht hundertprozentig wasserdicht sind. Für alle anderen Wetterlagen erfüllen sie jedoch eine hervorragende Funktion.

Die dritte und vierte Kleidungsschicht wird entweder auf der Haut oder als weitere Zwischenschicht getragen. Hier hat man nun die Möglichkeit, endlos zu variieren. Ob Zipp-of-Hosen, Hemden zum Hochkrempeln, Kleider für drunter und drüber – die Wandlungsmöglichkeiten sollten unbegrenzt sein. Bei Mädchen können

z. B. weich fließende Tücher zu Schals, Kopftüchern, Kleidern, Röcken und sogar Duschtüchern und Strandunterlagen werden. Verträgt das Kind Kunstfasern, sollten auch hier möglichst schnell trocknende Materialien wie Polyester oder Polyamid verwendet werden. Auch Mischgewebe mit einem hohen Anteil an Kunstfasern oder Viskose/Modal und geringen Baumwollanteilen trocknet in der Regel schneller als Kleidung aus reiner Baumwolle. Vermeiden sollte man auf jeden Fall Kleidung aus dicken oder mehrlagigen Baumwollstoffen wie Jeans, da diese unterwegs viel zu schnell Feuchtigkeit aufnehmen und auf Touren unendliche lange Zeit zum Trocknen benötigen.

Als Schlaf- und Unterwäsche bietet sich Skiunterbekleidung an. Diese ist in der Regel aus atmungsaktiven Kunstfasern oder Mischgewebe und trocknet wesentlich schneller als herkömmliche, reine Baumwollunterwäsche. Skiunterwäsche kann auch als zweite Kleidungsschicht, anstatt Fleece, getragen werden. Sofern Kinder Kunstfaser auf der Haut tragen können, sollte man auch Unterhosen und Unterhemden aus diesem Material kaufen. Dies ist allerdings schwer zu bekommen. Normale Unterhosen und Hemden sind fast immer aus reiner Baumwolle. Eine preisgünstige und clevere Möglichkeit ist, sich im Discounter eine Ladung lange Skiunterwäsche zu kaufen und sie auf die benötigte Länge zu kürzen.

In heißen Ländern und Regionen dagegen empfiehlt es sich, bei der Nacht- und Unterwäsche auf die meist eng anliegende und wärmende Skiunterbekleidung zu verzichten und weite Baumwoll-T-Shirts und dünne Unterhosen zu kaufen.

Kinder verlieren den größten Teil ihrer Körperflüssigkeit über die Füße. Schweißfüßler erkennt man schon im zarten Babyalter. Benötigt man dicke Socken (in kalten Regionen), ist Baumwollfaser durch ihre lange Trocknungszeit wiederum schlechter geeignet als Kunstfaser. Da die Auswahl an Funktionssocken für kleine Kinder und Babys gering ist, bietet sich hier Schurwolle als bestes Material an. Wollsocken können über dünne Baumwollstrümpfe gezogen werden, wenn der direkte Kontakt mit der zarten Babyhaut nicht erwünscht ist. Schurwolle ist, was die Körperwärmeregulierung betrifft, das beste Material und durch seine kürzere Trocknungszeit besser geeignet als dicke Baumwollsocken.

Handtücher, die als Poncho getragen werden können, oder Bademäntel sind der ideale Bade- und Strandbegleiter für kleine Kinder. Flauschige Badetücher in verschiedenen Größen und Mäntel aus Microfaser (reiner Kunstfaser) gibt es mittlerweile überall zu kaufen (z. B. Fa. Morgenstern). Selbst der unverzichtbare Reisebegleiter Waschlappen ist in Mikrofaser erhältlich. Diese sehr voluminösen Kleidungsstücke und Hygieneartikel sollten bei begrenztem Stauraum selbstverständlich in ihrer Größe den Gegebenheiten angepasst werden. In heißen Ländern und für größere Kinder sind große und sehr dünne Tücher (wie der so genannte »Sarong« oder »Pareo«) aus Baumwolle oder Kunstfaser sehr gut geeignet als Strand- und Badetuch, da diese ebenfalls wesentlich schneller trocknen als herkömmliche Handtücher.

Warum das schnelle Trocknen der Wäsche beim Reisen so wichtig ist, ist im Kapitel »Haushalt führen in der Ferne« (S. 241) aufgeführt.

Als wichtiges Accessoire sollten Hüte oder Mützen nicht vergessen werden. Eine dünne, eng anliegende Mütze oder ein Stirnband kann z. B. als Fixierhilfe für Zwiebelsäckchen bei Ohrenschmerzen eingesetzt werden. Für das Trocknen der Haare in kalten Regionen, wenn der Fön aus Platzgründen zu Hause bleiben muss, ist eine trocknende und wärmende Mütze unentbehrlich. Vielseitig einsetzbar sind auch schlauchartige Tücher aus Mikrofaser.

Sonnenbrillen sind für Kinder schon (oder gerade) im Babyalter empfehlenswert, vor allem in Ländern mit einer intensiven Sonneneinstrahlung. Oftmals ist das ständige Tragen einer Brille bei Kleinkindern selbst mit hartnäckigem Immer-wieder-Aufsetzen von den Eltern auf Dauer nicht durchführbar. Entweder mögen Kinder eine Brille auf der Nase oder eben nicht. Versuchen Sie Ihrem Nachwuchs wenigstens dann eine Brille aufzusetzen, wenn die Sonneneinstrahlung besonders hoch ist, z. B. zur Mittagszeit. Ist selbst das nicht möglich, halten Sie sich in dieser Zeit mit den Kindern im Schatten auf oder setzen ihnen einen Hut mit einer großen Krempe auf, der die Augen im Schatten hält. Brillen mit einem möglichst großen Seitenschutz sind auch beim Radfahren ein wichtiger Schutz gegen Mücken und Fahrtwind. Für Kleinkinder und Babys gibt es spezielle Sonnenbrillen, die extra für den kleinen Kopf des Kindes konstruiert sind. Statt mit Bügeln werden diese Brillen mit einem flexibel einstellbaren Gummiband »relativ« sicher am Kopf gehalten (Fa. Baby-Banz).

Schuhe lassen sich weit weniger flexibel dem Bedarf anpassen. Für Kinder wird man meist mehrere dabei haben. Ob Gummistiefel (sind in regenreichen Gegenden besonders wichtig), Wanderschuhe, Trekkingsandalen oder Badeschuhe benötigt werden, entscheidet die Art und das Ziel der Reise. Sehr flexibel einsetzbar sind leichte Schaumsandalen, die sowohl am Strand und unter der Dusche als auch bei kaltem oder regnerischem Wetter noch, wärmend mit Socken, getragen werden können.

Und last but not least sollte man, egal wohin die Reise geht, Badekleidung nicht vergessen.

### UV-Schutzkleidung für Kinder

Ist man draußen unterwegs, ist die Sonne ein wünschenswerter Begleiter. Schönes Wetter mit Sonnenschein steigert das Wohlbefinden und es lässt sich viel entspannter reisen. Zu viel dagegen schädigt den Körper dauerhaft. Gerade Babys und Kleinkindern, deren Haut noch sehr dünn ist, können die gefährlichen UV-Strahlen erheblichen Schaden zufügen. Reisen Sie in Länder mit einer intensiven Sonneneinstrahlung, sollten Sie sich und Ihre Kinder durch Kleidung schützen (nicht nur beim Baden). In Australien, Neuseeland, auf den südliche Pazifikinseln, im südlichen Afrika und südlichen Amerika ist ein Schutz vor der Sonne durch angemessene Kleidung ein absolutes Muss. Ein ausreichender Schutz nur durch Sonnencreme ist hier nicht mehr möglich.

Zum Thema UV-Schutzkleidung für Kinder hat sich in den letzten Jahren viel getan. War es in Europa vor zehn Jahren noch schwierig, gute und günstige Sonnenschutzkleidung für Kinder zu bekommen, so ist dies heute kein Problem mehr. Viele Hersteller bieten gute UV-Schutzkleidung für Kinder in allen Größen an. Selbst für Babys gibt es eine große Auswahl. Wichtig zu wissen ist, was eigentlich UV-Schutzkleidung von herkömmlichen Stoffen unterscheidet.

Bei Sonnenschutzkleidung wird in einem speziellen Herstellungsverfahren die Faser mit absorbierenden und reflektierenden Mikropigmenten versehen. Die Textilien sind zudem dichter gewebt als bei der herkömmlichen Herstellung. Der UV-Schutzkleidung werden keine – wie oft angenommen – chemischen Wirkstoffe beigesetzt.

Auch die Art der verarbeiteten Faser ist beim Sonnenschutz wichtig. So absorbiert Baumwolle die ultraviolette Strahlung am wenigsten. Besser ist Kunstfaser wie Polyester oder auch Mischgewebe. Dabei muss es nicht ausschließlich eine ausgewiesene Sonnenschutzkleidung sein. Auch Kleidung nach herkömmlichen Herstellungsverfahren aus Polyester, Mischgewebe oder Modal bietet in der Regel einen hohen Lichtschutzfaktor. Bevorzugen sollte man beim Kauf dunkle oder grelle Farben. Diese haben eine höhere reflektierende Wirkung als helle Kleidung.

Für Sonnenschutzkleidung gibt es in Deutschland eine einfaches Klappsystem, mit einer Hand große Auswahl an Fachhändlern. Im Internet bekommt man UV-Schutzkleidung für Kinder unter anderem bei:
> www.my-sunkids.de
> www.sunsible.com
  (Sonnenschutzkleidung aus Naturfaser für Babys und Kleinkinder mit Allergien)

## Moskito-Schutzkleidung für Kinder

Moskitos, Midges, Sandflies oder Zecken – ist man mit Kindern draußen unterwegs, gibt es auch viele ungewollte Begleiter. Die richtige Kleidung kann unangenehme Stiche verhindern, beim Reisen in tropische Regionen oder FSME-Risikogebiete sogar Krankheitsgefahren erheblich minimieren.

Durchstichsicher sind in erster Linie Regenjacken und -hosen aus Plastik, Funktionsgewebe oder Gummi. Diese eignen sich jedoch nur in kühlen Regionen. Moskitosichere, leichte Sommerbekleidung für Kinder gibt es nur spärlich auf dem Markt.

Die meisten Hersteller von Outdoorbekleidung rüsten ihre Kleidungsstücke mit chemischen Mitteln aus, dessen Wirkungsbestandteil ein Insektizid ist, welches Moskitos zuverlässig zu fast 100% abhält, jedoch als Gift bezeichnet werden kann. Gesundheitsgefährdende Wirkungen werden von den Herstellern ausgeschlossen. Ausgerüstete, moskitosichere Kinderbekleidung (Hosen und T-Shirts) gibt es von den Firmen *Jack Wolfskin* und *Vaude*. Spezielle Moskitosocken gibt es von *Jack Wolfskin* ab Größe 35. Der Nachteil bei imprägnierter Kleidung ist, dass sie nach ca. 30 Wäschen ihren Moskitoschutz verliert und nachbehandelt werden muss. Kleider-Imprägnierspray (z. B. Nobite), welches man selbst aufträgt, funktioniert nach dem gleichen Prinzip und ist im Outdoorfachhandel erhältlich.

Moskitosichere Kleidung, die alleine durch ihre Webart schützt, gibt es von der niederländischen Fa. *Tropenzorg* unter dem Label *Care-plus*. Sie bietet Kinderbekleidung (Hosen und Langarm-T-Shirts) an, die allein durch sehr dicht gewebte Stoffe (Polyamid-Baumwoll-Mikrofaser-Mischgewebe) zuverlässig vor Moskitos schützt (zu finden im Internet unter www.careplus.eu oder im Outdoorfachhandel). Kinderbekleidung gibt es dort ab Größe 92 bis 176. Diese Kleidung schützt zusätzlich vor UV-Strahlung (ab UPF 40+).

Moskitoschutz-Kopfnetze, die man über Hüte und Kappen mit weiter Krempe ziehen kann, gibt es ebenfalls im Outdoorfachhandel. Achten sollte man bei moskitosicherer Kleidung darauf, dass sie eng anliegende Bündchen an Handgelenken und Knöcheln hat. Oder man näht selbst einen Gummi oder Klettverschlüsse an. Mit Socken über den Hosenbeinen erreicht man übrigens den gleichen Effekt. Das Tragen von geschlossenen Schuhen gehört natürlich auch zu moskitosicherer Kleidung.

**Wie viel Kleidung mitnehmen?**

Das Reiseziel ist maßgebend für die Auswahl und Menge der Kleidung, die eingepackt werden muss. In sonnigen, warmen und regenarmen Gegenden benötigt man andere und wesentlich weniger Ausrüstung als im Gebirge oder kühleren Regionen. Die Entscheidung, wie viel und was sinnvoll ist, müssen Eltern vor jeder Reise selbst treffen und greifen mit dem Bedarf an Kinderkleidung meist daneben (selbst erfahrenen Globetrottern passiert das häufig). Kinderkleidung lässt sich nun mal nicht sinnvoll rationalisieren. Die Tatsache, dass der halbe Kleiderschrank des Nachwuchses unterwegs auf Dauer nicht tragbar ist, müssen auch erfahrene Globetrotter immer wieder aufs Neue begreifen. Als Richtwert kann man beispielsweise so viel Kleidung für ein Kind einpacken, wie es zu Hause in einer Woche aufträgt (ohne tägliches Wechseln der gesamten Kleidung). Dieser Bedarf entspricht auf Reisen in etwa dem Zyklus, den man zum Waschen einhält (richtige Outdoorfreaks haben einen wesentlich längeren Wasch-Zyklus). Damit sind jedoch größere und kleinere »Unfälle« nicht einkalkuliert. Will man sich dagegen absichern, landet man unweigerlich wieder beim vollen Kleiderschrank.

Ein Tag mit frischer Kleidung kann auch so aussehen: Am Morgen tropft klebrige Himbeermarmelade auf die schmutzabweisende Zipp-off Pant (natürlich oberhalb des Zipp). Beim Mittagessen (wenn bis dahin kein weiteres Malheur passiert ist) gesellt sich rote Tomatensoße dazu, die zusätzlich noch das ProDry Light T-Shirt verschönert. Nach dem Matschweitwurf-Wettbewerb am Nachmittag werden die kälteabweisen-

den Eigenschaften der Kleidung durch lawinenartigen Eisabgang getestet. Sollte der weitere Tag glimpflich verlaufen, wird am Abend kurz vor dem Schlafengehen aus Übermüdung noch einmal kurz in die Doppelflächenkonstruktions-Unterhose uriniert. Und zum Schluss, um den Tag ausklingen zu lassen, erbricht das Kind aufgrund übermäßigen Eisgenusses noch in den neuen Microsoft-high-loft-Hollowfibre-Schlafsack.

So kann ein ganz normaler Urlaubstag mit Kindern verlaufen. Schockiert? Desillusioniert? Lassen Sie sich davon nicht entmutigen! Den Kindern ist porentief reine Kleidung sowieso ziemlich egal, und irgendwann gewöhnen auch Sie sich an den Anblick der Kinder, deren frisch angezogene Kleidung (plus Inhalt) nach dem Frühstück schon aussieht, als hätte sie seit fünf Wochen kein Waschmittel mehr gesehen.

Hierzu ein kleiner Tipp am Rande: Kleidung mit Karos, verschiedenfarbigen Streifen und bunten Mustern gehen optisch tagelang als frisch gewaschen durch. Ist man unsicher, ob ausreichend Wäsche eingepackt wurde, ist es beruhigend zu wissen, dass es im Reiseland immer Möglichkeiten gibt, seine Ausrüstung zu erweitern oder zu ergänzen. In den meisten Fällen sogar wesentlich günstiger als zu Hause.

**Campingausrüstung**
**Familienzelte**

Die Wahl des Zelttyps hängt in erster Linie von der Reiseform – also mit welchem Fortbewegungsmittel man unterwegs ist – und dem Einsatzbereich – wo und wie man in welchen Witterungs- und Umgebungsverhältnissen nächtigt – ab. Im Outdoorbereich unterscheidet man zwischen drei verschiedenen Zeltformen: dem Kuppelzelt (auch Igluzelt genannt), dem Tunnelzelt und dem Geodät (mehrere überkreuzte Gestängebögen), wobei die Zeltform Geodät eine Sonderform darstellt und in der Regel den Kuppelzelten zugeordnet wird. Jede Zeltform hat ihre Stärken und Schwächen. Auch hängt die Flexibilität und Qualität eines Zeltes nicht nur von seiner Form, sondern stark vom

Hersteller ab. Die Zelte renommierter Hersteller, die seit vielen Jahren Zelte produzieren, sind zwar in der Regel teuer, dafür bieten diese durch einen langjährigen, großen Erfahrungsschatz der Produzenten sinnvolle und hochwertige Details an, die einem auf Reisen das Leben wesentlich erleichtern und angenehmer gestalten (in der Wildnis sogar unentbehrlich sind). Es lohnt sich, sich über bestimmte Fachmagazine und Foren einen Überblick über die besten Zelthersteller und ihre Produkte zu verschaffen. Auch die Beratung im Fachhandel ist beim Zeltkauf unerlässlich. Kaufen Sie jedoch ein Zelt niemals ungesehen, also wenn Sie es noch nicht aufgebaut besichtigen konnten. Als Laie wird man ein gutes oder für sich geeignetes Zelt allerdings nicht ohne Weiteres erkennen können, selbst im aufgebauten Zustand. Gehören Sie zu dieser Gruppe, sind Sie auf die Qualifikation des Verkäufers und dessen eigene Meinung angewiesen. Möchten Sie mehrere Standpunkte hören, sollten Sie auch mehrere Geschäfte aufsuchen. Sie werden feststellen, dass Ihnen jeder zu exakt dem gleichen Zelt etwas anderes erzählt. Sie können vor einem Zeltkauf auch diverse Messen und Ausstellungen besuchen, auf denen Outdoorzelte vorgestellt werden und aufgebaut sind. Hier hat man die beste Möglichkeit, sich einen Überblick über die einzelnen Hersteller und ihre Zelte zu verschaffen.

Die Vorzüge der einzelnen Zelttypen hier alle einzeln zu erläutern, wäre zu umfangreich, weshalb ich nur auf einen Zelttyp näher eingehen möchte. Es ist auch der Zelttyp, welcher für die meisten Outdoorfamilien (auch diese, die an diesem Buch mitgearbeitet haben) *das* Familienzelt schlechthin ist.

Das **Tunnelzelt** ist die ideale Zeltform für Familien. Es bietet durch seine steilen Seitenwände das größte Innenraumangebot im Vergleich zu anderen Zeltformen. Das Aufstellen eines Tunnelzeltes ist im wahrsten Sinne des Wortes kinderleicht und auch bei schwierigen Witterungsbedingungen (starkem Wind oder Sturm) noch gut möglich. Daneben sind Tunnelzelte trotz

größeren Raumangebots leichter als Kuppelzelte oder gar das Geodät. Tunnelzelte verfügen meistens über mehrere Eingänge (sodass ein Eingang immer dem Wetter abgewandt ist) und bieten damit effizientere Belüftungsmöglichkeiten. Bei Tunnelzelten kann das Innenzelt öfter separat ein- und ausgehängt werden als bei anderen Zelttypen. Damit erhält man zusätzlich Raum, was tagsüber bei schlechtem Wetter vorteilhaft ist. Bei manchen Herstellern kann man sogar das Innenzelt mit Zusatzzubehör ohne Außenzelt aufstellen. Dies ist in heißen Regionen vorteilhaft. Natürlich hat jeder Zelttyp konstruktionsbedingte Vorteile, doch für den Familieneinsatz sind Tunnelzelte in ihrer Flexibilität und Funktionalität unschlagbar. Mehrere Schlafkabinen findet man am häufigsten bei Tunnelzeltmodellen (wobei kleine Kinder das Schlafen getrennt von den Eltern selten schätzen). Kleiner Nachteil der Tunnelzelte ist ihre stärkere Windanfälligkeit gegenüber anderen Zeltformen. Deshalb sollte man ein Tunnelzelt immer parallel zur vorherrschenden Windrichtung aufstellen (und hoffen, dass der Wind sich in der Nacht nicht dreht). Hochwertige Tunnelzelte sind in aller Regel jedoch sehr windstabil (eigener Erfahrungsschatz!).

Ein Kuppelzelt bietet starken Winden wesentlich weniger Angriffsfläche und das Geodät ist mit seinen vielen Stangen am windstabilsten, aber auch am schwersten. Ein Tunnel muss immer abgespannt werden, Kuppelzelte dagegen sind selbsttragend (sollten bei starken Winden jedoch auch immer abgespannt sein). So kann ein Kuppelzelt bei ungünstigen Bodenverhältnissen (steinig oder sandig) die bessere Alternative sein. Die Stabilität ist bei Geodäten am höchsten, weshalb diese gerne bei Touren in Gebiete mit extremen Wetterbedingungen und Wintertouren eingesetzt werden. Kuppelzelte werden von Bergwanderern und Kanufahrern bevorzugt gekauft, auch weil sie weniger Stell- und Abspannfläche benötigen als Tunnelzelte.

Die Höhe eines Zeltes sollte den eigenen Bedürfnissen, aber auch dem Einsatz angepasst werden. Je höher das Zelt ist, umso windanfälli-

Kinder sind die besten Qualitätsprüfer

ger und natürlich schwerer wird es. Für ein Basislager oder einen Urlaub, in dem das Zelt nicht jeden Tag aufs Neue auf- und abgebaut werden muss, kann es sicherlich auch schon mal ein »Zirkuszelt« sein, vorausgesetzt man ist mit einem motorisierten fahrbaren Untersatz unterwegs. Bei Outdoortouren zu Fuß oder mit dem Fahrrad dagegen kommt es auf jedes Gramm Gewicht an, weshalb man hier lieber zu einem kleinen Zelt ohne Standhöhe tendieren sollte. Viele Annehmlichkeiten wie große Lüfter, mehrere Eingänge oder Innenzelte, diverse Fenster oder geräumige Apsiden (Eingangsbereiche zwischen Innen- und Außenzelt) gehen natürlich zu Lasten des Gewichts. Dennoch gibt es Hersteller, die ultraleichte wander- und radeltaugliche Zelte mit allen nur erdenklichen Annehmlichkeiten produzieren.

Man sollte vor der Reise wissen, wie viel man bereit ist unterwegs zu transportieren und dies vielleicht bei kleineren Touren testen. Im Klaren sollte man sich auf jeden Fall auch über die Innenzeltgröße sein und z. B. wissen, wie viel Platz man benötigt und wie der Raum mit Isomatten möglichst flächendeckend ausgefüllt wird. Auch ein großzügiger Vorraum (Apsis) ist beim Reisen mit Kindern immer sinnvoll (z. B. wenn es regnet und man trotzdem nicht gleichzeitig mit den Kindern schlafen gehen möchte). Im Zweifelsfall

sollte man lieber ein größeres Zelt wählen, als auf Reisen zu beengt aufeinanderzusitzen oder zu -liegen. Zelterstkäufer allerdings greifen meistens sowieso zu Zelten, die sich später als zu groß herausstellen. Vielleicht können Sie vor dem Kauf eines teuren Zeltes erst einmal ein vergleichbares Modell von Bekannten oder Verwandten ausleihen. Somit bekommen Sie ein Gefühl für den benötigten Raum und die Handhabung mit dem Zelttyp. Was für viele Verkäufer ein gern genutztes und für Kunden beeindruckendes Kaufargument ist: die berühmte Wassersäule. Es hört sich schon nach verlässlicher, ja geradezu überirdischer Qualität an, wenn man sein Produkt mit einer Wassersäule von 10 000 Millimetern anpreisen kann. Die Möglichkeit, dass man zehn Meter Wasser auf das Zeltgewebe stellen kann, ohne dass ein Tropfen davon durchdringt, entgleitet der Vorstellungskraft eines normalen Menschen. Zunächst einmal muss man nüchtern feststellen, dass es auf der Erde nirgendwo in diesen ausgiebigen Mengen regnet, und zweitens sagen diese Messwerte – die übrigens nicht einmal einheitlichen Standards unterworfen sind – kaum etwas über die Qualität und Langlebigkeit des Zeltgewebes aus. Ein neues Zelt (auch aus dem Supermarkt) ist in aller Regel wasserdicht. Sollte das nicht der Fall sein, liegt ein Produktions-, Konstruktions- oder Handhabungsfehler vor. Entscheidend ist zum einen, wie gut das Zelt abgespannt wird – das Wasser soll bei Regen ja nicht auf dem Zeltdach stehen, sondern ablaufen können – und zweitens muss ein Zelt so konstruiert und verarbeitet sein, dass es möglichst wenig Schwachstellen gibt, d. h. Stellen, an denen das Wasser bei längerem Gebrauch ins Zelt dringen kann (z. B. bei den Nähten). Gute Zeltgewebe zeichnen sich durch Langlebigkeit unter ständigem Einsatz aus. Jedes Zelt leidet mit dem Gebrauch unter Abrieb und den Witterungsbedingungen; vor allem UV-Strahlung zerstört das Gewebe und somit die Wasserdichtigkeit. Gute Zelte sind also auch nach langem Gebrauch noch wasserdicht. Neben anderen Faktoren ist das der wesentliche Punkt, der Qualitätszelte von billigen Zelten aus dem Kaufhaus unterscheidet. Eine hohe Wassersäule allein ist somit wenig aussagekräftig. Die häufigere Schwachstelle bei Zelten ist im Übrigen nicht das Zeltgewebe, sondern das Gestänge, gerade wenn Kinder mitreisen, die meist nicht zimperlich mit der Behausung umgehen. Daneben sei noch anzumerken, dass für einen einmaligen Sommerurlaub in sonnigen Ländern und auf guten Campingplätzen auch ein günstiges Modell gute Dienste leisten kann. Sehr teure Zelte amortisieren sich nur bei langjährigem Gebrauch.

Ob groß oder klein, hoch oder niedrig, teuer oder günstig, Tunnel oder eine andere Zeltform – für die Familie ist die Behausung für draußen ein wichtiges Utensil, und die Entscheidung dafür sollte man nicht auf die Schnelle treffen. Übrigens: Zelte, die auf kindgerechte Kriterien hin getestet wurden, gibt es auf dem Markt nicht. Dabei sind Kinder bessere und härtere Zelttester als Polarforscher oder Expeditionsreisende. Wenn ein Zelt einen Urlaub mit lebenslustigen Kindern übersteht, muss es gut sein!

### Isoliermatten

Isoliermatten schützen vor Kälte und Unebenheiten des Bodens. Seit Jahren haben sich selbstaufblasbare Isomatten auf dem Markt durchgesetzt. Ihre Vorteile überzeugen und die Nachteile sind gering. Das Prinzip von selbstaufblasbaren Matten ist einfach. Ein luftdurchlässiger Schaumstoff wird mit einer dichten Außenhülle verbunden und luftdicht verschweißt. Mit dem Öffnen des Ventils lässt man Luft in die Matte strömen, der Schaumstoff breitet sich aus, ähnlich wie bei einem Schwamm, der gedrückt wurde und sich in seinen Originalzustand zurückversetzt. Wie gut eine Matte isoliert und wie bequem sie ist, hängt in erster Linie von der Dicke der Matte und der Festigkeit des Materials ab. Je dicker und größer eine Matte ist, umso schwerer und teurer wird sie allerdings.

Selbstaufblasbare Isomatten gibt es in vielen Längen, Breiten und Dicken. Die Größe der einzelnen Isomatten sollte man in erster Linie von den Innenzeltmaßen abhängig machen. Gut ist es, wenn alle Matten der Familie zusammen den Innenzeltbereich komplett ausfüllen, ohne groß zu überlappen. Es gibt im Handel auch Isomatten für Kinder (oder Gewichtssparfanatiker) mit einer Länge von ca. 1,20 m. Diese lohnen allerdings nur, wenn es wirklich auf jedes Gramm Gewicht ankommt. Kinder schlafen in der Regel unruhig und »wandern« des Nachts durchs Zelt. Ist der Zeltboden nicht komplett mit Matten ausgelegt, kann es passieren, dass das Kind die halbe Nacht auf dem nackten Zeltboden schläft. Jeder Raum, der nicht mit Matten geschützt ist, sollte deshalb mit Gegenständen wie Kleidungsstücken oder Rucksäcken ausgelegt werden. Im Kopf- und Fußbereich zusammengerollte Regenjacken halten Feuchtigkeit, die durch Berührung mit dem Innenzelt nach innen dringen kann, vom Schläfer fern. Eine normal lange Matte kann auch erheblich länger genutzt werden, da ein Kind schneller wächst als man denkt. Für die Kleinsten, die mit ihren Eltern in einem Zwei-Mann-Zelt noch gemeinsam auf zwei Isomatten Platz haben, kann man als zusätzliche isolierende Unterlage für das Kind das Schaffell aus seinem Kinderwagen benutzen. Somit hat der kleine Schläfer einen abgegrenzten Schlafbereich, kann nicht davonrutschen und schlummert auf seiner vertrauten Schlafunterlage.

Gute Isoliermatten haben allerdings ihren Preis. Reist man in den Süden und ist mit dem Pkw unterwegs, kann man auch auf günstigen Matten gut schlafen. Sie sind meist erheblich schwerer, aber in ihrem Liegekomfort kaum von teuren Matten zu unterscheiden. Vor dem Kauf sollte man selbst für das Kind einmal Probe liegen. Wenn die Matte einen »alten« Erwachsenenrücken beglückt, kann es für das Kind nicht schlecht sein. Zeltet man in Ländern, in denen Reparaturmaterial schlecht erhältlich ist, sollte man auf jeden Fall etwas dabei haben oder auf selbstaufblasbare Isoliermatten verzichten.

### Kinder-Schlafsack

Beim Zelten mit dem Nachwuchs sollte auch dieser einen hochwertigen Schlafsack besitzen.

Viele Erst-Camper kaufen ihre Schlafsäcke gerne preiswert in Discountern. Ein neuer Discounter-Schlafsack, der ähnliche Füllmengen wie teure Outdoorschlafsäcke aufweist, hat in der Regel auch gute Isolationseigenschaften und reicht für Sommerurlaube im Süden meist vollkommen aus. Möchte man dagegen richtig zelten, d. h. Touren in den verschiedensten Ländern und Jahreszeiten unternehmen, kommt man um gute und teure Kinderschlafsäcke nicht herum.

Der Schlafsack ist einer der wichtigsten Ausrüstungsgegenstände beim Zelten. Er entscheidet über das Wohlbefinden des Nachwuchses in hohem Maße. Ein kuschlig warmer Schlafsack schützt das Kind nicht nur vor Kälte, sondern gibt ihm ganz nebenbei noch ein Gefühl des Geborgenseins auf Reisen.

Vor dem Kauf eines Schlafsackes für das Kind sollte man sich gut beraten lassen, um für den Nachwuchs den richtigen zu finden. Jeder Verkäufer hat in der Regel seine eigene Schlafsack-Philosophie und man sollte sich unter Umständen in mehreren Geschäften umsehen, um für sich zu einem Ergebnis zu kommen. Es schadet auch nicht, sich vor dem Kauf ein wenig fachliches Wissen anzueignen.

Die Isolationseigenschaften eines Schlafsacks hängen maßgeblich von der Menge des Füllmaterials und seiner Beschaffenheit ab. Isolierend wirkt aber die Luft zwischen den einzelnen Lagen an Füllmaterial und nicht das Material selbst. Die verarbeitete Faser muss so beschaffen sein, dass möglichst viel Luft zwischen den einzelnen Fasern eingeschlossen wird. Der Fachmann nennt dies Bauschfähigkeit. Kunstfasern werden zum Erreichen dieser Fähigkeit behandelt. Daunenfedern bringen diese Eigenschaft von Natur aus mit. So hängt eine gute Isolation von der verarbeiteten Faser ab, der Füllmenge und der Verarbeitungstechnik der Füllung. Damit eine bestmögliche Bauschfähigkeit, also Isolationsfähigkeit, erreicht wird, muss die Faser in einzelne Kammern gefüllt werden, die mit der Eigenschaft der Faser optimiert sein müssen. Je aufwändiger verarbeitet die Kammern sind, umso besser und optimaler ist die Bauschfähigkeit bzw. Isolationsfähigkeit des Schlafsacks, was sich dann aber auch im Preis niederschlägt.

Kinderschlafsäcke werden, wie Outdoorbekleidung für Kinder übrigens auch, nicht mit den aufwändigsten Verfahren hergestellt. Sie wären schlichtweg zu teuer. Das heißt aber nicht, dass es keine hochwertigen Kinderschlafsäcke gibt. Verschiedene Hersteller bieten für einen Vier-Jahres-Zeiten-Einsatz hervorragende Kinderschlafsäcke an. Ein Laie kann an der Füllmenge im Verhältnis zur Größe des Schlafsacks und der Lagenanzahl einen guten Kinderschlafsack erkennen. Ist die Füllmenge hoch, kann man von guter Isolationseigenschaft ausgehen. Ist der Schlafsack dazu noch mehrlagig verarbeitet, ist das auch ein Kriterium für Qualität. Ob Daune oder Kunstfaser, darüber entscheidet maßgeblich der Einsatz. Kunstfaser ist unanfälliger gegen Feuchtigkeit, das heißt, der Schlafsack wärmt auch noch im feuchten Zustand gut. Daune hat von Natur aus bessere Isolationseigenschaften und ist langlebiger.

Ganz wichtig ist, dass der Schlafsack der Größe seines Schläfers entspricht. Bei einem zu großen Schlafsack muss beim Schlafen ein großer Freiraum mit dem eigenen Körper aufgewärmt werden, was dann zum Auskühlen einzelner Körperteile führen kann. Ist der Schlafsack zu kurz, ist ein Herausrutschen des Kindes aus dem Schlafsack wahrscheinlicher. Die optimale Länge hat ein Schlafsack, wenn im Fußraum noch 20–30 Zentimeter Platz ist. Für Kinder gibt es Kinderschlafsäcke, die durch einzippbare Einsatzstücke verlängert werden können. Das hat den Vorteil, dass man den Schlafsack länger verwenden kann. Als kleiner Nachteil mag hierbei jedoch angemerkt werden, dass jeder Reisverschluss am Schlafsack eine Kältebrücke bedeutet.

Nicht nur die Länge eines Schlafsacks ist entscheidend für eine gute Isolation, sondern auch die Breite. Je enger er geschnitten ist, umso weniger Wärme geht verloren. Die Kapuze am Schlafsack erfüllt ebenfalls eine wichtige Funktion. Bei Kindern geht die meiste Körperwärme über den Kopf verloren. Dem Kopf des Kindes angepasste Kapuzen können Wärmeverlust verhindern. Die Praxis beim Reisen mit Kindern sieht allerdings meist anders aus. Die wenigsten Kinder lassen sich freiwillig in einen Schlafsack schnüren, sondern strampeln und winden sich während der Nacht wieder frei. Das Kopfende eines Kinderschlafsacks sollte man deshalb nie zu eng zusammenziehen, denn damit bereiten Sie dem Nachwuchs keine Freude. Ist es wirklich sehr kalt, sollte das Kind lieber eine warme Mütze zum Schlafen tragen. Wird es dem Sprössling zu kalt, zieht er sich freiwillig in die Tiefen des Schlafsacks zurück.

Kinderschlafsäcke dürfen in Deutschland nicht mit Temperaturangaben gekennzeichnet und beworben werden. Es gibt einfach keine Testreihen, die, wie es bei Erwachsenenschlafsäcken der Fall ist, von unabhängigen Prüfinstituten durchgeführt wurden. Somit können keine einheitlichen Normen bezüglich der einzelnen Temperaturbereiche für Kinderschlafsäcke festgelegt werden. Viele ausländische Hersteller geben auf ihren Internetseiten und in Katalogen dennoch Temperaturangaben an. Wie diese zu bewerten sind, muss jeder für sich selbst entscheiden. Jedoch kann man bei einem namhaften Hersteller und unter Angabe des Jahreszeiteneinsatzes davon ausgehen, dass der Kinderschlafsack den Anforderungen des Einsatzbereiches entspricht.

Die Temperaturangaben bei Schlafsäcken (auch Erwachsenenschlafsäcke) werden meist in vier (oft auch drei) Bereiche unterteilt. Bei der Unterteilung in vier Temperaturbereiche entspricht der oberste Temperaturwert dem oberen Komfortbereich des Schläfers, d. h. ab dieser Temperatur wird es dem Schläfer im geschlossenen Schlafsack zu warm. Die zweite Temperaturangabe auf der Skala entspricht dem unteren Komfortbereich, also der Temperatur bei der man sich gerade noch wohlfühlt im Schlafsack. Das ist der entscheidende Temperaturwert, nach dem man einen Schlafsack kaufen sollte. Die dritte und vierte Temperaturangabe zeigt lediglich an, ab welchem Punkt man mit einem unan-

genehmen bis starken Kälteempfinden rechnen muss (Übergangsbereich) und ab welcher Temperatur (Exrembereich) man mit Erfrierungen und irgendwann seinem Ableben rechnen kann. Wer sich nicht sicher ist, ob der Schlafsack auch wirklich warm genug ist, kann zusätzlich noch ein wärmendes Fleeceinlet benutzen. Damit kann man die angegebene untere Komforttemperatur eines Schlafsacks um zwei bis drei Grad nach unten setzen. Das Inlet muss man nicht teuer kaufen, sondern kann es aus einer einfachen Fleecedecke selbst zusammennähen.

Bei Kinderschlafsäcken ist das Innenfutter oft aus Baumwolle oder Baumwollmischgewebe. Dies ist zwar komfortabel für die Liegeeigenschaften (weniger rutschig), jedoch verschmutzt Baumwolle sehr leicht und hat den Nachteil, länger feucht zu bleiben. Wer für das Kind auf Baumwolle nicht verzichten möchte, ist auch hier mit einem selbst genähten Inlet gut bedient.

Hochqualitative Outdoorschlafsäcke gibt es mittlerweile schon für die kleinsten Globetrotter (z. B. Fa. Ajungilak und Vaude). Dennoch ist der Markt an Kinderschlafsäcken für Babys unter einem Jahr sehr gering. Die ausgesprochen guten, aber auch teuren Erstlingsschlafsäcke können in der Regel nur ein, maximal zwei Jahre verwendet werden. Wer nicht bereit ist, für solch einen kurzen Zeitraum so viel Geld auszugeben, kann als Alternative den Winterfußsack des Kinderwagens (sofern man den ohnehin besitzt) als Outdoorschlafsack verwenden. Die Einsätze für Buggys und Kinderwägen sind in ihrer Länge als Schlafsack für Säuglinge in den ersten Lebensmonaten optimal und für Touren in gemäßigt warmen Regionen bestens geeignet.

Vom Schlafen im gemeinsamen Schlafsack (Schlafsäcke miteinander koppeln) mit dem auch nachts bewegungsfreudigen Nachwuchs kann eigentlich nur abgeraten werden.

Bei größeren Kindern (ab ca. sechs Jahren) kann ein eng geschnittener (Damen)-Erwachsenenschlafsack am Fußende mit einem Spanngurt abgebunden werden, um ihn der Körpergröße des Kindes anzupassen. Somit kann man einen Schlafsack viele Jahre nutzen.

## Outdoormöbel und Zubehör

Es gibt die herrlichsten, aber auch schwachsinnigsten Ausrüstungsgegenstände für einen Outdoorurlaub auf dem breiten Campingartikelmarkt. Daneben gibt es aber auch ein paar nützliche Campinggegenstände für Freunde der Frischluftkultur und Familien, die mit dem Zelt unterwegs sein wollen.

Reist man mit einem Pkw oder Wohnmobil, sind ein kleiner Klapptisch und Klappstühle oftmals eine Erleichterung für den Erwachsenenrücken und den essenden und spielenden Nachwuchs. Muss man sich aus Platz- oder Gewichtsgründen für eine Garnitur entscheiden, sollte man lieber einen kleinen Kindertisch mit passenden Stühlen wählen und selbst auf dem Boden oder mit einem Hocker vorlieb nehmen. Möchten Kinder unterwegs malen oder schreiben (oder haben Schulunterricht), so können sie das an einem Tisch wesentlich leichter als im Schneidersitz auf dem Boden.

Kinderfleecedecken sind auf Camping- und Outdoortouren ein praktischer Reisebegleiter. Egal ob im Zelt, im Radanhänger, der Rückentrage, im Reisebus oder dem Pkw – fast überall spenden diese kleinen, leichten und flexiblen Kinderdecken schnell Wärme.

Kulturtaschen zum Aufklappen mit Haken zum Aufhängen aus dem Outdoorfachhandel sind praktisch und hygienisch. Einen Haken an der Wand oder eine andere Aufhängemöglichkeit (z. B. Duschwand) findet man häufiger als Ablagen.

Eine (oder mehrere) Stirnlampen sollten ebenfalls nicht fehlen. Man hat die Hände frei zum Kochen, Schreiben, Vorlesen, Wickeln, Knuddeln, Spielen ...

### Kinderwagen und Autositz

Einen Kinderwagen mit auf Reisen zu nehmen hat seine Vorzüge, aber auch Nachteile. Bei aller Bequemlichkeit für das Kind – irgendwann stört einen das unförmige und schwere Geschoss gewaltig. Und zwar immer dann, wenn es nicht benötigt wird und irgendwie verstaut werden muss oder die örtlichen Gegebenheiten das Fahren

mit der »Babyrennschüssel« erschweren. Reist man mit dem eigenen Pkw, einem geräumigen Mietwagen oder gar Wohnmobil, wird einen das Mehrgepäck selten stören. Bei anderen Reiseformen jedoch wie Rucksack- oder Fahrradreisen, ist die Mitnahme eines Kinderwagens praktisch unmöglich. Bei Fahrradtouren lohnt es sich, einen Kinderanhänger mit Buggyfunktion zu verwenden für das Erkunden der Städte zu Fuß (→ »Rad fahren mit Kindern«, S. 112).

Für reine Städtetouren reicht ein kleiner und handlich faltbarer Buggy meist aus (sofern das Kind schon sicher sitzen kann). Gerade in Städten, in denen der Kinderwagen oft über Hindernisse getragen werden muss, sollte er nicht zu schwer und unhandlich sein. Leider sind solche Buggys meist weniger komfortabel und geländegängig. Der Zwiespalt zwischen Handlichkeit auf der einen Seite und Fahrkomfort und Geländetauglichkeit auf der anderen Seite ist offensichtlich. Auch kann man vor einer Reise niemals vorhersagen, welche Hindernisse und Unannehmlichkeiten einen vor Ort erwarten, was die Wahl des Fortbewegungsmittels für den Nachwuchs erheblich vereinfachen würde. Eine Patentlösung gibt es leider nicht. Man muss sich mit dem Nachteil des jeweiligen Gefährts arrangieren.

Für den Transport der Kleinkinder unterwegs sind in jedem Fall Kindertragen und Tragetücher praktischer (→ »Wandern mit Kindern«, S. 102). Selbst wenn Ihr Kind lieber in einem Wagen sitzt, sollten Sie den Nachwuchs für eine Reise an eine Kindertrage gewöhnen. Und wenn ein Kind für die Rückentrage zu groß geworden ist, hat es auch ein Alter erreicht, in dem es laufen kann. Kurzzeitiges Auf-der-Schulter-Tragen ist immer besser für die Erziehung zum Langstreckenläufer als die ständige Option des Aufenthalts im bequemen »Kinder-Rolls-Royce« anstelle von selbstständigem Laufen.

Der unbestrittene Vorteil eines Kinderwagens liegt natürlich in der hohen Zuladung, ohne dabei den Rücken zu belasten. Ausflüge mit viel Gepäck (z. B. Strandgang) können mit einem

Kinderwagen leichter bewältigt werden. Beim Stadtbummel ist ein Kinderwagen beim Verweilen in Restaurants und Cafés, in denen es keine geeigneten Kinderstühle gibt, komfortabel. Ist die Mitnahme eines Kinderwagens logistisch kein Problem und möchte man auf dieses Gefährt ungern verzichten, sollte man bei der Wahl des geeigneten Wagens für unterwegs auf ein paar Kleinigkeiten achten:

> Ein einfaches Klappsystem, mit einer Hand bedienbar, erleichtert den Auf- und Abbau, wenn es schnell gehen muss.
> Komfortable, luftbefüllte Reifen mit Schlauch (gut zu flicken) und Autoventilen (kann an jeder Tankstelle aufgepumpt werden) lassen sich leichter schieben.
> Gut ist, wenn man die Reifen mit einem einfachen mechanisch gesichertem Stecksystem abnehmen kann (spart Volumen im Auto).
> Der Kinderwagen sollte über einen Mücken-, Sonnen- und Regenschutz verfügen.
> Die Rückenlehne sollte man in eine Schlafposition stellen können.
> Eine Handbremse und Halteschlaufe helfen bei steilen Passagen.
> Eine Bremse mit einfachem mechanischem Prinzip kann man zur Not auch selbst reparieren (z. B. eine am Rahmen angebrachte Spannfeder, die ein Quermetall an den Reifen drückt).
> Eine herausnehmbare Babyschale ist ein gutes Baby-Reisebett.

Informationen über die Mitnahme eines Kinderwagens oder eines Buggys beim Fliegen finden sie unter »Fliegen mit Kindern« (S. 70).

Den eigenen Autokindersitz von daheim mitzunehmen, ist bei Reisen mit einem Mietwagen oder Wohnmobil sinnvoll. Die Mitnahme hat vielfältige Vorteile: Im Flugzeug sitzen Kinder mit einem Kindersitz sicherer (siehe »Fliegen mit Kindern«, S. 68). Gemietete Kindersitze bei Fahrzeugvermietern im Ausland sind meist teuer und nicht immer in einem guten oder sauberen Zustand. Kindersitze (Babyschalen) für Neugeborene haben viele Fahrzeugvermieter gar nicht. Diese sollte man auf jeden Fall von zu Hause mitbringen. In vielen Ländern Südamerikas, Afrikas und Asiens gibt es bei kleineren Vermietstationen keine Kindersitze oder sie sind in einem katastrophalen Zustand. Geben Sie beim Mieten eines Fahrzeuges immer an, wenn Sie beabsichtigen, einen Kindersitz selbst mitzubringen, und verlangen Sie einen Wagen mit funktionierenden Sicherheitsgurten (im günstigsten Fall Drei-Punkt-Gurte). Das ist kein Scherz! In vielen Ländern sind funktionstüchtige Sicherheitsgurte auf den Rückbänken – und meist nicht nur dort – keine Selbstverständlichkeit. Erkundigen Sie sich vor der Reise diesbezüglich auch über die rechtlichen Vorschriften der Mitnahme von Kindersitzen in Fahrzeugen. Denn jedes Land legt eigene Prüfsiegel und Beförderungsbestimmungen für Kindersitze fest. So kann es gerade in außereuropäischen Ländern vorkommen, dass deutsche TÜV-geprüfte Kindersitze gar nicht zugelassen sind und man bei einer Fahrzeugkontrolle mit hohen Bußgeldern rechnen muss.

Das neue Quickfix-System, welches in Deutschland inzwischen Standard ist, kann außerhalb Europas und bei Fahrzeugen älteren Baujahrs nicht angewendet werden. Den selbst mitgebrachten Sitz wird man mit einem herkömmlichen Drei-Punkte-Sicherheitsgurt fixieren müssen. Stehen einem nur Beckengurte zur Verfügung (dies ist sehr häufig in Wohnmobilen oder älteren Fahrzeugen der Fall), kann man versuchen, einen anderen Wagen zu bekommen oder muss sich leider damit arrangieren.

Eine kostengünstige Alternative zum Selbstmitbringen oder Mieten von Autokindersitzen ist das Kaufen eines einfachen Kindersitzes im Ausland. Wem das zu viel Aufwand ist, kann auch schon zu Hause versuchen, einen im Zielland zugelassenen Kindersitz zu ergattern (über Foren, Kleinanzeigen o. Ä.). Bei älteren oder groß gewachsenen Kindern (ab ca. sechs Jahren) reicht eine einfache Sitzerhöhung (die im Ausland meist sehr günstig erworben werden kann) oft aus.

Kinderautositze sind übrigens nicht nur für den Einsatz im Auto geeignet. In der Ferienwohnung oder beim Zwischenstopp in einem Restaurant können sie als Kinderstuhlersatz dienen, indem sie mit einem Spanngurt auf einen gewöhnlichen Stuhl fixiert werden (Standfestigkeit testen!).

**Spielzeug für unterwegs**

Spielzeug mit auf Reisen zu nehmen, ist den Kindern wichtiger als ihre eigene Zahnbürste einzupacken. Selbst wenn nicht alles, was den Kleinen lieb und teuer ist, in den Reisekoffer (Rucksack) passt, sollten Eltern auf ein paar Spielsachen für unterwegs nicht verzichten. Lassen Sie zu Hause doch einmal Ihre Kinder einen Reisekoffer packen. So erkennen Sie, was den Kleinen wichtig ist und können die richtigen Spielsachen dann mitnehmen. Am wichtigsten ist es, dass alles klein, handlich und dennoch funktional für die Reise ist. Hier eine Auswahlliste unterteilt nach Alter des Kindes (deshalb Doppelnennungen möglich):

*Kleinkinder und Babys (0–4 Jahre)*
Kuscheltier und/oder Schmusetuch/-decke
> Lieblingsspielzeug (Rassel, kleine Puppe usw.)
> Stapelbecher (klein, handlich und wandlungsfähig beim Spielen)
> kleine Bücher zum Vorlesen (Pixi-Bücher oder Bücher vergleichbarer Größe)
> dem Alter gerechtes kleines Auto (z. B. Playmobil)
> Tierfiguren für Rollenspiele mit den Eltern (Playmobil, Schleich)
> Kassetten oder CDs mit Kinderliedern fürs Autoradio unterwegs
> Finger- oder Handpuppen (ebenfalls für Rollenspiele)
> Sandspielzeug (kann auch im Reiseland gekauft werden)
> Schwimmflügel oder Schwimmreif (In vielen asiatischen, afrikanischen und manchen lateinamerikanischen Ländern sind diese Schwimmhilfen nur in Touristengegenden und großen Städten erhältlich.)

> kleine aufblasbare Wassertiere oder Wasserball
> evtl. Malstifte oder Kreiden
> kleiner Ball (z. B. Softball, kann geknautscht werden)

*Kinder 4–10 Jahre*
Kuscheltier und/oder Schmusetuch/-decke
> Lieblingsspielzeug (klein!)
> Sandspielzeug (kann auch im Reiseland gekauft werden)
> Schwimmflügel oder Schwimmreif (In vielen asiatischen, afrikanischen und manchen lateinamerikanischen Ländern sind diese Schwimmhilfen nur in Touristengegenden und großen Städten erhältlich.)
> Wasserball, Schwimmbrille, Schnorchelausrüstung, Luftmatratze, Wasserspritzpistole (bei Reisen ans Meer)
> Kleine Bücher, auch zum Selberlesen (Pixi oder vergleichbare)
> Mini-Spiele (gute Spiele dieser Art gibt es von der Fa. Haba)

*Denken Sie auch an Spiele, die mit fremdsprachigen Kindern gespielt werden können!*
> Mini-Puzzle
> Kartenspiel (bestenfalls mit mehreren Spielmöglichkeiten)
> Mal-, Rätsel-, Sudoku-, Vorschulbuch
> Block, Stifte und/oder Kreide
> Bastelmaterial (Kleber und Schere) (*Auch Kinderscheren dürfen beim Flug nicht ins Handgepäck!*)
> Murmeln
> Würfel (ein Trinkbecher als Würfelbecher verwendbar)
> Luftballons
> kleine Tasche für Kostbarkeiten (gefundene Muschel, Steine o. Ä.)
> Rollenspielfiguren (Playmobil, Schleich)
> kleiner Autofuhrpark (von Siku oder Matell)
> kleines Lego (abgepackt in kleinem Plastikbeutel, zum Spielen im Zelt oder Zimmer)
> Walkman mit Kinderkassetten/CDs oder MP3-Player

> Bewegungsspiele für draußen (Ball, Springseil, Frisbeescheibe, Drachen usw.)
> kleine Feinmotorikspiele (Fädel- und Steckspiele wie Perlenketten fädeln usw.) (Ist bei Langzeitreisen sinnvoll, da das Fördern der Feinmotorik unterwegs etwas zu kurz kommt!)
> Abenteuerspielzeug (Becherlupe, Kompass usw.)
> Kindermesser (beliebtes Spielzeug bei Buben)
> Kinderfotokamera (beliebtes Spielzeug bei Mädchen und Buben)
> gutes Fernglas (für Tierbeobachtungen)
> Walkie-Talkie oder Trillerpfeife (für die Sicherheit, siehe auch unter »Umgang mit Gefahren vor Ort«, S. 270)
> Material für den Schulunterricht bei Langzeitreisen (ist natürlich kein Spielzeug, sollte aber dennoch nicht fehlen)
> Internetfähiger Mini-Laptop oder Tablet-PC (ebenfalls geeignet für den Schulunterricht bei Langzeitreisen)
> mobile Spielkonsolen
> eigenes Tagebuch
> Aufladegeräte für elektronische Geräte (Adapter nicht vergessen!)

### Ältere Kinder und Jugendliche ab 10 Jahre

> Bücher und Zeitschriften (können auch unterwegs getauscht werden)
> In vielen Ländern gibt es das »Take it, leave it«-System in Bibliotheken und Unterkünften (Hostels, Jugendherbergen, Campingplätzen), d. h. man lässt ein gelesenes Buch dort zurück und nimmt sich dafür ein anderes mit. Mit etwas Glück findet man deutschsprachige Literatur, ansonsten ist es gut für das Lernen von Fremdsprachen. Schon mal Harry Potter auf Englisch oder Französisch gelesen?
> Hörbücher (z. B. auf MP3-Player gespeichert)
> MP3-Player
> internetfähiger Mini-Laptop oder Tablet-PC (bei Langzeitreisen für den Schulunterricht bestens geeignet; viele Hotels, Hostels und Campingplätze weltweit bieten Internetanschluss an)
> mobile Spielkonsolen

> eigenes Handy (Damit es nicht teuer wird, immer lokale oder internationale SIM-Karte nutzen)
> Schreibutensilien und Material für den Schulunterricht bei Langzeitreisen (ist natürlich kein Spielzeug, sollte aber dennoch nicht fehlen)
> Karten- und Würfelspiel
> eigenes Tagebuch (sehr wichtig!)
> Fotokamera (wenn nicht schon im Handy vorhanden)
> Multifunktionsmesser
> gutes Fernglas (für Tierbeobachtungen)
> Fußball, Basketball, Federball oder andere Spiele für draußen
> Aufladegeräte für elektronische Geräte (Adapter nicht vergessen!)

Dies ist eine reichhaltige Auswahl und Anregung für individuelles und funktionales Spielzeug unterwegs. Wie viele Spielsachen man mitnehmen kann, hängt in erster Linie von der Reiseart ab, was praktisch für unterwegs ist vom Reiseziel und in seiner Zusammenstellung natürlich von den Wünschen der Kinder. Viele Kinderspielzeuge kann man noch kompakter transportieren, wenn man die Originalverpackung daheim lässt und Spiele z. B. in kleine Leinensäckchen oder wieder verschließbare Plastiktüten steckt. Eine freudige Überraschung ist es für Kinder, wenn man ein neues Spielzeug als Geschenk verpackt und ihnen bei Ankunft am Reiseziel überreicht.

Jedoch nicht alles muss man von zu Hause mitbringen. Unterwegs kann man immer wieder Kinderspielsachen nachkaufen oder man erhält sie in diversen bekannten und internationalen Schnellrestaurantketten als Menübeigabe. Neue Spielsachen sind für den Nachwuchs immer spannender und bieten unterwegs einen längeren Zeitvertreib.

## Nützliches dies und das

Hier eine Liste mit kleinen, praktischen und nützlichen Gegenständen, die einem unterwegs das Leben enorm erleichtern und auf Reisen nicht fehlen sollten:

| | |
|---|---|
| *Spannriemen verschiedener Größen mit Metallverschluss (aus dem Outdoorfachhandel)* | Mit Spannriemen in verschiedenen Längen, die mit ihren Verschlüssen miteinander koppelbar sind, kann man alles Mögliche fixieren, halten und sichern. Mit einem Spannband kann man auch den Kinderschlafsack verkleinern; er dient als Sicherungsleine für die Kinder usw. Unverzichtbar auf Reisen! |
| *kleine Gummis verschiedener Größen* | Unheimlich flexibel einsetzbar! |
| *Klebe-, Isolier- oder Abdichtband* | Ein gut klebendes Isolierband klebt alles ab, was für den Nachwuchs gefährlich sein könnte (z. B. Steckdosen) oder entschärft spitze Kanten (z. B. in Ferienwohnungen). Daneben ist es das Reparaturgenie für alle Lebenslagen. |
| *Vorhängeschloss* | Zum Sichern des Gepäcks gegen Langfinger. |
| *Ketten- oder Seilschloss* | Zum Sichern der Ausrüstung gegen Langfinger. |
| *Zelt-Abspannleinen oder ein Seil* | Sind eine prima Wäscheleine! |
| *Wäscheklammern* | Damit die Wäsche beim Trocknen nicht davonfliegt. Fixiert auch ein Tuch als Lätzchen. |
| *Sicherheitsnadeln* | Fixiert Kleidung (Trockentuch als Lätzchen) und verhindert bei kleinen Kindern das Öffnen von Kleidungsstücken und unter Umständen des Innenzeltes. |
| *Waschlappen* | Für die Katzenwäsche zwischendurch, im feuchten Zustand zum Kühlen von Lebensmitteln geeignet. |
| *Isolierkanne* | Zum Kühlen und Warmhalten von Getränken, zum Kühlen von Arzneimitteln. |
| *Multifunktionsmesser mit vielen Funktionen (Schere, Säge usw.)* | Unverzichtbarer Reisebegleiter! |
| *Nadel und Faden* | Kleiner Helfer für die Outdoorschneiderei. |
| *Trillerpfeife* | Für die Sicherheit des Nachwuchses in unübersichtlichen Situationen. |
| *Nachttopf* | Idealer Reisebegleiter in schwierigen hygienischen Verhältnissen! |
| *Plastikplane, evtl. mit Ösen* | In einer für seine Bedürfnisse geeigneten Größe dient sie z. B. als Zeltunterlage, Sitzunterlage, Wetterschutz (Tarp), Matratzenauflage (in schmuddeligen Betten) usw. |
| *Stoffbeutel* | Ein Stoffbeutel oder Sack separiert Schmutzwäsche, Schuhe und andere Dinge im Rucksack voneinander. Durchaus auch als Einkaufstasche verwendbar. |
| *Plastiktüten und Beutel verschiedener Größen* | Zum regensicheren Verpacken aller möglichen Ausrüstungsgegenstände im Rucksack.<br><br>Babys erste »Gummi«-Stiefel (mit Gummiband an den Knöcheln fixieren). |

Oben: Kindgerechter Übernachtungsplatz.
Unten: Der typische Rastplatz mit Kindern ist der Spielplatz.

Oben: Schlafen geht immer und überall.
Unten: Siesta auf »peruanisch« – Lima, Peru.

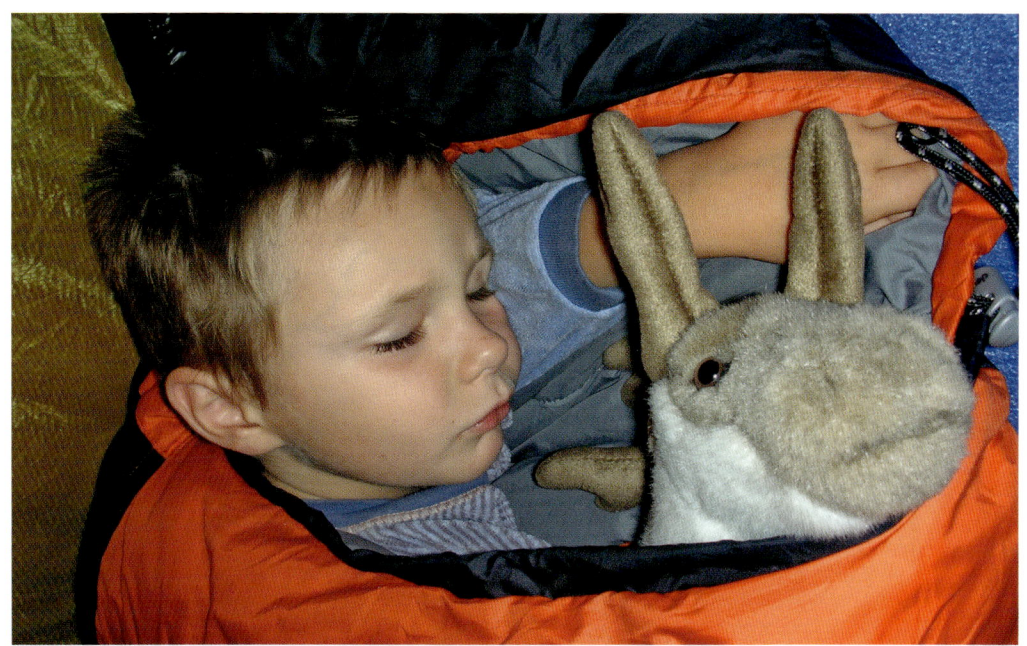

Oben: Nachtruhe im Land der Mitternachtssonne, Schwedisch-Lappland.
Unten: Wer auf Stadtbesichtigung keine Lust hat, der schläft einfach.

Oben: Kinder sind von Natur aus neugierig und wollen alles erforschen.
Unten: Museen extra für Kinder sind immer spannend, USA.

Oben: Disneyland ist für alle Kinder ein Erlebnis.
Unten: Entdecken ist ein großes Abenteuer, Elefantensafari in Thailand.

Oben: Abenteuerliches Reisen ist auch mit Kindern möglich.
Unten: Mount Cook Valley, Südinsel, Neuseeland.

Oben: »Dead Vlei« im Namib-Naukluft National Park, Namibia.
Unten: Elefantentrekking im Khao Sok National Park, Thailand.

Oben: In der Natur schmeckt's noch am besten.
Unten: Frühstück mit Emu, in der Wüste Australiens.

Oben: Mit manchen Speisen kann man fast alle Kinder glücklich machen. Unten links: Kokosmilch – eine willkommene Erfrischung in den Tropen; rechts: Ohne viiiiel Ketchup geht meist gar nichts.

Oben: Ein Schlammbad ist ein toller Spaß für Kinder.
Unten: »Loo with a view«, alles im Eimer? – Plantschvergnügen für die Kleinen.

Oben: Wenn der Sandmann schon am Tage kommt.
Unten: Zahnpflege ist auch unterwegs sehr wichtig – und macht genauso wenig Spaß wie Zuhause.

Das Reisen ist auch mit den Kleinsten möglich!

Entscheidend für das gute Gelingen einer Reise ist dabei nicht das Reiseziel,
sondern das Verantwortungsbewusstsein der Eltern.

Oben: »Wat Phra Kaew« in Bangkok, Thailand.
Unten: Der heilige Berg der Aboriginals – der Uluru im Abendlicht.

Oben: Abendstimmung im Paradies, Mauritius.
Unten: Unesco-Weltkulturerbe, der Platz »Djemaa el Fna« in Marrakesch.

Oben: Spielplatz unter tropischen Palmen – »Casela Bird Park«, Mauritius.
Unten: Abenteuerspielplatz in Wanganui auf der Nordinsel Neuseelands.

# Das Wichtigste vor dem Start

## Gesundheitsvorsorge

### Gesundheitsvorsorge beginnt zu Hause

Die Vorbereitung auf eine Reise gehört eigentlich mit zu den angenehmen Dingen des ganzen Themas »mit Kindern unterwegs«, da das Planen und Organisieren, die Überlegungen für das eine oder andere und letztlich das Zusammenstellen der Ausrüstung eine positive Anspannung und Vorfreude auslösen. Ganz anders ist dies meist beim Thema Gesundheitsvorsorge. Man möchte sich nicht schon daheim vorstellen, was einem unterwegs Unangenehmes widerfahren könnte, und das Vorbereiten darauf steigert nicht gerade die Reiselust. Doch gerade die Gesundheitsvorsorge und das Befassen mit der Gesunderhaltung auf Reisen sind die wichtigsten Planungspunkte für individualreisende Familien. Diese sollten auch nach Möglichkeit als wichtigste und erste Planungspunkte auf der Organisationsliste gleich nach der Entscheidung für ein Reiseziel angegangen werden. Mit der Wahl des Reiselandes hat man sich ja meist schon mit den dortigen gesundheitlichen Risiken beschäftigt und weiß, welche Vorsorgemaßnahmen man zu Hause für die Reise treffen sollte. Neben den unverzichtbaren Impfungen gibt es noch viele andere Punkte, die vor einer Reise erledigt werden sollten:

> private Reisekrankenversicherung abschließen (→ »Versicherungen«, S. 179)
> Zahnarztbesuch (ist vor Langzeitreisen zu empfehlen)
> Erste-Hilfe-Kurs absolvieren (ist beim Reisen mit Kindern generell empfehlenswert)
> Notfalladressen und Kontaktkliniken im Ausland listen (→ »Wichtige Informationsstellen und -quellen«, S. 172)
> Zusammenstellen der gesundheitserhaltenden Ausrüstung (→ »Gesundheitserhaltende Hygiene-Ausrüstung«, S. 174)
> Zusammenstellen der Reisedokumente (Impfnachweise, ärztliche Bescheinigungen und Krankennachweise, Dokumente der privaten Reisekrankenversicherung)

> Reiseapotheke zusammenstellen (→ »Kinder-Reiseapotheke«, S. 173)

Bei Reisen in Regionen mit erhöhtem Infektionsrisiko und in Länder mit einem niedrigen Hygienestandard ist es unerlässlich, vorher einen reisemedizinisch ausgebildeten Facharzt oder ein Tropeninstitut zu konsultieren (→ »Wichtige Informationsstellen«, S. 172). Dies sollte im günstigsten Fall mehrere Monate vor Reiseantritt, mindestens jedoch zehn Wochen vor der Abreise

Für Individualreisende ist Gesundheitsvorsorge unerlässlich

geschehen, damit alle notwendigen Impfungen vorgenommen und die erforderlichen Zeitabstände zwischen den Impfungen eingehalten werden können. Auch garantieren nicht alle Impfungen einen sofortigen Schutz vor Ansteckung.

Selbst Kurzentschlossene wissen bereits lange vorher, welche Reiseziele in die nähere Auswahl kommen und können schon vor einer Buchung ihren Impfstatus überprüfen und notwendige Impfungen durchführen lassen.

## Keine Panik!

Kinder sind durch Infektionskrankheiten wesentlich gefährdeter als Erwachsene. Deshalb ist es durchaus sinnvoll, sich vor einer Reise mit diesem Thema intensiv zu beschäftigen. Dennoch sollte man bei aller Information die Gefahrenpotenziale nicht überbewerten. Ohne die durchaus gefährlichen Krankheiten verharmlosen zu wollen, möchte ich betonen, dass es viele Eltern gibt, die durch schlechte Informationsquellen verunsichert werden oder gar in Panik verfallen. Selbst Ärzte sind vor zu viel Fachkundigkeit und fehlender persönlicher Erfahrung mit den entsprechenden Reisegebieten übervorsichtig, was die folgende persönliche Geschichte beweist:

Ein finnischer Arzt hatte seiner Frau aus Angst vor FSME eine Reise nach Südschweden ausgeredet und ihr stattdessen die Lofoten angeraten. Diese Frau trafen wir bei Sturm und Dauerregen, der sie den ganzen Urlaub lang begleitete. Im FSME-Risikogebiet herrschte dagegen herrlichstes Sommerwetter, vor dem sie aus Angst vor Ansteckung verschont geblieben ist.

Viele lässt diese Geschichte schmunzeln oder löst Unverständnis aus, denn in Deutschland leben viele Menschen in FSME-Risikogebieten. Sie kennen die Gefahr und gehen ganz natürlich damit um. Es ist ja nicht so, dass der winzige Übeltäter uns ständig über den Weg läuft und unsere Lebensweise beträchtlich einschränkt. Meist vergessen wir sogar die Gefahr, weil sie einfach zu unserem Leben dazugehört. Reisende sind in diesem Punkt immer sensibler und somit weit weniger gefährdet als die Bevölkerung. So ist es in allen Infektions-Risikogebieten der Erde auch. Das Wissen um die Gefahren sollte uns sensibilisieren, jedoch nicht in Panik verfallen lassen.

Eine gute und kompetente ärztliche Beratung zeigt nicht nur Risiken auf, sondern informiert auch über geeignete Vorsorge- und Verhaltensmaßnahmen vor Ort. Wenn es nötig ist, hören Sie sich mehrere Meinungen an, auch von Menschen, die persönliche Erfahrung haben mit Ihren Wunschzielen. Sie sind meist nicht weniger kompetent als Mediziner, was gezielte Vorsorgemaßnahmen und richtiges Verhalten vor Ort betrifft.

## Tropenkrankheiten
### Malaria

Malaria ist die wohl am weitesten verbreitete Tropenkrankheit. Übertragen wird sie von der weiblichen *Anopheles-Mücke (Moskito)*, die in den tropischen Regionen weltweit vorkommt. Betroffene Gebiete sind vor allem Afrika (Ausnahme: nördliche Länder Afrikas, südliche Landesteile Südafrikas und südliches Namibia), weite Teile Südostasiens, der indische Subkontinent und Mittel- sowie nördliches Südamerika (Amazonas-Gebiet). Ein hohes Risiko einer Infektion besteht hauptsächlich während und nach der Regenzeit, weniger in der Trockenzeit. Die Anopheles-Mücke sticht nur in der Dämmerung und nachts. In ländlichen Gebieten kommen Moskitos häufiger vor als in den Ballungsräumen der Städte.

Die anfänglichen Symptome der Krankheit sind Kopf-, Rückenschmerzen und Abgeschlagenheit. Auch Fieberschübe sind charakteristisch und können bei Kindern sehr heftig ausfallen. Vor allem Babys und Kleinkinder sind durch Malaria besonders gefährdet. Die Inkubationszeit (Zeit zwischen Ansteckung und Ausbruch der Krankheit) beträgt zwischen einer und zwei Wochen nach Ansteckung, bei Kindern manchmal auch länger. Bei Verdacht auf Malaria, insbesondere bei Kindern, sollte man sofort eine Klinik oder einen Arzt aufsuchen (auch nach der Reise). Auch wenn es paradox klingen mag: In Ländern, in denen Malaria vorkommt, kann diese Krankheit schneller erkannt und damit effizienter behandelt werden, auch wenn der medizinische Standard in solchen Ländern oft wesentlich niedriger ist als bei uns.

Das Problem bei der Vorsorge gegen Malaria ist, dass es keinen hundertprozentigen präventiven Schutz gegen die Erreger gibt, d. h. die Erregerstämme werden zunehmend resistent gegen verschiedene Prophylaxepräparate und es muss unter Umständen bei einer Erkrankung mit geeigneten Medikamenten nachbehandelt werden, die in ihrer Summe nicht nebenwirkungsfrei sind. Zur Malariaprophylaxe bei Kindern bietet sich das Mittel Malarone Junior an, womit man einen achtundneunzigprozentigen Schutz gegen den Plasmodium-Falicparum-Erreger besitzt. Dieser Erreger hat schon eine Resistenz gegen andere Prophylaxen entwickelt. Eine gute reisemedizinische Beratung ist hier unbedingt zu empfehlen. Der beste Schutz jedoch ist es, Risikogebiete mit kleinen Kindern und Babys generell zu meiden oder bei einem sehr geringen Risiko auf natürliche Weise (Expositionsprophylaxe) zu schützen:

> lange, helle Kleidung in den frühen Morgen- und späten Abendstunden tragen (diese sollte möglichst weit geschnitten und eng gewebt sein) oder spezielle Moskitoschutzkleidung (→ »Moskitoschutzkleidung für Kinder«, S. 149)
> sich in der Dämmerung und nachts in klimatisierten Räumen aufhalten (Moskitos mögen's warm)
> unbedeckte Körperstellen mit einem Repellent einreiben, z. B. Autan oder Nobite (bei Babys und Kleinkindern vor der Reise auf Verträglichkeit testen bzw. ärztlichen Rat einholen!)
> Tropenhüten oder Mützen mit Moskitoschutz tragen
> unter einem Moskitonetz schlafen oder für aktive Schläfer, die gerne mit dem Netz kuscheln, ein Innenzelt im Zimmer aufstellen (es gibt spezielle Moskitozelte im Fachhandel)
> kleine Kinder mit Einbruch der Dunkelheit frühzeitig schlafen legen

### Cholera

Cholera ist eine bakterielle Infektionskrankheit des Darms, die sich durch starken Brechdurchfall äußert, und unbehandelt tödlich verlaufen kann. Übertragen wird der Erreger durch verunreinigtes Trinkwasser oder infizierte Nahrung (meist Fisch und Meeresfrüchte). Nachdem die Cholera Ende des zwanzigsten Jahrhunderts als fast ausgerottet galt, ist sie heute wieder in vielen armen Ländern verbreitet. Da die Cholera mit ihren wässrigen Durchfällen zu einer schnellen Austrocknung des Körpers führt, sind Kleinkinder besonders gefährdet. Gegen Cholera gibt es eine Impfung, die aber von keinem Land mehr verlangt und durch die WHO (Weltgesundheitsorganisation) nicht empfohlen wird. Am besten schützt man sich vor Cholera mit dem Abkochen des Trinkwassers und den Nahrungsmitteln (siehe dazu auch unter »Sauberkeit und Hygiene«, S. 245).

### Gelbfieber

Das Gelbfieber ist eine Virus-Infektion, die nur im zentralen Afrika und den Regenwaldgebieten Südamerikas vorkommt. Diese Krankheit wird durch die Gelbfiebermücke übertragen, die vor allem in Feuchtgebieten beheimatet ist. Die Krankheit äußert sich mit hohem Fieber, Kopf- und Gliederschmerzen, Übelkeit und Schüttelfrost. In ca. 15% der Krankheitsfälle kommt es zu einer Leberschädigung mit Gelbsucht. Die Krankheit führt in 10–20% der Fälle zum Tod. Ist sie überstanden, besteht eine lebenslange Immunität.

Gegen Gelbfieber gibt es eine Impfung, die ab dem ersten Lebensjahr empfohlen wird, aber in ihrer Verträglichkeit umstritten ist. Deshalb ist eine intensive ärztliche Beratung und Risiko-Nutzen-Abwägung im Falle einer Reise in Gelbfiebergebiete angebracht.

Gelbfieber ist in vielen Ländern eine Pflichtimpfung, wenn man aus betroffenen Gebieten einreist.

### Chagas-Krankheit (Amerikanische Trypanosomiasis)

Diese infektiöse Erkrankung wird durch Raubwanzen übertragen und kommt nur in einigen wenigen Gebieten Mittel- und Südamerikas vor. Die Wanzen stechen und saugen Blut, dabei gelangen die Erreger durch Fäkalien des Tieres in

den Körper. Meist geschieht das bei Schlafen-
den. Die Wanzen halten sich in erster Linie an
den Schlafplätzen von Tieren (auch Haustiere)
auf. Die Chagas-Krankheit verläuft in den aller-
seltensten Fällen tödlich. Babys und Kleinkinder
sind jedoch besonders gefährdet. Gegen diese
Krankheit gibt es keine Impfung, und eine Behandlung ist im Erkrankungsfall schwierig.
Glücklicherweise sind durch die Bekämpfung
des Insekts die Zahlen an Neuerkrankungen in
den betroffenen Gebieten stark zurückgegangen.
Schützen kann man sich vor den Wanzen durch
saubere Schlafräume, Moskitonetze oder am
besten das Schlafen im eigenen Zelt.

### Das Dengue-Fieber

Das Dengue-Fieber ist eine virale Infektionskrankheit, die durch verschiedene Stechmücken
übertragen wird. Die Krankheit äußert sich ähnlich einer schweren Grippe, mit Hautausschlag
wie bei den Masern. Während eine Erstinfektion
meist harmlos verläuft, treten bei einer erneuten
Ansteckung oft Komplikationen auf. Ein hoher
Prozentsatz dieser schweren Krankheitsverläufe
betrifft Kinder und Jugendliche. Besonders gefährlich ist diese Krankheit für Babys unter
einem Jahr.

Das Dengue-Fieber ist mittlerweile zu einer
ernstzunehmenden Reisekrankheit geworden,
da es weder Impfstoff oder Prophylaxe noch eine
geeignete Therapie gibt. Die Übertragermücken
leben hauptsächlich in Großstädten und sind
tagaktiv, was einen wirksamen Schutz sehr
schwierig macht. Das Dengue-Fieber tritt durch
Einschleppung inzwischen weltweit auf. Die
Übertragermücke (Tigermücke) ist bereits in
Südeuropa heimisch geworden. Die Hauptverbreitungsgebiete dieser Krankheit sind
Mittel- und nördliches Lateinamerika, Indien,
Zentralafrika und weite Teile Südostasiens. In
Dengue-Fieber-Gebieten sind Mückenschutz-
maßnahmen – auch am Tag – sehr wichtig, d. h.
körperbedeckende Kleidung und wiederholtes
Auftragen von DEET-haltigen Cremes oder
Sprays an unbedeckten Körperstellen (Produkte
mit ätherischen Ölen helfen kaum).

### Japanische Enzephalitis

Die Japanische Enzephalitis ist eine typische
Tropenkrankheit, die durch Viren ausgelöst wird
und in wenigen Fällen das zentrale Nervensys-
tem befallen kann (Hirnhautentzündung). Zu
den Überträgern gehören Mücken, Vögel und
Haustiere. Da nicht viele Stechmücken Überträger dieser Krankheit sind, ist die Gefahr einer
Ansteckung sehr gering. Eine höhere Gefährdung gibt es in Endemiegebieten, im ländlichen
Raum und während der Regenzeit. Die Japanische Enzephalitis kommt wegen der guten medizinischen Versorgung in Japan kaum noch vor.
Das Verbreitungsgebiet ist ganz Südostasien bis
nach Indonesien. Es gibt in Deutschland bisher
keine Impfung gegen diese Tropenkrankheit für
Kinder. Der beste Schutz ist die natürliche Prä-
vention.

## Andere Krankheiten und Krankheitsgefahren
### Typhus/Paratyphus

Typhus und Paratyphus sind bakterielle Infektionskrankheiten, die durch verschiedene Salmo-
nellentypen hervorgerufen werden. Dies geschieht meist durch verunreinigtes Wasser oder
Lebensmittel in tropischen und subtropischen
Gebieten. Auch der Kontakt mit Typhuserkrank-
ten kann zur Ansteckung führen. Am besten
kann man sich vor der Krankheit mit Einhaltung
hygienischer Maßnahmen schützen (→ »Sauberkeit und Hygiene«, S. 245). Gegen Typhus gibt es
eine gut verträgliche Impfung, die einen siebzig-
prozentigen Schutz garantiert und für Reisen in
hygienisch schwierige Regionen empfehlenswert
ist.

### Hepatitis A und B

Hepatitis A und B sind durch Viren ausgelöste
infektiöse Lebererkrankungen.

Hepatitis A wird hauptsächlich durch verunreinigtes Trinkwasser oder Lebensmittel übertragen und äußert sich in Übelkeit, Erbrechen
und Appetitlosigkeit. Eine Erkrankung bei Kindern verläuft meist vollkommen harmlos.

Hepatitis B kann nur durch Blut und Körper-
flüssigkeiten wie Samenflüssigkeit, Urin oder

Speichel übertragen werden. Eine Infizierung von Kindern geschieht häufig durch den Kontakt mit erkrankten Tieren (z. B. Katzen oder Hunde) durch Beißen oder Kratzen. Anders als bei der Hepatitis A kann diese Form bei Kindern unbemerkt und chronisch verlaufen, mit erheblichen Folgeschäden.

Beide Krankheiten kommen weltweit vor. Gegen Hepatitis A und B gibt es gut verträgliche Schutzimpfungen, die bei Kindern von der Krankenkasse gezalt werden.

### Meningokokken-Meningitis

Meningokokken-Meningitis ist eine Hirnhautentzündung, die durch Bakterien (Meningokokken) ausgelöst wird. Übertragen wird diese Krankheit durch Tröpfcheninfektion, d. h. Anhusten, Niesen oder Küssen. Die Meningitis beginnt mit einem starken Krankheitsgefühl wie Abgeschlagenheit, hohem Fieber, Gelenk- und Muskelschmerzen, Schüttelfrost oder Bewusstseinsstörungen. Als typisches Zeichen einer Hirnhautentzündung tritt Nackensteifigkeit auf. Von der Krankheit betroffen sind vor allem Kinder unter vier Jahren. Die Meningokoken-Meningitis ist weltweit auf dem Vormarsch. Hauptverbreitungsgebiete sind der »Meningitis-Gürtel« der afrikanischen Sahelländer, der indische Subkontinent, Brasilien und China.

Es gibt nicht gegen alle Meningitis-Erreger einen Impfstoff. In Deutschland wird eine Impfung gegen Meningokokken der Serogruppe C standardmäßig für alle Kinder im zweiten Lebensjahr empfohlen. Die Krankenkassen übernehmen auch hier die Kosten.

### Tollwut

Tollwut ist eine Virusinfektion, die eine Gehirnentzündung auslöst. Auch heute noch führt diese Krankheit unbehandelt immer zum Tode. Verbreitet ist Tollwut weltweit. Als einzige tollwutfreie Zonen gelten Australien, Neuseeland und einige Länder Nordeuropas. Übertragen wird Tollwut meist über Bisse von Hunden und in wenigen Fällen von Affen (Tempelaffen), oder anderen warmblütigen Tieren wie Katzen,

Waschbären, Füchse, Wölfe, Frettchen und Fledertiere (Flughunde).

Gegen Tollwut gibt es eine Vorbeugeimpfung, die aus drei Einzelimpfungen besteht. Diese müssen im Abstand von 1, 7 und 28 Tagen erfolgen. Hat man die Grundimmunisierung, muss man bei Verdacht einer Ansteckung nur noch zwei Nachimpfungen über sich ergehen lassen, und hat länger Zeit dafür. Erfolgt eine Impfung allerdings erst nach einem Biss, muss man sofort (d. h. innerhalb von 24 Stunden) eine Fünffachimpfung einleiten.

Zu bedenken dabei ist, dass die Impfstoffe in Entwicklungsländern oftmals viele Nebenwirkungen verursachen können. Der Tollwutimpfstoff ist sehr teuer (ca. 200 € pro Person) und oft über Monate nicht lieferbar. Daher sollte man sich mindestens ein halbes Jahr vor Abreise um eine Tollwutimpfung kümmern. Es gibt mittlerweile viele Krankenkassen, die die Kosten der Impfung unter bestimmten Voraussetzungen erstatten. Vorheriges Nachfragen lohnt sich auf jeden Fall.

### Borreliose

Als Borreliose bezeichnet man verschiedene Infektionskrankheiten, die durch Borrelien-Bakterien ausgelöst werden. Überträger dieser Bakterien sind unter anderem Zecken, die sich hauptsächlich in Büschen, Hecken oder hohem Gras aufhalten. Sie übertragen auch FSME-Viren (siehe unten). Eine Borrelienerkrankung kann in vielen Fällen lange unerkannt bleiben und verläuft oft schleichend, da häufig deutliche körperliche Anzeichen einer Erkrankung fehlen, die mit einer Borreliose-Infektion in Verbindung gebracht werden. Die Borreliose-Erreger sind weltweit auf der Nordhalbkugel zu finden. Eine Impfung gibt es nicht, weshalb man sich nur mit langer Kleidung gegen den häufigsten Überträger, der Zecke, schützen kann. Ist man in Gebieten unterwegs, in denen der Borreliose-Erreger verbreitet ist, sollte man jeden Abend sein Kind gründlich nach Zecken absuchen. Entdeckt man eine, muss sie möglichst schnell entfernt und die Stichstelle beobachtet werden (vielleicht die

Stichstelle mit einem Kugelschreiber deutlich umkreisen). Entwickelt sich ein Entzündungsherd mit einem für Borreliose typischen roten Kreis um die Stichstelle, muss unverzüglich eine antibiotische Therapie eingeleitet werden.

### FSME

Frühsommer-Meningoenzephalitis, kurz FSME genannt, ist eine Viruserkrankung, die ebenfalls durch Zecken übertragen wird. Die Krankheit äußert sich durch grippeartige Symptome mit Fieber und bei einem Teil der Patienten mit einer Entzündung von Gehirn und Hirnhäuten (Hirnhautentzündung). Die Risikogebiete sind alle Länder Europas, in denen die Überträgerzecke heimisch ist. Gegen FSME gibt es eine von der Ständigen Impfkommission (STIKO) empfohlene Impfung, die von der Krankenkasse gezahlt wird.

### Darminfektionen

Verunreinigtes Wasser oder verdorbene Lebensmittel können Magen- und Darmerkrankungen auslösen, die zu den häufigsten Reisekrankheiten gehören. Diese sind für kleine Kinder und Säuglinge besonders gefährlich, da die Gefahr einer Austrocknung sehr hoch ist. Die Einhaltung hygienischer Regeln ist unterwegs für jedes Land individuell zu beachten (→ »Sauberkeit und Hygiene«, S. 245).

### Hautparasiten und Hautinfektionen

Beim Reisen kann man auch mit unangenehmen, aber meist harmlosen Untermietern in Kontakt kommen. Flöhe, Läuse oder Wanzen gibt es nicht nur in unterentwickelten Regionen der Welt, sondern auch dort, wo jede zweite Nacht ein anderer Zeitgenosse seinen Kopf zur Ruhe bettet. Hotelbetten, auch der gehobenen Kategorie, sind oft ein Tummelplatz für Parasiten, die nur auf den nächsten Wirt warten. Eigenes Bettzeug, (Leinen-)Schlafsack und in ganz üblen Fällen eine Plastikplane als Bettlaken halten Plagegeister fern. Offene Wunden heilen in feucht-heißen Ländern sehr schlecht und können sich unter Umständen entzünden. Zudem

locken sie Insekten an. Deshalb sollte man in tropischen Regionen ein Aufkratzen nach Möglichkeit verhindern, damit es nicht zu schweren Hautinfektionen kommt. Auch bei kleinen Verletzungen sollte mit geeigneten Mitteln behandelt und verbunden werden.

### Akute Höhenkrankheit

Die akute Höhenkrankheit ist ein Symptomkomplex, der sich in starken Kopfschmerzen, Appetitlosigkeit, Kreislaufschwäche, Erbrechen oder Atemnot äußert. Sie tritt in Höhen über 2500 Metern auf (bei kleinen Kindern kann dies schon viel früher der Fall sein) und kann bei Nichtbeachtung zum Tod führen.

Wer sich mit Kindern längere Zeit in höheren Regionen (ab 2000 Meter) aufhält, sollte die Kleinen auf solche Symptome hin beobachten und im Zweifelsfall wieder niedriger gelegene Gebiete aufsuchen. Nur eine langsame Akklimatisierung an die klimatischen Gegebenheiten (drei bis vier Tage pro 500 Höhenmeter) kann die Höhenkrankheit verhindern.

### Gefahr durch Sonne und Hitze (Hitzschlag/Ozonloch)

Kinder sind in den heißen und trockenen Regionen wesentlich gefährdeter, einen Hitzschlag zu erleiden, als Erwachsene. Sie sind in der Regel bewegungsfreudiger und erkennen die Warnsignale (Durst, Schwindel) nicht oder viel zu spät. Deshalb sollten Kinder in heißen Regionen zum Trinken angeleitet und, wenn es sein muss, sogar gezwungen werden. Angemessene Kleidung (weit und luftig) sowie eine Kopfbedeckung sind ein guter Hitzeschutz und in heißen Regionen unentbehrlich.

Eine vielfach höhere Sonnenbrandgefahr besteht in südlichen Hemisphären durch das Ozonloch. Die ungefilterte und damit intensivere Sonneneinstrahlung führt uneingecremt unweigerlich zu Sonnenbränden. Täglich mehrmaliges Eincremen von Kopf bis Fuß (ist wörtlich gemeint, also auch die Ohren und Fußsohlen nicht vergessen) und Sonnenschutz durch angemessene Kleidung sind für Kinder (besonders kleine) ein absolutes Muss, selbst an Tagen, an denen die Sonne sich nicht zeigt. Vom Ozonloch betroffene Länder und Kontinente sind vor allem Australien, Neuseeland, südliches Afrika und Südamerika (Argentinien und Chile).

## Gesundheitsvorsorge für chronisch kranke Kinder

Bei Kindern mit ernsthaften Vorerkrankungen ist das Planen einer Reise um ein Vielfaches schwieriger. Das Reiseziel und die Reiseart müssen den Bedürfnissen der Kinder in höherem Maße angepasst werden. Dennoch ist das individuelle Reisen mit chronisch kranken Kindern durchaus möglich. Die Eltern müssen nur etwas Fantasie entwickeln, um für die einzelnen Probleme geeignete Lösungen zu finden.

### Kinder mit Diabetes

Beim Reisen mit Kindern, die an Diabetes leiden, sollte man sich gut vorbereiten und vor der Reise viele Informationen über das Reisegebiet einholen. Wählt man ein Reiseland mit guter medizinischer Versorgung, wird es unterwegs keine Schwierigkeiten bezüglich zu beschaffender Notfallmedikamente geben. Vor der Reise sollte man sich daher genau über die medizinische Lage und die Behandlungsmöglichkeiten vor Ort informieren. Daneben gibt es Folgendes zu bedenken und zu beachten:

> Allen mitgenommenen Medikamenten sollte der Beipackzettel beiliegen, damit man im Bedarfsfall auch im Ausland das Präparat mit der gleichen Wirkstoffzusammensetzung erhält.
> Achten Sie darauf, dass Sie ausreichend Insulin, aber auch Teststreifen mitnehmen: Durch die erhöhten Aktivitäten im Urlaub ist es meist notwendig, auch zwischendurch den Blutzucker zu testen.
> Man sollte alles in doppelter Ausführung dabei haben – in getrennten Taschen aufbewahren.
> Kleine Zwischenmahlzeiten als Ergänzung zu den Hauptmahlzeiten sollte man immer dabei haben. Dadurch können Blutzuckerschwankungen durch unregelmäßige Essenszeiten verhindert werden.

> Bei der Buchung im Reisebüro angeben, dass das Kind Diabetiker ist (evtl. ärztliches Attest oder Diabetikerausweis vorlegen). Damit weiß die Kontrolle am Flughafen Bescheid und es gibt weniger Komplikationen, auch bezüglich der Einreisebestimmung*en. Insulin darf uneingeschränkt ins Handgepäck und in den Koff*er! Lassen Sie sich dies notfalls *schriftl*ich bestätigen.
> Fragen Sie beim Fliegen nach Diabetiker-Menüs (schon bei der Buchung).
> Der Diabetikerausweis sollte in doppelter Ausführung (kopiert) und in die Landessprache übersetzt mit auf Reisen gehen. Stellen Sie ein spezielles Fremdsprachenwörterbuch mit krankheitsrelevanten Fachbegriffen zusammen.
> Bei Langzeitinsulin (Lantus) muss eine Zeitverschiebung berücksichtigt werden. Bei großen Zeitverschiebungen sollten Sie schon zu Hause anfangen, die Zeiten leicht zu verschieben.
> Notfall-BEs sollten Sie immer dabei haben (zuckerhaltige Getränke, Traubenzucker, Kekse)!

### Insulinlagerung unterwegs

Egal, wohin Sie Ihren Urlaub geplant haben – ob in den sonnigen Süden oder in den Tiefschnee der Alpen –: Die Aufbewahrung der Diabetiker-Utensilien, und hierbei speziell des Insulins, gehört in Ihre Hände. Befürchtungen, dass das Insulin sofort Schaden davon trägt, wenn die Lagertemperatur nicht peinlich genau eingehalten wird, kann man in den meisten Fällen zerstreuen.

Insulinpatronen, die man als Vorrat dabei hat, sollten bei einer Temperatur von circa 2 °C bis 8 °C gelagert werden. Dies kann unterwegs jedoch kaum immer eingehalten werden. Man kann das Insulin, geschützt vor direkter Sonne, auch längere Zeit außerhalb des Kühlschrankes aufbewahren und aufbrauchen. Bedenken Sie diesbezüglich: Angefangene Ampullen können ja auch ohne zusätzliche Kühlung verbraucht werden! Achten Sie nur darauf, dass das Insulin nicht Temperaturen über 37 °C, direkter Sonne oder Frost ausgesetzt ist. Bei kurzzeitigen Ausflügen, bei denen extreme Temperaturen zu erwarten sind, können Sie Insulin schützen, indem Sie es in einer Thermoskanne oder in einer speziellen Isoliertasche aufbewahren. Isoliertaschen gibt es z.B von der Firma Haselmeier mit einem Fach für Insulin und einem Fach für den Kühlakku. Bei extremer Kälte können Sie den Insulinpen dicht am Körper tragen, damit die Kälte dem Insulin nichts anhaben kann.

Ideal ist in diesem Fall das Reisen mit Wohnmobilen, da diese immer mit Kühlschränken versehen sind. Reisen Sie mit dem Auto, gibt es die Möglichkeit, mit mobilen Kühlboxen (Fa. Waeco), die mit Strom betrieben werden, zuverlässig zu kühlen. Diese können an Netzsteckern (Adapter fürs Reiseland nicht vergessen) oder im Auto am Zigarettenanzünder aufgeladen werden. Wasserdicht verpacktes Insulin kann auch mit kaltem Wasser gekühlt werden (z. B. beim Kanufahren).

Insulin kann etwa vier Wochen verwendet werden, wenn es maximalen Temperaturen von 25 °C ausgesetzt wird. Transportbedingungen hierbei (im Einzelnen sind die Herstellerangaben zu beachten): höchstens einen Tag Außentemperaturen von bis zu 40 °C, höchstens drei Tage Außentemperaturen von 0–5 °C aussetzen.

## Blutzuckerselbstkontrolle

Wann und wie oft der Blutzucker Ihres Kindes bestimmt werden sollte, ist in erster Linie durch die Diabetestherapie festgelegt. Sprechen Sie mit Ihrem Arzt über die empfohlene Häufigkeit der Blutzuckerselbstkontrollen. Darüber hinaus kann es aber gerade im Urlaub notwendig sein, den Blutzucker auch zwischendurch, das heißt öfter als im Alltag, zu testen. Eine ungewohnte Mahlzeit oder Ausflüge können Aktivitäten sein, die eine zusätzliche Kontrolle erfordern. Die dafür notwendigen Teststreifen sollte der Arzt vor Antritt der Reise zusätzlich verschreiben.

Achten Sie auch hier auf die richtige Handhabung und Lagerung der Teststreifen. Sie sollten geschützt vor Hitze, Kälte und Feuchtigkeit aufbewahrt werden. Durch unsachgemäße Aufbe-

wahrung und Verwendung können Fehlmessungen und somit Fehlentscheidungen bei der Therapieanpassung entstehen.

### Die Handhabung der Teststreifen und des Blutzuckermessgeräts

Um Teststreifen vor Kondenswasserbildung zu schützen, sollten Sie bei kalten Temperaturen das Teststreifenröhrchen vor der Blutzuckermessung in der Hand anwärmen, um eine Anpassung an die Umgebungstemperatur zu erzielen.

Die Kapazität der Messgeräte-Batterien ist bei niedrigen Temperaturen viel geringer als üblich, sodass unter Umständen das Batteriesymbol trotz neuer Batterien im Display angezeigt wird.

Bei Reisen in die Tropen, wo eine hohe Luftfeuchtigkeit herrscht, sollte für das Gerät und die Teststreifen ein Trockenmedium verwendet werden, das die Luftfeuchtigkeit aufnimmt (z. B. Silikatbeutel). Bei kalten Temperaturen empfiehlt sich zur Regulierung ein Gelkissen, das vorher erwärmt wird.

Auch das Display des Blutzuckermessgerätes kann bei Temperaturen um 0 °C den Dienst versagen, da hier Flüssigkeitskristalle enthalten sind, die an den vorgegebenen Temperaturbereich gebunden sind. Durch das erwärmte Gelkissen können große Temperaturschwankungen ausgeglichen werden. Für Reisen in extrem kalte oder warme Gebiete werden auch spezielle Aufbewahrungstaschen für das Blutzuckermessgerät, die Teststreifen sowie den Insulinpen angeboten, die für entsprechenden Schutz sorgen (Fa. Haselmeier).

### Essen im fremden Land

Sie sollten sich schon vor der Reise über landestypische Speisen und Getränke informieren. Lassen Sie sich die Zusammensetzung der Speisen erklären, damit Sie bei der Berechnung der Kohlenhydrate keine allzu großen Abweichungen haben.

Vielleicht kochen Sie auch schon mal zu Hause ein Nationalgericht Ihres Urlaubsziels. Damit holen Sie sich schon mal Ferienstimmung ins Haus und können gleichzeitig die Berechnung der BEs üben. Bei der Berechnung der Speisen und Getränke helfen aber auch spezielle Reiseführer oder Nährwerttabellen. Sprechen Sie mit Menschen, die schon mal in Ihrem ausgewählten Reiseland waren – so ein Erfahrungsaustausch ist nicht nur lehrreich, er kann auch die Vorfreude noch steigern.

Ungewohnte Speisen und Getränke können manchmal auch die schönsten Urlaubsfreuden verderben; nämlich dann, wenn Durchfall oder Erbrechen die Folge sind. Vorbeugend sollten Sie unterwegs strenge Hygieneregeln beachten, damit es erst gar nicht zu einer Erkrankung des Kindes kommt. Passiert es trotzdem, müssen Sie als Eltern eines Diabetikerkindes wissen, was zu tun ist. Lassen Sie das Kind ausreichend trinken. Eine Prise Salz im Getränk hilft, den Elektrolythaushalt aufzufüllen. Gehen Sie mit dem Kind unbedingt zum Arzt, wenn die Beschwerden nach ein bis zwei Tagen nicht nachlassen. Testen Sie häufiger den Blutzucker und passen Sie das Insulin den Werten entsprechend an.

### Die spezielle Reiseapotheke für Diabetiker:

> blutzuckersenkende Tabletten
> Insulin
> Insulinpen oder Insulinspritzen
> Nadeln
> Blutzuckermessgerät mit Teststreifen
> Stechhilfe mit Lanzetten
> Keton-Teststreifen
> Traubenzucker, eventuell Glukagon
> Diabetikertagebuch
> Diabetiker-Ausweis (zusätzlich übersetzt in Landessprache)
> *(Quelle: H. Siebert, A. Lekl, Diabetesberaterinnen Stadtkrankenhaus Leipzig)*

Weitere Informationsquellen zum Thema Reisen mit Diabetes gibt es unter: www.diabetiker-hannover.de und www.diabeteszentrum-heidelberg.de.

### Kinder mit Asthma

Leiden Kinder an Asthma, ist das Reiseziel entscheidend. Wählt man nicht gerade Länder mit einer hohen Luftfeuchte und Ballungsräume mit starken Konzentrationen an Reizstoffen wie Abgase und Giftstoffe, kann sich eine Reise äußerst positiv auf die Erkrankung auswirken. Eine allergiearme Umgebung, wie beispielsweise die Höhenluft im Gebirge, führt meist zu einer deutlichen Besserung der Symptome. Auch spielt die Jahreszeit, in der man reist, bei allergischem Asthma eine große Rolle.

Reist man mit Kindern, die an Asthma leiden, weiß man, was im Ernstfall zu tun ist und hat entsprechende Medikamente griffbereit. Wie bei Diabetikern empfiehlt es sich, die Medikamente in ihrer Originalverpackung mitzunehmen, um im Ausland die gleiche Wirkstoffzusammensetzung zu erhalten. Auch Fachbegriffe rund um die Krankheit sollten in die Landessprache übersetzt werden, damit im Ernstfall keine Verständigungsprobleme eine schnelle Behandlung erschweren. Lassen Sie sich die Krankheit von ärztlicher Seite in einem Dokument bestätigen oder geben dies bei der Buchung im Reisebüro an.

Informationen zum Reisen mit Asthma finden Sie im Internet unter www.luft-zum-leben.de und www.asthma.de

### Spezielle Reiseapotheke für Kinder mit Asthma:

> Medikamente der Asthma-Dauertherapie in ausreichender Menge
> Kortison-Tabletten, um eine Kortison-Stoßtherapie vollständig durchführen zu können
> Antibiotika, um einen bakteriellen Bronchialinfekt wirksam behandeln zu können
> zusätzliche Notfall-Box (Theophyllin-Trinkampulle, Kortison-Tabletten)

Auch hier gilt es, alles in doppelter Ausführung und getrennt aufbewahrt mitzunehmen.

### Kinder mit Neurodermitis, Allergien und Unverträglichkeiten

Bei Kindern mit Neurodermitis kann ein Klimawechsel Krankheitsschübe verzögern, meist sogar verhindern und das Krankheitsbild deutlich verbessern. Meeresklima ist das Heilbad für Menschen, die an Neurodermitis leiden. Oft ist es erstaunlich (auch aus eigener Erfahrung), wie schnell ein Klima- oder Ortswechsel diese Krankheit zum Stillstand bringen kann. Selbst klimatisch ungünstige Gegebenheiten wie Hitze und damit vermehrtes Schwitzen des Kindes führt nicht unweigerlich zu einer Verschlimmerung der Symptome. Neurodermitis ist eine unergründliche Krankheit, bei der die schubauslösenden Stoffe meist keine nachweisbaren Allergene sind und es somit nicht immer hundertprozentig erkenn- und nachvollziehbar ist, worauf das Kind reagiert. Oft ist es auch so, dass in einem völlig anderen Umfeld schubauslösende Stoffe besser vertragen werden oder der Körper anders reagiert als zu Hause. Notfallmedikamente in Form von kortisonhaltigen Cremes und täglich benötigte Salben in ausreichender Menge sollten in der Reiseapotheke bei Kindern mit Neurodermitis trotzdem nicht fehlen.

Bei allen Kindern mit Allergien und Unverträglichkeiten sollte man Folgendes wissen und unterwegs beachten:

> Unterwegs den Schlafplatz allergikergerecht einrichten: Die wenigsten Schlafplätze (Zimmer und Betten) unterwegs sind frei von Staub und somit Milben und anderen Allergieauslösern. In jedem Fall sollte man auf Zimmer mit Teppichen verzichten. Allergiker sollten einen eigenen Schlafsack oder ein Inlet verwenden. Matratzen können mit Folie abgedeckt werden oder man verwendet im Bett eine eigene Isoliermatte. Das Reisen mit dem eigenen Zelt oder Wohnmobil ist bei starker Allergie gegen Milben vorzuziehen.

> Allergieauslösende Stoffe können auch im Waschmittel enthalten sein, welches unterwegs gekauft wird. In den USA z. B. sind die meisten Waschmittel mit einer hohen Konzentration Chlorbleiche versehen. Beim Kauf darauf achten. Auch in Wäschereien wird oft mit aggressiven Waschsubstanzen gereinigt. Da heißt es: selbst Hand anlegen und Waschmittel von zu Hause mitbringen!

> Große Probleme unterwegs bereiten allergieauslösende Stoffe in Nahrungsmitteln. In vielen Ländern müssen die Inhaltsstoffe in industriell hergestellten Nahrungsmitteln nicht aufgeführt oder deklariert werden. Somit ist nicht mehr genau nachvollziehbar, welche Inhaltsstoffe ein Produkt wirklich enthält und in welcher Konzentration. Auch können Inhaltsstoffe, auf die man reagiert, in anderen Ländern unter nicht bekannten Begriffen versteckt sein. Unbekannte Schriftarten können ebenfalls das Herauslesen von Allergieauslösern erschweren.

Hat das Kind bedrohliche Allergien, sollte man unbedingt wissen, wie der Auslöser im Urlaubsland heißt und in welchen Lebensmitteln er zu finden ist. Im Zweifelsfall sollte man auf industrielle Lebensmittel und fremd zubereitete Speisen ganz verzichten und selbst für sein Kind kochen.

Unverträglichkeiten sind ein schlimmeres Übel als Allergien, da sie medizinisch nicht nachweisbar sind und somit nicht hundertprozentig nachvollziehbar ist, worauf das Kind reagiert. Wird eine Reaktion nun durch bestimmte Früchte ausgelöst oder nur durch die Spritzmittel, mit denen diese behandelt wurden? Dieses Dilemma kennen viele Eltern, die Kinder mit diversen Unverträglichkeiten haben. Natürlich hat man mit der Zeit einen gewissen Erfahrungsschatz und weiß, auf was der Nachwuchs reagiert, aber dennoch können den Kindern völlig unbekannte exotische Früchte oder Lebensmittel im Urlaub schnell schlaflose Nächte bereiten. Alles Unbekannte sollte daher mit Vorsicht und in geringen Mengen genossen werden. Auch sollte man den Kindern nicht zu viele unbekannte Nahrungsmittel auf einmal geben. Nur so kann man herausfinden, worauf der Nachwuchs reagiert hat. Ein Trostpflaster für alle Industriegift-Geschädigte: Auf den Wochenmärkten der exotischen Länder sind die wenigsten angebotenen Früchte und Lebensmittel mit Pestiziden belastet, denn diese Art der Schädlingsbekämpfung kann sich ein armer Kleinbauer gar nicht leisten.

Kinder mit Allergien sollten alles Unbekannte in Maßen genießen

### Impfungen

Beim Thema Impfungen für Kinder scheiden sich in Deutschland die Geister. Es gibt auf der einen Seite Ärzte und Eltern, die nach den Empfehlungen der Ständigen Impfkommission (STIKO) Kinder impfen, und auf der anderen Seite kritische, meist gut informierte Eltern, die bestimmte Impfungen später oder gar nicht durchführen lassen. Impfungen sollen unsere Kinder vor gefährlichen Krankheiten schützen. Viele stellen sich dennoch – berechtigt – die Frage, warum der kindliche Organismus mit den empfohlenen Standardimpfungen so früh konfrontiert werden sollte. Auch sehen viele Eltern nicht ein, ihr Kind gegen Krankheiten zu schützen, die in Deutschland keine Gefahr mehr für den Nachwuchs darstellen. Dies ist sicher nachvollziehbar.

Reisen wir mit Kindern durch die Welt, werden sie mit einem hohen Potenzial an Krankheitserregern konfrontiert, wie sie in unseren Breiten nicht oder nicht mehr existieren. Gelten Diphtherie oder Kinderlähmung in Deutschland als ausgerottet, so haben viele Staaten und vor allem Entwicklungsländer eine hohe Sterblichkeitsrate durch diese Krankheiten. Impfstoffe sind dort Mangelware und für arme Bevölkerungsschichten unerschwinglich. Die Gefahr, als Individualreisender zu erkranken, ist in solchen Ländern immer gegeben, da wir jederzeit in Kontakt mit infizierten Menschen kommen können. Deshalb sollten Kinder gegen alle Krankheiten geimpft werden, die in den bereisten Ländern und Gebieten noch eine reale Gefahr darstellen! Eine lückenlose Grundimmunisierung schließt bei einer ernsthaften Erkrankung zudem viele Erreger aus, sodass gezieltere Diagnosen gestellt und schneller eine Therapie begonnen werden kann.

Man kann seine Kinder nicht vor jeder Krankheit schützen, aber wo es durch Impfung möglich ist, sollte man es tun! Natürlich ist bei Impfungen gegen bestimmte Reisekrankheiten, die mit Komplikationen (z. B. bei Lebendimpfungen) verbunden sind, das Risiko-Nutzen-Verhältnis abzuwägen. Auch bei Kindern mit Allergien und Unverträglichkeiten gegen bestimmte Impfstoffe sollte eine gute kinder- und tropenärztliche Beratung stattfinden und im Zweifelsfall auf andere Präventionsmaßnahmen zurückgegriffen werden.

Die meisten Impfungen für Fernreisen sind freiwillige Schutzimpfungen. Daneben gibt es jedoch auch Pflichtimpfungen, die jedes Land individuell festlegt und die bei einer Einreise durch den Impfpass nachgewiesen werden müssen. Informationen darüber, welche Impfungen für welches Land vorgeschrieben sind, findet man unter der Homepage des Auswärtigen Amtes und dem »Centrum für Reisemedizin« (Adressen siehe → »Wichtige Informationsstellen und -quellen«, S. unten).

Werden vor der Reise Impfungen durchgeführt, sollten diese lückenlos dokumentiert werden. Eine Impfung, die im gelben Impfpass nicht eingetragen ist, existiert für einen behandelnden Arzt nicht. Deshalb sollte der Impfpass auf jeden Fall mit auf Reisen gehen. Bei Angst vor Verlust kann auch eine Kopie ausreichen. Hier bieten sich moderne Datenträger (SD Karte o. Ä.) an oder ein E-Mail-Account, auf denen alle erforderlichen Daten weltweit eingesehen und ggf. ausgedruckt werden können. Lückenlose und nachvollziehbare Impfungen sind natürlich nicht nur bei Kindern, sondern auch für Eltern wichtig.

Zum Thema Impfen sei zum Schluss noch zu erwähnen, dass man mit jeder durchgeführten Impfung nicht nur sich selbst als Reisender, sondern auch die Bevölkerung des jeweiligen Reiselandes schützt.

## Wichtige Informationsstellen und -quellen

Die wichtigsten Informationsstellen für die Gesundheitsvorsorge bei Reisen sind reisemedizinisch ausgebildete Ärzte und die Tropeninstitute. Auch das Auswärtige Amt hält zu vielen Themenbereichen eine Auswahl an Informationsbroschüren im Internet bereit, die für eine Gesundheitsvorsorge vor Reiseantritt gute Dienste leisten.

Hier eine Auswahl wichtiger, kompetenter und qualifizierter Informationsstellen:

### Deutsche Gesellschaft für Tropenmedizin und internationale Gesundheit e. V.
www.dtg.org
Hier findet man die Adressen der deutschen tropenmedizinischen Institute.

### Auswärtiges Amt
www.auswaertiges-amt.de
Unter »Reisen und Gesundheit« findet man
> allgemeine Reisehinweise der Tropenärzte des Auswärtigen Amtes
> Merkblätter zu häufigen Infektionskrankheiten und allgemeine Vorsorgeinformationen
> Impfkalender für Kinder und Vorschlag für die Reiseapotheke (alles PDF-Dateien zum kostenlosen Herunterladen)

### »Centrum für Reisemedizin GmbH (CRM)«
www.crm.de
Listet reisemedizinische Beratungsstellen in Deutschland, darunter:
> reisemedizinisch ausgebildete Fachärzte
> reisemedizinisch geschulte Apotheken
> Gelbfieber-Impfstellen und tropenmedizinische Institutionen

**Es veröffentlicht zusätzlich Adressen von qualitativ hochwertigen Kliniken und Arztpraxen in stark frequentierten Reiseländern weltweit (leider fehlen viele Länder).** Die Kliniken werden unter verschiedenen Gesichtspunkten (medizinische Einrichtungen, fachliche Kompetenz, hygienischer Standard usw.) klassifiziert. Unter www.crm.de/kliniken/index.html findet man, unter dem jeweiligen Land, Kliniken mit kompletter Anschrift, E-Mail-Adresse, Homepage, kurzer Beschreibung und Klassifizierung, Einrichtungen und Fachabteilungen.

Zusätzlich gibt es zu allen Ländern reisemedizinische Informationen wie:
> Klima
> Einreise-Impfvorschriften
> empfohlener Impfschutz
> Hinweise zu Krankheitsgefahren (z. B. Malaria)
> Ratschläge zur Reiseapotheke

www.fit-for-travel.de
Hervorragende reisemedizinische Informations-
seite der Redaktion für Reise- und Tropenmedi-
zin

> Behandelt alle Themen um Reisen und Ge-
  sundheit
> Stellt 300 Länder der Erde unter medizini-
  schen Gesichtspunkten vor
> Die Seite ist dazu noch bunt und kindgerecht
  gestaltet, sodass auch ältere Kinder sich über
  das Reiseziel informieren können

www.allianzworldwidecare.com
Bietet ein Verzeichnis über niedergelassene medizinische Dienstleister (Krankenhäuser, Ärzte,
Gesundheitszentren) mit Anschrift, Telefonnummer und teilweise Webadresse an. Über die
Fachrichtungen kann speziell nach im Urlaubs-
gebiet niedergelassenen Kinderärzten (Pädiat-
rie) gesucht werden.

**Kinder-Reiseapotheke**
Die Zusammenstellung der Kinder-Reiseapotheke richtet sich hauptsächlich nach dem Reiseziel. Deshalb hier die Aufteilung in Grundausstattung und Zusatzausstattung:

*Grundausstattung:*
> Schmerzmittel (Paracetamol, Ibuprofen)
> Mittel gegen Durchfall (auf Hefebasis)
  (kein Durchfallstopper, da Giftstoffe sonst
  nicht ausgeschieden werden können)
> Mittel gegen Erbrechen (Vomex-A, auch bei
  Reiseübelkeit geeignet)
> Elektrolytlösungen (Pulverform)
> Mittel gegen Ohrenschmerzen (eine Zwiebel
  erspart Ohrentropfen)
> Tropfen gegen Augeninfektionen
> Mittel gegen Schnupfen (abschwellendes
  Nasenspray – jeder sein eigenes!)
> Halsschmerztabletten (Lemocin, Salbei)
> schleimlösender Husten- und Bronchialtee
> Kräutertee (Fenchel, Kümmel, Kamille, Sal-
  bei)
> Mittel gegen Sonnenbrand (Dexpanthenol)
  und Mückenstiche (Fenistil-Gel, Soventol)

> Wund- und Heilsalbe oder Puder für infizierte
  Wunden (Tyrosur)
> Salbe gegen Pilzinfektionen, z. B. Windelder-
  matitis (Nystatin)
> Desinfektionsspray für offene Wunden
> Sonnenschutzmittel (hoher Lichtschutzfaktor)
> Verbandsmaterial (Trost-Pflaster mit Kinder-
  motiven, Kompressen, Mullbinden, elastische
  Binde (gibt es auch farbig), Leukoplast, Fixier-
  häkchen, Sicherheitsklammern)
> Fieberthermometer
> Schere, Pinzette, Lupe

*Zusatzausstattung:*
> Breitbandantibiotika (nach kinderärztlicher
  Beratung!) Bei Reisen in Ländern mit schwieri-
  ger medizinisch er Versorgung!
> Malariaprophylaxe (für Malariagebiete,
  nach tropenärztlicher Beratung!)
> Insektenschutzmittel/Repellent
  (Autan Family, Nobite, bzw. DEET-haltige
  Creme oder Spray)
  Wichtig bei Reisen in Malaria- und Dengue-
  fieber-Gebieten – nach tropenärztlicher
  Beratung!
> Moskitonetz
  Bei Reisen in Malaria- und Denguefieber-
  Gebiete!
> Spritzen und Injektionsnadeln
  Bei Reisen in Länder mit niedrigem medizini-
  schem Standard!
> Beruhigungs- oder schlaffördernde Mittel für
  lange Flugreisen (z. B. homöopathische Mittel)
  Nur nach sorgfältiger kinderärztlicher Bera-
  tung!

Bei Reisen in heiße Gebiete sollten keine Zäpf-
chen und Sprühdosen mitgenommen werden.
Hier eignen sich Medikamente in trockener
Form. Bei flüssigen Arzneimitteln muss auf
die Maximaltemperatur geachtet werden.
Die Reiseapotheke sollte immer kühl und
trocken aufbewahrt werden. Spezielle Isoliertaschen gibt es in Apotheken und Drogerien.
Wasserdichte Verpackungen gibt es im Outdoorfachhandel. Zur Not tut es die gute alte Plastik-

tüte. Sie können Medikamente kompakter verstauen, wenn Sie die Arzneischachtel zu Hause lassen. Legen Sie bei Tabletten die zu öffnenden Seiten der einzelnen Streifen so aufeinander, dass die Aluminiumschicht von außen nicht geschädigt wird, legen den Beipackzettel dazu und fixieren das Ganze mit einem kleinen Gummi. So können Sie auch mit Fläschchen verfahren. Wichtig ist nur, dass der Beipackzettel nicht fehlt, damit im Ausland notfalls eine Medizin mit der gleichen Wirkstoffzusammensetzung nachgekauft werden kann.

**Wichtig:** Bei der Zusammenstellung der Reiseapotheke sollte auf die Einfuhrbestimmungen des oder der Reiseländer geachtet werden, da in einigen Ländern die Einfuhr bestimmter Medikamente verboten ist!

Bei Einfuhr lebensnotwendiger Medikamente sowie Vorerkrankungen des Kindes (z. B. Diabetes) ist die vorherige Informationseinholung dringend erforderlich. Auskünfte erteilt das Auswärtige Amt (www.auswaertiges-amt.de), die Botschaft des Reiselandes und die Fluggesellschaft.

## Ein kleiner Tipp

Aus persönlichem Interesse möchte ich an dieser Stelle folgenden Hinweis geben:
Reisen Sie durch Länder mit einem Mangel an Medikamenten und medizinischer Ausrüstung, verschenken Sie Ihre Reiseapotheke (oder Teile davon) am Ende des Urlaubs doch an ein Krankenhaus, eine Arztpraxis, Kindereinrichtung oder internationale Hilfsorganisation in der Umgebung (nur bitte nicht an Privatpersonen ohne medizinische Kenntnisse!). Es wird in der Regel gerne angenommen.

**Gesundheitserhaltende Hygiene-Ausrüstung**

Bei Ländern mit niedrigem Hygienestandard oder Reisen in schwierigen hygienischen Verhältnissen sollten bestimmte Gegenstände im Reisegepäck nicht fehlen:

> Badeschuhe: In Duschen, Toiletten oder Bädern sollten die Kinder niemals barfuß laufen!
> Nachttopf: Für Kinder bis zu vier Jahren ist die eigene Toilette der beste Schutz vor Krankheitsrisiken.
> Plastikeimer-, Wanne, Faltschüssel: Zum Baden kleinerer Kinder und Babys eignen sich große Schüsseln, Wannen oder ein Eimer. Im Outdoorfachhandel gibt es praktische Faltwannen (Fa. Ortlieb) aus PVC-beschichtetem Polyestergewebe, die sich handlich zusammenfalten lassen.
> Beschichtete Decke oder Plastikplane, damit man Babys und Krabbelkinder bedenkenlos ablegen bzw. überall wickeln kann.
> Schlafsack/Inlet: Nicht immer lädt der Schlafplatz zum Träumen ein. Für schmuddelige Betten empfiehlt es sich, immer den eigenen

Schlafsack oder ein Inlet (Hüttenschlafsack) zu verwenden.
> eigenes Besteck und bei Kleinkindern eine kleine Plastikschüssel
> Desinfektionsspray
> Wasserfilter: Bei vielen individuellen Reisearten und in Ländern mit niedrigem hygienischen Standard ist das Aufbereiten von Wasser zum Trinken, Zähneputzen und Säubern für Kinder unerlässlich. Für die Aufbereitung von Wasser gibt es chemische Mittel und mechanische Filterpumpen (Keramikfilter, Aktivkohlefilter, Matrixfilter). Über die Möglichkeiten der Wasseraufbereitung, die Vor- und Nachteile der verschiedenen Arten und was für welchen Einsatz geeignet ist, sollte man sich in Fachhandel gut beraten lassen. (Weiteres zu oben genannten Ausrüstungsgegenständen siehe auch unter »Sauberkeit und Hygiene«, S. 245)

**Gesundheitsnachsorge**

Genauso wichtig wie eine gute Gesundheitsvorsorge vor der Reise ist eine Nachuntersuchung, wenn man wieder daheim ist. Ist das Kind im Urlaub erkrankt (Durchfall o. Ä.), können Stuhlproben, Abstriche oder andere Untersuchungen zum Beispiel Parasitenbefall feststellen. Da viele Infektions- und Tropenkrankheiten eine lange Inkubationszeit haben, kann eine Erkrankung auch erst zu Hause auftreten. Mit einer guten Nachsorge schützen Sie nicht nur das eigene Kind, sondern stellen sicher, dass es keine ansteckenden Krankheiten hat und somit bedenkenlos Kindergarten oder Schule wieder besuchen kann.

## Visa, Pass und Einreisebestimmungen

### Visa und Einreisebestimmungen

Über die Einreisebestimmungen des Reiselandes sollte man sich spätestens drei Monate vor Antritt der Reise bei der zuständigen Auslandsvertretung in Deutschland oder dem Auswärtigen Amt informieren. Bei den Botschaften und Konsulaten können auch etwaige Visa beantragt werden. Für die meisten Länder der Erde wird bei einem längeren Aufenthalt über drei Monate hinaus ein Visum benötigt. Welche Bestimmungen aktuell gelten, hängt in erster Linie von der politischen Beziehung der Länder zur Bundesrepublik Deutschland ab und ändert sich hin und wieder. Deshalb ist es wichtig, den neuesten Stand an Vorschriften kurz vor der Reise bei den zuständigen Botschaften zu erfragen. Die Visumsvorschriften der einzelnen Länder sind unübersichtlicher als das Dickicht im südamerikanischen Regenwald. Zwar kann ein Visum manchmal auch am Flughafen oder bei der Einreise vor Ort beantragt werden, doch viele Länder (z. B. China) haben strikte Reglements, die dies unmöglich machen. Oft müssen Rück- oder Weiterreisetickets vorgelegt werden, die Liquidität über den Zeitraum des Aufenthalts hinaus wird überprüft, der Grund der Reise hinterfragt, ausreichender Krankenversicherungsstand kontrolliert, bei Familien eine Bescheinigung über die Erziehungsberechtigung verlangt, beim Reisen nur mit einem Elternteil eine Einver-

ständniserklärung des anderen Elternteils gefordert – und das in der Regel in der Landessprache – und so weiter. Deshalb ist es in jedem Fall sinnvoll, ein benötigtes Visum schon im Heimatland zu beantragen.

Bezüglich der Einreisebestimmungen gibt es einfache und schwierige Länder. Mit einem deutschen Reisepass erhält man für die meisten Länder der Erde problemlos ein Einreisevisum. Reisen Sie dagegen auf den afrikanischen Kontinent oder nach Asien, müssen Sie für die Beantragung eines Visums, vor allem bei Transitreisen, bei einigen Ländern (vorwiegend arabischen und wenig bereisten Staaten wie einige zentralafrikanische Länder, Bhutan, Myanmar oder ehemals GUS-Staaten) mit Schwierigkeiten rechnen. Der Einreisestempel eines mit einem Reiseland im Pass verfeindeten Staates kann einem ebenfalls die Einreise erschweren oder gar verwehren (dazu gehören: arabische Länder und Israel, einige afrikanische Länder untereinander, Taiwan und China). Für solche Fälle sollte man sein Visum auf herausnehmbaren Einlageblättern bei der Botschaft beantragen.

Zu den Einreisebestimmungen der Länder gehört auch die Einfuhr bestimmter Gegenstände wie beispielsweise Arznei- und Lebensmittel. Über die Zollfreigrenzen bestimmter Waren und Ein- und Ausfuhrverbote informiert das Auswärtige Amt, die einzelnen Botschaften der Länder oder die Fluggesellschaft (→ »Fliegen mit Kindern«, S. 66).

**Wichtig:** Eltern, die keinen gemeinsamen Familiennamen tragen oder nicht verheiratet sind, sollten ein beglaubigtes, in die Landessprache übersetztes Dokument mitführen (Geburtsurkunde des Kindes, Eheurkunde oder Sorgerechtserklärung), welches die Elternschaft des Elternteils zweifelsfrei nachweist, der nicht den Namen des/der Kindes/r führt. Sonst kann es unter Umständen im Ausland zu Schwierigkeiten kommen, wenn beispielsweise der Elternteil erkrankt, der den Kindsnamen führt, und der andere Elternteil seine Elternschaft nachweisen muss. Oft werden diese Unterlagen schon bei der Einreise (egal ob visafrei oder nicht) verlangt.

Reist nur ein Elternteil mit dem Kind/den Kindern, ist ein Sorgerechtsbeschluss (der das alleinige Sorgerecht bestätigt) oder eine Einverständniserklärung (in der Landessprache) des nicht mitreisenden Elternteils in der Regel erforderlich.

Jedes Familienmitglied muss ein eigenes, über die Reise hinaus gültiges Reisedokument besitzen. Das Passgesetz bestimmt, dass Deutsche, die über eine Auslandgrenze aus- oder einreisen, unabhängig vom Alter verpflichtet sind, ein gültiges Ausweisdokument mitzuführen.

**Seit November 2007 werden Kinder nicht mehr in den Reisepass ihrer Eltern eingetragen. Diese Form des Reisedokuments wird auch in vielen Ländern nicht mehr anerkannt.** Aktuell gibt es drei gültige Ausweisformen für Kinder, die in vielen Ländern (zusätzlich zu alten Ausweisdokumenten wie Kinderausweis) für die Einreise akzeptiert werden. Möchte man auf Nummer sicher gehen, sollte man auch für Kinder unter 12 Jahren den neuen »ePass« (biometrischer Reisepass im bordeauxroten Einband) beantragen.

### Passdokumente für Kinder
#### Der ePass
Der ePass ist die Abkürzung für »elektronischer Reisepass«, also für einen Reisepass mit Chip. In Deutschland wurde der ePass im November 2005 eingeführt. Er wird für Personen ab 12 Jahren ausgestellt, kann aber auf Wunsch der Eltern auch für Kinder unter 12 Jahren beantragt werden. Kinder können *nicht* im ePass der Eltern eingetragen werden.

Im ePass sind personen- und dokumentbezogene Daten gespeichert. Zusätzlich sind im ePass biometrische Daten gespeichert (im ePass, der seit November 2007 ausgestellt wird, neben dem Foto zusätzlich zwei Fingerabdrücke).

Bei Kindern ab dem sechsten Lebensjahr werden auch zwei Fingerabdrücke benötigt. Die Fingerabdruckerfassung ist bei Beantragung des ePasses gesetzlich vorgeschrieben. Wenn der Antragsteller die Fingerabdrücke nicht abgibt, kann kein Reisepass ausgestellt werden. Die abgegebenen Fingerabdrücke werden ausschließlich im Chip des ePasses gespeichert. Wie bisher werden im örtlichen Passregister die Passfotos archiviert, nicht aber die Fingerabdrücke.

Kinder ab dem sechsten Lebensjahr können freiwillig den ePass eigenhändig unterschreiben. Ab dem 10. Lebensjahr besteht Unterschriftspflicht. Für die Ausstellung des ePasses bei Minderjährigen werden folgende Unterlagen benötigt:

> Geburtsurkunde oder Familienstammbuch
> alter Kinderausweis, Kinderreisepass oder Personalausweis
> ein biometrietaugliches Lichtbild, welches nicht älter als ein halbes Jahr ist (für den Reisepass mit biometrischen Daten sind auch die neuen Anforderungen an die Passbilder unbedingt zu beachten, egal wie alt das Kind ist); Lichtbilder, die nicht den Anforderungen entsprechen, werden nicht akzeptiert
> schriftliche Einverständniserklärung beider Elternteile (Ist nur ein Elternteil sorgeberechtigt, werden der Sorgerechtsbeschluss, die Bestallung des Vormundschaftsgerichts oder die vom Jugendamt oder einem Notar öffentlich beurkundeten Sorgerechtserklärungen benötigt.)
> Bei Erteilung der Zustimmung der/des Erziehungsberechtigten muss die Passbehörde die Echtheit der Unterschrift(en) prüfen. Entsprechende Ausweisdokumente (Reisepass, Personalausweis) müssen vorgelegt werden.
> Kinder ab dem sechsten Lebensjahr müssen für die Speicherung der Fingerabdrücke und Kinder ab dem 10. Lebensjahr zusätzlich für die eigenhändige Unterschrift persönlich anwesend sein.

Der ePass wird zentral von der Bundesdruckerei hergestellt und dauert durchschnittlich nicht länger als drei Wochen. Wird der Reisepass früher benötigt, muss dieser im Express-Verfahren beantragt werden und liegt dann innerhalb von drei Werktagen vor (zusätzliche Gebühr von

Selbst die Kleinen benötigen einen Reisepass und ein Visum

32,– €). Nur wenn auch die Möglichkeit der Ausstellung eines Express-Passes aus Zeitgründen ausscheidet, kann ein vorläufiger Reisepass mit einer Gültigkeitsdauer von bis zu einem Jahr sofort ausgestellt werden (Kosten 26,– €). Jedoch werden jegliche Arten von vorläufigen Pässen von vielen Einwanderungsbehörden (außerhalb der EU) nicht akzeptiert!

Bei Aushändigung des neuen ePasses sind alte Reisedokumente zur Einziehung bzw. Entwertung vorzulegen. Der ePass muss von den Erziehungsberechtigten eigenhändig oder von einer schriftlich bevollmächtigten Person abgeholt werden. Eine Übersendung auf dem Postweg ist nicht möglich.

Der ePass hat bei Personen unter 24 Jahren eine Gültigkeitsdauer von sechs Jahren. Eine Verlängerung oder Aktualisierung durch ein neues Lichtbild des Reisepasses ist *nicht* möglich. Der ePass wird nach den Passvorschriften dann ungültig, wenn eine einwandfreie Feststellung der Identität des Kindes nicht mehr gegeben ist (Aktualität des Passbilds!), auch wenn die Gültigkeitsdauer noch nicht abgelaufen ist. Bei Kleinkindern und Babys sollte man daher den ePass nur dann beantragen, wenn er für die Einreise in ein bestimmtes Land zwingend notwendig ist. Auch eine Namensänderung während

der Gültigkeitsdauer führt zur Ungültigkeit des Passdokumentes.

Die Gebühr für einen sechs Jahre gültigen ePass, der für Personen unter 24 Jahren ausgestellt wird, beträgt aktuell 37,50 € (Stand Dezember 2013).

Weitere Auskünfte über den biometrischen Reisepass sind auf der Internetseite des Bundesministeriums des Innern unter www.bmi.bund.de abrufbar.

### Der Kinderreisepass

Der Kinderreisepass ersetzt den früheren Kinderausweis, der nach dem 01.01 2006 nicht mehr ausgestellt bzw. verlängert wird. Das nachträgliche Einfügen von Lichtbildern in noch gültige Kinderausweise ist jedoch möglich. Viele Länder akzeptieren noch alte Kinderausweise mit aktuellem Lichtbild!

Seit November 2007 kann ein Kinderreisepass nur noch für Kinder unter zwölf Jahren beantragt werden. Die Gültigkeit des Kinderreisepasses beträgt sechs Jahre, eine Verlängerung ist höchstens bis zur Vollendung des 12. Lebensjahres möglich. Voraussetzung einer Verlängerung der Gültigkeitsdauer des Kinderreisepasses ist jedoch, dass dieser noch nicht abgelaufen ist. Nach Ablauf der Gültigkeitsdauer verliert der Kinderreisepass seine Gültigkeit als hoheitliches Identitätsdokument und es muss ein neuer Kinderreisepass beantragt werden (sehr viel teurer).

Der Kinderreisepass kann nur noch mit einem biometrietauglichen Lichtbild (unabhängig vom Alter des Kindes) ausgestellt werden. Da sich das tatsächliche Erscheinungsbild, besonders bei Kleinkindern, schnell ändert, wird der ausgestellte Kinderreisepass nach den Passvorschriften dann ungültig, wenn eine einwandfreie Feststellung der Identität des Kindes nicht mehr gegeben ist. Eltern sollten daher im eigenen Interesse rechtzeitig eine Verlängerung bzw. Aktualisierung des Kinderreisepasses unter Vorlage eines neuen, aktuellen Lichtbildes beantragen.

Kinderreisepässe, die bereits vor dem 01.11 2007 bis zur Vollendung des 16. Lebensjahres erstmalig ausgestellt oder verlängert wurden, behalten grundsätzlich ihre eingetragene Gültigkeit. Vor dem 01.11 2007 erstmalig ausgestellte Kinderreisepässe dürfen nach Vollendung des 10. Lebensjahres nur noch bis zur Vollendung des 12. Lebensjahres verlängert werden.

Für die Antragstellung eines Kinderreisepasses wird Folgendes benötigt:
> bisherige Ausweisdokumente
> Geburts-, Abstammungsurkunde oder Familienstammbuch
> ein aktuelles, *biometrisch*es Lichtbild (auch bei Säuglingen!)
> persönliches Erscheinen des Kindes ab dem 10. Lebensjahr (für Unterschriftsleistung)
> schriftliche Einverständniserklärung beider Elternteile (Ist nur ein Elternteil sorgeberechtigt, werden der Sorgerechtsbeschluss, die Bestallung des Vormundschaftsgerichts oder die vom Jugendamt oder einem Notar öffentlich beurkundeten Sorgerechtserklärungen benötigt.)
> Bei Erteilung der Zustimmung der/des Erziehungsberechtigten muss die Passbehörde die Echtheit der Unterschrift(en) prüfen. Entsprechende Ausweisdokumente (Reisepass, Personalausweis) müssen vorgelegt werden.

Der Kinderreisepass wird sofort und direkt in der Meldebehörde ausgestellt. Der Antrag auf Ausstellung bzw. Verlängerung eines Kinderreisepasses kann nur durch einen Erziehungsberechtigten vorgenommen werden. Kinder ab zehn Jahren müssen bei der Antragstellung persönlich vorsprechen. Eine Namensänderung während der Gültigkeitsdauer führt zur Ungültigkeit des Kinderreisepasses. Die Gebühren für die Ausstellung betragen 13,– €; für eine Änderung bzw. Verlängerung 6,– € (Stand Dezember 2013).

Obwohl der Kinderreisepass mit Lichtbild ab dem 01.11 2007 rechtlich zum vollwertigen Reisepass aufgewertet wurde (bisher war er nur ein Passersatzdokument), wird trotzdem dringend empfohlen, sich vor Reiseantritt zu informieren, ob der Kinderreisepass für die Einreise in das betreffende Land ausreichend ist. Einige Länder wie z. B. die USA akzeptieren ihn nicht, sondern verlangen auch für Kinder einen »richtigen« Reisepass.

### Der Personalausweis

Ein Personalausweis wird in der Regel für Personen über 16 Jahren ausgestellt (Passpflicht!). Die Ausstellung vor Beginn der Passpflicht (16. Lebensjahr) ist seit dem 01.11 2007 möglich. Insofern besteht grundsätzlich ein Wahlrecht zwischen der Ausstellung eines Kinderreisepasses oder ePasses einerseits und eines Personalausweises andererseits. Der Personalausweis kann auch zusätzlich zu den beiden anderen Dokumenten ausgestellt werden (ab Geburt des Kindes). Er wird als Reisedokument EU-weit ausnahmslos anerkannt!

Seit dem 01.11 2010 gibt es den digitalisierten Personalausweis, der wie beim e-Pass personenbezogene Daten sowie ein digitales Lichtbild auf einem Chip elektronisch speichert. Somit wird bei einer erstmaligen oder Neuausstellung eines abgelaufenen Personalausweises ebenfalls ein biometrisches Lichtbild verlangt. Anders als beim e-Pass ist die Abgabe von Fingerabdrücken beim digitalisierten Personalausweis freiwillig.

Für die Antragstellung des digitalisierten Personalausweises werden die gleichen Unterlagen benötig wie für den Kinderreisepass (siehe oben).

Der Personalausweis kostet für Antragsteller unter 24 Jahren 22,80 € und hat dann eine Gültigkeit von sechs Jahren. Eine Verlängerung ist nicht möglich. In dringenden Fällen kann ein vorläufiger Personalausweis (in Verbindung mit Antragstellung auf den regulären Personalausweis) mit einer Gültigkeitsdauer von bis zu drei Monaten ausgestellt werden (Gebühr 10 €).

Umfangreiche Informationen über den neuen Personalausweis erhält man im Internet auf der Seite des Bundesinnenministeriums unter www.bmi.bund.de und dem dazugehörigen Informationsportal www.personalausweisportal.de (mit kostenlosen Informationsbroschüren zum Herunterladen).

Bei der Wahl des Reisedokumentes sollte beachtet werden, dass die Aktualisierung des Passes mit einem aktuellen Lichtbild nur bei Kinderreisepässen zulässig ist. Der Personalausweis dagegen kann (wie der ePass) nicht verlängert oder aktualisiert werden und verliert ebenfalls seine Gültigkeit, wenn eine einwandfreie Feststellung der Identität des Kindes nicht mehr gegeben ist. Das Gleiche gilt bei Namensänderung. Wegen der geringen Anerkennung außerhalb der EU ist die Ausstellung eines Personalausweises für Kinder unter zwölf Jahren aus den oben genannten Gründen daher keine wirtschaftliche Alternative.

## Versicherungen

### Auslandsreise-Krankenversicherung

In jedem Fall unverzichtbar für Auslandsreisen ist eine private Krankenversicherung, egal wie lange Sie unterwegs sein möchten oder wohin die Reise geht.

Jeder gesetzlich Versicherte in Deutschland hat zwar in EU-Mitgliedstaaten und Ländern, mit denen ein Sozialversicherungsabkommen (z. B. USA, China) besteht, bis maximal zwölf Monate Versicherungsschutz. Das heißt aber nicht, dass im Ausland entstandene Kosten auch in vollem Umfang gezahlt werden. Die Erfahrung hat gezeigt, dass Ärzte selbst in Mitgliedsstaaten lieber bar abrechnen und man als Reisender bei der Rückerstattung auf erheblichen Kosten sitzenbleibt. Reisen Sie als gesetzlich Versicherter in ein Land, mit dem kein Versicherungsabkommen besteht, haben Sie gar keinen Anspruch auf Kostenerstattung. Auch werden Rücktransporte von gesetzlichen Krankenkassen nicht in vollem Umfang erstattet, auch dann nicht, wenn ein Abkommen mit dem betreffenden Land besteht. Fazit der gesetzlichen Krankenkassenmisere ist, dass Sie sich und die Familie für die Dauer der Reise in jedem Fall privat versichern sollten. Dabei spielen neben der Dauer der Reise noch andere Faktoren eine Rolle beim Abschließen eines Versicherungsvertrags.

Unter einer privaten »normalen« **Auslandsreise-Krankenversicherung** versteht man eine Jahrespolice, die sich automatisch bei Nichtkündigung um ein weiteres Jahr verlängert. Mit ihr sind alle Reisen innerhalb eines Jahres (ab Versicherungsbeginn) abgedeckt, die, jede einzelne für sich, eine Dauer von in der Regel 42–45 Tagen (bei der Debeka-Versicherung 70 Tagen) nicht überschreiten dürfen. Man kann also beliebig oft, aber nicht beliebig lange verreisen.

In den letzten Jahren hat sich vieles zu Gunsten des Versicherungsnehmers in den Vertragsbedingungen der privaten Versicherungsanbieter geändert. Deshalb kann es sich, besitzt man eine ältere Versicherungspolice, unter Umständen lohnen, diese zu kündigen und einen neuen Vertrag unter aktuellen Bedingungen zu unterschreiben oder zu einem anderen Anbieter zu wechseln. Die privaten Versicherungsunternehmen bieten in der Regel für eine Auslandsreise-Krankenversicherung so genannte Familientarife an, bei denen alle Familienmitglieder in einer Versicherungspolice zu einem Pauschaltarif versichert sind (Kinder in der Regel bis 18 Jahre). Kümmern Sie sich vor einer Reise um den aktuellen Status Ihrer Versicherungspolice, da bei länger laufenden Versicherungen gerne vergessen wird, Nachzügler in die bestehende Police mitaufzunehmen.

Manche private Krankenkassen arbeiten mit gesetzlichen Krankenversicherern zusammen und können für deren Mitglieder günstigere Tarife anbieten. Fragen Sie bei ihrer gesetzlichen Krankenkasse nach solchen Kooperationsverbindungen. Achten Sie beim Abschluss eines neuen Versicherungsvertrages oder einem Wechsel der Versicherung auf die Handhabung des Krankenrücktransportes. Ein Rücktransport sollte bereits möglich sein, wenn er sinnvoll und vertretbar ist oder wenn die stationäre Behandlung länger als 14 Tage dauert. Übernimmt der Versicherer die Kosten nur, wenn der Rücktransport aus medizinischen Gründen notwendig ist

(z. B. unzureichende Behandlungsmöglichkeiten im Ausland) oder die Behandlungskosten vor Ort höher sind, kann es sein, dass die ganze Familie längere Zeit im Ausland festsitzt oder ein Teil der Familie früher nach Hause fliegen oder fahren muss und zusätzliche Kosten auf Sie zukommen (dies gilt auch für Krankenversicherungen für Langzeitreisen).

Bei Krankenversicherungen für Langzeitreisen benötigt jedes Kind eine eigene Versicherungspolice

Eine **Krankenversicherung für Langzeitreisen** wird dann nötig, wenn die Reise eine Dauer von sechs bis acht Wochen übersteigt. Diese Einzelversicherung wird ab dem ersten Tag der Reise bis zu deren Ende pro Tag abgeschlossen und kann nicht mit einer Jahrespolice der Auslandsreise-Krankenversicherung kombiniert werden. Die Tagessätze der Versicherung richten sich nach der Länge der Reise, dem Reiseziel und dem Alter des zu Versicherten. Bei Krankenversicherungen für Langzeitreisen wird jede Person einzeln versichert, einen Familientarif gibt es nicht. Die *Isa International Service Assekuranz* bietet einen Vertrag an, bei dem pro voll zahlenden Erwachsenen ein Kind unter vier Jahren unter bestimmen Voraussetzungen mitversichert ist (bei entsprechender Versicherung Vertragsbedingungen erfragen: www.isa-office.de). Die Versicherungen bieten Langzeitverträge von 90 Tagen bis zu fünf Jahren an. Ist der Rückflug nicht hundertprozentig fix, schließen Sie den Versicherungsvertrag nicht bis zum letzten mög-

lichen Tag ab, sondern evtl. einige Tage oder Wochen darüber hinaus, so können Sie ggf. die Rückreise um einige Wochen ohne Verlust des Versicherungsschutzes hinausschieben. Oder Sie erkundigen sich vorher über die Möglichkeiten einer Vertragsverlängerung im Ausland. Für die USA und Kanada sind Langzeit-Krankenversicherungen besonders teuer, da dort bei einem Krankheitsfall erhebliche Kosten auf den Versicherer zukommen. Die Tarife für Kinder und Männer sind bei den meisten Versicherungen günstiger als für Frauen im gebärfähigen Alter.

**Vorsicht:** Achten Sie beim Abschluss einer Langzeit-Krankenversicherung auf eine bestimmte Klausel im Vertrag: Bei den meisten Versicherern ist es Voraussetzung, dass Sie in Deutschland einen Wohnsitz angemeldet haben. Ist dies während Ihrer Abwesenheit nicht der Fall, kommt nur eine private **Krankenvollversicherung** oder private **Krankenversicherung für Auswanderer** infrage.

Da jede Reise unterschiedliche Fakten für den Abschluss einer privaten Krankenversicherung beinhaltet und alle Versicherungsunternehmen andere Vertragsbedingungen haben, ist es in jedem Fall ratsam, sich vor der Reise ausführlich und unter Darlegung des geplanten Reiseverlaufs bei den Versicherungen über die einzelnen Vertragskonditionen zu informieren.

Internettipp:
> www.care-concept.de
  Internetseite eines Versicherungsunternehmens, das sich auf Krankenversicherungen für langfristige Auslandsreisen spezialisiert hat

Langzeiturlauber, die in Deutschland nicht mehr über einen Arbeitgeber pflichtversichert sind, müssen sich zusätzlich noch um eine Anwartschaft kümmern, die bei Rückkehr nach Deutschland eine Wiederaufnahme in die gesetzliche Krankenversicherung garantiert. Planen Sie einen Ausstieg auf Zeit, sollten Sie, auch wenn Sie eine private Zusatzversicherung fürs

Ausland haben, mit der gesetzlichen Krankenkasse den weiteren Versicherungsverlauf während Ihrer Abwesenheit besprechen.

### Haftpflichtversicherung

Eine Haftpflichtversicherung besitzt jeder, der Kinder hat. Klar! Doch sollten Sie sich vor der Reise darüber erkundigen, wie weit die Leistungen im Ausland reichen, welche Haftungsbedingungen in Ihrem Reiseland gelten und wie eine mögliche Schadensregulierung abgewickelt werden muss. Alle diese Fragen sollten Sie vor der Reise mit Ihrem Versicherungsvertreter besprechen.

### Kfz-Haftpflichtversicherung

Reisen Sie mit dem eigenen Auto, sollte der Wagen in jedem Fall haftpflichtversichert sein. Prüfen Sie vor der Reise, welche Leistungen Ihre Versicherung im Ausland beinhaltet oder ob evtl. Einschränkungen bestehen. In vielen Ländern Europas (hauptsächlich Osteuropa und seit kurzem auch Russland) ist eine grüne Versicherungskarte vom Versicherer als Versicherungsnachweis erforderlich. Möchten Sie hundertprozentig geschützt fahren, ist eine Reisevollkaskoversicherung empfehlenswert. Kontaktieren Sie Ihren Versicherer frühzeitig und holen Sie sich Informationen über Ihre Reiseroute und gesetzliche Bestimmungen im Reiseland (Transitländer nicht vergessen) ein, vor allem im Hinblick auf das Transportieren Ihrer Kinder. Gute Reiseführer haben in der Regel alle Informationen, die Sie für Ihr Reiseland benötigen.

Gute Informationen erhalten Sie auch bei Automobilclubs wie dem ADAC, ACE oder anderen. Vielleicht ist es für Sie sinnvoll, für die Dauer der Reise (bei Langzeitreisen ganz bestimmt) einem solchen Club beizutreten. Hier können Sie auch einen Auslandschutzbrief erwerben und erhalten in jedem Fall kostenloses Informationsmaterial und schnelle Hilfe im Ausland bei einer Panne oder Unfall. Über solche Organisationen kann man nicht nur diverse Versicherungen (Krankenversicherung) abschlie

ßen; Sie erhalten im Vorfeld auch viele Informationen über das Mieten oder Kaufen von Pkws und Wohnmobilen im Ausland (meist USA und Kanada) und notwendige oder zusätzliche Versicherungen im Reiseland. Da die europäischen Automobilclubs eng mit denen in Nordamerika zusammenarbeiten, erhalten Sie vor Ort meist kostenloses Informationsmaterial, was oft bares Geld sparen kann.

Weitere Informationen bezüglich Kfz-Versicherung auf Reisen und mehr erhalten Sie im Internet unter:

> www.adac.de
> www.ace-online.de
> und natürlich bei Ihrer Versicherung.

### Reiserücktrittsversicherung

Eine Reiserücktrittsversicherung ist bei Flugreisen mit Kindern auf jeden Fall sinnvoll. Da Flüge meistens schon lange vor Reiseantritt geplant und gebucht werden, kann zwischen Buchung und Reiseantritt sehr viel Unvorhergesehenes geschehen. Eine Reiserücktrittsversicherung erstattet vertragliche Stornierungskosten oder Mehrkosten einer verspäteten Abreise, Umbuchungskosten und Reisevermittlungsentgelte unter anderem bei folgenden Ereignissen: Tod und schwere Unfallverletzung, unerwartete schwere Krankheit, Schwangerschaft, Impfunverträglichkeit, Schaden am Eigentum durch Feuer usw. (Elementarereignisse oder Straftat eines Dritten), unerwarteter Arbeitsplatzverlust oder Arbeitsplatzwechsel, Wiederholungsprüfungen, die in den Reisezeitraum fallen (bei einer nicht bestandenen Prüfung).

Alle diese Eventualitäten sind durch eine Reiserücktrittsversicherung abgedeckt. Lassen Sie sich bei der Buchung im Reisebüro über die Leistungen der Reiserücktrittsversicherung und ggf. anfallende Selbstkostenanteile beraten. Bedenken Sie – je mehr Personen an einer Reise beteiligt sind, umso höher ist die Wahrscheinlichkeit, dass durch Krankheit oder andere unvorhergesehene Dinge eine Reise storniert oder umgebucht werden muss. Und da der größte

Kostenfaktor bei Familienreisen der Flug ist, sollte man auf eine solche Versicherung nicht verzichten.

### Unfallversicherung

Eine Unfallversicherung ist sicherlich nicht nötig. Wenn man aber sowieso eine besitzt, sollte man sich über die Leistungen im möglichen Versicherungsfall im Ausland erkundigen. In der Regel haben solche Verträge eine weltweite 24-Stunden-Deckung. Allerdings kann es sein, dass der Versicherungsvertrag höhere Gewalt (Krieg, Naturkatastrophen) ausschließt.

## Das Familien-Reisebudget

Fast alle unterliegen dem nicht auszurottenden Irrglaube, dass reisen immer viel, viel Geld kosten muss – und mit Kindern verdoppeln sich die Reisekosten pro Anzahl der Köpfe. Um dieses hartnäckige Gerücht ein für allemal auszurotten: Es stimmt einfach nicht, dass reisen mit der Familie teuer sein muss! Schon gar nicht, wenn man mit kleinen Kindern unterwegs ist.

Wie viel Geld auf den Reisen verbraucht wird, hängt in erster Linie vom eigenen Anspruch und nicht vom Nachwuchs ab. Dass die Ansprüche mit dem Nachwuchs wachsen, liegt in aller Regel an den Erwachsenen. Doch auch höhere Ansprüche müssen die Reisekosten nicht ins Unermessliche anschwellen lassen.

Die goldene Finanzregel des Reisens ist: Je länger eine Reise dauert, umso verhältnismäßig billiger wird sie. Und das stimmt auch! Diese Reise-Faustregel kann und wird jeder Langzeitreisende zustimmend unterschreiben. Und selbst mit Kindern schrumpfen die täglichen Kosten mit der Anzahl der Monate. Eine einjährige Weltreise mit Kind/ern kostet, um es vielleicht etwas deutlicher auszudrücken, in etwa denselben Betrag, den man in der gleichen Zeit bei einem ganz normalen Leben zu Hause benötigen würde (in den meisten Fällen sogar wesentlich weniger!). Reduziert man seine laufenden Kosten daheim gegen Null, sind die

täglichen Lebenshaltungskosten inklusive des Hauptkostenfaktors Flug plus Versicherungen in dieser Zeit nicht höher als die ganz normale häusliche Existenz einer durchschnittlichen in Deutschland lebenden Familie. Verzichtet man also auf einen neuen Zweitwagen, hat man mehr als genug Geld auf der hohen Kante, um sich den Traum einer langen Weltreise erfüllen zu können. Wer es nicht glaubt, sollte es ausprobieren!

Aber auch ein ganz normaler Urlaub muss nicht teuer sein. Individualreisen sind fast immer günstiger als Pauschalurlaube, an denen viele Unternehmen mitverdienen. Wer die größten Kostenfaktoren im Blick hat und gezielt auf bestimmte Annehmlichkeiten verzichten kann, reist auf eigene Faust wesentlich günstiger als mit großen Reiseunternehmen. Dafür ist es wichtig, die größten Kostenfaktoren beim Reisen mit Kindern zu kennen.

Das teuerste bei Familienreisen ist und bleibt der Flug, da Kinder ab Vollendung des zweiten Lebensjahres ein Flugticket benötigen, welches unwesentlich günstiger als das Erwachsenenticket ist. Daran geht leider kein Weg vorbei. Höchstens dann, wenn man sich dafür entscheidet, innerhalb Europas seinen Urlaub zu verbringen. Doch auch eine innereuropäische Bahn- oder Autoreise kostet Geld und ist ein Hauptkostenfaktor. Die Überfahrten mit Autofähren (plus Familienkabine und Fahrzeug mit Übermaßen, z. B. Wohnmobil) oder Anreise über kostenpflichtige Brücken, Tunnel und Autobahnen sind ebenfalls große Kostenfaktoren, die bei Selbstanfahrten zu Buche schlagen und mit einem Flug gegengerechnet werden müssen. Auch ein Mietwagen oder gemietetes Wohnmobil sind in der Regel teuer. Verfügt man über genügend Zeit und hält sich innerhalb Europas oder europanah auf, ist die Reise mit dem eigenen Pkw sicher am günstigsten. Bei Kurzreisen ist ein Flug plus Mietwagen jedoch die ideale Variante, wenn das Reiseziel nicht direkt vor der Haustüre liegt. Flexibel und entspannend ist auch die Autozug-Anreise-Version.

Ebenso entscheidet die Unterkunftsart maßgeblich darüber, wie teuer eine Reise wird. Reist man innerhalb Europas, sind Hotels, Ferienwohnungen und das Reisen mit einem Wohnmobil plus Aufenthalt auf einem Campingplatz die teuerste Übernachtungsvariante, Zelten dagegen die günstigste. Die Preise der einzelnen Übernachtungsarten sind natürlich je nach Land sehr unterschiedlich. Festzustellen ist jedoch ein eindeutiges Nord-Süd- und West-Ost-Preisgefälle innerhalb Europas. So kann ein Hotel in Osteuropa billiger sein als eine Nacht auf einem Campingplatz in Westeuropa.

Reist man außereuropäisch, bleibt der Flug der Hauptkostenfaktor, gefolgt vom Mietwagen und der Übernachtungsart. Reist man mit Kindern, muss das aber nicht automatisch bedeuten, dass die Reisekosten proportional mit den Köpfen ansteigen. Nicht jeder Kostenfaktor erhöht sich automatisch mit der steigenden Anzahl an Personen. Ein Mietwagen kostet immer das Gleiche, egal ob zwei oder fünf Personen darin sitzen. Ist man in der Lage, mit zunehmender Personenzahl die Wagengröße nicht zwangsläufig anzupassen, steigen die Kosten trotz Kinder nicht an. Die Gesamtkosten einer Reise mit Kindern werden auch deshalb nicht überproportional größer als für Einzelreisende, da viele gesellschaftliche Beschäftigungen unterwegs wie Konzertbesuche, abendliche Veranstaltungen oder ausschweifende Trinkgelage und Discobesuche, welche man vielleicht als Einzelreisender genießen würde, bei Familienreisen einfach flach fallen. Reist man mit Kindern unter zwölf Jahren, gibt es bei den meisten Reisekosten – von Fahrten mit öffentlichen Verkehrsmitteln bis hin zu Übernachtungen und Eintritten aller Art – fast immer hohe Preisnachlässe für den Nachwuchs. Babys und Kleinkinder unter zwei Jahren reisen fast kostenneutral durch die Welt.

Mit dem Geld auf Reisen haushalten kann eine Familie also meist leichter als der quirlige und abenteuerlustige Single. Vor allem bei Individualreisen ist Sparen unterwegs kinderleicht.

## Geld sparen unterwegs – kinderleicht!

Die Voraussetzung für günstiges Reisen ist der Verzicht auf Luxus. Ist man bereit, unterwegs auf teure Unterkünfte, Fünf-Sterne-Restaurants und monströse oder moderne fahrbare Untersätze zu verzichten, kann eine Reise sogar günstiger sein als die heimische Existenz. Ausgiebige Reisen über organisierte Veranstalter oder Pauschaltourismus über einen langen Zeitraum mögen verlockend sein, sind jedoch in den wenigsten Fällen finanzierbar. Wer individuell reist und in der Lage ist, sich vom luxuriösen Pauschaltourismus zu verabschieden, erlebt das Reisen auch als eine nicht gekannte Bereicherung an Eindrücken, Erlebnissen und Kontakten. Das puristische Unterwegssein kann in einem die Erkenntnis reifen lassen, dass es zum Glücklichsein nur wenig bedarf. Gerade kleine Kinder sind besser in der Lage, auf Luxus zu verzichten, als das Erwachsenen möglich ist. Ihre Welt ist noch klein und sie erfreuen sich an Dingen, die ihrer Welt entsprechen. Die Erziehung hin zu einem immateriell geprägten Lebenswandel ist in der heutigen Zeit durch gesellschaftlich vorgelebte Maßstäbe und Gesetzmäßigkeiten kaum noch möglich. Kinder wohlhabender Familien lernen durch das einfache Dasein auf Zeit, dass es noch etwas anderes und wertvolleres im Leben gibt als schicke Klamotten und teure Handys. Beim individuellen Reisen verschwimmen auch die Grenzen der einzelnen Schichten, da hierfür der gesellschaftliche Rahmen fehlt. Die Zugehörigkeit zu einer bestimmten Bevölkerungsschicht ist nicht mehr auf Anhieb offensichtlich. Ein Ingenieur oder Arzt kriecht genauso aus seinem Zelt wie der einfache Arbeiter oder Handwerker. Der Ausflug in eine klassenlose Existenz zeigt einem, dass ein bescheidener Lebenswandel bereichernd sein kann und zufrieden macht. Er schärft das Verständnis für das Leben anderer Völker und Bevölkerungsschichten. Lässt man sich auf das Abenteuer eines anderen Lebenswandels auf Zeit ein, kann es einer Erleuchtung gleichkommen, wenn man plötzlich feststellt, wie wenig man zum Leben wirklich benötigt.

Geld sparen kann man dabei bei allem, ohne dabei auf tägliche kleine Freuden verzichten zu müssen. Wählen Sie immer preisgünstige Unterkünfte wie Privatpensionen, Backpacker-Unterkünfte, Hostels oder Jugendherbergen. Am billigsten ist in westlichen Industrienationen das Zelten. Campingplätze haben weltweit eine große Bandbreite an Preisen. Am günstigsten ist ein kleines Familienzelt mit (oder besser ohne) Auto. Großraumzelte, Wohnwagen, Wohnmobile, Campingbusse oder Ferienhütten auf den Plätzen kosten in der Regel mehr (Ausnahme ist die Berechnung nach Parzellen). Möchten Sie die Annehmlichkeiten einer Herberge genießen (Aufenthaltsräume und Kochmöglichkeiten), aber dennoch Geld sparen, fragen Sie bei Hostels und Jugendherbergen nach einer Zeltübernachtung, die in der Regel nochmal günstiger ist. In einigen Ländern gibt es sehr gute Möglichkeiten, wild zu zelten – und das ohne einen Cent zu zahlen (z. B. Skandinavien, Island, Alaska, Kanada, Chile, Argentinien, Australien, bedingt Neuseeland).

In Asien (Ausnahme Japan), teilweise Afrika und Lateinamerika sind Hotels und Pensionen besonders billig. Dort kann man oft schon für 5 € ein gutes Zimmer für die Nacht finden. Bei Übernachtungen mit der Familie sollte man immer handeln, handeln, handeln. Kleine Kinder können mit im Bett der Eltern schlafen, ganze Familien auch in einem gewöhnlichen Doppelzimmer (statt im teuren Familienzimmer) unterkommen. In stark reglementierten Ländern (Industriestaaten) gibt es da leider weniger Spielraum. Oft wird man mit der Bitte nach einem einfachen Doppelzimmer mit Kindern abgewiesen, was meistens mit Sicherheitsvorschriften begründet wird. In Entwicklungs- und Schwellenländer sind Verhandlungen wesentlich einfacher. Muss kein Passdokument vorgelegt werden, sind die Kinder einfach ein Jahr jünger, wenn sie eine Altersgrenze, ab der es teurer wird, knapp überschreiten (vorher nach Vorlage eventueller Dokumente fragen, sonst wird es peinlich!). Sparen können Sie auch mit verschiedenen Mitgliedsausweisen. Mit der Mitgliedskarte (Membercard) einer Camping- oder Hotelkette, einem Jugendherbergsausweis, der Mitgliedskarte einer Backpackervereinigung oder einem Studentenausweis erhält man nicht nur in den einzelnen Unterkünften Ermäßigungen, sondern auch unter Umständen bei Eintritten in diverse Freizeitparks, Museen und öffentliche Sehenswürdigkeiten. Immer fragen vorm Zahlen, heißt die Spardevise.

Das Reisen in der Nebensaison ist immer günstiger und Preisnachlässe sind mit geschickter Verhandlungstaktik enorm. Erkundigen Sie sich immer vor der Reise über Hauptreise- und Ferienzeiten im Urlaubsland und reisen Sie lieber knapp davor oder danach an.

Manchmal können Sie sich Ihre Übernachtung auch verdienen (vorausgesetzt Sie haben Lust dazu). Auf Bauernhöfen können Sie als WWOOF mitarbeiten (→ »Die Wahl der geeigneten Unterkunft – Bauernhof«, S. 200), bei Backpacker-Hostels ein paar Stunden mithelfen oder unterwegs einen Gelegenheitsjob annehmen wie Surflehrer, Kellner, Erntehelfer usw., um die Reisekasse aufzufüllen (dies kommt jedoch nur bei Langzeitreisen in Frage).

Beim fahrbaren Untersatz muss es nicht immer das »mobile home« im Ausmaß eines australischen Roadtrains sein. Ein vielleicht etwas älterer Mittelklassewagen fährt meistens genauso gut von A nach B. Die günstigste Reisevariante mit einem gemieteten Fahrzeug ist ein Kleinwagen mit Zeltübernachtung.

Bei Langzeitreisen ab einer gewissen Länge lohnt es sich, einen Wagen im Urlaubsland zu kaufen und nach der Reise wieder abzustoßen. Die Kostenersparnis sollte jedoch den enorm hohen Aufwand (Zulassung, Versicherung des Fahrzeugs und Termindruck beim Verkauf) rechtfertigen. In typischen Car-Traveller-Ländern (z. B. USA und Australien) gibt es in Großstädten mit einem großen internationalen Flugaufkommen spezielle Touristen-Fahrzeugmärkte für An- und Verkäufe und private Vermietungen verschiedenster Fahrzeuge (diese stehen in guten Reiseführern). Haben Sie einen Gabelflug, fragen Sie nach Überführungsfahrzeugen, die an den Standort gebracht werden müssen, von dem aus Ihr Abflug nach Hause geht. Diese Fahrzeuge können billiger gemietet werden. Die Vertragsbedingungen sind jedoch meist mit Einschränkungen bezüglich des Reiseverlaufs verbunden. Das Mieten eines Fahrzeugs von zu Hause aus ist in den meisten Fällen günstiger als im Reiseland, da die Vermieter vor Ort um die Dringlichkeit wissen und wenig Verhandlungsspielraum einräumen (es gibt aber auch erfreuliche Ausnahmen → »Reisebericht Neuseeland«, S. 210). In guten Individualreiseführern sind neben den großen internationalen Vermietstationen auch kleine private Vermieter zu finden, die meist wesentlich billiger anbieten. Auch im Internet kann man unter verschieden Webportalen des Reiselandes kleine, private Autovermieter finden.

Vielleicht kann man aber auch gänzlich auf einen Mietwagen verzichten. Beabsichtigt man während des Urlaubs, eine feste Basis zu haben, oder ist man bereit, auf eine hundertprozentige Flexibilität zu verzichten bzw. reist in ein Land, in dem man mit öffentlichen Verkehrsmitteln überall günstig und zu jeder Zeit hingelangt, ist dies eine sehr gute Möglichkeit, Kosten einzusparen. Dies bietet sich beispielsweise auf kleinen Inseln mit einer guten touristischen Infrastruktur an. In Asien und Lateinamerika sind öffentliche Verkehrsmittel die günstigste und gängigste Fortbewegungsart. Ausnahme bilden spezielle Reiseunternehmen, die sich auf die Beförderung von Touristen spezialisiert haben. Dort reist man in der Regel sehr luxuriös, hat aber nur geringe Kostenvorteile zum Mietwagen. Bei Rundreisen mit einem großen Radius (über mehrere Länder hinweg) in Industriestaaten sind öffentliche Verkehrsmittel meistens keine erhebliche Kostenersparnis. In diesem Fall sind sie nur dann sinnvoll, wenn sie für die An-, Weiter- und Abreise bei Wander- oder Radtouren im Ausland genutzt werden. Womit wir zur günstigsten Reiseform überhaupt kommen: Mit dem Fahrrad oder zu Fuß die Welt zu bereisen ist die günstigste Reiseart, aber zugegebenermaßen auch die entbehrungsreichste. Bei Wander- und

Radeltouren belasten nur die Anfahrt zum Reiseland(-ziel), die Übernachtungen (zeltet man wild, fällt auch dies weg) und die tägliche Verpflegung die Reisekasse. Man kann mit sehr wenig Geld ein Land und seine Bewohner kennen lernen und intensive Erfahrungen sammeln. Der Radius ist zwar wesentlich kleiner als bei anderen Reiseformen, die Erlebnisse und Eindrücke jedoch am nachhaltigsten.

Alles zum Thema Wandern und Radfahren mit Kindern finden Sie unter den jeweiligen Kapiteln (S. 100 bzw. 112).

Auch bei der täglichen Verpflegung kann man enorm Geld sparen. Wer selbst kocht und sich verpflegt, reist am günstigsten. Kaufen Sie Ihre Nahrungsmittel im Supermarkt ein, kochen oder schmieren Sie Ihre täglichen Brote selbst. Kinder haben eine riesige Freude am Picknickmachen und Geld spart es auch noch. Übernachten Sie auf Campingplätzen oder in Hostels, können Sie oft Gemeinschaftsküchen nutzen und beim Geldsparen nebenbei noch ganz zwanglos nette Kontakte knüpfen. Unterkünfte wie Campingplätze oder Hostels in Städten mit einem starken internationalen Individualtourismus-Aufkommen sind oft gute Tauschbörsen oder Mitnahmemärkte für ankommende Reisende. Viele, die per Flieger abreisen, lassen praktisch ihr halbes Hab und Gut in solchen Unterkünften zurück (von Lebensmitteln bis zur Campingausrüstung). Mit etwas Glück kann man dort etwas günstig erstehen oder kostenlos erhalten (z. B. einen Kocher oder Gaskartuschen).

Reisen Sie mit einem motorisierten Untersatz in Länder, in denen die Lebenshaltungskosten erheblich höher sind als daheim (z. B. Skandinavien), sollten Sie so viele Dauerlebensmittel wie nur möglich mitbringen und vor Ort nur das Nötigste (frische Lebensmittel) zukaufen. Selbst bei einem kurzen Urlaub kann man so erhebliche Kosten einsparen. Verzichten Sie auf Produkte, die in Ihrem Reiseland besonders teuer sind (z. B. Genussmittel wie Alkohol usw.) Bei allen Nahrungsmitteln und Hygieneprodukten, die in den betreffenden Ländern rar sind und impor-

**185**

tiert werden müssen, kann man mit überproportional hohen Preisen rechnen (z. B. Babynahrung und Hygieneartikel wie Seife oder Windeln in exotischen Ländern). Bringen Sie solche Artikel lieber von daheim mit, anstatt sie teuer und meist noch in minderer Qualität vor Ort zu erstehen. Kaufen und richten Sie Ihren Speiseplan nach einheimischen Produkten aus, die in der Regel günstiger sind als importierte Ware. Selbst mit exotischen Produkten lassen sich Speisen für den europäischen Gaumen kochen. Ferner sollte man das essen und trinken, was für das Urlaubsland typisch ist und sich nicht in starre Gewohnheiten verbeißen (statt Kaffee geht auch Tee zum Frühstück).

In Asien und Lateinamerika, wo Gerichte (selbst in Restaurants) kaum mehr als ein paar Cent kosten, hat die Selbstverpflegung kaum noch Kostenvorteile. Hier lohnt es sich nur der Hygiene wegen, selbst zu kochen. Zum Thema Kochen finden Sie weitere Informationen unter »Essen und Trinken« (S. 220) und »Sauberkeit und Hygiene« (S. 245).

**Hinweis:** Sparen um jeden Preis sollte allerdings nicht auf Kosten anderer geschehen. Einladungen von Einheimischen sollten immer mit einer Gegenleistung entgolten werden. Gerade in armen Ländern wird einem buchstäblich das eigene Bett zum kostenlosen Übernachten angeboten oder ein Festessen ausgerichtet, welches den Gastgeber oft in eine finanzielle Notlage bringt. Mit Einladungen aller Art sollte man daher immer verantwortungsvoll umgehen und sich nicht durch ein Land »schnorren«. Revanchieren Sie sich für jede Einladung mit einem Gastgeschenk oder einer landestypischen Entlohnung.

## Abwesenheitsorganisation bei Langzeitreisen

Verreisen Sie für längere Zeit, ist es sinnvoll, eine Vertrauensperson zu beauftragen, die sich um alles kümmert, was in der Zeit Ihrer Abwesenheit anfällt, die auch als Kontaktperson während der Reise fungiert. Hinterlassen Sie Ihr vielleicht sogar eine Bankvollmacht, damit Sie in einer Notsituation über die Vertrauensperson schnell an Geld kommen, sei es für Arztrechnungen oder Rückreisetickets. Die Gefälligkeiten und Aufgaben dieser Person können Post- und Bankangelegenheiten sein oder einfach nur das Rasenmähen und Blumengießen im eigenen Garten.

Reisen Sie mehrere Monate durch die Welt, ist es ebenfalls sinnvoll, alle Kosten zu Hause auf ein Minimum zu reduzieren. Kündigen Sie alles, was ihr Konto monatlich belastet und Sie für die Dauer der Reise nicht benötigen – *rechtzeitig!* Dazu gehören alle Abonnements, Mitgliedsbeiträge für Vereine, Kindergarten- oder Kita-Beiträge, eventuell Versicherungen (können gestundet oder stillgelegt werden), GEZ-Beiträge (Fernseher offiziell verschenken), Telefon- oder Internetverträge usw. Wohnen Sie zur Miete, versuchen Sie die Wohnung unterzuvermieten, wenn Sie mit dem Vermieter hier zu einer Übereinkunft gelangen. Vielleicht können Sie auch Ihre Wohnung aufgeben und den Hausrat bei Eltern, Verwandten oder Freunden unterbringen. Besitzen Sie ein Haus, sollte auch hier eine Kontaktperson immer nach dem Rechten sehen und Gemeinde- oder Versicherungsbeiträge termingerecht überweisen (wenn keine Einzugsermächtigung vorliegt). Vielleicht finden Sie ja jemanden, der für die Zeit Ihrer Abwesenheit bei Ihnen einzieht. Ebenfalls sinnvoll ist es bei langen Reisen, das Auto abzumelden und bei Freunden oder Verwandten unterzustellen. Alles was zurückbleibt und in der Zeit Ihrer Abwesenheit unnötige Kosten verursacht, sollte veräußert, verschenkt oder abgestoßen werden. Damit befreien Sie sich von erdrückendem Ballast und werden wirklich frei für den Aufbruch ins Abenteuer.

### Heimatkontakte

Ganz wichtig bei Langzeitreisen mit Kindern ist für den Nachwuchs, den Kontakt zu halten mit dem Umfeld und Freundeskreis. Haben Sie sich

zu Hause in ein gesellschaftliches Gefüge eingelebt, brauchen Kinder den Kontakt mit der Heimat. Dies hilft ihnen, die Reise als einen abgeschlossenen Zeitraum zu erkennen, nach dem es
wieder ins alte Leben zurückgeht. Ermutigen Sie
Ihr Kind, den Kontakt zur Schule oder Kindergarten selbst aufrechtzuerhalten. Das kann per
E-Mail oder durch das Schreiben von Briefen
oder Malen schöner Bilder sein – an Freunde,
die Kindergartengruppe oder auch Lehrer. Das
stärkt das Zusammengehörigkeitsgefühl, Ihr
Kind weiß, wo es hingehört und die daheim Ge-
bliebenen sind natürlich neugierig und freuen
sich über eine Nachricht aus der fernen Welt.
Reiseimpressionen in Form von Bildern und
Reiseaufsätzen können nach dem Urlaub als
Vorlage für einen Vortrag in der Schulklasse
dienen. Im Zusammenhang mit Fernunterricht
kann die Reise in manchen Fächern sinnvoll
aufgearbeitet werden und als Unterrichtsstoff
unterwegs dienen.

## Das »Reisebüro«

Unterwegs benötigen Sie zwar keine Sekretärin,
aber eine gute Organisationslogistik für die
wichtigsten Dokumente und Adressen. Dies sollte man schon vor der Reise vorbereiten. Legen
Sie einen Ordner an, den Ihre Kontaktperson daheim verwaltet und in dem alle Adressen, E-
Mail-Kontakte und Telefonnummern von Freunden und Verwandten stehen. Daneben sollten
die Notrufnummern der diplomatischen Vertretungen Ihrer Reiseländer, Adressen der Botschaften Ihrer Reiseländer in Deutschland,
wichtige ärztliche Adressen zu Hause (z. B. Kinderarzt), die Nummer der Giftnotzentrale, diverse Nummern von Versicherungsvertretern, Ban-
ken, bei denen Sie Konten führen,
Notrufnummern für Kreditkarten- und Kontos-
perrungen, von Rettungsdiensten und Polizei-
vertretungen im Reiseland, Notaren, Steuerbera-
tern oder Vermögensverwaltern,
Gemeindeverwaltung und Finanzamt, Adresse
und Nummer des Arbeitgebers, des Kindergar-
tens, der Schule und des Vermieters stehen.
Eben alle Adressen, Telefonnummern und Internetadressen, die auch während Ihrer Abwesenheit wichtig sind oder werden könnten. Eine
mögliche Reiseroute und Kontaktadressen im
Ausland sowie evtl. Postanschrift und Handy-
nummern oder E-Mail-Adressen sollten Sie
ebenfalls Ihrer Kontaktperson hinterlassen.

Alle genannten Adressen und Nummern sollten Sie auch selbst in einem kleinen Buch mit
auf Reisen nehmen (gerade ein Handy kann gestohlen werden). Dieses Büchlein sollte vor
allem Auslandsvertretungen, Notrufnummern
im Reiseland und Arztadressen (z. B. deutsch
sprechende Ärzte), die Nummer der Giftnotzentrale, Notrufnummern für Karten- und Kontos-
perrungen, Adresse und Notrufnummer Ihrer
Auslandskrankenkasse, Nummer Ihrer Fluggesellschaft, Adressen und Nummern von Freunden und Verwandten und alle Adressen und
Nummern beinhalten, die Sie unterwegs benötigen könnten. Zusätzlich sollten natürlich alle
wichtigen Nummern auch in Ihrem Handy gespeichert sein. Wichtige Passwörter und PINs,
die man sich nicht merken kann, sollten immer
verschlüsselt (z. B. als Telefonnummer getarnt
oder in einer integriert) aufgeschrieben werden.

Kopieren Sie außerdem alle Reisedokumente
und bewahren Sie die Kopien und Originale
während der Reise an *getrennten* Orten auf. Zu
den wichtigsten Dokumenten zählen:
> Flugtickets bzw. die Buchungsbestätigung bei
  ticketloser Buchung
> Reisepässe
> Einreisestempel/Visum *
> EC- und Kreditkarten
> Reiseschecks
> Kontodaten eines möglichen Auslandskontos
> internationaler Führerschein
> Blutgruppenausweis
> Impfpässe
> Kinder-Vorsorgeheft (bei Vorerkrankungen
  wichtig)
> Ausweise bei Vorerkrankungen (z. B. Diabeti-
  kerausweis)

> Krankenversicherungsnachweis!
> wichtige Versicherungsunterlagen (z. B. grüne Versicherungskarte für Pkw, Reisegepäckversicherung usw.)
> wichtige, in die Landessprache übersetzte Dokumente (Sorgerechtsbeschlüsse, Einverständniserklärungen, Nachweise über Krankheiten)
> Jugendherbergsausweis, evtl. Studentenausweis

* Das Visum oder der Einreisestempel sollten nach der Einreise kopiert und diese Kopie getrennt vom Reisepass aufbewahrt werden. Bei Passverlust und Ausstellung eines Ersatzdokumentes kann es sonst ohne Visum oder Einreisestempel zu Schwierigkeiten bei der Ausreise kommen.

Hinterlegen Sie zusätzlich alle o. g. Kopien Ihrer Dokumente auf moderne Speichermedien (USB-Stick oder SD-Karte) oder einem sicheren Online-Speicher (Gratis-Online-Speicher gibt es unter anderem bei www.adrive.com und www.opendrive.com). Damit können Sie überall auf der Welt Ihre wichtigsten Daten abrufen und neue Kopien anfertigen oder unterwegs auch Daten (wie Reisebilder) speichern. Reist man ohne eigenen PC, sollte man Programme, mit denen man unterwegs arbeiten möchte, auf einen USB-Stick laden, damit im Internetcafé keine Daten auf dem Rechner zurückbleiben.

Für lange Reisen empfiehlt es sich ferner, ein Empfehlungsschreiben (mehrsprachig) ausstellen zu lassen. Das kann ein Bankbürgschaftsschreiben oder Referenzschreiben einer Universität sein. Sehr wirkungsvoll ist ein Empfehlungsschreiben der Polizei oder eines Feuerwehrvereins. Reist man durch unterentwickelte Länder über Landesgrenzen hinweg, sind Grenzübergänge meist eine heikle Angelegenheit. Ein Empfehlungsschreiben mit einem Polizei- oder Feuerwehrstempel (der Beruf des Feuerwehrmannes ist in vielen Ländern hoch angesehen, da es gerade in armen Ländern keine freiwilligen Feuerwehren gibt) kann einem die Einreise oftmals vereinfachen. Mit einem Empfehlungsschreiben (das kann auch fingiert sein) kann man die Bedeutsamkeit seiner Person hervorheben, was eine Kautionshinterlegung, den Nachweis eines Rückreisetickets oder auch Schmiergelder vielleicht überflüssig machen (das muss nicht immer funktionieren, aber es kann!). Haben Sie evtl. vor, unterwegs zu arbeiten, kann ein Empfehlungsschreiben des Arbeitgebers, eines Gartenbau- oder Kindergartenvereins Ihre Kompetenz unterstreichen.

Zu guter Letzt sollte auch ein Reisetagebuch (für die Kinder ein eigenes) nicht fehlen.

## Reisebericht: Namibia

*»Elefantenspuren«*
*Eine Abenteuerreise mit Kind durch Namibia (Patrice Kragten-Hackel)*

Namibia – Afrikas Paradies oder Land der Gegensätze, so wie Namibia oft genannt wird – hat eine faszinierende Mischung aus unberührter Natur, reicher Tierwelt und ist das Zuhause verschiedenartigster Menschen und farbenfroher Kulturen. Ich habe im April 2009 gemeinsam mit meiner 6-jährigen Tochter Romy diese Faszination kennen gelernt und bin bis heute von der Schönheit des Landes, seiner Menschen und Kulturen fasziniert.

### Ankunft in Windhuk, Namibia
Mit einem warmen Afrikagefühl im Herzen steigen wir in der Hauptstadt Windhuk aus dem Flugzeug und werden von einem Chauffeur zum Leihwagen-Terminal gebracht. Ein Nissan mit Allradan-

trieb und Dachzelt steht bereit, der uns – hoffentlich – verlässlich und mühelos durch Namibia lotsen, Romy einen sicheren Spielplatz schaffen und unser gemütliches Zuhause für die nächsten drei Wochen sein wird.

Die Steppe prägt den größten Teil Namibias. Rund um Windhuk dominiert Hochlandebene und bildet das Herzstück des Landes. Die Ähren der kargen Grashalme am Wegesrand tanzen im Wind und wie aus dem Nichts tauchen Berge auf, die an den Ayers Rock in Australien erinnern. In trockenen Flussbetten stehen Paviane. Genau so habe ich mir Namibia vorgestellt. Wenn ich die Augen schließe, fühlt es sich wie eine wärmende Decke um mich herum an.

### Rote Sanddünen – das Sossusvlei

Mit unserem Leihwagen sind wir im Südwesten Namibias angekommen. Für den Besuch des Sossusvlei im Namib-Naukluft-Nationalpark müssen wir sehr früh aufstehen, da die Temperaturen am späten Vormittag sehr hoch werden und die Besichtigung dadurch zu anstrengend wäre. Wir fahren bereits um 5.30 Uhr los, dennoch leider zu spät für den Sonnenaufgang auf der berühmten Düne 45. Mit den vielen Wolken am Himmel verpassen wir jedoch keinen aufregenden Tagesbeginn.

Das Sossusvlei im Nambi-Naukluft-Nationalpark ist eine von mächtigen Sanddünen umschlossene Lehmsenke. Die Dünen erreichen teilweise Höhen von bis zu 300 Metern und gehören damit zu den höchsten der Welt. Vom Parkeingang führt eine ca. 65 Kilometer lange Teerstraße nach Sossusvlei. Die letzten fünf Kilometer zur Senke können nur zu Fuß oder mit einem Allradfahrzeug zurückgelegt werden.

Romy wollte unbedingt ihre Rutschteller nach Namibia mitnehmen – und was ist jetzt lustiger, als damit die Düne hinunterzurutschen? Wir klettern die Düne hinauf und Romy macht ihren ersten Rutschversuch, bleibt aber ziemlich rasch stecken und gräbt sich tief in den weichen Sand ein. Okay, vielleicht etwas höher und etwas steiler. Beim zweiten Versuch geht es schon ein wenig besser. Jetzt noch einmal zum Kamm hochklettern und dann dort entlang ganz nach oben. Das ist einfacher gesagt als getan. Zwei Schritte nach oben bedeuten gleichzeitig einen Schritt hinunter. Es ist nicht einfach, im feinen Sand den Berg von der Seite zu erklimmen. Romys kleine Füße graben sich tief in den pulvrigen Sand und hinterlassen Abdrücke, die an riesige Elefantenspuren erinnern.

### Das Volk der Himba

Die Straße nach Opuwo im Norden des Landes führt uns durch das Kaokoveld, das traditionelle Siedlungsgebiet der Himba. Der Volksstamm der Himba ist ein Hirten- und Nomadenvolk, welches mit seinen Tieren, je nach Jahreszeit, zu den einzelnen Wasserstellen der Gegend zieht. Die auffälligsten Merkmale der Himba sind ihre Kleidung, der reiche Schmuck am Körper und die rote Hautbemalung. Wir melden uns für eine geführte Tour an. Unser Führer muss zuerst beim Dorfältesten, dem Chef, die Zustimmung für die Besichtigung des Dorfes einholen. Der älteste Mann der Sippe, der übrigens keine Ahnung hat wie alt er eigentlich ist, lässt ausrichten, dass er sich freut auf unser Kommen und wir sein Dorf besuchen dürfen.

Die Himba haben in den vergangenen Jahrzehnten so viele Katastrophen und Einflussnahmen von außen erlebt, dass es fast einem Wunder gleicht, wie stolz sie ihren Traditionen treu geblieben sind. Vor dem Zusammentreffen mit den Einheimischen wird uns erklärt, wie wir sie begrüßen können. Auf dem Weg ins Dorf müssen wir mit unseren Sandalen genau hinschauen, wohin wir unsere Füße platzieren. Überall liegen Kuhfladen und kleine Dornen. Die Himba haben damit weniger Probleme, auch wenn sie barfuß laufen. Der Chef des Dorfes sitzt auf einem Stuhl. Nur Männer sitzen auf Stühlen. Frauen müssen mit dem Boden vorlieb nehmen. Ich begrüße den Dorfältesten respektvoll, gebe ihm die Hand und sage »moro«, was so viel wie »guten Tag« bedeutet. Zu meinem Erstaunen macht Romy die Begrüßungsgeste nach. Der Chef stellt viele Fragen an meinen Führer: »Wie viele Frauen habt ihr?«, »Wie viele Kühe habt ihr?«, »Wie viele Kinder habt ihr?« Bei den Antworten schüttelt er fassungslos den Kopf. Nur eine Frau, nur ein Kind und keine Kühe. Was sind wir nur für ein Volk? Auf die Frage, woher wir kommen, brauchen wir nur die

Richtung anzudeuten. Er hat keine Ahnung, wo Europa oder Amerika liegt, er weißt nicht einmal, wie weit 100 Kilometer sind. Barak Obama, Brad Pitt oder Michael Schuhmacher – bemühe dich nicht, er kennt sie nicht. Was für ein glücklicher Mann!

Die Frauen sind noch immer sehr traditionell gekleidet. Sie tragen Röcke aus Ziegenfell und sind am nackten Oberkörper behängt mit Schmuck wie Ketten, Perlen, Muscheln und Steinen. Jedes Detail an der Kleidung hat einen emotionalen oder traditionellen Wert und eine spezielle Bedeutung. Die Frauen sind bekannt für ihre rote Haut. Mit einer Paste aus Rotholzpulver und Butterfett cremen sie sich mehrmals täglich sorgfältig ein. Damit erreichen sie die typische Rotfärbung der Haut, die dem Schönheitsideal der Himba entspricht. Romy ist begeistert von diesem Ritual und möchte unbedingt auch einen roten Arm haben. Sie bekommt einen. Als Dankeschön möchte Romy einem Himba-Kind ihren Hai aus Plastik schenken. Das Kind und deren Mutter jedoch können nichts damit anfangen. Sie kennen Elefanten, haben aber keine Ahnung, was der Hai für ein Tier ist und wo er lebt.

### Etosha-Nationalpark

Mit einer rund 23 000 km² großen Fläche – so groß wie Vorarlberg, Tirol und das Salzburger Land zusammen – ist der Etosha-Nationalpark, oder einfach Etoshapfanne genannt, eines der größten Naturreservate der Welt. Nach der Serengeti in Tansania hat die Etos-

hapfanne die höchste Wilddichte aller Nationalparks Afrikas. So leben hier 114 verschiedene Säugetierarten, teilweise in sehr großer Zahl, wie beispielsweise die Springböcke oder Zebras. Leoparden, Giraffen, Löwen oder das seltene schwarze Nashorn sind hier ebenso zu finden wie Hyänen, Bergzebras, Gnus und Elefanten.

Romy kann nicht mehr warten. Sie will losfahren. Es ist erst 13 Uhr und nicht wirklich eine gute Zeit für eine Wildbeobachtung, aber egal. Schauen wir einmal, was bei den Wasserstellen so los ist. Wir entscheiden uns für den östlichen Teil des Parks und nähern uns dem Wasserloch, an dem die Elefanten zu sehen sein sollen. Wir erreichen mit unserem Wagen eine offene Fläche und sehen Zebras in einer unbeschreiblich großen Zahl. Wie viele haben die hier eigentlich? Romy muss dringend auf die Toilette. Sehr ungünstig in diesem Moment. Einfach im Park aus dem Auto zu steigen ist keine gute Idee. In der Nähe gibt es ein eingezäuntes Gelände, in dem man aussteigen kann für diverse Geschäfte. Ich verpasse jedoch die Ausfahrt und stehe nun direkt vor dem Wasserloch, Auge in Auge mit 40 Elefanten. Mir bleibt fast das Herz stehen, so schön ist dieser Anblick. Ich knipse schnell drei Fotos, weil meine Tochter mittlerweile ganz schön auf ihrem Sitz hin- und herzappelt, und fahre zur »Toilette«. Nach knapp fünf Minuten sind wir wieder zurück. Die Elefanten sind, bis auf vier Tiere, im Wald verschwunden. Als auch die letzten Elefanten Richtung Wald marschieren bemerke ich,

dass unser Auto doch ziemlich nah an deren Route steht. Wegfahren möchte ich jetzt nicht mehr, damit könnte ich das junge Männchen, das direkt vor unserem Wagen steht, vielleicht verärgern. Mit angehaltenem Atem sitzen Romy und ich bewegungslos im Auto. Wir fürchten uns ein wenig. Meine Finger verharren am Zündschlüssel. Der Bulle schaut zu uns herüber, flattert zweimal mit seinen Ohren, marschiert fast geräuschlos an uns vorbei und verschwindet im Wald. Puhhh, wir können wieder aufatmen.

Wir fahren weiter östlich an der Etoshapfanne vorbei. Romy nennt diese Straße Giraffenstraße, weil wir auf ihr sicherlich 50 Giraffen gesehen haben. Plötzlich sehe ich abseits der Straße einen Dik Dik Trail. »Jaaaa«, schreit Romy. »Ich möchte Dik Diks sehen!« Dik Diks sind Zwergantilopen, die kaum größer werden als Hasen. Zuerst fahren wir zum Wasserloch und sehen einige Giraffen und einen Kapgeier. In der Ferne stehen zwei Autos schon eine Weile am Waldrand. Dort muss es ein gutes Motiv geben. Wir beeilen uns, dorthin zu kommen. Und tatsächlich, ein Löwe liegt im Gebüsch. Wir haben von vielen Tieren bisher gute Fotos machen können, aber manchmal liegen sie einfach ungünstig, sodass es beim besten Willen nicht möglich ist, das Tier ordentlich zu fotografieren. So auch bei diesem smarten jungen Herrn mit witziger Punkfrisur. Trotzdem genießen wir den Anblick, der sich uns bietet.

Am Südrand der Etoshapfanne befinden sich eine ganze Reihe

Wasserquellen, die zahlreiches Wild anlocken. Hier liegen auch die drei Campingplätze Okaukuejo, Halali und Namutoni. Neben den natürlichen Wasserstellen gibt es auch einige künstlich angelegte. Die gut befahrbaren Straßen verlaufen so, dass man alle interessanten Wasserstellen und Sehenswürdigkeiten gut erreichen kann. Der Einlass in den Nationalpark ist ab Sonnenaufgang, und bei Sonnenuntergang muss man wieder bei seinem Campingplatz angekommen sein. Ein ganz besonderes Bonbon unseres Campingplatzes ist die Nähe zu einer Wasserstelle. Der Sitzbereich der Besucher ist höher gelegen und durch entsprechende Einzäunung so gesichert, dass man geschützt sitzt, aber dennoch einen freien Blick zum Wasserloch hat. Nachts wird es angestrahlt, sodass man in lauen Nächten lange ausharren und allerlei Tiere beobachten kann. Ich habe Romy versprochen, dass sie heute lange aufbleiben darf, damit wir gemeinsam das beleuchtete Wasserloch beobachten können. Romy schläft nach weniger als fünf Minuten in meinem Schoß ein. Nicht einmal die drei seltenen Breitmaulnashörner, die etwas später aus dem Gebüsch zum Wasserloch kommen, können sie aufwecken.

### Dinosaurierspuren

Auf dem Weg zurück nach Windhuk kommen wir in Kalkfeld vorbei. Hier gibt es zwei Millionen Jahre alte Dinosaurierspuren zu sehen, die meine kleine Paläontologin unbedingt anschauen will. Die Spuren entstanden, als die Tiere an

Seeufern durch weichen Sand und Schlamm zogen. Die Ausmaße und Tiefe der Abdrücke weisen darauf hin, dass die Tiere eine beträchtliche Größe und Gewicht gehabt haben müssen. Es bedarf einer größeren Katastrophe wie der plötzlichen Verschiebung einer Landmasse oder einem Vulkanausbruch, damit diese sehr vergänglichen Zeugnisse einstiger Fauna mit Sediment verschüttet und damit erhalten bleiben konnten. Nachdem das Material versteinerte, ist es durch Bodenerosion nach vielen Jahrmillionen wieder an die Oberfläche gekommen.

Am Abend machen wir wieder ein Lagerfeuer, wie so oft in den letzten Wochen, und grillen Würstchen. Als es schon dunkel wird, sitzen wir gemeinsam im Lichtschein des Feuers, das uns genügend Licht und angenehme Wärme spendet. Während ich einen Kaffee genieße, fotografiert Romy das Feuer. Sie genießt es sehr. Das spüre ich. Während ich sie beobachte, überkommt mich ein sehr intensives Glücksgefühl und innere Zufriedenheit. Es ist ein Privileg, mit meiner Tochter unterwegs sein zu dürfen und ihr die Welt zeigen zu können. Sie ist noch nicht von Gewohnheiten und Vorurteilen geprägt und geht jede Reise unkompliziert und voller Wissbegierde an. Das Reisen mit ihr ist einfach schön und ich bin stolz auf sie, wie unbekümmert und freudig sie jeden Tag erlebt.

Am nächsten Tag fahren wir auf der Straße D2404 weiter zur B1, der Hauptstraße nach Windhuk. Nachdem ich fast zwei Wo-

chen über Schotterwege gefahren bin, brauche ich einige Kilometer, um mich wieder an diesen außergewöhnlichen Umstand – eine geteerte Straße – zu gewöhnen. Wir genießen noch einmal die Stille und Weite der namibischen Savanne und die für diese Region prägnanten, charakteristischen Tafelberge. Sobald wir auf der Straße nach Windhuk eingebogen sind, befinden wir uns wieder in der Zivilisation. Der Kontrast innerhalb weniger Kilometer ist enorm.

In Windhuk angekommen, fahren wir direkt zum Terminal, um unser Auto zurückzubringen. Drei Wochen lang hat uns der Wagen verlässlich und mühelos durch Namibia gelotst, Romy oben im Dachzelt einen sicheren Spielplatz geschaffen und war unser gemütliches Zuhause.

Dann ist es Zeit, uns von Namibia zu verabschieden. Wir werden für den Transfer zum Flughafen abgeholt und von zu Hause trennen uns »nur« noch 10 000 Kilometer. Es ist aber kein trauriger Abschied. Ich und auch meine Tochter Romy haben Namibia in unser Herz geschlossen und ich bin mir sicher: Wir kommen wieder hierher zurück, auf der Jagd nach Elefantenspuren.

(Der gesamte Reisebericht ist in Buchform erhältlich über www.travelkid.at.)

# Unterwegs mit Kindern

# Die Wahl der geeigneten Unterkunft

**Hotel und Pension**

Hotel ist nicht gleich Hotel. Hier gibt es in Bezug auf die Kinder und wie die Unterkunft den Kleinen gerecht wird erhebliche Unterschiede. Noch vor 20 Jahren galt das klassische Hotel nicht gerade als familienfreundliche Unterkunft. Heute gibt es jedoch bereits Hotelzweige, die sich auf Familien mit (kleinen) Kindern spezialisiert haben. Solche Etablissements bieten alles, was man für einen luxuriösen und garantiert erfolgreichen Familienurlaub benötigt.

Familienhotels sind in der Regel Unterkünfte, die als Pauschalarrangements gebucht werden. Reist man individuell, kann es zwischendurch sicherlich aufregend für Kinder und entspannend für Eltern sein, eine solche Unterkunft zu wählen. Allerdings wird man derartige Hotelanlagen auf Rundreisen eher selten finden. Meist wird man sich mit dem begnügen müssen, was man vor Ort vorfindet. Und hier bewegt man sich wieder im Rahmen des klassischen Hotels. Kindgerechte Anlagen und Sicherheitseinrichtungen sind die Ausnahme. Zum Standard gehören kleine Zimmer, feste Essenszeiten und meist streng an Ruhe orientierte Hausordnungen. Nicht gerade die ideale Unterkunft für kleine Kinder. Doch nicht jedes Hotel oder jede Privatpension sind kinderfeindlich. In vielen Ländern wird man auch keine andere Wahl haben, als in einem Hotel zu übernachten (z. B. als Rucksackreisender in Asien oder Afrika). Mit etwas Umsicht und Erfahrung kann man auch den Urlaub in einem Hotel kindgerecht gestalten.

Entscheiden Sie sich mit kleinen Kindern für ein Hotel oder eine Privatpension als Unterkunft, überprüfen Sie das Zimmer vor dem Einchecken auf Sauberkeit und Sicherheitsmängel und lassen sich gegebenenfalls ein weiteres Zimmer anbieten. Gibt es Gefahrenquellen für Ihre Kinder, beseitigen Sie diese oder lassen Sie sie entfernen, z. B. Stehlampen mit herunterhängendem Kabel wegstellen, Steckdosen abkleben (am besten mit dickem Isolierband – Rand gut andrücken), den schweren Rucksack oder Koffer vor

Türen, Schränken oder Schubladen platzieren. Spitze Tisch- und Schrankkanten können mit einem Taschentuch und Klebeband entschärft werden. Gut ist es, wenn die Badezimmertüre von außen verschließbar ist. Ein weiterer, häufiger Gefahrenpunkt sind Fenster und Terrassentüren. Sind diese nicht sicher zu verschließen, kann vielleicht auch hier provisorisch mit Klebeband, starken Gummibändern oder einem Spannriemen ein schnelles Öffnen der Türen bzw. Fenster verhindert werden. Dies alles sind jedoch nur behelfsmäßige Sicherungsmaßnahmen, die nur für kurze Zeit gute Dienste leisten. Ein Hotelzimmer ist daher kein Aufenthaltsort, an dem ein Kleinkind gefahrlos für längere Zeit unbeaufsichtigt bleiben kann.

Wenn Sie auf Ihrer Reise feste Unterkünfte nutzen, müssen sich die Kinder immer wieder neuen äußerlichen Schlafbedingungen anpassen, was jeden Abend Aufregung und unruhige Kinder mit sich bringen kann. Das ist ein großer Nachteil, wenn man sich für diese Übernachtungsform entscheidet. Bei Rundreisen über Hotels oder Pensionen kann es deshalb sinnvoll sein, für Babys und Kleinkinder ein eigenes »Nest« mitzunehmen. Das muss kein großes, sperriges Reisebett sein. Im Baby- und Outdoorfachhandel gibt es kleine handliche Mini-Zelte für Babys, die leicht und transportabel sind, u. a. von den Herstellern Deyran (www.deryan.nl) und KidCo (www.kidco.com). Ein Kinderwageneinsatz kann oft auch in einem großen Bett in der Mitte platziert werden. Kleine Kuppelzelte eignen sich auch als Schlafplatz und/oder Laufstall in den fremden vier Wänden. So können sie den Kleinsten ein heimeliges Gefühl geben, da der Schlaf- und Aufenthaltsort täglich gleich bleibt. Beim Reisen in schwierigen hygienischen Verhältnissen und Malariagebieten ist das Aufstellen eines eigenen Zeltes ebenfalls empfehlenswert, nicht nur für kleine Kinder.

Erkundigen Sie sich bei der Ankunft, was das Hotel für Ihre Kinder zu bieten hat. Vielleicht gibt es ein kleines Schwimmbad oder einen Aufenthaltsraum mit einer Spielecke. Das Highlight eines jeden Hotels ist für die meisten Kinder – wie banal – der Fernseher. Kinderprogramme werden in allen nur erdenklichen Sprachen verschlungen. Das ist zwischendurch auch ganz in Ordnung. Achten sollte man nur darauf, welche Sendungen für die Kinder auch wirklich geeignet sind. In anderen Ländern herrschen oftmals andere Normen in Bezug auf gewaltfreies und kindgerechtes Fernsehen als in Deutschland.

Erwarten Sie in abgelegenen Regionen, den Stadthotels der großen Metropolen und in ärmeren Ländern nicht zu viel von Ihrer Unterkunft. Aber freuen Sie sich, wenn Sie ein besonders schönes, schnuckeliges Hotel finden und verweilen Sie dort vielleicht ein wenig länger als geplant. Sehen Sie sich ihr Hotel von außen gut an und prüfen die Lage, in dem es sich befindet. Rotlichtviertel, Spielhöllen, Diskotheken oder große Ausfallstraßen lassen auf unruhige Nächte schließen. In der Regel wird man beim Reisen mit Kindern nicht die billigsten Absteigen wählen und vor dem Einchecken zweimal hinsehen.

In heißen Regionen sollten Sie sich ein Zimmer geben lassen, dessen Fenster sich in östlicher oder nördlicher Himmelsrichtung befindet. Zimmer mit Süd- und vor allem Westfenster sind (ohne Klimaanlage) erheblich wärmer als Zimmer, die im Norden oder Osten liegen.

In Hotels und Unterkünften auf dem Lande in Ländern und Regionen, in denen es giftige Tiere gibt, sollten Sie die Bettwäsche vor dem Schlafengehen ausschütteln und auf unliebsame Mitschläfer untersuchen. Vorhandene Moskitonetze sollten auf Löcher untersucht werden.

In großen Städten und armen Regionen mit hoher Kriminalität sollten Sie großen Wert auf die Sicherheit legen und besser ein Hotel der gehobeneren Kategorie wählen (kein anonymes Hotel in unsicheren Vierteln).

Große Hotelanlagen und Hotelketten bieten häufig mehr für Kinder als privat geführte, kleine Hotels und Pensionen (Ausnahmen bestätigen natürlich die Regel). Oft gibt es in größeren Anlagen zumindest einen Swimmingpool oder manchmal sogar einen Spielplatz oder kindge-

rechte Einrichtungen. Machen Sie auf Ihrer Rundreise gute Erfahrungen mit einer bestimmten Hotelkette, lohnt es sich vielleicht, eine Mitgliedskarte zu erwerben, auf die Sie bei mehreren Übernachtungen Preisrabatte erhalten. Fragen Sie in jedem Fall nach solchen »Membercards« oder welche Preisrabatte sonst noch möglich sind, wenn Sie diese Hotelkette häufig besuchen. Außerhalb der Saison können Sie in jedem Hotel weltweit Preisrabatte aushandeln. Fragen Sie auch nach unterschiedlichen Zimmerkategorien, da Hotels immer unterschiedlich teure Zimmer anbieten, und handeln Sie natürlich für die Kinder einen günstigeren Tarif aus. Muss bei der Buchung kein Passdokument vorgelegt werden, ist Ihr Kind im Zweifelsfall halt ein bisschen jünger. Die magische Grenze für günstigere Preise liegt in der Regel unter 4 bis unter 6 Jahren. Oft werden von den Hotels Familienzimmer angeboten, die meist teurer sind, das Gleiche bieten und dennoch kaum größer als herkömmliche Doppelzimmer sind. Versuchen Sie auch hier, über den Preis zu verhandeln, oder fragen Sie gleich nach einem Apartment, welches den höheren Preis rechtfertigt.

Große Hotelketten sind generell auf Pauschaltouristen ausgerichtet und haben für Individualreisende in der Regel höhere Preise als für Gäste, die ein Zimmer über einen großen Reiseveranstalter buchen. Dennoch kann man immer auch als Individualtourist in solchen Hotels unterkommen. Sie sollten sich jedenfalls nicht scheuen, auch hier Preisverhandlungen zu führen. Gerade in armen Ländern kann man oft mit verhandlungswilligen Hoteliers rechnen. Bei Hotels der Luxusklasse sollte man vorher nachsehen, ob der Reisekoffer oder Rucksack angemessene Kleidung beinhaltet. Oft haben privat geführte Luxusherbergen, aber auch Hotelketten, eine Altersgrenze, unter der Kinder nicht übernachten dürfen. Diese Altersgrenze liegt fast immer bei zwölf Jahren.

Ein Hotel oder andere feste Unterkünfte unterwegs zu finden, ist fast nie ein Problem. Haben Sie einen guten Reiseführer mit sich, so werden dort schon viele Unterkünfte am Reiseziel, im günstigsten Fall mit Preisangabe, vorgestellt. Verlassen sollte man sich jedoch nicht ausschließlich auf den Reiseführer. Selbst in aktuellen und gut recherchierten Reiseführern kann es immer wieder einmal vorkommen, dass es die beschriebene Unterkunft nicht mehr gibt. Kommen Sie irgendwo an und haben noch keine Unterkunft in Aussicht, fragen Sie in Tankstellen, Geschäften oder anderen öffentlichen Einrichtungen nach einer Touristeninformation oder, um nicht unnötig Zeit zu vergeuden, besser gleich nach einem Hotel. An Bahn-, Busbahnhöfen, Flug- und Fährhäfen und zentralen Märkten auf dem Land findet man oft Zimmervermittler (Schlepper), die auf Kundenfang sind. »Schlepper« arbeiten meist für Privatpersonen, die auch Ferienwohnungen oder Häuser vermieten. Meist wird man als Tourist ohnehin angesprochen, auch wenn man gar kein Zimmer benötigt. Ein Zimmer über einen »Schlepper« zu finden ist einfach, aber ohne Erfahrung mit den gängigen Spielregeln mit Vorsicht zu genießen. Diese erhalten in der Regel eine Provision für ihre Dienste vom Hotelbetreiber. Ist man mit dem Zimmer oder Preis nicht einverstanden und nimmt das Zimmer nicht, kann dies zu Schwierigkeiten führen, da zwar eine Vermittlung stattgefunden hat, die bezahlt werden will, aber kein Geschäft zustande gekommen ist. Das kann dann Ärger geben. Suchen Sie im Zweifelsfall lieber selbst nach einer geeigneten Unterkunft. An Ein- und Ausfallstraßen der Städte und Dörfer stehen auch häufig Zimmervermittler mit Plakaten, oder es wird an den Häusern selbst mit Schildern auf freie Zimmer hingewiesen.

Hotels und Pensionen haben dennoch einen großen Nachteil: Sie sind die teuerste Übernachtungsform überhaupt bei gleichzeitig geringem Platzangebot für die Familie. Das Verhältnis zwischen Luxus und Preis ist maßgeblich vom Reiseland abhängig. In westlichen Industrieländern ist das Hotel eine teure Übernachtungsform, der wesentlich günstigere und schönere Übernachtungsmöglichkeiten gegenüber

stehen. In vielen Ländern Asiens oder Lateinamerikas gibt es dagegen schöne und verhältnismäßig preiswerte Hotels und Privatpensionen, zu denen oft keine Alternative existieren. Auch in Afrika gibt es häufig keine andere Möglichkeit, als im Hotel zu übernachten (die hier oft als Lodge bezeichnet werden), und dann oft nicht einmal günstig.

Privatpensionen haben den Vorteil, dass man mit der Bevölkerung leichter in Kontakt kommen kann. In familiären Hotels und Pensionen sind Kinder, je nach Kultur und Land, oft gern gesehene Gäste, die während des Aufenthalts kurzerhand vom Eigentümer »adoptiert« werden. Die Gastfreundschaft eines Landes zeigt sich hier am deutlichsten. Das gilt für alle Unterkünfte, die von privater Hand geführt werden.

**Internetbuchungsportale für Hotelbuchungen weltweit:**
> www.hrs.de
> www.hotel-buchen.com
> www.hotel.de
> www.booking.com

### Ferienwohnung/-hütte/-haus, Apartment

Ferienwohnungen und Apartments sind neben dem Zelten und dem Wohnmobil/Wohnwagen die kinderfreundlichste Übernachtungsstätte überhaupt. Der große Vorteil gegenüber einem Hotelzimmer liegt im deutlich höheren Platzangebot bei gleichzeitig niedrigerem oder zumindest gleichem Preisniveau. Selbst große Hotelketten haben erkannt, dass Familien ein größeres Platzangebot zu schätzen wissen, und sind mit den Jahren den Wünschen dieser Klientel nachgekommen, indem sie riesige Bungalowanlagen in die Landschaft »gepflanzt« haben. Auch Motels und Privatpensionen bieten immer häufiger die größere Variante des Hotelzimmers an.

Die Ferienwohnung, das Apartment oder die Ferienhütte bieten Familien auf Reisen einen Lebensraum, welcher der häuslichen Existenz am nächsten kommt. Es gibt meist mehrere Zimmer, eine Kochgelegenheit mit Kühlgerät oder eine separate Küche, ein Wohn- oder Wohnessbereich und vieles mehr. Der Luxus hängt stark vom Reiseland und seinen gastgeberischen Gepflogenheiten ab. Manchmal kann die Einrichtung spartanisch ausfallen, ab und zu einem Luxusetablissement gleichen, meist jedoch ist sie auf die Bedürfnisse von Reisenden und den Gewohnheiten im betreffenden Land ausgelegt (z. B. in Südamerika mit Hängematten oder in Japan mit Futonbetten).

Kinder fühlen sich in Ferienwohnungen oft sehr wohl. Für sie kann der Urlaub so zu einem Spiel werden, bei dem sie (zumindest am Anfang der Reise) das häusliche Leben, welches sie von daheim kennen, auf fremdem Terrain nachspielen. Mama wird zur Oma, Papa zum Hund und die Kinder übernehmen die tragende Rolle der Erwachsenen in diesem Spiel und ordnen an, wer in dem Gefüge nun welche Aufgaben zu erfüllen hat. Dieses Spiel kann bisweilen sehr lustig sein.

Ein weiterer Vorteil der Ferienwohnung oder des Apartments ist, dass sie sehr häufig außerhalb der großen Städte und Ballungszentren zu finden sind. Die meisten Ferienwohnungen und Ferienhäuser gibt es auf dem Land, mit etwas Glück in traumhafter Lage – eben dort, wo sich Kinder ohnehin wohl fühlen. Bei dieser Übernachtungsart ist es für die Familie ebenfalls ein Leichtes, mit der Bevölkerung in Kontakt zu kommen, wenn die Unterkunft über private Vermieter erfolgt.

Die Übernachtung in einer Ferienwohnung hat allerdings – wenn auch nur wenige – ebenfalls nachteilige Aspekte. Bei Rundreisen ist es oft schwierig, eine Ferienwohnung für eine Nacht zu bekommen. Aus verständlichen Gründen möchte man länger vermieten. Möchte man auf einer Rundreise ausschließlich in Ferienwohnungen übernachten, kann es daher zu Schwierigkeiten kommen, wenn die Aufenthaltsdauer nicht über eine Nacht hinausgehen soll. Anders ist es bei Ferienhütten auf Campingplätzen, bei denen der Wunsch nach nur einer Übernach-

Traumhafte Lage – kleinste Jugendherberge Neuseelands bei Okarito, Südinsel

tung zwar meist teurer bezahlt werden muss, aber dennoch nicht immer auf rümpfende Nasen stoßen lässt. Auch in armen Ländern und bei manchen Privatvermietern trifft man in dieser Hinsicht auf weniger Widerstand.

Ein weiterer Nachteil ist, dass bei Rundreisen in häufig wechselnden Ferienwohnungen oder Apartments das ständig neue Umfeld für Kinder zwar aufregend ist, für die Eltern jeden Abend aber ein neuer Kampf beginnt, die überhitzten Gemüter zur Ruhe zu bringen. Und nicht zu vergessen: Die Ferienwohnung ist in der Regel nicht die günstigste Übernachtungsform.

Preislich liegt die Ferienwohnung, die Ferienhütte, das Apartment oder Ferienhaus meist etwas unter dem Hotel. Das hängt jedoch stark von der Anzahl der Personen ab, die untergebracht werden, und natürlich dem Land, in dem man reist. Bietet ein gleichwertiges Hotel ein Frühstück oder Dinner zum Zimmer an, kann auch das Hotel auf die Dauer preislich gleichwertig oder niedriger sein, wenn man nicht bereit ist, selbst zu kochen.

Der Sinn einer Ferienwohnung ist, bei längerem Aufenthalt an einem Ort den größtmöglichen Komfort zu genießen und den Kindern eine immer gleich bleibende Umgebung bieten zu können. Der Nachteil dabei: Hausarbeit ist inklusive.

Ferienwohnungen findet man vor allem in Europa, Nord- und Südamerika, Australien und Neuseeland. Apartments und Ferienhütten sind in vielen afrikanischen, asiatischen und lateinamerikanischen Ländern zu finden, oft in Hotelanlagen oder auf Campingplätzen, und natürlich auch in den oben genannten Kontinenten und Ländern.

Ferienwohnungen, Ferienhäuser und Hütten für Europa und die ganze Welt, von Spanien bis Senegal, findet man unter:
> www.fewo-direkt.de
> www.e-domizil.de

## Hostel, Jugendherberge und Gästehäuser privater Organisationen
### Hostel und Backpacker

Das Hostel oder auch Backpacker genannt ist eine günstige Unterkunft für Reisende mit einem etwas schmaleren Geldbeutel. Sie sind überall auf der Welt zu finden und die »Heimat« der Rucksackreisenden. Es gibt bei den so genannten »Low-budget-Unterkünften« keine einheitlichen Standards. Diese variieren je nach Land und seinen gastgeberischen Gewohnheiten. Hostel- und Backpackerunterkünfte sind weltweit in keinem Dachverband organisiert wie beispielsweise die klassische Jugendherberge, sondern, wenn überhaupt, in lockeren Verbänden (z. B. vipbackpackers.com). Sie sind somit keinen einheitlichen Regeln oder Standards unterworfen. Angeboten wird alles, was im betreffenden Land als gewöhnlicher Standard gilt. Die Qualitätsunterschiede der einzelnen Übernachtungshäuser sind enorm, selbst innerhalb eines Landes. Eine einheitliche Bewertung in Bezug auf Kinderfreundlichkeit einzelner Hostels und ihren Verbänden ist daher unmöglich.

Dennoch sind Backpacker erstaunlich gut organisierte Übernachtungsstätten und stehen einem Hotel in puncto Service und Leistung oft in nichts nach. Selbst die Sauberkeit ist oft besser als der Ruf, der solchen Low-Budget-Unterkünften vorauseilt. Natürlich gibt es aber auch richtig üble Absteigen. Ganz besonders in armen

Staaten und vor allem in Entwicklungsländern sollte man keine hohen Ansprüche an diese günstige Art der Unterkunft stellen. Flöhe, Wanzen, Kakerlaken, Ameisen oder auch Mäuse können Mitbewohner solcher Etablissements sein. Das gilt natürlich auch für Hotels. Die Grenze zwischen Backpacker und billigem Hotel ist in vielen Ländern Asiens, Afrikas oder Lateinamerikas sowieso fließend. Die maßgeblichen Unterscheidungskriterien sind hier hauptsächlich die Gäste, die lockere Atmosphäre und Gemeinschaftsräume wie Küchen und Aufenthaltsräume. Wer Angst vor Viren und Bakterien hat, sollte nach Möglichkeit in den Gemeinschaftsküchen der Hostels und Jugendherbergen zumindest sein eigenes Besteck benutzen oder das Geschirr *vor* dem Gebrauch gründlich spülen (das gilt für alle Länder). Sind nämlich keine Spülmaschinen vorhanden, muss jeder einzelne Gast nach Gebrauch seine Sachen spülen, und viele Artgenossen nehmen es damit nicht so genau. Solche Gemeinschaftsküchen sind meist wahre Keimhochburgen.

Backpackerunterkünfte genießen den Ruf, laut, ungepflegt und von pickligen Jugendlichen und verschrobenen Rucksackreisenden bevölkert zu sein. Das stimmt nur bedingt. Sicherlich wird man dort nicht die englische Queen antreffen, aber immer auch nette Menschen und zunehmend Familien, die das familiäre Ambiente zu schätzen wissen. Wie ein Backpacker geführt wird und mit welchen Unannehmlichkeiten man rechnen muss, hängt immer auch davon ab, wo sich dieser befindet. In Großstädten und Ballungszentren ist der Backpacker die Unterkunft der jungen Menschen, der Nachschwärmer, Sportler und Freizeithungrigen. Dort geht es dann auch dementsprechend geräuschvoll und wuselig zur Sache. Draußen auf dem Land dagegen kann ein Backpacker eine entzückende Unterkunft für Gäste aller Couleur sein, mit ruhiger und familiärer Atmosphäre.

Das Hostel oder der Backpacker bieten neben Massenschlafsälen meist auch Doppel- oder Vierbettzimmer an. Hat man nicht die Möglichkeit, vorab zu buchen, ist es Glückssache, ein

Zimmer für die Familie allein zu ergattern. Da diese Unterkünfte selten über Mehrbettzimmer mit mehr als zehn Betten verfügen, ist die Wahrscheinlichkeit, ein Vier- oder Sechsbettzimmer zu bekommen, jedoch hoch. Muss man sich nur mir zwei fremden Mitschläfern arrangieren, kann man sicherlich zu einer partnerschaftlichen Übereinkunft über das gemeinschaftliche Miteinander im Schlafdomizil kommen. In manchen Ländern werden Familien generell nur in separaten Schlafräumen untergebracht, der Sicherheit wegen. Über Gemeinschaftsunterkünfte braucht man hier nicht verhandeln. Ist kein ganzes Zimmer frei, wird man abgewiesen. In anderen Kulturkreisen (islamischen Ländern) kann es auch vorkommen, dass Männlein und Weiblein getrennt schlafen müssen.

Das Hostel und der Backpacker sind eine familiengerechte Unterkunft und besser geeignet als das Hotel für Kontaktsuchende, die den Austausch mit anderen Reisenden wünschen. Hat man ein eigenes Zimmer, ist auch das Schlafen der Kinder kaum mehr ein Problem. Kindersicher sind die Zimmer natürlich auch hier in der Regel nicht. Da Backpackerzimmer oftmals mit Stockbetten bestückt sind, ist man selbst für die Sicherheit kleiner Kinder im Bett verantwortlich. Manchmal gibt es Absturzgitter, aber nicht immer. Überprüfen Sie deshalb immer vorher das Zimmer auf mögliche Gefahren, und weisen auch andere Zimmergenossen daraufhin, dass Sie mit kleinen Kindern unterwegs sind, sodass diese ihre gefährlichen Gegenstände (Taschenmesser usw.) möglichst nicht achtlos im Zimmer liegen lassen.

Hostels und Backpacker sind in der Regel wesentlich günstiger als Hotels oder Motels. Das muss aber nicht immer der Fall sein. Doppel- oder Familienzimmer in Backpackerunterkünften, vielleicht noch mit eigenem Bad, können manchmal nur geringfügig billiger als ein Hotel oder Motel sein, da hier ein pauschaler Zimmerpreis gezahlt wird. Wesentlich günstiger dagegen ist die Unterkunft im Mehrbettzimmer, da man immer nur ein einzelnes Bett bezahlt und kleine Kinder bis zu einem gewissen Alter meist nichts

(bis drei Jahren) oder erheblich weniger zahlen (bis zwölf Jahren). Gerade kleine Kinder können oftmals im Bett der Erwachsenen unterkommen (alles Verhandlungssache). Bei vielen Backpackern und Hostels auf dem Land kann man auch zelten, was dann nochmals billiger wird. Bei Mitgliedschaft in einem Hostelverband werden Preisnachlässe gewährt.

Informations- und Buchungsportale günstiger Hostels und Backpacker weltweit:
> www.hostelworld.com
> www.hostelbookers.com
> www.hostels.com

### Jugendherberge

Die in Deutschland geborene Idee der Jugendherberge hat sich mittlerweile über den gesamten Globus verbreitet und ist unter dem Dachverband *Hostelling International* mit knapp einhundert nationalen Verbänden zusammengefasst und organisiert. Im Unterschied zu den konkurrierenden Hostelverbänden gibt es ideelle Zielsetzungen und einen einheitlichen Kodex, der sich hauptsächlich in erlebnis- und freizeitpädagogischer Jugendarbeit ausdrückt. Es gibt für das Führen einer Jugendherberge (englisch: Youth Hostel) internationale Standards, die von den nationalen Verbänden regelmäßig kontrolliert werden. Die Ausstattungen sind somit als einheitlich gut zu bezeichnen und weniger dem nationalen Standard eines Landes unterworfen. Sie können daher generell als höher bezeichnet werden im Vergleich zu Hostels und Backpacker. Dafür sind Jugendherbergen preislich meist etwas teurer. Die Übernachtungsklientel der internationalen Jugendherbergen ist ganz gemischt – vom Studenten, der Familie, bis hin zu reisenden Rentnerpärchen. Der ursprüngliche Gedanke, eine günstige Übernachtung für junge Menschen anzubieten, ist heute in den Hintergrund gerückt, und die Gäste sind keineswegs mehr nur Jugendgruppen und Schulklassen. Gerade Familien sind eine nicht mehr wegzudenkende Besuchergruppe und wählen immer häufiger die Jugendherberge als günstige Unterkunft aus. Innerhalb Deutschlands muss man für die Übernachtung Mitglied des DJH (Deutschen Jugendherbergswerks) werden. Für die Übernachtung im Ausland sollte man einen nationalen oder internationalen Jugendherbergsausweis *(Hostelling International Card)* besitzen. Aus eigener Erfahrung ist ein Ausweis jedoch nicht immer erforderlich. Es können auch Nichtmitglieder in Jugendherbergen unterkommen. Mitglieder werden jedoch bevorzugt behandelt. Ist der Übernachtungsplatz rar, wird man als Nichtmitglied abgewiesen. Auch ist eine Übernachtung mit Ausweis immer günstiger als für Nichtmitglieder. Ein Jugendherbergsausweis kostet für eine Familie mit Kindern bis zu 26 Jahren 21 € für ein Kalenderjahr. Familien, die ab Juni eines Jahres dem DJH erstmalig beitreten, bezahlen im Beitrittsjahr nur den halben Jahresbeitrag. Eine Mitgliedschaft im DJH ist auf individuellen Reisen eine gute Investition. Mit einem Mitgliedsausweis kann man manchmal auch Vergünstigungen bei Eintritten in Museen oder Zoos usw. erhalten.

Jugendherbergen gibt es mit Bewirtung oder Selbstversorgungsküchen, das kommt ganz auf den Besitzer der Herberge an. Bei bewirtschafteten Herbergen kann man neben dem Zimmer eine Verpflegung für die Zeit des Aufenthalts buchen. Familienzimmer gibt es fast in allen Jugendherbergen weltweit. Sind diese voll, liegt es am Herbergsvater, ob er die Familie im Mehrbettzimmer übernachten lässt. Oft kommt es jedoch vor, dass Familien mit kleinen Kindern nur in separaten Zimmern untergebracht werden. Verhandlungen sind dann aussichtslos!

Für die Sicherheit im Zimmer sind natürlich die Eltern verantwortlich. Die Bettwäsche muss oftmals gegen eine Gebühr gemietet werden. Eigene Schlafsäcke sind in der Regel nicht zulässig – außer man besitzt einen speziellen Jugendherbergs-Schlafsack, der als Schutz für die Bettwäsche dient. Manchmal genügt auch ein leichter Leinen- oder Seidenschlafsack.

Eine Unterkunft für nur eine Nacht ist fast immer möglich, wenn auch nicht unbedingt erwünscht.

Jugendherbergen sind eine sehr kindgerechte und preiswerte Unterkunft für Familien. Die Chance im Ausland, auf andere Familien mit Kindern zu treffen, ist bei dieser Übernachtungsstätte am höchsten. Die Herbergen können oft zusätzlich mit einem attraktiven Angebot an Freizeitgestaltung aufwarten. Die Häuser verfügen neben Gemeinschaftsräumen immer über Spielmöglichkeiten für ältere Kinder wie Tischtennisplatten, Fitnessgeräte, Fußballplätze usw. Häufig gibt es Leseecken, Gesellschaftsspiele und für kleine Kinder manchmal sogar einen Kinderspielplatz. Viele Jugendherbergen bieten inzwischen familiengerechte Programme an, die den Aufenthalt zu Erlebnistagen für Groß und Klein werden lassen. Im jährlich erscheinenden Informations- und Reisekatalog des deutschen Jugendherbergswerk kann man sich über Neuerungen und attraktive Reiseziele im In- und Ausland informieren.

Die Häuser sind in den Städten meist zentral gelegen und manchmal in ganz außergewöhnlichen Bauwerken: einer Burg, einem Leuchtturm, auf einem Schiff usw. Oft kann man auf dem Gelände einer Jugendherberge auch zelten und die Gemeinschaftsanlagen trotzdem mitbenutzen. Die Übernachtung ist dann wie immer billiger.

In Jugendherbergen kann es zwar auch laut zugehen, aber es gelten strikte Verhaltensregeln, die von den Herbergsbesitzern meist streng kontrolliert werden (beim Einchecken wird einem zuerst die Hausordnung in die Hand gedrückt). Nächtliche Ruhestörungen wird es seltener geben als in Hostels und Backpackern.

Jugendherbergen sind hauptsächlich in Europa, Nordamerika, Australien und Neuseeland zu finden. In Asien gibt es die meisten in Japan. In Süd- und Mittelamerika (Ausnahme: Brasilien) und insbesondere Afrika gibt es wenige Jugendherbergen.

### Übernachtungshäuser des YMCA/YWCA und NFI
Ebenfalls familienfreundliche Unterkünfte sind neben der Jugendherberge die Ferienhäuser anderer gemeinnütziger Organisationen und Wohlfahrtverbände. Sie unterscheiden sich in ihrer

Organisation kaum von einer Jugendherberge, auch wenn sie nach unterschiedlichen Werten und Grundsätzen arbeiten, welche sie repräsentieren und dem Gast mit verschiedenen Aktionen und Freizeitaktivitäten vermitteln möchten.

Es gibt beispielsweise die Gemeinschaft »Christlicher Verein junger Menschen« (CVJM), entstanden aus dem englischen Pendant »Young Men's Christian Association« (YMCA) bzw. »Young Women's Christian Association« (YMCA). Aus diesen ursprünglich englischen Organisationen haben sich heute über hundert Nationalverbände weltweit entwickelt, die sich über den gesamten Globus erstrecken. Hauptsächlich verbreitet sind ihre preiswerten Gästehäuser in Europa und den ehemals britischen Kolonialländern (Internetadresse siehe im unteren Kasten).

Ein weiterer Verband, der Übernachtungshäuser, und auch Campingplätze, unterhält ist der »Verband NaturFreunde Deutschlands e. V.«. Diese gemeinnützige Organisation setzt sich aktiv für den Umweltschutz und einen sanften Tourismus ein. Ihre Häuser und die der internationalen Dachorganisation »Naturfreunde Internationale (NFI)« findet man hauptsächlich in Europa (Internetadresse siehe Kasten).

Alles über Jugendherbergen international findet man unter:
> www.hihostels.com (offizielle Webpage des Verbandes Hostelling International).

Über Mitgliedschaft, nationale und internationale Jugendherbergen informiert das DJH deutsche Jugendherbergswerk im Internet unter:
> www.jugendherberge.de.

Gemeinnützige Organisationen und Verbände, welche international Gästehäuser betreiben, findet man im Internet unter:
> www.ymca.int (Young Men's Christian Association)
> www.naturfreunde.de

## Bauernhof und B&B
### Urlaub auf dem Bauernhof

Der Bauernhof ist ebenfalls eine ideale Unterkunft für Familien mit Kindern. Das Landleben mit allem, was da kreucht und fleucht, muht und mäht, scharrt und grunzt, ist für Kinder ein großer Spaß. Da Bauernhöfe meist abseits und ruhig gelegen sind und Tiere sowieso eine große Rolle für die Kinder spielen, ist der Bauernhof eine ausgezeichnete Möglichkeit, erholungssuchende Eltern und unternehmungsfreudige Kinder unter einen Hut zu bringen. Die Kinder können sich meist frei bewegen, und es gibt immer etwas Neues zu entdecken. Die Eltern dagegen finden viele Freiräume und Ruhe, wenn der Kontakt zum Bauern herzlich ist und die Kinder für die Zeit des Aufenthalts zum Inventar (oder eigenen Viehbestand) gezählt werden. Auf Bauernhöfen leben oftmals Kinder, mit denen man sich vielleicht anfreunden kann.

Oft ist es jedoch so, dass Bauernhöfe, die auf ländlichen Tourismus setzen, mittlerweile schon pauschalreiseähnliche Züge angenommen haben. Sie sind in Verbänden organisiert, nennen sich Ferienhöfe und sind über große Reiseveranstalter buchbar, mit allem Brimborium, was eine Pauschalreise so ausmacht. Da werden den Kindern diverse Freizeitaktivitäten angeboten wie Ponyreiten, Brotbacken, Kühemelken und Ausmisten, den Erwachsenen erwarten Wellness, Golf-, Reit- und Kreativitätskurse und noch vieles mehr. Und das natürlich nicht umsonst. Rechnet man genau und überlegt, wird man feststellen, dass ein Pauschal-Bauernhof-Urlaub im Schwarzwald nicht billiger ist als eine Mallorca Reise in einem All-Inclusive-Clubhotel.

Daneben gibt es aber noch zahlreiche nicht organisierte Landwirte und Hofbetreiber, die Familien, auch weiterreisende, gerne aufnehmen und bewirten – zu den üblichen Preisen, die der Übernachtungsart, die sie anbieten, entsprechen.

Angeboten wird auf einem Bauernhof meist jede nur erdenkliche Übernachtung: vom normalen Zimmer (auch nach B&B-Art) über die Ferienwohnung bis hin zum Campieren oder

Schlafen auf dem Heuboden. Selbst wenn der Bauernhof keine Touristen beherbergt, kann es sich lohnen, nach einer Unterkunft (Schlafen in der Scheune oder Campen auf den Hofwiesen) zu fragen. In den meisten Ländern Europas, ganz Amerikas, in Australien und Neuseeland wird man bei der Nachfrage nach einer Übernachtung auf abgelegenen Farmen und Höfen selten abgewiesen (mit Kindern schon gar nicht). Meistens darf man zumindest sein Zelt aufstellen. Dafür kann man sich dann mit einer Geldspende, tatkräftiger Mithilfe oder der landesüblichen Übernachtungspauschale bedanken.

Organisiert, aber dennoch nicht als pauschal zu bezeichnen sind die immer zahlreicher werdenden Bio-Bauernhöfe, die auf Touristen als freiwillige Helfer praktisch angewiesen sind, um überhaupt wirtschaftlich arbeiten zu können. Diese Helfer nennt man dann »WWOOFer« (Willing Worker on Organic Farms), auf Deutsch: freiwillige Arbeiter auf ökologischen Bauernhöfen. Auf diesen Höfen arbeitet man gegen Kost und Logis, ohne einen Cent zusätzlich zu bezahlen. Bei Familien mit Kindern wird man manchmal eine kleine Pauschale zahlen müssen für den Elternteil, der nicht arbeiten kann, weil er die Kinder beaufsichtigt. Sind die Kinder älter oder können beide Eltern über den Tag verteilt abwechselnd arbeiten, muss oftmals auch kein Obolus gezahlt werden. Auch wenn meist junge Traveller und Abenteurer »WOOFFen«, so wird diese puristische Art des Übernachtens und kurzzeitigen Verweilens von immer mehr Familien geschätzt, da sich hierbei der Kontakt zur Bevölkerung eines Landes praktisch von selbst herstellt und die Kosten für die gesamte Reise gering gehalten werden. Bei Langzeitreisen ist es eine beliebte Form des Lebens im Gastland, wenn die Reise eine Pause benötigt.

WOOFen mit Kindern ist allerdings nicht auf allen Höfen möglich. Nähere Auskünfte darüber, wo man mit Kindern WOOFen kann, erhält man bei den zuständigen Organisationen und direkt bei den Höfen. Mittlerweile kann man fast in ganz Europa WWOOFen.

Weitere Informationen erhält man unter:
> www.wwoof.org/europe

WWOOFer-Organisationen:
> WWOOF Deutschland
Freiwillige Helfer auf ökologischen Höfen e.V.
Postfach 210259
01263 Dresden
Internet: www.wwoof.de

Die deutsche WWOOFer-Organisation listet Adressen von nationalen WOOFFer-Organisationen im Ausland (weltweit: von Argentinien über Korea bis USA).

Über WWOOF Australia (www.wwoof.com.au) kann man eine Liste der Länder und Höfe erhalten, die nicht in einer WWOOFer-Organisation vertreten sind, und natürlich ein Verzeichnis (The Australian WWOOF Book) über die eigenen Bio-Höfe.

### Private Unterkunft – Bed and Breakfast (B&B)

»Bed and Breakfast« (zu Deutsch: Bett und Frühstück) wird hauptsächlich von Privatpersonen angeboten. Hier handelt es sich um eine altenglische Form der Gastfreundschaft, die sich mittlerweile auf dem gesamten Globus ausgebreitet hat. Bei dieser Übernachtungsform werden meist in der Privatwohnung (aber nicht immer) ein oder mehrere Zimmer zum Übernachten angeboten und zusätzlich ein Frühstück im Esszimmer des Vermieters serviert. Entscheidet man sich für »Bed and Breakfast« mit Kindern, sollte man nicht vergessen, dass man in den Lebensraum des Gastgebers eindringt. Oft sind solche Häuser sehr geschmackvoll eingerichtet und werden von den meist älteren Besitzern äußerst liebevoll gehegt und gepflegt. Man bietet seine eigenen vier Wände für Gäste an, um vielfältige Kontakte zu pflegen und sich mit der Welt kulturell oder politisch auszutauschen. Dies spricht schon einmal für sehr aufgeschlossene Menschen, aber dennoch sollte man gewisse Benimmregeln einhalten, um diese Gastfreundschaft nicht überzustrapazieren. Dies ist, wie wir alle wissen, mit Kindern – vor allem wenn sie noch kleiner sind – oft schwierig. Natürlich ist es auch vom Alter des Gastgebers und dessen Familienstand abhängig, wie kinderfreundlich das Ambiente ist. Haben die Vermieter selbst Kinder, vielleicht sogar noch im gleichen Alter, kann B&B eine tolle Sache sein und die beste Möglichkeit, mit der Bevölkerung in Kontakt zu kommen. Was aber, wenn der eigene Spross während des Frühstücks die Perserkatze der altehrwürdigen Lady des Hauses quält oder deren feinstes englisches Porzellan auf seine Bruchfestigkeit testet? Diese Probleme sollte man immer im Auge behalten, wenn man sich unterwegs für ein B&B entscheidet. Bei Rundreisen ist diese Übernachtungsform weniger geeignet, da meist ein längerer Aufenthalt erwünscht ist (Ausnahmen der Regel gibt es natürlich auch hier). Das klassische B&B findet man hauptsächlich in Europa, Nordamerika, südliches Afrika, Australien, Neuseeland, Japan, und überall dort, wo es britische Kolonien gab.

## Berg- und Schutzhütte

Bei Rad- aber hauptsächlich Wandertouren ist man oftmals auf Berg- oder Schutzhütten als Übernachtungsstätte angewiesen. Reist man alleine, nimmt man den Schlafplatz, den man angeboten bekommt, dankend an, stellt keine weiteren Fragen und legt seine müden Knochen zur Ruhe. So einfach ist das! Der Nachbar links schnarcht, der rechts zieht einem ständig die Decke von den Füßen und irgendwo hört man Geräusche, die dem Verdauungsorgan eines Mitschläfers zuzuordnen sind. Matratzenlager haben ihren ganz besonderen Scharm, von dem es einiges zu berichten gibt, was hier aber nicht weiter erörtert werden soll.

Mit Kindern in solchen Nachtlagern zu schlafen, ist zwar generell möglich, jedoch nicht unbedingt eine wahre Freude – weder für die Kinder noch für andere Anwesende. Matratzenlager, bei denen einfach Räume mit Matratzen ausgelegt werden oder Bett an Bett steht, findet man oft auch in Jugendherbergen oder billigen Hos-

tels. Charakteristisch sind die Platz sparenden Massenschlafräume mit Kuschelfaktor jedoch für Berg- und Schutzhütten.

Die einzelnen Hütten und Häuser in den Wandergebieten der verschiedenen Länder sind in ihren Ausstattungen und Einrichtungen sehr unterschiedlich, sodass hier nur der kindgerechte Aufenthalt in den Hütten generell dargestellt und der Unterschied zwischen bewirtschafteten und unbewirtschafteten Hütten erläutert werden soll.

In den Alpen und europäischen Wandergebieten (z. B. entlang der Fernwanderwege) sind die bewirtschafteten Übernachtungshütten meist gut bis luxuriös ausgestattet und nehmen oft hotelähnliche Züge an. Es besteht oftmals die Möglichkeit, einzelne Zimmer (z. B. ein Vierbettzimmer) für die ganze Familie zu mieten. Solche Separees sind preislich natürlich höher als die Massenunterkunft in der Sardinenbüchse. In der Praxis wird von den nationalen Wanderverbänden (Deutscher Alpenverein, norwegischer Wanderverein usw.) eine Separierung der Familien in abgetrennten Schlafräumen empfohlen oder sogar angeordnet, aber umsetzbar ist diese Regelung dann doch nicht immer. Zimmer mit wenigen Schlafplätzen sind verständlicherweise immer rar und bedürfen, gerade in der Hauptsaison, einer langen vorherigen Reservierung oder verbindlichen Buchung (das gilt weltweit für alle bewirtschafteten Hütten in stark frequentierten Wandergebieten). Eine flexible Tagesplanung bei Wandertouren ist hiermit nicht mehr möglich. Möchte man beweglich bleiben und kann keine Buchung oder Reservierung vorweisen, wird man meistens, gerade in Hochzeiten, auch mit Kindern ein Massenlager zugewiesen bekommen.

Der große Nachteil bei dieser Unterkunftsart für kleine Kinder ist, dass keine allabendlich gleiche Schlafstätte garantiert ist und zusätzlich die optische und akustische Störung im Schlafraum sehr hoch ist. Gibt es Stockbetten, kann man mit den vorhandenen Decken (die ohnehin nicht mit Perwoll gewaschen sind) den Schlafbereich des Kindes zumindest optisch abgrenzen.

In einer »Höhle« schlafen die meisten Kinder gerne – was nicht heißt, dass es einfacher ist, sie dort auch wirklich zum Schlafen zu bewegen. Das kommt immer auch auf die Betriebsamkeit an. Nehmen andere Wanderer Rücksicht auf Kinder, so ist dies schön, aber man kann es nicht erwarten. Ein müder Wanderer fühlt sich ja auch gestört, wenn die halbe Nacht ein Baby schreit. Ganz kleinen Mäusen kann man ein Mini-Zelt aufbauen (im Babyfachhandel erhältlich) und den Schlafbereich so ein wenig abgrenzen. Dies sind allerdings nur begrenzte Möglichkeiten, die dem Kind den Aufenthalt in einem Matratzenlager erträglicher gestalten sollen, jedoch keine wirklichen Einschlafhilfen. Eine bevorzugte Behandlung als Familie kann man auch von den Gastwirten nicht erwarten. Zwar ist es häufig so, dass eine einvernehmliche Lösung, die allen Gästen gerecht werden soll, angestrebt wird, d. h. dass vielleicht ein anderer Reisender sein Zimmer mit Ihnen tauscht. Aber auf so viel Mitmenschlichkeit und Zugeständnisse gegenüber reisenden Familien mit kleinen Kindern kann man in der Regel nicht bauen.

Bei unbewirtschafteten Häusern und Schutzhütten gibt es in der Regel keinen Hütten-Chef. Hier ist man noch stärker auf die Mitmenschlichkeit und Toleranz der anwesenden Gäste angewiesen. Da solche Hütten meisten fernab jeglicher Zivilisation zu finden sind, herrscht unter den eingefleischten Wanderern oft eine gute, gemeinschaftliche Atmosphäre. Hier kann man häufiger auf Wohlwollen oder Verständnis treffen, wofür es aber keine Garantie gibt. Es existieren oft auch keine verbindlichen Hüttenregeln, die ein friedliches Nebeneinander der einzelnen Wanderer garantieren. Und wenn es sie gibt, wer sollte deren Einhaltung überwachen? So kann es auch hier mitunter schwierig sein, kleinen Kindern die Gegebenheiten erträglich zu gestalten. Die Einrichtungen von Schutzhütten in der Wildnis sind meist sehr spärlich bis puristisch, haben aber dafür einen abenteuerlichen Charme. Ältere Kinder fühlen sich wie wilde Indianer oder Lederstrumpf auf seinen Streifzügen und erleben das gemeinsame Kochen und ein-

fache Leben auf diesen Hütten als etwas ganz besonderes. Oft gibt es nur einen Holzofen, der Wärme verbreitet, gekocht wird auf einfachen Gas- oder Holzöfen, und am Abend ist Kerzenlicht die einzige mögliche Lichtquelle.

Ein weiterer Nachteil hier ist, dass solche Hütten seltener über abgetrennte Schlafräume verfügen als bewirtschaftete Hütten und es durchaus sein kann, dass sich alles in einem einzigen Raum abspielt.

Mit kleinen Kindern ist es sicherlich nicht immer einfach, in den Matratzenlagern der Berg- und Schutzhütten zu übernachten. Größere Kinder dagegen bereitet es meist viel Spaß und es kommt ihrer Abenteuerlust entgegen. Sie haben auch weniger Probleme mit den nächtlichen Ruhestörungen, sondern amüsieren sich eher über den pupsenden Nachbarn.

Der Deutsche Alpenverein bietet in Zusammenarbeit mit dem Österreichischen und Italienischen Alpenverein die Informationsbroschüre »Mit Kindern auf Hütten« zum kostenlosen Herunterladen im Internet an. Dort werden bewirtschaftete und unbewirtschaftete Berghütten in den Alpen (Bayern bis Südtirol) vorgestellt, die auf ihre Familientauglichkeit unter Bezugnahme familienrelevanter Bedürfnisse getestet wurden und nach dieser Qualitätsprüfung ein Prädikat für ausgesprochene Familienfreundlichkeit erhielten. Zu beziehen ist diese Broschüre online unter www.alpenverein.de.

Gute Informationen über die Standorte alpiner Hütten findet man im Internet unter:
> www.alpenverein.at

Gute Informationen über Hüttenwanderungen in Norwegen findet man, ebenfalls im Internet, unter:
> www.huettenwandern.de

## Zelten mit Kindern
Erinnern Sie sich noch an die verlassenen Nächte auf wabbeligen Luftmatratzen in miefigen jur-

teähnlichen Großzelten? Der Geruch nach ungewaschenen Strümpfen und verkohlter Kleidung liegt in der Luft. Die Sehnsucht nach Mamas liebevollem Zu-Bett-geh-Ritual und das Gefühl von Einsamkeit im Kopf lässt einen nicht einschlafen. Aber vielleicht sind es auch die Regentropfen, die einem unaufhörlich auf die Haare tropfen, oder der Nachbar, der im Schlaf immer näher rückt, ebenfalls auf der Suche nach Wärme und Geborgenheit.

Die Erfahrungen der meisten Erwachsenen mit dem Thema Zelten liegen lange zurück. Ob es nun die Jahre im Kreise der tugendhaften Pfadfinder waren oder die Zeltlager der verschiedenen Vereins- oder Schulgruppen – es liegt Lichtjahre entfernt und in der Erinnerung erfüllen die Erlebnisse so manchen nur mit Grauen und manchmal sogar mit Ekel. Von wegen Zeltlagerromantik! Nur echte Cowboys finden es cool, auf dem nackten Boden neben einem stinkenden Feuer, nur mit einer schäbigen Decke bedeckt, zu schlafen und dem Ruf des einsamen Kojoten zu lauschen. Auch das ist eine Art des Campierens, wie sie uns durch schlechte Westernfilme schon in frühester Kindheit suggeriert wurde. Doch glauben Sie mir: Das heutige Zelten ist ganz anders als in Ihrer Erinnerung. Es ist Abenteuer und Behaglichkeit zugleich. Es spendet Wärme inmitten der Kälte der Nacht. Es gibt ein Gefühl von heimatlicher Geborgenheit in der fremden und manchmal unheimlichen nächtlichen Natur. Zelten ist Abenteuer! Und das vor allem für Kinder. Es ist eine sehr kinderfreundliche Übernachtungsart, auch wenn dies auf Anhieb nicht jedem, der keinerlei Erfahrung damit hat, einleuchtet. Zelten hat gravierende Nachteile, aber eben auch wunderbare Vorteile, und bei keiner anderen Art zu nächtigen scheiden sich die Geister stärker als beim Zelten. Es gibt eigentlich nur Verfechter oder Gegner. Dazwischen ist nicht viel Platz für missionarische Argumentationen. Auf beiden Seiten.

Im Bereich der Outdoorindustrie hat sich in den letzten 20 Jahren ein Markt entwickelt, der Seinesgleichen sucht. Selbst in konjunkturschwachen Jahren verzeichnete die Branche Zu-

wächse im zweistelligen Prozentbereich. Das Zelten als Freizeitgestaltung und das dazugehörige Equipment haben einen Quantensprung nach vorne gemacht. Vorbei sind die Zeiten, als Luftmatratzen nach einer halben Nacht schon die gesamte Luft entwichen ist, als Zelte noch aus schweren Baumwollstoffen hergestellt wurden und ein heftiger Regenschauer sie in einen Swimmingpool verwandelte. Das heutige Outdoor-Equipment hält in seiner Qualität und Funktionalität den widrigsten Naturerscheinungen stand. Es erleichtert nicht nur Polarforschern und Expeditionsreisenden das harte Leben in der Natur, sondern auch ganz normalen Familien, die ihren Urlaub draußen verbringen möchten. Eine hochwertige Ausrüstung ist der Schlüssel für erfolgreiche Campingtouren mit der Familie. Ohne eine dem Reiseziel angepasste Ausrüstung kann das Zelten aber auch zu einem Desaster werden. Deshalb sollten sich alle Familien, die wenig bis keine Erfahrung mitbringen, vor einer geplanten Campingreise fachlich gut beraten lassen und eine Ausrüstung wählen, die den Bedürfnissen der Familie und dem geplanten Reiseziel gerecht wird. Eine hochwertige Campingausrüstung ist leider nicht billig und amortisiert sich nur dann, wenn sie mehr als einmal verwendet wird (→ »Ausrüstung für unterwegs«, S. 150).

Zelten ist deshalb kindgerecht, weil es einen Hauch von Abenteuer in sich birgt, und das lieben Kinder. Es ist für sie aufregend, in einem Zelt zu schlafen, die Geräusche der Nacht zu hören und Schattenbewegungen im Lichtschein zu verfolgen. Es kribbelt im Bauch, wenn Fußschritte näher kommen, Tiere ums Zelt schleichen und der Wind die Zelthaut in Bewegung versetzt. Die Fantasie der Kinder wird beflügelt und lässt sie wohlig schaudern. An Schlafen ist aber erst mal nicht zu denken. Sollten Sie noch unerfahren im Campieren sein, gewöhnen Sie Ihre Kinder erst an die neue Übernachtungsart, bevor Sie eine längere Reise antreten. Nur Kinder, die mit dem Zelt vertraut sind, können auch entspannen und es als vertraute Schlafstätte betrachten. Sie

Campingplatz unter der Erde in Coober Pedy, Australien

schlafen dann ohne Probleme ein, auch wenn es heller und lauter ist als im gewohnten Bett. Der Vorteil des Zeltens besteht hauptsächlich darin, dass es die einfachste und gleichzeitig *preisgünstigste* Möglichkeit ist, Kindern bei Individualreisen eine immer gleich bleibende Schlafstätte zu ermöglichen. Das Zelt ist zudem der kindersicherste und gemütlichste Schlafplatz überhaupt. Und es ist einfach, in diesem überschaubaren Raum Gefahren für kleine Kinder abzuwenden. Das Zelt eignet sich als Schlaf- und Spielstätte zugleich. Es ist Spiel- und Tummelplatz für die Kleinsten und vor allem ein kuscheliges Nest, in dem sie mit den Eltern gemeinsam in beruhigendem Körperkontakt einschlafen können. Die Familie schläft an der frischen Luft, was gesundheitsfördernd ist, und wird dennoch vor Regen, Wind und Kälte geschützt. Zelten ist flexibel und unkompliziert. Eine aufwändige allabendliche Quartiersuche entfällt ebenso wie das Anpassen an fremde oder schmuddelige Schlafstätten.

Campingplätze können Kindern mehr Spielraum bieten als jede andere Übernachtungsstätte. Sie verfügen in der Regel über ein großes Terrain, auf dem sich die Kleinen austoben können. Viele Campingplätze weltweit haben sich mittlerweile auf Familien mit Kindern als Übernachtungsgäste eingestellt und verfügen über kindgerechte Sanitäranlagen, Spielplätze im Freien und manchmal sogar Spielräume für schlechte Tage. Campingplätze haben sich in vielen Ländern zu Freizeitanlagen entwickelt, die in organisierten, manchmal sogar länderübergreifenden Campingketten zusammengeschossen sind und einem Clubhotel in nichts nachstehen – nur dass eben noch gezeltet werden kann. Es gibt in solchen Ferienanlagen alle nur erdenklichen Übernachtungsarten, vom Zelten bis hin zum Übernachten in einem fest stehenden Caravan oder Ferienhaus. Man findet Ausstattungen und Anlagen für gehobene Ansprüche und Freizeitangebote, die bis hin zu Kinderbetreuung und Animationsprogramm für Erwachsene reichen.

Für Kinder ist auf Campingplätzen die Kontaktaufnahme zu gleichaltrigen Genossen kinderleicht. Oft kann es sogar schwierig werden, den Nachwuchs im Auge zu behalten bei dem Gewusel, das auf manchen Großplätzen herrscht. Es gibt aber auch ruhige, heimelige Plätze inmitten der Natur mit weniger Komfort, aber einer traumhaften Atmosphäre. Die Ausstattungen und Standards der Zeltplätze und Campinganlagen hängen stark von der Campingkultur eines Landes ab, sind aber selbst national in ihrer Qualität oftmals sehr unterschiedlich.

Es ist durchaus verständlich, dass jemand, der seine Campingerfahrung bisher ausschließlich in Deutschland sammeln konnte, einen solchen Urlaub mit Kleinkindern infrage stellt. Deutschland ist nicht gerade ein paradiesisches Campingland. Die Annehmlichkeiten für einfache Zeltreisende sind auf den meisten Plätzen sehr dürftig, die Parzellen fast immer klein und auf Tuchfühlung mit dem nächsten Nachbarn. Anlagen für Selbstversorger und Reisende, die bei schlechtem Wetter auf ein Dach angewiesen sind, fehlen fast immer. Wesentlich komfortabler lässt es sich in Ländern reisen, in denen die Campingplätze auf Zeltreisende und ständig wechselnde Gäste eingestellt sind. Dazu zählen hauptsächlich die skandinavischen Länder Norwegen, Schweden, Finnland und Dänemark, ebenfalls die USA, Kanada, Australien und natürlich Neuseeland. Hier sind Ausstattungen wie Küchen mit Kühl- und Gefrierschränken, Speise- und Aufenthaltsräume, überdachte Picknickareale sowie Bänke und Tische auf dem Gelände ein ganz normaler Standard. Daneben sind die Stellflächen für Zelte im direkten Vergleich zu Deutschland riesig. Den nächsten Nachbarn kann man fast immer auf einem angenehmen Abstand halten, womit sich auch der ungewollte Kuschelfaktor in Grenzen hält.

Privat geführte Plätze verfügen in der Regel über keine einheitlichen Standards. Campingketten dagegen haben oft einheitliche Ausstattungs- und Reinlichkeitskriterien, auf die hin alle Plätze einer Prüfung unterzogen werden. Das heißt aber nicht, dass ausschließlich solche Plätze hohen Erwartungen in puncto Sauberkeit und Freizeitangebot gerecht werden. Auch kleine privat geführte Plätze können oft mit einem familienfreundlichen Angebot und gepflegten Anlagen aufwarten. Es sind nicht immer nur die großen und teuren Plätze, die möglichst viele Erwartungen erfüllen. Alle Erwartungen, die man als Eltern an einen Campingplatz stellt, werden sich nirgends erfüllen lassen. Das ist beim Hotel ja auch nicht möglich. Mit irgendeiner Unannehmlichkeit wird man sich immer arrangieren müssen. Es ist manchmal auch Glücksache, welchen Campingplatz man wo vorfindet. Eltern sollten bei der Wahl des Platzes (sofern man eine Wahl hat) jedoch auf einige wichtige Kriterien achten, die teilweise nicht auf Anhieb ersichtlich sind, aber für einen angenehmen Aufenthalt entscheidend sein können. Damit werden auch die Nachteile des Zeltens angesprochen, und wie man damit umgehen kann:

Der größte Nachteil beim Zelten ist die oft nicht vermeidbare Geräuschkulisse der Umgebung. Aus Erfahrung fühlen sich aber mehr die Eltern belästigt als die Kinder selbst. Sind diese wirklich müde, können sie auch dann einschlafen, wenn im Nachbarzelt eine Party stattfindet. Einen lauten Campingplatz kann man aber schon am Tage leicht enttarnen. Sehen Sie sich den Platz gut an und erkunden seine Lage. Liegt er direkt an großen Ausfallstraßen oder gar in Autobahnnähe, an Eisenbahnlinien oder in der Nähe zu Flughäfen (was in Großstädten sehr häufig der Fall ist, da billige Grundstücke), muss mit nächtlichem Verkehrslärm gerechnet werden. Campingplätze sind in Feriengegenden gehäuft anzutreffen. Liegen diese dann im Stadt-

zentrum, in der Nähe eines Seebads oder einer Uferpromenade mit Cafés und Restaurants, muss ebenfalls mit nächtlichem Treiben und Ruhestörung, ausgelöst durch Tanzabende und musikalische Veranstaltungen, gerechnet werden. Ist zu allem Überfluss noch Wochenende, kann man bis in den Morgen hinein »Oh la Paloma« mitsingen. Werden Sie auch aufmerksam, wenn größere Veranstaltungen wie Konzerte in der Stadt angekündigt sind. Dann müssen Sie auf Campingplätzen vermehrt mit jugendlichen Gruppen rechnen, die ja während den oft mehrtägigen Events irgendwo schlafen müssen. Da Jugendliche meist über wenig Geld verfügen, sind Campingplätze ihre bevorzugten Übernachtungsreviere. Campingplätze in erster Reihe und zentral bester Lage werden von vielen Dauergästen und Partyhungrigen bevorzugt. Sie sind während der Sommermonate hoffnungslos überfüllt und unbeschreiblich laut. Wählen Sie also lieber einen Platz nicht direkt am Puls des touristischen Geschehens und nehmen dafür in Kauf, evtl. auf ein Auto angewiesen zu sein. Innerhalb der Städte und Dörfer können auch nicht vorhersehbare lokale Feierlichkeiten wie Hochzeiten, Vereinsfeiern oder einfach nur die Glocken einer christlichen Kirche in der Nähe oder der Schrei des Muezzins einem den Schlaf rauben. Die ruhigsten Campingplätze sind meist kleine, privat geführte Anlagen zwischen den Ortschaften oder staatliche Plätze inmitten der Natur (z. B. in Nationalparks), die zwar meist über wenig bis keinen Komfort oder kindgerechte Anlagen verfügen, dafür aber himmlisch ruhig gelegen sind. Über die Lautstärke und das nächtliche Treiben entscheiden maßgeblich auch die kulturelle Lebensweise der Bewohner eines Landes und das Temperament der Gäste. In südlichen Gefilden geht es demnach meistens geräuschvoller zu als im hohen Norden.

Seinen Zeltplatz sollte man auch innerhalb der Campinganlage mit Bedacht auswählen. Oft wird einem ein Platz durch das Personal zugewiesen. Gefällt Ihnen dieser nicht und Sie sehen schon Dinge, die Ihnen missfallen, lassen Sie sich nicht mit Ausreden, es wäre der einzig freie

Platz, abspeisen. Aus Erfahrung halten Campingplatzbetreiber immer den einen oder anderen meist sehr begehrten Platz für besondere Gäste frei. Verfügt der Campingplatz nur über Parzellen, reden Sie mit anderen Gästen, auf deren Parzelle noch genügend Platz ist, und fragen nach, ob Sie nicht den Platz gegen Kostenbeteiligung gemeinsam nutzen können. Natürlich nur, wenn Ihnen die Leute angenehm erscheinen. Können Sie Ihr Zelt aufstellen, wo Sie möchten, so wählen Sie einen Platz, von dem aus Sie einen guten Überblick über das Campinggelände haben, der aber so weit von den Gemeinschaftsanlagen entfernt liegt, dass Sie nachts nicht ständig gestört werden. In unmittelbarer Nähe zu Sanitäranlagen finden immer nächtliche Prozessionen blasenschwacher Artgenossen statt. In der Nähe zu Wasch-, Spülhäusern und Aufenthaltsräumen sammeln sich Traveller zu spätabendlichen Diskussionsrunden, und wenn Sie gleich neben dem Spiel- oder Bolzplatz Ihr Zelt aufstellen, können Sie zwar tagsüber Ihre Kinder bequem beobachten, müssen aber auch mit jugendlichen Ruhestörern rechnen, die mitten in der Nacht nach übermäßigem Alkoholgenuss das Kleinkind in sich wieder entdecken. Sehen Sie sich auch Ihre Nachbarschaft in unmittelbarer Umgebung genau an. Oft kann man schon am Mittag erkennen, wenn am Abend eine Sause ansteht.

Neben der Lärmbelästigungs-Prävention sollte man auch nach optischer Belästigung Ausschau halten. Campieren Sie direkt unter einer Lampe, wird das Innenzelt schnell zur hell erleuchteten Bühne. In der Nähe von Gemeinschaftseinrichtungen stehen oft besonders viele Lampen oder gar Halogenstrahler. Auch Spiel- und Bolzplätze werden oft nachts mit diesem unangenehmen Licht erhellt.

Vor dem Aufstellen eines Zeltes sollte man auch die Himmelsrichtung ermitteln. Steht die Behausung so, dass schon mit Sonnenaufgang die wärmenden Strahlen ins Zelt dringen können, beginnt der Tag etwas früher als geplant – mit einem ungewollten Saunagang (ohne Aufguss).

Mit etwas Umsicht und Erfahrung kann man also viele störenden Elemente vorzeitig erkennen und ihnen aus dem Weg gehen. Die Gewähr für erholsame Nächte hat man aber dennoch nicht.

Ein weiterer großer Nachteil des Zeltens ist die Wetterabhängigkeit. Unbestritten ist Zelten bei Regen, Sturm oder Kälte nicht angenehm – erst recht nicht mit Kindern! Wenn schlechtes Wetter herrscht, bei dem man nicht einmal seinen Hund vor die Türe schicken würde, ist es keine Freude, mit Kindern in einem Zelt längere Zeit auszuharren. Es wird zu einer Geduldsprobe und echten Herausforderung in puncto Flexibilität und Kreativität der Eltern. Wie überstehe ich schlechtes Wetter in einem Zelt mit Kindern? Nachts ist das kein Problem, da schlafen alle. Doch schon am Morgen, wenn die Kleine sagt »Ich muss mal Pippi machen« und draußen regnet es in Strömen, wird es schwierig. Für solche Fälle sind ein Nachttopf oder Eimer ideal, möchte man nicht in voller Regenmontur nach draußen und das Kind anschließend wieder aus den nassen Kleidern schälen. Auch das gemeinsame Essen in einem kleinen Zelt bei Regen verlangt nach akrobatischen Einlagen. Für solche Ausnahmesituationen sind Zelte, bei denen man das Innenzelt aushängen und gleich samt »Bett« verpacken kann, praktisch. So erhält man schnell und ohne nass zu werden mehr Raum, in dem man sich aufhalten kann. Ein Regentag mit Kindern im Zelt kann furchtbar lang werden. Für solche Fälle sollte man immer geeignete Spiele dabei haben und genug Fantasie besitzen, diese zeitfüllend einzusetzen. Bücher werden aufgereiht und in einem Buchladen verkauft, oder sie werden selbst zu Zelten aufgestellt, in denen die Spielfiguren eines Gesellschaftsspieles Unterschlupf finden. Es gibt vielfältige Fantasieszenarien, die mit zweckentfremdeten Spielsachen dargestellt werden können. Mit Tanzeinlagen oder einer Zirkusvorstellung können Kinder (bedingt) ihren Bewegungsdrang ausleben. Es gibt vieles, mit dem man in Notsituationen die Zeit mit Kindern überbrücken kann, aber es ist niemals eine Freude und bringt Eltern wie Kinder sehr schnell an ihre Belastungsgrenzen. Deshalb sollte man bei schlechtem Wetter schnell nach einer Möglichkeit suchen, die prekäre Lage zu entschärfen (→ »Das alles entscheidende Kriterium Wetter«, S. 285).

**Achtung:** Ein Campingplatz bietet Kindern viel Platz zum Toben und Spielen. Dennoch sollte man kleine Kinder auf Campingplätzen im Blick behalten, wenn man nicht weiß, was sich hinter der nächsten Hecke befindet. Gefahren bestehen für Kinder, insbesondere Kleinkinder, immer. Das kann ein Fluss sein, der durch das Grundstück fließt, ein Fischteich, eine steile Treppe bei Terrassenplätzen, abschüssiges Gelände oder steil abfallende Klippen am Rande des Platzes. Auch die Sanitär- und Gemeinschaftsanlagen sind nicht kindersicher, oder sicher vor kindlicher Neugierde.

**Tipp:** Eine gute Infrastruktur fürs Campen findet man in den meisten Ländern Europas, in Nordamerika, Australien und Neuseeland. Ferner gibt es kommerzielle Campingplätze, wenn auch oftmals sehr einfach ausgestattet, in Mittel- und Südamerika (die meisten in Chile und Argentinien), in Japan und in Afrika in den Ländern Marokko, Tunesien (wenige), Namibia und Südafrika.

Zelten in der Wildnis ist eine wunderbare Art, die Nächte zu verbringen. Es ist fast immer ruhig, man ist mit sich und der Natur alleine und genießt das Abenteuer Zelten auf seine ursprünglichste und einfachste Weise. Möchte man mit Kindern wild zelten, sollte man allerdings schon etwas Outdoorerfahrung mitbringen. Eine gute Ausrüstung ist ein Muss, aber auch das Wissen um mögliche Gefahren, die sich durch den Aufenthalt in der freien Natur ergeben können, ist wichtig.

In einigen wenigen, schwach besiedelten Ländern ist das wilde Zelten von staatlicher Seite her noch erlaubt und in der Praxis problemlos möglich. Dazu gehören die Länder Skandinavi-

ens (Norwegen, Schweden, Dänemark und Finnland), Island, Alaska, Kanada, Chile, Argentinien, Australien und bedingt Neuseeland. Oft jedoch werden von staatlicher Seite Campmöglichkeiten für Touristen ausgewiesen, die aber meistens am Stadtrand oder in unmittelbarer Nähe zu Straßen liegen und nichts anderes sind als Park- oder Rastplätze mit einem Stück Wiese für Zelte oder Schotterflächen für Wohnmobile. Dort treiben sich häufig zwielichtige Gestalten herum. Es sind schlichtweg Plätze in einer unsicheren Umgebung. Einen schönen Zeltplatz in der Natur zu finden, der auch kleinen Kindern gerecht wird, ist schwierig. Es gibt in der Wildnis fast immer mehr Gefahren für sie als auf Campingplätzen (z. B. giftige oder wilde Tiere, unübersichtliches Gelände). Erwachsene müssen diese kennen und hinsichtlich dessen umsichtig einen Lagerplatz wählen. Schon die Suche nach einem geeigneten Untergrund kann zur berühmten Suche nach der Nadel im Heuhaufen werden. Viele schöne Flächen, die sich eignen würden, sind meist Privatland und eingezäunt. Möchte man auf Privatland zelten, sollte man vorher immer um Erlaubnis des Besitzers fragen. Dies gestaltet sich in der Praxis oft schwierig, wenn das Wohnhaus nicht in unmittelbarer Umgebung zu finden ist. Auch die Versorgung (fehlendes Trinkwasser) kann bei wildem Zelten zu einem Problem werden. Das Zelten in der freien Natur kommt in erster Linie für erfahrene Familien in Frage, die zu Fuß oder auf dem Wasser und abseits von Straßen und Siedlungen unterwegs sind. Je weiter man sich von der Zivilisation entfernt, umso einfacher wird es, geeignete Plätze zum Übernachten zu finden. Mit einem Auto oder Fahrrad gelangt man jedoch selten so tief in die Wildnis.

Wer das Zelten in freier Natur sehr schätzt und lieber abseits der kommerziellen Campingplätze nächtigt, dem seien auch die ausgewiesenen wilden Zeltplätze in den Nationalparks zu empfehlen. Sie verfügen meistens über Feuerstellen und Wasser (z. B. Flusslauf), ab und zu über Toiletten (oft Plumpsklos) und manchmal sogar Duschen (Kaltwasser). Selbstverständlich sollte man, egal ob man sich auf staatlich ausgewiesenen Wildcampingplätzen oder in der freien Natur befindet, seinen Platz immer so verlassen, wie man ihn vorgefunden hat, damit auch noch in ferner Zukunft der Aufenthalt in der Natur von den Regierungen der einzelnen Länder ermöglicht wird.

Nur unter Vorbehalt sollte man mit Kindern wild zelten in Ländern, in denen es ohnehin nicht üblich oder mit besonderen Gefahren verbunden ist (z. B. Länder mit einer hohen Kriminalität). Dafür gibt es strenge Verhaltensregeln zur Gefahrenabwehr, die man mit Kindern einfach nicht einhalten kann. Sich ruhig zu verhalten oder unsichtbar zu machen ist mit Kindern praktisch unmöglich. Zelten mit Kindern in Ländern, in denen diese Übernachtungsart nicht zur Kultur gehört, sollte man möglichst auf bewachten Arealen (→ »Reisen mit dem Wohnmobil – Übernachten mit dem Wohnmobil«, S. 92) oder mit dem Wissen und der Erlaubnis des Grundstücksbesitzers und in der sicheren Gemeinschaft eines Dorfes oder Gastgebers.

Zelten ist die günstigste Übernachtungsart, die es gibt. Schon für ein paar Euro kann man mit der ganzen Familie nächtigen. Doch Vorsicht: Großcampingplätze und Campingplatzketten haben oft deutlich höhere Preise als kleine Plätze und solche, die von öffentlicher Hand geführt werden. Wird nach Parzelle und nicht nach Übernachtungsart (Zelt oder Wohnmobil) und Personenanzahl abgerechnet, kann schon einmal ein einfaches Zelt fast genauso teuer werden wie der Aufenthalt mit einem noblen Wohnmobil. Zu Beginn der Reise sollte man lieber einmal mehr die Preise vergleichen, damit man einen Überblick über das landestypische Niveau erhält und nicht den ganzen Urlaub überdurchschnittliche Preise zahlt. Viele große Camping- und Ferienanlagen sind mittlerweile so teuer geworden, dass sie für Familien mit größeren Kindern (Vollzahlern) kaum noch preiswerter sind als eine Ferienwohnung oder Apartment. Für Campingketten gibt es oft Mitgliederausweise (Membercards), auf die es Preisnachlässe gibt, was

sich bei häufigem Besuch auszahlen kann. Diese sind bei den zugehörigen Plätzen oder im Internet erhältlich. Für manche Länder benötigt man einen nationalen oder auch internationalen Campingausweis, um überhaupt zelten zu dürfen (skandinavische Länder). Diese sind dann in den Fremdenverkehrsbüros der Länder, an jedem Campingplatz und im Internet erhältlich.

Wer sich in der freien Natur aufhalten möchte, es aber etwas luxuriöser mag, sollte ein Wohnmobil, einen Wohnwagen oder Campingbus in Erwägung ziehen. Diese besitzen grundsätzlich die gleichen Eigenschaften wie das Zelt in Bezug auf Kinderfreundlichkeit, sind aber angenehmer bei schlechtem Wetter und schützen besser vor Lärm und Helligkeit. Alles zu Wohnmobilreisen mit Kindern finden Sie unter »Reisen mit dem Wohnmobil« (S. 85).

> Viele weitere Informationen über Campingplätze und ihre Ausstattungen findet man im Internet unter:
> ❯ www.adac.de
> (offizielle Seite des ADAC mit Datenbank europaweiter Campingplätze)
>
> Weitere Datenbanken zum Finden von Campingplätzen weltweit sind:
> ❯ www.camping.de
> ❯ www.camperado.de

Interessante Campingaspekte und -plätze bieten die Campingführer »Cool Camping England«, »Cool Camping kids« und »Cool Camping Europe«. Die Bewertungen der Plätze erfolgen in diesen Führern nicht nach den gängigen Beurteilungskriterien wie Sauberkeit, Ausstattung des Platzes usw., sondern richten sich nach den persönlichen Bedürfnissen individuell Reisender. Die Plätze werden bewertet in Bezug auf Schönheit der Lage, Nähe zur nächsten Kneipe oder Individualität und Kreativität der Ausstattung und orientiert sich in erster Linie an Zeltreisenden. Zu beziehen sind diese Campingführer unter: www.coolcamping.co.uk (englisch).

# Reisebericht: Neuseeland

*»Licht und Schatten im Paradies«*
*Im Land der langen weißen Wolke (Christine Sinterhauf)*

Als die ersten Berge Neuseelands aus den dichten Wolkenbergen unter uns hervorspitzen, überkommt mich ein starkes und unbeschreiblich intensives Glücksgefühl. Es ist wie das Wiedersehen mit einem alten Bekannten oder das beglückende Empfinden, nach Hause zu kommen. Aotearoa – das Land der langen weißen Wolke – hat mich wieder!

Unser Start in Neuseeland verläuft dennoch nicht ganz nach Plan. Gleich am ersten Tag regnet es in Strömen und Clara (2 Jahre) bekommt am zweiten Tag hohes Fieber. Die Diagnose des indischen Arztes lautet Mundfäule (unweigerlich kommt mir das schlecht gespülte Geschirr in der australischen Jugendherberge in den Sinn). Nach vier Tagen ist unsere Tochter wieder fieberfrei, doch nun hat auch unser Sohn (fast 5 Jahre) zwei Tage Fieber. Neben den unvermeidlichen und zeitaufwändigen Arztbesuchen verbringen wir die unfreiwillige Auszeit damit, die Weiterreise zu organisieren. Ein sehr alter, aber durchaus fahrbereiter Toyota Corolla wird für 20 NZ$ (das sind ca. 12 €) am Tag gemietet, sämtliche Kleidung frisch gewaschen, Vorräte aufgefüllt und eine grobe Reiseplanung erstellt. Nach fast zwei Wochen Müßiggang treten wir endlich unsere Weiterreise an.

Unser erstes Ziel ist das Nordland. Der tropische Norden mit den höchsten Temperaturen erweist sich wettermäßig als äußerst

stabil. Seit wir Auckland verlassen haben, hat es keinen Tag mehr geregnet. Die Nordspitze Neuseelands ist zwar mit nur wenigen Sehenswürdigkeiten bestückt, diese sind dafür aber umso schöner. Allen voran die Südseestrände, deren weicher und besonders feiner, schneeweißer Sand ideal zum Bauen der schönsten Burgen und Schlösser ist. Es vergeht kein Tag, an dem wir nicht unbeschwerte Stunden am Meer genießen. Die nördlichste Spitze des Landes wird vom längsten Strand der Inseln dominiert. Der »Ninety-Mile-Beach« zieht sich fast bis zum Nordkap Neuseelands, an der sich die tasmanische See auf beeindruckende Weise mit dem endlosen Pazifik vereint. Die riesigen Sanddünen am Rande des größten Strandes Neuseelands wirken völlig deplatziert, wie aus der Sahara entstiegen und laden geradezu zum Sandboarden ein. Daneben werden wir nicht müde, die Pflanzenwelt zu bewundern. Zehn Meter hohe Bambushecken, 50 Meter hohe Kauririesen und Mangrovenwälder wechseln sich ab mit üppig wucherndem Urwald. Ein scheinbar unversehrtes Naturparadies präsentiert sich uns in den Nationalparks. Auf zahlreichen kleinen Wanderungen entdecken wir die landschaftliche Vielfalt des tropischen Nordens. Staunend erleben wir dicht bewachsene exotische Regenwälder und kämpfen uns mit imaginären Macheten durch das Unterholz. In

Neuseeland gibt es weder giftige Tiere noch solche, die auf andere Weise dem Nachwuchs gefährlich werden könnten. Muttis Puls geht deutlich ruhiger und Vati lässt seinen Nachwuchs wieder ungehindert durchs Gebüsch kriechen.

Ein ganz anderes landschaftliches Bild erwartet uns dagegen auf der Halbinsel Coromandel. Das Ferienparadies vieler Einheimischer ist mit seinen über weite Strecken kahl geschorenen, sprich abgeholzten Bergen keineswegs ansehnlich. Da trösten auch die zahlreichen wunderschönen und malerischen Südseestrände das Auge nicht mehr. Auf einer Anhöhe stehend blicken wir auf mehr als ein Dutzend Hügel und Berge, die frisch aufgeforstet werden. Ein großes Schild weist den Lesenden darauf hin, dass hier 20 000 neue Kauribäume gepflanzt wurden. Ungläubig blicken wir in die kahle Weite mit ihren unzähligen neu gepflanzten »Bartstoppeln«. Das sind doch mehr als 20 000 Bäume! Bei genauerer Betrachtung fällt auf, dass es sich um gewöhnliche Kiefern handelt; die 20 000 gepflanzten Kauribäume gehen in dieser Masse unter. Die Regierung suggeriert der Bevölkerung, und vor allem dem Touristen, dass etwas für den Erhalt der Natur getan wird. Doch leider muss ich feststellen, dass die kommerzielle Nutzung der Natur in Neuseeland in den letzten Jahren dramatische Züge angenommen hat. Natürlich gibt es auch viele Menschen in Neuseeland, die gegen diesen Trend arbeiten und leben. Aussteiger und naturbewusste Farmer, die ökologische Landwirtschaft betreiben, gibt es immer mehr auf den abgeschiedenen Inseln im Südpazifik. Doch im Vergleich zur Masse der normalen Bauern, die nicht zimperlich mit ihrer Natur umgehen, sind sie verschwindend gering. Man kann nur hoffen, dass die Bevölkerung langsamer wächst als die neu erschlossenen Baugebiete, die überall sprießen und für die verzweifelt Bauwillige gesucht werden.

## Maoriland

Für das teilweise nur mäßig schöne Coromandel werden wir auf unserer Weiterreise nach Napier entschädigt. Das »East Cape« mit seiner noch weitgehend intakten Natur und Einsamkeit ist das Land der Maori. Auch wenn die Nachkommen der ersten Siedler Neuseelands kaum noch etwas mit ihren Vorfahren gemeinsam haben, pflegen gerade in dieser einsamen und ursprünglichen Gegend noch viele der einstig polynesischen Einwanderer ihre fast vergessene Kultur. Sie sind weitgehend unabhängig, bewirtschaften ihr Land nach alten Traditionen und versuchen die kulturellen Rituale und Gesetze ihrer Vorfahren neu zu beleben. Wie alle Naturvölker jedoch, die in der Vergangenheit durch die Kolonialisierung »zivilisierter« Völker unterworfen wurden und deren Kultur dadurch mit den Jahrhunderten verkümmerte, leben auch die heutigen Maori zwischen den Welten und

Zeiten. Der Stolz auf ihre heroische Vergangenheit als kriegerische Seefahrer auf dem weiten Pazifik steckt noch in ihnen. Bis nach Südamerika erstreckte sich einst das große Reich der »Rapanui«, der sieg- und glorreichen Verwandten der Maori. In der heutigen Welt kämpfen sie jedoch gegen den Alkoholismus und die in ihren Reihen weit verbreitete Arbeitslosigkeit an. Es scheint wie zu Zeiten britischer Besiedlung ein Kampf zu sein, den viele Maori am Ende verlieren werden.

Einige europäischstämmige »Kiwis« (so nennen sich die Neuseeländer gerne selbst) raten uns ab, das »East Cape« zu bereisen, da in diesem Landstrich eine hohe Kriminalität herrscht. Wir lassen uns davon jedoch nicht abschrecken und werden dafür mit grandiosen unberührten Landschaften belohnt. Auf menschenleeren und von Treibholz übersäten Stränden hüpfen die Kinder durch seichte Wellen und werden nicht müde, alle Kostbarkeiten der Natur in ihr unbeschwertes Spiel miteinzubauen. Sie erschaffen Burgen, Schiffe und Verkaufsstände, sind Ritter, Piraten und Eisverkäufer. Wir Eltern genießen die Picknickpausen ebenso sehr wie die Kinder. Die Natur tut einfach allen gut.

Wir übernachten meistens auf den ausgewiesenen, sehr spartanisch ausgestatteten, Wildcampingplätzen des DOC (Department of Conservation) oder in der freien Natur. Wildes Zelten ist in Neuseeland zwar nicht mehr so einfach zu realisieren, doch hier im einsamen Maoriland am »East Cape« finden wir noch schöne

Wildcampingplätze und Farmer, die uns auf ihren Weiden übernachten lassen. Die Kinder finden unsere Sch(l)afplätze zwischen den wolligen, aber nicht gerade geselligen Zeitgenossen fantastisch und bewerfen sich voller Freude mit den unverdauten Hinterlassenschaften der Paarhufer. Was mich vor dieser Reise in hysterische Anfälle hätte ausbrechen lassen, nehme ich mittlerweile erstaunlich gelassen hin. Keep cool!

Mitten im Paradies liegen Höfe, kleine Dörfer und Siedlungen. Die meisten wirken düster und verlassen, mit vielen baufälligen Häusern, deren Türen und Fenster vernagelt dem trostlosen Schicksal des Verfalls preisgegeben sind. Auf der Suche nach einem geeigneten Rastplatz finden wir am Rande eines solchen Dorfes eine armselige, alte Schaukel und eine vom ewigen Salzwind verwitterte Holzbank. Für uns ein traumhaft schöner Rastplatz. Die Kinder schaukeln und spielen, wie immer in den letzten Tagen, mit dem was sie am und im Meer finden. Lautes Johlen und Kreischen durchbricht plötzlich diese friedliche Szenerie. Noch bevor wir sie sehen können, hören und spüren wir die mächtigen Schritte galoppierender Pferde, die über den Strand hinweg geradewegs auf uns zu laufen. Wie aus einer kitschigen Westernszene entsprungen reiten ein Dutzend halbstarke Männer laut grölend über den Strand. Nur, dass es sich bei den Reitern nicht um durchtrainierte Cowboys handelt, sondern um schwergewichtige Maori. Das Beben der weichen

Erde, durch die massigen Pferde-
körper ausgelöst, schreckt unsere
Kinder von ihrem Spiel auf. Clara
sieht die für sie riesigen Pferde
auf sich zukommen und erschrickt
zum ersten Mal in ihrem Leben
vor Tieren. Sie rennt schreiend
und weinend in meine Arme. Mir
ist sofort klar, von nun an wird sie
in die Lebensphase eintreten, in
der sie Angst vor großen Tieren
hat. Die Jugendlichen halten ihre
Tiere in einiger Entfernung von
uns an und steigen grinsend von
ihren Pferden. Ihr furchteinflößen-
der Eindruck, den sie bei unseren
Kindern hinterlassen haben,
scheint ihnen zu gefallen. Mit
ihrer typischen Kriegsbemalung
und der fülligen Körpermasse wirken sie auch auf mich nicht besonders friedfertig. Meinen Mann
jedoch scheint der einschüchtern-
de Auftritt dieser vorwitzigen Ureinwohner überhaupt nicht zu im-
ponieren. Mit unserer kleinen
Tochter auf dem Arm geht er zielstrebig auf die Pferde zu und
streichelt diese. Wie immer hat er
die natürliche Gabe, unüberwindbare kulturelle Grenzen einfach zu
ignorieren. Er verwickelt die Maori
in ein lockeres Gespräch, und für
Clara sind Pferde plötzlich nicht
mehr gefährlich, sondern höchst
interessant  – und für mich Maori
keine Menschen mehr, die kleine
Kinder essen.

### Von rauchenden Vulkanen, speienden Göttern und einem Kindergeburtstag

Im Inland der Nordinsel regieren
mächtige Götter. Nein, nicht die
Bösewichter von »Middle Earth«.
Dazu kommen wir später! Neusee-

Der Tongariro Walking-Track führt durch den gleichnamigen
Nationalpark

land ist mit seinen vulkanischen
Aktivitäten und der geografischen
Lage zwischen zwei Erdplatten ein
Teil des Feuerrings des Pazifiks,
der sich bis nach Amerika er-
streckt. Das Naturschutzgebiet
und der Nationalpark Tongariro
mit seinen drei mächtigen und
noch aktiven Vulkanen Tongariro,
Ngauruhoe und Ruapehu gehört
zu den wenigen schützenswerten
Stätten der Erde, die sowohl Welt-
natur- als auch Weltkulturerbe
sind. Für die Maori sind die Vulkane wie auch der gesamte Nationalpark eine heilige Stätte. Die Aktivitäten der Vulkane können nicht
nur seismografisch gemessen,
sondern auf zahlreichen Wanderungen im Nationalpark sehr ein-
drucksvoll beobachtet werden,
wovon sich mein Mann gleich bei
einer eintägigen, alleinigen Wanderung über die Vulkanberge
(»Tongariro crossing« genannt) ein
Bild macht.

Der Ort Rotorua, der ein kultu-
relles, wenn auch sehr touristi-
sches Zentrum der Maori darstellt,

befindet sich inmitten eines hoch-
thermalen Gebietes. Mehrere
Geothermalfelder mit blubbern-
den Schlammlöchern, durch natürliche Chemikalien farbenpräch-
tig dampfende Seen und Bäche,
eingestürzte Vulkankrater sowie
rauchende Berge liefern hier ein
beeindruckendes Naturschauspiel.
Unsere zahlreichen Wanderungen
durch die einzelnen Geothermal-
gebiete sind sehr schön, durch die
momentane Hitze jedoch ungemein anstrengend. Paul tauft eine
unserer Wanderungen ins Vulkan-
valley »Blackberry Walk«, da es
hier abertausend Brombeerbü-
sche gibt. Wir kommen nur
schleppend voran, und die Kinder
sehen am Abend aus wie blutun-
terlaufene Vampire.

Den fünften Geburtstag unseres Erstgeborenen feiern wir in
Taupo, einer hübschen Kleinstadt
am größten See Neuseelands. Für
diesen Tag haben wir uns etwas
ganz Besonderes für unsere Kinder ausgedacht. Da Paul im Febru-
ar Geburtstag hat und noch nie an

seinem Jubeltag ins Freibad gehen konnte, werden wir das heute für ihn organisieren. Leider ist es wieder einmal unverschämt heiß an diesem Tag, und wir Deppen sitzen mit hochroten Köpfen im »Hot Pool« des städtischen Schwimmbades. Die Kinder stört das überhaupt nicht. Sie planschen ausgelassen im »hot water playground« und probieren Pauls Geburtstagsgeschenke (Schwimmbrett und -brille) aus. Schon am Morgen ist unser Sohn ganz von der Rolle und kann es gar nicht abwarten, seine Geschenke in Empfang zu nehmen (es ist nicht anders als daheim). Am meisten freut er sich über den kleinen Lego-Krankenwagen. Den Wert des Schnitzmessers erkennt er erst Tage später.

Am Abend kommen dann die Weals zum Barbecue. Die Taupoianer mit ihren beiden Buben, Mitchell, 9, und James, 12, haben wir im Nordland kennen gelernt und heute Abend eingeladen – als Überraschungsgäste für Paul. Dieser ist sehr erfreut, auch über die Geschenke der Neuseeländer. Einen Tag später laden sie uns zu einer Motorboottour auf dem See ein. Die Kinder haben einen Riesenspaß. Clara, das halslose Michelinmännchen in Rettungsweste, lispelt ganz verzückt: »Mitschell«, während sie ihn mit ihren großen Augen anhimmelt, und Paul verkündet zum Abschied, dass der 9-jährige Neuseeländer nun sein bester Freund sei.

### Die Südinsel – Familienreisen im Ferienclub »Natur pur«
Auf der Südinsel ist es immer noch sommerlich heiß. Keine Spur von wechselhaftem Wetter, gemäßigten Temperaturen und kühlen Nächten. Die grandiose Natur der Südinsel präsentiert sich bei diesem traumhaften Wetter von ihrer schönsten Seite. Die Marlborough Sounds, eine zerfressene und mit zahlreichen Inseln und Fjorden durchzogene Landmasse am nördlichsten Zipfel der Südinsel, laden zu kleinen Wanderungen ein. Auf einer lernen wir den 5-jährigen Malte aus Deutschland mit seiner Familie kennen. Die beiden Buben verstehen sich prächtig und gehen gemeinsam an den einsamen Stränden auf Abenteuer-Entdeckungstour (nicht ohne ihre Schnitzmesser, versteht sich). Da sich alle so gut verstehen, beschließen wir, für eine Woche gemeinsam zu reisen.

So ziehen wir zusammen weiter zum beliebtesten Nationalpark der Südinsel, dem Abel Tasman Park, und seinem gleichnamigen Wanderweg, der zu den »Great Walks« Neuseelands zählt. Diesen dürfen die Frauen bei der Gelegenheit auf einer Tagestour alleine erkunden, während die Männer die Elternzeit einmal nach ihrer eigentlichen Bestimmung genießen können.

Gemeinsam reist es sich sehr entspannt. Die Kinder sind miteinander meist schwer beschäftigt, mein Mann hat einen Joggingpartner und ich jemanden zum Teetrinken und Plaudern. So sind alle rundherum zufrieden. Kein Clubhotel kann mit dieser Art des Reisens mithalten.

Das stabile sonnige Wetter und die atemberaubend schönen Naturlandschaften an der Nordwestküste laden jeden Tag zu Ausflügen und Wanderungen ein. Wir unternehmen Tagesausflüge durch den Urwald und zu einsamen Stränden, erkunden spannende Höhlen, suchen Schätze an abenteuerlichen Plätzen, beobachten junge Robben in ihrem natürlichen Lebensraum, machen Picknick auf abgelegenen Schafweiden, baden in Lagunen und geben den Kindern einfach die Möglichkeit, ihr Kindsein auszuleben. Viel zu schnell vergeht unsere gemeinsame Woche. Nun trennen sich leider unsere Wege. Paul ist zutiefst traurig. Schon wieder muss er einen Freund nach so kurzer Zeit verlassen. Das ist wohl das Schlimmste für ihn auf dieser Reise. Er muss lernen, mit ständigen Veränderungen, und somit Abschieden, umzugehen. Das fällt ihm mit zunehmender Reisedauer leider immer schwerer. Auf unserem Weg zur Westküste ist er tagelang schlechter Laune, auch wenn wir so gut es geht versuchen, ihn abzulenken und aufzumuntern.

### Heimweh im Paradies
Mit Karamea haben wir die eigentliche Westküste erreicht. Bei einer Wanderung auf dem Heaphy Track komme ich wieder ins Schwärmen für diesen unberührten Landstrich, der mit seiner vielfältigen und exotischen Flora aus Urwäldern, Tussockhochebenen und traumhaften Palmenstränden dem Paradies sehr nahe kommt. Die Westküste der Südinsel ist einfach nicht zu toppen. Die Landschaften sind grandios und das Wetter berüchtigt. Man nennt die Küste

hier – und das nicht zu Unrecht – die »wild wet west coast«. Wir jedoch kommen nicht in den Genuss des hiesig üblichen Wetters: Bei unserer Fahrt in den Süden regnet es nur einen einzigen Tag. Die Einheimischen prophezeiten uns schon auf der Nordinsel, dass der März für die Südinsel ein angenehmer Reisemonat sei, da das Wetter im Spätsommer meist stabil ist.

Im Landesinneren an den Seen Wanaka und Hawea spüren wir deutlich den nahenden Herbst. In den kühlen Nächten benötigen wir teilweise wieder unsere australischen Fleecedecken. Die Tage jedoch sind wunderbar spätsommerlich heiß. Die Gegend um den See Wanaka und den Mt.-Aspiring-Nationalpark lädt geradezu zum Wandern ein. Doch unsere Kinder sind antriebslos und reisemüde geworden, vor allem Paul. Jede noch so kleine Wanderung mit ihm wird zur Tortur. Es ist sehr schwer, unseren Sohn noch für irgendetwas zu begeistern. Einzig die täglich aufgesuchten Spielplätze heben seine sonst so düstere Stimmung. Wir spüren, dass unser Sohn nicht mehr weiterziehen möchte. Er hat Heimweh im Paradies. Nach über einem Dreivierteljahr auf Wanderschaft (Neuseeland ist unsere letzte Station der Weltreise) und unzähligen wunderbaren Erlebnissen möchte er nur noch eines: nach Hause. Wir verstehen das und würden ihm gerne helfen. Leider können wir nicht mehr länger an einem Ort bleiben, da wir uns bereits auf der Heimreise befinden: Nur noch drei Wochen trennen

uns von zu Hause, aber auch mehr als 1000 Kilometer von unserem Rückflughafen Auckland. Keine Zeit also, irgendwo länger zu verweilen. Diverse größere Wanderungen im Fjordland streichen wir deshalb (auch wenn es mir noch so schwer fällt).

Wir streifen nur den nördlichen Teil des Fjordlandes und begeben uns gleich zu unserem letzten geplanten Wanderziel, dem Mt.-Cook-Nationalpark. Hier verschlechtert sich das Wetter leider dramatisch. Bei Schneeregen und eisigen Winden beziehen wir eine Jugendherberge. Das dritte Mal auf dieser Reise. Für uns der pure Luxus. Es gibt sogar eine Sauna, in der wir es uns gut gehen lassen. Paul taut wieder ein wenig auf, da es hier neue Spielkameraden für ihn gibt. Und das Fernsehzimmer, in dem wir Videofilme für unsere Kinder ausleihen können, ist natürlich das Highlight für die beiden.

Einen Tag nach unserer Ankunft legt sich der Schneesturm. Bei strahlendem Sonnenschein blicken wir staunend hinauf zu den schneebedeckten Gipfeln, die wie mächtige Eisriesen das Tal einkesseln und vermeintlich gefangen halten. Wir fühlen uns in eine irreale Welt versetzt, die wir mit unseren beiden »Hobbits« auf kleinen Wanderungen durch den Nationalpark erkunden. Der Mt.-Cook-Nationalpark diente, wie so viele andere Naturlandschaften Neuseelands, als Filmkulisse für die Kinoreihe »Der Herr der Ringe«. Seit dieser Zeit gibt es hier vermehrt Besucher, die nur deshalb anreisen, um die Schauplätze

der Dreharbeiten zu diesem Epos hautnah zu erleben. Meine Begeisterung für den »Middle Earth Tourismus« hält sich allerdings in Grenzen, auch wenn der Film für die hiesige Wirtschaft einen gigantischen Aufschwung bedeutete. Plötzlich wusste die ganze Welt, dass es ein Land namens »New Zealand« gibt und hier grandiose Naturkulissen auf den Besucher warten. Auch auf dem Arthur's Pass wandern wir auf den Spuren von Frodo und Co. Doch statt finsteren Fantasiegestalten begegnen wir nur zahlreichen Tolkien-Fan-Touristen und einheimischen Keas, eine äußerst gesellige und vorwitzige, hier heimische Papageienart, die es gewöhnlich darauf anlegt, unschuldige Touristen zu piesacken. Ob Gummidichtungen an Autotüren, Fahrradreifen oder Wanderrucksäcke und Zeltabspannleinen – nichts ist vor der dreisten Neugierde und dem Forschungsdrang der Bergpapageien sicher. Wer in den Gebirgsregionen der Südinsel unterwegs ist, kann ein Lied davon singen. Wir dagegen genießen die zutrauliche Art der krähenartigen Vögel, da sie unsere Kinder mit ihrer ganz charmanten Art unterhalten. Dagegen gibt es andere Tiere, deren Zutraulichkeit mir langsam auf den Wecker geht. In den letzten Tagen und Wochen musste ich so manchen Angriff über mich ergehen lassen: Ich vergaß, dass die grässlich juckenden Sandflies auch noch im Spätsommer Jagdsaison haben.

In den letzten Wochen und Tagen unternehmen wir fast ausschließlich Aktivitäten für unsere aufmunterungsbedürftigen Kinder. Wir besuchen die heißen Quellen von Hanmer Springs mit dem dazugehörigen Schwimmbad, unternehmen Tierbeobachtungen in Kaikoura, steuern auf der Rückreise den sehr schön angelegten Abenteuerspielplatz in Wanganui auf der Nordinsel an, genießen sonnige Tage am schwarzen Strand von Raglan und besuchen zu guter Letzt das recht altertümliche, jedoch entzückende Kindererlebnisbad in Waingaro bei Hamilton. Mit der Ankunft in Auckland ist es mit dem Sommer endgültig vorbei. Neuseeland und sein Wetter präsentieren sich nun von ihrer gewohnten Seite mit wolkenbruchartigem Dauerregen für mehrere Tage.

Diese lange Reise findet hier nun ihr Ende. Es war eine wunderschöne und sehr intensive Zeit als Familie. Das letzte Jahr schenkte uns viele wunderbare Erlebnisse und Begegnungen, zahlreiche schöne und manchmal weniger schöne Tage. Die Kinder haben viel gesehen und erlebt: fremdartige und exotische Tiere bestaunt, abenteuerliche und faszinierende Landschaften genossen, anderssprachige Spielkameraden und kinderfreundliche Menschen kennen gelernt und die große weite Welt zu ihrem ganz persönlichen Spielplatz gemacht. Sie haben sich aus unserer Sicht in dieser Zeit ganz normal entwickelt – wie alle Kinder ihres Alters. Unsere Tochter ist in Australien ganz unkompliziert (sogar ungewöhnlich früh) trocken geworden und unser Sohn hat – zur »Freude« der Eltern – die für sein Alter ganz normale Trotzphase durchlebt. Er hat seine Scheu vor Fremden verloren, gelernt, mit Menschen zu kommunizieren, die er nicht verstehen kann, und dabei ganz spielerisch die Grundzüge einer fremden Sprache erlernt.

Unsere beiden Kinder hatten eine sehr intensive Zeit miteinander. Sie haben gemeinsam gestritten, gelacht, geweint, gespielt, gelebt, und sind auf dieser Reise in jeder Hinsicht zusammengewachsen. Diese enge Bindung können wir nicht nur spüren, sondern auch sehen: immer dann, wenn der große Bruder schützend den Arm um seine kleine Schwester legt und sie etwas unbeholfen, aber liebevoll küsst. Dass diese lange Familienreise unser Leben als Eltern bereichert hat, steht außer Frage; was unsere Kinder für ihr Leben aus dieser Zeit mitnehmen, wird die Zukunft zeigen ...

Das Ende ist nur ein neuer Anfang. Neue Geschichten und Abenteuer finden Sie im Internet unter: www.reise-kids.de.

## Die Wahl des Fortbewegungsmittels in den Kontinenten

Jedes Land und jeder Kulturkreis hat seine geeignetste Form der Fortbewegung beim Reisen. Diese sind in den einzelnen Kontinenten sehr unterschiedlich. Für alle Kontinente und Länder jedoch gilt, dass, je ärmer ein Land ist, desto besser ausgebaut das öffentliche Straßenverkehrsnetz ist. Hier ein kleiner Überblick über geeignete und gängige Fortbewegungsarten in den einzelnen Kontinenten und Ländern:

### Europa

Europa ist der Kontinent, der verkehrstechnisch die vielfältigsten Möglichkeiten bietet. Wer nicht mit dem eigenen Auto reist, was natürlich die günstigste Transportvariante ist, kann überall in Europa auch mit öffentlichen Verkehrsmitteln reisen. Häufig ist dies jedoch mit vielerlei Einschränkungen verbunden, der öffentliche Nah- und Fernverkehr hat in zahlreichen Ländern Europas ein hohes Preisniveau und ist daher oftmals keine günstige Transportalternative. Mietfahrzeuge sind in allen Ländern Europas problemlos zu annehmbaren Preisen erhältlich (→ »Die Anreise mit der Bahn«, S. 74).

### Nordamerika

In den USA und Kanada sind Mietwagen oder Camper die beste und günstigste Möglichkeit, den Kontinent zu bereisen. Das öffentliche Straßenverkehrsnetz ist leider nur überregional gut ausgebaut, jedoch regional und auf dem Land sehr lückenhaft. Bei Fahrradtouren bieten sich die verschiedenen öffentlichen Verkehrsmittel als Transportmöglichkeit zwischen den einzelnen Etappen aber bestens an.

## Mittel- und Südamerika

In Mittel- und Südamerika gibt es in den meisten Ländern Mietwägen aller großen Leihwagenanbieter. In manchen Ländern (vor allem Südamerika) ist der Mietwagen ein gängiges Fortbewegungsmittel für Reisende, wenn auch nicht das günstigste. Es gibt einige Länder und Gegenden mit einem ausgesprochen guten Eisenbahnnetz wie Mexiko, Cuba (ist die einzige Karibikinsel mit einer Eisenbahnlinie) und die Andenregion. In den meisten Ländern Mittel- und Südamerikas jedoch bewegt man sich am besten und günstigsten mit dem Bus vorwärts. In Mittel- und Südamerika gibt es neben den sehr preisgünstigen, öffentlichen Busgesellschaften viele private Busunternehmen mit sehr luxuriös ausgestatteten Fahrzeugen, die sich auf den Touristentransport spezialisiert haben.

## Afrika

In Afrika gibt es in den Ländern und Regionen, die touristisch erschlossen sind, alle möglichen Arten von Mietfahrzeugen. Ob ein ganz normaler Pkw, Geländewagen, Camper oder Kleinbus – alles wird angeboten, jedoch oft zu einem sehr hohen Preis (z. B. Namibia). In Afrika sollte man bei einem Mietfahrzeug beachten, dass viele Vermieter das Fahren auf ungeteerten Straßen verbieten (dies ist auch in anderen Kontinenten sehr häufig der Fall). Fährt man dennoch auf Schotterpisten, besteht in der Regel kein Versicherungsschutz. Da aber gerade auf dem schwarzen Kontinent sehr viele Straßen ungeteert sind und zahlreiche Sehenswürdigkeiten abseits der Hauptstraßen liegen, sollte man, möchte man vom Land viel sehen, ein Fahrzeug mieten, mit dem man auf unbefestigten Straßen fahren darf, oder gleich einen Geländewagen mieten.

Eisenbahnlinien gibt es in Afrika in vielen Ländern nur spärlich bis überhaupt nicht, und der öffentliche Busverkehr beschränkt sich in den meisten Staaten auf wenige Überlandstrecken und die Innenstädte. Auf dem schwarzen Kontinent kann man jedoch allerorts mit einem öffentlichen oder privaten Buschtaxi gut und günstig überall hingelangen.

## Asien

In vielen asiatischen Ländern kann man ohne Weiteres ein Fahrzeug mieten, was jedoch nicht in jedem Land anzuraten ist. In manchen Ländern ist das Selbstfahren für Ausländer sogar verboten (siehe zu diesem Thema auch unter »Umgang mit Gefahren vor Ort – Straßenverkehr und örtliche Gegebenheiten«, S. 272). Asien ist der Kontinent, in dem man sich am besten (und günstigsten) mit den öffentlichen Verkehrsmitteln fortbewegt. Fast alle Länder haben ein sehr dichtes, öffentliches Verkehrsnetz, welches in einigen Ländern überwiegend mit der Bahn (Indien, Thailand, Japan, China), aber auch häufig mit Bussen und Taxis bewältigt wird. In den meisten Ländern sind Privattaxis eine sehr beliebte und preisgünstige Art, das Reiseland zu erkunden.

## Ozeanien

In Australien und Neuseeland ist das Wohnmobil oder der Camper das Gefährt der meisten Reisenden. Diese sind jedoch selten das billigste Fortbewegungsmittel. Wesentlich günstiger fährt man in »down under« mit einem normalen Pkw. Möchte man ins Outback und auf ungeteerten Straßen fahren, ist ein Geländewagen unbedingt erforderlich. Gute öffentliche Verkehrsverbindungen mit Bus und Bahn gibt es sowohl in Australien als auch in Neuseeland. Ferner gibt es in Neuseeland ein hervorragend ausgebautes privates Busnetz (gut für Wanderer).

Auf den Südseeinseln gibt es private Mietautos (teuer), auf regionale Bedürfnisse zugeschnittene Buslinien und viele private Busse und Taxis.

# Kindgerecht reisen

## Was Kinder unterwegs brauchen

Reist man mit Kindern, ist einem sicherlich daran gelegen, dass nicht nur die Erwachsenen Freude haben, sondern auch der Nachwuchs sich wohl fühlt. Eine gesunde Psyche der Kinder ist im Urlaub genauso wichtig wie körperliche Unversehrtheit. Das Wichtigste sind die Eltern selbst, die ihren Kindern in der Fremde Halt geben – wie ein Anker, an dem sich die Kleinen festhalten können, damit sie sich nicht im Meer der Eindrücke verlieren. Natürlich gibt es keine »Super-Eltern« und nicht jeder ist pädagogisch vorgebildet. Doch je souveräner Eltern auftreten und natürlicher sie mit fremden und ungewohnten Situationen umgehen, umso sicherer fühlen sich die Kinder. Es gibt vieles, was Kinder unterwegs sehen und nicht einordnen oder verstehen können. Die Eltern sind dafür da, es ihrem Alter entsprechend zu erklären. Dies ist besonders beim Reisen in fremden Kulturkreisen wichtig (→ »Kulturschock«, S. 250, und »Unterwegs in fremden Kulturkreisen und armen Ländern«, S. 252). Lässt man sie mit den Eindrücken alleine, werden sie Schwierigkeiten haben, diese zu verarbeiten.

Kinder fühlen sich auf Reisen nicht immer wohl. Auch wenn man daheim die Kleinen darauf vorbereitet hat und sie Feuer und Flamme waren, so kann das unterwegs schnell vergessen sein. Sie müssen wissen, dass für Ihre Kinder unterwegs alles fremd ist. Sie kennen niemanden und nichts, ja, verstehen noch nicht einmal die Sprache. Schon das kann für Kinder schockierend sein. Die einzigen bekannten und vertrauten Personen in ihrem Umfeld sind plötzlich nur die Eltern. Es fehlen Freunde, Oma, Opa, die nette Nachbarin oder bekannte Verkäuferin aus der Bäckerei um die Ecke. Kein Wunder also, dass alle schrecklich vermisst werden. Beim Reisen können Heimweh und Traurigkeit der Kinder zur Belastung werden. Vor allem bei langen Reisen ist es nicht einfach, Kindern begreiflich zu machen, dass sie die geliebten Großeltern oder Freunde lange Zeit nicht sehen werden. Bisweilen helfen diverse Erklärungen den Kindern weiter. Auch das Kind zu beschäftigen kann kurzzeitig ablenken. Doch langfristig hilft nur der Kontakt zu den Daheimgebliebenen. Ob Briefe schreiben oder häufige Telefongespräche – alles was sie den vermissten Personen etwas näher bringt, hilft den Kindern ihre Traurigkeit zu überwinden. Kinder, die ihre Erlebnisse an Daheimgebliebene mitteilen können, z. B. in Form von selbst gemalten Bildern, haben die Möglichkeit, diese besser zu verarbeiten und können den (vorübergehenden) Verlust leichter verkraften. Überlegenswert ist es bei langen Reisen, einen Laptop mitzunehmen, damit der Heimatkontakt über Bildtelefon in seiner intensivsten Form gepflegt werden kann.

Kindern, die über einen längeren Zeitraum hinweg Heimweh haben und traurig sind, sollte man viel Liebe, Zuwendung und Aufmerksamkeit schenken. Darüber kann sich eine tiefere und innigere Eltern-Kind-Beziehung entwickeln, als dies zu Hause im Alltag möglich ist. Die Einheit als Familie wird durch das enge Miteinander gestärkt, von dem Kinder wie auch Erwachsene immens profitieren können. Selbst größere Kinder und solche, die keine Probleme mit dem Reisen haben, finden es schön, mit den Eltern in einem ganz neuen Umfeld miteinander zu kommunizieren und geben Dinge von sich preis, die Eltern daheim niemals erfahren würden.

Kinder, die sich zu Hause in ein gesellschaftliches Gefüge eingelebt und Freunde haben, brauchen auch auf Reisen den Kontakt zu gleichaltrigen Spielkameraden. Dies ist bei individuellen Reisen, welche ja oft Rundreisen sind, und Langzeiturlauben in fernen Ländern nicht immer zu realisieren. Oft scheitert es an der mangelnden Auswahl an gleichaltrigen und gleichsprachigen Kindern im Umfeld. Glücklicherweise sind viele Kinder nicht sehr wählerisch bei der Auswahl ihrer Spielgefährten. Bis zu einem gewissen Alter spielt die Sprache eine untergeordnete Rolle dabei, ob einem der Gegenüber sympathisch ist oder nicht. Stimmt die Chemie zwischen zwei Kindern, kommen sie auch hervorragend ohne Sprache zurecht. Es ist wirklich erstaunlich, wie unbefangen und intensiv zwei Kinder, die nicht dieselbe Sprache sprechen, dennoch in der Lage sind, miteinander zu kommunizieren und stundenlang zu spielen. Zwischen Kindern, vor allem kleinen, gibt es weder sprachliche oder soziale Grenzen noch Vorurteile bei offensichtlicher Andersartigkeit des Gegenübers. Sollte Ihr Kind auf dem Gebiet der Kontaktaufnahme zurückhaltend und schüchtern sein, sprechen Sie ihm Mut zu, leiten es an oder knüpfen notfalls selbst den Kontakt zu fremdsprachigen Kindern. Mit etwas Einfühlungsvermögen und Beharrlichkeit bei der Suche nach Spielgefährten für die eigenen Kinder können auf der ganzen Welt in allen Kulturen bereichernde, intensive und lang anhaltende Freundschaften entstehen.

Denken Sie beim Reisen auch an ein besonderes Spielzeug für Ihre Kinder, über das ein Kontakt zu anderen Kindern hergestellt werden kann. Eine außergewöhnlich schöne Puppe oder auffälliges Auto, das blinkt oder Krach macht, weckt das Interesse anderer Kinder. Somit ist es für Ihr Kind in jedem Fall leichter, Kontakt zu knüpfen. International bekannte Gesellschaftsspiele, die wenig Erklärung bedürfen und auch ohne Sprachkenntnisse gespielt werden können (Memory, Domino, Halli Galli, Mensch ärgere dich nicht, Uno usw.), sollten daher nicht im Reisegepäck fehlen, damit ihr Kind auch mit fremdsprachigen Kindern zusammen spielen kann. Das größte Problem bei Freundschaften unterwegs ist, dass diese, sind sie gerade aufgekeimt, schon wieder aufgegeben werden müssen. Meist zieht man selbst weiter oder das andere Kind reist ab. Schließt Ihr Kind Freundschaften und liegt es an Ihnen, dass der Kontakt schon am nächsten Tag wieder abbrechen muss, verschieben Sie Ihre Weiterreise, wenn es möglich ist, für einen oder mehrere Tage. Vielleicht finden sich auch Gemeinsamkeiten zwischen den Eltern der einzelnen Kinder

und man beschließt eine gemeinsame Weiterreise für einige Zeit. Familien, die das Abenteuer einer individuellen Reise wahrnehmen, sind immer in der Lage, mit Gleichgesinnten eine Basis zu finden, auf der sie gemeinsame Interessen, vor allem in Bezug auf die Kinder, teilen und ausleben können. Manchmal halten solche Urlaubsfreundschaften über viele Jahre hinweg.

Das Reisen ist für Kinder oft mit großen Anstrengungen verbunden. Und das gilt bei Kindern nicht nur für die An-, Weiter- und Abreise. Unterwegs wird alles mit einem enormen Aufwand an Energie geschehen, auch wenn dies Erwachsenen nicht immer bewusst ist. Kinder gehen selbst im normalen Alltag recht verschwenderisch mit ihrer Energie um. Sie kennen nur Vollgas oder leerer Tank. Das ist fast allen Kindern gemein. Auch unterwegs werden sie mit ihren Energien verschwenderisch umgehen. Wenn Sie glauben, dass ein ganz entspannter Nachmittag am Meer für Ihre Kinder Erholung bedeutet, täuschen Sie sich gewaltig. Es wird so lange getaucht, bis die Puste ausgeht, oder Wasser für die Sandburg mit einem viel zu großen Eimer aus dem Meer geschleppt, bis die Beine versagen und das kostbare Nass erneut geschöpft werden muss, bis hin zur vollkommenen Erschöpfung. Das ist für Kinder ein harter Arbeitstag. Körperliche Erholung und geistige Entspannung sind Fremdwörter für Kinder. Dennoch können und müssen die Eltern ihnen helfen, eben diese zu finden. Deshalb ist Zeit so wichtig beim Reisen mit Kindern. Für alles, was sie sehen und erleben, brauchen Kinder mehr Zeit zum Verarbeiten und Begreifen. Konfrontiert man sie zu schnell mit neuen Eindrücken, verlieren sie das Interesse, werden missmutig und launisch. Gerade bei Langzeitreisen wird der geistige Akku der Kinder irgendwann erschöpft sein.

Findet man unterwegs ein ausgeglichenes Verhältnis zwischen Erleben und Entspannen, geht es den Kindern gut. Deshalb sind nach anstrengenden Fahr-, Besichtigungs- und Aktivtagen Entspannungstage oder »Kindertage« ganz wichtig. An solchen Tagen sollten die Kinder den

Tagesablauf bestimmen dürfen, auch wenn dies bedeutet, dass Sie zehn Sandburgen bauen oder 20 Mal hintereinander Memory spielen müssen. An »Kindertagen« stehen die Wünsche der Kleinen im Vordergrund. Achten Sie nur darauf, dass sich die Kinder dabei nicht übernehmen und zu viel Aktivitäten wieder Stress aufkommen lassen.

Sind die Kinder größer, benötigen sie zwar weit weniger Auszeiten, doch auch sie sollten ab und zu das Programm alleine bestimmen dürfen (wird meist sowieso von selbst eingefordert). Sie benötigen vor allem die Möglichkeit, sich zurückziehen zu können. Einen Nachmittag mit einem Buch am Strand oder dem MP3 Player unter Bäumen in gebührendem Abstand zu den Erziehungsberechtigten genießt nicht nur der Nachwuchs, sondern wird auch von den Erwachsenen gerne angenommen.

Bei kleinen Kindern und vor allem Babys ist ein geregelter Tagesablauf unterwegs sehr wichtig. Doch wie organisiert man das im fernen und fremden Reiseland? Die äußerlichen Reize, die unterwegs auf kleine Kinder einströmen, sind in der Regel enorm. Jedoch sollten Sie erkennen, dass das auch daheim der Fall sein kann. Geht man mit seinem Kind in die Stadt, ist es ebenso fremden Eindrücken ausgesetzt wie auf Reisen. Für Sie selbst mag der periodische Besuch bei Verwandten und Freunden oder der Sonntagsausflug in die Berge zur Normalität gehören. Sie fühlen sich dabei sicher, weil Sie die Umgebung kennen, die Sprache sprechen und wissen, dass alles nicht weit weg vom »sicheren« Zuhause ist. Babys und Kleinkinder besitzen weder geografische Kenntnisse noch haben sie ein Gefühl für Zeit und Raum. Für sie ist demnach ein Ausflug in die heimische Bergwelt ebenso fremd und aufregend wie das Wandern in den Rocky Mountains. Mal ehrlich: Verzichten Sie auf kleine Ausflüge in der Heimat aus Angst, Sie könnten Ihr Kind damit überfordern? Sicherlich nicht! Es sind in der Regel die Erwachsenen, die in der Fremde mit Unsicherheiten kämpfen, und das überträgt sich dann automatisch auf die Kinder, woraus die Eltern schlussfolgern, dass es an den

vielen Eindrücken liegen muss. Wenn Eltern dagegen sicher auftreten und den Kindern einen ähnlichen Tagesablauf bieten können wie zu Hause, werden sie auch im fernen Amerika oder sonstwo auf der Welt keine größeren Schwierigkeiten mit den Kleinen haben. Sicherlich wird es auch einmal aufregende Tage geben, an denen die Kinder nicht gut zu haben sind. Das ist jedoch kein Grund, alles auf den Umstand der Reise zurückzuführen. Denn diese Tage haben die Kinder daheim auch, wenn nichts Aufregendes passiert. Gerade kleine Kinder sind anpassungsfähiger und unkomplizierter als die eigenen Eltern das oftmals für möglich halten. Probieren Sie es aus!

Einen geregelten Tagesablauf in der Fremde zu organisieren bedeutet nicht, dass Sie jeden Morgen dazu gezwungen sind, zur selben Zeit zu frühstücken, sondern dass die Routineabläufe denen zu Hause gleichen oder ähnlich sein sollten. Hilfreich beim Reisen mit kleinen Kindern und Einhalten von geregelten Tagesabläufen ist eine feste Basis. Das garantiert schon mal ein örtliches Sicherheitsgefühl. Das kann eine Ferienwohnung, ein Apartment oder eine Ferienhütte sein, bei Rundreisen das Wohnmobil, das Zelt oder der Campingbus mit Hochdach. Auch wenn Sie sich unterwegs von Ort zu Ort bewegen, bleibt der Schlaf- und Aufenthaltsplatz für die Kleinen immer gleich. Das gibt den Kindern das Gefühl von Heimat, aber vor allem Erwachsene profitieren davon, da nicht jeden Abend alles neu auf Kindersicherheit geprüft werden muss.

Versuchen Sie die täglichen Aktivitäten so zu organisieren, als wären Sie zu Hause. Sie haben dafür genug Zeit unterwegs. Die Grundbedürfnisse des Kindes (Schlafen, Essen, Spielen) haben Vorrang vor allen anderen Aktivitäten, schließen diese aber keineswegs aus. Sie können auch neue Tagesabläufe kultivieren. Ihr Kind gewöhnt sich sehr schnell daran. Wichtig dabei ist nur, dass gewohnte Rituale von daheim miteingebaut werden. Dazu gehört beispielsweise der abendliche Ablauf vor dem Schlafengehen

(Zähne putzen, vorlesen, singen), oder das Schmusen vor dem Aufstehen am Morgen. Gewohnte Gegenstände erleichtern dem Kind die Anpassung an eine fremde Umgebung. Das kann das Kuscheltier sein, die Lieblingsdecke, das Schmusekissen, der eigene Trinkbecher und Teller oder das eigene Essbesteck.

Da kleine Kinder noch oft und lange am Tag schlafen, können Sie in dieser Zeit auf Entdeckungstour gehen. Ob Museum, Wandern, Radeln oder Stadtbesichtigung – bei allem kann das Kind im Wagen oder einer Trage schlafend mitgenommen werden. Wird das Kind wach, sind seine Bedürfnisse wieder wichtig. Meist können Sie mit diesem Wechsel von Nehmen und Geben dem Tag einen kindgerechten Rahmen geben. Sie sollten nur daran denken, dass Sie sich während das Kind schläft nicht körperlich verausgaben, sodass Sie, sobald das Kind erwacht, auch noch fit genug sind, um es zu versorgen. Sollte Ihr Kind einmal nicht so mitspielen wie geplant, kann eine Tour auch einmal vorzeitig beendet werden. Kalkulieren Sie Änderungen immer mit ein und suchen Sie vorausschauend nach Alternativen im Streikfall.

Ebenso wichtig zu wissen, was Kinder unterwegs benötigen, ist das Erkennen, was sie nicht brauchen. Für strukturierte Tages- und Reiseabläufe sind konservative Denk- und Handlungsweisen schädlich. Etwas Fantasie und Spontaneität gehören auf Seiten der Eltern schon dazu, in einer fremden Umgebung gewohnte Handlungsabläufe neu zu organisieren. Gut dabei zu wissen ist, dass das Wohlbefinden der Kleinen nicht ausschließlich von materiellen Gegenständen abhängt. Kinder brauchen unterwegs weder einen Wickeltisch, um problemlos gewickelt zu werden, kein sperriges Reisebett noch einen kindersicheren Hochstuhl Marke besonders teuer. Von vielen häuslichen Gegenständen, die vor allem den Eltern das Leben mit dem Nachwuchs erleichtern, muss man sich unterwegs verabschieden. Das fällt vielen Eltern nicht leicht, kostet manchmal Nerven und benötigt anfangs auch ein wenig Übung, bis die neuen täglichen Handgriffe allmählich in Routine übergehen. Es bringt aber auch Vorteile mit sich. Sie können Ihre Flexibilität trainieren und unter der Prämisse »Urlaub« Ihren Kindern viele Freiheiten gewähren, die Sie Ihnen vielleicht zu Hause verbieten würden (Essen mit den Fingern, Trinken aus der Flasche usw.). Nicht alles ist unterwegs so schrecklich kompliziert, wie man es sich daheim ausmalt. Das Stillen unter schattenspendenden Bäumen im Stadtpark kann ebenso schön und entspannend sein wie die morgendliche Schmusestunde im kleinen kuscheligen Zelt.

Gelassenheit ist eine der wichtigsten Tugenden auf Reisen. Gerade dann, wenn unterwegs nicht alles nach den sorgsam ausgearbeiteten Plänen der Eltern oder gewohnten heimischen Routinen verläuft. Ihr Kind ernährt sich schon seit drei Tagen ausschließlich von Süßigkeiten und Weißbrot? Keine Angst! Es wird davon in der kurzen Zeit des Urlaubs nicht sterben. Viele Umstände wird man entspannt als gegeben hinnehmen müssen. Sie sitzen auf dem Boden und essen mit den Fingern? Na und! Je besser man in der Lage ist, mit Veränderungen umzugehen, um so einfacher wird man die täglichen kleinen Herausforderungen, die auf einer individuellen Reisen unwillkürlich auf einen zukommen werden, meistern.

## Grundbedürfnisse befriedigen

### Essen und Trinken

Auf eine ausgewogene Ernährung ihrer Kinder legen heute viele Eltern großen Wert. Verfolgt man die Ernährungstrends der letzten Jahrzehnte, sieht die Realität in Bezug auf gesunde Ernährung bei Kindern allerdings anders aus. Schulkindern und Jugendlichen werden in den Pausen Schokoriegel angeboten, Fast-Food-Restaurants stehen sowieso hoch im Kurs bei den Heranwachsenden, und selbst beim Blick in die Frühstücksboxen unserer Kindergartenkinder kann man in vielen Fällen nicht auf eine gesunde Kost blicken. Da viele Eltern berufstätig sind, ist selbst das ausgiebige Kochen mit frischen und gesunden Zutaten in den meisten Fällen nur eine Wochenendbeschäftigung. Deshalb sind Ängste, der Nachwuchs könnte ausgerechnet auf Reisen an Unterversorgung leiden, unbegründet.

Wer zu Hause auf eine gesunde Ernährung Wert legt, muss auch auf Reisen nicht darauf verzichten. Und wer kein Kostverächter ist und sowieso keinen gesteigerten Wert auf gesundheitsfördernde Nahrung oder Biokost legt, bekommt unterwegs sicherlich keine Ernährungsprobleme. Die Ängste vieler Eltern, dass ihr Kind im Urlaub keine ausreichende Mengen an gesunden Lebensmitteln bekommt, kann man für fast alle Regionen der Welt zerstreuen. Natürlich sind die Arten an Lebensmitteln und deren Zubereitung international sehr unterschiedlich, aber es wird überall etwas geben, was den Vorstellungen der Eltern entspricht und die Kleinen auch mögen werden. Und selbst wenn die Ernährung für die Zeit des Urlaubs nicht dem Anspruch an gesunder Ernährung gerecht werden sollte, sind dadurch keine dauerhaften Schäden für den Nachwuchs zu erwarten. Wie gesagt ist der obligatorische »one apple a day« ja auch daheim nicht immer an der Tagesordnung, eine Tüte Gummibärchen dagegen leider recht häufig.

Die Nahrungsmittelversorgung der Kinder auf Reisen ist dennoch ein Thema, das viele Eltern verunsichert, da sie verständlicherweise wissen wollen, was sie den Kleinen unterwegs anbieten können, noch bevor es auf die große Reise geht. Es ist ein Grundbedürfnis, auf dessen Befriedigung mehr die Erwachsenen Wert legen als die Kinder. Dabei ist das »Was kann ich den Kleinen unterwegs anbieten« gar nicht so kompliziert. Alle Ernährungsberater sollten jetzt bitte nicht weiterlesen oder zumindest das ein oder andere Auge zudrücken.

Kinder können auch beim Reisen mit Vitaminen und Mineralstoffen ausreichend versorgt werden, mit welchen Nahrungsmitteln auch immer. Das ist in allen westlichen Industrienationen überhaupt kein Problem. Schwieriger wird es in exotischen Ländern, den Kindern eine ausgewo-

gene und gesunde Ernährung anzubieten. Mit einigen Kenntnissen über das, was im Reiseland oder der Region angeboten wird, kann man sich jedoch schon im Vorfeld auf die örtlichen Gegebenheiten einstellen und Speisepläne für den Nachwuchs erstellen.

In Ländern mit niedrigen hygienischen Standards sollte man in Restaurants generell auf rohes Fleisch und rohen Fisch verzichten. In vielen Ländern, vor allem asiatischen, hat sich eine vegetarische Küche etabliert, die zwar nicht immer nach unserem Sinne gesund (frittiertes Gemüse), aber in der Regel hygienischer ist als Fleischgerichte.

Beliebte Speise bei allen Kindern – Eis

In Asien, Afrika und Lateinamerika gibt es viele Straßenküchen und kleine Stehrestaurants am Straßenrand und auf Märkten. Diese sind erfahrungsgemäß hygienischer als preisgünstige Restaurants nach europäischem Vorbild. Man hat einen freien Blick in die »Küche«, kann beim Brutzeln zusehen und dabei abwägen, ob man der Hygiene und den Künsten des Kochs vertraut. Schauen Sie, wo sich die längste Warteschlange Einheimischer bildet, denn dort muss es auch das beste Essen geben. Grundnahrungsmittel wie Reis, Kartoffeln oder Nudeln gibt es weltweit. Beim Brot muss man, kehrt man Deutschland den Rücken, fast überall Abstriche machen. In den wenigsten Ländern findet man eine solche Auswahl und Qualität vor, wie wir es gewohnt sind. Weißbrot und traditionelles englisches Toastbrot gibt es jedoch praktisch überall in Supermärkten zu kaufen. Cola & Co. sind gerade in anderen Kulturkreisen und exotischen Ländern heiß begehrte Waren, schmecken die importierten Limonaden doch meist besser als einheimische Produkte. Nicht nur dass diese oft höchst gewöhnungsbedürftig im Geschmack sind, meist muten auch die Inhaltsstoffe der heimischen Süßgetränke recht abenteuerlich an. Als Alternative kann man überall mit Wasser vorlieb nehmen.

Reisen Sie mit kleinen Kindern und Babys in andere Kulturkreise, ist es ratsam, einen Vorrat an Kindertees mitzunehmen, da sich die Auswahl vor Ort meist auf heimische Teesorten beschränkt (Schwarztee). Babynahrung und auch Windeln sind in manchen Ländern Asiens, vielen armen Staaten Afrikas und einigen wenigen Ländern Lateinamerikas (vorwiegend Zentralamerika) Mangelware. Importierte Babynahrung und Windeln gibt es in unterentwickelten Staaten nur in den Supermärkten der großen Städte zu kaufen, auf dem Land so gut wie überhaupt nicht. Selbst wenn einheimische Babynahrung und Windeln angeboten werden, stehen einem meist nur wenige Produkte zur Auswahl. Die Qualität der Ware lässt oft zu wünschen übrig (überzuckerte Breie und schweißtreibende Vollplastikwindeln) und ist manchmal sogar mit Vorsicht zu genießen (→ Milchpulverskandal in China). Meistens werden Babynahrung und Windeln jedoch importiert und sind in der Regel überproportional teuer (für das landestypische Preisniveau). Achten sollte man beim Kauf von Babynahrung auch auf das Mindesthaltbarkeitsdatum, welches in vielen Fällen abgelaufen ist oder kurz davor steht. Das Fazit ist: Reisen Sie mit Babys in unterentwickelte Länder und Regionen, ist es ratsam, den kompletten Bedarf an Babynahrung – sofern man nicht oder nicht

mehr stillt – von daheim mitzubringen. Oder aber man kocht selbst für das Kind. Frische Früchte oder Gemüse findet man auf jedem Wochenmarkt. Reis, Kartoffeln oder Haferflocken bieten sich als Grundlage für Breie an, die dann geschmacklich verfeinert werden können. Für die Zubereitung von Getränken (Tee) sowie Milchflaschen und dem Sterilisieren der Utensilien wie Sauger oder Schnuller sollte ein Gefäß (Metalltopf), evtl. ein (Benzin-)Kocher und eine unzerbrechliche Thermoskanne mit auf Reisen gehen.

Am bequemsten und einfachsten ist das Reisen jedoch mit Babys, die noch gestillt werden. Hierbei muss man weder auf die Hygiene (ständiges Wasserabkochen) noch auf die umständliche Handhabung mit Flaschen, Sauger und der Zubereitung von Babynahrung unterwegs achten. Dies ist gerade in versorgungsschwachen und hygienisch schwierigen Ländern die bequemste und vor allem hygienisch sicherste Möglichkeit, ein Kind unterwegs zu ernähren. Zusätzliche Flüssigkeitszufuhr ist auch in heißen Regionen nicht notwendig.

Auch wenn tropische Länder oft mit industriellen Lebensmitteln unterversorgt sind, so können sie mit einer Artenvielfalt an Früchten aufwarten, die unseren europäischen Augen schlaraffenlandmäßig anmuten. Können wir unser Kind davon überzeugen, das obligatorische Haselnusscremebrötchen am Morgen durch einen frischen Obstsalat zu ersetzen, wird es nicht nur gesund ernährt, sondern lernt auch ganz neue Gaumenfreuden kennen. Mischen Sie exotische Früchte mit Haferflocken, haben Sie eine gesunde, nahrhafte und vollwertige Mahlzeit für die Kleinen. Müsli oder gekochte Breie (z. B. Porridge) sind generell eine gelungene Alternative in Ländern, in denen das Frühstück aus Nudelsuppen oder rohem Fisch besteht.

Reist man ohne eigene Küche, ist man immer darauf angewiesen, was gerade angeboten wird. Das kann mit Kindern mitunter schwierig werden. Fragt man sie auch noch nach ihren Wünschen, wird meistens nichts Gesundes auf dem

Speiseplan stehen. Dennoch sollten Sie ab und zu den Wünschen der Kinder nachgeben und dorthin gehen, wo es nun mal immer schmeckt: McDonalds ist weltweit das Restaurant, auf dessen Nahrungsmittel in Bezug auf Geschmack und Hygiene Verlass ist. Ein Großkonzern in diesem Ausmaß kann es sich nirgendwo erlauben, seine aufgestellten Hygienestandards (die erstaunlicherweise sehr hoch sind) zu vernachlässigen. In diesem Punkt sind Amerikaner kompromisslos. Diese Art von Restaurant ist in nicht-westlichen Kulturen allemal verlässlicher als solche, die einen westlichen Flair ausstrahlen, jedoch keine Erfahrung mit deren Küche haben. Wenn Sie ein Problem damit haben, westliche Einflüsse in einem exotischen Reiseland zu unterstützen, fragen Sie Einheimische nach guten Restaurants und Küchen oder andere Reisende, wo man gut essen kann. Erfahrungsgemäß ist die traditionelle Küche eines Landes immer besser und hygienischer als die internationale.

Hier ein kleiner Überblick über die Essgewohnheiten in den einzelnen Kontinenten und Kulturkreisen und das Angebot an kindgerechten Lebensmitteln und Speisen:

## Asien

Das Grundnahrungsmittel in Asien ist der Reis. Es gibt ihn pur, mit (frittiertem) Gemüse oder einfach nur mit einer Soße. Diese Soßen sind in der Regel stärker gewürzt als wir Europäer es gewohnt sind. Testen Sie vorher, wie scharf die Soße ist, bevor Sie Ihrem Kind ein Gericht zum Essen geben. Doch nicht alle Soßen in Asien sind grundsätzlich scharf. Selbst in Regionen, in denen recht gut gewürzt gegessen wird, kann man auf weniger feurige ausweichen. Meist gibt es süß-saure Soßen oder sie sind auf Erdnussbutter- oder Kokosnussbasis hergestellt, welche für den kindlichen Gaumen angenehmer sind. Fast jede Gemüseart wird in Asien (hauptsächlich Indien) auch frittiert angeboten. Wer behauptet, dass Gemüse schlank macht, wird hier eines Besseren belehrt.

In vielen Ländern Asiens dominiert die vegetarische Küche. Zu ihr gehören sehr viele Erbsen-, Bohnen- und Linsengerichte, die als Eintopf, frittiert und als Füllung in Brottaschen angeboten werden. Nudeln und Kartoffeln gibt es meist in gebratener oder frittierter Form. Brot besteht in Asien meist nur aus Wasser und Mehl. Es sind in der Regel Fladen, die mit oder ohne Gemüsefüllung angeboten werden. Es gibt auch landestypisch gewürzte Brote.

Je weiter man nach Osten und Norden vorstößt, umso ungewöhnlicher werden die Essgewohnheiten. China, Taiwan, Korea und Japan haben sehr abenteuerliche Speisen und Zubereitungsarten. Man sollte sich also nicht wundern, wenn der gekaufte Keks oder das Bonbon nach Fisch schmecken. Die nordasiatische Küche ist dennoch außerordentlich vielfältig und geschmacklich hervorragend. Reis ist auch hier das Grundnahrungsmittel, wobei dieser in Restaurants meist nach dem Essen als Magenfüller serviert wird. Zuvor werden allerhand Gemüse- und Fleischarten gebraten, frittiert oder gekocht auf großen Serviertellern in der Mitte des Tisches platziert. Dazu gibt es eine Vielzahl von Soßen, in die jeder seine Häppchen taucht. In vielen Restaurants Chinas oder Japans werden die bestellten Speisen wie bei einem Buffet aufgereiht, und jeder darf alles kosten. Kommen Chinesen nach Deutschland und ihnen wird von der Bedienung eine riesige Schweinehaxe auf einem Teller nebst Beilagen serviert, sind diese höchst verunsichert und schielen verstohlen auf den Nachbarteller.

Aufpassen sollte man beim Essen in Nordasien auf mögliche Knochensplitter in den Gerichten. Der Koch geht mit den Zutaten meist nicht zimperlich um und schlägt alles kurz und klein in Suppen und Fleischgerichten. Da kann es schon einmal vorkommen, dass sich einem aus der Suppe ein Hühnerbeinchen entgegenreckt oder eine hinterhältige Fischgräte in der Tiefe lauert. Das ist auch der Grund, warum Chinesen beim Essen sehr viel spucken. Dennoch sind Gemüsesuppen, vor allem Nudelsuppen, für Kinder in Asien die besten Gerichte, da sie dem europäischen Geschmacksempfinden noch am ehesten entgegen kommen. Diese werden meist schon zum Frühstück serviert, können aber auch zu anderen Tageszeiten gegessen werden.

Generell essen Asiaten für ihr Leben gerne. Sehr oft wird man mit der Frage begrüßt: »Hast du schon gegessen?« Wenn nicht, dann geht man gleich. Bei einheimischen Getränken sollte man ebenfalls vorsichtig sein und sich nicht wundern, wenn in der Brause Nudeln oder Gemüse schwimmen. Doch dank westlicher Einflüsse hat man auch in ganz Asien kein Problem, süße amerikanische Durstmacher zu kaufen. Daneben gibt es natürlich, und das gilt für alle Länder und Kontinente, in Touristengegenden auch westliche Gerichte wie Pizza oder Pommes.

## Afrika

Was für Asien der Reis ist, ist für Afrika der Couscous. Das aus Hartweizengrieß, Gerste oder Hirse hergestellte Gericht wird in Afrika meistens mit Gemüse serviert. Daneben besteht die doch sehr spartanische Küche Afrikas aus den Grundnahrungsmitteln Hirse, Reis, Maniok, Süßkartoffeln oder Mais. Diese werden meist zerstampft und als Brei gekocht. Dazu gibt es das, was in der Region gerade wächst, was sehr von der Jahreszeit abhängig ist. Fleisch und Fisch gibt es ebenfalls, je nach Region vielfältig bis wenig. Dies wird meist im Freien über offenem Feuer gegrillt. An Ständen werden oftmals gebratene Fleischspieße angeboten. Man sollte vorher fragen, um welches Tier es sich bei dem Angebotenen handelt, da durch den Mangel an Nutzvieh auch oft Ratten, Schlangen und die verschiedensten Wildtiere der Savanne gegessen werden. In den großen Städten findet man häufig Restaurants nach europäischem Stil, in denen man meist sehr gut, aber nicht immer billig essen kann. Auch die Essgewohnheiten der ehemaligen Kolonialherren haben sich in den einzelnen Staaten vielerorts bis heute gehalten. So bekommt man fast überall französisches Weißbrot oder englisches Toastbrot zu kaufen, in Namibia sogar deutsche Gaumenfreuden wie Bratwurst und Leberkäse. Früchte und Gemüse gibt es weniger zahlreich als in den tropischen Regionen Asiens oder Südamerikas. Diese werden saisonal angeboten, was bedeutet, dass im Sommer das Angebot (zumindest auf dem Land) oft spärlich ausfällt. In den nordafrikanischen Wüstenländern gibt es vorwiegend Orangen, Melonen, Granatäpfel, Datteln, Feigen und Nüsse. Außerhalb der Saison werden viele Früchte in getrockneter Form angeboten. Im Süden Afrikas ist die Auswahl an Obst und Gemüse um ein vielfaches höher (z. B. Südafrika).

Süßspeisen wie Kuchen und Törtchen gibt es fast überall und sind, vor allem im muslimischen Norden, sehr süß und klebrig. Nahrungsmittel in Form von Konserven sowie westliche Fertigprodukte gibt es in vielen Ländern nur in den großen Supermärkten in spärlicher Auswahl und zu hohen Preisen zu kaufen. Getrunken wird in Afrika (vor allem im Norden) Tee mit viel Zucker. Auch westliche Softgetränke erhält man so gut wie überall. In einigen Ländern kann man selbst H-Milch aus Europa problemlos kaufen.

Beachten sollte man beim Reisen in streng muslimischen Ländern die Ramadan-Zeiten. Dann ist es äußerst schwierig bis unmöglich, tagsüber Lebensmittel einzukaufen oder essen zu gehen. Die Lokale und auch viele Geschäfte öffnen zur Ramadan-Zeit erst mit Einbruch der Dunkelheit.

Die voraussichtlichen Ramadan-Zeiten der nächsten Jahre sind:
> 28.06. bis 27.07. 2014
> 18.06. bis 17.07. 2015
> 06.06. bis 05.07.2016
> 27.05. bis 24.06.2017

## Mittel- und Südamerika

In Mittel- und Südamerika wird man beim Reisen mit Kindern selten Versorgungsprobleme bekommen. Die lateinamerikanische Küche ist weniger exotisch und gewöhnungsbedürftig als die asiatische oder afrikanische. Die Essgewohnheiten wurden auch hier von den oft langen Kolonialzeiten geprägt, haben jedoch, je nach Land und indianischer Tradition, ihre Eigenheiten. In Lateinamerika sind neben dem Reis die Kartoffel

Oben: Zwischen Nervenkitzel und Spaß – Kamelreiten ist ein Abenteuer, Marokko.
Unten: Beobachtung von wild lebenden Elefanten im Kuiburi National Park, Thailand.

Oben: Kleine Kinder haben kaum Schwierigkeiten mit der Annäherung an fremde Kulturen.
Unten: Zeremonielle Segnungen sind eine besondere Erfahrung für Kinder.

Oben: Begegnungen mit Naturvölkern sind immer sehr beeindruckend.
Unten: Kindern lernen auf Reisen sehr anschaulich – auf einer Teeplantage in Indonesien.

Oben: Der Ayers Rock bei Tage, in gleißendem Licht.
Unten: Weitläufige Landschaften bei Wanaka, Südinsel, Neuseeland.

Oben: Faszinierende Felsformationen im Norden Sardiniens.
Unten: Das norwegische Fjordland bei strahlendem Sonnenschein.

Sportliche Aktivitäten sind mit Kindern in jedem Alter möglich.

Es ist immer nur eine Frage der Organisation wie man es ermöglicht.

Kinder spielen immer und überall auf der Welt. Oben: Übergroßer Sandkasten im Outback Australiens. Unten: Wasser ist eines der beliebtesten Elemente für Kinder.

Oben: Intensives Spielen an einem einsamen Strand in Neuseeland.
Unten: Eine Tellerschaukel für unendlichen Spielspaß in Wanaka, Neuseeland.

Städtereisen sind für Kinder aufregend und anstrengend zugleich.
Oben links: Jetlag in Sydney; oben rechts: Im Sky Tower in Auckland.

Oben: »One night« in Bangkok – abendliche Fahrt auf dem »Mae Nam Chao Phraya«.
Unten: Dringend benötigte Ruheoase über den Dächern der Souks von Marrakesch.

Langzeitreisen bieten die Chance eine sehr bewusste und innige Zeit mit den Kindern zu verbringen.

Es gibt unendlich viel Zeit für abendliche Märchen- und tägliche Schmusestunden.

Reisende Geschwisterkinder haben die Möglichkeit ein sehr inniges Verhältnis zueinander aufzubauen.

Gemeinsame Erlebnisse bleiben unvergessliche Erinnerungen fürs Leben.

Oben: Schmusestunde mit Würgeschlange, Snake Institut, Bangkok.
Unten: Tiersafari im Etosha National Park, Namibia.

und der Mais Grundnahrungsmittel. Auch hier gibt es, wie in Asien und Afrika, viele offene Garküchen, welche die verschiedensten nationalen Spezialitäten anbieten. Das Maisfladenbrötchen (Tortilla) ist der Inbegriff der lateinamerikanischen Küche. Dieses gibt es in allen nur erdenklichen Variationen und muss nicht zwangsläufig immer scharf sein, auch wenn die Küche Lateinamerikas generell als sehr pikant gilt. Jedoch kann man immer auch auf weniger scharfe Nahrungsmittel und Gerichte ausweichen. Unbeschreiblich ist in manchen Ländern und Regionen die Vielfalt an Obst. Es gibt praktisch alles, was das Herz begehrt: Bananen, Orangen, Ananas, Melonen der verschiedensten Arten, Mangos, Papayas, Aprikosen, Zitronen, Mandarinen, Grapefruits, Avocados, Kokosnüsse, Kiwis, Äpfel, Birnen, Pflaumen und vieles mehr.

In vielen Ländern werden besonders gerne Süßspeisen gegessen. So gibt es oftmals als Nachtisch einen Reisbrei mit Früchten oder Fruchtsoßen, den »mazamorra morada« (eine Art Pudding auf Maisbasis) oder »dulce de leche«, eine Karamellcreme, die oft als Nachtisch serviert wird, aber auch – wie bei uns die allseits beliebte Haselnusscreme – aufs Brot geschmiert wird. Auch in süßen Gebäckstücken ist diese Karamellcreme sehr häufig zu finden. Ebenfalls eine sehr begehrte Nachspeise in Mittel- und Südamerika ist Eis, das fast überall in rauen Mengen und sehr günstig angeboten wird (in Ländern mit schwierigen hygienischen Verhältnissen allerdings mit Vorsicht genießen!). In Mittel- und Südamerika wird auch gerne Fleisch gegessen. Neben gebratenem Meerschweinchen (in Peru) gibt es in Argentinien die wohl besten Rindersteaks der Welt.

Auch wenn es in vielen Ländern (vor allem asiatischen) nicht notwendig ist, selbst zu kochen, sollte man beim Reisen mit Kindern überlegen, Selbstversorger zu werden. Der autarke Speiseplan bietet enorme Vorteile: Er wird den Familienbedürfnissen angepasst, ist in Industrienationen die billigste Versorgungsart und die Hygiene hat man selbst in der Hand. Natürlich wird man

mit einem einfachen Kocher keine Fünf-Gänge-Menüs zaubern, aber in der Regel das kochen können, was die Kinder kennen und auch essen. Zu den Klassikern der Outdoorküche gehören Nudelgerichte aller Art, Suppen und Gemüseeintöpfe. Eine kleine Pfanne im Gepäck erweitert den Speiseplan enorm. Damit kann man alle Lebensmittel wie Nudeln, Reis, Gemüse oder Kartoffeln auch braten und zusätzlich Fleisch, Eier und Fisch den Kindern zur Abwechslung anbieten. Der absolute Reise-Speise-Renner für die Kleinen sind Pfannkuchen. Eine große Ladung mit Zucker, Honig, frischen Früchten oder Marmelade am Morgen sättigt den Nachwuchs schon mal für den halben Tag.

Auch als Selbstversorger sollte man, wann immer dies natürlich möglich ist, heimische Produkte der Importware vorziehen, da diese oft wesentlich günstiger sind.

In nordischen Staaten jenseits des Polarkreises, in denen die Auswahl an frischem Obst und Gemüse manchmal gering ist, sollte man auf Dosen oder tiefgefrorene Lebensmittel ausweichen. Generell kann man mit Tiefkühlkost seine Outdoorküche ebenfalls erweitern. Gemüse wie Spinat oder Wirsing ist im schockgefrosteten Zustand zudem wesentlich nährstoffreicher, als wenn es frisch angeboten wird. Am Morgen gekauft, ist die Ware spätestens abends zubereitungsfähig aufgetaut. Tiefkühlkost ist allerdings nur in Ländern empfehlenswert, in denen eine lückenlose Kühlkette garantiert werden kann.

Zur Grundausstattung der kleinen Selbstversorgerküche gehören folgende Gegenstände:
> Kocher (vorzugsweise Benzinkocher, da Benzin überall auf der Welt erhältlich ist) Für die Mitnahme solcher Gegenstände im Flugzeug gibt es mittlerweile rigorose Beschränkungen. Deshalb vorher bei der Airline anmelden und nach Bestimmungen erkundigen. Evtl. Kocher und Benzinflasche getrennt aufgeben oder Benzinflasche neu kaufen. Das Gleiche gilt für Gas- oder Spirituskocher. Notfalls muss man seinen Kocher im Urlaubsland

kaufen. Diesbezüglich Infos erhält man unter www.lufthansa.com.

› 1–2 kleine Töpfe mit Deckel und Griff
  (aus dem Outdoorfachhandel)
› kleine Pfanne
  (wenn der Deckel aus dem Topfgeschirr
  nicht ausreichend groß oder ungeeignet ist)
› Thermoskanne
  (bis 1 Liter ist eine ideale Größe)
› gutes Universalmesser
  (Victorinox oder Leatherman)
› Besteck, Plastikteller und/oder Schälchen für
  jedes Familienmitglied (von der Fa. Tupperwa-
  re gibt es sehr praktisches und platzsparendes
  Campinggeschirr, das auch nach langem Gebrauch noch geruchsneutral ist.)
› kleines Fläschchen Spülmittel und Spül-
  schwamm (Letzteres kann mehrfach geteilt
  und in Etappen verwendet werden)
› evtl. Trockentuch (als Lätzchenersatz)
› Feuerzeug oder Streichhölzer

In den typischen Campingländern USA, Kanada, Australien, Neuseeland und einigen Ländern im südlichen Afrika kann man bei Auto- und Wohnmobilvermietern oder Outdoorläden eine komplette Campingausrüstung mieten.

Auf vielen Campingplätzen in Skandinavien, Nordamerika, Australien und Neuseeland gibt es gut ausgestattete Küchen, die das Herumschleppen eines eigenen Kochers unnötig machen. Will man jedoch in die Wildnis, wird er zum unverzichtbaren Gegenstand für Familien.

Folgende Nahrungsmittel sollten zur dauerhaften Grundausstattung einer Familien-Selbstversorgerküche gehören:
› Reis und/oder Nudeln
› Trockensuppen
› evtl. Milchpulver
› Mehl
› Zucker, Salz, Pfeffer (in Minidöschen)
› Brühwürfel (Gemüse- oder Fleischbrühe; sind
  die beste Grundlage für viele Gerichte)
› Kleinstflasche Speiseöl (für Kinderbreie oder
  Gebratenes)

› Ketchup
› Haferflocken
› Kaffee oder Tee (auch Teesorten für Kinder)
› evtl. Kakao

Daneben sind folgende Lebensmittel im Dauergepäck für Zwischenmahlzeiten bestens geeignet:
› Trockenobst (Aprikosen, Pflaumen, Rosinen
  usw.)
› Nussmischungen
› Zwieback
› süße Kekse ohne Schokolade
› salzige Kekse oder Knäckebrot
› Müsli oder Müsliriegel
› Traubenzucker
› Vitamin-(Brause-)Tabletten für Kinder (in
  Ländern mit schwieriger Versorgung)
› Brausepulver (auch zum Mixen von Limona-
  den geeignet)
› feste Bonbons
› Kaugummis (möglichst zuckerfrei)
› evtl. Gummibärchen

Bei allen Überlegungen zur gesunden und ausgewogenen Lebensmittelversorgung des Nachwuchses sollte man süße und ungesunde Leckereien für die Kinder nicht vergessen. Sie befinden sich schließlich im Urlaub und nicht in einem Ernährungscamp. Mit ein paar ungesunden Gaumenfreuden erleichtern Sie Ihren Kindern unterwegs auch eine Nahrungsmittelumstellung. Urlaub ist ein Ausnahmezustand für den Nachwuchs, gerade im Bereich der Ernährung. Mit kleinen Freuden zwischendurch helfen Sie nicht nur Ihren Kindern, sich unterwegs wohl zu fühlen – auch Sie profitieren von der allgemein besseren Laune der Kleinen. Und wenn es einmal mehr sein sollte als gewöhnlich, so können Sie dem Nachwuchs erklären, dass die süßen Zeiten mit dem Nachhauseflug auch wieder vorbei sind.

Die Nahrungsmittellagerung und -logistik hat unterwegs so seine Tücken. Die Art, wie man reist, bestimmt in erster Linie die Reichhaltigkeit des Speiseplans. Besitzt man einen motorisierten Untersatz, kann man im Prinzip alles in großen Mengen mitnehmen (bei Lebensmitteln, die gekühlt werden müssen, setzt dies natürlich ein Kühlgerät voraus). Schwieriger haben es Rucksackreisende, Kajak- und Kanufahrer oder radelnde Familien, da der Stauraum begrenzt ist und das Gewicht zu Lasten der eigenen Körperkräfte geht. Doch da gerade sie jede Menge Energie benötigen, ist bei diesen Reiseformen eine gute Lebensmittellogistik unterwegs sehr wichtig.

Frische oder schwere Nahrungsmittel (Obst, Gemüse, Milchprodukte, Dosen) sollte man nicht in großen Mengen kaufen und dann tagelang mit sich herumschleppen (außer man reist fernab jeglicher Zivilisation). Frische Lebensmittel, die einer Kühlung bedürfen, sollten täglich gekauft und im Laufe des Tages aufgebraucht werden. Ist dies nicht möglich, kann man unterwegs solche Lebensmittel mit einem in kaltem Wasser getränkten Socken oder Tuch kühlen (nutzen der Verdunstungskälte),und somit länger verwenden. Geöffnete (ultrahocherhitzte) Milch kann selbst in heißen Regionen einen Tag lang ohne Kühlung überstehen. Haben Sie in heißen Regionen die Möglichkeit, in der Unterkunft oder auf dem Campingplatz einen Gefrierschrank zu nutzen, so füllen Sie leere Plastikflaschen mit Wasser und lassen diese über Nacht einfrieren. Für die Weiterreise haben Sie so kostenlose »Kühlakkus« für kühlungsbedürftige Lebensmittel, die, nachdem sie aufgetaut sind, auch noch getrunken werden können (Empfehlung eher für Rad- und Autoreisende).

Mit der Zeit entwickelt man ein Gefühl dafür, wie viel man in einer bestimmten Zeit verbraucht (testen Sie dies daheim bei kleineren Touren). Dagegen sollte man beim Reisen mit Kindern nie zu knapp kalkulieren und immer kleine Notfalldepots (Kekse, Trockenobst) anlegen, die nur dann angetastet werden, wenn es wirklich nötig ist. Vergessen Sie auch nicht, Süßigkeiten für den wandernden oder radelnden Nachwuchs einzupacken. Spezielle Sportler- oder Outdoornahrung liefert ihnen zwar die benötigte Energie, doch für (kleine) Kinder sind diese Spezialnahrungsmittel meist nicht geeignet.

Ganz wichtig: *Wasser sollten Sie nie zu wenig dabei haben!* Dauertrinkflaschen aus Aluminium sind ein guter Reisebegleiter, sollten allerdings zum besseren Reinigen eine möglichst große Öffnung haben. Flaschen mit Saugmechanismus lassen sich unterwegs schwierig reinigen und sind anfälliger für Schimmelbildung. Da Kinder meist zu wenig als zu viel trinken, sollte man sie immer dazu anhalten. Wenn Wasser sehr unbeliebt ist, ist es kein Vergehen, auch auf gesüßten Tee, Limonaden oder Säfte (verdünnt) zurückzugreifen. In versorgungsschwachen Ländern oder bei entbehrungsreichen Wanderungen und Radtouren können Vitaminbrausetabletten (extra für Kinder) ein schmackhafter Durstlöscher und nebenbei guter Vitaminlieferant sein. Kinder sind, gerade unterwegs, nachts oft durstig. Für solche Fälle sollte man immer eine kleine Flasche Wasser griffbereit haben, egal ob man nun im Zelt liegt oder in einem überfüllten Matratzenlager.

Ein sehr empfehlenswerter Gegenstand für Outdoor- und Familienreisen ist eine unzerbrechliche Isolierkanne, vor allem in kühlen Regionen. Abends vorbereitete Heißgetränke haben morgens die ideale Trinktemperatur für die Kinder. Auch zum Zubereiten von Babynahrung und dem Kühlen von Getränken sowie Medikamenten sind Thermoskannen bestens geeignet.

Praktisch zum (krümelfreien) Aufbewahren geöffneter Lebensmittel sind kleine Plastikdosen. Oder man verwendet wiederverschließbare Plastikbeutel (Ziplock-Beutel), die mit dem Verzehr des Inhalts schrumpfen.

Es gibt sicherlich noch tausend Tipps und Tricks, wie man seine Versorgungslogistik unterwegs organisiert. Hier alle aufzuführen, würde den Umfang des Buches sprengen. Auch entwickelt jeder Reisende selbst Strategien, die für ihn und seine Familie unterwegs ideal sind. Wichtig ist nur, dass man für auftretende Schwierigkeiten eine Lösung findet – und dazu sind alle in der Lage, die bereit sind, sich auf das Abenteuer »Reisen mit Kindern« einzulassen.

Hinweise zum Beachten von Hygieneregeln mit Lebensmitteln werden unter »Sauberkeit und Hygiene« (S. 245) behandelt.

## Schlafen

Ein regelmäßiger und ausreichender Schlaf der Kinder ist vielen Eltern ein wichtiges Anliegen, besonders auf Reisen. Um die Illusionen mancher Leser gleich vorab zu zerstören: Heimische, vertraute Schlafverhältnisse wird man nirgends vorfinden. Dies kann Kindern, die es gewohnt sind bei null Dezibel und absoluter Dunkelheit zu schlafen, Probleme bereiten. Doch zum Glück sind alle Kinder in der Lage zu schlafen – spätestens wenn sie wirklich müde sind.

Wer einen Urlaub plant, richtet seine Reiseform in der Regel auch nach seinen Schlafbedürfnissen aus. Ob nun Hotel, Ferienwohnung oder Zelt – alles hat seine Vor- und Nachteile für den Nachwuchs, welche allerdings nicht immer auf Anhieb ersichtlich sind (→ »Die Wahl der geeigneten Unterkunft«, S. 193). Keiner weiß vor der Reise, was einen unterwegs erwartet. Hotels können an vielbefahrenen Straßen liegen, das Ferienhaus neben einer Großbaustelle und Campingplätze in belebten Stadtzentren. Vor solchen Unannehmlichkeiten kann man sich weder vor einer Reise noch unterwegs schützen. Auch nicht durch die Wahl der Übernachtungsart. Glauben Sie also nicht, sich schon im Voraus durch eine bedachte Wahl der Unterkunft vor schlaflosen Nächten schützen zu können oder erklären beispielsweise das Zelten als zu laut und zu hell für den Nachwuchs, sondern probieren Sie es einfach aus. Am besten geht dies zu Hause. Kleine Touren in heimischen Gefilden trainieren kleine Kinder, auch unter anderen Bedingungen als den ihnen gewohnten den Schlaf zu finden. Dabei muss es nicht ausschließlich zelten sein. Lassen Sie den Nachwuchs einmal auf einer Matratze in einem anderen Zimmer schlafen oder bei den Großeltern oder Freunden. Unkomplizierte Schläfer haben bereits in jungen Jahren einen großen Erfahrungsschatz mit allen möglichen Schlafstätten. Wer stets bemüht ist, sein Kind immer unter gleichen äußerlichen Bedingungen zur Ruhe zu betten, muss sich nicht wundern, wenn das Kind in der Fremde Schwierigkeiten hat einzuschlafen.

Natürlich kann es gerade bei Babys und Kleinkindern auf Reisen dann und wann schwierig sein mit dem Einschlafen, aber das gibt es daheim ja auch. Nur da wird es von den Eltern meist nicht zur Kenntnis genommen oder als Problem betrachtet. Unterwegs aber möchte man sein Kind nicht schreien lassen, schon alleine aus Rücksicht gegenüber anderen Personen im näheren Umkreis. Diese Rücksichtnahme ist unangebracht und man sollte sie auf Reisen schnellstens ablegen. Ihr Kind darf schreien, auch wenn sich andere dadurch gestört fühlen! Je ruhiger und souveräner Sie mit solchen Situationen umgehen, umso besser wird auch Ihr Kind in der Lage sein, sich zu beruhigen. Kann Ihr Kind nicht einschlafen, können Sie ihm helfen, indem sie einen beruhigenden Spaziergang vor dem Schlafengehen unternehmen. Jede Beschäftigung ist erlaubt, die eine beruhigende Wirkung auf das Kind ausübt. Auch sollte Ihr Kind nicht zu einem bestimmten Zeitpunkt im Bett liegen müssen. Warum sollte es nicht auch auf Ihrem Schoß einschlafen dürfen? Wiegen Sie es in den Schlaf oder legen sich zu ihm, bis es schläft. Alles ist erlaubt, was dem Kind hilft. Auch jene Methoden, die abtrainiert werden müssen, wenn man wieder daheim ist.

Am schwierigsten ist die Anreise für den Nachwuchs. Lange Flüge und Jetlag muss auch der kindliche Organismus erst einmal verarbeiten und einen neuen Schlafrhythmus finden, was in der Tat die ersten Urlaubstage nicht immer zu einem Fest werden lässt. Reist man zudem noch in tropische Länder, ist in den ersten Tagen und Nächten für Kinder nicht nur die Zeitumstellung, sondern auch das Klima eine ungewohnte Situation, der sie sich anpassen müssen. Dennoch kann man in diesem Fall einiges tun, um seinem Nachwuchs die Umstellung zu erleichtern. Für die Überwindung des Jetlags sollte man sich in den ersten Tagen eine feste Unterkunft suchen (das können auch das Zelt oder das Wohnmobil auf *einem* Campingplatz sein), die im günstigsten Fall ruhig gelegen ist. In diesen Tagen der Anpassung sollte man auf jegliche anstrengende Unternehmungen verzichten. Wichtig ist ein gleichförmiger Tagesrhythmus von Ruhe und Entspannung. Gehen Sie tagsüber an die frische Luft, ans Meer oder unternehmen Sie ausgedehnte Spaziergänge in der Natur. Gönnen Sie Ihrem Kind kleine (nur kurze) Mittagsschläfchen, wenn es danach verlangt, und wecken es spätestens am Nachmittag sanft wieder. Wird es nachts wach, versuchen Sie es ohne viel Tamtam wieder zum Schlafen zu bewegen. Dabei können leise gehörte Gute-Nacht-Geschichten auf dem MP3 Player helfen oder kuscheln und singen. Auch kann man auf pflanzliche Beruhigungs- und Schlafmittel zurückgreifen, die von einem Kinderarzt zuvor verschrieben wurden. In der Regel wird man bei Langstreckenflügen mit großen Zeitverschiebungen vor der Reise ein ausführliches Gespräch mit einem Kinderarzt führen und gegebenenfalls eine Medizin für den Flug erhalten. Auf eigene Faust, ohne vorheriges Beratungsgespräch mit einem Kinderarzt, sollte man seinen Kindern jedoch keine, auch keine rezeptfreien Medikamente dieser Art geben.

Sind die Kinder am frühen Morgen zwischen fünf und sechs Uhr wach, stehen Sie gemeinsam auf. Je länger die ersten Tage sind, umso schneller gewöhnt sich der Körper an die Zeitumstellung. Das Tageslicht spielt ebenfalls eine wichtige Rolle bei der Gewöhnung an eine andere Zeit. Es fungiert als natürlicher Wecker, weshalb man möglichst viel draußen unternehmen sollte. Hält man die oben erwähnten Ratschläge weitgehend ein, ist nach drei bis vier Nächten, spätestens jedoch einer Woche die Zeitanpassung bei den meisten Kindern vollzogen.

Viele Familien begehen den Fehler, sich gleich zu Beginn der Reise mit vollem Elan ins Abenteuer zu stürzen, um sich schließlich am Ende des Urlaubs in einem schönen Hotel am Meer von den Strapazen zu erholen. Mit Kindern

jedoch sollte man es genau anders herum machen. Diese danken es Ihnen mit wesentlich mehr Ausgeglichenheit, wenn sie eine Reise nicht ins kalte Wasser fallen lässt, sondern sie die Möglichkeit haben, langsam einen anderen Rhythmus, auch Schlafrhythmus, zu finden.

Kleine Kinder schlafen im Urlaub in der Regel länger und ausgiebiger als zu Hause. Das liegt zum einen an den vielen Eindrücken, aber hauptsächlich daran, dass sie sich sehr viel an der frischen Luft aufhalten. Das macht nun mal müde. Deshalb sollten Sie auch keine Angst davor haben, dass Ihre Kinder in einer fremden Umgebung über einen längeren Zeitraum nicht ausgiebig schlafen könnten. Selbst wenn die Kinder in den ersten Tagen einer Reise weniger und unregelmäßiger schlafen sollten, so pendelt sich dies mit der Zeit von alleine wieder auf ein normales Maß ein. Selbst Einschlafprobleme sind auf Reisen selten ein Dauerthema für Familien mit Kindern. Wer richtig müde ist, schläft immer und überall ein. Gerade kleine Kinder haben die wundervolle Gabe, unangenehme Geräusche und Laute ausblenden zu können, um den Schlaf zu finden. Oft hört man die Aussage von Eltern: »Wenn mein Kind schläft, kann eine Bombe hochgehen und es würde trotzdem weiter schlafen.« Und das stimmt in den meisten Fällen auch! Auf Reisen hat man nun endlich einmal die Gelegenheit, das auch unter Beweis zu stellen. Viele Eltern trauen sich nur nicht, es auch zu tun.

Der Mittagsschlaf kleiner Kinder kommt einem bei Rundreisen sehr entgegen, da sich die Kinder während den Fahrtzeiten den benötigten Schlaf holen können und für die Kleinen somit langweilige und anstrengende Zeiten des Tages überbrückt werden können. Richten Sie Ihre Fahrtzeiten, wann immer es möglich ist, nach dem Schlafrhythmus Ihrer Kinder. Das gilt auch für Rad- und Wandertouren. Sanft geschaukelt kann sich kein Kind lange gegen den Schlaf wehren.

Feste Schlafzeiten für Kinder auch im Urlaub durchführen zu wollen, ist viel zu restriktiv für einen flexiblen Tagesablauf. Kinder, vor allem ältere, sollten abends so lange aufbleiben dürfen wie sie möchten und können, schließlich sind Ferien. Wenn sie allerdings etwas Zeit für sich selbst beanspruchen, sollte der Nachwuchs die Möglichkeit haben, sich zurückziehen zu können. Meistens tut er dies ohne Aufforderung und verschwindet mit einem Buch oder Computerspiel von selbst.

## Schlaf, Kindlein, schlaf …

Eine meiner größten Sorgen vor der Weltreise war, dass unsere Kinder ihren regelmäßigen und benötigten Schlaf in der fremden Umgebung nicht finden würden. Gerade wenn man mit einem Zelt unterwegs ist, teilen viele Eltern diese Sorge  – nicht zu Unrecht!

Unsere Kinder sind in ihrem Alter, was das Zelten betrifft, schon alte Hasen. Unser Erstgeborener sammelte seine ersten Zelterfahrungen auf einer Radtour im Alter von sechs Monaten, die Kleine bereits zehn Wochen nach der Geburt  – im warmen und sonnigen Spätsommer in Italien. Dennoch! Eine Mutter kann nicht aus ihrer Haut. Und so wird sie immer wieder Ängste suchen und finden, die den eigenen Adrenalinspiegel auf einem hohen Niveau halten, was beim Reisen ja auch ganz normal und selbstverständlich ist. Es kann Wochen und sogar Monate dauern, bis Eltern die Entspannung finden, die Kinder schon nach den ersten Tagen einer Reise ausstrahlen. So haben sich meine Ängste, die Kinder könnten nicht regelmäßig schlafen, auf dieser langen Reise natürlich nicht bestätigt. Es gab in den vielen Monaten nur zwei Situationen  – ausgenommen die Tage für das Überwinden des Jetlags  –, in denen meine Kinder nicht schlafen konnten. Die eine Situation ereignete sich in Finnland, als sich eine Gruppe Jugendlicher in der Nähe unserer Zeltstätte platzierte und am Abend begann, lautstark eine Party zu veranstalten, worauf mein Mann kurzerhand mit unserer Tochter nach draußen ging und die Halbstarken recht freundlich fragte, ob er und seine Tochter nicht mitfeiern dürften, wenn sie schon nicht schlafen könnten. Das Ergebnis war ein Bier für meinen Mann, nette Gespräche, an denen sich meine bewindelte Tochter lebhaft brabbelnd beteiligte und schließlich erholsame Nachtruhe für uns alle, da die Jugendlichen sich einen anderen Platz für ihre Party suchten.

Die zweite schlafraubende Nacht gab es in einer Jugendherberge in den australischen Alpen. Nach mehreren Monaten im Zelt bestaunte mein Sohn seine Schlafstätte so fasziniert, wie wohl die Urmenschen das Feuer, als sie es zu ihrer Zeit entdeckten. Nachdem ich ihm erklärte, dass dies ein Stockbett sei, fragte dieser mit der gedanklich logischen Schlussfolgerung eines Vierjährigen, wo denn nun der Stock sei. Was ihm letztendlich den Schlaf raubte, war aber der Lichtschalter direkt vor seinem Kopfende an der Wand. Es ist erstaunlich, was für ein fesselndes Spielzeug ein einfacher Lichtschalter darstellen kann!

Außer diesen beiden Situationen kann ich mich rückblickend an keine gravierenden Schlafstörungen meiner Kinder erinnern. Ja, natürlich gingen sie für ihr Alter abends niemals »rechtzeitig« ins Bett, doch dafür schliefen sie am Morgen länger oder auch mal am Nachmittag. Auf unserer langen Reise haben sich meine Kinder eine tägliche Schlafdauer angeeignet, die in der Nacht zwischen zehn und zwölf Stunden pendelte und am Tag zwischen einer und drei Stunden. Somit haben sie in Summe wesentlich mehr Stunden täglich geschlafen als jemals zu Hause.

### Spielen

Spielen ist das Bedürfnis, das den Kindern am wichtigsten ist. Und daran kommt man auch im Urlaub nicht vorbei. Eigentlich dreht sich alles in dieser Zeit, wie übrigens zu Hause auch, um das Spielen. Das ganze Leben ist für Kinder ein Spiel, und der Ort, an dem sie sich bewegen, der Spielplatz. Die erste und wichtigste Regel, die Eltern unterwegs lernen, ist, dass sie nicht reisen zum Erholen, Entspannen oder Entdecken, sondern zur Belustigung und Beschäftigung der Kinder. Lassen wir uns also auf das Spiel ein und erfahren den prägnantesten Unterschied zwischen Single-Reisen und Familienurlaub!

Kinder müssen spielen, immer und überall. Das kann man selbst unterwegs nicht unterdrücken und sollte es auch in den wenigsten Fällen. Alles was sich den Kindern an- und darbietet, wird zu spielerischen Zwecken missbraucht. Sie können sich gar nicht vorstellen, wie zielgerichtet und erfinderisch Kinder dabei vorgehen, ihren Spieldrang auf Reisen auszuleben! Ein Treppengeländer wird zur Rutschbahn, Holzstöcke zum Dirigentenstab oder Ritterschwert, unbeliebte Speisen zu Wurfgeschossen und die Tischdekoration im Restaurant als Haarschmuck verwendet. Es gibt fast nichts, für das Kinder nicht in irgendeiner Form spielerische Verwendung finden. Eltern kennen ihren Nachwuchs am besten und wissen in der Regel auch, wie man seinen Drang nach Spielen sinnvoll kanalisiert. Doch wie meistert man das im fremden Urlaubsland? Das übervolle Kinderzimmer mit all seinen sinnvollen Spielmöglichkeiten steht einem ja nicht zur Verfügung. Auch nicht der nahe gelegene Spielplatz mit der schönen Rutsche, die das Kind so liebt. Da heißt es, wie so oft schon in diesem Buch, lieb gewonnene Gewohnheiten durch Neues und Spannendes zu ersetzen. Kein Kind braucht auf Reisen das halbe Kinderzimmer im Koffer. Die Eindrücke, die es unterwegs erfährt und verarbeiten muss, sind so vielfältig und interessant, dass alles Gewohnte meist mit Nichtbeachtung gestraft wird. Natürlich kann und sollte man ein paar Kleinigkeiten für schlechte Tage und langweilige Stunden im Gepäck haben, aber je weniger Sie mitnehmen, umso mehr werden die Kinder gefordert, ihre neue Umgebung zu entdecken und zu erkunden. Und das ist auf Reisen das schönste Spiel.

Für Spiele draußen und unterwegs gibt es viele Sachbücher und Ratgeber, die mit einer Vielzahl von Ideen und Möglichkeiten aufwarten können und für ideensuchende Eltern sicherlich hilfreich sind. In diesem Buch jedoch möchte ich bewusst darauf verzichten. Denn Finger-, Rate- oder Bewegungsspiele kennen viele Eltern zwangsläufig und wissen in der Regel, wie sie ihre Kinder unterwegs unterhalten können. Man hat ja nicht erst seit gestern Nachwuchs. Benötigt man dennoch einige Spielideen, kann man vor der Reise auch im Kindergarten nach den Lieblingsgruppenspielen oder Liedern seines Kindes fragen. Älteren Kindern kann man jederzeit mit Kopfrechnen und kniffligen Denkspielen unterwegs zwar nicht immer Freude bereiten, aber sie geistig auf Trab halten.

Es gibt ein paar sinnvolle Spielgegenstände, die auf Reisen in fast jedes Spielgeschehen mit eingebaut werden können: Kleine Autos fahren im Sand über Dünen eine imaginäre Rallye und Baufahrzeuge werden im »Schotterwerk« be- und entladen. Auf Wiesen fahren sie durch den Dschungel und im Wasser werden sie von einem Stück Treibholz auf eine Autofähre verladen.

Ist ihr Kind ein Rollenspieler, eignen sich kleine Playmobil-Männchen zum Reflektieren der erlebten Situationen. Diese kleinen (und pflegeleichten) Plastikgenossen erleben alles, was das Kind selbst erfährt, und helfen ihm damit beim Verarbeiten. Die gleiche Funktion kann natürlich auch das geliebte Kuscheltier erfüllen, welches auf Reisen auf jeden Fall dabei sein sollte.

Für ältere Kinder bieten sich Spielzeuge an, womit sie ihre Umwelt erkunden können. Das kann ein Ausgrabungs-Set für Forscher mit Metallschaufel, Hammer, Lupe und Pinsel sein oder eine Survival-Ausrüstung mit Kompass, Kinder-Multifunktionsmesser, Pfeife, Taschenlampe, Fernglas und Becherlupe.

Alle Spielgegenstände, die sich für die Art, wie die Familie reist, und den Ort, an dem sie sich aufhält, eignen, sind ein sinnvolles Spielzeug für unterwegs. Halten Sie sich z. B. oft am Meer oder an Gewässern auf, kann ein Kescher zum Fangen von Fischen und anderen Wassertieren ein tolles Spielzeug sein, wofür man daheim keinerlei Verwendung findet. Schnorchel-Set, Sandspielzeug, Springseil, Hüpfsack,

Jonglierbälle, Wasser- und Fußbälle – die Liste an Spielsachen für draußen und unterwegs kann endlos erweitert werden. Jedoch nur für den Fall, dass man all diese Spielsachen nicht täglich mit eigener Muskelkraft von A nach B transportieren muss. Bei Wanderungen, Radtouren oder als Rucksackreisende müssen Kinder mit wesentlich weniger Spielzeug auskommen und haben auch meist keine Probleme damit. Die Erfahrung hat gezeigt, dass Kinder, je weniger ihnen zur Verfügung steht, umso einfallsreicher werden, die Umwelt in ihr Spiel mit einzubauen. Beobachten Sie einmal Kinder in armen Ländern. Sie werden feststellen, dass diese noch besser in der Lage sind, mit viel Phantasie und ohne Spielzeug wunderbar zu spielen. Sie stimulieren dabei ganz automatisch ihre motorischen und sozialen Fähigkeiten, die bei vielen Kindern in der modernen Welt allmählich verkümmern und mit den verschiedensten Therapien wieder mühevoll antrainiert werden müssen – trotz Überangebot an pädagogisch wertvollem Spielzeug.

Eine sinnvolle Auswahl und Anregungen, was man unterwegs, auch bei begrenztem Stauraum, für die Kinder an Spielsachen einpacken kann, finden Sie unter dem Kapitel »Spielzeug für unterwegs« (S. 158).

Die meisten Eltern stellen bei der Wahl des Reiseziels und der Route das Spielbedürfnis der Kinder in den Vordergrund und wählen ein Reiseland oder eine bestimmte Route aus, bei der es einfach ist, dieses Grundbedürfnis der Kinder zu befriedigen. Das ist sehr lobenswert, aber selten notwendig. Natürlich gibt es Länder und Kulturkreise, die es den Eltern wesentlich einfacher ermöglichen, ihren Kindern eine Reise schmackhaft zu machen und sie unterwegs bei Laune zu halten. Doch selbst Länder, in denen es auf den ersten Blick scheinbar wenig für Kinder zu entdecken und erleben gibt, können sich im Nachhinein als das ideale Reiseland für den Nachwuchs herausstellen (→ »Kindergerechte Reiseziele«, S. 32, und »Kinder planen anders – Kinderwünsche berücksichtigen«, S. 15).

Wer sein Reiseziel ausschließlich nach den kindlichen Interessen ausrichtet, kann dennoch nicht die Garantie für sich verbuchen, dass der Urlaub ein voller Erfolg wird. Nehmen wir das Beispiel USA. Es gibt wohl kaum ein Reiseziel, welches kindgerechter ist als das Land der künstlichen Illusionswelten. Dort wird man unterwegs keinerlei Schwierigkeiten haben, den Nachwuchs zu belustigen und zu beschäftigen. Im Gegenteil, man muss schon zielgerichtet auf Sehenswürdigkeiten verzichten, damit die Kinder auf einer Reise nicht komplett pille-palle werden. Wie entspannend kann dagegen eine Reise sein, bei der die Kinder auf einer einsamen Insel beim Schnorcheln und Tauchen eine für sie völlig neue Welt entdecken, die sie mit heller Begeisterung erkunden. Ebenso können die täglich aufgesuchten Spielplätze auf einer Fahrradtour durch Schweden für Kinder das einprägende Erlebnis einer Reise sein. Das Schöne und Beglückende für Kinder unterwegs sind die kleinen, bescheidenen und unverhofften Spaßbringer. Diese werden mit Begeisterung in Beschlag genommen. Das kann eine Spielecke auf einer Fähre sein, ein Spielplatz im Nirgendwo oder der Swimmingpool auf einem Campingplatz fernab der Zivilisation. Und selbst wenn tagelang kein Spielgerät in Sicht ist, fühlen sich Kinder nicht zwangsläufig gelangweilt. Im Gegenteil, es gibt ihnen die Möglichkeit, sich selbst zu animieren. Mutti muss nicht ständig mit der Pappnase umherlaufen und Vati den »Animator« spielen. Der zwanghafte Versuch, immer kindgerecht reisen zu wollen und seinen Kindern alle nur erdenkliche kommerzielle Spaßmacher bieten zu wollen, geht mit Sicherheit schief, spätestens dann, wenn die Kinder die vielen Erlebnisse nicht mehr verarbeiten können. Die dauernde Konfrontation mit Kinderattraktionen ist für die Kleinen anstrengend und führt irgendwann unweigerlich zum Überdruss. Mit einer gesunden Mischung verschiedener Aktivitäten für Kinder *und* Eltern kommt der Nachwuchs unterwegs am besten klar. Sie dürfen erstaunt sein, wenn Kinder plötzlich eine Leidenschaft für Dinge entwickeln, die Ihnen bis dato völlig unbekannt waren. Eine Wildsafari in der afrikanischen Savanne oder ein Reitausflug durchs schottische Hochland erfüllen das Bedürfnis nach Abenteuer in höherem Maße, als ständig von Mickey Maus & Co. umringt zu sein.

Unterwegs ergeben sich durch den Spieldrang der Kinder natürlich auch Gefahren für die Kleinen. In vielen Ländern gibt es für Spiele in der freien Natur Verhaltensregeln, die Ihre Kinder nicht kennen. Sie als Eltern müssen sich im Vorfeld der Reise über mögliche Gefahrenpunkte erkundigen, um die Gesundheit Ihrer Kinder nicht zu gefährden. Mehr Informationen dazu finden Sie im Kapitel »Umgang mit Gefahren vor Ort« (S. 268).

## Reisebericht: Estland

*»Fahrrad fahren im Blaubeerparadies«*
*Mit zwei Kleinkindern im Baltikum – aus der Sicht des einjährigen Malte*
*(Juliane Holland-Moritz und Anita Maercker)*

Hallo, ich bin Malte. Mit meinem großen Bruder Finn und meinen Eltern lebe ich in Jena. Wir sind eine ganz gewöhnliche Familie und leben auch wie eine ganz gewöhnliche Familie. Nur unsere Reisen sind vielleicht nicht ganz so gewöhnlich. Unseren Urlaub verbringen wir immer draußen in der Natur, und das mit dem Fahrrad. Aber auch zu Fuß lässt sich die Welt wunderbar entdecken. Geschlafen wird auf unseren Reisen, bis auf wenige Ausnahmen, im Zelt.

In diesem Jahr haben Mama und Papa mit uns Urlaub in Estland gemacht. Da gibt es das Meer, große Wälder, nette Menschen, viele Inseln (also Fähre fahren – juhu) und zahlreiche Fahrradwege. Mama wusste von ihrer estnischen Freundin, dass es in Estland auch so tolle Zeltplätze gibt wie in den skandinavischen Ländern, an denen man meist allein ist und nix bezahlen muss. Unser Papa hat sich wie immer die Route überlegt und Karten besorgt. Mein Kumpel Minik und seine Eltern haben spontan beschlossen, uns zwei Wochen lang zu begleiten, was mich natürlich riesig freute.

Die preisgünstigste Möglichkeit nach Estland zu kommen ist das Flugzeug (hat Papa gesagt), und so saß ich zu meinem ersten Geburtstag ganze eineinhalb Stunden im Flugzeug. Mit mir auf die Reise gingen vier große Menschen (Mama, Papa und ihre Freunde), zwei kleine Menschen (mein Bruder Finn und mein Freund Minik), zwei Kinderanhänger, ein Gepäckanhänger und viele, viele Fahrradtaschen.

Mein Bruder Finn (3 Jahre alt) fand die Fliegerei total aufregend. Minik verschlief alles, und ich war überhaupt nicht begeistert. Ich glaube, die Leute waren heilfroh, als der Flug endlich vorbei war. Na ja, Mama war bei der Landung nur kurz erleichtert – so lange bis ihr klar wurde, dass ein Gepäckstück nie wieder bei uns landen würde.

Stellt euch vor, Ihr fahrt zu einem Ferienhaus und das Haus steht nicht da! In diesem Sack war nämlich unser Zelt. Und nicht nur das, sondern auch alle Klamotten von Mama, fast alle Sachen von Finn und die Schlafsäcke von Mama und Papa. Super Start! Ich kam nun um meine tolle Geburtstagsfeier, weil meine Eltern sich auf die Suche nach dem verlorenen Gepäckstück und einer Unterkunft für die nächste Nacht machen mussten. Mit meinem Bruder Finn neben mir im Anhänger war auch nicht mehr zu spaßen. Der hatte plötzlich Fieber. Die Fahrt ans Ende der Stadt wollte auch nicht enden. Das versprochene Hotel war ein Verschlag, und die Fahrt dorthin hatte Finn genutzt, um seinen Magen mal so richtig zu entleeren. Mann, war ich froh, dass wir in dieser Nacht nicht im Zelt schlafen mussten!

Ganz in der Nähe gab es einen riesigen Supermarkt. Den hatten sie wohl extra für uns dorthin gebaut, denn dort gab es glücklicherweise fast alles, was wir nicht mehr hatten. Nachdem Mama noch einmal beim Flughafen angerufen hatte und nix da war, haben sie zugeschlagen: ein neues 4-Mann-Zelt, einen Kinderregenanzug, einmal Funktionswäsche, ein paar Unterhosen für Mama und zwei Schlafsäcke. Miniks Papa hat Mama mit seiner Radhose glücklich gemacht, die er ihr einfach geschenkt hat.

Nach all den Strapazen sind wir am Ende des Tages an einem superschönen Zeltplatz gelandet, an dem die Eltern endlich den Urlaub genießen konnten, und wir Jungs haben uns den Schafen auf der Wiese gewidmet. Es gab sogar ein Häuschen zum Kochen und Waschen, einen Badesee mit Steg inklusive. Alle waren glücklich, weshalb wir gleich noch eine Nacht blieben.

Dann ging es aber richtig los. Am Tag sind wir so zwischen 30 und 60 Kilometer gefahren (worden). Morgens Zelte abbauen, durch die Gegend radeln, Sehenswürdigkeiten besichtigen, lecker essen, dann abends einen Zeltplatz suchen, schnattern am Lagerfeuer, anschließende Ruhetage – es war einfach nur sehr schön und entspannend für uns alle. Das Land hat für alle Radfahrer einen sehr großen Vorteil – es ist flach.

Mein Kumpel Minik hatte seinen Anhänger ganz für sich alleine, abgesehen vom vielen Gepäck, das um ihn herum gepackt war. Neben mir saß leider immer Finn. Mama und Papa hatten schon extra einen großen Anhänger gekauft, aber trotzdem haben wir drei Tage gebraucht, uns an die Nähe zu gewöhnen. In unserem zarten Alter wussten wir ja auch noch gar nicht, was Urlaub so richtig bedeutet, aber mit der Zeit lernten auch wir es so richtig zu genießen. Wenn die Großen eine Stelle zum Zelten gefunden hatten, haben sie zuerst unser Zelt aufgebaut, meine grüne Matte reingelegt und dann konnte ich in Ruhe »ankommen«.

Während der Fahrt haben wir im Anhänger immer fröhlich musiziert, mit Flöte und Mundharmonika, Quatsch gemacht, geschlafen und auch mal gestritten. Wenn Finn schlief, wurde es anstrengend – hat der geschnarcht! Und sein Kopf ist immer wieder auf meiner Schulter gelandet. Während der Pausen waren wir dann auf dem Boden unterwegs und haben erkundet, was es da Interessantes zu entdecken gab. Die Tiere Estlands waren uns eigentlich sehr vertraut: Pferde, Kühe, Hunde, Schafe, Hühner, Katzen, Mücken und Ameisen. Ach, die Ameisen, die sind uns auf einem Zeltplatz mächtig auf den Keks gegangen. Da durfte Finn mal richtig fluchen. Und Störche gab es viele, ganz viele.

Nach fünf Tagen kamen wir in einer kleinen Stadt mit dem lustigen Namen *Haapsalu* an. Finn bekam ein neues T-Shirt und eine Hose, damit er sich nicht mehr in meine Sachen zwängen musste. Beim Stromern durch diese niedliche alte Stadt stellten wir fest, dass in einem der kleinen Holzhäuschen die Frau gewohnt hat, die unsere Astrid-Lindgren-Bücher bemalt hat (Ilon Wikland). Und neben einer tollen Burg gab es noch einen Bahnhof. Von dem fahren seit ein paar Jahren nur noch Busse ab. Es gibt dort aber noch zwei riesige Dampfloks, die wir besichtigen konnten – war das toll!

Ein paar Meter weiter war der Hafen. Nach einem großen Einkauf sind wir von dort mit einer großen Fähre auf die Insel *Hiiuma* geschippert. Dort gab es lange Strände, schmucke Häuschen, kleine Straßen, viel Wald mit Massen an Monsterblaubeeren und immer wieder Schaukeln der besonderen Art. Die Esten schaukeln nämlich immer, wenn sie nichts zu tun haben.

Auf unserem nächsten Zeltplatz gab es eine Riesenschaukel für ganz viele Menschen zum Bauchkribbeln, daneben einen Sandkasten und eine Feuerstelle. Dort trafen wir zufällig zwei andere Radler. Und wollt ihr wissen, wo die herkamen? – Ja klar, aus Deutschland, aber sogar aus unserer Heimatstadt Jena – Mensch, ist die Welt klein!

Am nächsten Tag sind wir wieder zu einem schönen Platz gekommen, den wir so schnell (ich glaube vier Tage) nicht verlassen wollten. Das Meer vor der Nase mit phantastischen Sonnenuntergängen, Sauna, Dusche (war mal wieder nötig), ein Pavillon, den wir gut gebrauchen konnten, Feuerstelle, ein Volleyballfeld, ein See mit Ruderboot, Sandkasten, ein Rutschauto – was will man mehr.

Einen Tag lang hat es nur geregnet. Da hatte die Frau Platzbesitzerin Mitleid mit uns einzigen Zeltmenschen und hat uns den Tag in einem großen Blockferienhaus verbringen lassen, bis die nächsten Gäste kamen. Von diesem Zeltplatz aus haben wir Tagesausflüge gemacht. Ganz in der Nähe liegt eine Gedenkstätte für die Kinder, die 1994 mit der Fähre *Estonia* ganz in der Nähe versunken sind. Dort gibt es eine riesige Skulptur mit einer wunderschönen Glocke. Wir haben uns nicht vom Dauerregen beeindrucken lassen, die Glocke angeschlagen und lange ausklingen lassen. Ein bewegender Ort.

Nach den letzten vier erlebnisreichen Tagen hieß es dann Abschied nehmen von meinem Kumpel Minik. Dank der guten Verkehrsverbindungen konnten sie sehr lange bei uns bleiben. Busse fahren in Estland fast überall und immer. Die Haltestellenhäuschen sind niedlich, immer mit einem Tisch darin oder davor, und auf ihm steht meistens eine kleine Vase mit frischen Blumen.

Nun ging es wieder auf die Straße, zuerst auf Asphalt, dann auf einen wunderschönen Waldweg. Mama und Papa fanden es so schön, auf den Waldwegen zu fahren, und die gibt es hier sehr zahlreich, immer mit vielen, vielen Blaubeeren am Wegesrand, von denen ich täglich eine große Portion bekam. Auch wilde Himbeersträucher gab es in Estland haufenweise und hin und wieder sogar Walderdbeeren, mein Paradies! Einmal hatte Mama so viele Blaubeeren gesammelt,

dass sie sogar noch Marmelade daraus kochte. Die Estnischen Omas haben die Beeren eimerweise aus den Wäldern geschleppt.

Nur frisches Obst und Gemüse konnten meine Eltern in Estland in den Supermärkten selten kaufen. Das bauen hier viele selbst an, nur verkauft wird davon nichts am Straßenrand und wenig im Supermarkt. Irgendwann hat Mama auf einem offenen Feld zwei Kohlrabis geklaut, da war sie glücklich. Zu essen gab es bei uns zum Frühstück meist das übliche Weißbrot mit irgendwas drauf, tagsüber das Gleiche, manchmal sogar was von einer Imbissbude und jeden Abend Nudeln mit Tomatensoße, oft Tiefkühlgemüse dazu und fast immer »Pelmeni«, das sind kleine Klopse mit Teig drum herum. Ich fand das alles nicht wirklich aufregend und hätte lieber Mamas selbstgekochten Brei gegessen. Ich glaub, sie hat sich auch manchmal nach ihrem Pürierstab gesehnt. Dafür hat sich Finn immer wieder über meine Gläschen gefreut, die er dann leer essen durfte, bis Mama keine mehr gekauft hat. Und Mamas Milchbar gab es ja auch noch. Tag und Nacht geöffnet, wie praktisch!

Unsere nächste Station war mal wieder eine Fähre. Dort trafen wir die nächsten Radler. Eine kleine Berliner Rentnergruppe, die nach Tallinn geflogen war, um von dort bis nach Hause zu radeln. Auf der Insel angekommen, sind wir ein paar Meter gefahren und schon war da ein wundervoller Platz am Meer mit ein paar schönen Sitzbänken und einer ganz tollen Feu-

erstelle mit einem richtigen Grill. Papa hat das Nudelwasser aufs Feuer gestellt und Mama das Zelt aufgebaut. Ich war mördermäßig unausgeglichen, weil ich mal wieder nicht richtig geschlafen hatte. Die Fähre war ja viel zu aufregend gewesen und dazu kam dann noch das Warten aufs Essen. Aber irgendwann hat jede schlechte Laune ein Ende. Das Einschlafen fiel mir nach dem Essen trotzdem nicht so leicht, da ein paar junge Typen am anderen Ende der Bucht irgend so ein Bumm-bumm-Lied aus einer völlig übersteuerten Anlage hoch und runter leierten. Mamas Laune muss ich hier nicht weiter beschreiben, oder?

Am nächsten Morgen waren jedoch alle wieder guter Dinge. Nach dem entspannten Frühstück am Meer sind wir nur zwei Kilometer bis zum nächsten Ort gefahren, denn dort erblickten meine Eltern einen richtig schönen Spielplatz. Immer ein herrlicher Ort für eine entspannte Pause. Meine Eltern genossen einen zweiten Kaffee und die Berliner Rentner, die zufällig vorbeikamen, brachten Kekse und Gummibären für Finn und schubsten uns auf der Schaukel an. Das nenne ich einen familienfreundlichen Urlaub mit kostenloser Kinderanimation!

Auf der Weiterreise hatte unser Papa wieder einmal ein gutes Gespür für Abkürzungen und schöne Wege. So kamen wir zu einem der (für uns) schönsten Zeltplätze Estlands, der komischerweise von den wohl unzufriedensten Menschen des Landes unterhalten wird. »Muhu-Farm« hieß er, bei

**Rast am Wegesrand**

Riksu: mit Haus, Tieren, Meer, Sandkasten und Schaukel – eine für Finn und daneben eine Babyschaukel für mich, das war soooo toll! Eine organisierte polnische Radreisegruppe hatte es auch dorthin verschlagen. Ich genoss es sehr, dass wir mal wieder einen Ruhetag einlegten. Beim Bezahlen wurden die Wirtsleute auf einmal ungemütlich. Sie erfanden ihre Regeln neu, und alles kostete auf einmal doppelt so viel. Nachdem die Polen deswegen total frustriert frühzeitig abgereist waren, taten wir dies auch. Diese Begebenheit war und blieb die einzige, die Mama und Papa auf der Fahrradtour in Estland nicht gefallen hat, abgesehen von der Geschichte mit dem Gepäck.

Nach diesem frustrierenden Erlebnis wollten die beiden eigentlich nur 30 Kilometer bis zur nächsten Zeltstelle fahren, die es aber nicht mehr gab. So wurden daraus 70 Kilometer bis zum nächstgelegenen Zeltplatz, der aber sehr luxuriös war und nur wenig Geld kos-

tete. Natürlich gab es hier mehr Menschen als auf unseren wilden und einsamen Zeltplätzen, aber das störte uns Kinder natürlich nicht. Wir haben wie immer viel Quatsch gemacht, mit Steinen gespielt und diese natürlich auch in den Mund gesteckt. Irgendwann hab ich dann das Gleichgewicht verloren und bin voll blöd auf den Kopf gefallen. Es hat sogar ein bisschen geblutet. Gesehen hatte es wohl keiner so richtig. Zum Glück hatte ich auch kein Loch im Kopf, aber die Steine ... Da hab ich wohl ein paar verschluckt. Das tat sooo weh. Mama wusste gar nicht, warum ich so brülle. In der Nacht hat sie dann ganz schlecht geträumt und war am nächsten Tag schon sehr erleichtert, als sie diesen blöden Stein in meiner Windel entdeckt hat.

Zwei Tage später kam Mamas Freundin mit ihrem Auto und einem Anhänger, auf dem alles eingeladen wurde, und zurück ging es zum Festland nach *Tartu*. Dort gab es auch wieder frisches Obst und Gemüse. Mama hat sich ganz doll gefreut. Mamas Freundin und ihre Familie haben uns die schönsten Ecken der Stadt gezeigt, und Mama hat den Aufenthalt in einer Stadt genutzt, um sich schnell ein paar neue Sachen zu kaufen, nachdem sie den ganzen Urlaub lang in Papas Sachen rumgelaufen ist. Eleri, so heißt Mamas Freundin, hat uns drei Tage lang richtig verwöhnt. Es gab mal keine Nudeln!

Geschlafen haben wir im noch nicht fertigen Anbau ihres Hauses. Eine Fledermaus hat uns während

dieser Zeit Gesellschaft geleistet. Schade, dass die Zeit bei Mamas Freundin so schnell vorbeiging. In und um die Stadt Tartu gibt es so viel zu sehen, im Süden sogar einen riesigen Urwald, da hatte selbst ich ein bisschen Angst. Mit dem Zug wäre ich auch noch gerne gefahren. Da gibt es in Estland nämlich viele, die auch unsere Fahrräder mitgenommen hätten. Aber Mama und Papa hatten nach den letzten Tagen der Ruhe so viel Kraft, dass sie dann täglich mehr als 70 Kilometer am Tag gefahren sind, weshalb wir schon etwas früher zurück in Tallinn waren als geplant. Nach langer Suche kamen wir zu einem Zeltplatz, nicht zu weit weg von der Altstadt, an einer Sporthalle, vor der etwas Rasen war und natürlich ein Parkplatz für die luxuriösen Wohnwägen. Die Stadt war nicht so mein Ding, Natur ist schöner. Meine Eltern wollten sie trotzdem besichtigen. Na, ja. Man muss ja auch mal auf die Wünsche der Eltern Rücksicht nehmen!

Dann war unsere Reise zu Ende. Wenn mich jemand fragen sollte, also ich fand sie ziemlich gut. Auch wenn nicht alles auf Anhieb prima geklappt hat und meine Eltern unterwegs wegen des verlorenen Gepäcks ein wenig improvisieren mussten (was ja nicht mein Problem war). Nach Estland würde ich auf jeden Fall wieder fahren – und, ich glaub, meine Eltern auch.

Meine kleinen und großen Abenteuer könnt Ihr im Internet zusammen mit mir erleben unter: www.bike-nord.de/reisen_mit_kindern.html

## Die Welt mit Kinderaugen sehen

Die Wahrnehmung der Kinder für ihre Umwelt ist eine komplett andere als die der Erwachsenen. Kinder sehen und erleben die Welt auf ihre ganz eigene, kindliche und natürlich ungebildete Weise, die Eltern erstaunt, manchmal verzweifeln und oft schmunzeln lässt. Man steht vor einem berühmten und imposanten Bauwerk, und die Kinder würdigen das architektonische Wunderwerk mit keinem Blick, sondern steuern geradewegs auf ein Kinderkarussell zu, welches in nächster Nähe seine Kreise zieht.

»Schau mal, Schatz. Das ist der Eifelturm.« – »Ja, Mama, schön. Mama, guck mal, dort gibt es Eis! Krieg ich eins?«

Solche Situationen wird man auf Reisen immer wieder erleben. Was wir unseren Kindern zeigen und vermitteln möchten, steht im krassen Gegensatz dazu, wie sie ihre Umwelt wahrnehmen und erleben. Das Blümchen auf der Almwiese ist sehens- und erlebenswerter als die gigantische Alpenkulisse, die sich vor den Kinderaugen ausbreitet. Eine krabbelnde Echse wird mit mehr Freude betrachtet als der atemberaubende Sonnenuntergang am Meer.

Oft sind es die kleinen Dinge unterwegs, die Kinder begeistern und die sie zuerst entdecken. Da Kinder anatomisch gesehen der Erde mit den Augen näher sind, sehen sie Winzigkeiten, die wir Erwachsene nicht mehr beachten. Auch ihr geistiger Horizont bewegt sich auf einer anderen Ebene. Das ist nicht schlimm, sondern schön. Denn dadurch können wir Eltern unterwegs vieles von unseren Kindern lernen und wieder entdecken. Eine andere Sicht der Welt, die wir verloren haben. Lassen Sie sich auf das Abenteuer ein und folgen Sie Ihren Kindern bei *ihrer* Art des Entdeckens! Wann haben Sie das letzte Mal Ameisen beim Hausbau beobachtet? Wie und warum bauen Ameisen Höhlen und tragen allerhand Sachen hinein? Kinder sind von Natur aus neugierig und können sich stundenlang an solchen Kleinigkeiten erfreuen. Zu beobachten, wie eine Spinne gerade ihr Netz webt, oder das Füttern von Fischen gehören ebenso zum Reiseprogramm wie die Besichtigung prähistorischer Bauten. Versuchen Sie bei allen Unternehmungen, den Blick der Kinder darauf nicht zu vergessen. Sie sehen keine Notwendigkeit darin, ein Museum zu besuchen, ohne den »kindlichen Sinn« dabei zu erkennen. Erklären Sie den Kindern, warum Sie dies oder das nun sehen wollen – kindgerecht. Vielleicht fällt Ihnen sogar eine spannende Geschichte dazu ein, welche die Fantasie der Kinder beflügelt. Damit lassen sich mühevolle Besichtigungen in ein spannendes Abenteuer verwandeln.

Eine Reise kindgerecht zu gestalten heißt auch, die Welt mit Kinderaugen zu sehen. Ausflüge und Unternehmungen, die Ihnen am Herzen liegen und wichtig erscheinen, können für Ihre Kinder langweilig oder gar belastend sein. Deshalb ist es beim Reisen mit Kindern sehr wichtig, einen Ausgleich herzustellen zwischen den Bedürfnissen der Kinder und denen der Erwachsenen. Das bedeutet in erster Linie, *dann* auf die Bedürfnisse der Kinder einzugehen, wenn dies problemlos möglich ist. Entscheiden Sie sich bei den täglichen Pausen lieber für Kinderspielplätze als Restaurants oder Cafés. Kaffee lässt sich auch auf dem Spielplatz kochen – und vor allem in Ruhe genießen. Picknick ist für die meisten Kinder abenteuerlich und Spielen sowieso ein Grundbedürfnis. Gehen Sie essen, wählen Sie kindgerechte Restaurants, in denen sich Kinder frei bewegen dürfen, ohne schief angeschaut zu werden. Auch der Besuch kommerzieller Freizeitparks oder Sehenswürdigkeiten für Kinder sollte in regelmäßigen Abständen auf dem Programm stehen. Mit dem Erfüllen kleiner und großer Kinderträume gehen Sie auf die Wünsche ihrer Kinder ein und stellen somit einen Ausgleich zwischen den eigenen Bedürfnissen und denen der Kinder her. Auch mit täglichen kleinen und großen Zugeständnissen an Ihre Kinder erleichtern Sie sich unterwegs vieles, was ohne Kompromisse auf einer Reise zunehmend zum nervlichen Kraftakt werden würde. Auf einer Reise wird dem Nachwuchs schließlich mehr abverlangt, als dies Eltern oftmals bewusst ist. Lange Wanderungen oder Radtouren sind für

Kinder oft nur dann interessant und lohnenswert, wenn sie dafür eine Belohnung erhalten. Meist ist dies überhaupt ihre Motivation, einen Schritt vor den andern zu setzen. Geht man in solchen Situationen auf seine Kinder ein, hat man weniger seine Erziehungsrichtlinien aufgegeben als vielmehr neue Aspekte hinzugewonnen, nämlich die, die Betrachtungsweise der Kinder anzunehmen.

Wird es Kindern unterwegs langweilig oder sind sie überfordert, so tun sie das mit ihrer ganz persönlichen Art kund. Dann ist es ratsam, eine Pause einzulegen, die dazu dienen sollte, seine Aufmerksamkeit den Kindern zu widmen. Auch Ablenkung ist immer eine gute Möglichkeit, Kinder aus einem Stimmungstief zu holen. Das können kleine süße Zuwendungen und Spiele sein oder das Singen lustiger Lieder oder ausgelassenes Tanzen. In tänzelnder Weise einen Gipfel zu erklimmen oder auf dem Fahrrad Kinderlieder zu trällern, ist keineswegs albern, sondern pädagogisch wertvoll. Kinder bis zu einem gewissen Alter lieben kindische Eltern. Das verbessert ihre Laune und der Tag ist für ihre Kinder nur noch halb so langweilig. Trauen Sie sich etwas Neues und gehen Sie aus sich heraus! Sie selbst können von dieser Leichtigkeit nur profitieren! Unterwegs kennen Sie niemanden, und keiner kennt Sie. Falsche Schamgefühle sind unangebracht. Die ungläubigen Blicke fremder Menschen werden Sie irgendwann nicht mehr tangieren. Es gibt nichts Schöneres, als das Kind in sich selbst wieder zu entdecken. Das erleben Sie aber nur, wenn Sie in der Lage sind, sich auf die Kinder einzulassen und ihnen zu folgen, eben die Welt mit Kinderaugen zu sehen. Wie sagte schon der chinesische Philosoph Mengzi: »Ein großer Mensch ist der, der sein Kinderherz nicht verloren hat.«

## Natur pur – tut Kindern gut

Das kindgerechteste Reiseziel ist die Natur. Egal, wo Sie auf der Welt reisen, Sie sollten immer wieder die Nähe zur Natur suchen. Alle Kinder haben ein ausgesprochen wohlwollendes Verhältnis zur natürlichen Schöpfung. Das liegt hauptsächlich daran, dass die Natur den Kindern eine fast grenzenlose Freiheit bietet, wie sie diese im normalen Leben daheim oft nicht mehr erleben können. Gerade Stadtkinder erfahren die Natur als etwas Zwangloses und Befreiendes und blühen regelrecht auf in dem ihnen unbekannten, jedoch urvertrauten Lebensraum. Sie entdecken und erleben Tiere, die sie sonst nur aus Büchern kennen. Sie dürfen sehen, erleben und staunen über die Gesetzmäßigkeiten der Natur, die ganz ohne Show und künstliche Effekte Kinderaugen zum Leuchten bringt. Gerade kleine Kinder können sich immer wieder an der Natur erfreuen, auch wenn sie ganz unspektakulär daherkommt. Die Natur bietet Kindern all das, was sie für eine ausgeglichene Psyche benötigen und was ihre Sinne auf beruhigende Weise stimuliert. Sie erfahren eine natürliche beruhigende Geräuschkulisse, können sich freier bewegen als in den Städten und ihre Umwelt auf eigene Weise entdecken. Der kindliche Spieldrang wird in geringerem Maße durch Verbote gehemmt und eingeschränkt. Pflanzen werden zu Baustoffen und heimische Tiere zu Bobachtungs- und Studienobjekten. Die Fülle an Eindrücken ist meist sehr hoch und im Gegenzug die psychische Belastung durch industriellen Lärm und strenge Reglementierungen zur Gefahrenabwendung am niedrigsten. Suchen Sie deshalb mit Kindern immer wieder die Natur auf und besuchen Sie vor allem Sehenswürdigkeiten, die sich außerhalb der großen Städte und Ballungsräume befinden. Große und kleine Naturwunder gibt es überall auf der Welt: ob riesige Sanddünen, majestätische Gletscher, geheimnisvolle Höhlen, abenteuerliche Felsformationen oder mystische, dunkle Wälder. Das alles sind für Kinder wahre Sensationen, und dennoch üben sie eine überraschend beruhigende Wirkung auf die Kleinen aus. Auch Sehenswürdigkeiten aus Menschenhand wie verlassene Burgruinen und Menschensiedlungen, Tempelanlagen oder Amphitheater, die abseits der Städte liegen, üben einen ungeheuren Reiz auf die Fantasie und

Abenteuerlust der Kinder aus. Mit geheimnisvollen Geschichten aus einer längst vergangenen Epoche rund um das Anschauungsobjekt können solche Besichtigungen für Kinder zu einem ganz besonderen Erlebnis werden.

Und selbst, wenn es scheinbar nichts Aufregendes zu erleben und entdecken gibt, finden Kinder in der Natur immer ein spannendes Spiel zum Zeitvertreib. Der Einfallsreichtum der Kleinen kennt keine Grenzen, besonders dann, wenn sie auf Spielzeug aus der Natur angewiesen sind. Ein ganz normaler Spaziergang kann so zur Ritterschlacht, Schatzsuche oder Ausflug in die Feenwelt werden.

Lernen sollten Kinder beim Unterwegssein auch einen respektvollen Umgang mit der Natur (auch hinsichtlich möglicher Gefahren). Das Spielen mit natürlichen Gegenständen sollte erlaubt sein, aber nicht das wilde Zertrampeln oder wahllose Abreißen von Pflanzen oder das Zerstören der Lebensräume von Tieren. Die nötige Achtung gegenüber ihrer Umwelt erlernen Kinder am einfachsten und schnellsten, wenn Eltern sich selbst vorbildlich verhalten und dem Nachwuchs einen respektvollen Umgang mit der Natur vorleben.

Natürlich gibt es in der Natur auch Gefahren für Kinder, und es gelten Verhaltensregeln, die der Nachwuchs kennen und einhalten muss.

Bei der Unterkunftswahl unterwegs sollte man sich ebenfalls vorrangig für Quartiere auf dem Land entscheiden und eine Fahrt in die Stadt für Besorgungen oder Besichtigungen in Kauf nehmen. Der Aufenthalt außerhalb der Städte ist für alle Familienmitglieder wesentlich angenehmer und entspannender, wofür man kulturelle, gesellschaftliche und vielleicht kulinarische Einbußen gerne in Kauf nimmt.

## Städte- und Kulturreisen contra Kinder

Gerade bei Städte- und Kulturreisen wird der Unterschied zwischen den Bedürfnissen von Kindern und Erwachsenen besonders deutlich. In einer fremden Großstadt müssen Kinder in hohem Maße ein gezügeltes und diszipliniertes Verhalten an den Tag legen, was in aller Regel nicht ihrer Natur entspricht. Vom Nachwuchs wird oft verlangt – und sei es nur für eine kurze Zeit – sich völlig den Interessen der Erwachsenen unterzuordnen. Das gelingt – und hier werden die wenigsten Eltern widersprechen – nicht vielen Kindern auf Anhieb. Es soll ja Kids geben, die in der Lage sind, die Werke berühmter Künstler voller Bewunderung zu bestaunen und während eines langen Nachmittags ruhig und gelassen hinter den Eltern herzutrotten. Die Mehrzahl der Kinder jedoch krabbelt unter den Museumsbänken zwischen den Füßen der Besucher herum, befummelt alle nur erdenklichen Exponate, probiert den Feuerlöscher aus oder versucht auf andere Weise, sich die Zeit zu vertreiben. Mit Kindern Städte und Kultur zu erleben, hat seine ganz speziellen Freuden, die ständig zwischen Aggression: »Jetzt benimm dich doch mal für eine Minute!«, Frustration: »Nein, nicht schon wieder!« und Resignation »Komm, wir gehen!« schwanken. Reine Städte- und Kulturreisen sind somit nicht die Reiseform, die mit Kindern Erfolg versprechend ist. Für alle, die es sich dennoch nicht nehmen lassen wollen, die eine oder andere Stadt auf ihrer Reise mit den Kindern zu erkunden, seien folgende Tipps ans Herz gelegt:

Stadt ist nicht gleich Stadt. Manche Städte eignen sich besser als andere für die Interessen der ganzen Familie. Das sind zum Beispiel Städte, die am Meer liegen und mit vielen attraktiven Stränden aufwarten können. Solche Städte haben den Vorteil, dass immer ein Ausweichprogramm für Kinder (Strandtag) möglich ist.

Kommen Sie auch bei Städtereisen den Interessen der Kinder entgegen und planen Sie neben dem Pflichtprogramm ein Kinderstädteprogramm. Erklären Sie dem Nachwuchs jedoch, dass es ohne das eine – nämlich die Pflicht – das andere, –die Belohnung – nicht gibt.

Erkundigen Sie sich vor der Reise über Highlights für Kinder in der Stadt, die Sie besichtigen möchten. Über das Internet, gute Städtereiseführer oder die Fremdenverkehrsämter erhält man gute Informationen darüber, was sehenswert für Kinder ist. Damit erarbeiten Sie sich schon einmal ein Ausweichprogramm für den Fall, dass die Stimmung gen Nullpunkt sinkt.

Viele Museen, allen voran in den USA, haben extra Abteilungen für Kinder, in denen sie sich austoben können. Auch gibt es in vielen Städten mittlerweile Museen eigens für Kinder (ebenfalls viele davon in den USA), in denen die Kleinen auf spielerische Weise ihre Umwelt erfahren und »be-greifen« können. Wie wäre es mit dem Befühlen der seltenen Feldhummel »Bombus ruderatus«, anstatt dem süffisanten Lächeln der Mona Lisa gegenüberzustehen?!

Natürlich bereist man Städte mit dem Ziel, Kulturdenkmäler, Museen oder moderne und zeitgenössische Kunst zu bewundern. Wer nach Paris fährt, möchte nicht in erster Linie Mickey Maus in Lebensgröße kennen lernen. Die Kunst beim Städtereisen besteht darin, für Kinder uninteressante Dinge unterhaltend zu gestalten. Egal in welchem Museum Sie sich gerade befinden: Es gibt zu jedem Gemälde, jeder Skulptur oder Kunstgegenstand eine spannende und unterhaltsame Geschichte aus der dunklen, sagenumwobenen und geheimnisvollen Vergangenheit. Und sollte es keine geben, erfinden Sie einfach eine. Es liegt nur an Ihrer Erzählkunst und Fantasie, Kinder für die schnödesten Kunstobjekte zu begeistern. Mit dem Motto: »Es war einmal in der finsteren Zeit des Mittelalters ...« können Sie spielend ein langweiliges Museum in ein Abenteuerhaus verwandeln.

Die meisten Kinder fahren gerne U-, S-Bahn oder Bus. Sind sie mit dem Fahren öffentlicher Verkehrsmittel einer Großstadt nicht vertraut, ist es ein großes Abenteuer für sie. Da Sie in großen Städten meistens sowieso auf öffentliche Verkehrsmittel angewiesen sind, sollten Sie ein Vehikel wählen, das für Ihre Kinder spannend ist. Nur während der »Rush Hour« ist es besser, mit Kindern öffentliche Verkehrsmittel zu meiden.

Das schwierigste für Kinder ist meist der ungewohnt starke Verkehr in den Städten. Sich vorbildlich und gezügelt zu verhalten oder an der Hand führen zu lassen, ist für viele Kinder über einen längeren Zeitraum nicht akzeptabel. Suchen Sie sich deshalb für Pausen zwischen den Besichtigungen Orte aus, an denen sich Ihre Kinder frei und ungezwungen bewegen können. Das sind allen voran Spielplätze, die es in fast jeder großen Stadt gibt (meistens in den Stadtparks). Fragen Sie Passanten, Straßenverkäufer oder Polizisten nach einem Spielplatz in nächster Nähe. Auch der Stadtpark selbst, ein botanischer Garten, Schwimmbad oder Zoo sind Orte, die sich lohnen, mit Kindern zu entdecken. Ebenfalls einen hohen Spiel- und Spaßfaktor garantieren die Brunnen und Wasserparkanlagen in den Städten – mit zusätzlicher Kopf-bis-Fuß-Reinigung, versteht sich.

Für die Mittagspausen sollten Sie kindgerechte Restaurants wählen, in denen sich die Kleinen relativ zwanglos bewegen können. In vielen Städten gibt es so genannte »Indoor-Spielplätze«, denen ein Café oder Restaurant angeschlossen ist. Natürlich kosten solche Einrichtungen extra Eintritt, aber vielleicht ist es das wert. Auch eine Imbissbude im Stadtpark ist allemal besser als ein feines Restaurant mit grandiosem Ausblick, aber strikten Verhaltensregeln.

Eine gelungene Abwechslung neben den anstrengenden Besichtigungen sind die Spielwarenabteilungen der Kaufhäuser. Wenn Sie schon mit Kindern »shoppen« gehen, dann bitte zum Vergnügen der Kleinen! Während Mama das zehnte Paar Schuhe anprobiert, versucht Papa die Kinder zwischen der Lego- und Barbieabteilung nicht aus den Augen zu verlieren. Nur sollte man vorher mit den Kindern abklären, was oder dass nichts gekauft wird, sonst geht nämlich der Schuss nach hinten los.

Wird es den Eltern oder Kindern gar zu viel, kann die Familie auch getrennt auf Entdeckungstour gehen. Während ein Erwachsener mit den Kindern im städtischen Hallenbad relaxt, kann der andere nach Herzenslust durch die City flanieren.

Erwartet man bei Städte- und Kulturreisen von seinen Kindern ein mustergültiges Verhalten in Situationen, die dem Nachwuchs fremd sind, sind Probleme bei der Umsetzung vorprogrammiert (z. B. vorbildliche Manieren in einem Restaurant). Oft hilft in diesem Fall nur das Belohnungsprinzip zum Erreichen des gewünschten Verhaltens. Ja, ködern Sie Ihre Kinder ruhig mit Süßigkeiten, versprechen und kaufen Sie Ihnen, wenn es sein muss, zehn Tafeln Schokolade und zwanzig Eisbecher, wenn sie sich nach Ihren Vorstellungen vorbildlich verhalten! Diese Erziehungsmethode mag nicht richtig sein, doch auf Reisen gewinnt man mit strikten Prinzipien nun mal keinen Blumentopf, sondern verdirbt im schlimmsten Fall den Kindern den Spaß am Reisen.

Zum Schluss sei noch erwähnt, dass der Erfolg oder Misserfolg einer Städte- und Kulturreise natürlich auch vom Charakter und Alter des Kindes abhängt und auch davon, wie vertraut ein Kind mit dem Stadtleben generell ist. Reisende Großstadtkinder sind hier klar im Vorteil. Und spätestens, wenn sich der Nachwuchs im Pubertätsalter befindet, machen Städtereisen wieder mehr Spaß.

## Haushalt führen in der Ferne

Das Schönste am Reisen ist, dass man befreit ist von allen Verpflichtungen, die ein heimisches geregeltes Leben mit sich bringt. Gerade Hausfrauen und Mütter lieben es, sich unterwegs verwöhnen zu lassen und von lästigen Hausarbeiten befreit zu sein. Beim Unterwegssein mit Kindern allerdings und Individualreisen im Besonderen kommt man an geregelten Tätigkeiten und dem »Haushaltführen« nicht vorbei. Die Kinder wollen versorgt werden und die eigenen Bedürfnisse verlangen auch nach Befriedigung. Natürlich fallen lästige Hausarbeiten wie Reinigen der Wohnung oder Bügeln weg. An manchen Tätigkeiten jedoch wird man auch unterwegs nicht vorbeikommen. Die Art, wie die

Familie reist, entscheiden darüber, wie viel Hausarbeit unterwegs zu erledigen ist.

Ob Putzen der Ferienwohnung, Kochen für die Liebsten, Wäsche waschen oder Ordnung halten im Wohnmobil – irgendetwas gibt es unterwegs immer zu tun. Selbstversorger und Familien, die auf Reisen keine feste Basis haben, sind auf einen flexiblen Haushalt angewiesen. Alles muss sich den immer wieder veränderten Bedingungen anpassen und dennoch für die Kinder eine Konstante sein. Dies ist nicht immer einfach, aber durchaus im Bereich des Möglichen.

Beim Reisen mit dem Wohnmobil oder eigenen Zelt ist es wesentlich einfacher, den Kindern ein gewohntes Umfeld zu schaffen und damit ein heimeliges Gefühl zu geben. Zwar ändert sich die Umgebung fast täglich, doch die Kinder verstehen und akzeptieren das Reisemobil oder Zelt als ihre Basis. Campen ist für die meisten Kinder ein großes Abenteuer, und das Reisemobil oder Zelt ein Spiel- und Tummelplatz für die Kleinen. Der Chef im Camp jedoch sind die Eltern, und die sollten klare Regeln für den Umgang mit den Ausrüstungsgegenständen festlegen.

Reisen Sie als Familie ausschließlich in der Wildnis mit dem Zelt, sind alle auf diesen wichtigsten Gegenstand angewiesen, ist er doch der einzige Schutz vor Regen, Wind und Kälte. Akrobatische Kletterübungen zu Lasten des Zeltgestänges oder Scherenschnittversuche im Zelt sollten in jedem Fall absolut tabu sein. Kinder müssen unterwegs klare Grenzen kennen für den Umgang mit dem reisenden Haushalt und verstehen, wie wichtig und unentbehrlich dieser gerade fernab der Zivilisation ist. Bleiben Sie konsequent dabei, den Kindern Freuden zu verbieten, die zu Lasten der häuslichen Organisation gehen. Der Innenzeltbereich ist Schlaf-, aber auch Aufenthaltsort bei schlechtem Wetter und sollte durch die Kinder nicht verschmutzt werden. Hinterlassene Schuhabdrücke auf dem Schlafsack sind ebenso unangenehm wie ungebetene tierische Mitschläfer (in einigen Ländern kann dies sogar gefährlich sein).

Ebenfalls wichtig ist es, Kinder ihrem Alter entsprechend an Techniken im sicheren Umgang mit der Ausrüstung heranzuführen. Doch die Verantwortung dafür, dass alles funktionstüchtig ist, seinen Platz hat und mit weiterzieht, tragen die Erwachsenen. Die wichtigsten Gegenstände des Reisehaushalts gehören nicht ohne Aufsicht in Kinderhände, gerade wenn sie eine Faszination für die Kleinen darstellen. Nichts ist schlimmer als mehrere hungrige Augenpaare auf einer geschlossenen Dose, wenn der Öffner verloren gegangen ist, oder zum Entzünden eines Feuers das Feuerzeug fehlt (dann benötigt man das Survivalbuch von Rüdiger Nehberg).

Eine von-Kopf-bis-Hand-Reinigung, bitte!

Je unabhängiger eine Familie reist, umso mehr Ausrüstungsgegenstände benötigt sie. Schwierig wird es in der Tat, wenn dies auf eine Reiseform trifft, die einen enorm schlanken Haushalt fordert. Das ist zum Beispiel beim Wandern oder Fahrradfahren der Fall. Wie man diesen logistischen Spagat meistert, steht in den Kapiteln »Wandern mit Kindern« (S. 100) bzw. »Fahrrad fahren mit Kindern« (S. 112).

Neben dem Hüten der sieben Sachen und Kochen bei Selbstversorgern ist das Waschen der Wäsche die fast einzige Tätigkeit, die unterwegs regelmäßig erledigt werden muss. Da Kinder erfahrungsgemäß mehr Wäsche in weniger Zeit verbrauchen, ist der Zyklus, in dem die Familie einen Waschsalon aufsuchen wird, wesentlich kürzer, als würde man ohne Nachwuchs reisen. Um es gleich vorwegzunehmen: Unterwegs wird man sich bezüglich sauberer Kleidung und dem Bedürfnis nach Hygiene und Sauberkeit mit wesentlich weniger zufrieden geben müssen, als man von daheim vielleicht gewohnt ist. Nicht nur, dass die Waschmaschinen, die man unterwegs antrifft, meist nicht zufriedenstellend reinigen, sondern auch das tägliche Wechseln der Kleidung würde einen schnell an die Grenzen seiner mit sauberer Wäsche gefüllten Taschen bringen. Outdoorfreaks sprechen nicht gerne darüber. Aber fragen Sie einmal nach, wie oft ein Mr. Survival seine Wäsche wechselt! Spätestens dann wissen Sie, warum Globetrotter meist alleine reisen ... Ein weiser Mann hat einmal gesagt, dass die Menschen viel zu viel Zeit und Energie dafür aufbringen, die eigenen Körpergerüche zu bekämpfen, anstatt genau diese Zeit zu nutzen, um sie zu genießen.

Für empfindliche Gemüter sind wochenlange Trips durch die Wildnis also sicherlich nicht das Richtige, geschweige denn mit Babys und Kleinkindern. Ein etwas robustes Nervenkostüm sollte man schon besitzen, wenn der Nachwuchs sein Geschäft mal eben nicht in die Windel verrichtet, sondern daneben oder die in sich aufgenommene Muttermilch über seine Nachtwäsche erbricht. Tägliches Waschen ist auf Reisen nicht möglich und sicherlich auch nicht nötig. Outdoorschlafsäcke sollte man auf keinen Fall in einem hysterischen Anfall waschen, sondern nur lüften oder bei starken Verschmutzungen mit der Hand vorsichtig partiell reinigen (bei monatelangen Trips kann ein Schlafsack natürlich nach ein paar Monaten oder nach der Reise einmal nach Waschanleitung gewaschen werden). Mit jeder Maschinenwäsche verliert ein Schlafsack einen Teil seiner Isolationsfähigkeit. Bei kleinen Kindern und Babys ist es deshalb sinnvoll, ein Fleece- oder Baumwoll-Inlet zu verwenden, das kleine »Unfälle« größtenteils auffängt und häufiger gewaschen werden kann. Werden saubere Strampler und Unterwäsche der Kinder rar, kann man diese in einer (Falt-)Schüssel (aus dem Outdoorfachhandel) reinigen. Befinden Sie sich in freier Natur, sollten Sie im Hinblick auf die Schonung der Naturressourcen auf herkömmliches Waschmittel und Seife verzichten. Zum Reinigen der Wäsche, des Geschirrs und des Körpers gibt es im Outdoorfachhandel spezielle Seifen, die biologisch abbaubar sind. Oder Sie verwenden die gute alte Kernseife. (Nicht direkt im Wasserlauf waschen, sondern immer nur das Wasser abschöpfen, welches man benötigt!)

Das Trocknen kann auf Outdoortouren mitunter zum Problem werden, wenn die klimatischen Bedingungen dafür ungünstig sind. Auch verfügt nicht jede Unterkunft über einen Trockner. Aus diesem Grund sollten schnell trocknende Materialien beim Reisen bevorzugt werden. Kernige Globetrotter ziehen schon mal die Wäsche nass oder feucht wieder an. Bei Kindern und vor allem Kleinkindern sollte man diese Methode nicht anwenden. Viel zu hoch ist dabei die Gefahr einer Erkältung. Das Problem bei Handwäsche ist, dass diese wesentlich mehr Restfeuchte enthält als geschleuderte aus der Maschine. Man kann die Restfeuchte handgewaschener Kleidung erheblich minimieren, wenn man das feuchte Kleidungsstück in ein trockenes Handtuch (am besten ein Baumwollhandtuch) legt, das Handtuch von zwei Personen in verschiedene Richtungen gedreht und das Kleidungsstück ausgewrungen wird. Möchte die Wäsche partout nicht an der Luft trocknen, kann man diese zwischen der Unterwäsche und Oberbekleidung tragen (vorausgesetzt Sie schwitzen die Wäsche dann nicht wieder ein). Eine ebenfalls viel erprobte und gut bewährte Methode ist es, die Wäsche nachts in seinen Schlafsack (oder Bett) zu legen (nicht bei den Kindern). Meistens ist sie bis zum Morgen trocken, und zusätzlich noch »gebügelt«. Dies kann man übrigens auch mit der getragenen Wäsche tun, wenn man im Zelt übernachtet.

Ist Waschen abseits der Zivilisation überhaupt nicht möglich, sollte man die Wäsche, die ja meistens nicht nur schmutzig, sondern in der Regel auch feucht ist, in einem atmungsaktiven Wäschesack (Leinenbeutel) aufbewahren oder jeden Tag zum Lüften im Vorzelt ausbreiten, um Schimmelbildung zu vermeiden. Das gilt übrigens für jegliche Schmutzwäsche unterwegs, die mehrere Tage lang auf Reinigung warten muss. Niemals sollte man diese luftdicht verpackt in Plastiktüten über einen längeren Zeitraum lagern.

Beim Reisen in tropischen Regionen mit einer hohen Luftfeuchtigkeit wird die Wäsche, ob frisch oder getragen, niemals richtig trocken sein. Hier sollte man ebenfalls getragene Kleidung in luftigen Stoffbeuteln transportieren. Selbst die saubere Wäsche sollte man nicht in verschlossenen Kleiderschränken, Boxen oder über einen längeren Zeitraum im verschlossenen Rucksack verpackt aufbewahren, da diese sonst zu modern und stinken anfangen kann.

Das Schuhwerk von Kindern wird ebenfalls gerne feucht oder nass (oh, eine Pfütze!). Nasse Schuhe zu trocknen ist unterwegs wesentlich schwieriger als Kleidung, weshalb man für Kinder immer mehrere Schuhe dabei haben sollte. In regenreichen, kühlen Gebieten sind neben normalen, geschlossenen Schuhen Gummistiefel enorm wichtig. Werden auch diese nass, ist es äußerst schwierig, sie wieder zu trocknen. Reist man mit einem Auto, kann man sie auf die Ablage an die Lüfter der Autoheizung legen. Sind die Sanitäranlagen eines Campingplatzes mit Handtrockner ausgestattet, so können diese wunderbar als Schuhtrockner (aber auch Haartrockner!) dienen. In der Wildnis ist es nochmals schwieriger, Schuhe zu trocknen. Hier kann man es *vorsichtig* mit dem Kocher oder am Lagerfeuer versuchen (jedoch nicht Kleidung oder Schuhwerk, das man am Körper trägt – besondere Vorsicht ist bei schnell entflammbarer Fleecekleidung geboten). Das alte Hausrezept, den Schuh mit Zeitungspapier zu füllen, bewährt sich auch immer wieder.

Der Waschrhythmus hängt in erster Linie davon ab, wie viele Personen mit auf Reisen sind und

243

wie oft man an einer Waschgelegenheit vorbeikommt. Das kann von einer Trommel pro Woche bis zu einer alle vier Wochen variieren. Rucksackreisende Familien, die mit öffentlichen Verkehrsmitteln durch Asien oder Lateinamerika reisen, haben meist auch ein logistisches Kleiderproblem. Sie müssen in der Tat häufiger selbst Hand an die Wäsche legen als Reisende mit einem eigenen motorisierten Untersatz. Kleine Helfer im mobilen Waschsalon sind ein langes Seil und eine Hand voll Wäscheklammern, die nicht im Gepäck fehlen sollten. Soweit es einem möglich ist, sollte man den Bedarf an Waschpulver von zu Hause (abgepackt in mehreren kleinen Tüten) mitnehmen. Unterwegs wird man meist auf Großpackungen oder Waschmittel mit scharfen Reinigungssubstanzen treffen. Waschmittel in kleinen Reisetuben ist nur etwas für Kurzreisen. Sie enthalten in der Regel mehr Parfümstoffe als wirkliche Reinigungssubstanzen.

Wer ein gesteigertes Bedürfnis nach täglich sauberer Wäsche hat, kann natürlich seine Reiseform dem anpassen und so waschen, wie er es von daheim gewohnt ist. Reist man nicht fernab der Zivilisation, wird man unterwegs in den meisten Ländern häufig, wenn nicht täglich, an einer Waschgelegenheit vorbeikommen.

Die Waschmöglichkeiten auf den einzelnen Kontinenten sind sehr unterschiedlich, aber eines ist beim Wäschewaschen unterwegs überall gleich: Das Ergebnis ist in den meisten Fällen unbefriedigend (was aber auch nicht tragisch ist!).

In Europa hat man noch die besten Chancen, seine Wäsche unterwegs so sauber zu bekommen wie man es gewohnt ist. Übernachtet man in Hotels oder Jugendherbergen, so haben diese in der Regel Waschmaschinen mit Trockner im Haus. Bei Ferienwohnungen und Hütten hat man meistens die Möglichkeit, sollte keine Maschine in der Ferienwohnung vorhanden sein, beim Vermieter seine Wäsche zu waschen. Auch viele Campingplätze in Europa verfügen inzwischen über gute Waschmaschinen und Wäschetrockner.

In Nordamerika, Australien und Neuseeland kann man ebenfalls bei den einzelnen Unterkünften problemlos seine Wäsche waschen. In Hotels und Motels gibt es entweder einen Wäscheservice oder Waschmaschinen zum Selbstwaschen. Auf fast allen Campingplätzen gibt es Waschräume mit Waschmaschinen und Wäschetrockner. In allen großen, aber auch vielen kleinen Städten findet man Waschsalons mit Münzautomaten. Gewöhnen muss man sich allerdings an die Waschqualität und das oft dürftige Ergebnis. Die meisten Maschinen in Übersee sind »Toplader«, d. h. sie werden von oben befüllt, waschen entweder ausschließlich kalt oder mehr lau als warm (aber keinesfalls heiß) und drehen sich in der Horizontalen. Scharfe Reinigungssubstanzen (wie Chlor) in Waschmitteln sorgen für ein besseres Endergebnis.

In Mittel- und Südamerika sind die Waschmöglichkeiten ein wenig eingeschränkt. Die wenigen Campingplätze verfügen meist weder über Waschmaschinen noch Trockner. Möchte man nicht selbst seine Wäsche waschen, kann man dies in den Wäschereien der Städte sehr günstig erledigen lassen. Hotels, Jugendherbergen oder Backpacker dagegen verfügen fast immer über eine Waschgelegenheit.

In Asien findet man in fast jeder Stadt eine Wäscherei. Dort bekommt man seine Wäsche sehr günstig gereinigt und innerhalb 24 Stunden wieder zurück. Manchmal ist es allerdings nur Handwäsche. Auch reinigen Wäschereien hier oftmals mit scharfen Reinigungssubstanzen, was die Kleidung strapazieren kann. Auch in Hotels und Hostels kann man seine Wäsche jederzeit zum Waschen abgeben.

In Afrika gibt es in vielen Städten Wäschereien, die sehr günstig waschen. Auf manchen Campingplätzen in Südafrika und Namibia gibt es Waschmaschinen. In Hostels, Jugendherbergen und Lodges (Hotels) kann man ebenfalls sehr häufig seine Wäsche waschen lassen. Bei den einzelnen Lodges muss man speziell danach fragen und in der Regel einen Preis aushandeln. Von den Waschergebnissen sollte man jedoch auch hier nicht zu viel erwarten.

## Sauberkeit und Hygiene

Manche Frauen hören es zwar nicht gerne, aber es gibt eine Eigenschaft, die fast allen weiblichen Wesen zu eigen ist, und zwar das Bedürfnis, alles sauber und hygienisch halten zu wollen. Gerade Mütter fühlen sich wohl, wenn sie wissen, in puncto Sauberkeit alles für den Nachwuchs getan zu haben, um ihn vor Schmutz und damit vermeintlichen Krankheitserregern zu schützen. Zu Hause ist es einfach, seine Umgebung so reinlich zu halten wie es den eigenen Ansprüchen genügt. Auf Reisen jedoch ist das selten möglich.

Ob mit Lebensmittelresten verzierte Gemeinschaftsküchen in Hostels, nach Reinigung schreiende, vernachlässigte Duschanlagen auf Campingplätzen oder öffentliche Toiletten, bei deren Anblick man glatt den Grund vergisst, warum man eben diese aufzusuchen beabsichtigte – unterwegs wird man ständig mit solchen oder anderen Einrichtungen dieser Art konfrontiert. Abgebrühte Outdoorler verschrecken solche hygienischen Missstände schon lange nicht mehr, da sie sich im Laufe ihrer Wanderjahre an diese unangenehmen Begleiterscheinungen des individuellen Reisens gewöhnt haben. Doch wie reagiert man, wenn der Nachwuchs mit heller Begeisterung die Essensreste der Jugendherbergsgäste der letzten zehn Jahre aus den Bodenfugen kratzt und genüsslich verspeist oder die Neugierde ihn in die Tiefen einer von tausend Campinggästen genutzten Toilette treibt? Spinnen wir solche Gedanken lieber nicht zu Ende!

Reisen wir mit Kindern durch die Welt, gewinnt das Überlebenstraining von Rüdiger Nehberg eine ganz andere Bedeutung. Wie können wir mit unserem Nachwuchs im Dschungel der Keime, Viren und Bakterien eines ganz normalen Reisealltags überleben?

Kinder haben ein anderes Verhältnis zur Sauberkeit und Hygiene als Erwachsene. Sie erkennen zwar mit zunehmendem Alter oberflächlichen Schmutz, setzen sich also nicht mehr auf Toiletten, denen man eine Verschmutzung offensichtlich ansieht, doch das Verständnis für eine angepasste Verhaltensweise zur Gesunderhaltung ist den meisten Kindern fremd. Vielmehr sollten Eltern ihre Kinder auf Reisen führen und anleiten, um Gesundheitsrisiken für den Nachwuchs zu minimieren. Dies ist fürwahr nicht immer einfach. Aber um besorgte Eltern zu beruhigen, sei gesagt, dass Kinder nicht sofort krank werden, wenn sie einmal auf einer schmutzigen Toilette gesessen oder die Gabel eines fremden Tischnachbarn benutzt haben. Panik ist in jedem Fall unangebracht. Auch daheim kommen Kinder tagtäglich mit tausenden von Krankheitserregern in Kontakt, ohne dass den Eltern dies bewusst ist. Auf Reisen sind Hygienemängel nur offensichtlicher. Da heißt es nicht jammern oder zu Hause bleiben, sondern handeln!

Für die Einhaltung der Hygiene unterwegs ist es am einfachsten, wenn sich die Familie so unabhängig wie möglich macht von schmuddeligen Gemeinschaftsanlagen. Kleine Kinder, die bereits sauber sind, können noch bis zum vierten Lebensjahr auf einer eigenen Toilette sitzen. Der Nachttopf ist beim Reisen mit Kleinkindern der ideale Reisebegleiter. Egal wann und wo man unterwegs ist, er ist jederzeit einsatzbereit. Selbst bei Hüttenwanderungen in stark frequentierten Regionen muss er nicht fehlen. Das zusätzliche Gewicht von ca. 300 g kann man sicherlich anderswo gut einsparen.

Kleine Geschäfte können und sollten Kinder jederzeit verrichten dürfen. Ein Glück für alle, die nur männlichen Nachwuchs haben – der ist hier klar im Vorteil. Doch auch kleinen Mädchen kann man beibringen, sich für »wichtige Geschäfte« in die Natur zurückzuziehen. Der Rückzug in die Natur ist in jedem Fall hygienischer als das Aufsuchen von öffentlichen Erleichterungseinrichtungen. Selbst in Städten sollte man den Stadtpark einer Bahnhofstoilette vorziehen (vorausgesetzt, dass man damit im betreffenden Land nicht gegen sittliche und rechtliche Normen und Gesetze verstößt – in einigen Ländern steht vorsätzliches Bewässern der städtischen Botanik unter Strafe!).

Versuchen Sie, auf Reisen die Kinder täglich zu einer gleichen Uhrzeit (z. B. jeden Morgen nach dem Frühstück) auf eine saubere Toilette zu schicken zum Verrichten der wichtigsten Tätigkeit des Tages. Mit der Zeit wird sich dieses Ritual auszahlen, da die Kinder so einen geregelten Stuhlgang entwickeln, der jeden Tag zur gleichen Zeit nach Erledigung verlangt.

Sind Sie in der Natur unterwegs, ist es sinnvoll, eine kleine Schaufel dabei zu haben, um diverse Dringlichkeiten fachgerecht erledigen und vergraben zu können.

Ist das Aufsuchen einer unreinen Toilette unumgänglich, begleiten Sie Ihr Kind dabei. Am Anfang einer Reise wird man sicherlich bemüht sein, jede Toilette gründlich zu desinfizieren (auch die sauberen). Mit der Zeit entwickelt sich jedoch eine Art Anpassung und Gewöhnung an die Gegebenheiten, und man wird nachlässiger mit der Hygiene. Diese Verhaltensweise ist typisch für Reisende. Bei Langzeitreisen kann dies wieder ins Gegenteil verkehren, und man sehnt sich nach Sauberkeit und Sommerfrische.

Wichtig ist jedenfalls, dass man seine Kinder beim täglichen Toilettengang nicht alleine lässt und ihnen zeigt, wie man sich hygienisch vorbildlich verhält. In vielen Ländern sind so genannte Stehtoiletten weit verbreitet. Auch wenn es einem Mitteleuropäer unangenehm anmutet, so sind diese Toiletten wesentlich hygienischer als die uns vertrauten. Zeigen Sie Ihrem Kind, wie man damit umgeht!

Auch bei der täglichen Reinigung sollte man den Nachwuchs anleiten. Kleine Kinder und Babys können in großen Schüsseln, Eimern oder Faltschüsseln (Ortlieb) überall gebadet werden. Für das Zähneputzen und die Morgentoilette können solche Gefäße ebenfalls als Waschbecken dienen. Duschen Sie gemeinsam mit Ihren kleinen Kindern, so haben Sie die Kleinen besser unter Kontrolle. Das ist wassersparend und macht Spaß. Badeschuhe beim Duschen und in öffentlichen Sanitäreinrichtungen sind, auch für die Kleinsten, obligatorisch. Für die Wildnis gibt es Wassersäcke (so genannte Outdoorduschen), die man überall verwenden kann, wo es Bäume

gibt, und die Kinder mittleren Alters bis zum Eintritt ins Schamgefühlalter extrem schmutzigen Sanitäreinrichtungen auf Campingplätzen vorziehen sollten.

In den meisten Ländern Asiens, Afrikas und Lateinamerikas ist Toilettenpapier auf öffentlichen (und nicht öffentlichen) Toiletten übrigens eine Seltenheit, weshalb man immer etwas davon griffbereit in der Tasche haben sollte.

Alle diese Tipps sind Anregungen, was man unterwegs tun kann, um sein Bedürfnis nach Sauberkeit und Hygiene zu befriedigen. Jedoch möchte ich auch beruhigen und erwähnen, dass man auf Reisen nicht immer alles schmutzig und unhygienisch vorfinden wird.

Kinder messen diesem Thema sowieso kaum Bedeutung bei. Sie machen keinen Unterschied zwischen dem heimischen Waschbecken und dem Gemeinschaftsbecken eines Großcampingplatzes.

So wird man wohl diverse Ermahnungen immer wieder wiederholen müssen: »Schatz, würdest du bitte nicht das Waschbecken ablecken. Auch den Wasserhahn musst du nicht mit deiner Zahnbürste sauber machen.«

### Sauberes Trinkwasser

**Wasserentkeimung** beim Reisen ist ein Thema, das mittlerweile in vielen Teilen der Welt wichtig geworden ist. Selbst in unseren Breiten kommen in Quellen und Bergbächen durch Viehhaltung Parasiten und Krankheitserreger vor. Sauberes Trinkwasser ist in vielen Teilen der Welt ein kostbares Gut geworden, ist es doch vielerorts Mangelware. Wasserleitungssysteme nach unserem Standard findet man weltweit kaum. Das Brauchwasser in den Haushalten der Entwicklungs- und Schwellenländer kommt aus Regentonnen auf den Dächern oder Behältern, die an erhöhten Stellen angebracht sind und immer wieder aufgefüllt werden. Oder es wird in langen Fußmärschen von Wasserlöchern und Gemeinschaftsbrunnen geholt. Doch selbst Industrienationen haben mittlerweile große Probleme mit der Wasserversorgung (z. B. Australien). Reist

Sauberes Trinkwasser – auf Reisen ein wichtiges Thema

man durch Länder mit einem niedrigen Hygienestandard oder gering besiedelte Gebiete, sollte man sein tägliches Trinkwasser, das aus Wasserhähnen kommt, auf Sicherheit überprüfen. Riecht es stark nach Chlor, kann man von »sicherem« Wasser in puncto Keimbelastung ausgehen, was natürlich nicht bedeutet, dass es gesundheitlich unbedenklich für Kinder ist. Im Zweifelsfall sollte man das Trinkwasser für die Kinder immer selbst entkeimen durch Abkochen (mindestens fünf Minuten sprudelnd kochen) oder mit einem Wasserfilter. Oder aber man deckt seinen gesamten Wasserbedarf ausschließlich mit industriell abgefülltem Wasser.

Auch in westlichen Industrienationen sind mittlerweile viele Quellen und Wasserläufe, die zum Beispiel in landwirtschaftlich genutzten Gebieten liegen, häufig mit Krankheitserregern verunreinigt (z. B. der Giardia-Erreger). Hier sollte man das Wasser im Zweifelsfall ebenfalls abkochen oder mit einem Wasserfilter (z. B. Keramikfilter) entkeimen.

Befassen Sie sich vor der Reise ausführlich mit dem Thema »sauberes Trinkwasser unterwegs« und lassen Sie sich im Fachhandel über die einzelnen Möglichkeiten der Wasseraufbereitung umfassend beraten. Der sinnvolle Einsatz der verschiedenen Entkeimungsmöglichkeiten hängt von vielen Faktoren ab und kann für bestimmte Reiseziele und Reisearten sehr unterschiedlich sein.

Das Wasser fürs Baden von Babys und Kleinkinder sollte man, wenn man von keimbelasteten Wasser ausgehen muss, ebenfalls entkeimen, da Kinder gerne das Badewasser trinken. Das Gleiche gilt natürlich für das Händewaschen und Zähneputzen.

Das Auswärtige Amt hält in seinem Internetportal Informationsblätter zum Thema »Sauberes Trinkwasser im Ausland« zum kostenlosen Herunterladen bereit (www.auswaertiges-amt.de).

### Hygieneregeln und Gesundheitsvorsorge in Ländern mit niedrigem Hygienestandard

Ernst nehmen sollte man die tägliche Sauberkeit und Hygiene in Ländern mit einem erhöhten Infektionsrisiko (Tropen) und dort, wo wegen schwieriger hygienischer Verhältnisse mit erheblichen Krankheitsgefahren zu rechnen ist. Beim Reisen mit kleinen Kindern und Babys kann das Einhalten von einfachsten Hygieneregeln mitunter schwierig bis unmöglich sein, da die Kleinen die Hände ständig überall und meistens im Mund haben. Da man es unterwegs auf keinen Fall verhindern kann, dass nicht doch einmal das eine oder andere zum Mund und in denselben wandert, ist es wirklich für alle Beteiligten sinnvoll (und vor allem stressfreier), mit dem Reisen in hygienisch schwierige Länder (z. B. Indien) zu warten, bis der Nachwuchs die orale Erkundungsphase hinter sich hat. Oder aber man verfügt über viel Erfahrung mit dem betreffenden Land und kann seine Reiseform den hygienischen Gegebenheiten anpassen. Reist man auf einem höheren Niveau (bessere Hotels usw.), ist die Sicherheit in puncto Hygiene um ein Vielfaches höher.

Ansonsten kann man noch einiges tun, um Kinder vor Krankheitserregern in Ländern mit einem sehr niedrigen Hygienestandard zu schützen:

> Je schwieriger die hygienischen Verhältnisse in einem Land sind, desto unabhängiger sollte die Versorgung der Familie sein (Selbstversorger). → »Gesundheitserhaltende Hygiene-Ausrüstung« (S. 174)

> Legen oder setzen Sie Babys auf schmutzigen Straßen und Plätzen nicht einfach auf den Boden, sondern immer auf eine Plane oder saubere Decke.

> Tragen Sie Ihr Kind bis zum Alter von drei Jahren in einem Tragetuch oder einer Rückentrage durch sehr schmuddelige Städte oder Stadtteile, auch wenn es schon laufen kann.

> Lassen Sie Ihr Kind nicht barfuß gehen.

> Halten Sie das Kind generell von fremdartigen oder herrenlosen Tieren fern und säubern Sie nach dem Kontakt gleich die Hände.

> Lassen Sie das Kind nicht in schwach fließenden und stehenden Gewässern oder Pfützen planschen.

> Gewöhnen Sie Ihrem Kind das Daumenlutschen vor der Reise ab

> Schicken Sie auch ältere Kinder nicht alleine auf die Toilette, ohne diese vorher inspiziert zu haben.

> Nehmen Sie für Kinder bis zu vier Jahren die eigene Toilette mit (Nachttopf) oder lassen Sie sie in der freien Natur das Geschäft verrichten.

> Waschen Sie Ihre Hände und die Ihrer Kinder mehrmals am Tag.

Folgende Hygieneregeln sollte man beim Reisen in Ländern mit einem erhöhten Gesundheitsrisiko im Umgang mit Lebensmittel und beim Essen dringend beachten:

> Vor jedem Essen Hände waschen. (Wenn man eine kleine Plastikflasche – versehen mit *entkeimtem* Trinkwasser und ein paar Tropfen Seife – immer bei sich hat, kann man praktisch überall Hände waschen.)

> Keine Gemeinschaftshandtücher, z. B. in Toiletten, benutzen.

> Nur behandeltes Wasser trinken (das Gleiche gilt fürs Händewaschen, Zähneputzen und allgemeine Säubern von Säuglingen und Kleinkindern).

> Für alle rohen Lebensmittel gilt die alte englische Weisheit: »peel it, cook it, or leave it« – zu Deutsch: Schäl es, koch es oder lass es sein!

> Keine Sauger oder Nuckelflaschen verwenden (Keime haben dort eine gute Überlebens-

chance). Oder täglich auskochen, trocknen lassen und in einer kleinen Plastikdose aufbewahren.

> Generell beim Essen *das eigene Besteck benutzen!*

> Fleisch und Fisch nur gut durchgebraten essen.

> Alle industriellen Lebensmittelverpackungen und Getränkeflaschen auf Unversehrtheit *(bei Getränkeflaschen den Verschluss)* überprüfen!

Auf folgende Lebensmittel sollte man in Ländern mit sehr schwierigen hygienischen Verhältnissen generell verzichten:

> Rohmilch
> rohes Fleisch und roher Fisch (auch Muscheln oder Austern)
> offene Salate aller Art
> offene Mayonaise
> rohe Eier
> Eiswürfel und Speiseeis
> offene Getränke nicht bekannter Herkunft (gekaufte Getränkeflaschen auf Unversehrtheit des Verschlusses überprüfen!)
> offene Nahrungsmittel, die in Plastikfolie verpackt sind (z. B. aufgeschnittene Früchte, Käsestücke, Fertigsalate)

Unterwegs wird es (gerade) in anderen Kulturkreisen nicht ausbleiben, dass Ihren Kindern diverse Süßigkeiten und Lebensmittel angeboten werden oder die Familie eingeladen wird und undefinierbare, landestypische Speisen vorgesetzt bekommen. Sind Sie bezüglich der Hygiene (oder generell) bei den angebotenen Speisen unsicher oder verweigert Ihr Kind das Angebotene, lehnen Sie freundlich, aber bestimmt ab (→ »Unterwegs in fremden Kulturkreisen und armen Ländern – Gastfreundschaft und Einladungen«, S. 254).

Informationsblätter zum Thema »Krankheitsprävention und Hygiene im Ausland« findet man im Internet auf der Seite des Auswärtigen Amts zum kostenlosen Herunterladen (www.auswaertiges-amt.de.

# Herausforderungen annehmen

## Sprach- und Verständigungsprobleme

Bei Individualreisen kann es unterwegs immer wieder zu Kommunikationsschwierigkeiten kommen, selbst wenn man nur innerhalb Europas seinen Urlaub verbringt. Sprachkenntnisse sind für Reisende, die sich nicht auf einen sprachgebildeten Reiseführer verlassen können, sehr wichtig. Ganz ohne mutet man sich und den Kindern eine Tortour zu. Englisch ist die Hauptweltsprache, die innerhalb Europas, in vielen Ländern Asiens, in Nordamerika (USA und Kanada), einigen Staaten Afrikas (hauptsächlich südliches Afrika und Länder mit Pauschaltourismus wie Ägypten), Australien und Ozeanien (Ausnahme: Französische Inseln) verstanden wird. Mindestens diese Sprache sollte man gut beherrschen. In Lateinamerika wird man, sofern man sich abseits der Touristenrouten bewegt, ohne Spanischkenntnisse auf große Schwierigkeiten beim Reisen treffen. Auch in arabischen Staaten, in China, Russland oder osteuropäischen Ländern ist Englisch weniger verbreitet als angenommen.

Generell ist es wichtig, dass man beim Reisen mit Kindern einen kleinen Grundwortschatz der Landessprache beherrscht. Schreiben Sie sich gängige Redewendungen, Begrüßungsformeln und Sätze auf, die Sie täglich bei der Unterkunftssuche und Nahrungsmittelbeschaffung benötigen. Auch die Frage nach Ärzten und Kliniken sollte auswendig gelernt werden. Lernen Sie mit Ihren Kindern gemeinsam einzelne Wörter. Ein Bitte oder Danke in der Landessprache aus Kindermund gesprochen, löst bei den Einheimischen wahres Entzücken aus. Auch im Kontakt mit Kindern des Reiselandes lässt sich die Sprache einfach und meist unterhaltsam und spaßig erlernen.

Nicht einfach kann das individuelle Reisen durch Länder sein, in denen es andere Schriftzeichen gibt (z. B. China, Japan, Thailand, Teile Osteuropas, Russland und arabische Länder). Straßen-, Hinweisschilder und Landkarten können nicht mehr gelesen werden. Ein guter Reiseführer plus Landkarte in zweisprachiger Ausführung ist hier sehr sinnvoll.

Unterwegs wird man häufig auf die Hilfe von Mitmenschen angewiesen sein – bei der Zimmersuche oder der Frage nach dem richtigen Weg. Auch wenn der Gegenüber einen versteht, muss das noch lange nicht heißen, dass er auch wirklich hilfreich ist. Gerade in fremden Kulturkreisen ist es wichtig zu wissen, dass die Menschen anders denken, fühlen und handeln. Sie sind zwar in der Regel sehr hilfsbereit, beantworten eine Frage aber oft – aus Schamgefühl, die Antwort nicht zu wissen – lieber falsch als gar nicht. Fragen Sie deshalb so, dass der Gegenüber nicht mit »ja« oder »nein« antworten kann wie beispielsweise: »Fährt der Bus hier ab?«, sondern fragen Sie besser: »Wo fährt der Bus ab?« Damit ist der Befragte gezwungen, eine Örtlichkeit zu nennen. Gerade in armen Ländern sind die Menschen oft einfacher gestrickt und können mit vielen Fragen auf einmal nicht umgehen, oder sie verstehen sie einfach nicht. Um sich nicht länger bedrängt zu fühlen, antworten sie das, was der Fragende vermutlich hören will, oder nicken nur zustimmend. Stellen Sie nur wenige kurze, einfache und vor allem gezielte Fragen. Bedenken Sie auch, dass es in unterentwickelten Staaten viele Menschen gibt, die nicht lesen und schreiben können. Ihnen eine Karte oder Adressen zu zeigen, ist sinnlos. Es kann einem auch passieren, dass jemand die gestellte Frage nach dem Weg zwar richtig beantwortet, einen aber nicht daraufhinweist, dass die besagte Straße dorthin z. B. nicht befahrbar ist. Denn das war ja nicht der Inhalt Ihrer Frage. Rechnen Sie immer mit Menschen, deren Horizont kleiner ist als der eigene, und setzen Sie keinen Menschenverstand nach Ihren Maßstäben voraus.

Auch Kilometerangaben sind für viele Menschen in anderen Kulturkreisen (selbstverständlich nicht nur dort!) ein dehnbarer Begriff. Fragen Sie lieber danach, wie lange ein in dem Land gängiges Fortbewegungsmittel (Bus, Eselgespann) dorthin benötigt, wohin Sie fahren möchten, und rechnen das dann auf Ihr Fahrzeug um. Damit erhalten Sie meist eine ziemlich präzise Auskunft. Fragen Sie immer mehrere Menschen und entscheiden sich dann für die Antwort, die am häufigsten gegeben wurde. Das Ärgernis über eine umsonst gefahrene Strecke oder eine planlose Unterkunftssuche kann man sich nur mit umfassender Informationsbeschaffung ersparen (→ »Wachsende Ansprüche an sich selbst«, S. 35).

## Kulturschock

Kleine Kinder haben keine Vorstellung davon, wie sich eine gänzlich andere Kultur rein optisch von der eigenen unterscheidet. Ihr geistig eingeschränkter Horizont kann noch keine Wesensmerkmale zwischen einer uns nahestehenden oder völlig fremden Kultur ausmachen. So kann ein wild gestikulierender und schreiender italienischer Eisverkäufer kleine Kinder wahrscheinlich mehr erschrecken als ein ruhig in einem Tempel sitzender tibetischer Mönch. Uns Erwachsenen ist meist nicht klar, dass der Kulturschock bei einem kleinen Kind meist schon dann auftritt, wenn wir Deutschland hinter uns lassen. Eine fremde Sprache kann Kindern den sicheren Boden unter den Füßen wegziehen und lässt sie hilflos schwimmen in einem Meer von fremdartigen Tönen und Lauten. Das ist der Kulturschock, den ein Kind auf jeder Reise erleben wird, wenn es die betreffende Sprache des Landes nicht beherrscht. Der Gedanke, dass man kleinen Kindern eine völlig fremde Kultur nicht zumuten sollte, sondern nur eine der unseren nahestehenden, um sie vor Schockreaktionen zu schützen, ist somit falsch. Auch wenn man nach Italien fährt, kann ein Kleinkind einen Kulturschock erleben. Aus diesem Gesichtspunkt heraus betrachtet ist das Reiseziel nicht der Hauptindikator für kindgerechtes und psychisch harmonisches Reisen.

Kleine Kinder, vor allem Babys, nehmen wesentlich weniger äußere Informationen auf und verarbeiten bestimmte Situationen anders als ältere Kinder und Erwachsene. Wird ein Kleinkind aus dem Arm seiner Mutter und damit seinem psychischen Schutzbereich genommen und sieht sich Aug in Aug einem fremden Gesicht gegenüber, das womöglich noch eine seltsame haarige Matte um den Mund trägt und zu allem Überfluss eigenartige Töne von sich gibt, so ist es höchstwahrscheinlich zutiefst verunsichert und gibt dies lautstark kund. Bewegt sich das Kind dagegen in seiner gewohnten Umgebung und »Schutzzone«, also im Tuchfühlungsbereich der Eltern, im Kinderwagen oder der Rückentrage, werden Personen im näheren Sichtbereich freudig interessiert beobachtet, auch wenn es sich um einen Bettler handelt, dem vielleicht eine Hand fehlt. Oder ein anderes Beispiel: Auf einem Markt werden lebende Hühner angeboten, die in einem viel zu kleinen Käfig leiden müssen. Ein kleines Kind wird staunen, wie viele Hühner in so einen kleinen Käfig passen, ohne die dahinterstehende Tierquälerei zu erkennen. Vieles, was Erwachsenen als unangemessene Zumutung für ihre Kinder erscheint, muss bei denen nicht automatisch zu den Reaktionen führen, die man erwartet. Andersherum können alltägliche und einem selbst als harmlos erscheinende Situationen Kinder völlig verunsichern oder schockieren. Das Reisen in ferne Länder und fremde Kulturen muss demnach für kleine Kinder nicht automatisch eine psychisch höhere Belastung sein als Reisen innerhalb des eigenen Kulturkreises. In der schützenden Nähe des Familienverbundes und mit umsichtigen und Sicherheit gebenden Eltern sind auch Reisen in andere Kulturkreise für die Kleinen kein Schockerlebnis.

Ganz anders verhält es sich bei älteren Kindern und Jugendlichen. Eine andere Sprache allein bringt sie nicht mehr aus der Fassung. Auch erleiden sie keinen Kulturschock bei aufdringlichen italienischen Eisverkäufern. Dagegen kann das Reisen in andere »Welten« mit älteren Kindern für deren Psyche eine Herausforderung sein. Mit zunehmendem geistigen Horizont wächst zwar das Verständnis der Kinder dafür, dass es auch andere Kulturen und Lebensweisen gibt, doch die Konfrontation damit und seine oft unansehnlichen Missstände überfordert viele Heranwachsende. Gerade wenn Kinder älter, gesundheitlich »stabiler« und geistig reifer sind, trauen sich viele Eltern schwierigere Reiseziele zu und muten ihren Kindern damit oft unbewusst mehr zu, als sie unvorbereitet bewältigen können. Entscheidet man sich für ein Reiseziel, bei dem es nicht ausbleiben wird, dass man auf Armut oder Lebensweisen stößt, die völlig zuwider der eigenen kulturellen Regeln und des Werteverständnisses gehen, müssen die Eltern sich vor der Reise damit auseinandersetzen und die Kinder ihrem Alter entsprechend darauf vorbereiten. Und selbst dann benötigen Kinder unterwegs ihre persönliche Zeit, sich an andere Lebens- und Verhaltensweisen zu gewöhnen und sich ihnen anzupassen.

Für ältere Kinder und Jugendliche ist das Reisen in einem ihnen unbekannten Kulturkreis immer mit einer besonderen psychischen Anstrengung verbunden. Das lässt sich auch mit der besten Vorbereitung nicht vermeiden. Der Müll und Dreck auf den Straßen, die Lebensumstände der Menschen, die für europäische Verhältnisse armseligen Häuser und Hütten, die vielen herrenlosen Hunde und Katzen in den Städten, der chaotische Verkehr auf den Straßen und die wuseligen Menschenmassen, die sich auf den übervölkerten Märkten durch die Gassen zwängen, der ungewohnte Lärm und die fremdartigen Gerüche, denen man sich nicht entziehen kann – gerade das Reisen durch die Städte in exotischen Ländern ist eine akustische, nasale und visuelle Extrembelastung für Kinder. Der Reiz beim individuellen Reisen besteht ja eigentlich darin, fremde und andere Welten zu entdecken, kennen zu lernen und in sie einzutauchen. Nur sollte man beim Reisen mit Kindern beachten und wissen, dass diese nicht aus den gleichen Beweggründen unterwegs sind wie der interessierte und erwartungsfrohe Erwachsene. Kinder sind in der Regel Reisebegleiter und selten der antreibende Motor und bildungshungrige Reiseleiter. Ihr geistiger Horizont nimmt Andersartigkeiten nicht interessiert zur Kenntnis oder als selbstverständlich oder gegeben hin, sondern steht ihnen oft verständnislos gegenüber. Deshalb sollte man Kinder auf das Abenteuer vorbereiten und seine Reiseetappen so planen, dass sie immer wieder Zeit haben, die einzelnen Erlebnisse unterwegs verarbeiten zu können.

Aus diesem kindlichen Unverständnis heraus wird es auf Reisen immer wieder Situationen geben, die für Kinder erklärungsbedürftig sind. Auch wenn Erwachsene gerne wegsehen und unangenehme Geschehnisse unausgesprochen übergehen: Kinder wollen wissen, *warum* etwas so ist *wie* es ist, gerade wenn es in ihren Augen nicht so sein *darf*. Das müssen nicht immer die schrecklichsten sozialen Missstände sein, sondern können auch Ereignisse sein, die gegen die eigenen kulturellen Regeln verstoßen. Ein fremdes Kind wird von einem Erwachsenen auf offener Straße körperlich gezüchtigt. Das ist in vielen Kulturkreisen leider noch eine gängige und gesellschaftlich akzeptierte Erziehungspraxis. Ihren Kindern jedoch scheint diese Aktion als völlig unangemessen, und sie können schockiert darüber sein, dass so etwas »normal« sein soll. Es ist wichtig, dass Erwachsene auf solche und andere Situationen vorbereitet sind und nicht in Erklärungsnot geraten. Man kann auf Reisen – und dabei ist es vollkommen gleichgültig, ob es nun der eigene oder ein fremder Kulturkreis ist – den Kulturschock nur dann mildern, wenn man in der Lage ist, das, was die Kinder erleben und nicht verstehen, durch ausführliche Erklärungen begreiflich zu machen. Treten die Eltern selbstsicher auf, selbst in schwierigen Situationen, helfen sie ihren Kindern damit, Andersartigkeiten anzunehmen.

Die Eltern und auch die Kinder müssen andere Kulturkreise nicht gänzlich verstehen. Man kann auf Reisen nur lernen, sie zu akzeptieren. Das ist nicht immer einfach und kann unterwegs bedrückend sein, doch je stärker man sich mit anderen Kulturen und deren Lebensweisen auseinandersetzt, umso besser ist man in der Lage, mit anderen Völkern, auch in der Heimat, zusammenzuleben.

## Unterwegs in fremden Kulturkreisen und armen Ländern

Verlässt man den eigenen Kulturkreis und sucht den Reiz der Andersartigkeit unbekannter Lebensweisen, sollte man nicht vergessen, dass das nicht nur Freude, Erkenntnis und ideelle Bereicherung bedeutet, sondern auch Konfrontation mit Armut, Missständen und unverständlichen Lebens- und Denkweisen. Die heile und verklärte Welt der Reisesendungen aus Funk und Fernsehen oder den Hochglanzbroschüren der Reisebüros gibt es nicht. Vielmehr wird man sich mit einer völlig anderen Denk- und Handlungsweise konfrontiert sehen, auf die man aus Unwissenheit nur allzu oft falsch oder unangemessen reagiert. Gerade Kinder können unterwegs sehr häufig unbewusst verbal oder durch blinden Aktionismus ungewollt ins »Fettnäpfchen« treten. Doch auch eine Verletzung der eigenen Normen und Sitten durch fremde Völker wird beim Eindringen in einen anderen Kulturkreis selten vermeidbar sein.

Der Tourismus in Entwicklungs- und Schwellenländern ist eine lukrative Einnahmequelle für viele Länder. Dort aber nur für wenige Menschen. Die größtenteils arme Bevölkerung eines Landes profitiert in der Regel nicht davon, sondern sieht nur von der Ferne, mit welchem Aufwand das luxuriöse Leben eines Paulschaltouristen gestaltet wird. Der Tourismus verändert die Lebensbedingungen der Menschen nicht zum Guten, sondern lässt sie nur wie in einem schlechten, aber realen Fernsehfilm teilhaben am Leben der »reichen« Touristen. Neid und Missgunst gegenüber Ausländern, denen es besser geht, gibt es in vielen armen Regionen der Welt. Aber auch Geschäftstüchtigkeit und der Wunsch, am Glück und Wohlstand der anderen teilhaben zu können, ist weit verbreitet. Ob Kriminalität, Bettlertum oder das aufdringliche Gehabe von Straßenverkäufern oder der Bevölke-

rung – immer wieder muss man sich auch (oder gerade) als Individualtourist mit solchen Erscheinungen und Auswüchsen des Tourismus auseinandersetzen. Weiß man um die Missstände eines Landes und bringt für die einheimische Bevölkerung Verständnis und Einfühlungsvermögen auf, ist das Reisen durch arme Länder wesentlich leichter.

Suchen Sie unvoreingenommen den Kontakt mit der einheimischen Bevölkerung. Viele Menschen werden Ihnen diesen Versuch der Völkerverständigung mit ausgesprochener Freundlichkeit und Fröhlichkeit danken. Eltern sollten sich vor einer Reise in fremde Kulturkreise aber nicht nur mit den äußerlichen Lebensbedingungen auseinandersetzen, sondern auch über die Denkweisen und Lebensvorstellungen fremder Kulturen Bescheid wissen. Nur so können Sie und die Kinder vieles besser verstehen und angemessener reagieren.

### Verletzung der Privatsphäre

Reisende Familien genießen bei der Bevölkerung eines Landes meistens einen besonderen Status als Tourist. Gerade wenn Sie mit kleinen Kindern unterwegs sind, finden Sie sehr schnell Zugang zu den Menschen und ihrem Leben. Kinder haben in vielen Ländern einen sehr hohen Stellenwert innerhalb der Gesellschaft und genießen eine besonders zuvorkommende Behandlung durch ihre Mitmenschen. Es ist für Eltern und Kinder eine ganz neue und sehr beglückende Erfahrung, wenn sie erleben, wie herzlich und freundlich fremde Menschen ihnen gegenübertreten, wie selbstverständlich sie willkommen sind und an anderen Leben ganz ungeniert teilhaben dürfen. Die traurige Erkenntnis vieler Reisender, die fremde Kulturen erleben durften, ist, dass in keinem anderen Kulturkreis Kinder mit so wenig Aufmerksamkeit in der Öffentlichkeit bedacht werden wie im eigenen.

Sie werden mit Ihren Kindern unterwegs ganz sicher viele positive Erfahrungen sammeln und vielleicht sogar Brücken bauen zu fremden Kulturen. Es kann aber mitunter auch schwierig sein, andere Verhaltens- und Denkweisen zu verstehen und zu akzeptieren. Das ist immer dann schwierig, wenn die Normen und Regeln des eigenen Kulturkreises dabei verletzt werden. Bewegt man sich in einer fremden Welt, muss man immer damit rechnen, auch als Tourist so behandelt zu werden, wie es den allgemeinen Umgangsformen im Land entspricht.

In vielen asiatischen Ländern beispielsweise gelten Kinder als Allgemeingut und jeder kann und darf sie berühren, streicheln und liebhaben. Fremdartige Kinder sind zudem ein aufregendes exotisches Objekt, das die Neugierde der Menschen weckt. Ein süßes, weißes Kind mit »goldenen« Haaren gilt als Glücksbringer oder gar Gott gleich. Jeder möchte es nicht nur sehen, sondern auch berühren. Die Scheu der Menschen vor Nähe und Berührung ist in vielen Kulturen geringer ausgeprägt als in der westlichen Gesellschaft. Sie kennen auch keine Privatsphäre nach unseren Vorstellungen. Das gilt im gleichgeschlechtlichen Bereich und vor allem gegenüber Kindern. So kann es gerade in Asien und muslimischen Ländern sehr oft vorkommen, dass man Ihr Kind ungefragt umarmt, streichelt oder es Ihnen regelrecht aus den Händen reißt, um mit ihm zu spielen. Das kann für viele Kinder anfangs ein Schock sein, den sie erst einmal verkraften müssen. Sie sollten deshalb jedoch nicht gleich in die Gegenoffensive übergehen, um Ihr Kind zu beschützen. Beobachten Sie die Reaktionen Ihres Kindes in solchen Situationen genau und geben ihm das Gefühl, dass Sie in der Nähe sind und alles in Ordnung ist. Je gelassener und souveräner Sie solche »Angriffe« über sich ergehen lassen, umso besser verkraftet Ihr Kind diese plötzlichen Annäherungsattacken. Haben Sie das Gefühl, dass Ihr Kind Spaß mit fremden Menschen hat, so gibt es keinen Grund, diese Art der Völkerverständigung zu unterbinden. Sollte Ihr Kind allerdings Angst haben oder Unsicherheit ausstrahlen, geben Sie Ihrem Kind Halt, indem Sie es unterstützen, ungewollte Berührungen zurückzuweisen. Versuchen Sie dem Gegenüber zu erklären, dass in Ihrer Gesellschaft und Glaubensgemeinschaft andere Normen herrschen, die respektiert werden wollen. Stellen Sie sich vor Ihr Kind, nehmen es in den Arm und lassen es zu, wenn es sich hinter Ihnen verstecken will. Gerade ältere Kinder finden es weniger lustig, wenn ihnen wildfremde Menschen zu sehr auf die Pelle rücken. Sie können sich jedoch meist erfolgreich selbst wehren. Wenn nicht, helfen Sie auch Ihren größeren Kindern, ein klares »Nein« auszudrücken. Zu Beginn einer Reise wird man immer bemüht sein, sehr zurückhaltend zu reagieren, was aber in den wenigsten Fällen verstanden wird. Nur mit klaren und deutlichen, aber immer höflichen Äußerungen können Sie sich erfolgreich wehren. Das gilt für alle Situationen, in denen Ihnen fremde Völker zu nahe auf den Pelz rücken.

**Fremderziehung**

Bewegen Sie sich in fremden Kulturen, wird ein Fehlverhalten Ihrerseits und der Kinder gegen die Sitten, Gebräuche und die Moral eines Landes nicht ausbleiben. Auch mit zurückhaltend vorbildlichem Verhalten und dem Wissen um die besonderen Verhaltensregeln kann es immer vorkommen, dass Ihr Kind gegen geltende Regeln verstößt und darauf hingewiesen oder von Einheimischen getadelt wird.

In vielen anderen Kulturkreisen werden Kinder im Kollektiv der Gesellschaft beaufsichtigt und erzogen, aber auch in ihrem Bewegungsdrang eingeschränkt und getadelt. Das Recht, ein Kind für Fehlverhalten zu bestrafen, hat jeder. Fremde Kinder bilden da meistens keine Ausnahme. Sie müssen immer damit rechnen, dass Einheimische mit Ihren Kindern ebenso verfahren wie mit den eigenen – und darauf vorbereitet sein. Sollte Ihr Kind in einem fremden Kulturkreis beispielsweise unbewusst gegen gesellschaftliche Normen verstoßen und wird deshalb von Einheimischen in einem – aus Ihrer Sicht – unverhältnismäßig scharfen Ton getadelt, ist es wichtig, dass Sie zu Ihrem Kind stehen und es beschützen. Entschuldigen Sie sich im Namen Ihres Kindes, erklären aber Ihrem Gegenüber, dass in Ihrem Kulturkreis andere Regeln herrschen und das Kind nicht wusste, dass es sich falsch verhalten hat. Meistens werden Sie mit einer höflich ausgesprochenen Erklärung auf Verständnis stoßen. Der Spagat zwischen respektvollem Reisen einerseits und der Achtung Ihres Kindes andererseits kann manchmal schwierig sein, im Ernstfall jedoch sollten sie immer zu Ihrem Kind stehen und es verteidigen.

### Gastfreundschaft und Einladungen

Die Gastfreundschaft eines Landes drückt sich meist durch diverse Einladungen zum Essen oder gar Übernachten aus. Es ist wirklich erstaunlich, aber je ärmer ein Land ist, umso herzlicher und gastfreundschaftlicher begegnen einem oft die Menschen. Als Tourist in armen Regionen und Ländern sollten Sie jedoch immer äußerst zurückhaltend mit dem Akzeptieren von Einladungen sein. Einerseits wissen Sie nie, wie solche Einladungen gemeint sind (es könnten auch geschäftliche Interessen des Gastgebers dahinterstecken), zum anderen ist es für eine arme Familie eine große finanzielle Belastung, eine andere Familie nach ihren Maßstäben fürstlich zu bewirten. Prüfen Sie vorher, wie ernst eine Einladung gemeint ist oder welche Entbehrungen es für den Gastgeber bedeuten würde, und lehnen Sie lieber ab, wenn Sie ein ungutes Gefühl dabei haben.

Eine Ablehnung sollte deutlich, aber höflich erfolgen und mehrmals wiederholt werden. Reisen Sie durch Gebiete, die weniger von Touristen besucht werden, sind Einladungen oft ehrlich gemeint. Der Gastgeber hebt seinen Status innerhalb seiner Dorfgemeinschaft dadurch hervor, Fremde bewirten zu können. Eine solche Einladung von Dorfpersönlichkeiten sollte man nicht oder wirklich nur aus triftigen Gründen ablehnen, sonst würde dieser sein Gesicht innerhalb seiner Gemeinde verlieren. Wenn Sie nichts essen möchten, trinken Sie wenigstens einen Tee oder Kaffee und danken dafür mit einem Gastgeschenk. Dies ist ein wichtiger Teil einer Einladung, als Ausdruck der Dankbarkeit und Höflichkeit gegenüber des Gastgebers. Geld wird meist als Affront betrachtet, Gastgeschenke aber gerne angenommen. Beliebt sind kleine Mitbringsel wie Bonbons, Malstifte, Spielzeug, Bil-

derbücher oder Schulhefte für die Kinder, Kugelschreiber, Zigaretten oder Gasfeuerzeug für den Herrn des Hauses und Blumen (nicht in muslimischen Kulturen), Süßigkeiten oder Seife für die Gattin. Alle Güter, die in dem betreffenden Land rar oder sehr teuer sind, erfreuen den Gastgeber. Ganz besonders beliebt sind auch Bilder aus Europa, z. B. Schneebilder, Weihnachtskarten oder Bilder der eigenen Familie. Oder Sie versprechen, sich mit einem geschossenen Foto mit der Gastfamilie zu bedanken, sollten es dann aber auf jeden Fall nicht vergessen, auch wirklich zu schicken. Das Verteilen von Geschenken gilt aber ausschließlich als Gegenleistung für Einladungen (→ »Absolut tabu«, S. 258).

Nehmen Sie eine Einladung an, sollten Sie die Verhaltensregeln des Landes kennen, um nicht gleich an der Wohnungstüre ins berühmte Fettnäpfchen zu treten. In vielen Ländern zieht man zum Beispiel die Schuhe an der Haustüre aus. Gegessen wird oftmals mit den Händen, d. h. mit der rechten Hand. Die linke ist für andere Tätigkeiten vorgesehen. Neben einem zurückhaltenden und guten Benehmen wird für Kinder der Zwang, etwas essen zu müssen, was sie nicht mögen, der schwierigste Teil einer solchen Einladung sein. Zwingen Sie Ihr Kind nicht, Dinge zu essen, die es nicht möchte. Um einen Gastgeber nicht zu kränken, können Sie sich Notlügen zurechtlegen wie z. B. das Kind habe eine spezielle Krankheit und dürfe diese Speisen nicht essen oder die eigene Religion verbiete Speisen dieser Art oder das Kind befände sich in einer religiösen Fastenzeit. Natürlich gilt das für Sie selbst auch, wenn Sie keine Lust verspüren, Schlangenfleisch oder gebratene Heuschrecken zu essen.

### Die Kultur des Islam

Auf Reisen in fremden Kulturkreisen ist es wichtig, dass man sein Verhalten den gesellschaftlichen Regeln und Normen eines Landes unterordnet und anpasst. Es schützt die Familie davor, falsch verstanden und behandelt zu werden. Ganz schwierig kann es in streng muslimischen Kulturen sein, alles richtig zu machen. Die unterschiedlichen Lebens- und Denkweisen sind besonders ausgeprägt. Doch gerade hier hat die Familie eine gehobene Stellung innerhalb der Gesellschaft, was ihr einen großen Schutz vor Anfeindung und Übergriffen bietet. Mütter in Begleitung ihrer Kinder und unter dem Schutz ihres Mannes werden nicht als Objekt männlicher Begierde betrachtet, genießen einen unantastbaren Status und werden in der Regel nicht belästigt. Dennoch sollten auch Mütter sich den Kleidervorschriften solcher Länder anpassen und nicht zu freizügig geben. Beim Reisen in muslimischen Kulturen sollte deshalb immer auch lange, blickdichte, körperbedeckende und weite Kleidung im Reisegepäck sein. Ein Kopftuch darf ebenfalls nicht fehlen. Genauso wenig sollte der Mann in streng muslimischen Ländern kurze Hosen tragen. Sie gelten in diesem Kulturkreis nämlich als Unterhosen und sind ebenfalls unschicklich. Haben Sie auch ein Auge darauf, dass sich Ihre älteren Kinder nicht zu offenherzig kleiden und geben. Weibliche Teenies provozieren gerne und kokettieren mit ihren Reizen. Das kann unterwegs zu Problemen führen. Ebenso muss man heranwachsenden Söhnen erklären, dass der Kontakt, und sei es nur der Blickkontakt, zu einheimischen Mädchen die Familie in ernsthafte Schwierigkeiten bringen kann. Man selbst sollte sich davon ebenfalls nicht ausnehmen. Ein enger Blick- oder gar Körperkontakt zwischen den Geschlechtern ist in der muslimischen Welt eine strenge Sittenverletzung. Je intensiver die islamische Lehre in einem Land gelebt wird, umso strenger sind diesbezüglich die gesellschaftlichen Vorschriften und Gepflogenheiten. Ein Mann geht ausschließlich auf einen Mann zu, die Frau auf die Frau. Die Begrüßung des eigenen Geschlechts kann körperlich durchaus sehr eng sein, mit ausdauerndem Händedruck, umarmen oder sogar küssen. Das andere Geschlecht dagegen wird meistens nur mit der typisch islamischen Geste – die flache Hand auf die eigene Brust gelegt und einer kurzen angedeuteten Verneigung mit gesenktem Blick – begrüßt.

Der Zärtlichkeitsaustausch in der Öffentlichkeit ist in der muslimischen Gesellschaft ausschließlich eine Ausdrucksform zwischen Mutter und Kind. Hier geht es erstaunlicherweise so weit, dass eine in der Öffentlichkeit stillende Frau keine Schamverletzung darstellt. Den eigenen Partner dagegen außerhalb des privaten Hauses zu berühren oder zu küssen, kann als Provokation aufgefasst werden und ist in einigen streng muslimischen Staaten sogar ein Straftatbestand.

## Zeit ist relativ

Nirgends auf der Erde herrscht solch eine Hektik wie in westlichen Industrienationen. Gewöhnen muss man sich beim Reisen in alle nicht westlichen Kulturen also an ein gemächlicheres und langsameres Alltagsleben. In Entwicklungs- und Schwellenländern nimmt sich jeder viel Zeit; oft hat man das Gefühl, dass niemand Termine hat, die er wahrnehmen muss. Und Pünktlichkeit ist eine Tugend, die wenig verbreitet scheint. Das alles hat seine angenehmen Seiten, kann aber beim Reisen durch solche Länder die Nerven eines Mitteleuropäers manchmal arg strapazieren. Mit Kindern mehrere Stunden auf ein öffentliches Verkehrsmittel warten zu müssen, ist kein Vergnügen. Auch das endlose Warten an Schaltern und Hotelrezeptionen lässt einen oft graue Haare wachsen. Dagegen kann man eigentlich nichts unternehmen. Ein gestresst wirkender Europäer wird entweder milde belächelt oder einfach nur ignoriert.

Viele Kulturen pflegen, mit einem leichten Augenzwinkern Richtung westlicher Pünktlichkeit, zwei Zeitangaben: die »einheimische Zeit«, die einen sehr dehnbaren Zeitrahmen umfasst, und die »Ausländer-Zeit«, welche besagt, dass man Pünktlichkeit voraussetzt.

Sie werden lernen müssen, mit dieser anderen Einstellung umzugehen und versuchen, ruhig und gelassen zu bleiben, auch wenn Sie lieber platzen würden vor Anspannung und Wut. Sein Gesicht zu verlieren, wird in vielen Kulturen (vor allem asiatischen) mit Ablehnung gestraft.

Mit der Zeit werden Sie und Ihre Familie sich an den Rhythmus des Reiselandes gewöhnen.

Sie werden lernen, wann und wo es länger dauern kann und können, darauf vorbereitet, Vorsorgemaßnahmen treffen. Überbrücken Sie eine lange Wartezeit mit Spielen, Lesen, Singen oder Vespern. Es ist auch eine hervorragende Gelegenheit, mit der Bevölkerung in Kontakt zu treten. Sie werden lernen, das Leben aus einer anderen Perspektive zu betrachten. Zeit gewinnt eine andere Bedeutung. Sie wird von Tag zu Tag mehr.

Wenn Sie selbst ein Anliegen haben, sollten Sie sich ebenfalls Zeit nehmen und zuerst einen freundlichen Kontakt zu demjenigen herstellen, von dem Sie etwas möchten. Fallen Sie nicht gleich mit der Türe ins Haus, also nicht gleich mit der Frage herausplatzen: »Kann ich hier mein Zelt aufstellen?« Ein lockeres Gespräch ist der Türöffner zu den Menschen und ihren Herzen.

## Probleme mit Staatsdienern

Unangenehme Zeitgenossen können in vielen Teilen der Erde Amtspersonen, allen voran Polizisten, sein. Sie sollten sich vor Augen halten, dass es eine in der Praxis ausgeübte Rechtsstaatlichkeit, vor allem in unterentwickelten Staaten, selten gibt. Polizisten verstehen sich oftmals nicht nur als Exekutive, sondern vor allem als legislative Staatsgewalt und verhalten sich entsprechend. Sich mit ihnen anzulegen, ist nicht besonders klug. Vertrauen Sie auch nicht darauf, dass Sie als Tourist einen Sonderstatus einnehmen, der Ihnen ein Anrecht auf gerechte Behandlung sichert. Sollten Sie mit Amtspersonen oder Gesetzeshütern Schwierigkeiten bekommen, bleiben Sie immer ruhig, gelassen und höflich, aber nicht unterwürfig. Diplomatisches Geschick ist in jedem Fall hilfreicher als deutsche Beharrlichkeit. Versuchen Sie die unangenehme Situation gekonnt zu umschiffen, indem Sie das Gespräch auf unverfängliche Themen lenken. Als Familie haben Sie hier, wie in fast allen Bereichen, einen besonderen Bonus: den Kinderbonus. Sind Ihre Kinder noch klein, lassen sich Polizisten recht leicht besänftigen. Oft sind sie schon von deren Anblick entzückt. Fragen Sie den Polizisten oder Beamten nach eigenen Kindern und deren Alter. Das lässt das Eis meistens schmelzen (sofern er eigene hat). Fragen Sie nach einem Foto des/der Kind/er und bestaunen deren Schönheit. Zeigen Sie Begeisterung für sein Heimatland und die Menschen oder finden Sie ein anderes Thema, welches ihn anspricht (die Volkssportart eines Landes ist immer gut!). So können Sie leicht eine heikle Situation entschärfen.

## Verhaltensregeln beim Fotografieren

Jeder Reisende möchte das Gesehene und Erlebte gerne in Bildern festhalten. Eine Reise ohne zu fotografieren ist für die meisten undenkbar. Beim Unterwegssein in den verschiedenen Ländern und Kulturkreisen sollte man jedoch nicht wahllos mit der Kamera »herumschießen«. So sollte man gerade in fremden Kulturkreisen mit äußerstem Feingefühl und Zurückhaltung Menschen fotografieren. Ohne vorheriges Einholen einer Erlaubnis sollte das direkte und offensichtliche Fotografieren einer Person tabu sein. Auch oder gerade bei einheimischen Kindern sollte das Fotografieren immer in Absprache mit einem Erwachsenen erfolgen. In vielen Kulturen wehren sich Kinder kaum gegen das Fotografieren. Ja, oftmals drängen sie sich geradezu ins Bild und erwarten dann für ihre »Dienste« eine Bezahlung. Ist das nicht der Fall oder laufen sie davon, sollte man vom Fotografieren möglichst Abstand nehmen.

Die Menschen in vielen Kulturkreisen und Naturvölkern glauben, dass eine Fotokamera die Seele des Fotografierten raubt. Fotografierverbote gibt es in den verschiedensten Kulturen aus religiösen, sittlichen oder moralischen Gründen. So verbietet der Koran beispielsweise, sich ein Bild von Gott, aber auch von den Menschen zu machen. In streng muslimisch geprägten Kulturen ist das Fotografieren von religiösen Denkmälern und Moscheen deshalb sehr häufig verboten. Aber auch viele andere Völker und Glaubensgemeinschaften lehnen das Fotografieren ab (z. B. orthodoxe Juden, Amish People in Amerika, Aborigines in Australien, zahlreiche

Naturvölker Afrikas, einige Indiostämme in Südamerika).

Das Fotografieren militärischer oder strategischer öffentlicher Einrichtungen sollte man in vielen Ländern ebenfalls unterlassen. Dabei ist es manchmal äußerst schwierig zu erkennen, was in den einzelnen Ländern als »militärische Einrichtung« oder »militärisch strategisch« gesehen wird. Neben Militärbasen, Grenzanlagen und Flughäfen kann auch das Fotografieren ziviler Einrichtungen wie Brücken, Staudämme, Polizeistationen, Regierungsgebäude, Kirchen und Moscheen, Gefängnisse, Bahnhöfe, Häfen, Industrieanlagen, Schiffe, Flugzeuge und noch vieles mehr verboten sein. Ja, schon alleine ein Bild der Landesflagge zu schießen, kann oftmals untersagt sein. Besondere Vorsicht ist hier in staatlich streng kontrollierten Ländern und Diktaturen geboten. Ebenfalls kritisch sind Bilder, die politische und gesellschaftliche Missstände eines Landes offen legen. Elendsviertel, Bettler, arbeitende und bettelnde Kinder oder Demonstrationen können ebenso kritische Motive sein. Wird durch diverse Schilder auf ein Fotografierverbot hingewiesen, sind diese auf jeden Fall zu beachten, möchte man sich nicht auf der nächstgelegenen Polizeiwache wiederfinden. Erkundigen Sie sich immer schon *vor* der Reise über die Fotografierverbote Ihres Reiselandes, damit Sie nicht schon bei der Ankunft am Flughafen beim Fotografieren Ihres Nachwuchses vor dem Flughafengebäude Probleme mit den Behörden bekommen.

### Schauerlichkeiten auf der Straße

In vielen exotischen Ländern oder anderen Kulturkreisen spielt sich das öffentliche Leben größtenteils auf der Straße ab. Es gibt alles zu sehen und nichts zu verbergen. Selbst für »private Geschäfte« zieht man sich in manchen Ländern nicht aufs »stille Örtchen« zurück. Es gibt neben sozialen Missständen noch viele gesellschaftliche Aktivitäten zu sehen, die in europäischen Augen schauerlich und in den seltensten Fällen für Kinderaugen geeignet sind: Ein Tier wird auf offener Straße nach einem bestimmten Ritus ge-

schlachtet, die zeremonielle Verbrennung eines Toten oder andere kulturelle oder religiöse Rituale können unseren Nachwuchs schockieren. Gänzlich vermeidbar ist die Konfrontation mit solchen öffentlichen und unansehnlichen Geschehnissen nicht. Erwachsene haben jedoch zum Glück eine bessere Auffassungsgabe als Kinder und können Ereignisse schneller erkennen und einordnen. Werden Sie zufällig Zeuge einer unansehnlichen Begebenheit, versuchen Sie, wenn möglich den Ort des Geschehens so unauffällig wie möglich zu verlassen. Lenken Sie die Aufmerksamkeit Ihres Kindes auf andere Dinge. Ist es schon zu spät, helfen Sie Ihrem Kind, das Gesehene zu verarbeiten, indem Sie ganz natürlich damit umgehen. Ausführliche Erklärungen und Gespräche sind die beste Möglichkeit, Kindern andere Lebensweisen verständlich zu machen und Schockerlebnisse zu verarbeiten.

Eine garantierte Quelle für unansehnliche Begegnungen sind gleichfalls Straßenmärkte, die es nicht nur in exotischen Ländern gibt. Gerade beim Besuch von Lebensmittelmärkten, bei denen tierische Produkte – lebend oder halb tot – angeboten werden, sollte man als Erwachsener mit einem wachen und schnellen Auge einen Blick für so manche ekelerregende Situation haben.

Auch kulturelle Vorführungen und Veranstaltungen für Touristen sind nicht immer kinder- und jugendfrei. Hier haben es die Eltern in der Hand, sich vorher über den Inhalt und Verlauf einer Veranstaltung zu informieren, um dann zu entscheiden, inwieweit es für den Nachwuchs vertretbar ist. Zu sehen, wie ein Eingeborener sich eine Nadel durch die Nase sticht, mag für Sie vielleicht spannend und interessant sein – wieder daheim sollten Sie jedoch alle Schaschlikstäbchen vorsichtshalber kindersicher aufbewahren.

### *Buchtipps zur Vorbereitung der Kinder auf fremde Kulturkreise*

Zum Thema andere Kulturkreise und Religionsgemeinschaften gibt es zahlreiche Kinderbücher, die für eine Vorbereitung des Nachwuchses auf das Reisen in fremde Kulturkreise hilfreich sind:

Die Kinderbuchreihe aus dem Knesebeck Verlag mit den Titeln:
> »Städte der Welt«
> »Wohnen in fernen Ländern«
> »Kinder in fernen Ländern – für uns erzählt«
> »Kinder der Welt – für uns erzählt«.
  Diese hervorragend gestalteten Bücher veranschaulichen sehr realistisch, aber dennoch kindgerecht das Leben in anderen Teilen der Welt.
> Das Buch »Unsere Religionen« aus der Reihe »Wieso Weshalb Warum« (Ravensburger Verlag) stellt die großen Weltreligionen mit ihren Bräuchen vor, mit vielen Bildern und Suchklappen – für Vorschulkinder geeignet.
> »Die großen Weltreligionen«
  Ebenfalls im Ravensburger Verlag erschienen, stellt Religionen, aber auch Naturvölker mit ihrem Glauben und Bräuchen rund um den Globus vor (z. B. die einzelnen Indianerstämme Amerikas und die Naturvölker der Südsee, die Maori) – für Kinder ab dem Schulalter empfehlenswert.
> »Der Islam«
  Erschienen im Kosmos Verlag, beantwortet Kinderfragen zum Thema Islam. Für Kinder erst ab dem Schulalter geeignet, da kaum Bilder vorhanden.

### Buchtipps zur eigenen Vorbereitung auf fremde Kulturkreise

> Harald A. Friedel: »Respektvoll reisen«, Reise Know-How Verlag
> Die Buchreihe »Reisegast« (Iwanowski's Reisebuchverlag) vermittelt einen Einblick in die Geschichte, die Kulturen, die Gesellschaft und Religionen verschiedener Reiseländer und erläutert richtige Verhaltensweisen als Reisender unterwegs (bisher leider nur wenige Länder).

### Absolut tabu!

Das Wichtigste beim Reisen ist, dass man bereit ist, die Lebenseinstellungen, Denkweisen, Sitten und Bräuche, die gesellschaftlichen und politischen Verhältnisse, vorherrschenden Religionen und Wertevorstellungen der Reiseländer ohne Einschränkungen zu respektieren. Das gilt für alle Kulturen und Länder der Erde.

Reisen mit missionarischem Eifer oder geringschätziger Einstellung gegenüber dem Gastgeberland sollte in jedem Fall absolut tabu sein. Als Gast in einem Land hat man nicht das Recht, sich über Zu- und Missstände öffentlich zu äußern und die eigene Kultur und Lebensweise über die des Gastgeberlandes zu stellen.

Kritische Meinungsäußerungen über Religion, Politik und Gesellschaft sollten in jedem Fall vermieden werden. Lassen Sie sich auch nicht auf heikle Diskussionen mit der Bevölkerung ein oder ergreifen Partei für eine Sache, die Ihnen wichtig erscheint. Ebenfalls sollte man es unterlassen, aktiv in die gesellschaftlichen Strukturen einzugreifen, selbst wenn man mit schlimmen Missständen konfrontiert wird. Als Reisender kennt man weder die Hintergründe sozialer Ungerechtigkeiten noch hat man einen tieferen Einblick in die gesellschaftlichen Gesetzmäßigkeiten und Spielregeln eines Landes. Zum Beispiel ist Kinderarmut und damit ausbeutende Kinderarbeit in vielen Teilen der Welt weit verbreitet, ja sogar Normalität. Gerade in sehr armen Ländern sind Kinder ein wichtiger Pfeiler im gesellschaftlichen Gefüge, die sehr früh ihren Platz in der Gesellschaft finden müssen, um zu (über-)leben. Wir können nur zusehen, wie andere Völker ihre Kinder erziehen und lehren, ihren Platz in einer uns fremden Welt zu behaupten. Auch wenn es einem schwer fallen sollte. Mit einem beherzten, aber unüberlegten Eingreifen in unbekannte und ärmliche Strukturen wird man die Lebensumstände der Kinder dieser Welt nicht verändern. Bettelnde Kinder für die Zeit eines Aufenthalts finanziell zu unterstützen, verschlechtert ihre Lage meist noch. Kinder werden oftmals zum Betteln gezwungen und müssen das Erbettelte an ihnen unbekannte »Hintermänner« (oft ist es auch die eigene Familie) abgeben. Gibt man Ihnen Geld, leistet man der organisierten Kriminalität Vorschub. Auch wenn Kinder früh lernen, dass Betteln eine lukrative Einnahmequelle ist, werden sie niemals die Notwendigkeit sehen, zur Schule zu gehen, und verpassen damit die Chance, jemals einer ehrlichen Arbeit nachgehen zu können. Den armen Kindern dieser Welt kann man nur nachhaltig und langfristig helfen, wenn man sich aktiv bei internationalen Hilfsorganisationen engagiert (Kinderhilfsorganisationen im Internet: www.plan-international.org, www.plan-deutschland.de, www.unesco-kinder.de, www.kinderhilfswerk.de, www.kindernothilfe.de).

Ebenfalls sollte man es vermeiden, als Gönner und Wohltäter aufzutreten und wahllos, womöglich noch ungebeten, Geschenke an die arme Bevölkerung eines Landes verteilen, da man mit diesem Verhalten den Einheimischen ihre Armut vor Augen hält und sie damit beschämt. Selbst wenn die Motivation guter Wille und Hilfsbereitschaft sind, sollte man sich die Fragen stellen, wie man selbst reagieren würden, wenn ein Fremder auf einen zukäme und einen ungefragt beschenkte. Anders verhält es sich dagegen, wenn man mit dem Beschenkten nicht in Kontakt tritt. In armen Ländern kann man z. B. Kleidung, Lebensmittel und andere Gegenstände, die man nicht mehr benötigt, einfach im Hotelzimmer zurücklassen. Sie werden garantiert einen neuen und glücklichen Besitzer finden.

Mit ungebetenem Beschenken greift man ebenfalls unbewusst in gesellschaftliche und kulturelle Strukturen ein. Viele Naturvölker beispielsweise kennen weder Besitztum noch Vermögen. Wird jemand in ihrem Volksstamm beschenkt, geraten die gemeinschaftlichen Verhältnisse innerhalb der Sippe in ein Ungleichgewicht. Missgunst und Zwietracht halten somit Einzug in deren Volksgemeinschaft. Auch süße Leckereien an eingeborene Kinder sollte man möglichst nicht verteilen. Die fernab der Zivilisation lebenden Stämme in den Steppen Afrikas oder Regenwälder Südamerikas kennen keine Zahnpflege in unserem Sinne. Beschenkt man sie mit Lebensmitteln, die nicht in ihren Kulturkreis gehören, ist die Gefahr für Schäden an ihrer Gesundheit sehr hoch.

Informieren Sie sich vor dem Zusammentreffen mit Eingeborenen über die richtigen Verhaltensweisen, respektieren Sie die Lebensweisen der Naturvölker und hinterlassen Sie den Menschen kein bitteres Vermächtnis aus dem ihnen unbekannten Europa!

## Reisebericht: Mauritius

*»Das Paradies liegt im indischen Ozean«*
*Eine individuelle Familienreise auf die ferne Tropeninsel (Christine Sinterhauf)*

Zuerst wurde Mauritius geschaffen, dann das Paradies. Aber das Paradies war nur eine Kopie von Mauritius.

*Mark Twain*

Bei Erwähnung der Tropeninsel im indischen Ozean tauchen vor dem geistigen Auge sofort Bilder auf von palmengesäumten, schneeweißen Sandstränden, einem türkisfarbenen sanften Meer und einer perfekten gehobenen Hotellerie, die keine Wünsche offen lässt. Diese schon fast klischeehaften Szenarien erfüllen sich sicher für den einen oder anderen, denn das alles kann Mauritius sein. Jedoch hat das winzige Eiland im weiten indischen Ozean zwischen Afrika und Asien noch viel mehr zu bieten. Die Insel der Maskarenen ist abseits der großen Hotelanlagen und Luxustempel vielfältiger, exotischer und bunter als das eintönige Bild des perfekten Ferienparadieses für Menschen mit dem nötigen »Kleingeld«.

### Warum Mauritius  – und wie?

Die Entscheidung für Mauritius als Reiseziel fällt uns recht leicht, da die Insel den Wünschen und Vorstellungen aller Familienmitglieder gerecht wird. Mein Mann hat keine Lust, schon wieder hunderte von Kilometern zurückzulegen und damit unendlich viel Zeit auf der Straße zu verbringen. Die Kinder wünschen sich einen Urlaub am Meer, und für mich soll es ein anderer Kulturkreis sein. Die Entfernung zum Reiseziel liegt im Rahmen des Erträglichen, ohne nennenswerte Zeitverschiebung und damit Jetlag. Eine touristische Infrastruktur ist vorhanden und die Insel ist derzeit frei von Malaria, Denguefieber und den meisten anderen Tropenkrankheiten. Und zu guter Letzt ist gerade der dortige »Winter« (Juni-September) für Kinder klimatisch am günstigsten.

Ist es möglich, Mauritius auch fernab der großen Luxushotels und Anlagen zu bereisen? Ja, das ist es! In den letzten Jahren hat sich eine private Apartment- und Zimmervermietung auf der ganzen Insel entwickelt, die einen starken charakterlichen und preislichen Kontrast zu den gesichtslosen Hotelanlagen und Luxustempel bildet. Ferienwohnungen zur Selbstversorgung sind dabei auf der Insel am häufigsten zu finden. Ob in einer Wohnanlage mitten im Dorf oder einem Apartment im Privatdomizil des Vermieters – immer wird man die Möglichkeit haben, einen intensiven Kontakt mit den Einheimischen und ihrem Alltagsleben zu erfahren.

Zelten dagegen ist auf der Tropeninsel weitgehend unbekannt, jedoch an allen öffentlichen Stränden erlaubt (Toiletten und Duschen sind überall vorhanden!). Wir entscheiden uns bei dieser Reise für eine Bleibe mit festem Dach. Es ist für uns die erste Reise seit vielen Jahren ohne unser geliebtes Zelt – aus meiner Sicht in den ersten Tagen gewöhnungsbedürftig. Dennoch finde ich schnell Gefallen am Luxus eines komplett ausgestatteten Apartments, und die Kinder ihrerseits lieben die »eigenen« vier Wände. Zu meinem Erstaunen akzeptieren sie sogar die ungewöhnlichen Untermieter, die Geckos, anstandslos und nennen sie liebevoll »Geckis«. Natürlich suchen wir auch in unseren Ferienwohnungen so oft es geht die Nähe zur Natur. Jeden Abend sitzen wir bis weit nach Sonnenuntergang draußen, lauschen den im Wind raschelnden Palmen und beobachten fasziniert, wie allabendlich Fledermäuse mit anmutigen Flügelschlägen über unser Domizil hinwegschweben.

Nur beim Befahren der Küstenstreifen, – vor allem im Südwesten der Insel – mit ihren zum Zelten wunderbar geeigneten Wiesenflächen inmitten herrlicher Kasuarinenwälder direkt an den malerischsten Stränden der Insel überkommt mich hin und wieder ein wehmütiges Gefühl. Schönere und romantischere Zeltplätze habe ich in den vielen Jahren meiner Wanderschaft nicht gesehen.

### Reise in eine fremde Welt

Nicht nur für unsere Kinder sind die ersten Tage auf der Tropeninsel ein erkenntnisreicher und ein bisschen wackliger Schritt in eine andere, fremde Welt mit unbekannten Gesetzmäßigkeiten und Regeln. So ist anfangs der Straßenverkehr nicht nur für unsere Kinder der blanke Horror. Busse, Lkws, Taxis, Autos und zahlreiche knatternde Mofas und Motorroller rasen hupend und mit einer viel zu hohen Geschwindigkeit durch die Straßen der Städte. Die zulässigen Höchstgeschwindigkeiten, die durchaus gelten sollen, werden dabei mehr als leicht überschritten. Sie gelten allenfalls als freundliche Empfehlung an den motorisierten Ausländer. Für unsere Kinder ist es eine schwer zu akzeptierende Umstellung, sich im Bereich der Straßen umsichtig zu bewegen und häufig vorsorglich an der Hand führen zu lassen.

Eine weitere eindrucksvolle und interessante Erfahrung ist das Benutzen der öffentlichen Busse, das wir aufgrund der geringen Kosten sehr häufig den im Vergleich dazu luxuriösen Taxifahrten vorziehen. Damit gehören wir wohl zu einer Minderheit an Ausländern, die dieses Experiment wagen, da wir selten weiße Mitfahrer erspähen können. Das kleine Abenteuer gefällt unseren Kindern anfänglich gar nicht. Es dauert einige Tage, bis sie sich an die kulturellen Spielregeln und teilweise unangenehmen Begleiterscheinungen des Busfahrens gewöhnt haben. Die meisten eingesetzten Fahrzeuge sind schon lange über das Rentenalter hinaus (oder sehen zumindest so aus), und der einzige Komfort während der Fahrt besteht darin, ein kleines Schiebefenster über dem überhitzten Kopf öffnen zu können. Das ungedämpfte Schaukeln und die sehr ruppige Fahr- und vor allem Bremsweise der Fahrer verkraften unsere Kinder nur schwer, weshalb wir nach wenigen Fahrten sehr weise die vorderen Sitzplätze bevorzugen. Während der Hauptverkehrszeiten und bei Fahrten in die großen Städte sind die Busse mehr als überfüllt und halten zusätzlich leider an jeder »Milchkanne«. So kann schon einmal eine Fahrstrecke von weniger als 20 Kilometern mehr als eine Stunde dauern. Mit der Zeit jedoch gewöhnen sich unsere Kinder an das Busfahren. Zum Schluss finden sie es sogar lustig, wenn der Bus in ein Schlagloch fährt, dabei die Apfelsinen des hinter ihnen sitzenden Fahrgastes nach vorne rollen und unter allgemeinem Lachen und schelmischem Grinsen aller Anwesenden im Bus durch die Reihen nach hinten wieder durchgereicht werden. Sie ertragen es nun mit stoischer Gelassenheit, wenn wildfremde Menschen sich ganz ungeniert neben sie setzen, sie liebevoll streicheln, verzückt betätscheln oder sogar auf den Schoß nehmen, um Platz für noch mehr Fahrgäste zu schaffen. Gerade unsere semmelblonde Tochter muss während der Busfahrten so manche Knutschattacke über sich ergehen lassen. Mauritier sind Fremden gegenüber zwar generell sehr zurückhaltend  – was nicht zuletzt aus dem auf der Insel allgegenwärtigen Tourismus resultiert  – aber äußerst kinderlieb und vernarrt in »exotische« europäische Kinder.

Es erstaunt mich, wie gut meine Kinder mit zunehmender Reise in der Lage sind, auch die ihnen fremdartigsten Gegebenheiten hinzunehmen. Wir müssen ihnen nur Zeit geben, sie als selbstverständlich anzunehmen! Was unseren Kindern zu Beginn der Reise ebenfalls nicht schmeckt ist das Essen. Dabei hat die indische und kreolische Küche doch so viele Gaumenfreuden zu bieten. Unser Nachwuchs jedoch beäugt die angebotenen Speisen in den Auslagen der Garküchen eher mit Skepsis. Zugegeben: Sehr gesundheitsbewusst oder gar schlank machend sind die wenigsten Gerichte. Vieles wird auf der Straße frittiert angeboten. Ob Samosas (verschiedenartig gefüllte Teigtaschen), Pakoras (Kichererbsenbällchen) oder süße Sirupbällchen: Alles ist schön fettig. Nach fast einer Woche Weißbrotdiät können wir unsere Kinder zumindest von gebratenem Gemüsereis oder Nudeln überzeugen. Mit der Zeit finden sie jedoch Interesse und Geschmack daran, das eine oder andere zu probieren, was Papa oder Mama essen. So freunden sie sich mit scharfen Suppen und Faratas (Pfannkuchen mit Chilisoße) an. Irgendwann wird das »Wer-kann-schärfer-essen« für unsere Kinder zur sportlichen Disziplin. Und so versuchen sie hechelnd und mit tränenden Augen, noch schärfer zu essen als das Geschwisterchen, was die anwesenden Einheimischen sehr belustigt. Der nach traditionell kreolischem Rezept zubereitete Fisch (»Daube« genannt) ist weniger pikant, schmeckt angenehm italienisch und wird von uns allen sehr gerne gegessen.

Die Kinder lernen auch Speisen kennen, die man nur nachts essen darf. So hat es zumindest unser Sohn verstanden, als er vom netten muslimischen Gemüsehändler um die Ecke eine gefüllte Teigtasche nach Einbruch der Dunkelheit geschenkt bekommt. Wir erklären ihm, dass zurzeit Ramadan ist und der Gemüsehändler nur nachts essen darf. Seine Bananen dagegen  – die hier herrlich süß sind  – darf man aber auf jeden Fall auch tagsüber essen, behauptet mein bananenliebender Sohn überzeugt.

Bei den Süßspeisen sind unsere Kinder erwartungsgemäß weniger wählerisch. Die auf der Insel überall präsenten Eiswagen mit nervtötender Spieluhrenmusik haben eine neue Stammkundschaft gefunden während unseres Aufenthalts. Doch auch so manche furchtbar süße orientalische Zuckerspeise findet bei unseren Kindern erstaunlicherweise Anklang.

## Indien ist überall

Wohl kaum eine Insel außerhalb des großen Subkontinents wird stärker von der indischen Kultur geprägt als Mauritius. Das verwundert kaum, sind doch mehr als zwei Drittel der Gesamtbevölkerung indischer Abstammung, wenn auch aus verschiedenen religiösen und ethnischen Volksgruppen. Die ursprünglich aus Südindien stammenden Tamilen stellen auf Mauritius die größte Volks- und Religionsgemeinschaft dar, gefolgt von Hinduisten und Muslimen aus Nordindien. Die eigentlich zu Afrika gehörende Insel hat erstaunlicherweise wenig mit der Kultur des schwarzen Kontinents gemein. Zwar gehören ca. 25 % der Mauritier der afrikanischen oder kreolischen (Nachfahren europäischer und afrikanischer Verbindungen) Volksgruppe an, ihre Kultur tritt für den ausländischen Besucher allerdings meist in den Hintergrund. Nur am Wochenende an den öffentlichen Stränden der Insel und bei Touristenveranstaltungen in den großen Hotels sind die karibisch angehauchten Klänge, mit afrikanischen Trommeln untermalt, zu hören. Kreolische oder schwarzafrikanische Frauen mit weiten bunten Blumenröcken schwingen dazu anmutig ihre Hüften. Aus den Radiogeräten dagegen sind fast immer nur orientalische Musikstücke zu hören, meist mit quäkend hohen Frauenstimmen.

Ebenfalls sehr indisch geprägt ist das Fernsehprogramm. Ja, unsere Kinder dürfen im Urlaub fernsehen. Ist es doch ihre einzige Möglichkeit, da wir zu Hause bewusst ohne diese Geisel der Menschheit leben. Sie verschlingen daher geradezu die französischsprachigen Comicserien des Kindersenders der Nachbarinsel Réunion. Häufig jedoch müssen sie sich mit hinduistischen Produktionen begnügen. Die indischen Serien und Filme sind äußerst einprägsam und kulturell »ansprechend«. Reich mit traditionellen Gewändern und kunstvollen Roben ausgestattete Akteure versuchen auf künstlerisch sehr theatralische Weise, dem Zuschauer eine dramatische, jedoch eher mäßig niveauvolle Handlung nahe zu bringen. (Jeder, der schon ein-

mal einen Bollywoodfilm gesehen hat, weiß, wovon ich rede.) Der tiefere Sinn der Geschichten verschließt sich zumeist dem Betrachter, der nicht mit dieser Kultur vertraut ist. Den Kindern erklären wir daher, dass es in den unendlichen Familiendiskussionen darum geht, wer die Banane geklaut hat. Das Witzige dabei ist: Unsere Kinder glauben das sogar. Herrlich!

Doch wer das wahre Indien sehen will, muss nicht fernsehen auf Mauritius, sondern in die Städte gehen. Das bunte, exotische Treiben in den Siedlungen des Hochlandes gibt dem Reisenden einen faszinierenden Einblick in die überwiegend indisch geprägte Kultur des Landes. Ein besonderes Erlebnis sind die zahlreichen Wochenmärkte, die in jeder Stadt zu verschiedenen Wochentagen stattfinden (der schönste und größte ist montags in Mahébourg).

Ebenfalls sehr sehenswert sind die zahlreichen hinduistischen Tempel. In den buntesten Farben und mit reichen Verzierungen versehen sind die tamilischen Gotteshäuser, von denen es auf der Insel sehr viele gibt. Der größte und schönste dieser Art ist der Kaylasson-Tempel in Port Louis. Ein absolutes Muss für jeden Mauritiusreisenden ist das Grand Bassin, das als größte und bedeutendste hinduistische Pilgerstädte außerhalb Indiens gilt. Hier lernen wir viel über die zahlreichen indischen Gottheiten und holen uns den Segen von Shiva und Ganesh. Eine einprägendere Begegnung mit dem indischen Glauben erleben

wir allerdings am Strand von Wolmar. Hier dürfen wir zufällig Zaungast einer privaten hinduistischen Gebetszeremonie sein, die über eine Stunde lang mit sehr exotisch anmutenden Handlungsabläufen andauert. Nachdem das Gebet zu Ende ist, schenkt uns ein junger Mann der indischen Familie eine »gesegnete« Banane für unsere Kinder und erklärt uns die Zeremonie. Es ist eine sehr persönliche und bereichernde Begegnung.

Das Schönste an der indischen Kultur jedoch sind ohne Zweifel die Frauen. Die vielen verschieden Saris und Punjabis in leuchtend bunten Farben mit zahlreichen glitzernden und funkelnden Perlen und Ornamenten versetzen mich jedes Mal aufs Neue in Verzückung. Hier wird der Satz: »Jede Frau kann schön sein« zur unbestrittenen Wahrheit.

Doch nicht alles, was wir sehen, ist schön und ansehnlich. Auch wenn es auf der Insel keine ausgeprägte Armut gibt, so wirken die Lebensumstände mancher Menschen hier ärmlich. Wir fahren durch Dörfer und Siedlungen mit lehmbodengestampften Gassen und Straßen. Vor Wellblechhütten in vermüllten Gärten spielen leicht bekleidete Kinder zwischen gackernden Hühnern, Katzenscharen und bellenden Hunden. Unsere Kinder nehmen solche Szenerien fassungslos zur Kenntnis. Mein Sohn fragt mich mehr als einmal, warum die Menschen hier ihren Müll auf der Straße liegen lassen und ob sie denn wirklich in diesen hässlichen Häusern leben. Damit kein falsches Bild aufkommt, möchte ich erwähnen, dass der Regierung von Mauritius daran gelegen ist, die Insel – wohl dem Touristenauge zuliebe – reinlich zu halten. An allen öffentlichen Stränden und Plätzen ist es sehr, sehr sauber, und überall sieht man Menschen tagtäglich diese reinigen und rechen. Andererseits kann man sich nicht des Eindrucks erwehren, dass eben dieser gesammelte Müll im nächstbesten unbebauten Grundstück abgeladen wird.

Dass der Fortschritt noch nicht überall im Land Einzug gehalten hat, sehen wir mehrfach auf unserer Reise. Zahlreiche Bauernfamilien stehen auf ihren Feldern, bearbeiten und ernten noch auf traditionelle Art und Weise – mit den Händen. Nach einem langen Arbeitstag sieht man sie entlang der Straßen ihre Ernte auf den Köpfen nach Hause balancieren. Manchmal erspähen wir auch Frauen, die in den Flussbetten stehen und ihre Wäsche noch nach dem gleichen Prinzip waschen, wie bei uns vor vielen Jahrzehnten. In solchen Momenten wächst mein Respekt vor den hier lebenden Menschen, und ich bin peinlich berührt über deren einfache Lebensumstände.

Die meisten Insulaner jedoch machen aus ihrer Not eine Tugend. Die Geschäftstüchtigkeit der Mauritier ist enorm. Fast jeder hat neben seinem erlernten Beruf oder seiner Arbeit noch ein kleines Gewerbe nebenher. Der eine fährt mit seinem alten knatternden Motorrad laut quäkend durch die Straßen und verkauft »Faratas«, die er in einem handlichen Plexiglaskasten auf dem Rücksitz transportiert. Eine andere Geschäftsfrau verköstigt mit selbstgekochten Suppen und Speisen am Straßenrand. Gemüse und Obst wird einem durch das geschlossene – oder offene – Autofenster präsentiert bzw. unter die Nase gehalten, und am Strand werden Muschelketten, gerade gefangener Fisch oder Touristenausflüge angeboten.

Ein Lehrstück der Basar-Ökonomie sind für unsren Sohn die zahlreichen Märkte, die wir (und ich) so gerne besuchen. Mit gespannt amüsiertem Interesse beobachtet er die geschickten Preisverhandlungen seines geschäftstüchtigen Vaters. »Give me your best price«, versteht er nach diesem Urlaub bestens – und dass man nie den Preis zahlt, der einem genannt wird. (Wahrscheinlich testet er das demnächst bei unserem Bäcker um die Ecke.)

Angenehm fällt uns auf, dass das Geschäftsgebaren zwar auf erfolgreichen Abschluss ausgerichtet ist, aber selten so aufdringlich wirkt, dass es unangenehm oder lästig wird. So lernen wir Sammy kennen. Einen liebenswerten, aber dennoch etwas windigen »Geschäftsmann«, der uns neben einem Apartment einen Mietwagen und zusätzlich noch den Taxitransport zur Unterkunft vermittelt. Hier scheint jeder jeden zu kennen, und Geschäfte werden häufig über Beziehungen hergestellt. Diese Zusatzeinkünfte sind für viele Bevölkerungsschichten sehr wichtig, denn die rasanten Preissteigerungen im Land bedeuten eine starke Belastung für alle. Gerade weil Mauritius schon lange kein Entwicklungsland mehr ist, sondern ein aufstrebendes Schwellenland, können viele Bewohner mit dieser schnellen Entwicklung nicht mithalten.

## Mauritius erleben

Für die Erkundung der Insel gönnen wir uns für einige Tage lang einen Mietwagen. Auch wenn Mauritius von seinen Ausmaßen nicht größer ist als vergleichsweise unsere Bundeshauptstadt Berlin, so ist das Erreichen der einzelnen Sehenswürdigkeiten mit öffentlichen Verkehrsmitteln dennoch eine sehr zeitintensive Angelegenheit. Oftmals geht es über Umwege durch viele Dörfer ans eigentliche Ziel. Manche touristischen Sehenswürdigkeiten – z.B. der Black River Gorges Nationalpark – werden überhaupt nicht von öffentlichen Nahverkehrsbussen angesteuert.

Durch die fast täglichen Busfahrten sind wir schon einigermaßen mit dem Straßenverkehr der Insel vertraut. Dennoch überlasse ich wohlweislich meinem Gatten das Steuer, da er besser mit der »sportlichen« Fahrweise der Inselbewohner umgehen kann. Für meine Nerven sind die Fahrten über die oft abenteuerlichen, Straßen der Insel eine strapaziöse Angelegenheit. Mit dem Motto »Augen zu und durch« verkrafte ich sie jedoch halbwegs.

Die Sehenswürdigkeiten von Mauritius liegen leider etwas verstreut auf der Insel, weshalb mehrere Quartiere in verschiedenen Regionen durchaus sinnvoll sind. Wir beziehen auf unserer vierwö-

263

chigen Reise drei Ferienwohnungen: eine im Norden bei »Grand Baie«, eine im Südwesten in »Flic en Flac« und die letzten Tage verbringen wir im Südosten der Insel, der »Blue Bay«. Vom Norden aus lässt sich der Osten der Insel sehr gut erkunden, da man von hier aus das übervölkerte Hochland mit seinem hoffnungslos überlasteten Straßennetz leicht umfahren kann. Neben den verschiedenen hinduistischen Tempeln und christlichen Kirchen und Moscheen ist im Norden der Insel der botanische Garten »Pamlemousses« auf jeden Fall sehenswert. Unsere Kinder schwingen sich begeistert von Liane zu Liane, klettern voller Freude durch das wirre Geflecht exotischer Baumriesen und spielen eifrig Verstecken im gepflegt angelegten Dschungel.

Im Osten ist uns die Insel »Ile aux Cerfs« einen Tagesausflug wert. Im sehr flachen Wasser der Lagune lassen sich unsere Kinder mit heller Begeisterung durch den Kanal treiben, der zwei Inselabschnitte voneinander trennt. Das badewannenwarme und kaum knietiefe Wasser ist für kleine Kinder wie geschaffen, und so können wir Erwachsene auch einmal beide Augen schließen und genießen.

Die meisten Ausflugsziele für Touristen liegen jedoch im Südwesten der Insel. Der »Black River Gorges Nationalpark« bietet eine Fülle an Ausflügen in die beeindruckende Bergwelt der kleinen Tropeninsel. Die imposante Gebirgskette mit seinen frappanten Bergspitzen (die höchste misst 828 Meter) erinnert mich an das Landschaftsbild der Lofoten. Der markante Berg »Rempart Mountain« wird aufgrund seiner verblüffenden Ähnlichkeit mit dem Schweizer Original das »Matterhorn von Mauritius« genannt. Zahlreiche Wanderwege unterschiedlicher Länge und Schwierigkeitsgrade führen durch das unter Naturschutz stehende Gebiet. Hier kann man noch die letzten verbliebenen heimischen Urwälder und endemische Pflanzen der Insel bewundern.

Wir versuchen auch auf Mauritius – wie immer eigentlich auf unseren Reisen – den Interessen aller Familienmitglieder gerecht zu werden. So besuchen wir abwechselnd interessante Ausflugsziele für Kinder und Eltern. Die beiden Naturparks »Casela Bird Park« und »La Vanille Crocodile Park« sind dabei für unsere Kinder die unbestrittenen Highlights der Insel. Das Vergnügen, Babykrokodile in die Hand nehmen zu dürfen und auf Riesenlandschildkröten zu reiten, haben sie schließlich nicht jeden Tag. Daneben können sie im wunderschön angelegten, weitläufigen Gelände der Parks viele heimische und afrikanische Tiere hautnah sehen und erleben. Das Interesse unserer Kinder für bestimmte Gegenstände, denen sie normalerweise keine Beachtung schenken würden, können wir glücklicherweise mit Erwähnung der Superlative wecken. So ist selbst das »Blue Penny Museum« in Port Louis mit seiner von Briefmarkensammlern heiß begehrten und äußerst raren »Blauen Mauritius« für unsere Kinder ein Erlebnis. Dem einzigen Schwimmbad der Insel (»Waterpark« genannt) mit seinen unzähligen verschiedenen und teilweise spektakulären Wasserrutschen können wir Erwachsene zwar nicht viel abgewinnen, die Kinder jedoch sind extrem begeistert.

Unsere Hauptbeschäftigung auf Mauritius besteht jedoch darin, fast jeden Tag an den Strand zu gehen. Und dabei wird es unseren Kindern selten langweilig. Zwar müssen wir uns nach zwei Wochen häufig vor dem Aufbruch den Satz anhören: »Bähh, schon wieder an den Beach!« Doch kaum angekommen, ist jede Langeweile vergessen.

Die Insel Mauritius wird fast komplett von Korallenriffen umgeben und geschützt. Diese liegen knapp unter der Wasseroberfläche in einer Tiefe von durchschnittlich einem bis fünf Metern. Im schützenden Riff ist das Meer fast überall seicht und daher für Kinder und Nichtschwimmer bestens geeignet. An vielen Stränden der Insel ist das Meer so flach, dass man mehrere hundert Meter hinauslaufen kann, fast bis zum Ende des Riffs. Dort brechen sich die ungestümen Wellen des indischen Ozeans, der hier jäh in seine durchschnittliche Tiefe von ca. 3500 Meter abfällt.

Bei unseren fast täglichen Exkursionen geht es auch um das Entdecken der mauritischen Unterwasserwelt. Mit Schnorcheln und einer Luftmatratze ausgestattet, verbringen die Kinder und wir viele Stunden im Meer, um zahlreiche bunte Fische, Korallenarten,

Seesterne und Seeigel (in der Größe eines handelsüblichen Globus!) zu beobachten und zu bewundern. Die Korallenbänke sind an vielen Küstenabschnitten leider schon stark in Mitleidenschaft gezogen und wurden im Laufe der Jahrhunderte durch den Menschen zerstört. Lediglich in einigen Lagunen (wie der Blue Bay) und an weit vom Strand entfernten Korallenbänken sind viele Korallenarten noch in ihrer formen- und farbenprächtigen Vielfalt erhalten geblieben.

So wird der Ausflug in einem Glasbodenboot mit anschließendem Schnorcheln in der Lagune der »Blue Bay« für uns zum schönsten Erlebnis der Reise. Während unsere Tochter vor Stolz, eine Rettungsweste tragen zu dürfen, darüber fast das Atmen vergisst, sind aus dem Schnorchel unseres Sohnes ununterbrochen Freudenschreie zu hören. Die mit ein wenig Brot angelockten Fische sind so zahlreich, dass es selbst uns Erwachsenen den Atem verschlägt. Wir sind mehr als fasziniert von dieser vielfältigen und imposanten Unterwasserwelt mit ihren unzähligen bunten und fremdartig aussehenden Fischen, die in greifbarer Nähe vor der Nase vorbeischwimmen.

Mit diesem wundervollen Erlebnis wollten wir eigentlich die Reise beenden. Doch gerade hier, an dem für uns schönsten Fleckchen Erde der Insel, passiert das, wovor es wohl alle Eltern graut: Das eigene Kind erleidet einen Unfall.

## Das unglückliche und glückliche Ende einer Reise

Was für uns ebenfalls für eine Reise nach Mauritius sprach, ist die Tatsache, dass es auf der Insel keine giftigen Landtiere gibt. Nur im Meer leben einige wenige Fischarten, die dem Menschen gefährlich werden können. Der Steinfisch ist einer davon. Und mit ihm hat mein Sohn ein unbeabsichtigtes Zusammentreffen am vorletzten Tag unserer Reise.

Steinfische leben eigentlich weit draußen im Riff zwischen Steinen und Korallenbänken. Dort trägt jeder normale Mensch – wie unsere Kinder natürlich auch – Schuhe. Schon alleine wegen der vielen Seeigel. Dieser Unfall ereignet sich allerdings keine fünf Meter vom Strand entfernt im flachen Wasser des abgetrennten Badebereiches. Eben dort, wo niemand Badeschuhe trägt. Nicht im Traum denken wir an ein Gifttier, als unser Sohn schreiend aus dem Wasser rennt. Die kleine Wunde deutet auf einen Glassplitter hin, und wir verbinden sie notdürftig. Als nach wenigen Minuten die Stelle leicht anzuschwellen beginnt, reagieren wir aus Unkenntnis und Unsicherheit heraus geistesgegenwärtig. Wir gehen zur Badeaufsicht in der nahegelegenen Polizeistation. Dort erkennt man die Ernsthaftigkeit der Lage sofort, und dann geht alles sehr schnell: mit dem Taxi ins nächstbeste Krankenhaus zur Erstversorgung mit Gabe des Gegenserums, anschließend mit Blaulicht und Sirene zum nächstgrößeren Krankenhaus zur antibiotischen

Behandlung und 24-Stunden-Beobachtung. Einen Tag später nach quälenden Stunden der Ungewissheit bekommen wir das ärztliche Einverständnis für die Rückreise. Es ist nach dem Ermessen der Ärzte alles komplikationslos gelaufen und unser Sohn fit genug für den Heimflug.

Auch wenn es bei diesem Unfall nicht um Leben und Tod ging (wie die Ärzte uns immer wieder versicherten), so bleibt es für uns dennoch ein traumatisches Erlebnis und eine lehrreiche Erfahrung.

Erinnerungen an zurückliegende Reisen sind in den meisten Fällen schöne und beglückende Betrachtungen der Vergangenheit, und mit Sehnsucht behaftet. Alles andere gerät in wohlgefallene Vergessenheit. Bei dieser Reise ist das für uns nicht so. Lange überwogen beim Rückblick die schlechten Erinnerungen an das einzig wirklich negative Ereignis. Doch wie die Zeit die Wunde unseres Sohnes vollständig geheilt hat, so verlieren sich auch die negativen Empfindungen nach und nach. Wir sehen die überwiegenden schönen Erlebnisse und Begebenheiten dieser Reise klarer, und können zunehmend ein positives Resümee ziehen: Die Insel Mauritius ist ein sehr reizvolles und wunderbar einfach zu bereisendes Land. Die Menschen herzlich und lebensfroh, ihre Kulturen vielfältig und exotisch, die Lebensweisen natürlich und unkompliziert, die Landschaften bezaubernd und berauschend. Eben ein kleines Paradies auf Erden.

# Krankheit und Unfälle

### Ein Kind wird krank

Zu den größten Befürchtungen reisender Eltern gehört es, dass die Kinder unterwegs krank werden könnten. Ist man doch schon zu Hause mit allerlei Erkrankungen der Kleinen oft überfordert, so ist der Gedanke, dass die Kinder im Urlaub erkranken könnten, eine äußerst unangenehme Vorstellung. Um alle Eltern zu beruhigen, kann ich aus eigener Erfahrung mit gutem Gewissen bestätigen, dass Kinder im Urlaub seltener krank werden als im häuslichen Umfeld. Und das liegt nicht nur daran, dass sie sich logischerweise seltener im Urlaub befinden als zu Hause, sondern an anderen Faktoren. Kinder haben unterwegs nicht täglich den Kontakt zu einer großen Gruppe von Menschen, wie es daheim im Kindergarten oder der Schule üblich ist. Der Bakterien- und Virenaustausch ist somit geringer. Ein weiterer Grund ist die Tatsache, dass Kinder sich auf Reisen häufiger außerhalb geschlossener Räume aufhalten. Viren und Bakterien haben an der frischen Luft selten die Chance, sich schnell auszubreiten und zu einer Erkrankung zu führen. Hält man die üblichen Hygieneregeln unterwegs ein (→ »Sauberkeit und Hygiene«, S. 245) wird ein Kind weitaus seltener krank als zu Hause.

Kommt es dennoch einmal zu einer Erkrankung, sollte man nicht in Panik verfallen, sondern einfach handeln. Eine Erkrankung kommt meist nicht plötzlich, sondern schleichend. Beobachten Sie Ihr Kind und seine Verhaltensweisen unterwegs regelmäßig. Verhält es sich auffällig, ist es z. B. quengelig, fahren Sie bei den täglichen Aktionen mal einen Gang runter und beobachten Ihr Kind weiter. Am Anfang einer Reise kommt es, vor allem bei Kleinkindern und Babys, oft zu Fieberschüben, die Ausdruck körperlicher Anstrengung sind. Dieses so genannte Reisefieber ist eine körperliche Reaktion auf die Anpassung an die klimatischen Gegebenheiten im Urlaubsland und klingt nach ein paar Tagen meist von alleine wieder ab. Zusätzlich können auch Durchfall, Appetitlosigkeit, Hautausschlag oder Lichtempfindlichkeit auftreten. Klingen die Symptome nach ein oder zwei Tagen von selbst wieder ab, kann man von Reisefieber ausgehen. Bei länger anhaltendem hohen Fieber und Durchfällen mit Erbrechen sollte man auf jeden Fall einen Arzt aufsuchen. Diese zunächst leichten und harmlos wirkenden Krankheitsanzeichen können eine ernstere Erkrankung ankündigen. In Malaria- und Denguefieber-Gebieten sollte man jedes Fieber ernst nehmen und unverzüglich einen Arzt konsultieren.

Erkrankt ein Kind unterwegs, ist dies natürlich unangenehm, aber keinesfalls ein Drama, welches sich nicht in den Griff bekommen lässt. Bitten Sie Menschen in Ihrer unmittelbaren Umgebung um Hilfe. Das können Einheimische oder auch andere Reisende sein. Keiner wird Ihnen die Hilfe verwehren, wenn es um die Gesundheit eines Kindes geht. Fragen Sie nach guten Ärzten in der Umgebung, die vielleicht in Europa studiert haben oder zumindest gut Englisch sprechen oder lassen Sie sich von einem Einheimischen begleiten, der Ihnen als Übersetzer helfend zur Seite stehen kann. Wenn Sie der Kompetenz des behandelnden Arztes misstrauen, holen Sie eine weitere ärztliche Meinung ein.

In vielen Ländern werden vom Arzt verschriebene Medikamente ohne Beipackzettel in den Apotheken herausgegeben. Lassen Sie sich die Wirkweise und eventuellen Nebenwirkungen von einem Arzt oder Apotheker erklären und bleiben Sie hartnäckig beim Einfordern von Auskünften. Dies ist bei Kindern mit Vorerkrankungen besonders wichtig. Weisen Sie den behandelnden Arzt vorher auf Erkrankungen oder Allergien des Kindes hin. Die häufigsten Erkrankungen unterwegs sind meist harmlose bakterielle Infektionen, z. B. ein grippaler Infekt. Hier ist es gut, wenn man ein Breitbandantibiotikum von zu Hause dabei hat. Klären Sie mit dem Arzt vor Ort, ob sich dieses Medikament zur Behandlung der Erkrankung eignet. Generell sollten Sie, wenn es möglich ist, immer auf die Reiseapotheke zurückgreifen. Dort haben Sie Medikamente eingepackt, die Sie Ihrem Kind schon oft verabreicht haben, und wissen daher, wie Ihr Kind darauf reagiert. Trauen Sie den behandelnden Ärzten vor Ort nicht, ist es hilfreich, die Telefonnummer des heimischen Kinderarztes bei sich zu haben, um eventuelle Unklarheiten telefonisch abklären zu können.

Wird Ihr Kind krank oder erleidet einen Unfall, muss die Reise unterbrochen werden. In den wenigsten Fällen ist die stationäre Unterbringung in einer Klinik nötig. Wenn doch, sollten Sie die Unterbringung eines Elternteils in der Klinik auf jeden Fall durchsetzen, auch wenn das im Reiseland oder der betreffenden Klinik nicht üblich sein sollte. Klären Sie auch mit Ihrem privaten Krankenversicherungsunternehmen die weitere Vorgehensweise bezüglich der Kostenabrechnung telefonisch ab (einige Versicherungen verlangen die Kontaktaufnahme schon *vor* Behandlungsbeginn!). Stoßen Sie auf größere Schwierigkeiten, können Sie sich bei der deutschen Auslandsvertretung, der Botschaft oder dem Konsulat Beratung und Hilfe einholen. Diese sind verpflichtet, Ihnen in solchen Fällen zu helfen.

Die übrigen Familienmitglieder sollten sich in unmittelbarer Nähe zum Krankenhaus einquartieren, auch wenn dies mit höheren Kosten verbunden sein sollte. Vielleicht können anfallende Mehrkosten von der privaten Krankenversicherung übernommen werden.

Bei kleinen Unfällen oder »normalen« Krankheiten sollte man sich auch eine feste Bleibe suchen und dem Kind Zeit zur Genesung geben. Verzichten Sie in diesem Fall auf die billigen Gemeinschaftsunterkünfte in wuseligen Hostels und Backpacker, sondern suchen sich lieber eine kleine Ferienwohnung oder ein schnuckeliges Hotel auf dem Lande. Auch eine Ferienhütte oder das eigene Zelt auf einem abgelegenen Campingplatz können genügend Ruhe bieten, die das Kind zum Gesundwerden braucht.

### Richtiges Verhalten bei einem Unfall

Bei einem Unfall ist es wichtig, einen kühlen Kopf zu bewahren. Lassen Sie sich auch in solchen Situationen von anderen helfen, zum Beispiel vom Hotelpersonal oder von Einheimischen. Sie kennen sich vor Ort einfach besser aus und können Ihnen zügig eine gute Klinik oder Arztpraxis in unmittelbarer Umgebung nennen, Sie vielleicht sogar begleiten. Muss schnell eine Klinik oder ein Arzt aufgesucht werden, sollte nur ein Erwachsener das Kind begleiten. Eine Rettungsaktion mit mehreren Begleitpersonen ist immer schwieriger zu handhaben, und die allgemeine Unruhe überträgt sich auf alle Familienmitglieder. In solchen Situationen sollten die nicht betroffenen Familienmitglieder an einem Treffpunkt zurückbleiben und in dieser Zeit versicherungstechnische oder organisatorische Dinge klären. Damit kann man die anderen noch mitreisenden Kinder wieder in ein ruhiges Fahrwasser bringen. In diesem Fall ist ein Zweithandy Gold wert, über das man jederzeit miteinander kommunizieren kann.

Daneben sollten Sie unverzüglich Ihr privates Krankenversicherungsunternehmen über den Unfall informieren und sich nach der korrekten Vorgehensweise in Bezug auf Rechnungen, Unterlagen und Belege erkundigen. Bei Unfällen können Sie sich, wie schon erwähnt, auch mit der deutschen Botschaft in Verbindung setzen.

Ist der erste Schock erst einmal überwunden, kann man meist auch wieder klar denken und rational handeln. Davor werden Sie jedoch immer auf die Hilfe fremder Menschen angewiesen sein. Das mag unter Umständen nicht für jeden leicht und annehmbar sein. Dennoch sollten Sie sich unterwegs immer an fremde Mitmenschen wenden und um deren Hilfe bitten. So erhalten Sie in jedem Fall schneller eine gute ärztliche Behandlung.

Krankheiten und Unfälle unterwegs kommen seltener vor als erwartet. Trotzdem ist es sehr wichtig, seine Kinder vor der Reise durch Vorsorgemaßnahmen wie Impfungen und unterwegs durch gesundheitserhaltende Maßnahmen vor möglichen Gefahren zu schützen. Damit befassen sich die Kapitel »Umgang mit Gefahren vor Ort« (S. 268), »Gesundheitsvorsorge« (S. 161) und »Sauberkeit und Hygiene« (S. 245).

Bei Langzeitreisen, Reisen in medizinisch unterentwickelte Länder und in Regionen, in denen man mit erhöhten Krankheits- und Unfallgefahren rechnen muss, ist es ratsam, sich vorher mit Unfallsofortmaßnahmen (z. B. Unfällen mit Gifttieren) auseinanderzusetzen und gegebenenfalls einen Erste-Hilfe-Kurs für Kinder vor der Reise zu absolvieren. Mit einem medizinischen Grundwissen und der Kenntnis, was in Notsituationen zu tun ist, reist es sich wesentlich entspannter.

*Buchtipps zum Thema Erste Hilfe für Kinder:*
> »Erste Hilfe – Das offizielle Handbuch« von Franz Keggenhoff, Südwest Verlag
  Das offizielle Erste-Hilfe-Handbuch des Deutschen Roten Kreuzes mit den neuesten internationalen Erste-Hilfe-Richtlinien.
> »Schnelle Hilfe für Kinder« von Janko von Ribbeck, Kösel Verlag
  Beinhaltet nicht nur Erste Hilfe und Sofortmaßnahmen am Kind, sondern spricht Themen wie homöopathische Behandlung und Unfallverhütung an. Ein zusätzlicher Themenbereich befasst sich mit Giftpflanzen.

## Umgang mit Gefahren vor Ort

### Terrorismus und Kriminalität

Der 9/11 hat gezeigt, dass ein terroristischer Anschlag jederzeit und überall möglich ist. Doch nicht jeder Anschlag wird von islamistischen Extremisten verübt. In jedem Land, in dem verschiedenartige religiöse und ethnische Gruppierungen aufeinandertreffen, kann es zu Zwischenfällen kommen. Auch wenn Sie in ein Land reisen, das nach außen hin stabil erscheint, kann es unter Umständen vor Ort zu Auseinandersetzungen und Unruhen zwischen verschiedenen Volksgruppen oder Bevölkerungsschichten gegenüber der Regierung kommen, ohne dass dies vor der Reise abzusehen war (siehe jüngste Beispiele in Nordafrika). Sind Sie nun unterwegs und es kommt zu massiven Auseinandersetzungen in Ihrer unmittelbaren Umgebung, sollten Sie sich unverzüglich an die deutsche Auslandsvertretung (Botschaft oder Konsulat) wenden, um detaillierte Informationen über die aktuelle Lage im Land einzuholen und ein weiteres Vorgehen zu besprechen. Die Mitarbeiter der Botschaften sind verpflichtet, im Notfall für ihre Landsleute tätig zu werden. Das gilt übrigens auch bei schwerer Krankheit, Unfällen oder Überfällen. Möchten Sie unverzüglich nach Hause fliegen, lassen Sie sich auch hier von den Botschaftsmitarbeitern helfen und wenden Sie sich zusätzlich an Ihre Fluggesellschaft. Sehen Sie dazu keine Veranlassung, sollten Sie dennoch einige Verhaltensregeln beim Weiterreisen beachten:

Meiden Sie als Individualtourist große Hotelanlagen in von Pauschaltouristen stark frequentierten Urlaubsgebieten. Auch touristische Anziehungspunkte können bei allgemeiner Unruhe im Land das Ziel von Attentaten sein. Ferner sollten Sie große Menschenansammlungen wie Märkte und vor allem Demonstrationen jeglicher Art meiden. Auf Demonstrationen ist die Stimmung immer angespannt und es kann leicht zu aggressiven Auseinandersetzungen kommen (dies gilt übrigens für alle Länder der Erde). Regierungsgebäude, religiöse und gesellschaftliche Einrichtungen, öffentliche Verkehrsmittel (z. B. Busse, U-Bahnen und Flughäfen), Auslandsvertretungen oder Gebäude internationaler Vereinigungen sind ebenfalls häufig Anschlagsziele. Vermeiden Sie es, bei Unruhen im Reiseland durch Großstädte und Ballungsräume zu reisen, sondern bewegen sich lieber auf dem Lande.

Kriminalität gibt es leider überall auf unserem Globus. Die Gefahr ist immer dann besonders hoch, wenn in einem Land die Schere zwischen Arm und Reich sehr deutlich auseinanderklafft. Erwähnenswert ist, dass die Religionszugehörigkeit und die gesellschaftlichen Sitten bei der vorherrschenden Kriminalität maßgeblich eine Rolle spielen. So ist in Ländern mit einer ausgeprägten hinduistischen, buddhistischen oder islamischen Kultur die Straffälligkeit geringer ausgeprägt als in westlichen und christlich geprägten Ländern. Dafür gibt es viele Gründe; der simpelste jedoch ist, dass Überfälle oft unter Alkoholeinfluss geschehen und daher die Gefahr in Ländern, in denen Alkohol zum alltäglichen Leben dazugehört, wesentlich höher ist. Besonders brisant sind die Wochenenden oder Feiertage und gesellschaftliche Festivitäten. Bei solchen Anlässen lassen sich manche Menschen in armen Regionen volllaufen, um anschließend auf Diebestour zu gehen.

Da man mit Kindern meist nur tagsüber unterwegs sein wird, sind die Gefahren für reisende Familien sehr gering, dennoch kann es immer zu einem Diebstahl kommen. Die Gefahr, ausgeraubt oder beklaut zu werden, ist in unsicheren Gegenden (Elendsviertel, Hafengegend, Bahnhofsviertel) der großen Städte, Touristenzentren und überall dort, wo sich Touristen gerne aufhalten (Sehenswürdigkeiten), am höchsten. Doch auch Reisende unter sich beklauen sich nicht selten. Aufpassen sollte man deshalb immer auch in Hostels und Jugendherbergen, in denen eine besonders familiäre Stimmung herrscht. Denn gerade dort, wo man es am wenigsten erwartet, passiert es dann.

Informieren Sie sich vor der Reise über besonders gefährliche Gegenden und Städte, die für eine ausgeprägte Kriminalität berüchtigt sind, um diese meiden zu können. Bedenken Sie, dass Sie, auch wenn Sie Individualtourist sind, immer als Ausländer auffallen und in armen Ländern in den Augen der Bevölkerung als reich gelten, selbst wenn Sie öffentlich keinen Luxus zur Schau stellen. Vermeiden Sie kleine Tagesrucksäcke und Taschen wie z. B. Fototaschen, denen man schon von Weitem ansieht, dass dort Wertsachen verstaut sein könnten. Verteilen Sie Ihre Wertsachen lieber in großen Rucksäcken und am eigenen Körper, aber nicht in den Rucksäcken, die Ihre Kinder tragen. Das ist eine Praxis, die man immer häufiger sieht, die aber von Dieben schon lange durchschaut worden ist. Kleine Kinderrucksäcke lassen sich zudem immer leichter entwenden. Denken Sie daran auch im Hinblick auf einen gewalttätigen

Überfall. Finden die Täter keine Wertsachen bei den Erwachsenen, legen sie womöglich Hand an die Kinder. Und das ist sicherlich das Letzte, was man damit beabsichtigen wollte. Geben Sie in solchen Situationen sofort freiwillig her, was die Täter verlangen – ohne sich zu wehren (für solche Fälle sollte man immer etwas Geld in der Tasche haben, das man bereit ist zu opfern). Nur so können Sie Ihre Familie schützen. Kein Gut und Geld der Welt ist es wert, dafür seine Familie zu gefährden.

In jedem Land sind die Praktiken der Diebe anders. In guten Individualreiseführern werden die üblichen Maschen der Straßenräuber erläutert. Oft wird man in ein Gespräch verwickelt, während ein Komplice den Abgelenkten beklaut. Diese gängige Masche funktioniert jedoch am besten bei Einzelreisenden. Ist man mit der Familie in einem Verbund unterwegs, ist es für Diebe wesentlich schwieriger, die Aufmerksamkeit aller Familienmitglieder auf sich zu ziehen. Reisen Sie in Städte oder Gebiete, in denen erhöhte Gefahren bestehen, nehmen Sie sich lieber eine teurere, aber sichere Unterkunft, in der das Zimmer einbruchsicher abschließbar ist und es einen Hotelsafe gibt. Bewahren Sie Ihre Wertsachen immer dort auf, wo man schlecht Zugang findet (z. B. eingenähte Innentaschen in Kleidungsstücken oder in den Schuhen) und verteilen Sie diese großzügig in mehreren kleinen Bündeln in Ihren Gepäcktaschen oder Rucksäcken. Diese sollten möglichst wenig Außentaschen besitzen, die mit einem Reißverschluss leicht zu öffnen sind oder mit einem Messer kurzerhand abgetrennt werden können. Zusätzlich können Sie Ihre Taschen noch mit Kettenschlössern sichern. Zu guter Letzt noch der Rat: Verzichten Sie darauf, Ihren Wohlstand nach außen zu zeigen (Uhren, Schmuck usw.). Auch sollten Sie keine Geldbörse öffentlich zeigen, aus der die Banknoten herausquellen, sondern immer einzelne Scheine aus der Hosentasche ziehen.

Um ängstliche Eltern zu beruhigen, sei noch erwähnt, dass ein Raubüberfall auf eine Familie mit Kindern sehr, sehr selten vorkommt. Meist werden Einzelreisende oder ausschließlich Erwachsene Opfer eines handfesten Angriffs. In der Regel wird man sich unterwegs mit diebischer Kleingaunerei herumschlagen müssen.

*Was ist zu tun bei Verlust oder Diebstahl wichtiger Reisedokumente?*

Wenden Sie sich an die nächste Polizeidienststelle. Erwarten Sie jedoch nicht zu viel davon. Oft wird man seine verloren gegangenen oder geklauten Gegenstände nicht wieder erhalten, und die Beamten vor Ort sind meist nicht erfreut über die Mehrarbeit, die man ihnen beschert. Die Aufnahme eines Diebstahls dient eigentlich nur für eine Bescheinigung für die heimische Versicherung. Wird Ihnen im Hotel etwas gestohlen, reicht in der Regel auch eine Bescheinigung der Hoteldirektion. Besser ist es, sich bei einem Diebstahl an die Öffentlichkeit zu wenden. Das kann eine Zeitungsagentur sein oder eine kirchliche oder nationale bzw. internationale Vereinigung. Überall dort, wo man gerne für Menschen da ist, kann man auf eine große Hilfsbereitschaft stoßen. Auch andere Reisende, das Personal in Ihrer Unterkunft oder Einheimische können Kontakte herstellen, die einem in Notsituationen weiterhelfen. In ganz dringenden Fällen sollten Sie sich an die deutsche Auslandsvertretung wenden. Diese kann zum Beispiel bei Passverlust ein neues Passdokument ausstellen (meistens nur die Botschaft und nicht die Konsulate!). Dafür sollten Sie Passbilder und eine Kopie Ihres verlorenen oder gestohlenen Passes vorlegen können.

Bei Verlust der Kreditkarte oder Reiseschecks muss man sich unverzüglich an sein Bankunternehmen wenden und dafür die Notruf- bzw. Kartensperrnummer immer griffbereit haben. Bei Verlust der Flugtickets sollte man zügig Kontakt zur Fluggesellschaft aufnehmen. Eine Kopie der Flugtickets ist hier besonders wichtig.

**Angst vor Verlust des Kindes**

Die Angst, das eigene Kind zu verlieren, gehört zu den ureigensten Ängsten aller Eltern. Bewegt man sich in einem fremden Umfeld, verstärkt sich diese Furcht, was automatisch den Beschützerinstinkt weckt. Mit einer instinktiven Kontrollfunktion und somit ständigen Aufsicht über den Nachwuchs kann man nicht nur eigene Ängste abbauen, sondern auch Gefahren so gut wie ausschalten. Auf Reisen behalten Eltern ihre Kinder ganz unbewusst immer im Auge. Dies ist der beste Schutz der Kinder vor jeglichen Gefahren. Sind die Kinder größer und selbstständiger, bleibt es nicht aus, dass ihr Bewegungs- und Entdeckungsdrang, aber auch der Wunsch, sich von den Eltern abzugrenzen, dem Schutzbedürfnis der Erwachsenen entgegenstehen. Reden Sie mit älteren Kindern über Ihre Ängste ohne das Heraufbeschwören schrecklicher Fantasien, die bei den Kindern wiederum Ängste auslösen könnten. Erklären Sie Ihrem Kind, wie es sich verhalten soll, wenn es in die Situation geraten sollte, die Eltern aus dem Blickfeld verloren zu haben (an weibliche Passanten, uniformierte Personen oder Personal in den verschiedensten Lokalitäten wenden).

Existieren Unsicherheiten und Ängste auf Seiten der Eltern, helfen auch diverse Erklärungen und beruhigende Argumentationen nicht weiter. Sind sie existent, wird man unterwegs lernen müssen, damit umzugehen. Handeln Sie immer intuitiv, zielgerichtet und ohne Rücksicht auf gesellschaftliche Normen in Situationen, in denen Sie eine Gefahr für Ihre Kinder sehen. Eltern sollten Ihre kleinen Kinder auf Reisen eigentlich immer im Blickfeld haben. Dennoch kann es passieren, dass man sein Kind im Strom von Passanten auf der Straße, zwischen Einkaufsständen auf wuseligen Märkten, im Kaufhaus zwischen Regalen, auf belebten Flughäfen oder zu anderen Gelegenheiten aus dem Auge verliert. Für solche Situationen, in denen die Gefahr besteht, dass das Kind verloren gehen könnte, sollte man Vorkehrungen treffen. Babys, die schon laufen, und Kleinkinder können mit einem Geschirr und Leine aus dem Babyfachhandel mit einem Elternteil verbunden werden. Ebenfalls im Babyfachhandel erhältlich sind Rucksäcke mit integrierter Leine (ein Spanngurt am Rucksack tut es auch). Auch wenn es anderen Menschen absurd erscheinen mag, Kinder anzuketten, und Sie damit ungläubige oder abschätzige Blicke ernten werden – es geht um das eigene Empfinden und Bedürfnis nach Sicherheit, und wenn man sich selbst mit solchen Maßnahmen besser fühlt und beruhigter unterwegs ist, so ist das in Ordnung. Kinder, die sich nicht anketten lassen wollen oder schon aus dem Kleinkindalter herausgewachsen sind, kann man eine (möglichst schrille) Trillerpfeife um den Hals hängen. Entfernen sich die Kinder aus dem Sichtbereich, wird man sie dennoch jederzeit orten können. Auch wenn dabei die Gefahr besteht, dass Ihnen der Nachwuchs mit diesem nervigen Spielzeug auf den Wecker geht, so erfüllt es dennoch eine praktische Kontrollfunktion. Älteren Kindern kann man mit einem weiteren Spielzeug eine Freude bereiten: Schenken Sie ihnen ein »Walkie Talkie«, erklären aber, dass er für Ernstfälle gedacht ist und nicht zum Versteckspiel. Machen Sie Ihren Kindern klar, dass Versteckspiele, die den meisten Kleinen eigentlich viel Freude bereiten, in bestimmten Situationen nicht angebracht sind. Sobald ein Kind mit einem Handy sicher umgehen kann, sollte man ihm in unübersichtlichen Situationen eines geben. Beim Reisen mit der Familie ist ein Zweithandy immer von Vorteil. Nicht nur um mit älteren Kindern in Kontakt zu bleiben, falls man sie verliert, sondern auch für den Fall, dass die Familie getrennte Wege geht.

Notfallbändchen am Handgelenk des Kindes mit dessen Namen und Ihrer Handynummer darauf sind ebenfalls für kleine Kinder sinnvoll. Wählen Sie solche, die – sind sie einmal am Handgelenk – nicht mehr ohne Schere entfernt werden können. Solche Bänder gibt es auf Neugeborenenstationen oder in Freizeitparks. Fragen Sie dort explizit danach. Oder Sie basteln selbst eines. Ältere Kinder sollten die Handynummer der Eltern auswendig lernen oder immer einen Zettel mit der Nummer bei sich tragen. Erklären Sie Ihrem Kind, dass es, falls es die Eltern aus den Augen verliert, vertrauenswürdigen Personen (z. B. uniformierten Sicherheitsbeamten, Bediensteten in Lokalen und Geschäf-ten) das Bändchen oder die Telefonnummer zeigen soll.

Der Beschützerinstinkt ist bei allen Eltern unterschiedlich stark ausgeprägt. Auch wenn Sie weniger ängstlich sind, sollten Sie kleine Kinder im Urlaub nicht unbeaufsichtigt lassen. Kleine Kinder sollten auch dann nicht alleine gelassen werden, wenn man sich in seinem Hotel oder seiner Unterkunft sicher fühlt. Ein Elternteil sollte sich immer im Sicht- oder Hörbereich der Kinder aufhalten, auch wenn diese friedlich schlafen. Ein Babyphone als Überwachungshilfe sollte nur begrenzt und dann zum Einsatz kommen, wenn man sicher ist, dass sich keine fremde Person Zugang zum Schlafzimmer der Kinder verschaffen kann. Selbst in familiären Jugendherbergen und Hostels sollte man in der Nähe der Kinder bleiben oder sich ein Familienzimmer im Sichtbereich zu den Gemeinschaftsräumen geben lassen. Beim Zelten bzw. auf einem Campingplatz ist es übrigens am einfachsten, Kinder im Blick zu behalten.

Möchten Sie Ihr Kind beaufsichtigen lassen (z. B. Betreuungseinrichtungen in Hotels), holen Sie sich vorher das Einverständnis der Kinder ein und akzeptieren auch, wenn diese sich weigern (→ »Elternauszeit«, S. 286).

Ältere Kinder und Jugendliche muss man sicherlich nicht mehr so streng kontrollieren. Sie sollten jedoch ebenfalls mögliche Gefahren unterwegs kennen und wissen, wie sie sich richtig verhalten können.

Unterwegs das eigene Kind zu verlieren, ist eine subjektive Angst, die man niemandem nehmen kann. Dennoch sind Befürchtungen dieser Art eigentlich immer unbegründet. Außerhalb des heimischen Umfeldes wird Kindern in der Fremde meist sehr viel Aufmerksamkeit geschenkt. Sie fallen schon allein durch eine andere Sprache auf. Gelten Sie im Reiseland dem Aussehen nach zudem als exotisch, merken viele Einheimische sehr schnell, wenn diese Kinder sich in einer Notsituation befinden und greifen helfend ein.

## Kleine persönliche Geschichte zum Thema

Clara ist ein aufgewecktes und sehr neugieriges Kind. Mit seinen gerade mal zwei Jahren ist es noch furchtlos unterwegs und zudem erstaunlich flink mit seinen kurzen krummen Beinchen. In der Bekleidungsabteilung eines Einkaufszentrums in Sydney war ich auf der Suche nach Badekleidung für die Kleine, während mein Mann in der Spielzeugabteilung mit dem Großen »wichtige« Einkäufe erledigte. Natürlich habe ich mein Kind immer im Auge und versuche mit der geduldigen Hartnäckigkeit eines engagierten Laienpredigers mein Kind davon zu überzeugen, dass der beste Platz in meinem Zugriffsbereich liegt. Leider sieht das meine Tochter anders. So versuche ich wie ein Chamäleon mit den Augen zum einen die Artikel zu betrachten und gleichzeitig meiner munter umherspringenden Tochter zu folgen. Da meiner Tochter dieses Such-mich-Spiel gefällt, geht das nicht lange gut. Nur wenige Sekunden der Unaufmerksamkeit reichen und das Kind ist zwischen den Kleiderständern verschwunden. Meine Augen kreisen durch den Laden, können sie aber nicht finden. Ich rufe sie und bemerke zum ersten Mal die Wachsamkeit der Verkäuferin, mit der diese nicht nur die Verkaufsstände beaufsichtigt, sondern auch meine kleine Tochter. Sie deutet mit einer kurzen Kopfbewegung an, dass sich mein Kind auf dem Weg zum Ausgang befindet und läuft schon selbst hinterher. Noch bevor die Verkäuferin, geschweige denn ich, den Wildfang einholen können, wird mein Kind von einer Passantin aufgehalten, die sofort einen Sicherheitsbeamten ruft, der wie aus dem Nichts unverzüglich zur Stelle ist. Dieser hält mir, der erleichterten und reumütigen Mutter, einen netten aber vorwurfsvollen Vortrag darüber, wie man sein Kind in einer großen Stadt zu beaufsichtigen hat. Diese ganze Szene spielte sich in weniger als fünf Minuten ab und zeigt, wie aufmerksam und umsichtig fremde Menschen in großen anonymen Städten gerade mit kleinen Kindern umgehen.

### Straßenverkehr und örtliche Gegebenheiten

Die Gefahren im Straßenverkehr und »wie erziehe ich mein Kind zu einem verkehrstüchtigen Teilnehmer auf deutschen Straßen« sind Themen, die viele junge Eltern lange und intensiv beschäftigen. Mit ausdauernder Hartnäckigkeit beginnen sie schon im zarten Alter der Kinder, ihnen ein gutes Vorbild zu sein. Die Beharrlichkeit der Eltern zahlt sich dann aus, wenn Kinder schon sehr früh die grundlegenden Verhaltensregeln im Straßenverkehr kennen und beherrschen. Spätestens mit der Einschulung werden die Kinder auch von schulischer Seite konsequent und ausführlich mit der deutschen Straßenverkehrsordnung vertraut gemacht. Bis ein Kind sich alleine sicher auf deutschen Straßen bewegen kann, ist es ein langer und oft mühseliger, Weg.

Reisen Familien durch die Welt, werden sie nicht nur mit fremden Kulturen oder Natur- und Kulturschönheiten in Kontakt kommen, sondern meistens auch mit einem anderen Straßenverkehrssystem und dessen Regeln konfrontiert. Bedenkt man, wie lange ein kleines Kind benötigt, elementare Straßenverkehrsregeln zu erlernen, so ist der Versuch, das Kind vor einer Reise mit den Verkehrsregeln des Reiselandes vertraut zu machen, praktisch vergebene Mühe.

Sind Sie mit Ihren Kindern in einem Land unterwegs, welches grundlegend andere Verkehrsregeln (oder keine) hat, die Ihre Kinder als Straßenverkehrsteilnehmer betreffen, können nur Sie dafür sorgen, dass sich Ihre Kinder sicher im Straßenverkehr bewegen können. Selbst für Erwachsene sind andere Verhaltensweisen vor Ort schwierig zu erlernen und im Gedächtnis zu behalten. Sind Sie mit Ihren Kindern im Straßenverkehr des Reiselandes unterwegs, sollten kleine Kinder immer an der Hand geführt werden. Ältere Kinder, etwa ab dem achten Lebensjahr, kann man fremde Verkehrsregeln erklären und passives Verhalten im Straßenverkehr beibringen. Dennoch sollten auch größere Kinder in belebten Städten immer an der Hand eines Elternteils oder im Tuchfühlungsbereich der Sippe bleiben (das gilt vor allem im Straßenverkehr fremder Kulturen). Da man das Verhalten der Verkehrsteilnehmer im Ausland niemals richtig einschätzen kann, sollte man sich situationsangepasst und im Zweifelsfall passiv verhalten. Den Kindern darf man im Bereich der Straßen und Innenstädte keine riskanten Freiheiten erlauben, die sie gefährden könnten. Bedenken Sie auch, dass kleine Kinder alles aus einem anderen Blinkwinkel sehen.

Der Linksverkehr zum Beispiel, der rund um den Globus in vielen Ländern herrscht, hat für jemanden, der aus einem Land mit Rechtsverkehr kommt, so seine Tücken. Möchte man im Linksverkehr eine Straße überqueren, kommt ein Auto auf der nächstliegenden Straßenseite nämlich von rechts und nicht wie bei uns in Deutschland von links, weshalb man immer erst nach rechts, dann nach links und zum Schluss wieder nach rechts schauen muss. Den Kindern wurde es anders beigebracht, und sie agieren, wie Erwachsene natürlich auch, ganz unbewusst in diesem Moment falsch. In Ländern mit Linksverkehr sollte man deshalb beim Überqueren einer Straße immer ganz besonders aufmerksam sein.

Besondere Gefahren im Straßenverkehr gibt es in vielen Ländern Asiens, Afrikas und Lateinamerikas. Dort gibt es in den meisten Staaten zwar offizielle Verkehrsregeln, diese gelten jedoch für viele Einheimische als allgemeine Empfehlung und werden selten beachtet. Es wird nach für Ausländer oft nicht durchschaubaren internen Regeln gefahren. Auf den Straßen geht es meist zu wie in einer Kampfarena. Es gilt das Gesetz des Stärkeren, und die schwächsten Verkehrsteilnehmer, die Fußgänger, leben in aller Regel gefährlich. In den Städten herrscht oft ein chaotisches Gewusel der unterschiedlichsten Fahrzeuge und Verkehrsteilnehmer. Neben

Autos, Lkws, Bussen, Motorrad- und Mofafahrern drängen sich Tuk Tuks, Fahrräder, Rikschas und Droschken, Esel-, Pferde- und Ochsengespanne, einheimische Tiere jeder Größe und unzählige Menschen durch die Straßen. Vorfahrt hat immer der größte und stärkste in diesem Gefüge, und dieser nimmt sie sich mit brutaler Gleichgültigkeit gegenüber anderen Verkehrsteilnehmern. Eine Gleichberechtigung unter den einzelnen Verkehrsteilnehmern gibt es nicht. Das Beharren auf Vorfahrt oder das Vertrauen auf Einhaltung von Verkehrsregeln ist lebensgefährlich. Die Schwächsten haben gegenüber den Größeren (und damit Wichtigeren) gefälligst den Platz zu räumen. Rote Ampeln gelten nur für denjenigen, der es nicht eilig hat. Überholt wird halsbrecherisch und wo gerade Platz ist. Verkehrszeichen, Ampeln und markierte Fußübergänge, sofern es welche gibt, werden nicht beachtet. Jeder fährt und geht mit dem Strom und nach für Europäer undurchschaubaren Regeln. Wird man als Neuling mit dem chaotischen Verkehr in fremden Kulturen konfrontiert, ist das oft ein Schockerlebnis, das man erst einmal verarbeiten muss. Der Versuch, das Verkehrschaos, welches sich vor den Augen abspielt, zu durchschauen, wird scheitern. Am besten schauen Sie sich das Verhalten der Einheimischen ab und passen sich dem an.

In unterentwickelten Staaten und Entwicklungsländern gibt es auf dem Land und oft auch in den Städten wenige bis keine Fußgängerwege, weshalb Kinder dort immer an der Hand geführt und auf der Straße abgewandten Seite laufen sollten. Ein Kinderwagen sollte möglichst groß, mit ausfahrbaren Abstandshaltern (z. B. Eisenstange), auffällig (mit lauter Hupe) und geländegängig sein. Am sichersten jedoch trägt man kleine Kinder in einer Rückentrage durch brodelnde Millionenstädte.

Wird es Ihnen zu stressig oder zu unsicher, nehmen Sie sich ein Taxi (z. B. eine Fahrradrikscha zum Spaß der Kinder) oder öffentliche Verkehrsmittel für die Erkundung der Städte. Erwarten Sie jedoch auch hier keinerlei Sicherheitsvorrichtungen, auch nicht für die Kinder.

Beim Fahren mit öffentlichen Verkehrsmitteln gelten ebenfalls häufig andere Gesetze als in westlichen Industrienationen. In Lateinamerika beispielsweise wird in vielen Ländern großer Wert auf strikte Einhaltung der Reihenfolge beim Einsteigen gelegt. In einigen Kulturen Asiens dagegen wird beim Ein- und Aussteigen gedrängt, geschoben und geschubst, was das Zeug hält. Wer mit öffentlichen Verkehrsmitteln in Großstädten unterwegs ist, sollte immer beharrlich im Bereich der Ausgänge sitzen oder stehen, um überhaupt nach draußen zu kommen. Tragen Sie kleine Kinder bei Ein- und Ausstiegssituationen am besten auf dem Arm und vergessen gepflegte europäische Umgangsformen, sondern boxen sich den Weg frei.

Worauf man ebenfalls vorbereitet sein sollte, sind die anderen – und besonderen – Umstände beim Reisen mit öffentlichen Verkehrsmitteln in fremden Ländern und Kulturen. Selten gefährlich, aber sehr unangenehm ist das ungewohnte starke Schaukeln der Busse, die üblicherweise auf Lkw-Fahrgestellen aufgebaut sind. Dazu die ruppige Fahrweise der Fahrzeugführer, die Enge auf den überfüllten Bänken, die Ausdünstungen anderer Mitreisender gepaart mit einer drückend heißen oder schwülen Luft führen bei Kindern (und einem selbst vielleicht auch) unweigerlich zu Übelkeit und Erbrechen. Hier sollte man immer ein geeignetes Mittel gegen Reiseübelkeit mit sich führen und eine Tüte parat haben.

Ist es Ihnen zu gewagt, mit kleinen Kindern die öffentlichen Verkehrsmittel Ihres exotischen Reiselandes zu nutzen, so sind Privattaxis eine gute Alternative.

Hier seien nochmals einige wichtige Besonderheiten zum Straßenverkehr in fremden Kulturen und unterentwickelten Ländern zusammengefasst und wie man sich als Verkehrsteilnehmer verhalten sollte:

> Der Zustand der Straßen ist meist sehr schlecht bis katastrophal (riesige Schlaglöcher, Straßenabbrüche, Schotter- und Sandpisten).
> In den Großstädten herrscht starker, unübersichtlicher Verkehr. Riskantes Fahrverhalten ist an der Tagesordnung.
> Die Fahrzeuge der Verkehrsteilnehmer sind oft in einem miserablen Zustand. (Jeder TÜV-Mitarbeiter in Deutschland würde die Hände über dem Kopf zusammenschlagen.) Es funktionieren oft weder Blinker noch Bremslichter. Ein Richtungswechsel wird mit Handzeichen oder Hupe angezeigt.
> Mietwägen privater Fahrzeuganbieter sind ebenfalls oft in einem schlechten Zustand (sicherheitsrelevante Fahrzeugteile, auch Sicherheitsgurte, sollten auf ihre Funktionstüchtigkeit überprüft werden, sofern das überhaupt möglich ist).
> Bedenken sollte man als Selbstfahrer, dass viele Straßenschilder in einigen Ländern Asiens und des Nahen Ostens nicht entziffert werden können.
> In tropischen Ländern fehlen zur Regenzeit vielerorts die Deckel der Abwasserkanäle auf den Straßen.
> Auf den Straßen und Wegen kann alles Mögliche liegen – daher immer konzentriert und angepasst fahren und verhalten!
> Am Wochenende sind viele Fahrer, auch die der öffentlichen Verkehrsmittel, betrunken unterwegs.
> Viele Autos, Motorräder und Fahrräder haben kein Licht. Deshalb nicht nachts fahren!
> Immer dem Rat der Einheimischen folgen! Bus- und Taxifahrer kennen die aktuellen Straßenverhältnisse und Verkehrssituationen am besten.
> Die Ausschilderung ist oft schlecht bis nicht vorhanden (Entfernungsangaben sind nicht immer sehr genau).
> Bau- und Unfallstellen werden schlecht bis nicht abgesichert. Vorsicht walten lassen!
> In sehr armen Ländern gibt es nur lückenhaft Fußgängerwege in den Städten (auf dem Land erst recht nicht) oder sie sind in einem miserablen Zustand (nicht kinderwagentauglich).

In jedem Fall sollte man sich vor der Reise über die Straßenverkehrsverhältnisse und örtlichen

Gegebenheiten des Reiselandes informieren. Ein guter Individualreiseführer ist in armen Regionen und fremden Kulturkreisen für Rundreisen unverzichtbar.

Auch Sehenswürdigkeiten für Touristen sind nicht immer vorbildlich gegen eventuelle Gefahrenpunkte abgesichert. In manchen Ländern legt man großen Wert auf Absperrungen und Sicherheitsgeländer an touristischen Anziehungspunkten (z. B. USA oder Australien), in anderen Ländern dagegen fehlen solche Sicherheitseinrichtungen gänzlich. Man sollte daher beim Besuch von touristischen Attraktionen, die mit besonderen Gefahren verbunden sind (z. B. Absturz), immer äußerst wachsam und umsichtig sein.

Sicherheit für Kinder ist auch in den wenigsten Fällen dort gegeben, wo man sie eigentlich erwarten könnte. Spielgeräte auf Kinderspielplätzen sind praktisch überall (auch in Deutschland) die Gefahrenquelle Nummer eins für Kinder. Sieht ein Spielplatz schon von Weitem alt und schäbig aus, sollten Sie Ihre Kinder begleiten und die einzelnen Geräte auf ihre Sicherheit und Spieltauglichkeit prüfen. Verbieten Sie Ihren Kindern nicht generell das Spielen auf alten oder maroden Spielplätzen, sondern wirklich nur an Geräten, an denen Sie eine Unfallgefahr sehen. Hundertprozentig sichere TÜV-geprüfte Spielplätze wird man sicherlich selten finden.

### Gefahr durch wilde Tiere und Hunde

Unterwegs wird man mit Tieren in Kontakt kommen, die Ihre Kinder von zu Hause kennen, und solche, die für sie neu und spannend sind. Da Tiere auf die meisten Kinder eine besondere Faszination ausüben, kann es schwierig sein, dem Nachwuchs zu erklären, dass ein grundlegender Unterschied zwischen der heimischen Tierwelt und der im fernen Urlaubsland bestehen kann. Manche Kinder sind glücklicherweise sehr scheu gegenüber fremden Tieren und rennen ihnen nicht gleich hinterher, sondern eher vor ihnen davon. Andere dagegen fühlen sich von Tieren aller Art magisch angezogen und wollen

sie berühren. Das sollte man bei einem herrenlosen oder wild lebenden Tier jedoch auf keinen Fall erlauben. Streunende und verwahrloste Katzen und Hunde sind immer potenzielle Krankheitsüberträger. Ihre Biss- und Kratzwunden sind nicht nur schmerzhaft, sondern können auch schwere Krankheiten auslösen (z. B. Tollwut). Wird Ihr Kind von einem herrenlosen Tier gebissen, sollten Sie in jedem Fall einen Arzt aufsuchen!

Eine weitaus höhere Gefahr für Kinder geht unterwegs von Hunden aus, die von Menschen als Schutzhunde für Haus und Hof gehalten werden. Diese sind in der Regel scharf. Herrenlose streunende Hundehorden dagegen, die sich auf den Straßen und in den Städten herumtreiben, sind weit weniger gefährlich und bissig. Die eher bedauernswerten Kreaturen können zwar anhänglich werden, halten sich jedoch immer in einem gebührenden Abstand zum Menschen auf, da sie in der Regel nicht gut von ihm behandelt werden. Stampft man hart mit dem Fuß auf, schreit sie an oder bückt sich nach einem Stock oder Stein, ergreifen viele schon die Flucht, da sie wissen, dass das für sie nichts Gutes bedeutet. Bei Hunden auf dem Land dagegen, die von Hirten oder Farmern zum Schutz von Viehherden gehalten werden, sollte man gut aufpassen. Sie laufen weder davon noch lassen sie sich so einfach abschütteln, dringt man in ihren Zuständigkeitsbereich ein. Da Kinder sich im Angriffsfall eigentlich immer falsch verhalten (davonrennen), sollten Sie, sobald Sie einen kläffenden Hund hören, zur Stelle sein, um Ihr Kind beschützen zu können. Ist man auf dem Land und in abgelegenen Dörfern unterwegs, muss man immer mit Schutzhunden rechnen und sollte seinen Kindern daher verbieten, in fremden Gärten, Grundstücken und um Häuser herum zu streunen. Kommt es zu einer kritischen Situation mit einem Wachhund (oder auch streunenden Hund), sollte man sofort die Aufmerksamkeit des Hundes auf sich lenken. Versuchen Sie, ruhig auf das Tier einzureden, sehen es möglichst nicht direkt an und ziehen sich dabei lang-

In vielen Ländern wird auf Gefahren hingewiesen –
wie hier in Australien

sam zurück. Ist ein Stock oder Stein griffbereit,
sollten Sie sich nicht scheuen, diesen im Angriffsfall auch zu benutzen. Eine gute Abwehr-
taktik ist auch das Anspritzen des Tieres mit
Wasser aus einer Trinkflasche oder einer Was-
serspritzpistole (falls man so etwas zufällig griffbereit haben sollte). Dadurch wird der Hund irri-
tiert und man gewinnt Zeit für den Rückzug.
Richtiges Abwehrverhalten sollte man auch seinen größeren Kindern beibringen. Ein elektroni-
sches Hunde-Abwehrgerät schlägt so manchen
bissigen Kläffer in die Flucht. Diese Geräte, die
hochfrequente und für den Menschen nicht hör-
bare Töne aussenden, gibt es im Tierfachhandel.

Die Gefahr ist nochmals größer, wenn man
mit dem Fahrrad unterwegs ist, da bei Hunden
bekanntermaßen dadurch der Jagdinstinkt geweckt wird. Wird man als Fahrradfahrer von
einem Hund attackiert, sollte man sofort anhalten und langsam weitergehen. Sitzt das Kind in
einem Anhänger mit geöffnetem Verdeck, sollte
man dies schnell schließen. Lässt der Hund
nicht ab, greifen Sie zu oben genannten Maßnahmen.

Neben Hunden gibt es in einigen Ländern auch
wild lebende Tiere, von denen eine Gefahr aus-

gehen kann. Diese ist jedoch wesentlich geringer, da Wildtiere keine Jagd auf Menschen machen. Dringt man in den Lebensraum von
Wildtieren ein, die einem und der Familie gefährlich werden können, muss man sich vor der
Reise mit den möglichen Gefahren auseinandersetzen. In Wildreservaten und Nationalparks
wird man in jedem Land – durch die Parkauf-
sicht oder in den Besucherzentren der Nationalparks – auf mögliche Gefahren hingewiesen und
zu richtigem Verhalten angeleitet. Gute Individualreiseführer weisen ebenfalls auf Gefahren-
gebiete hin und geben hilfreiche Verhaltens-
tipps.

Ob Bären, Wölfe oder andere Wildtiere – sie
alle greifen nur im äußersten Notfall an, nämlich
dann, wenn sie erschrecken, sich bedroht fühlen
oder ihren Nachwuchs schützen wollen. Menschen stehen in den seltensten Fällen auf der
Speisekarte wilder Tiere. Daher sind die häufigsten Todesfälle mit Wildtieren Unfälle, die durch
falsche Verhaltensweisen der Menschen ausgelöst worden sind. Wandert oder radelt man beispielsweise in Gebieten, in denen sich Bären
aufhalten, sollte man immer möglichst geräuschvoll unterwegs sein (ist für Kinder eigentlich nie ein Problem). Ein Schlüsselbund oder
»Bärenglöckchen« schreckt die Tiere schon von
Weitem auf, und sie flüchten lange bevor es zu
einem Kontakt kommt.

Zeltet man in Bärengebieten, sollte man sich
sein Marmeladenbrötchen vor dem Schlafengehen möglichst nicht in die Haare schmieren oder
das Betthupferl unter das Kopfkissen legen.
Alles, was nach Nahrungsmitteln riecht, ist für
Meister Petz essbar. Demnach sollten jegliche
Nahrungsmittel und auch Hygieneartikel in
einem gebührenden Abstand zum Zelt aufbewahrt werden (meist an einem Baum hängend
oder in einer verriegelbaren luftundurchlässigen
Box). Auch Abfall (z. B. gebrauchte Windeln)
sollte man besser nicht achtlos vor dem Zelt liegen lassen. Ferner darf keine mit Essensresten
verschmierte Kleidung in der Nähe der Schlafstätte liegen. Die Kinder sollten peinlichst sauber gehalten werden, d. h. keine mit Essensreste

verklebten Haare, Haut und Kleidung. Ebenfalls sollten keine stark parfümierten Seifen und Reinigungstücher zum Säubern der Kleinen verwendet werden.

Bei Wildsafaris sollte man sich so verhalten, wie man zuvor von einem Parkwächter angeleitet wurde. Manche Tiere werden auch gerne unterschätzt. So gehen in Afrika die meisten Unfälle auf das Konto des »putzigen« Flusspferds (das aggressivste Tier unter der afrikanischen Sonne) – und nicht wie anzunehmen auf Löwen oder Krokodile.

Auch als völlig harmlos geltende Tiere können beißen, kratzen oder boxen. Deshalb sollte man süße und als harmlos geltende Wildtiere ebenfalls nicht berühren (selbst wenn sie zahm sein sollten). Ermutigen Sie auch Ihre Kinder nicht, wilde Tiere betatschen zu wollen. Ausnahmen sind natürlich wilde Tiere, die in Pflegestationen großgezogen wurden und an Menschen gewöhnt sind. Für das Auf-Tuchfühlung-Gehen mit einheimischen Tieren gibt es überall auf der Welt Tierparks und Tierpflegestationen (Sanctuaries; → »Kinder planen anders – Kinderwünsche berücksichtigen«, S. 15).

### Giftige Tiere

Eine reale Gefahr stellen für den Nachwuchs giftige Tiere dar. Dazu gehören vor allem Giftschlangen, die es in vielen Teilen der Welt gibt. In guten Individualreiseführern werden giftige Tiere und deren Lebensräume vorgestellt und richtiges Verhalten vor Ort erläutert. Die Erklärungen beziehen sich in der Regel jedoch nur auf erwachsene Reisende. Es ist um ein Vielfaches schwieriger, einem Kind die Gefahren zu erklären und richtiges Verhalten einzufordern. Kinder bewegen sich unterwegs furcht- und zwanglos. Ihre Naivität und der Trieb, alles entdecken und erforschen zu wollen, kann sie in gefährliche Situationen bringen. Jedoch sei allen ängstlichen und besorgten Eltern gesagt, dass die Wahrscheinlichkeit, dass ihr Kind auf Reisen durch giftige Tiere ernsthaft verletzt wird, extrem gering ist. Bedenken Sie, dass in allen Teilen der Erde, in denen Gifttiere leben, auch Kinder zu Hause sind und diese mit der Gefahr sogar leben müssen. Unfälle mit Gifttiere betreffen in erster Linie Personen, die durch ihren Beruf (Gärtner) oder Hobby mit ihnen des Öfteren in Kontakt kommen. Die Zahl der Unfälle, die Touristen anbelangt, ist dagegen verschwindend gering. Dennoch sollte man wissen, wie man beim Reisen mit seinen Kindern mit der Gefahr umgehen kann.

Zu den am weitesten verbreiteten giftigen Landtieren zählt die **Schlange**. Natürlich ist nicht jede Schlange giftig. Da man jedoch nicht abschätzen kann, ob und wie giftig eine Schlange ist, sollte man immer von einer giftigen ausgehen und sich entsprechend verhalten. Kinder *vor* der Reise auf Gifttiere vorzubereiten, ist nicht sinnvoll. Sie könnten dadurch eher verunsichert oder verängstigt werden. Richtiges Verhalten kann nur vor Ort erlernt werden. Sehr wichtig dagegen ist es, Kinder immer und immer wieder an richtige Verhaltensweisen zu erinnern – als tägliches Mantra, welches sich mit der Zeit im Gedächtnis der Kleinen festsetzt. Auch dürfen kleine Kinder in Situationen, in denen die Gefahr groß sein kann (z. B. auf einer Wanderung im Busch, Urwald), nicht alleine gelassen werden. *Die ständige Aufsicht in Gefahrenzonen ist der beste Schutz!* Erklären Sie Ihrem Kind vor jeder Wanderung immer wieder aufs Neue, wie es sich zu verhalten hat und fragen den Wissensstand auch regelmäßig ab. Selbst wenn Ihr Kind davon mit der Zeit genervt sein sollte – nur so behält es das Erlernte.

Nicht immer wird man sich unterwegs in Gefahrenzonen und dem Lebensraum giftiger Tiere mit den Kindern aufhalten. Ständige Panik und Angst sind daher unnötig. Mit der Zeit wird man sich unbewusst ein Verhaltensmuster aneignen, welches einen ganz automatisch schützt. Selbst Kinder sind in der Lage, erlernte Verhaltensweisen zu automatisieren. Oftmals erstaunlich schneller als man denkt. Meist hilft das natürliche Verhalten der Kinder auch vor Unfällen mit Gifttieren. Kinder gleichen beim Laufen und

Springen oft einer Horde Elefanten. Dies mögen die meisten Tiere nicht und ergreifen schon die Flucht, bevor es überhaupt zu einem Sichtkontakt kommt. Schlangen können nicht hören, spüren aber die kleinsten Erschütterungen und flüchten rechtzeitig. Gefährlich kann es nur dann werden, wenn eine Schlange überrascht wird oder es sehr kalt ist, was alle Reptilien langsam und träge werden lässt, und sie damit nicht schnell genug flüchten kann. Ebenfalls nicht ungefährlich ist es, wenn man auf eine Schlangenart trifft, die nicht von selbst flüchtet (wie die afrikanische Puffotter oder die amerikanische Klapperschlange). Glücklicherweise sind die meisten Schlangenarten nachtaktiv und ziehen sich tagsüber in ihre Behausungen zurück. In tropischen Ländern halten sich Schlangen in der Dämmerung und nachts auch gerne auf Asphaltstraßen auf.

Giftige **Spinnen** leben oft in Löchern oder dunklen Nischen (in Australien auch gerne unter der Klobrille auf Außentoiletten – vorher immer inspizieren!). Die giftigsten Exemplare sind meist klein und unscheinbar (wie beispielsweise die australische »red back spider«). Große Spinnen dagegen, wie die Tarantel oder einige große Vogelspinnenarten, sind meist nicht sehr giftig, auch wenn sie schauderlich aussehen (nur wenige dieser Arten sind für Kleinkinder gefährlich). Skorpione leben auf trockenem oder sandigem Untergrund (meist in selbst gegrabenen Höhlen), sind ebenfalls nachtaktiv und halten sich tagsüber in ihren Bauten oder auch gerne im Schatten (unter Steinen) auf.

Zu den giftigen **Meerestieren** gehören in erster Linie Seeschlangen, Quallen und Fische mit Giftstacheln (wie Steinfische, Stechrochen und Skorpionfische). Bei den Schneckentieren sind nur wenige Arten für den Menschen gefährlich. Das Gleiche gilt für Giftfische, die ätzende Sekrete absondern. Da all diese Tiere – wie gleichfalls bei den Landtieren – selten von sich aus angreifen, sondern in der Regel das Weite suchen, sobald ein Mensch in ihre Nähe kommt, sind Unfälle auch hier äußerst selten. Anders sieht es bei Tieren aus, die auf dem Meeresboden leben und sich dort bewegen. Dazu gehören die Schneckentiere oder Steinfische, Skorpionfische und Stechrochen (z. B. der Blaupunktrochen), die sich zur Tarnung im Meeresboden eingraben. Hier kann es zu Zufallsbegegnungen und Unfällen kommen. Deshalb sollten Kinder beim Baden in Gebieten mit giftigen Meerestieren immer Badeschuhe oder Flossen tragen.

Zu den giftigsten Meeresbewohnern gehören die Würfelquallen (z. B. die Seewespe). Da diese für den Menschen aber extrem gefährlich sind, werden zum Zeitpunkt des Auftretens (Quallen leben eigentlich im offenen Meer und treten nur saisonal an den Küsten auf) von den örtlichen Behörden ganze Küstenabschnitte gesperrt (z. B. in Australien). Somit ist diese Gefahr für Kinder schon im Vorfeld gebannt. Die häufiger auftretenden Quallenarten (wie die Feuerqualle) sind wesentlich weniger giftig und führen bei Berührung in der Regel nur zu lokalen Reaktionen. Informationen über das Auftreten giftiger Meeresbewohner erhält man bei den örtlichen Behörden und Touristeninformationsstellen.

> *Das Wichtigste ist, dass Ihre Kinder lernen und begreifen, dass Schlangen, Spinnen und andere Kleinlebewesen beim Reisen in Ländern, in denen es giftige Arten gibt, nicht berührt werden dürfen, auch wenn das zu Hause oder anderswo erlaubt ist!*

Hier die wichtigsten Verhaltensregeln zum Schutz vor Gifttieren:
> Kinder müssen lernen, die Lebensräume der Tiere zu respektieren (kein Zerstören von Höhlen, Termitenhügeln, Wespennester usw.).
> Die wichtigste Regel ist: Nicht in Erdlöcher, Felsspalten, Baumstümpfe und dunkle Ecken greifen! Viele Schlangen, Spinnen und andere Gifttiere leben in Bodenhöhlen und Löchern, zwischen Steinfelsen, in dunklen Nischen oder abgestorbenen Bäumen und Baumstümpfen. Daher sollten Kinder niemals in Bodenöffnun-

gen, in Felsspalten und Baumstümpfe greifen oder mit einem Stock in Löchern pulen.

> Beim Laufen fest auftreten oder stampfen (tun Kinder schon von alleine).

> Einen Stock oder Steine nicht mit den Händen aufheben, sondern immer erst mit dem Fuß darauf treten oder wegkicken.

> Dem Kind zeigen, wie man mit einem Stock seine *sichtbare* Umgebung abklopft (z. B. Steine oder Holz) oder abtast*t (jedoch niemals in Löchern stochern!)*.

> Nicht wild und planlos umherrennen (z. B. Zickzack durch hohes Gras), da Tiere dadurch in ihrer Flucht behindert werden und sich bedroht fühlen.

> Den Spiel-, Aufenthalts- und Sitzplatz des Kindes zuvor mit einem Stock abklopfen oder auf Bewohner inspizieren (z. B. ein Baumstamm im Wald oder Stein- und Baumhöhlen usw.).

> Tiere halten sich tagsüber gerne im Schatten auf. Lagerplatz inspizieren!

> Im Freien liegende Kleidungsstücke und geschlossenes Schuhwerk vor dem Anziehen ausschütteln.

> Nicht barfuß laufen (im Gefahrenbereich wie Regenwald und Busch).

> Im Busch und Urwald immer geschlossene Schuhe und lange Hosen tragen.

> Innenzelt immer verschlossen halten! Schlafsäcke und Isomatten erst mit dem Schlafengehen der Kinder ins Zelt legen. Zuvor das Innenzelt mit einer Taschenlampe ausleuchten. Solange die Kinder noch nicht schlafen, darauf achten, dass das Zelt verschlossen bleibt.

> Keine geschlossenen Schuhe oder Kleidung vor dem Innenzelt liegen lassen.

> Nachts vor dem Verlassen des Innenzeltes den Ausgang von innen abklopfen und erst dann nach draußen gehen (nicht barfuß,) mit Taschenlampe alles ausleuchten und gegebenenfalls einen Stock dabei haben. (Praktischer ist es in diesem Fall, Kleinkinder im Innenzelt in einem Topf ihr Geschäft verrichten zu lassen.)

> Kommt es zu einem Kontakt mit einer Schlange, Spinne oder anderem unbekannten Kleingetier, sollte man immer von einer giftigen Art ausgehen und sich langsam von dem Tier zurückziehen, um ihm die Flucht zu ermöglichen.

> Beim Baden oder Schnorcheln keine Fische absichtlich berühren.

> Im Meer Badeschuhe oder Flossen tragen.

Die oben genannten Verhaltensregeln gelten in erster Linie für den Aufenthalt in Gefahrenzonen (Regenwald, Buschland) – eben dort, wo giftige Tiere zu Hause sind, und *nur in Ländern, in denen es tödlich giftige Arten gibt.*

In städtischen Parkanlagen, am Strand, auf einem städtischen Großcampingplatz oder Spielplatz mit englischem Rasen ist die Gefahr, die von Schlangen und anderen Gifttieren ausgeht, erfahrungsgemäß wesentlich geringer bis nicht vorhanden. Ihr Kind muss also nicht ständig geschlossenes Schuhwerk und lange Kleidung tragen und sollte auch am Strand, auf dem Spielplatz oder Campingplatzrasen mit Sandalen oder barfuß herumspringen dürfen. Bewegen Sie sich umsichtig, aber agieren Sie nicht mit übertriebenen Vorsichtsmaßnahmen.

Auch wenn die vielen genannten Verhaltensregeln einen nicht gerade ermutigen, in Länder mit giftigen Tieren zu reisen: Sie können es dennoch ruhig und gelassen wagen! Richtiges Verhalten zu erlernen und seine Kinder unterwegs zu schützen, ist nicht so schwierig und nervenaufreibend wie man annehmen mag. Auch sitzt nicht unter jedem Stein, den ein Kind aus Versehen dann doch einmal mit der Hand greift, gleich ein giftiges Tier. Die Verbreitungsgebiete und Lebensräume der Tiere sind meistens fernab der Zivilisation.

Um alle immer noch ängstliche Eltern zu beruhigen, möchte ich zusätzlich erwähnen, dass das Zusammentreffen mit einem Gifttier in der Regel eine ungewollte Zufallsbegegnung ist, auch – oder gerade – für das Tier. Ein überraschtes Tier wird somit im Affekt zubeißen, was bedeutet, dass die abgegebenen Giftmengen wesentlich geringer sind als beim zielgerichteten Beutefang des Tieres. Beißt das Tier zudem in bekleidete Körperstellen, wird der größte Teil des Giftes von der Kleidung abgehalten.

Bei allem Wissen um die Gefahren sollte man versuchen, nicht mit einer ständigen Angst zu reisen. Normalerweise wird man unterwegs von den giftigen Tieren nicht viel mitbekommen. Daneben ist die medizinische Betreuung in Bezug auf Unfälle mit Gifttieren in den entsprechenden Ländern in aller Regel schnell und vorbildlich.

Informationen im Internet zum Thema Gifttiere:
> www.toxinfo.med.tum.de/gifttiere/datenbank Datenbank der toxikologischen Abteilung der II Medizinischen Klinik der TU München

Buchtipps zum Thema Gifttiere:
> »Gifttiere« von Dietrich Mebs, Wissenschaftliche Verlagsgesellschaft Stuttgart 2010 Ein umfassendes Handbuch über Gifttiere weltweit. Das wissenschaftliche und medizinische Fachbuch für Biologen, Toxikologen, Ärzte und Apotheker gliedert sich in drei Abschnitte (1. Teil: Begriffsbestimmungen und Hinweise für Taucher, 2. Teil: giftige Meerestiere mit Hinweis auf die Verbreitungsgebiete und 3. Teil: giftige Festlandtiere, ebenfalls mit Hinweis auf ihre Verbreitungsgebiete). Alle Themenbereiche sind auch für den Laien gut verständlich geschrieben. Das Buch wird von den Ärzten der Tropenklinik in Würzburg empfohlen.
> »Was kriecht und krabbelt in den Tropen« von Reto Kuster, Reise Know-How Verlag 2006 Warnung! Bei überängstlichen Eltern bedeutet weniger lesen entspannteres Reisen.

## Giftige Pflanzen

Giftige Pflanzen stellen eine weit geringere Gefahr für Kinder unterwegs dar. In der Oralphase des Kindes kann es dennoch hilfreich sein, sich mit Giftpflanzen im Reiseland auseinanderzusetzen. Giftige Pflanzen gibt es praktisch überall, am häufigsten im heimischen Garten, wenn die-

ser mit allerhand exotischen Arten bestückt ist. Reisen Sie mit Kleinkindern, haben Sie diese in aller Regel ständig unter Aufsicht. Im heimischen Garten jedoch, wo man sich und seine Familie sicher wähnt, sind unbeaufsichtigte Momente und damit die Gelegenheit für die Kinder, sich diverse Pflanzen schmecken zu lassen, viel wahrscheinlicher.

Da kleine Kinder bei Wanderungen oft noch von den Eltern getragen werden, sind Gefahren bezüglich giftiger Pflanzen sehr gering. Achten sollte man jedoch darauf, dass der kecke Nachwuchs nicht an herunterhängenden Ästen oder im Greifbereich stehenden Pflanzen zieht. Deshalb sollte auch derjenige, der das Kind trägt, auf dicht bewachsenen Pfaden vorneweg laufen und ein »Aufpasser« hinterher. Gibt man seinem Kind etwas zum Spielen oder Essen in die Hand, lenkt dies vom Entdeckertrieb ab.

Nimmt Ihr Kind doch einmal den Teil einer Pflanze in den Mund und Sie entscheiden sich, zum Arzt zu gehen, nehmen Sie diesen Teil der Pflanze mit. Auch Angestellte eines Touristenbüros, Nationalparkwächter oder Einheimische können Ihnen oftmals sagen, welche Pflanzen giftig sind. Die Notrufnummer der deutschen Giftzentrale sollten Sie beim Reisen mit Kleinkindern möglichst dabei haben. Dort erhalten Sie eine schnelle und kompetente Beratung, von welchem Teil der Erde Sie auch anrufen.

Größere Kinder spielen immer gerne mit Pflanzen und sollten das auch tun dürfen. Nur wenige Pflanzen sondern schon bei einer Berührung oder Verletzung der äußeren Pflanzenschicht Giftkonzentrationen ab, die Hautreaktionen auslösen können. Ist Ihr Kind Allergiker, sollten Sie alle Pflanzen kennen, auf die Ihr Kind reagiert.

Kinder sollten nicht grundsätzlich von Pflanzen fern gehalten werden. Unterwegs wird man in vielen Teilen der Erde eine vielfältige, fremdartige und faszinierende Vegetation kennen lernen, die auch entdeckt und bewundert werden will und darf. Den richtigen Umgang mit der Natur lernen Kinder nur, wenn sie diese auch entdecken dürfen. Dazu gehören eben auch das Berühren und (Be-)greifen.

Literaturtipp zum Thema Giftpflanzen:
> »Giftpflanzen, Pflanzengifte« von Lutz Roth, Max Daunderer, Kurt Kormann, Nikol Verlag 2008
Ein medizinisches Fachbuch über Pflanzen und ihre Gifte mit Sonderteil über Gifttiere.

Aussagekräftige Beschreibung der Pflanzen und ihrer Wirkungen. Mit Therapie- und Erste-Hilfe-Maßnahmen. Leider werden vorwiegend heimische Pflanzen vorgestellt.

Ein weiteres Buch, das sich mit dem Thema Giftpflanzen und Erste Hilfe bei Vergiftungen beschäftigt, wird im Kapitel »Krankheit und Unfälle« (S. 268) vorgestellt.

## *Reisebericht: Sri Lanka*

*»Leben in Armut – und Reichtum im Herzen«*
*Eine Familie erfährt Reichtum in einem Entwicklungsland (Annette und Malte Clavin)*

Blonde, sich über den Ohren vorwitzig kringelnde Locken, kurze wackelige Beinchen, strahlend blaue Augen und ein unbändiges Temperament – das ist Smilla! Smilla ist gerade 16 Monate alt, als wir nach zwölf Stunden Nachtflug, einer Stunde im Auto und einer kurzen Floßfahrt unser Reiseziel erreichen: Sri Lanka! Jeder Normaltourist und vor allem besorgte Mütter schreien bei der Erwähnung unseres Wunschreiselandes in Verbindung mit unserem kleinen Sonnenschein wahrscheinlich vor Entrüstung auf. »Wie kann man das einem kleinen Kind nur zumuten!« Wir sehen das ganz anders und sind überzeugt davon: Man kann! Hier wollen wir davon erzählen, was wir auf unserer fünfmonatigen Rundreise auf der exotischen Insel des indischen Subkontinents erlebt haben, was wir entdeckt haben, was unsere Seelen berührt hat und was wir davon mitgenommen haben für uns und unsere Kinder.

»Daaaaa« – zum ersten Mal im Leben sieht Smilla das Meer. So als hätte es die lange und anstrengende Anreise nicht gegeben, ist sie ganz aus dem Häuschen und voller Energie, als sie die schäumenden Wellen zum ersten Mal erblickt. Unserer aufmerksamen großen Tochter Amelie (10 Jahre) gelingt es, den kleinen Wildfang aufzuhalten, sich in die Fluten zu stürzen.

Vor uns liegen unsere erste Unterkunft, eine Öko-Lodge inmitten eines Paradieses, und knapp ein halbes Jahr »Freiheit-Zeit«: Freiheit vom Alltag und Zeit für die Familie. Eine Zeit, die vieles verändern wird. Viel mehr Aufbruch als Ausbruch.

Nach einer Eingewöhnungswoche legen wir den Traveller-Modus ein. Alle paar Tage mieten wir einen klimatisierten Van mit Fahrer und ziehen gemächlich an der Küste entlang. So entdecken wir – bis auf den hohen Norden, der zur

Zeit nicht bereist werden darf – nahezu die ganze Insel. Wir genießen fast sämtliche Strände Sri Lankas, wandern durch die herrliche Bergwelt des Hochlandes, erkunden das »kulturelle Dreieck« und die noch recht untouristische Ostküste. Unseren Tagesrhythmus gestalten wir nach dem kleinsten Reiseteilnehmer: nach Smilla. Die Fahrtzeiten werden nach Smillas Schlafenszeit gelegt. Alle drei bis vier Tage ziehen wir weiter, die Fahrtzeit soll fünf Stunden nicht überschreiten. Auf Zug- und Busfahrten verzichten wir, damit wir jederzeit Pausen einlegen können – auch für meine Fotomotive. Für kurze Strecken nutzen wir dagegen gerne das »Tuk-Tuk«, eine Art motorisierte Droschke. Smilla und auch die große Amelie genießen den kühlenden Fahrtwind und freuen sich auf jede Fahrt. Wir schlafen abwechselnd in privaten Gästehäusern und – für den kleinen Luxus – in Mittelklassehotels, gerne mit Pool. Das lokale Essen ist großartig. Die Kinder futtern alles, was auch bei uns Erwachsenen auf den Teller kommt: frische Curries mit Reis, ein bunter Reigen von feldfrischem Gemüse, ab und zu Fleisch dazu, viele herrlich reife süße Papayas, Mangos, Ananas und weitere, deren Namen wir nicht kennen. Einzig Milchpulver für Smilla haben wir aus Deutschland importiert: 18 Beutel für fünf Monate. Unsere Mädels dürfen alles probieren, von dem wir der Meinung sind, dass es keine Gefahr für ihre Mägen darstellt. Amelie wird in die Kochgeheimnisse der Einheimischen eingeweiht und genießt es, fast alles mit den Fingern essen zu dürfen.

Eines Tages besuchen wir die Schlangenfarm von Mr. Wijayapala nahe Mirissa. Dieser wirft uns, als wäre es das Normalste auf der Welt, eine giftige Schlange nach der anderen vor die Füße. Ungiftige Exemplare hängt er uns ungefragt um den Hals. Amelie, die Angst vor fremden Tieren hat, steht zwei Schritte hinter uns. Doch plötzlich drückt ihr der Schlangenmeister ein Exemplar in die Hand. Schock für Amelie! Aber sie lässt das Reptil behutsam durch ihre Finger gleiten. Schließlich findet sie sogar Gefallen daran und lächelt mutig. Wieder hat sie eine Grenze überschritten und ist über sich hinausgewachsen. Daran werden wir sie später in Deutschland noch oft erinnern, wenn es darum geht, etwas Mut zu schöpfen: »Weißt du noch damals, als du die Schlange in der Hand hattest ...?« Smilla dagegen hat mit den für sie ungewöhnlichen Lebe-

wesen weniger Berührungsängste. Sie wirbelt die armen Tiere, die sie in die Finger bekommt, wie Luftschlangen durch die Gegend.

Smilla ist der Star der Reise: Wo immer wir auftauchen, wird sie umringt, bestaunt, getätschelt, regelmäßig entführt und reihum von Arm zu Arm, von Hütte zu Hütte weitergereicht. Unsere kecke Lütte hat damit selten Probleme. Es scheint ihr sogar sichtlich Spaß zu machen, immer und überall im Mittelpunkt zu stehen. Für uns ist es sehr ergreifend, wie sich die Einheimischen über die kleine Smilla freuen können.

Amelie bekommt volle Aufmerksamkeit während des täglichen Unterrichts. »Pauken unter Palmen« nennen wir das. Für diese feste Konstante im Tagesablauf schleppen wir sechs Kilo Schulgepäck mit. Zum Glück lernt Amelie mit Eifer und Freude. Die notwendige Schulbefreiung wurde nach einem formlosen, einseitigen Antrag und einem halbstündigen Gespräch mit Amelies Klassenlehrerinnen genehmigt. Den Lehrplan für die Reisezeit stimmten wir mit jedem Lehrer persönlich ab. Bedenken hatte niemand: Amelie ist eine gute Schülerin.

Neben dem Unterricht lernt Amelie eigentlich den ganzen Tag. Hautnah erlebt sie exotische Tiere und Pflanzen: Stabheuschrecken, Zimtbäume, Elefanten. Via E-Mail halten wir Kontakt zu den Lehrern von Amelie und deren Mitschüler. So wissen wir immer, wo die Klasse gerade steht. Meist ist es so, dass wir sogar schon ein bisschen

vorne liegen. Nach unserer Rückkehr sogar weit vorne: Amelie hat sich die verbleibenden sechs Wochen bis zu den Sommerferien sogar etwas gelangweilt, weil wir den gesamten Stoff schon durchgearbeitet hatten.

Auf dem Weg nach Kandy haben wir die Möglichkeit, die Ureinwohner Sri Lankas, die Veddas, kennen zu lernen. Einige hundert leben noch als Jäger, Sammler und Viehzüchter. Ohne Strom und ohne fließendes Wasser. Der Häuptling empfängt uns und erlaubt, dass wir uns mit zwei Begleitern im Vedda-Gebiet umsehen dürfen. Die Menschen leben hier völlig isoliert von der Außenwelt. Freiwillig. Sie kennen weder das Land außerhalb ihres Lebensraumes noch haben sie jemals das Meer gesehen, das doch so nahe liegt. Es interessiert sie auch nicht. Alles, was sie brauchen, haben sie hier und wird ihnen von der Natur gegeben. Seit Jahrtausenden schon. Warum etwas anderes? Warum immer mehr? Diese Fragen nehmen wir mit als Souvenir und packen sie in unser seelisches Reisegepäck. Manchmal kramen wir sie wieder hervor. Meistens dann, wenn sich einer von uns in etwas verguckt hat und es sich sehr für sich wünscht.

Ameisenbisse und Mückenstiche nehmen wir auch noch mit – das einzige, was unseren Besuch bei den Veddas etwas eintrübt.

Nach drei Monaten des Wanderns spüren wir, dass die Begeisterung für das Neue schwindet. Hinter uns liegen zahllose Streicheleinheiten der kinderbegeisterten Einwohner, schweißtreibende Wanderungen mit Smilla in der Rückentrage, unzählige »Ooohs« und »Aaahs«. Zwischen den Reisetagen zur Ruhe zu kommen, fällt uns immer schwerer. Es ist nicht Heimweh – nur die Sehnsucht nach Beständigkeit. Wir wollen sesshaft werden und wissen auch sehr schnell wo: an unserem persönlichen Traumstrand im Süden von Sri Lanka.

Dort springen wir jeden Morgen ins Meer, lassen uns von der Sonne trocknen, verbringen den Tag am Strand mit Buddeln, Spielen, Lesen, Baden, Dösen, Essen und Gesprächen mit Dorfbewoh-

nern. Wir vergessen unsere Schuhe, laufen nur noch barfuß. Immer mehr Zivilisationsanhängsel fallen von uns ab. Wir kommen total runter, werden ein bisschen »Vedda«. Eine Idee reift in uns heran, wird stärker, jeden Tag. Annette und ich erkennen: Das Schönste und Wichtigste in unserem Leben ist, zusammen mit unseren Kindern die Welt zu entdecken. Konsequenterweise steht das ab jetzt im Mittelpunkt unseres Lebens. Alles andere soll sich darum drehen und diese Idee fördern.

Dazu haben wir eine Vision: einen völlig neuen Lebensstil, das »globile« (globale und mobile) Leben, in dem man Job und Schule

von jedem Ort der Welt aus erledigen kann, die Hälfte der Zeit auf Reisen, den Rest zu Hause in Berlin. Wir nennen es auch das »6-Monats-Wochenende«.

Das Ende unserer Reise ist ein neuer Anfang zu Hause. Den ersten Schritt setze ich gleich nach der Rückkehr um: Ich verlängere mein Sabbatical bis Ende des Jahres, um an unserer Idee zu arbeiten. Außerdem haben wir eine wichtige Entscheidung getroffen: Bald fahren wir wieder los.

Mehr über Familie Clavin und ihre Reisen erfahren Sie unter www. weltreise-mit-kind.de.

## Grenzerfahrungen auf Familienreisen

### Was tun, wenn alles schief geht?

Erinnern Sie sich noch an besonders schöne Erlebnisse ihrer letzten Familienreise? Überlegen Sie einmal, zu welchem Zeitpunkt diese waren. Zu Beginn, in der Mitte oder eher am Ende kurz vor der Heimreise? Sollten Ihnen da zahlreiche herausragende Erlebnisse einfallen, so ist dies schon einmal ein Zeichen dafür, dass der Urlaub ein Erfolg war. Und sind da auch Reiseerlebnisse aus den ersten Tagen Ihres Unterwegsseins dabei, so ist das eine kleine Sensation. Denn das ist eher selten der Fall. Die ersten Tage einer Reise sind immer auch der kritischste Teil. Jeder Mensch hegt gewisse Erwartungen an die »schönste Zeit des Jahres«. Selbst jene, die sehr gut in der Lage sind, Neues und Unbekanntes und die daraus entstehenden Herausforderungen gelassen zu nehmen und hinzunehmen. Keine Reise und kein Reiseziel wird jemals den hohen Erwartungen eines Reisenden in vollem Umfang gerecht werden, denn in unseren Gedanken und Träumen gibt es keinen Platz für negative Ausblicke. In den Anfangstagen einer

Reise ist es daher wichtig, den negativen Empfindungen oder sogar Enttäuschungen keine zu hohe Bedeutung beizumessen und ihnen gar keinen Raum zur Entfaltung zu geben, sondern den Blick nach vorne zu richten. Geben Sie einer Reise die Chance, sich zu entwickeln! Selten wird von Beginn an alles perfekt laufen, aber wenn man mit Gelassenheit dem Unvollkommenen begegnet, erwächst daraus die Möglichkeit der vollkommenen Entspannung. Und: Erst in Belastungs- und Ausnahmesituationen wird einem der Unterschied zwischen dem Reisen mit und ohne Kinder erst richtig bewusst.

Ruhe und Gelassenheit sind wichtige Eigenschaften, die Globetrottereltern gerade in schwierigen Situationen haben sollten. Diese Tugenden bringt leider nicht jeder Erwachsene automatisch mit, aber man wird es auf den Reisen erlernen. Unerwartete Ereignisse können sorgsam geplante Reiseabläufe über den Haufen werfen und manche Eltern aus der Fassung bringen. Ein Hotel ist ausgebucht oder so schmuddelig, dass einem zum Davonlaufen zumute ist, der Reisebus kommt viele Stunden zu spät, ein Flug wird storniert, eine Straße wegen einer

Großbaustelle umgeleitet und man erreicht bis zur kindlichen Schlafenszeit nicht mehr das angestrebte Ziel. Verschiedenartige unerwartete und unangenehme Ereignisse können einem beim individuellen Reisen häufig widerfahren. Eltern müssen lernen, in solchen Situationen gelassen zu reagieren, da sie ihre Kinder auf Dauer sonst verunsichern und diese dann am Reisen keinen Spaß mehr haben.

Beim Reisen mit der Familie sollte man deshalb wesentlich vorausschauender reisen, als wäre man alleine unterwegs. Kalkulieren Sie immer Änderungen in den Reiseverlauf mit ein. Zur guten Grundausstattung gehört ein *aktueller* und auf Individualreisende zugeschnittener Reiseführer, der einem in brenzligen Situationen z. B. mit Ausweichunterkünften weiterhelfen kann. Suchen Sie immer nach mehreren Unterkünften, die in unmittelbarer Umgebung Ihres Zielortes liegen. Sind Sie auf öffentliche Verkehrsmittel angewiesen, setzen Sie nicht auf deutsche Pünktlichkeit (diese gibt es fast nirgends auf der Welt). Überlegen Sie sich vorher, was Sie tun können, wenn der Bus oder die Bahn nicht kommt. Lassen Sie im Notfall Besichtigungen ausfallen, wenn die Zeit dafür knapp wird. Nichts ist schlimmer und nervenaufreibender, als im Urlaub unter Zeitdruck zu geraten. Erklären Sie Ihren Kindern ruhig und bestimmt, warum eine Änderung des Tagesplans nötig ist und beabsichtigte Aktionen ausfallen müssen. Versprechen Sie, diese zu einem geeigneteren Zeitpunkt nachzuholen und kaufen Ihren Kindern evtl. als Entschädigung diverse Süßigkeiten. Dies mag zwar pädagogisch nicht richtig sein, aber es wirkt meistens. Versuchen Sie Ihre Kinder mit Spielvorschlägen abzulenken, um Ruhe in eine angespannte Situation zu bringen. Geschwisterkinder, die unsicher oder verärgert über etwas sind, beginnen sich meistens zu streiten. Dies bringt noch mehr Unfrieden in die ohnehin schon angespannte Situation. Hier sollte man ebenfalls versuchen, durch Ablenkung oder diverse stimmungsaufhellende, aber ernsthafte Versprechungen die Kinder wieder in ein ruhiges Fahrwasser zu bringen.

Oftmals ist es aber auch so, dass gerade kleinere Kinder eine Störung des Reiseverlaufs oder unvorhergesehene Planänderungen gar nicht wahrnehmen. Sie warten schon seit Stunden ungeduldig auf den Bus und die geplante Weiterreise droht ins Wasser zu fallen. Ihre Kinder dagegen spielen während der gesamten Wartezeit intensiv und sichtlich zufrieden mit anderen Mitreisenden und haben gar kein Bedürfnis nach einer anderen Beschäftigung. Hier können die Erwachsenen noch viel von der Unbekümmertheit und Flexibilität ihrer Kinder lernen. Nehmen Sie unabänderliche Tatsachen gelassen zur Kenntnis und reagieren ebenfalls flexibel darauf. Mit dieser Einstellung ist auf Reisen vieles leichter.

An schlechten Tagen geht meist alles schief, was nur schief gehen kann. Dann ist es eben kein guter Tag und sollte als solcher nicht auf den kompletten Urlaub projiziert werden. Mit Abstand kann man meist seine Lehren aus verkorksten Tagen ziehen und manchmal sogar darüber schmunzeln. »Weißt du noch damals als ...« Natürlich hilft dies für den Moment nicht weiter. Was also kann man tun? Entschärfen Sie unangenehme und scheinbar ausweglose Situationen, indem Sie etwas unternehmen, was Sie sich nicht vorgenommen haben oder was nicht in Ihren Reiseplan passt. Mieten Sie sich z. B. in einem teuren Hotel ein oder gehen Sie mit der Familie fürstlich essen. Unternehmen Sie Dinge, die der Familie gut tun, egal, was es ist. Öffnen Sie sich gegenüber fremden Menschen, Mitreisenden oder auch Einheimischen und bitten sie diese um Hilfe. Überall auf der Welt können Sie beim Reisen mit Kindern mit einer großen bis überschwänglichen Hilfsbereitschaft rechnen. Diese Anteilnahme wird Sie überwältigen, beschämen, aber auch glücklich machen. So können letztendlich sogar negative Ereignisse noch eine positive Wendung nehmen mit bereichernden Erlebnissen und Erfahrungen. Aus der Erfahrung vieler Reisender folgt auf einen sehr schlechten Tag meistens ein besserer, und am Morgen scheint fast immer wieder die Sonne.

Unangenehme, aber harmlose Zwischenfälle und Unebenheiten des Weges besetzen fast immer eine tragisch-komische Rolle auf Reisen. Dennoch sind sie bereichernd und lassen die Reise in der Erinnerung zu etwas ganz Besonderem werden.

Reihen sich schlechte Tage und miese Stimmung wie Perlen an der Schnur aneinander, sollte man ernsthaft über den Verlauf der Reise nachdenken und Änderungen in Erwägung ziehen.

Auch wenn Sie Idealist sind und nur eine – Ihre ultimative –Reiseform für Sie erstrebenswert und denkbar ist, sollten Sie sich nicht scheuen, diese unter Umständen infrage zu stellen. Das bedeutet keineswegs, dass Sie mit Ihrer Philosophie gescheitert sind, sondern sich weise den neuen Anforderungen anpassen. Drängen Sie also nicht stur auf Einhaltung der so sorgsam ausgearbeiteten Reisepläne oder geplanten Reiseform. Lässt sich ein Vorhaben vor Ort nicht umsetzen, dann gehen Sie halt andere Wege.

Sie hatten eine Wanderung durch die norwegischen Fjälls geplant und sitzen nun schon den dritten Tag mit Ihrem kleinen Sohn und einer Angel in der Hand vor einer Ferienhütte im einsamen Fjord? Das Abendlicht treibt sein buntes Spiel am Horizont. In der klaren, kalten Luft spielt das immer wiederkehrende Lied mächtiger Wasserfälle, die irgendwo in der Ferne das Meer mit ihren glasklaren Wassern speisen. Sie genießen die friedliche Stille und beobachten das andächtige Spielen Ihres Sohnes mit beglückender Freude. Versagen? Oder doch Harmonie pur?

Auf jeder Reise können Sie durch kluges Handeln die Harmonie einer schon zum Scheitern verurteilten Reise wiederherstellen. Und selbst im Scheitern liegt am Ende das Glück der Erkenntnis, dass »anders reisen« auch schön sein kann. Es liegt nur an Ihnen, was Sie daraus machen. Denken Sie daran, dass der Urlaub eine schöne Zeit für Sie sein soll, an die Sie noch lange gerne denken möchten! Da gibt es nichts, was Sie sich und anderen beweisen müssten!

## Das alles entscheidende Kriterium Wetter

Eine Reise ist nur so gut wie ihr Wetter. Dies ist eine langjährige, durch viele Reisen gereifte Überzeugung, die sicherlich viele Globetrotter mit mir teilen. Diese schlichte Tatsache, der man unterwegs nicht entgehen kann, entscheidet über die familiäre Stimmungslage in hohem Maße. Und dies übrigens nicht nur bei Familienreisen, aber da im Besonderen. Verbringt man die schönste Zeit des Jahres bei Dauerregen auf einem Campingplatz, der kurz vor der Überflutung steht, so ist dies sicherlich nicht das, was man sich unter einem gelungenen und schönen Urlaub vorstellt.

Je stärker man den Elementen ausgesetzt ist, umso widriger empfindet man diese. Das ist eine Weisheit, die sich immer wieder bestätigt. Natürlich kann man von sich behaupten, nicht zimperlich, sondern wetterfest zu sein, doch spätestens am fünften Dauerregentag in Folge verlieren selbst die abgebrühtesten Outdooreltern im kleinen Familienzelt die Nerven.

Warum dieses Thema erwähnenswert ist, wenn man doch Tatsachen ausgesetzt ist, auf die man keinen Einfluss hat? Vor der Reise sollte man wissen, *was* man der Familie zumuten kann und *wie* man mit Extremsituationen umgeht. Dauerhaft schlechtes Wetter ist eine Extremsituation, die in den wenigsten Fällen vorhersehbar ist und für die es kein Patentrezept zur Bewältigung gibt. Selbst erfahrene Globetrotter erleben mit dem Nachwuchs plötzlich das Reisen unter schwierigen Bedingungen als Zerreißprobe. Es gilt also vorher zu erkennen, was man bereit ist zu »erleiden« oder was man im Vorfeld tun kann, um das Schlimmste, den Abbruch der Reise, zu verhindern.

Wählen Sie ein Reiseziel also auch nach dem Klima im Land. Entscheidet man sich für Länder, in denen beständig gute Wetterlagen nicht zu erwarten sind, sollte man seine Reiseform dem anpassen, sodass auch länger anhaltende Schlechtwetterfronten einem den Urlaub nicht gänzlich vermiesen. Angemessene Kleidung ist keine ausreichende Anpassung an hartnäckige Tiefdruckgebiete, denn selbst deren Besitz trägt bei ständigen Regenschauern erfahrungsgemäß nicht zur Verbesserung der allgemeinen Stimmungslage bei.

Planen Sie, zu Fuß oder mit dem Fahrrad und Zelt unterwegs zu sein, können Sie sich eine wetterfeste Basis verschaffen, indem Sie ein Begleitfahrzeug mit Großraumzelt im Abstand von wenigen Tagesetappen platzieren, um dieses im Notfall schnell zu erreichen. Oder Sie wählen eine Tour mit festen Unterkünften auf oder nahe des Weges, auf die man notfalls zurückgreifen kann. Das können Schutzhütten ebenso sein wie Hostels oder Jugendherbergen. Selbst wenn Sie ein Zelt dabeihaben und es auch nutzen wollen, gibt es einem ein entspannteres Gefühl, zu wissen, bei plötzlicher Wetterverschlechterung nicht tagelang auf seine oft spärliche Minimalausrüstung angewiesen zu sein.

Übertriebener Ehrgeiz und Ignoranz gegenüber Naturgewalten sind bei Wildnistouren mit Kindern nicht angebracht. Man sollte auch im Hinblick auf plötzliche Notlagen seine Touren mit Kindern immer so planen, dass man innerhalb eines Tages Hilfe (per Handy, Funk oder über Einheimische) erreichen kann. Sicherheit geht in jedem Fall vor Abenteuer!

Die Möglichkeit, eine Tour innerhalb kürzester Zeit abzubrechen oder in seiner Art zu verändern, sollte man sich immer offen halten, gerade mit kleinen Kindern. Mehrere Regentage lassen sich ohne Kinder im Zelt meist sogar gemütlich bei einem Schmöker aushalten und überbrücken. Mit Kindern dagegen gelangt man sehr schnell an seine psychischen Grenzen, was für alle Beteiligten belastend sein kann.

Aber: Als Individualreisender hat man bezüglich des Reisewetters einen großen Vorteil gegenüber Pauschaltouristen – man ist in den meisten Fällen örtlich ungebunden. Und meist leiden nicht alle Gebiete eines Landes gleichzeitig unter Schlechtwetterlagen. Befinden Sie sich jedoch mitten drin, so fahren Sie dem schlechten Wetter einfach davon, ob mit dem eigenen Fahrzeug oder öffentlichen Verkehrsmitteln. Erkundigen Sie sich in den Medien des Reiselandes nach Gegenden, in denen für die Dauer Ihrer Reise einigermaßen schönes Wetter vorausgesagt wird. Die örtlichen Prognosen sind selbst in Ländern mit sehr wechselhaften Wettererscheinungen oft erstaunlich präzise. Auch wenn Sie eine andere Route geplant haben, sollten Sie eine Änderung wegen schlechter Witterungsverhältnisse in Erwägung ziehen. Möchten Sie das nicht, haben Sie noch die Möglichkeit, wenigstens die Übernachtungsart dem Wetter anzupassen. In einer Ferienhütte oder Jugendherberge mit Familienanschluss lässt sich mieses Wetter wesentlich entspannter aushalten und überbrücken als in einem kleinen Familienzelt.

## Stressbewältigung durch Eltern-Auszeit

Bei aller Familienromantik und intensiver Freude, die eine Reise mit sich bringt, ist jedoch eines klar: Irgendwann gehen einem die lieben Kleinen auf die Nerven. Je nach eigenem Gemüt und Temperament der Kinder kann dies recht früh der Fall sein, manchmal gar nicht, auf Langzeit- und Weltreisen ganz bestimmt. Das Unterwegssein hat neben den sonnigen Stunden selbstverständlich auch Schattenseiten. Stress und Streit mit den Kindern oder dem Partner lassen sich auch im paradiesischen Honolulu nicht gänzlich vermeiden.

Man sollte sich schon vor der Reise bewusst werden, was es bedeutet, über einen längeren Zeitraum (gerade bei Langzeitreisen) mit der Familie rund um die Uhr zusammen zu sein. Spielt man das Ganze zu Hause schon einmal gedanklich durch, kann es sein, dass man ins Grübeln gerät und womöglich die Reise in Frage stellt. So weit muss und sollte es jedoch nicht kommen. Auch für solche Herausforderungen unterwegs gibt es immer Wege und Lösungen.

Jeder Mensch braucht irgendwann die Möglichkeit des Rückzugs. Im Reisealltag, wo es kaum Rückzugsmöglichkeiten gibt, ist es nicht immer einfach, die eigene Intimsphäre zu wahren. Die Familie kann dann zunehmend als Belastung

Eine lange Weltreise ist eine echte Bewährungsprobe für die Familie – uns hat sie gut getan.

empfunden werden. Erlebt man das Beisammensein so sehr als einengend, dass man sich nicht mehr in der Lage sieht, dies zu kompensieren, sollte man auch im Interesse der Familie eine »Eltern-Auszeit« nehmen. Dies ist völlig ernst gemeint. Nur solange es einem selbst gut geht, ist man in der Lage, seinen Kindern die Freude am Reisen zu vermitteln. Wird das Gemeinsame zur Last, ist das Unternehmen »Reisen« zum Scheitern verurteilt.

So eine Auszeit kann ganz unterschiedlich aussehen. Ist einem die körperliche Nähe der Familie (z. B. beim Zelten) zu viel, kann man ab und zu alleine im Freien campieren oder sich für einen Zeitraum ein Apartment mit mehreren Schlafzimmern gönnen. Dies tut auch der Partnerschaft gut, wenn man wieder einmal nächtliche Zweisamkeit genießen kann. Familienzelte mit getrennten Schlafkammern schaffen ebenfalls Freiraum.

Ist man länger auf Reisen, ergeben sich dann und wann Freundschaften mit anderen Familien. Sind diese intensiv und besteht ein sehr gutes Vertrauensverhältnis, können Sie gemeinsam eine gegenseitige Kinderbetreuung beschließen. Jedes Elternpaar darf einmal für eine oder mehrere Stunden etwas ohne seine Kinder unternehmen. Wird diese Idee von den Kindern begeistert aufgenommen, steht dem nichts mehr im Wege. Auch Verwandte und langjährige Freunde im Ausland sind oft willkommene Betreuungspersonen. Sollten sich Ihre Kinder jedoch weigern, fremdbetreut zu werden, sollten Sie darauf verzichten, Sie alleine zu lassen. Kinder sagen sehr deutlich, von wem sie betreut werden möchten oder nicht. Auch wenn Ihrer Meinung nach keine Gefahr für die Kinder besteht, müssen Sie das akzeptieren, da Sie Ihren Kindern sonst schaden: Sie glauben, allein gelassen zu werden in einer fremden Umgebung mit »fremden« Menschen. Dies ist schädlich für die Harmonie der weiteren Reise.

Fehlt Ihnen der gemeinsame Austausch mit Ihrem Partner, können Sie sich abendliche Rituale angewöhnen. Genießen Sie eine Tasse Tee vor dem Zelt oder eine Flasche Wein auf der Veranda der Ferienhütte, nachdem Sie Ihre Kinder zu Bett gebracht haben. Gehen Sie zusammen eine kleine Runde spazieren (ohne jedoch den Sicht- bzw. Hörbereich des Schlafplatzes Ihrer Kinder zu verlassen). Lesen Sie sich gegenseitig aus Büchern vor oder spielen Karten. Erfreuen Sie sich an einem romantischen Candle-light-Dinner am Strand oder sitzen einfach still schweigend vor dem Lagerfeuer und lauschen verzückt den nächtlichen Geräuschen der Umgebung. Es gibt tausend Möglichkeiten, die wenige gemeinsame Zeit als Paar miteinander zu erleben und zu genießen. Vielleicht bietet Ihnen gerade diese kurze Zeit in der Fremde mehr Möglichkeiten, sich auszutauschen. Es gibt keinen Fernseher, der die abendliche Kommunikation stören kann. Auch keine Alltagssorgen und Probleme, die ein harmonisches Beisammensein belasten. Die gemeinsamen Erlebnisse des Tages kann man zusammen Revue passieren lassen und über Erlebtes und Empfundenes miteinander reden, wie man es vielleicht zuletzt vor der Geburt der Kinder getan hat. Vielleicht kann aus der ungewohnten Nähe und deren Herausforderung sogar die Chance erwachsen, sich nicht nur als Familie, sondern auch als Lebenspartner neu zu entdecken und durch tiefere Verbundenheit eine neue Qualität in der Beziehung zu erreichen.

Eine Auszeit kann jeder Elternteil auch für sich alleine in Anspruch nehmen (und das ist eine sehr schöne Art der Auszeit). Voraussetzung dafür ist, dass sich die Partner darüber einig sind und keine Disharmonie aufkommt, weil sich der Elternteil, der die Kinder in dieser Zeit alleine betreut, überfordert fühlt oder es dem anderen missgönnt. Deshalb sollten beide sich abwechselnd die Freiheiten nehmen, die sie brauchen. Unterwegs ergeben sich tausend Möglichkeiten der Selbstverwirklichung. Das geht vom Tauchkurs bis hin zum Gleitschirmflug, von einer Gletscherwanderung bis zum Mehrtagestrekking. Viele Aktivitäten, die Sie sich gemeinsam mit Ihren Kindern nicht zutrauen (oder tun wollen), können Sie auch alleine unternehmen. Eine schwierige Wanderung, eine lange Radelstrecke (mit der Familie im Begleitfahrzeug)

oder für Kinder uninteressante, quälend lange Besichtigungen – nach solchen körperlich kräftezehrenden, aber geistig befreienden Auszeiten kommt man gestärkt und glücklich wieder zurück und freut sich auf die Familie.

Auch wenn Sie keine Lust haben, Ihre Familie für längere Zeit im Urlaub alleine zu lassen, kultivieren Sie tägliche oder gelegentliche kleine Auszeiten für sich alleine. Das kann das morgendliche Brötchenholen oder Baden im Meer genauso sein wie das allabendliche Joggen an malerischen Stränden oder Yoga-Viertelstündchen vor dem Zelt.

## Erziehung unterwegs

Erziehungsratgeber gibt es viele. Sie alle wollen helfen, den ganz normalen Alltag mit unseren Kindern zu meistern, und geben wertvolle Tipps und Ratschläge für die Umsetzung erzieherischer Leitlinien. Leider gibt es noch keine Erziehungsberatung für Familien, die sich nicht in einem normalen häuslichen Umfeld aufhalten, da der Zustand einer (langen) Reise immer noch eine Ausnahme darstellt. Und so kann man die Erziehung unterwegs auch treffend beschreiben: pädagogischer Ausnahmezustand. Deshalb gibt es auch nur wenige Wege zu dem Ziel, Kindern auch unterwegs Werte zu vermitteln und das harmonische Zusammenleben innerhalb der Familie zu erhalten.

Für einen Urlaub von gewöhnlich langer Dauer, wie ihn die meisten Familien haben, gibt es nur wenige erzieherische Maßnahmen, die für diese Zeit ernsthaft erfolgreich sind. Kinder wissen um den Ausnahmezustand und spüren die Machtlosigkeit der Eltern. Wie sehr sie dies zu ihren Gunsten ausnutzen, ist von der Persönlichkeit der Kinder abhängig, aber auch von der eigenen Hilflosigkeit, die sie unterwegs crleben.

Aus diesem Grund sollte man unterwegs auf starre Erziehungsmethoden weitgehend verzichten. Sprechen Sie vor der Reise mit ihren Kindern darüber, wie Sie sich ein Zusammenleben in dieser Zeit vorstellen, aber bedenken Sie auch, dass auf Reisen ohnehin vieles anders sein wird als erwartet. Dies kann Frustration auf beiden Seiten auslösen und sämtliche wohldurchdachte erzieherische Maßnahmen in Frage stellen.

Der beste Rat ist deshalb, seinen Erziehungsstil für die Zeit des Urlaubs zu lockern oder zu verändern. Kreatives Leiten ist auf Reisen gefragt und meist unkomplizierter zu handhaben als der Erziehungsstil, den die Kinder von zu Hause gewohnt sind. Da der Nachwuchs um den besonderen Umstand weiß, versucht er sicherlich auch vieles für seine Zwecke auszunutzen. Eltern sollten darauf nicht eingehen, sondern bei diesem Spiel den Spieß einfach umdrehen. Gewähren Sie Ihren Kindern mehr Freiheiten als daheim, aber fordern Sie im Gegenzug Verhaltensweisen ein, die Sie ohnehin von Ihren Kindern erwarten. Was Pädagogen ablehnen und Sie selbst zu Hause vielleicht niemals praktizieren würden, kann gerade unterwegs in bestimmten Situationen richtig sein oder zumindest eine angespannte Situation entschärfen. Dazu gehört beispielsweise das Belohnungsprinzip bei gleichzeitigem Einfordern von Verhaltensweisen. Ein Kind lässt sich unterwegs mit vielen Dingen ködern, von denen es fasziniert ist. Auch wenn Bestechung kein Stil ist, der generell befürwortet werden soll: Tun Sie es trotzdem! Nichts ist auf Reisen schlimmer, als Konfrontationen zu schüren, indem man auf klare Regeln pocht. Der anstehende Familienkrieg wird in jedem Fall öffentlich ausgetragen und ist für alle Beteiligten unangenehm. Ein lockeres Umgehen der Meinungsverschiedenheit ist immer erfolgreicher als das brachiale Durchsetzen von Erziehungsrichtlinien. Aber auch das Gegenstück, das Androhen von Vorenthalten bestimmter Dinge bei schlechtem Verhalten, kann sinnvoll sein, wenn es bewirkt, dass das Kind dadurch sein Verhalten überdenkt und wie gefordert reagiert.

In jedem Fall sollten Sie auf Reisen beide Augen zudrücken, was einen klaren Erziehungsstil anbelangt. Lockern Sie Ihre Erziehung für die Zeit der Reise, aber geben Sie den Kindern dennoch das Gefühl, nicht alles mit sich machen zu lassen! Auch der Hinweis auf mögliche Sanktionen oder Konsequenzen, die auf das Kind zu Hause warten, kann kindliche oder pubertäre Flegeleien schnell im Keim ersticken. Auf jeden Fall sollte klar sein, dass der Urlaub mehr Freiheiten für die Kinder bedeutet und daheim der ganz normale Alltag mit all seinen Regeln wieder fortgesetzt wird.

Ein Urlaub von wenigen Wochen lässt sich mit mehr Gelassenheit und einem lockeren Erziehungsstil überbrücken. Bei Langzeitreisen jedoch funktioniert der lässige Erziehungsstil nicht mehr. Reist man für mehrere Monate oder Jahre durch die Welt, wird die Reise zum Alltag und die heimatlose Welt das Zuhause der Kinder. Das ist für viele Heranwachsende eine massive Umstellung. Jedes Familienmitglied muss seinen Platz in einer kleinen Gemeinschaft finden, die wie Nomaden immer weiterzieht und sich auf wechselnde Lebenssituationen einstellen muss. Ohne eine klare Struktur, auch im Umgang miteinander, kann dieses Abenteuer zur Belastung für die Familie werden. Leider gibt es weder gute Ratgeber für solche Unternehmungen noch klare Richtlinien dafür, wie man diese Zeit aus erzieherischer Sicht erfolgreich meistert.

Wichtig ist eine klare Vorstellung und Übereinstimmung der Eltern darüber, wie sie ihre Kinder unterwegs erziehen und leiten wollen. Sprechen Sie deshalb vor der Reise mit dem Partner darüber. Das gehört in jedem Fall zu einer Reiseplanung dazu. Sind Sie unsicher oder bemerken Schwierigkeiten beim Zusammenleben unterwegs, z.B. bei Testtouren, holen Sie sich professionelle Hilfe und Beratung vor der Reise in Form von Literatur oder Erziehungsberatung. Jedoch wird Ihnen keiner aus eigener Erfahrung oder erlerntem pädagogischem Wissen exakt die Tipps geben können, die unterwegs für Ihre Familie garantiert richtig sind. Denn Lebenssituationen wie ein Ausstieg auf Zeit oder eine Weltreise werden in keinem Institut gelehrt. Sie selbst müssen und werden Ihren Stil finden, mit dem Sie und die Kinder unter-

wegs glücklich sind. Die richtigen Erziehungsmethoden finden sich unterwegs oft leichter als
man vor der Reise befürchtet. Menschen und
Familien, die sich auf das Abenteuer einer
langen Reise einlassen, haben in der Regel ein
größeres Verständnis für andere Lebensformen
und sind anpassungsfähiger – auch im Umgang
miteinander. Dies kann sich auf Reisen auszahlen, wenn eine situationsangepasste Erziehung
alle Familienmitglieder anerkennen und mittra-
gen. Natürlich wird es Stresssituationen und
Streit geben, der sich auch beim vorbildlichsten
Erziehungsstil nicht vermeiden lässt. Gelegentliche Meinungsverschiedenheiten sind auf
Reisen ebenso in Ordnung wie zu Hause.

Allerdings beinhaltet die Erziehung unterwegs auch andere Schwerpunkte als im heimischen Umfeld. Das Verfolgen erzieherischer
Zielsetzungen sollte auf Reisen zweitrangig sein.
Viel wichtiger ist es, seinem Kind eine klare
Struktur im täglichen Umgang miteinander vor-
zuleben, es anzuleiten und ihm zu helfen, die
besonderen Umstände und sehr vielschichtigen
und zahlreichen Erlebnisse zu verarbeiten. Eine
lange Reise erleben und empfinden Kinder auf
die unterschiedlichste Weise; sie reagieren mit
bestimmten Verhaltensweisen darauf. Sind sie
unglücklich mit dem heimatlosen Dasein, werden sie dies auf jeden Fall kundtun, indem sie
die Familienharmonie mit schlechtem Benehmen auf die Probe stellen. Normale Erziehungsmethoden greifen in solchen Fällen nicht, da der
Grund eines Streits unklar ist. Bei allen Plänke-
leien, die unterwegs auftreten, sollte man daher
immer zuerst Ursachenforschung betreiben.
Reden Sie mit Ihren Kindern ausführlich über
alle Erlebnisse und Geschehnisse eines Tages
und fragen nach, wie Ihre Kinder bestimmte
Situationen empfunden haben. Auf einer Langzeitreise haben Sie einen entscheidenden Vorteil, den Sie auch nutzen sollten: Sie haben unendlich viel Zeit und können diese in hohem
Maße Ihren Kindern widmen. Diese werden Ihre
aufrichtige Anteilnahme zu schätzen wissen,
wenn sie spüren, dass Sie ein ernsthaftes Interesse an ihren Sorgen und Nöten haben.

Auf keinen Fall sollten Sie – aus Angst, Ihr
Kind zu verwöhnen – bei schlechtem Verhalten
hart durchgreifen und das Kind alleine lassen.
Ein Kind hat auf Reisen als Bezugspersonen nur
seine Eltern. Nimmt man dem Kind diesen letzten Rückhalt und einzigen Stützpfeiler, den es in
einer fremden Umgebung hat, so ist das ver-
heerend für die Kinderseele. Es sollte auch bei
schlimmen Auseinandersetzungen immer ein
Elternteil Ansprechpartner für den Nachwuchs
bleiben und als Streitschlichter fungieren.
Möchte das Kind alleine sein, akzeptieren Sie
das. Für solche Fälle kann man sich in einem gebührenden Abstand zum Kind aufhalten, ob dies
nun am Strand ist, im Stadtpark oder auf dem
Campingplatz. Bieten Sie in diesem Fall jedoch
immer Ihre Hilfe an und zeigen sich gesprächs-
bereit. Auch Unternehmungen sollten in solchen
Fällen unterbrochen werden. Ist dies nicht möglich (anstehender Flug oder Bahnfahrt), versuchen Sie Ihr Kind mit ernst gemeinten Versprechungen zu besänftigen. Sprechen Sie mit dem
Kind nach Streitereien über die Situation, um die
Ursache zu ergründen. Gehen Streit und Ärger
unterwegs über das normale Maß hinaus, ist die
Reise aller Wahrscheinlichkeit nach das Problem
des Kindes, welches behoben werden sollte.
Dafür gibt es eigentlich nur eine Lösung: Urlaub
vom Urlaub machen.

Geschwisterstreitigkeiten sind ebenfalls ein »beliebtes« Thema beim Reisen mit Kindern. Beru-
higenderweise kann man feststellen, dass sich
Geschwister im Urlaub nicht öfter streiten als zu
Hause, auch wenn es einem persönlich oftmals
mehr erscheint. Würden Geschwisterkinder im
Alltag ebenso viel Zeit wie im Urlaub miteinander verbringen, würde man auf die gleiche
Streitzeit kommen. Da Kinder daheim jedoch
öfter getrennte Wege gehen, gibt es weniger Be-
rührungspunkte als unterwegs. In der Fremde
sind Kinder nicht nur auf ihre Eltern, sondern
vor allem auch auf ihre Geschwister als Spiel-
partner angewiesen. Da kann es, je nach Temperament der Kinder, oftmals hoch hergehen und
zu heftigen Auseinandersetzungen kommen. Auf

Langzeitreisen wird es immer wieder verschiedene Phasen geben, in denen sich die Kinder gut und manchmal weniger gut verstehen werden. Bei einem hohen Streitpotenzial zwischen Geschwisterkindern können Eltern vorbeugend getrennte Aktivitäten mit den Streithähnen unternehmen. Jeder Elternteil verbringt einen Tag mit einer Streitpartei alleine. So haben auch die Kinder einmal die Möglichkeit, eigene Wege zu gehen, und können sich so besser voneinander abgrenzen. Sie werden in dieser Zeit eigene Erlebnisse haben und können dadurch wieder besser zueinanderfinden. Während einer Langzeitreise haben Geschwisterkinder jedoch die einzigartige Möglichkeit, eine tiefe und sehr innige Beziehung zueinander aufzubauen. Globetrotterfamilien können das nur bestätigen.

Die größte Herausforderung beim Erziehen auf Langzeitreisen besteht also darin, die eigenen Richtlinien zu überdenken und neue Formen des Zusammenlebens zu finden. Seien Sie mutig und wagen Sie diesen Schritt, dann werden Sie mit Erlebnissen und Erfahrungen belohnt, die Sie jedem Erziehungsberater oder Pädagogen voraushaben!

## Urlaub vom Urlaub bei Langzeitreisen

Je länger eine Reise dauert, umso stärker wird die Psyche der Kinder beansprucht. Fast täglich neue Eindrücke und ein immer länger werdender Zeitrahmen müssen verarbeitet werden. Irgendwann ist die Aufnahmefähigkeit der Kleinen erschöpft. Sie benötigen eine Pause vom Reisen. Wann dieser Zeitpunkt gekommen ist, kann nur individuell für jedes Kind beurteilt werden. Manche Kinder können viele Monate mit den Eltern reisen, ohne Ermüdungserscheinungen zu zeigen. Sie sind interessiert und ausgeglichen, haben sich dem Reisetempo angepasst und sind mit sich und den besonderen Umständen zufrieden. Dies ist jedoch die Ausnahme und wird in den wenigsten Fällen über einen sehr langen Zeitraum aufrecht zu erhalten sein. Bei den meisten Kindern ist der geistige

Aufnahmespeicher irgendwann voll. Wenn Kinder sich überfordert fühlen, zeigen sie dies mit ihren ganz eigenen Verhaltensweisen, die Eltern von zu Hause schon kennen. Manche Kinder werden still und stiller, andere drehen auf und überschlagen sich in ihrem Bewegungsdrang, wieder andere werden launisch oder aggressiv, manche anhänglich, ängstlich oder apathisch. Alle diese Reaktionen auf Fremdes und Neues können auch bei kurzen Reisen auftreten. Unterstützt man seine Kinder beim Verarbeiten von Eindrücken und passt die Reise deren Bedürfnissen an, werden solche Reaktionen die Ausnahme und nicht von Dauer sein. Eine wirkliche Reisemüdigkeit ist erst dann gegeben, wenn das Kind solche Reaktionen über einen längeren Zeitraum jeden Tag zeigt und nicht mehr auf Ablenkung oder andere Hilfen der Eltern reagiert. In diesem Fall ist es unvermeidlich, eine Reisepause einzulegen. Nur so können Sie dem Kind helfen, Ruhe zu finden, um wieder Kraft zu schöpfen.

Eigentlich benötigen Kinder keine Reisen. Am wohlsten fühlen sie sich in einer vertrauten und gewohnten Umgebung, ihrem Zuhause. Geben Sie Ihren Kindern auch unterwegs eine Basis für einen längeren Zeitraum, wenn sie reisemüde geworden sind. Wann der geeignete Moment einer Pause ist, kann schwer beantwortet werden, denn jedes Kind hat seinen eigenen Reise-Burn-Out-Zeitpunkt. Das kann nach mehreren Wochen, drei Monaten, aber auch erst nach einem halben Jahr oder Jahr der Fall sein. Ein weiterer Einflussfaktor für die Reisemüdigkeit ist, wie viele verschiedene Länder, klimatisch unterschiedliche Regionen und Kulturkreise auf einer Welt- oder Langzeitreise das Kind zu bewältigen hat. Mutet man dem Kind eine Vielzahl unterschiedlichster Stationen zu, ist mit einem früheren Reisefrust zu rechnen. Das sollte man schon bei der Planung einer Langzeitreise beachten.

Sind erste Anzeichen einer Reisemüdigkeit vorhanden, sollte man schnell reagieren. Schauen Sie sich möglichst schon vorher nach Möglichkeiten zum längeren Verweilen um, damit sie dann, wenn es so weit ist, nicht lange suchen müssen. Vielleicht ergibt sich auch schon vorher eine Gelegenheit, irgendwo länger zu bleiben, am besten dort wo sich Ihr Kind wohl fühlt. Das kann ein schöner Campingplatz sein, ein Ort, an dem es Freunde gefunden hat, die dort länger sind, oder bei ausländischen Freunden oder Verwandten.

Mieten Sie sich für mehrere Wochen oder gar Monate (je länger eine Reise ist, umso ausgiebiger sollte die Auszeit sein) in einer Ferienhütte oder Haus ein. Vielleicht können Sie ja auch das Nützliche mit dem unvermeidbaren Stopp verbinden. Besuchen Sie dort, wo Sie länger bleiben, einen Intensiv-Sprachkurs. Ein Elternteil kann sich vielleicht einen Gelegenheitsjob in dieser Zeit suchen, um die Reisekasse aufzubessern. Mieten Sie sich auf einem Bauernhof ein Apartment und packen dort tatkräftig mit an. Sie können sich z. B. als WWOOEer verdingen. Das sind freiwillige Helfer, die auf Biobauernhöfen für Unterkunft und Verpflegung arbeiten (→ »Die Wahl der geeigneten Unterkunft – Bauernhof«, S. 200). Während einer arbeitet, kann der Rest der Familie das Leben auf dem Bauernhof entdecken und genießen. Sie können sich auch bei den internationalen Workcamps der gemeinnützigen Organisationen engagieren. Es gibt viele verschiedene Möglichkeiten, eine Auszeit vom Urlaub mit sinnvollen und bereichernden Tätigkeiten zu verbinden. Auch wenn Sie nicht die Absicht haben, sich den Urlaub mit Arbeit zu verderben, gibt es selbst für Erwachsene viele Vorteile, beim Reisen eine Pause einzulegen.

## Mit Kindern die Welt entdecken ...

### Interview mit Globetrotterfamilien zum Thema individuelles Reisen mit Kindern

Das Abenteuer »Reisen mit Kindern« steckt an. Viele Familien haben sich in den letzten Jahren infizieren lassen und auf den Weg gemacht, die Welt mit ihren Kindern zu entdecken. Ob Langzeit- oder Weltreise oder das Reisen als Lebensform – alle haben das Ziel und den Wunsch, die Welt auf eigene Faust zu erleben, und das mit ihren Kindern. Drei Familien sprechen hier über ihre ganz persönlichen Erfahrungen, Erlebnisse und das Glück, mit ihren Kindern unterwegs sein zu können.

Für dieses Interview haben sich freundlicherweise zur Verfügung gestellt: Sonja Graesslin aus der Schweiz, Claudia Obert und Thomas Gradl aus Österreich und die Outdoorfamilie Angela und Michael Fleck aus Deutschland.

*Wohin führte(n) euch die Reise(n), wie seid ihr unterwegs gewesen (Auto, Fahrrad o. Ä.), wie lange dauerte(n) die Reise(n) und wie alt waren die Kinder beim Start?*

**Sonja:** Wir waren zweimal auf Weltreise. Die erste Reise führte uns in sechs Monaten durch Malaysien, Thailand, Vietnam, Australien, Neuseeland, Fiji, Hawaii und die USA. In Malaysien, Thailand, Australien, Hawaii und den USA sind wir mit dem Auto unterwegs gewesen. In Vietnam und auf Fiji waren wir mit dem Bus und in Neuseeland mit einem Wohnmobil unterwegs. Die Kinder waren auf der ersten Reise vier und sechs Jahre alt. Die zweite Weltreise dauerte ein Jahr und ging durch folgende Länder: mit der Transsibirischen Eisenbahn durch Russland über Ulan Bator (Mongolei) nach Peking, mit dem Zug und Bus quer durch China, Laos mit dem Bus, Thailand mit dem Zug, Australien mit dem Auto, Fiji mit dem Bus, Florida mit dem Auto, Ecuador mit Galapagos, Peru, Bolivien und Argentinien, alles mit dem Bus, mit dem Schiff in die Antarktis, zurück nach Argentinien, Uruguay, Brasilien auch alles mit dem Bus, Flug nach Südafrika, dort mit dem Auto durch Südafrika, Namibia und Botsuana. Die Kinder waren damals acht und zehn Jahre alt. Wir hatten ein »around the world ticket« und organisierten das Fortbewegungsmittel vor Ort.

**Thomas:** Wir waren zwei Jahre in Südamerika von Juni 2004 bis Juli 2006 unterwegs. Unser Fortbewegungsmittel war ein Gelände-Lkw (MAN) mit Wohnkabine, den wir aus Europa haben einschiffen lassen. Als wir losfuhren, waren unsere Kinder fünf und drei Jahre und die Kleinste gerade mal zehn Monate alt.

**Angela:** Wir reisen eigentlich schon immer. Bereits vor den Kindern haben wir uns einen Erfahrungsschatz in Sachen Outdoorreisen angeeignet, auf den wir dann bei den Reisen mit unseren Kindern aufbauen konnten. Unsere Reisen sind grundsätzlich individueller Art, das heißt wir sind entweder zu Fuß, mit dem Fahrrad oder, wenn das Reiseziel beide Fortbewegungsmittel nicht zulässt (z. B. im Australischen Outback,) mit einem Geländewagen oder Auto unterwegs. So haben wir im Laufe der Jahre, praktisch ab Geburt unseres ältesten Sohnes, viele Länder in Europa, Amerika, Afrika und Ozeanien auf individuelle Art bereist.

*Was hat euch dazu bewogen mit euren Kindern auf diese unkonventionelle Art und lange Zeit zu reisen?*
**Sonja:** Ganz einfach, weil wir gerne reisen. Es ist schön, Kinder zu haben, und es wäre schade, so wenig von ihrer Entwicklung mitzubekommen, weil wir immer nur zu Hause sind und arbeiten müssen. Da bleibt nicht viel Zeit für die Kinder bei der ganzen Routine mit Schule, Hausaufgaben, Sport, Arbeiten usw. Wir wollten mehr mit unseren Kindern erleben.

**Claudia:** Neugierde und Reiselust! Alexander von Humboldt schrieb einst: »Die Gefährlichste aller Weltanschauungen ist die Weltanschauung der Leute, welche die Welt nicht angeschaut haben«. Thomas als Diplomgeograf folgte dem Bildungsauftrag des berühmten deutschen Naturforschers nur zu gerne!

**Angela:** Da wir schon immer gerne in der Natur unterwegs waren und das »einfache« Reisen genossen haben, war für mich klar, dass wir mit Kindern nicht anders reisen würden. Mein Mann hatte mit Geburt des ersten Kindes Angst, dass das freie Outdoorleben damit vorbei sein würde und nur noch Strandurlaub mit Ferienwohnung

möglich sei. Das hat uns aber einfach nicht gereizt. Natürlich mussten auch wir lernen, uns den Bedürfnissen der Kinder anzupassen, und richteten unsere Reisen nach ihren Möglichkeiten aus. Aber durch unsere langjährig gereifte Erfahrung mit dem individuellen Reisen konnten wir mit unseren Kindern vieles wagen, was ohne vielleicht nicht möglich gewesen wäre. Aus der Reiselust – die ich sogar als Reisefieber bezeichnen würde – entstand schließlich sogar unser Beruf.

*Habt ihr aufgrund des Alters der Kinder Reiseländer ausgeschlossen oder bestimmte gewählt?*
**Sonja:** Bei der ersten Reise war uns wichtig, dass es einfach zu bereisende Länder waren mit einer unkomplizierten Fortbewegung, z. B. ein Auto einfach zu mieten ist. Bei der zweiten Reise durften alle Familienmitglieder Reiseziele aussuchen. Zusätzlich wollten wir Spanisch lernen. Wir waren auch weniger mit dem Auto unterwegs als auf der ersten Reise. In manchen Ländern ist das Auto jedoch die bessere Wahl, z. B. in Australien oder den USA.

**Thomas:** Wir suchten ein Zielgebiet, welches ein gutes Verhältnis von Abenteuer, Andersartigkeit, Ursprünglichkeit, Vielfalt und Interessantem zu ähnlicher Wertevorstellung, guter Infrastruktur zum Reisen, kalkulierbarem Risiko und Familientauglichkeit bot. Aus verschiedenen Gründen haben wir damals eine Reise nach Süden (Afrika), Osten (Mongolei) und Nordamerika, Australien und Neuseeland (war uns dem europäischen Lebensraum zu ähnlich) ausgeschlossen.

**Angela:** Grundsätzlich schließen wir für uns Krisen- und Kriegsgebiete aus, unabhängig von den Kindern. Es kommt in erster Linie auf die Erfahrung an, die man schon vor den Kindern mit dem Reisen gemacht hat. Kann man sich gut einschätzen und kennt die Reisebedingungen vor Ort, ist mit Kindern mehr möglich, als viele unerfahrene Menschen einem versuchen ein- oder auszureden.

Schwierig ist das Reisen mit kleinen Kindern

Erinnerungen fürs Leben – mit drei kleinen Kindern zwei Jahre durch Südamerika

in hygienisch schwierigen Verhältnissen. Da sollte man vielleicht lieber etwas warten, bis die Kinder gesundheitlich stabiler sind. Aber auch hier kommt es ganz auf die Erfahrung der Eltern mit dem Reiseland an.

*Was ist beim Planen, Vorbereiten und natürlich beim Reisen mit Kindern anders und was muss man eurer Meinung nach besonders beachten?*

**Sonja:** Impfungen und das Wissen um die Kondition der Kinder sind sehr wichtig. Vorort sollte man sich mit der politischen Situation und Hygiene-Vorsorgemaßnahmen auskennen. Ich glaube nicht, dass wir ganz andere Reiseziele ausgewählt haben als andere allein reisende Erwachsene. Das Reisen mit Kindern ist langsamer, man stürzt sich nicht ins Nachtleben. Man hat beim Reisen mit Kindern eine ganz andere Position als die üblichen Traveller, man kommt mit der Bevölkerung eines Landes schneller in Kontakt. Auch sollte man beim Reisen kindgerechte Aktivitäten unternehmen, z. B. Besuch im

Tierpark, Multimediashows, Kindermuseen, Bibliotheken.

Der gesunde Menschenverstand und das eigene Gefühl für Situationen, die gefährlich werden können, sind auch wichtig. Steig ich nun in den Bus, wenn der Fahrer gerade ein Bier in der Hand hält? Verlasse ich mich blind auf einen fremden Guide? Gehe ich abends in unsicheren Gegenden noch nach draußen? Usw.

**Claudia:** Prinzipiell ist das Reisen mit Kindern viel einfacher als man denkt. Wir haben uns im Vorfeld einiges dazu überlegt und beim Reisen viele Erfahrungen gesammelt (z. B. zum Thema Kinder in der Höhe oder Kinder im tropischen Regenwald). Tipps zu allen Themen stellen wir auf unserer Internetseite »reisenmitkindern. com« zur Verfügung (wenn sie irgendwann mal fertig werden sollte).

**Angela:** Eine intensive Planung macht den Erfolg einer Reise aus. Wir haben die Reisen schon vor den Kindern besonders gut geplant, da unsere Reiseformen schon immer sehr extrem waren (Wandern im Himalaya usw.). Die Kinder wurden akribisch mit eingeplant, vor allem die Ausrüstung der Kleinen muss der Reiseform angepasst sein. Vor 20 Jahren war es noch schwierig, eine gute Ausrüstung auch für kleine Kinder zu kaufen. Heute ist es viel einfacher, auch mit kleinen Kindern »extremer« zu Reisen.

*Wie habt ihr die lange(n) Familienreise(n) organisiert? Wie konnten sich die Eltern frei nehmen? Mussten Kinder aus der Schule genommen werden, und wie hat das funktioniert?*

**Sonja:** Bei der ersten Reise waren die Kinder noch nicht in der Schule. Ich hatte genügend freie Tage und mein Mann hatte seinen Jahresurlaub und noch unbezahlten Urlaub dazu. Bei der zweiten Reise mussten die Kinder aus der Schule genommen werden. Nach der Reise konnte das verpasste Jahr übersprungen werden. Wir Erwachsene haben beide unseren Job gekündigt und konnten nach der Reise beim gleichen Arbeitgeber wieder anfangen.

**Thomas:** Mama war im Erziehungsurlaub, Papa selbstständig. Der Reisebeginn war vor der Schulpflicht der Kinder. Unseren Ältesten haben wir offiziell zurückstellen lassen und während der Reise ein Jahr selbst unterrichtet. Zur Sicherheit haben wir uns auf der Reise zwei Spanischkurse als Unterricht in Lesen, Schreiben und Rechnen bestätigen lassen. Nach der Rückkehr wurde unser Sohn getestet und durfte in die 2. Klasse der Grundschule eingeschult werden. Er hatte und hat bis heute keine Nachteile bezüglich des späteren Schuleintritts. Im Gegenteil!

**Angela:** Als die Kinder noch klein und nicht in der Schule waren, haben wir uns immer lange Reisen gegönnt. Meist über mehrere Monate. Mein Mann ließ sich damals mit der Option einstellen, längere Auszeiten nehmen zu können. Ich war zu dieser Zeit noch zu Hause. Mit dem Schuleintritt war das lange Reisen für uns vorbei. Wir wollten die Kinder einfach nicht aus der Schule nehmen. Wir nutzen seitdem möglichst viele Ferienzeiten, und das ist ja auch schon einiges, was da zusammen kommt. Nachdem mein Mann das Reisen zu seinem Beruf gemacht hat, ist auch das Freinehmen der Eltern für uns kein Thema mehr.

*Welche Länder und Gegenden haben euch besonders gut gefallen, welche weniger und warum?*
**Sonja:** Gut gefallen hat uns Galapagos, und die Antarktis war extrem faszinierend. In Ecuador wohnten wir fünf Wochen bei einer einheimischen Familie. Das war eine ganz tolle Erfahrung. Fiji war für uns auch sehr schön, da wir dort Freunde haben.

**Claudia:** Da könnte man ein ganzes Buch drüber schreiben! Ganz kurz und knapp: Gut gefallen haben uns in Brasilien die Strände, das Lebensgefühl, die Sumpfgebiete und die Tiere. In Ecuador die Vielfalt des Lebens im und am Meer, das Hochland, der Dschungel und die Inseln. In Peru die Landschaften und Kultur. In Bolivien das Hochland, der Dschungel und die Kultur. In Chile und Argentinien die Landschaften und die Tierwelt. In Uruguay waren die Strände schön. Weniger gefallen hat uns Paraguay. Auf Kolumbien (wegen der unsicheren Lage für Touristen) und die Befahrung der Transamazonika (in Brasilien) haben wir wegen der Kinder verzichtet.

**Angela:** Wir sind sehr offen für alle möglichen Reiseziele. Mein Mann liebt mehr die nordischen Länder wie Skandinavien, Kanada oder Alaska. Ich bevorzuge eher südliche Länder, in denen es warm ist, wie Südafrika oder Australien. Das sind sicherlich konträre Einstellungen, da aber bei uns jeder für alles offen ist und das Naturerlebnis im Vordergrund steht, haben wir bisher alle Reiseziele unter einen Hut bekommen.

*Welche der von euch bereisten Länder eignen sich besonders gut für eine Familienreise und warum?*
**Sonja:** Australien mit einem Wohnmobil oder das Gleiche in den USA durch die Nationalparks, eben alles was »Standard« ist. Es kommt ganz darauf an, was die Familie sich zutraut. Wir haben auch extreme Sachen mit den Kindern gemacht (die alternative Machu-Picchu-Route gelaufen in fünf Tagen bei Dauerregen und auf extremer Höhe). Es ist schwer zu sagen, was gut für einen ist. Man sollte sich vor der Reise gut informieren und die Kinder gut einschätzen können.

**Thomas:** Alle. Es kommt auf die Familie an. In allen diesen Ländern finden Familien touristische Highlights und abenteuerliche Herausforderungen.

**Angela:** Zu den kinderfreundlichen Ländern zählen nach unserer Erfahrung die USA oder die Türkei. Gerade andere Kulturkreise sind oft sehr kinderfreundlich, was wir so nicht erwartet hatten. Kinder sind generell willkommener, als man von hier aus glaubt – höfliches Auftreten natürlich vorausgesetzt. Geeignet für eine Familienreise ist ein Land eigentlich immer, wenn man in der Lage ist, sich den örtlichen Gegebenheiten anzupassen.

*Welche Erlebnisse mit euren Kindern auf der/den Reise(n) sind euch noch heute in besonderer und schöner Erinnerung?*

**Sonja:** Die Reise zu Pferd mit den Nomaden in der Mongolei war super. Die Pandas in China waren vor allem für die Kinder ein tolles Erlebnis. Die Tiervielfalt Galapagos und die atemberaubende Schönheit der Antarktis. Aber auch kleine und unscheinbare Begebenheiten bleiben im Gedächtnis: spät abends mit Einheimischen in einem abgelegenen Dorf im schwachen Lichtschein sitzend und ungewöhnliche Speisen essen, müde von der Reise, aber glücklich. Das Leben der einfachen Menschen, ihre gezeichneten Gesichter, aber sie strahlen eine Zufriedenheit aus, die uns Europäern abhandengekommen ist.

**Claudia:** Auch darüber könnten wir ein Buch schreiben! Nein, im Ernst, die kleinen täglichen Erlebnisse und die großen besonderen wie das Essen von Zitronen-Ameisen im Regenwald, das Entdecken eines Piratenschatzes am Strand von Bahia, das Tragen einer zwei Meter langen Baby-Boa in Ecuador oder ein bayerisch-peruanischer Kindergeburtstag.

**Angela:** Da wir schon so viele Reisen hinter uns haben, ist es sehr schwierig, besondere Ereignisse herauszufiltern. Jede Reise hatte schöne Erlebnisse. Zusammenfassend ist vielleicht der Zusammenhalt in der Familie, der sich mit jeder Reise stärkt, das, was uns positiv von den Reisen bleibt. Man wächst mit den Jahren immer mehr zusammen, und das ist schön. Auch Väter kommen so in den Genuss, ihre Kinder einmal länger zu erleben.

*Welche einschneidenden Erlebnisse hattet ihr mit fremden Kulturen? Wie hat man unterwegs auf euch und vor allem auf die Kinder reagiert?*

**Sonja:** Wir haben viel Elend gesehen: bettelnde Kinder in Asien und Südamerika, Menschen mit Kinderlähmung, verstümmelte Menschen durch Landminen in Vietnam und Laos. Asiaten und Südamerikaner sind sehr kinderlieb. Für blonde europäische Kinder kann es in Asien schwer sein, da sie ständig ungefragt angefasst werden. Das ist nicht so toll. Mit der Zeit lernen die Kinder aber, damit umzugehen und sagen, wenn sie das nicht wollen. Man wird auf der Reise ständig von Einheimischen angesprochen und über die Reise ausgefragt.

Auch der langsamere Gang der Zeit ist für fremde Kulturen charakteristisch. Nur in Industrienationen herrscht ständige Hektik. Man muss lernen, sich auf andere Kulturen einzulassen. Die Kinder haben durch die Reisen viel gelernt. Sie sind vorurteilsfrei gegenüber Andersartigkeit und versuchen, andere Menschen zu verstehen, die nicht die gleiche Sprache sprechen wie sie. Sie können sich mit dem Essen anpassen und andere Religionen und Gewohnheiten akzeptieren. Sie haben ein starkes Bewusstsein für Naturgewalten und ihre Gefahren.

**Thomas:** Alle Kinder in den Ländern Südamerikas treffen sich zum Spielen auf irgendeinem Spielplatz, an der Plaza oder am Strand. Um sich zu verständigen, reichen Hände und ein paar Brocken Spanisch. Unsere Kinder waren immer gleich mittendrin. Wir sind oft durch den Kontakt mit den einheimischen Kindern in die Häuser der Dorfbewohner eingeladen worden. Das Reisen mit Kindern hat uns Türen geöffnet und Behördengänge (Grenzformalitäten) vereinfacht.

**Angela:** Ich kann mich nur an positive Erlebnisse erinnern. In Ostafrika zum Beispiel haben die Einheimischen unseren Kindern ihre Lebensweisen gezeigt. Die Kinder wurden in deren Alltag einfach mit eingebunden, als wenn es das Natürlichste der Welt wäre. Sie konnten sich nicht mit den Kindern verständigen, aber haben ihnen trotzdem ihre Lebensart nahe gebracht. Das zu sehen war herrlich. Je weiter man sich vom kommerziellen Tourismus entfernt, desto offener begegnen einem die Menschen, und Kinder sind die Türöffner zu fremden Kulturen. Gerade bei Menschen, die sehr einfach leben, sind Kinder immer herzlich willkommen.

*Welche Gefahren gab es unterwegs und wie seid ihr damit umgegangen?*

**Sonja:** Wir sind durchgeimpft. Gegen Malaria haben wir Notfallmedikamente dabei. Wir kennen die Lebensbereiche der giftigen Tiere (Schlangen usw.).

Gegen Diebstahl kann man nicht viel machen, nur aufpassen und keine wertvollen Sachen dabei haben. Immer schauen, wo man Geld abhebt und wo lieber nicht. Trotzdem ist eine Tasche von unseren Kindern in Bolivien gestohlen worden. Gewalt haben wir auch gesehen, aber selbst keine erlebt. Man muss wissen, dass man für die arme Bevölkerung immer der reiche Tourist ist. Die haben meist wirklich nichts, kämpfen jeden Tag neu ums Überleben und sehen die zahlreichen fettleibigen Touristen mit ihren dicken Taschen vorüberschlendern, da kann man fast Verständnis für sie aufbringen.

**Claudia:** Es gibt das schöne Sprichwort: »Das Leben ist ein Wagnis. Mehr zu wagen kann auch mehr Leben bedeuten.« Gefahren gibt es hier und in Südamerika. Der gesunde Menschenverstand hilft weiter. Über regionale Besonderheiten haben wir die Einheimischen befragt. Sonst haben wir uns gegen jede Gefahr entsprechend geschützt: gegen intensive Sonne (Sonnencreme, Hut), Mücken (Spray, lange Ärmel), Schlangen (nicht in dunkle Höhlen greifen), Kriminalität (nicht nach der Dämmerung fahren, vor Polizeistationen campen), unberechenbares Meer (nur unter Aufsicht schwimmen), Diebe (keine Wertsachen offen tragen), Trinkwasser (nur gefiltert), Ausgehen (bestimmte Stadtteile meiden), Essen (nur an Straßenständen, wo viele Einheimische essen) usw.

**Angela:** Unsere Sinne sind auf Reisen geschärfter als zu Hause. Wir halten alle Vorsichtsmaßnahmen, die für das Land oder Gebiet erforderlich sind, z. B. in Bezug auf giftige oder wilde Tiere, akribisch ein. Dadurch waren die Gefahren auf den Reisen für uns bisher immer minimal. Wir wurden zwar mehrmals beklaut, aber niemals in einen handfesten Raub verwickelt.

*Wie haben eure Kinder die Reise(n) psychisch verkraftet und welche Probleme stellten sich unterwegs ein?*

**Sonja:** Robin hatte immer große Angst vor Gewittern. Damals dachte ich, dass es wegen der Reise ist. Heute ist er darüber hinweg. Vielleicht war es das Alter. Matthew ist immer sehr sensibel gewesen und ist es heute noch. Wenn er heute Kleingeld bei sich hat, gibt er es den Leuten, die in der Stadt betteln. Er mag es nicht, dass es Menschen gibt, die nichts haben. Beide Kinder haben unterwegs viel gesehen. Vielleicht auch zu viel! Wir hatten unterwegs (knock on wood) keinerlei Probleme.

**Thomas:** Durch Testreisen wussten die Kinder schon, was auf sie zukommt. Eine Reise ist ja eine Kombination aus Gewohntem und Neuem. Das Gewohnte ist der eigene Bereich im Wohnmobil mit Bett, die Kuscheltiere, Spielsachen für drinnen und draußen, der geregelte Tagesablauf; das Neue ist: Ausflüge mit den Eltern, das Erforschen neuer Gegenden, das Kennenlernen fremder Kinder, Spiele und Lieder. Unsere Aufenthaltsdauer an einem Ort betrug zwischen einer Nacht und fünf Wochen. Am Ende unserer Reise merkten wir, dass unser Ältester (dann sieben Jahre) nicht mehr weiterziehen wollte, er wollte bei seinen Freunden bleiben.

**Angela:** Es gab unterwegs weniger Probleme als zu Hause. Wenn man aufeinander angewiesen ist, wird man zu einem eingeschweißten Team. Man hat auf Reisen auch mehr Zeit für die Kinder und kann sich besser auf sie einlassen. Es gab sicherlich auch Geschwisterstreitigkeiten. Aber das ist ja normal und nicht anders als daheim. Als die Kinder älter wurden, gab es hin und wieder Proteste und Diskussionen über die Art des Reisens, aber da es kaum Alternativen gab, die Kinder für den langen Zeitraum zu Hause zu lassen (nur bei den Großeltern), wählten die Kinder lieber das für sie kleinere Übel – und das war eben mitzufahren und sich unserer Reiseform anzupassen. Fliegen, auch weitere Strecken, fanden sie immer spannend. Längere

Autostrecken eher nervtötend. Da ist Radfahren viel erlebnisreicher.

*Wurden die Kinder unterwegs krank und wie habt ihr das gemeistert?*

**Sonja:** Auf der ersten Reise ist Robin in der ersten Woche rückwärts gefallen und hatte ein kleines Loch im Kopf (das war in Malaysien). Beide Kinder hatten in der zweiten Woche auf der ersten Reise eine Art Hautallergie. Das war auch in Malaysien. Wir gingen zum Arzt, der es dann mit einer Salbe behandeln konnte. Sonst ist nichts passiert auf der insgesamt eineinhalb Jahren dauernden Reise.

**Claudia:** Unsere Kinder wurden erstaunlicherweise in den zwei Jahren seltener krank als hier zu Hause. Neben üblichen leichten Krankheiten wie Erkältung, einen Tag Durchfall und gelegentlichen Sonnenbränden hatte unser mittlerer Sohn einmal eine Schnittverletzung, die genäht werden musste.

**Angela:** In Ostafrika hatte der größere der Kinder nach einem Streit mit dem kleinen Bruder eine kleine Platzwunde am Kopf. Wir haben damals keine ärztliche Hilfe in Anspruch genommen, sondern die Wunde selbst mit einem Klammerpflaster behandelt. Durch unsere Reiseform kommen wir weniger mit Menschen und somit Krankheitserregern in Kontakt. Auch dadurch, dass wir selbst kochen, haben wir die Hygiene selbst in der Hand. Unsere Kinder waren eigentlich nie richtig krank. Vielleicht einmal gespuckt oder kleine Unpässlichkeiten, aber nichts Gravierendes. Die Möglichkeiten, unterwegs krank zu werden, sind geringer als zu Hause. Ganz wichtig ist ein umfassender Impfschutz beim Reisen mit Kindern!

*Was muss beim Reisen mit Kindern unbedingt mit? Was darf auf keinen Fall vergessen werden?*

**Sonja:** Ein Tagebuch oder Erinnerungsbuch, wo allerhand Leute unterwegs etwas hineinschreiben können. Man sollte aber nicht zu viel mitnehmen, auch nicht mit Kindern. Lieber einmal mehr Wäsche waschen oder sich die Nase zuhalten. Schwere Rucksäcke sind eine Zumutung für die Kinder. Ein Spielzeug, das das Kind sehr gerne hat, sollte aber nicht fehlen.

**Thomas:** Beim Reisen mit Kindern müssen die Eltern unbedingt mit. Auf keinen Fall dürfen die Kinder vergessen werden. Eventuell müssen noch Schmusetiere und eine Kinderapotheke mit. Alles andere kann auch unterwegs besorgt werden.

**Angela:** Das Wichtigste auf Outdoorreisen ist eine gute Ausrüstung für Kinder. Am besten sollte man die Sachen schon vor der Reise getestet haben, damit es unterwegs kein böses Erwachen gibt. Man muss alles dabei haben, was für das Reiseziel unentbehrlich ist, wie warme Kleidung in kalten Ländern, Sonnenschutz in heißen Ländern. Was Kinder gar nicht benötigen auf Reisen, ist Spielzeug. Auf unseren Reisen haben wir immer nur ein oder zwei kompakte Spiele für schlechtes Wetter dabei und sind damit bisher immer gut ausgekommen. Gut für ältere Kinder unterwegs im Auto sind Hörbücher oder Musik-CDs, die auch den Eltern gefallen.

*Wie war das Wiederankommen zu Hause? Wie reagierten Freunde und Verwandte?*

**Sonja:** Kommt man nach Hause zurück, ist alles wieder schnell beim Alten. Hier hat sich ja nichts verändert, nur man selbst ist anders geworden. Das kann belastend sein. Viele Bekannte und Freunde haben tausend Fragen gestellt. Nach der zweiten Reise wurde es weniger, da wir dann eine Website hatten.

**Claudia:** Die alte Welt wirkt seltsam. Man stellt sich die Frage: Was ist normal auf der Welt? In was für einem Überfluss leben wir, was für unwesentliche Themen werden diskutiert, welch großer Ernst regiert die Menschen und in welcher Unzufriedenheit leben sie? Das Schlimmste ist: Welch geringe Bedeutung haben Kinder?

**Angela:** Das normale Leben holt einen sehr schnell wieder ein. Man muss sich wieder integrieren, was oft schwierig ist, da man Erfahrungen gesammelt hat, die man anderen Menschen, die das Reisen in dieser Form nicht kennen, kaum nahe bringen kann. Mit der Zeit erlangt man einen Exotenstatus innerhalb des Freundeskreises und der Gesellschaft. Das mag jetzt nach Ruhm und Anerkennung klingen, ist aber in Wirklichkeit nicht immer angenehm. Die Menschen, die nicht verstehen können, was das Schöne am individuellen Reisen ist, reagieren oft mit Unverständnis auf uns. Die Reaktionen sind eigentlich in zwei Lager gespalten. Die einen bewundern uns und andere lehnen das, was wir tun, grundlegend ab. Mit den Jahren verstummen allerdings die Kritiker. Reisen mit kleinen Kindern wird zunehmend akzeptiert.

*Würdet ihr eine lange Reise nochmals unternehmen? Was würdet ihr anders machen?*
*Wie verändert sich das Reisen mit den Jahren und der wachsenden Erfahrung?*

**Sonja:** Ja, sicher. Wir gehen bald wieder auf eine lange Reise. Die Kinder sind dann 12 und 14 Jahre alt. Wir haben jetzt einen Erste-Hilfe-Kurs gemacht, auch wenn vorher nichts passiert ist. Wir werden Aktivitäten für ältere Kinder suchen. Die Kinder möchten in Indien einen Webdesign-Kurs machen, sie wollen gerne tauchen lernen, dort wo das Wasser schön warm ist. Am Reisen selber werden wir nichts ändern.

**Thomas:** Reisen: Sofort, wenn das Geld reicht. Anders: Dreimal so lange.

**Angela:** Wir gestalten unser Leben nach den Reisen, da dies ja mittlerweile zu unserem Beruf geworden ist. Das Reisen ist zur Arbeit geworden, die aber dennoch viel Spaß macht. Ich empfinde es sogar als ein Privileg, das Hobby zum Beruf machen zu können. Natürlich müssen wir unsere Reiseziele dem anpassen. Es ist weniger Urlaub, sondern harte Arbeit, das Material vor Ort zu erstellen, um es anschließend für eine Diashow aufarbeiten zu können. Aber die

Neugier auf Neues beflügelt einen immer wieder. Die Kinder wurden von Anfang an unterwegs eingebunden, und mit zunehmendem Alter steigt ihr Interesse.

*Wie beurteilt ihr den Faktor Zeit bei einer Familienreise? Wie viel Zeit sollte man mindestens einplanen? Wie lange sollte sie maximal sein?*

**Sonja:** Kommt auf die Familie drauf an. Für uns ist ein Schuljahr ideal.

**Claudia:** Viel Zeit zu haben ist elementar wichtig! Sonst fehlt die Freiheit, das zu tun und dort zu bleiben, wo man will. Ein dichtes Highlightprogramm schadet eher und schafft Druck und Unzufriedenheit. Durch die Verschiffung des Fahrzeugs nach Südamerika waren alle Reisende, die wir getroffen haben, Minimum ein halbes Jahr unterwegs. Über zwei Jahre Reisedauer birgt die Gefahr, dass man nicht mehr zurückkommen, sondern auswandern will.

**Angela:** Sind die Kinder noch klein, sollte man reisen, solange es vom Arbeitgeber her möglich ist. Die Kinder haben nach unserer Erfahrung keine Probleme damit, lange unterwegs zu sein. Mit der Schule muss man wissen, was man möchte. Wir haben uns damals dafür entschieden, die Kinder für unsere Reisen nicht aus der Schule zu nehmen und haben die großen Ferien immer komplett genutzt. Für uns war und ist dieser Zeitrahmen in Ordnung. Kurze Reisen sind erfahrungsgemäß immer stressiger. Wir bleiben dann eher in der Nähe.

*Was hat/haben eure Reise(n) ungefähr gekostet und was waren unterwegs die Hauptkosten?*

**Sonja:** Die Teuersten waren die Reisen in die Antarktis und auf Galapagos. Mit dem Bus zu reisen kann günstiger sein als mit dem Auto, aber auch nicht immer. Es gibt generell billige und teure Länder. Wir haben immer versucht, von allem etwas dabei zu haben. Hat man nicht viel Geld, sollte man dennoch versuchen zu reisen, vielleicht nicht so lange oder ein billiges

Land wählen, aber eben nicht gleich wegen der Kosten grundsätzlich zu Hause bleiben. Das wäre schade.

**Thomas:** Geringe Kosten waren das Essen, die Übernachtungen, das Benzin (je nach Preisniveau im Land und Verbrauch aber auch hoch), die Reparaturen und Kleidung, Internet und Andenken. Hohe Kosten verursachten eigentlich nur die Ersatzteile für unseren MAN-Lkw. Insgesamt hat uns die zweijährige Familienreise mit fünf Personen, inkl. Flüge, Verschiffung und Versicherungen, 35 000 € gekostet.

**Angela:** Das Teuerste bei unseren Reisen ist der Transport zum Reiseziel, sprich der Flug, und wenn man sich vor Ort nicht mit dem Fahrrad oder zu Fuß vorwärts bewegt, noch das Fortbewegungsmittel Auto. Je nach Land sind somit die Kosten unterschiedlich. In Ländern, die man gut zu Fuß oder per Rad bereisen kann, sind für uns die Kosten am niedrigsten, da wir meistens wild campen und uns selbst versorgen. Das ist die billigste Art zu reisen. Geld ist grundsätzlich kein Ausschlusskriterium für das Reisen. Wir haben z. B. mit unseren Kindern eine Alpenüberquerung gemacht, die uns praktisch nichts außer unser tägliches Essen und die An- und Abreise gekostet hat. Noch ein großer Kostenfaktor ist die Übernachtung. Da wir aber fast ausschließlich zelten und nur in Städten in Hostels übernachten, ist das für uns kein erheblicher Kostenfaktor. Wir lieben das Zelten und können uns, besonders mit Kindern, keine schönere Übernachtungsform vorstellen.

*Was würdet ihr anderen reiselustigen Familien mit auf den Weg geben, die eine individuelle Reise, eine Weltreise oder einen längeren Ausstieg anstreben?*
**Sonja:** Nicht zu lange darüber nachdenken. Wenn es geht: Mach es!

**Claudia:** Macht es, aber lieber heute als morgen!

**Angela:** Man sollte reisen, noch bevor die Kinder in die Schule kommen, denn dann ist man bezüglich Zeit und Reiseziel noch viel freier und beweglicher. Gerade Fernreisen sollte man in dieser Zeit unternehmen und sich nicht nach den gut gemeinten Ratschlägen der so genannten Bedenkenträger richten. Menschen, die keine Ahnung vom Reisen haben, sind schlechte Ratgeber. Man sollte Familien suchen, die selbst schon Reiseerfahrung haben. Sich selbst gut einschätzen können, die Risiken abwägen, aber auch Mut beweisen und sich etwas zutrauen sind wichtige Voraussetzungen, damit aus einem Wunschtraum eine Reise mit unvergesslichen Erlebnissen wird.

# Stichwortverzeichnis

ADAC 87, 88, 91, 94, 181, 209
Alandinseln 18, 23
Allergien 149, 170, 172, 266
Anreise 45, 67, 74, 79, 81, 121
Argentinien 37, 94, 133, 166, 184, 208, 225
Asthma 39, 166, 169
Ausländische Arztpraxen 172
Auslandsreisekrankenversicherung 161, 179, 180
Auslandsschutzbrief 90, 181
Australien 37, 40, 48, 58, 81, 91, 94, 124, 148, 166, 184, 201, 208, 216, 226, 244, 278
Auswärtiges Amt 39, 172, 174, 247
Auto 46, 70, 75, 77, 79, 81–85, 91, 121, 158, 168, 181, 182, 186, 215–216, 272–274
Autofähre 79, 182
Autokindersitz 83, 87, 156, 158

B&B 40, 200, 201, 202
Baby 26, 56, 68, 71, 79, 82, 87, 101, 109, 114, 146–149, 158, 162–164, 174, 177, 193, 203, 219, 222, 228, 242, 246–248, 250, 266, 270
Babynahrung 34, 41, 66–68, 186, 222, 227
Babyphone 271
Backpacker 80, 93, 184, 197, 244
Bahn 45, 46, 74–78, 125–127, 215–216
Bakterien 165, 197, 245, 266
Bauernhof 184, 200–201
Blutzuckermessgerät 168, 169
Blutzuckerselbstkontrolle 168
Bolivien 133
Bootsausrüstung 136
Borreliose 165
Buchungen 47, 66, 75, 79, 80, 90, 194, 197
Bus 125, 127, 216, 268, 273, 274

Camping 40, 48, 86, 156, 204, 209
Campingausrüstung 90, 150, 185, 204, 226
Campingplatz 40, 49, 86, 92–94, 123, 128, 140, 153, 159, 183–185, 205–209, 226, 244–246, 271, 285, 289
Centrum für Reisemedizin 172
Chagas-Krankheit 163, 164
Chile 37, 94, 130, 166, 184, 208
Chlor 170, 244, 247
Cholera 163

Darminfektion 165
Dengue-Fieber 164, 266
Desinfizieren 68, 246
Diabetes 66, 166, 168, 169, 174,
Diebstahl 42, 121, 269, 270, 294
Durchfall 163, 169, 173, 175, 266, 295

Ecuador 132, 290
Einreisebestimmungen 167, 175
Eltern-Auszeit 286
Elterngeld 51, 52, 53
Elternzeit 51, 53
E-Pass 178
Erbrechen 84, 164, 166, 169, 173, 266, 274
Erkältung 68, 71, 243, 295
Ernährung 220, 221, 226
Erste Hilfe 161, 268, 280, 296
Erziehung 55, 101, 156, 183, 238, 240, 251, 253, 288
Estland 75, 92, 126, 233

Fähren 79, 80, 81, 88, 127
Fahrradanhänger 70, 112, 113, 114, 115
Fahrradausrüstung 118, 119, 120
Fahrradfahren 112–130, 242
Fahrradmitläufer 115, 116, 117
Fahrradmitnahme 78, 122, 125–127
Familienticket 150, 287
Ferienhaus 40, 196, 197, 205
Ferienwohnung 40, 49, 183, 195, 196, 197, 209, 219, 228, 244, 267
Fernschule 56,
Fieber 38, 162–165, 173, 266
Fliegen 65–73, 124, 167
Fotografieren 256, 257
Freiwillige Schutzimpfungen 172
Freizeitpark 184, 237
FSME 149, 162, 165
Funktionsbekleidung 146, 147

Gästehäuser 40, 197, 200
Gelbfieber 163, 173
Geld sparen 48, 76, 181, 183–185
Geocaching 106
Gepäck 45, 66, 70, 74–78, 86, 88, 108–127, 136–137, 157
Gesundheitsrisiken 41, 43, 245
Gesundheitsvorsorge 39, 43, 161, 166, 172, 247
Gewöhnlicher Aufenthalt 52, 53
Giftige Pflanzen 44, 280
Giftstoffe 169, 173
Gifttiere 41, 44, 194, 277

Grippaler Infekt 266
Grundbedürfnisse 27, 33, 219, 220
Grundimmunisierung 171

Haftpflichtversicherung 181
Haushalt 241, 242
Hautinfektion 166
Heimatkontakte 186
Heimweh 27, 217
Hepatitis 164
Hirnhautentzündung 164, 165
Hitzschlag 166
Höhenkrankheit 166
Hostel 40, 81, 93, 184, 185, 197–200, 244, 245, 267, 269, 286
Hotel 40, 67, 72–75, 159, 183, 184, 193–96, 244, 267–271
Hunde 44, 164, 165, 275
Hygiene 174, 186, 221–223, 225, 242, 245–248

Impfungen 43, 161, 165, 171, 172
Informationsstellen 172
Inkubationszeit 162, 175
Insekten 166
Insulin 167, 168, 169
Internet 42, 53, 66, 70, 75, 77, 78, 80, 88, 94, 106, 126, 129, 143, 149, 169, 172, 180–181, 187, 195, 200, 201, 203, 209, 247, 259, 280
Isoliermatten 153

Japanische Enzephalitis 164
Jetlag 38, 48, 72, 228, 230
Jugendherberge 40, 81, 184, 197–200, 244, 269, 271, 286
Jugendliche/r 17, 28, 49, 57, 76, 83–84, 106, 135, 141–142, 159, 164, 197, 206, 250–251, 271

Kajak 16, 135, 136, 143, 227
Kanada 37, 48, 81, 89, 92, 94, 125, 180–181, 184, 205, 208, 215, 226, 249
Kanu 15, 16, 135–145, 151, 168, 227
KFZ-Haftpflichtversicherung 181
Kinderermäßigung 76, 79, 182–186
Kinderkleidung 45, 109, 110, 145–150
Kinderreisepass 176, 177, 178
Kinderrucksack 68, 103, 269
Kinderwagen 69, 70, 78, 102, 114, 123, 156–157, 250, 273–274

Kleinkind 26–27, 56, 65, 68, 70–71, 76, 79, 82, 87–88, 102–103, 104–118, 136, 142, 146–149, 158, 162–164, 174, 177, 183, 193, 205, 207–208, 219, 228, 242–245, 247–248, 250, 266, 270, 278–280
Klima 17, 36, 38, 39, 44, 48, 73, 100, 104, 128, 169, 170, 228, 285, 289
Kortison 169, 170
Kosten 53, 65, 69, 72, 75–76, 79, 88, 91–93, 122–127, 177, 179–286, 201, 267
Krankenhäuser 172
Krankheitsgefahren 41, 43, 149, 165, 173, 247
Kreditkarte 90, 187, 270
Kriminalität 41, 42, 93, 194, 209, 252, 268–269
Kühlung 167, 227
Kulturschock 250, 251
Kurzreisen 45–46, 182

Langstreckenflug 66–68, 71–72, 229
Lateinamerika 35, 129, 158, 164, 184–186, 195, 197, 221–222, 224–225, 244, 246, 249, 273–274
Linksverkehr 43, 273

Malaria 43, 162, 163, 173, 193, 266
Mauritius 259
Medizinische Versorgung 39
Meningokokken-Meningitis 165
Mexiko 129, 216
Milchfertignahrung 67, 222
Mittelamerika 37, 130, 199
Moskitonetze 163–164, 173, 194
Moskitoschutzkleidung 149, 163

Nachuntersuchung 174
Nahrungsmittel 40–41, 82, 111, 163, 170–171, 185, 221–227, 248, 276
Namibia 48, 94, 162, 188, 208, 216, 224, 244
Naturpark 15, 264
Neurodermitis 166, 170
Neuseeland 37, 91, 94, 124, 148, 166, 184, 197, 199, 201–202, 205, 208, 210, 216, 226, 244
Nordamerika 37, 40, 81, 94, 124, 181, 199, 202, 208, 215, 226, 244
Norwegen 18, 37, 75, 92, 94, 126, 203, 205, 208
Nützliches 159

Öffentliche Verkehrsmittel 74, 184–185, 240, 268, 273, 284
Ozonloch 166

Parasiten 166, 174, 246
Paratyphus 164
Pension 40, 184, 193–195
Personalausweis 176, 178
Peru 48, 132, 225
Pflichtimpfungen 163, 172
Pilzinfektion 173
Private Reisekrankenversicherung 161, 179, 180

Ramadan 41, 224
Reiseapotheke 161, 169, 170, 172–174, 266
Reisebett 156, 193, 220
Reisepass 175–179, 187, 188
Reiserücktrittsversicherung 42, 181
Reiseschecks 187, 270
Reiseübelkeit 74, 84, 173, 274
Reiseversicherungen 179
Reisezeit 37, 38, 47, 48, 169
Repellents 163, 173
Rückentrage 102–103, 112, 156, 248, 273
Rucksack 45, 68, 78, 103, 108–111, 137, 269, 270

Sabbatical 50–56
Sanctuary 16
Schiffsreisen 79
Schlafen 14, 71–72, 82, 88, 151–155, 184, 194, 201–207, 228, 230, 271
Schlafsack 109–110, 119, 137–138, 153–155, 166, 170, 174, 199, 242, 279
Schulpflicht 48, 53–55
Schürfwunden 110
Schweden 18, 37, 75, 77, 92, 94, 126
Schwimmen 56, 135, 139, 141, 143
Schwimmwesten 141
Selbstversorgung 92, 111
Sonnenbrand 139, 166, 173
Sonnenbrille 110, 139, 148
Sonnencreme 110, 149
Sonnenstich 139, 166
Spezialfahrrad 117, 118
Spielen 72, 82–84, 105–107, 139, 158, 208, 218–219, 230–232, 237, 240, 275
Spielzeug 45, 68, 72, 80, 83, 158–159, 218, 230–232, 239, 254, 271
Sprache 35, 39, 169, 175, 176, 188, 218, 219, 249, 250
Sri Lanka 281
Städtereisen 29, 75–76, 239–241
Stellplatz 92–94
Straßenverkehr 41, 43, 112, 272–274
Südafrika 29, 94, 162, 208, 224, 244

Tandem 155–118, 120, 125
Tandemstange 115, 117
Terrorismus 41, 42, 268
Tiere 15, 16, 44, 57, 105, 164, 224, 238, 248, 275–280
Tollwut 165, 275
Tragetuch/-beutel 101, 102, 156, 248
Trinkwasser 104, 163, 165, 208, 246–248
Tropeninstitut 161, 172
Tropenkrankheiten 43, 162, 175
Typhus 164

Umweltbewusst Reisen 73, 74, 78
Unfall 181, 182, 266–268, 275, 276–278
Unterkunft 14, 34, 39–40, 48, 73–74, 76, 94, 128, 183–185, 193–209, 228, 239, 269–271, 289
Unterricht 28, 49, 54–57, 156, 159, 187
Unverträglichkeiten 41, 72, 170–172
Urlaubsplanung 15, 47, 48
USA 37, 40, 48, 81, 89, 93–94, 125, 170, 178–179, 180–181, 205, 215, 226, 232, 240, 275
UV-Schutzkleidung 148, 149

Vergiftung 44, 281
Visa 175, 176

Wandern 17, 29, 36, 46, 74, 100–112
Wanderschuhe 109, 110, 148
Wasserversorgung 104, 246
Weltreise 44, 49–58, 182, 286, 289
Wetter 36–38, 104, 107–108, 128, 285–286
Wickeln 71, 174
Windeldermatitis 173
Wohnmobil 79, 85–94, 168, 170, 181–184, 195, 209, 216, 226, 228
Wohnsitz 52, 53, 180

Zecken 149, 165
Zeitumstellung 228, 229
Zeitverschiebung 45, 71, 72, 167, 229
Zelt/-en 40, 93, 104, 108, 110–111, 120, 150–156, 160, 163–164, 170, 183–185, 193, 195, 198–210, 219, 228, 230, 241, 243, 271, 276, 279, 285, 286–288

# Adressen

Familie Reichert (Nordamerikabericht S. 99)
www.5reicherts.com
www.gabi-reichert.de

Familie Seidl (Südamerikabericht S. 134)
www.seidlsontour.de

Patrice Kragten-Hackel (Namibiabericht S. 191)
www.travelkid.at

Familie Maercker (Estlandbericht S. 236)
www.bike-nord.de/reisen_mit_kindern.html

Familie Clavin (Sri Lanka S. 283)
www.weltreise-mit-kind.de

Familie Fleck (Interview auf den letzten Seiten)
www.michael-fleck.de
Panorama-Multivision Vortragsreihen über
Familien-Abenteuer von Europa über Afrika und
Amerika bis Australien.

Reiseblog der Autorin
www.reise-kids.de

**Bildnachweis**

Alle Fotos im Innenteil: Christine Sinterhauf, außer: Thomas
Gradl S. 8, 292; Silke Korbl S. 31; Patrice Kragten-Hackel S. 247;
Jakob Maercker S. 236; Volker Otter S. 141; Gabi Reichert S. 96;
Hannes Seidl S. 9, 93, 131; Torsten Wassum S. 177.
Alle Fotos im Farbteil: Christine Sinterhauf, außer:
Bildteil 1: Malte Clavin S. 6 oben und unten, 7 unten links;
Patrice Kragten-Hackel S. 2 oben, 16 unten links;
Tina Regel S. 9 oben; Hannes Seidl S. 4 oben, 5 oben;
Bildteil 2: Daniel Barriga S. 2 unten; Malte Clavin S. 13 oben;
Patrice Kragten-Hackel S. 5 oben, 7 oben, 9 oben; Jakob Maercker
S. 8 oben; Gabi Reichert S. 1 oben, 4 oben; Hannes Seidl
S. 6 oben, 12 unten; Thorsten Wassum S. 3 unten, 4 unten;
Bildteil 3: Malte Clavin S. 3 oben; Patrice Kragten-Hackel
S. 2 oben, 3 unten, 16 unten; Volker Otter S. 6 oben.

**Hinweis**

Dieser Band wurde mit aller Sorgfalt recherchiert, beschrieben und
illustriert. Dennoch erfolgen alle Angaben ohne Gewähr, da zwischen-
zeitliche Änderungen nicht auszuschließen sind. Weder die Autorin
noch der Verlag können aus daraus resultierenden Nachteilen eine
Haftung für Schäden irgendwelcher Art übernehmen.

Auf jeden Fall freuen wir uns über Korrekturen, Anregungen und
Verbesserungen zu diesem Buch. Bitte senden Sie diese an Verlag
Berg & Tal, Hirschgartenallee 34, 80639 München, Tel. 089/63 85 08 80,
E-Mail: info@bergundtal-verlag.de

**Impressum**

© 2014 Verlag Berg & Tal Heinrich Bauregger, München
Alle Rechte vorbehalten.
Nachdruck – auch auszugsweise – nur mit Genehmigung des Verlags.

Gestaltung, Typografie und Realisierung: Catherine Avak, Iphofen
Covergestaltung: Christian Martin Weiß, Fürstenfeldbruck
(unter Verwendung eines Motivs von Bavaria Bildagentur, Mittenwald)
Lithographie: Helio Repro, München
Druck und Bindung: www.schreckhase.de
Printed and bound in Germany

ISBN 978-3-939499-26-8